Cloud Native
Data Center
Networking

클라우드 네이티브를 위한
데이터 센터 네트워크 구축

| 표지 설명 |

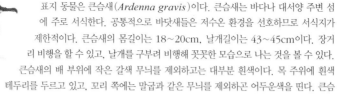

표지 동물은 큰슴새(*Ardenna gravis*)이다. 큰슴새는 바다나 대서양 주변 섬에 주로 서식한다. 공통적으로 바닷새들은 저수온 환경을 선호하므로 서식지가 제한적이다. 큰슴새의 몸길이는 18~20cm, 날개길이는 43~45cm이다. 장거리 비행을 할 수 있고, 날개를 구부려 비행해 꼿꼿한 모습으로 나는 것을 볼 수 있다. 큰슴새의 배 부위에 작은 갈색 무늬를 제외하고는 대부분 흰색이다. 목 주위에 흰색 테두리를 두르고 있고, 꼬리 쪽에는 말굽과 같은 무늬를 제외하곤 어두운색을 띤다. 큰슴새는 어두운색을 띤 살짝 구부러진 부리로 물고기나 오징어를 사냥하기 위해 잠수한다. 굉장히 빠른 새이지만 수면에 올라온 돌고래나 고래의 먹이가 되곤 한다. 오라일리의 표지에 등장하는 동물은 멸종 위기종이다. 이 동물들은 모두 소중한 존재다. 표지의 그림은 『British Birds』의 흑백 판화에 기초해서 캐런 몽고메리^{Karen Montgomery}가 그렸다.

클라우드 네이티브를 위한 데이터 센터 네트워크 구축

데이터 센터 네트워킹을 위한 아키텍처, 프로토콜, 도구

초판 1쇄 발행 2021년 8월 20일

지은이 디네시 G. 더트 / **옮긴이** 정기훈 / **펴낸이** 김태헌
펴낸곳 한빛미디어(주) / **주소** 서울시 서대문구 연희로2길 62 한빛미디어(주) IT출판부
전화 02-325-5544 / **팩스** 02-336-7124
등록 1999년 6월 24일 제25100-2017-000058호 / **ISBN** 979-11-6224-458-6 93000

총괄 전정아 / **책임편집** 서현 / **기획** 최현우 / **편집** 김지은 / **교정·전산편집** 김철수
디자인 표지 윤혜원 내지 박정화
영업 김형진, 김진불, 조유미 / **마케팅** 박상용, 송경석, 한종진, 이행은, 고광일, 성화정 / **제작** 박성우, 김정우

이 책에 대한 의견이나 오탈자 및 잘못된 내용에 대한 수정 정보는 한빛미디어(주)의 홈페이지나 아래 이메일로
알려주십시오. 잘못된 책은 구입하신 서점에서 교환해드립니다. 책값은 뒤표지에 표시되어 있습니다.

한빛미디어 홈페이지 www.hanbit.co.kr / 이메일 ask@hanbit.co.kr

지금 하지 않으면 할 수 없는 일이 있습니다.
책으로 펴내고 싶은 아이디어나 원고를 메일(**writer@hanbit.co.kr**)로 보내주세요.
한빛미디어(주)는 여러분의 소중한 경험과 지식을 기다리고 있습니다.

Cloud Native Data Center Networking

클라우드 네이티브를 위한 데이터 센터 네트워크 구축

O'REILLY® 한빛미디어
Hanbit Media, Inc.

시스템을 기획하는 네트워크 디자이너와 아키텍트,
이를 구현하는 엔지니어와 운영자들을 포함한 네트워킹을 만드는 모든 이에게 바친다.
특별히 오픈 소스 네트워킹 커뮤니티에게도 이 책을 바친다.
그 열정의 불꽃이 영원히 타오르길 바란다.

지은이 · 옮긴이 소개

지은이 **디네시 G. 더트** Dinesh G. Dutt

20년 동안 시스코 시스템즈에서 시스코 대형 스위치에 탑재된 많은 ASIC을 디자인하는 등 엔터프라이즈와 데이터 센터 네트워킹 기술과 관련된 일을 했다. 최근에는 큐물러스 네트웍스의 수석 과학자로 일하고 있다.

옮긴이 **정기훈** gihun.jung@gmail.com

카카오 클라우드 네이티브 부서 파트장. 카카오 사내 프라이빗 클라우드 서비스 기획 및 설계, 개발과 운영을 담당하고 있다. 이전에는 삼성전자 소프트웨어센터(현 SR)에서 가상화와 관련된 연구를 진행했다. 클라우드를 이루는 모든 구성 요소의 원리를 이해하고 응용할 수 있는 엔지니어가 되는 것이 꿈이다.

데이터 센터 네트워크 구성에 필요한 부분들이 잘 정리되어 있습니다. 네트워크 아키텍처, 네트워크 프로토콜, 네트워크 자동화, 컨테이너 네트워크까지 포함해 데이터 센터 내부의 네트워킹이 궁금한 네트워크 엔지니어, 클라우드 엔지니어, 데이터 센터 개발자, DevOps/SRE 관련 종사자가 입문용으로 읽어보기에 딱 좋은 책입니다.

_**공용준**, 카카오 기술전략실 이사

데이터 센터 네트워킹을 직접 설계 및 운영해본 경험이 있는 사람은 많지 않을 것이다. 이 책은 데이터 센터 네트워킹 기술에 대한 이론을 단순히 나열한 것이 아니라 저자의 오랜 경험을 토대로 다양한 네트워크 기술들이 데이터 센터 설계에 어떻게 반영될 수 있는지 알려준다. 특히 클로스 네트워크 토폴로지, 라우팅을 위한 BGP, 네트워크 가상화를 위한 EVPN 등 클라우드 네이티브 데이터 센터 네트워킹에 활용되는 기술에 대한 필요성부터 실재 구현 방법까지 상세하게 설명한다. 따라서 클라우드 네이티브 운영 환경에 적합한 네트워크를 새롭게 구축 또는 개선하려는 실무자들에게 도움이 될 것이다. 뿐만 아니라 애플리케이션과 요구 사항의 변화에 따라 네트워크가 어떻게 변화했는지, 그 과정에서 어떤 네트워크 기술들이 선택되었고 그 근거는 무엇인지 설명한다. 이를 통해 클라우드 네이티브뿐만 아니라 앞으로도 계속 변화할 환경에도 대비할 수 있는 네트워크 지식을 쌓을 수 있다. 마지막으로 복잡한 데이터 센터 네트워킹 기술을 쉽게 이해할 수 있도록 번역에 공들인 정기훈 님께 감사의 말을 전한다.

_**손석호**, 한국전자통신연구원 클라우드 기반 SW 연구실 선임연구원이자 오픈 소스 전문위원

클라우드 네트워킹에 관한 내용을 한글로 잘 정리한 번역서로, 네트워크 아키텍처를 어떻게 가져가고 이슈들을 어떤 기술을 이용해 구현하는지 등을 다룹니다. 클라우드에 관심 있는 사람이라면 꼭 한 번쯤 이 책을 읽어보는 걸 추천합니다.

_**이정복**, 카카오엔터프라이즈 클라우드 아키텍트

좋은 소프트웨어를 생산하기 위해서는 소프트웨어 아키텍처뿐만 아니라 생산한 코드가 동작하는 인프라스트럭처의 디테일도 잘 알아야 합니다. 클라우드 솔루션 아래의 인프라스트럭처를 잘 모르면서 개발한다는 것은 캄캄한 동굴 속을 랜턴 하나 없이 걸어가는 것과 비슷합니다. 더 멋진 소프트웨어 개발자가 되기 위해, 클라우드를 더 잘 활용하기 위해, 견고한 클라우드 인프라스트럭처를 제공하기 위해, 이 책은 '클라우드 네이티브'라는 캄캄한 동굴을 잘 헤쳐 나가기 위한 좋은 길잡이가 될 것입니다.

_이주원, 카카오 클라우드네이티브1셀 셀장

이 책은 저자의 데이터 센터 네트워킹 기술에 대한 과거 경험을 통해 어렵고 복잡한 내용을 네트워크 엔지니어가 이해하기 쉽게 설명합니다. 인공지능(머신러닝), 빅데이터 플랫폼(분산 처리 시스템, 쿼리 엔진 등)이 쿠버네티스와 같은 컨테이너 기반 마이크로서비스로 변하고, 네트워크는 좀 더 복잡해지며 모든 성능과 안정성의 핵심 요소로 급부상하고 있습니다. 클라우드 네이티브에 걸맞은 고수준 네트워크 아키텍처를 설계하고 자동화와 간소화로 유연하고 확장 가능한 효율적 네트워크를 구축하려는 모든 분에게 꼭 필요한 필독서입니다. 어려운 개념과 용어들로 가득한 데이터 센터 네트워킹 기술을 독자가 쉽게 이해할 수 있도록 큰 노력을 해주신 클라우드 구축과 가상화에 잔뼈가 굵은 정기훈 님께 감사의 말을 전하고 싶습니다.

_김제민, 삼성전자 빅데이터센터 플랫폼개발팀 기술 리더

옮긴이의 말

새로운 서비스나 애플리케이션, 플랫폼 또는 인프라를 클라우드에서 배포, 운영하는 것은 오늘날 너무나도 당연한 것이 되었다. 일상에서 매일 사용하는 여러 서비스가 이미 퍼블릭 클라우드나 프라이빗 클라우드를 통해 제공된다. 그렇다면 클라우드는 어떤 요소들로 구성되고, 그 구성요소를 위한 네트워크는 어떤 형태인지 너무나도 궁금할 것이다(역자만 그럴 수도 있다).

이 책의 저자는 과거 온프레미스 환경에 투입되던 대형 스위치의 ASIC과 여러 프로토콜을 설계하고 고객 네트워크를 디자인한 것부터 리눅스 네이티브 네트워킹 기반의 네트워크에 이르기까지 다양한 경험을 겪었다. 저자의 경험을 바탕으로 클라우드에 적합한 네트워크 구조가 무엇인지에 대한 고민과 통찰을 정리한 것이 바로 이 책이다.

이 책은 리눅스의 여러 네트워킹 도구를 십분 활용하여 네트워크 구조와 구성을 단순화, 자동화하는 것이 핵심이라고 소개한다. 유연하고 신뢰 가능한 네트워크의 기본 토폴로지가 되는 클로스 토폴로지를 소개하고 이 토폴로지를 기초로 구축에 필요한 디자인 개념, 라우팅, 멀티캐스트, 네트워크 가상화, 구성 및 검증 자동화 등 방대한 내용을 담았다.

퍼블릭 클라우드를 사용하는 것이 너무나도 당연한 요즘 시대에 오롯이 프라이빗 클라우드(또는 데이터 센터 그 자체)를 구축하기 위한 내용이 직접적으로 와 닿는 사람이 얼마나 많겠냐는 걱정도 있다. 하지만 서비스나 플랫폼을 만들 때 인프라를 구축하고 운영하던 근본적인 자원들이 어떻게 추상화되고 동작하는지, 특히 네트워킹이 어떤 식으로 구성되고 동작하는지 아는 것이 중요하다. 이런 부분이 결국 애플리케이션 자체의 성능과 신뢰성에 영향을 미친다고 생각한다. 여러분이 어떠한 분야에 종사하는지 상관없이 이 책의 내용을 통해 고민하고 있던 문제를 해결할 수 있는 작은 (네트워크 수준의) 통찰을 얻길 바란다.

이렇게 훌륭한 내용을 담고 있는 책을 번역할 기회를 주신 한빛미디어에 감사드린다. 첫 번역이라 투박하고 느릴 수밖에 없었지만 너무나도 훌륭하게 검수를 해주신 김지은 님께 감사드린다. 바쁘신 와중에도 전체 내용을 봐주시고 다양한 피드백을 주신 공용준 님, 김제민 님, 손석호 님, 이정복 님, 이주원 님께도 감사드린다. 저에게 큰 영감을 주며 함께 도전하는 모든 동료에게도 감사드린다.

끝으로 언제나 제가 하는 모든 일을 응원하고 격려해주며 번역에 필요한 시간을 양보해준 사랑하는 아내에게 감사드린다.

정기훈

이 책에 대하여

> 내 인생으로 흘러온 구름은 더 이상 비나 맹렬한 폭풍을 불러오지 않고 그저 일몰하는 하늘에 색을 더해주었다.
>
> _라빈드라나트 타고르^{Rabindranath Tagore}, 『Stray Birds』

'클라우드 네이티브 데이터 센터 네트워킹'은 독자에게는 사뭇 씹어보기 적절한 주제고, 필자에게는 깨물고 싶은 주제다. 가장 간단한 것부터 살펴보자.

이 책은 강건하고 확장 가능한 데이터 센터 네트워크 인프라스트럭처를 만드는 데 집중한다. 데이터 센터를 이해하고 구축, 검증하고자 하는 네트워크 아키텍트나 운영자를 위해 쓰여진 책이다. 네트워크뿐만 아니라 컴퓨트와 스토리지까지 책임져야 하는 데이터 센터 운영자나 데이터 센터 네트워크 디자인을 가속화하는 방법을 찾는 독자에게 꼭 필요한 책이다. 또한 여기저기 흩어져 있는 지식을 한 번에 찾고 싶은 네트워크 개발자라면 반드시 이 책을 읽어야 한다.

이 책을 좀 더 자세히 소개하자면 클라우드 네이티브라는 특정한 방법으로 데이터 센터 네트워크를 설계하는 방법을 소개한다. 인터넷에 '클라우드 네이티브'라는 단어를 검색하면 리눅스에서 동작하는 특정한 애플리케이션 디자인인 마이크로서비스에 관한 내용과 연관된 많은 오픈소스를 찾아볼 수 있다. 그것들은 단지 도구일 뿐이다. 비즈니스가 급변하는 환경에서 흐름을 잃지 않고 강건하고 민첩하게 확장 가능한 애플리케이션을 만드는 게 목표다. 이는 네트워크에 적용할 때 애플리케이션과 비즈니스의 요구를 맞출 수 있는 강건하고 유연하며 확장 가능하고 효율적으로 운영할 수 있는 네트워크를 구축하는 것을 말한다.

'클라우드 네이티브'라는 단어를 선택한 이유는 네트워크를 구축할 때도 클라우드 네이티브가 담고 있는 개념을 동일하게 적용하고 싶었기 때문이다. 아마 여러분 대부분은 아마존이나 구글과 같은 세계 최대 크기를 지닌 글로벌 네트워크를 구축할 것은 아니지만 수용 가능하고 높은 가용성을 지니며 쉽게 관리하고 민첩하며 믿을 수 있는 네트워크를 만들고 싶을 것이다. 이와 같은 내용을 이 책에서 모두 배울 수 있다.

이 책은 단지 마이크로서비스 기반 애플리케이션을 배포하고자 하는 사람들을 위해 쓰이지 않았다. 쿠버네티스^{Kubernetes}와 마찬가지로 모든 사람이 원하는 컨테이너, 가상 머신, 베어메탈 bare-metal 서버 환경에 상관없이 동작하여 신뢰할 수 있고 예측 가능한 네트워크를 구축하는 것이 목표다.

과거 필자가 근무했던 회사나 다른 업체의 목표를 강요하지 않을 것이다. 하지만 특정 기업을 나타내는 문구나 예제가 있다면 해당 기업이나 도구에 대한 익숙함이 아직 필자에게 남아 있기 때문이다. 이러한 편향이 불쑥 튀어나올 때가 있어서 필자 스스로 고쳐나가기 위해 노력하고 있다. 필자는 오픈 소스가 더 나은 시스템을 만들어줄 수 있다고 믿기에 기꺼이 오픈 소스 도구의 옹호자임을 인정한다.

대상 독자

앞서 언급했듯이 이 책은 네트워크 아키텍트, 네트워크 운영자, 네트워크 애플리케이션 개발자를 대상으로 한다. 그러므로 TCP/IP나 소켓이 무엇을 의미하는지 정도는 알고 있을 거라 생각한다. 그 이외의 독자는 고려하지 않았다. 이 책은 데이터 센터의 이론과 응용을 배우고 실습도 다룬다. 단순히 교과서처럼 기술적인 정보를 나열하는 데만 집중하지 않고 이론이 데이터 센터 디자인에 어떻게 적용되는지를 다룬다. 데이터 센터의 네트워크가 다루지 않는 물리적인 장소 선택, 파워와 항온 장치 선택, 물리적인 레이아웃과 같은 것은 다루지 않는다.

이 책의 구성

이 책은 세 부분으로 구성되었다.

아키텍처

1장과 2장에서는 아키텍처를 다룬다. 새로운 아키텍처의 필요성과 네트워크 아키텍처에 대해 소개한다.

기술

3장부터 7장까지는 아키텍처 뼈대에 살을 붙이고 생기를 돋게 하는 다양한 기술을 소개한다. 기술 선택과 프로토콜, 생동하는 네트워크 아키텍처를 설계하는 방법을 다룬다.

실행

7장 이후에는 아키텍처에서 묘사한 기술을 사용하는 방법을 다룬다. 네트워크를 구성할 때 '적지만 더 나은$^{less\ but\ better}$' 개념을 적용하는 방법을 포함하여 네트워크 구성과 유효성 검증을 다룬다.

이 책은 컴퓨트와 네트워킹으로 분리된 서로 다른 두 분야를 하나로 합치고 데이터 센터 엔지니어와 아키텍트를 '르네상스 남녀'와 같이 왕겨에서 밀을 분별할 수 있을 정도의 넓고 깊은 지식을 지닌 사람으로 변화시키고자 하는 필자의 희망을 담았다. 리눅스라는 강건한 네트워킹 능력을 지닌 운영체제와 더욱 분산된 애플리케이션, 고품질 오픈 소스 라우팅 제품군이 등장함에 따라 네트워크와 컴퓨트 간의 인위적인 분리는 더 이상 적용되지 않는다. 여러분은 두 부분이 함께 우아하고 효율적으로 동작하게 하기 위해 적합한 새로운 솔루션을 만들고 사용할 수 있다.

이 책에서는 복잡한 주제는 다루지 않는다. 보안, 중간 시스템 간 통신$^{Intermediate\ System\ to\ Intermediate\ System,\ IS-IS}$, 새로운 라우팅 프로토콜(정말로 필요할까?), 데이터 센터 연결, 네트워크 분석 등과 같은 어려운 주제는 다루지 않는다. 필자는 시간과 에너지가 충분하지 않고 두꺼운 책으로 독자의 인내심을 시험하고 싶지 않다.

이 책에서 사용한 소프트웨어

클라우드 네이티브를 뒷받침하는 이론을 설명하기 위한 예제, 스니펫^{snippet}, 오픈 소스 소프트웨어를 사용한다. 이렇게 하면 특정 장비나 업체의 기술에 얽매이지 않아도 된다. 필자가 사용한 네 가지 오픈 소스 소프트웨어는 다음과 같다.

- 네트워크 운영체제로 사용할 리눅스 4.18 이상 버전
- 라우팅을 위한 FRR 7.1 버전

- 자동화를 위한 앤서블 2.8 버전
- 다양한 네트워크 토폴로지를 노트북에서 시뮬레이션하고 코드를 돌리기 위해 필요한 베이그런트 2.2.5 버전. 또한 규모가 큰 네트워크를 구동하기 위해 베이그런트의 립버트^{Libvirt} 확장을 사용한다.

필자가 깃허브에 올린 소프트웨어는 인텔 i7-8550U 프로세서와 16GB 램과 16GB 스왑을 사용하는 노트북에서 실행되었다. 이때 베이그런트에서 클로스 토폴로지^{Clos Topology}를 시뮬레이션하고, 앤서블을 실행하는 등의 작업이 포함된다. 이렇게 실행했을 때 다른 소프트웨어와 다름없이 (노트북에서) 구동하는 데 무리가 없었다. 다만 웹브라우저의 탭이 많이 열려 있으면 속도가 느릴 수 있다.

책에 있는 코드와 깃허브 저장소에 있는 소스 코드가 다르면 둘 중 정상적으로 실행되는 코드가 올바른 코드다.

큐물러스 리눅스^{Cumulus Linux} 배포판을 라우터로 사용했고, 우분투 16.04를 서버로 사용했다. 아리스타 네트웍스^{Arista Networks}의 확장 운영체제^{extensible operating system, EOS}에서 동작 가능한 설정을 제공한 가장 큰 이유는 아리스타 네트웍스에서 베이그런트 박스^{Vagrant Box}를 제공하기 때문이다(하지만 슬프게도 4.20.0F 이후 버전은 제공하지 않는다). 그래서 EOS와 베이그런트를 이용해서 네트워크를 구축해볼 수 있었다.

예제 코드

예제 코드는 다음 깃허브 저장소에서 사용할 수 있고 GPLv2 라이선스로 제공된다.

```
https://github.com/ddutt/cloud-native-data-center-networking
```

그림 파일

이 책에서 제공하는 그림은 다음 주소에서 컬러로 확인할 수 있다. 책을 볼 때 참고하길 바란다.

```
https://www.hanbit.co.kr/support/supplement_list.html
```

감사의 글

이 책을 쓴다는 것은 상상했던 것보다 훨씬 더 어려운 일이었다. 마라톤을 뛰는 것이 단순히 10km보다 더 뛰면 되는 것이 아니듯이 450쪽에 달하는 책을 쓴다는 것 역시 80쪽짜리 책을 길게 쓰는 것과 달랐다. 80~90쪽의 책을 썼던 이전의 두 경험은 이 책과는 차원이 달랐다. 이 책을 쓰면서 받았던 많은 조언과 피드백은 굉장히 큰 즐거운 일이었다.

이 책의 편집자이자 이전 두 출판사에서도 함께 일했던 Andy Oram이 없었다면 이 책은 이 세상의 빛을 볼 수 없었을 것이다. 그와 함께 일하는 동안 예상치 못한 기쁨도 맛봤다. 앤디는 이 책을 거의 함께 썼다고 해도 무방하다. 주말이든 한밤중이든 도움이 필요할 때마다 항상 함께 해주며, 표현하고자 하는 것에 적합한 단어나 버려야 할 단어를 찾을 수 있도록 도움을 주었다. 자정에 보낸 이메일에도 바로 답을 줄 때마다 놀라움을 금치 못했다. 앤디가 쓴 네트워크에 관한 시를 이 책에 실을 수 있게 허락한 것에 대해 영광이고 그에게 감사의 마음을 표한다.

이 책을 검토해준 동료들에게 감사드린다. Anthony Miloslavsky의 사려 깊은 피드백으로 책이 한층 더 깊어질 수 있었다. Donald Sharp 역시 많은 장에 피드백을 주었으며, 특히 그가 없었다면 혼자서는 멀티캐스트에 대한 내용을 쓸 수 없었을 것이다. Sean Cavanaugh의 조언과 지적 덕분에 자동화와 관련된 장이 보다 훌륭해졌다. Curt Brune가 검토해준 ONIE 관련 내용과 소중한 피드백에 감사드린다. 나의 소중한 친구이자 전문적인 영역에서 따르고 싶은 유일한 사람인 Silvano Gai와의 여러 장에 대한 깊이 있는 논의와 책 전반부에 걸친 검토 의견에 너무 감사드린다. '여러분은 드물게 지식과 인성을 모두 갖춘 사람이오. 친애하는 친구여, 모든 것에 감사하오 *Grazie di tutto, mio caro amico*'[1]

이 책을 쓰는 동안 귀찮게 많은 질문에도 친절하게 답해준 Roopa Prabhu, David Ahern, Vivek Venkataraman, Daniel Walton, Wilson Kok, Purna Bendale, Rama Darbha, Eric Pulvino에게 감사드린다. 많은 시간을 함께 한 동료로서, 웃음과 때론 눈물로 보낸 시간, 큐물러스에서 함께 한 우리의 모든 시간에 감사한다. 응원 단장이 되어준 Pete Lumbis에 감사드린다. 형편없는 문장에 웃기도 했지만 이 일을 어떻게든 계속할 수 있도록 용기를 북돋아

---

1 옮긴이_ 이탈리아어로 표현했다.

주었다. IS-IS와 OSPF에 대한 질문에 답을 찾을 수 있게 도와준 Christian Franke와 Don Slice에게도 감사드린다. 아마도 많은 시간을 함께 한 Shrijeet에 대한 감사 인사를 빼먹는다면 나를 가만두지 않을 것이다. 그에게 감사한 대목을 찾아야 하지만 너무 많아서 어떤 것을 적어야 할지 모르겠다.

마이크로소프트의 Bart Dworak에게 감사드린다. 션 캐비너의 추천으로 네트워크 자동화에 관한 그의 경험에 대해 오랜 시간 대화를 할 수 있어 관련 장의 내용을 다듬는 것에 굉장한 도움이 되었다. 나의 이전 책인 『데이터 센터에서의 EVPN^{EVPN in the Data Center}』에 대한 Barak Gafni의 피드백은 EVPN과 네트워크 가상화 장의 일부 내용을 바로 잡고 명확히 할 수 있도록 도움을 줬다. 아리스타에 대한 나의 질문에 대해 답변해준 Lincoln Dale에게 감사한다. Narayan Desai가 SRECon 2016에 나를 초대하여 네트워크 튜토리얼을 하도록 하지 않았다면 이 책이 세상에 나오지 못했을 것이다. 해당 강연의 긍정적인 피드백으로 오라일리에서 책을 쓰자고 제안해왔다. Narayan에게 감사한다.

네트워킹과 패킷 그리고 사람 대해 많은 것을 배우고 긍정적인 마음가짐을 가진 사람들과 함께 일할 수 있게 해준 시스코와 큐물러스에 감사한다. 특별히 시스코의 Tom Edsall과 큐물러스의 JR Rivers, 이 두 사람에게 감사를 표한다.

놀라운 일을 만들어가고 있는 모든 오픈 소스 커뮤니티에도 감사한다. Emacs를 25년 동안 문서 편집기로 사용하고 있으며, 이 책 역시 모두 이맥스로 썼다. 리눅스는 나의 주 데스크톱에서 Slackware floppies를 하루 종일 다운로드하던 버전 0.99부터 사용했다. 정말로 오래되었다. 우분투는 리눅스 경험을 너무도 부드럽게 만들고 있다. 해시코프의 베이그런트와 앤서블을 만드는 팀에도 감사한다.

집필 과정과 삶의 모든 부분에서 늘 용기를 주고 지원해주신 부모님께 감사드린다. 나 자신을 밝히고 나의 인생을 빛나게 해주는 Shanthala에게 감사드린다. 그리고 Maya, 이 책에 온 관심을 쏟고 있는 동안 잘 참아주었다. 내가 집필한 책에 언젠가는 너의 그림을 싣게 되길 기대할게. 굳이 안 해도 된다고 표정에 다 들어나는구나.

디네시 G. 더트

CONTENTS

CHAPTER 1 새로운 네트워크 아키텍처의 동기

CHAPTER 2 클로스: 새로운 세상을 위한 네트워크 토폴로지

CHAPTER 3 네트워크 분리

CONTENTS

CHAPTER 4 네트워크 운영체제 선택

CHAPTER **5** 라우팅 프로토콜 선택

CONTENTS

CHAPTER **6** 네트워크 가상화

<space>CHAPTER</space>**7 컨테이너 네트워킹**

CONTENTS

CHAPTER 8 멀티캐스트 라우팅

CHAPTER 9 데이터 센터 에지에서의 삶

CHAPTER 10 네트워크 자동화

CONTENTS

CHAPTER **12 네트워크 디자인 재고**

CHAPTER **13 OSPF 배치**

CONTENTS

CHAPTER **14 데이터 센터에서의 BGP**

CHAPTER **15 BGP 배치**

CONTENTS

CHAPTER **16** 데이터 센터에서의 EVPN

CHAPTER **17 네트워크 가상화 배치**

CHAPTER **18 네트워크 구성 검증**

CONTENTS

CHAPTER **19** 코다

## CHAPTER 1

새로운 네트워크 아키텍처의 동기

옛날 옛적에 존재했던 것이 아무 일도 일어나지 않았다면 언급되지도 않았을 것이다.

_찰스 드 린트[Charles de Lint]

애플리케이션이 절대로 변하지 않았다면 아마 이 책은 다른 이야기를 했을지도 모른다. 분산 애플리케이션은 애플리케이션과 함께 동작하는 네트워크 안에 존재했다. 모던 데이터 센터 네트워크[modern data center network]는 애플리케이션이 갑자기 이전과 다르게 동작하면서 등장했다. 이런 전환을 이해하는 것은 변화가 왜 필수적인지 단순하게 배우는 것보다 여러 면에서 도움이 된다. 모던 네트워크를 구성하고 싶지만 아직도 낡은 방식에 머물러 있는 고객들을 종종 만난다. 엔터프라이즈 출신의 애플리케이션 개발자들 역시 모던 데이터 센터를 부정적으로 생각한다.

이 장에서는 다음 질문에 대한 답을 얻을 수 있다.

- 새로운 애플리케이션의 특징은 무엇인가?
- 액세스-애그리게이션-코어 네트워크란 무엇인가?
- 액세스-애그리게이션-코어 네트워크에서 애플리케이션이 실패하는 경우는 어떤 것들인가?

1.1 애플리케이션 네트워크의 혼합

[그림 1-1]은 애플리케이션이 단일 모놀리스monolith에서 고도로 분산된 마이크로서비스 모델로 발전하는 과정을 보여준다. 네트워크 요구 사항도 애플리케이션의 발전 단계에 따라 달라진다.

그림 1-1 애플리케이션 아키텍처의 발전

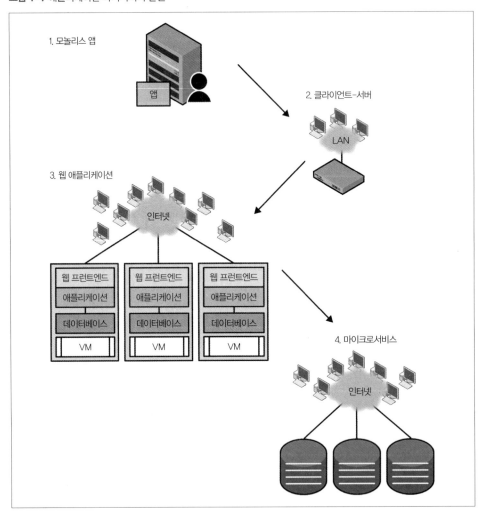

단일 모놀리스 애플리케이션의 시대에서 애플리케이션은 주로 메인프레임에서 동작하고 네트워크에 대한 요구 사항은 거의 없었다. 상호 접속은 SNA나 DECnet과 같은 사유 프로토콜을 사용했다. 네트워킹과 분산형 애플리케이션은 아주 기초 단계였고, 네트워크 대역폭에 대한 요구 사항은 오늘날의 기준으로 보면 무시할 만한 수준이었다.

워크스테이션과 PC의 보급으로 **클라이언트 서버 아키텍처**^{client-server architect}로 대표되는 차세대 애플리케이션이 나타났다. **근거리 네트워크**^{local area network, LAN}의 등장으로 네트워크가 복잡해지기 시작했다. 오늘날 기준으로 보면 미약하지만 네트워크 요구 사항이 증가했다. 시간이 지나면서 애플리케이션 간에 전송되는 데이터는 텍스트와 사진을 넘어 오디오와 비디오까지 가능해졌다. 상호 접속^{interconnect}과 관련된 기술이 발전하면서 다양한 프로토콜이 등장했고 대부분 사유 프로토콜이었다. 이더넷^{Ethernet}, 토큰링^{Token Ring}, 파이버 분산형 데이터 인터페이스^{fiber distributed data interface, FDDI}가 가장 유명한 상호 접속 방식이었다. 속도는 최대 100Mbps까지 낼 수 있었다. 노벨^{Novell}의 IPX, 반얀 시스템즈^{Banyan Systems}의 VINES, IP가 상위 레이어 네트워크 프로토콜의 우위를 차지하기 위해 경쟁을 펼쳤다. 기업들은 자유롭게 사용할 수 있고 개방적으로 개발된 TCP/IP 스택을 믿지 않았다. 대다수 기업은 TCP/IP에 대응하는 상용 프로토콜에 더 집중했다. 엔터프라이즈 애플리케이션들은 기업 밖에서는 접근이 아예 불가능했다. 그들이 사용한 대부분의 상위 레이어 프로토콜은 대규모로 사용하거나 기업 간의 연결을 고려해서 설계하지 않았기 때문이다. 오늘날에는 이러한 상용 상위 레이어 프로토콜들은 네트워킹 역사에서 발자취를 감추고 결국 이더넷과 TCP/IP가 승리했다. 개방형 표준과 오픈 소스가 상용 제품에 대항해 처음으로 거둔 승리였다.

다음에는 인터넷의 확장과 TCP/IP 스택의 승리를 가져왔다. 애플리케이션은 엔터프라이즈의 벽을 깨고 전 세계에서 접근할 수 있도록 만들어지기 시작했다. 어느 곳에 있어도 접속이 가능한 클라이언트 때문에 애플리케이션 서버가 다뤄야 할 규모가 비약적으로 증가하게 된다. 대부분의 엔터프라이즈에서는 단일 객체 서버로는 모든 클라이언트의 요청을 처리할 수 없게 되었다. 또한 단일 객체 서버는 단일 장애점이 될 수밖에 없었다. 그로 인해 로드 밸런서로 여러 서버를 묶어서 운영하는 방법이 널리 쓰이기 시작했다. 서버들은 여러 단위로 나뉘기 시작했는데, 일반적으로 웹 프런트엔드, 애플리케이션, 데이터베이스 또는 스토리지로 나눠졌다.

이더넷은 엔터프라이즈 내에서 사실상 상호 접속이 됐다. 이더넷은 TCP/IP와 더불어 엔터프라이즈 네트워크와 애플리케이션의 바탕이다. 필자는 1998년 중후반쯤 필자의 경영진이 Catalyst 5000/6500에서 토큰링과 FDDI의 개발을 종료한다고 발표했던 날을 생생하게 기억한다. 이더넷의 성공은 동기식 광 네트워크^{synchronous optical network, SONET}와 같은 서비스 제공자 네트워크에서 사용되는 다른 상호 접속 방식의 퇴장을 촉진시켰다. 이런 흐름이 끝날 무렵 기가비트 이더넷이 엔터프라이즈 네트워크에서 널리 쓰이는 상호 접속이 됐다.

컴퓨트 처리 성능이 계속 향상되면서 대부분의 애플리케이션이 CPU의 처리 능력을 모두 활용하지 못하게 되었다. 프로세서 제작 기술이 향상되어 단일 프로세서 칩에 둘 이상의 CPU 코어를 탑재할 수 있게 되면서 지나친 컴퓨팅 성능의 향상으로 공급 과잉을 초래했다.

서버 가상화^{server virtualization}는 CPU의 효율적인 사용을 극대화하기 위해 발명되었다. 서버 가상화는 독립적인 두 가지 요구 사항을 충족한다. 첫째, 여러 물리 컴퓨트 노드^{compute node}를 사용하지 않고 서버 여러 대를 구동할 수 있는 비용 효율 모델을 만들었다. 둘째, 엔터프라이즈 애플리케이션을 **가상 머신**^{virtual machine, VM}이라 불리는 격리된 단위에 다수 실행할 수 있게 하여 애플리케이션을 다시 작성하지 않고도 여러 코어를 활용한 멀티스레드와 병렬 처리의 이점을 누릴수 있게 해주었다.

기존 엔터프라이즈 애플리케이션을 개발하기 위해 사용하는 운영체제는 대부분 윈도우였다. 유닉스 기반 운영체제인 솔라리스는 애플리케이션 플랫폼으로 널리 사용하지 않았다. 유닉스나 이와 유사한 운영체제를 구동하기 위해 워크스테이션에 드는 비용도 무시할 수 없기 때문이다. 그리고 파편화된 운영체제 시장도 애플리케이션 부족의 원인이 됐다. 유닉스와 유사한 운영체제 분야에는 독보적인 제품이 없었다. 해당 분야의 운영체제는 겉보기에 유사해 보이지만 세부 사항은 달랐다. 이런 점이 개발자가 애플리케이션을 만드는 것을 어렵게 했다. 리눅스가 점점 유명세를 타고 안정화되고 있었지만 얼리 어댑터의 단계를 벗어나지 못했다.

인터넷(특히 웹)의 성공은 온라인에 있는 정보의 양을 폭발적으로 증가시켰다. 유사한 정보를 찾는 것이 굉장히 중요해지면서 검색 엔진 간의 경쟁이 매우 치열했다. 결국 시장에 비교적 늦게 합류한 구글이 모든 검색 엔진 시장을 석권했다. 제록스가 복사의 동의어로 사용되는 것처럼 구글도 옥스퍼드 사전에 동사(웹 기반 검색의 동의어)로 등록되었다. 이 글을 쓰는 시점에도 구글은 초당 4만 건에 달하는 35억 건의 검색을 단 하루 만에 처리한다. 이런 규모를 감당하기 위해 서버는 더욱 분산되었고 맵리듀스^{MapReduce}와 같은 클러스터 기반 애플리케이션 아키텍처가 대두되었다. 대규모 서비스로 인해 클라이언트와 서버 간의 통신이 주축을 이룬 시대에서 서버간 트래픽이 주가 되는 시대로 전환점을 맞게 되었다.

리눅스는 새로운 시대의 애플리케이션이 동작하는 중요한 운영체제가 되었다. 리눅스는 유닉스의 애플리케이션 개발 철학을 그대로 담았다. 그렇게 개발된 프로그램은 하나의 일만 잘 수행하도록 설계되었고 다른 유사한 프로그램들과 함께 동작해서 모든 종류의 서비스를 할 수 있게 되었다. 서버들은 역할에 따라 더욱 세밀하게 나뉘었고 이런 흐름은 현재 유행하는 '마이크로서비스'로 이어졌다. 마이크로서비스는 VM보다 가볍게 동작할 수 있는 컨테이너의 유행도 이끌어냈다. 컨테이너는 필요한 서비스만 실행할 수 있어서 서비스를 위해 리눅스 전체를 구동하는 VM보다 빠르게 실행할 수 있다는 장점이 있다.

리눅스의 등장과 규모의 경제성은 IT 부서 운영의 어려움을 해결해줄 수 있는 서비스인 클라우드의 부상을 가져왔다. 클라우드는 엔터프라이즈 네트워크와 컴퓨트 인프라의 구매, 확장, 업그레이드, 문제 해결에 들어가는 고민을 해결해준다. 그 고민 중 대부분을 차지하는 것이 직접 인프라를 구축하고 운영하는 데 들어가는 비용에 대한 것이다. 클라우드에 대한 이야기는 이보다 더 미묘하며 이후에 보다 자세히 다루겠다.

클라우드 인프라에서 감당하는 고객의 규모는 기존 엔터프라이즈에 구축된 인프라가 감당할 수 있는 수준을 넘어선다. 컨테이너와 클라우드 네트워킹은 웹 검색 같은 새로운 시대의 애플리케이션과 마찬가지로 서버 간의 통신이 주를 이룬다. 그로 인해 더 높은 네트워크 대역폭이 필요하고 10기가비트 이더넷은 이젠 널리 쓰이는 상호 접속이 되었다. 상호 접속의 속도는 나날이 증가되어 최근에는 400기가비트 이더넷을 지원하는 스위치가 발표됐다.

규모, 애플리케이션 통신 형태의 차이, 더욱 분산된 애플리케이션의 등장으로 새로운 요구 사항을 해결할 수 있는 새로운 네트워크를 요구하게 되었다. 이제 네트워크에 대해 더 자세히 알아보자. 기존 방식의 네트워크가 새로운 요구 사항을 만족하지 못하는 이유를 살펴볼 것이다.

1.2 지난 세기의 네트워크 디자인

[그림 1-2]는 지난 세기 동안 발전을 이룬 네트워크 디자인을 보여준다. 이것이 바로 오늘날 데이터 센터 애플리케이션이 실행하려고 했던 네트워크다. 이런 디자인을 **액세스-애그리게이션-코어**^{acccess-aggregation-core}라고 하며, **액세스-애그코어**^{acccess-aggcore} 또는 **액세스-애그**^{access-agg}로 짧게 줄여서 쓸 수 있다.

그림 1-2 액세스-애그리게이션-코어 네트워크 아키텍처

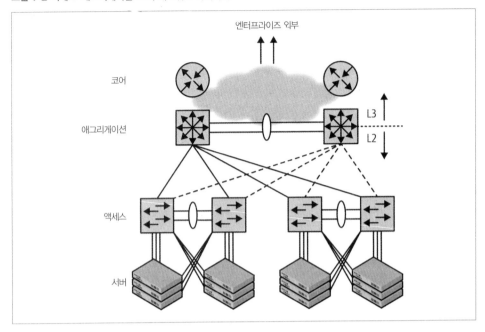

엔드포인트 또는 컴퓨트 노드는 [그림 1-2]의 가장 하위 계층인 액세스 스위치에 연결한다. 어 그리게이션 또는 디스트리뷰션 스위치distribution switch는 액세스 네트워크와 연결되어 액세스 네 트워크가 다른 네트워크와 연결될 수 있게 해준다. 애그리게이션 스위치와 코어 스위치 간 명시 적인 연결은 명시하지 않았다. 다양한 네트워크를 건너 연결되므로 앞으로 설명할 내용과 관련 이 없기 때문이다.

애그리게이션이 두 개 존재하는 이유는 당연히 그중 하나가 동작하지 않을 때 네트워크가 단절 되는 것을 막기 위해서다. 당시에는 다수의 스위치를 사용하는 것이 처리량과 다중화를 위해 적합하다고 생각했지만 결국 두 개는 부적절한 것으로 밝혀졌다.

액세스와 애그리게이션 스위치 사이의 트래픽은 브리징bridging을 통해 전달된다. 애그리게이션 스위치의 노스North로 나가는 패킷은 라우팅을 사용해서 전달된다. 그러므로 애그리게이션 스위 치에서 사우스South는 브리징으로 처리하고, 노스는 라우팅으로 처리하는 두 가지 방식을 동시 에 사용한다. 이러한 특징은 [그림 1-2]에 레이어 2(L2, 브리징)와 레이어 3(L3, 라우팅)로 참조하는 L2와 L3가 동시에 존재하는 것으로 나타난다.

1.2.1 브리징의 매력

사물 간 인터넷이 이미 도래한 시점에도 액세스-애그코어 네트워크는 많은 부분을 브리징에 의존한다. IP 라우팅이 인터넷의 기본 작동 방식인데, 왜 엔터프라이즈 네트워킹에서는 라우팅보다 브리징을 사용하고 있을까? 세 가지 주요 이유가 있다. 스위칭 실리콘 패킷 포워딩의 증가, 엔터프라이즈 내 사유proprietary 네트워크 스택의 증가, 무설정 브리징의 약속 때문이다.

하드웨어 패킷 스위칭

엔터프라이즈와 인터넷을 연결해주는 서비스 제공자와 클라이언트-서버 애플리케이션의 부상으로 네트워킹 장비를 만드는 것에 특화된 업체들이 나타났다. 네트워킹 장비는 여러 개의 네트워크 인터페이스 카드Network Interface Card, NIC가 탑재된 고성능 워크스테이션에서 패킷 포워딩에 특화된 하드웨어로 이동하기 시작했다. 패킷 포워딩에 특화된 주문형 반도체application-specific integrated circuit, ASIC의 발전으로 변화가 빨라졌다. 패킷 스위칭 실리콘packet-switching silicon의 등장은 보다 많은 인터페이스를 단일 장비에 연결할 수 있게 했고 이전보다 훨씬 낮은 지연으로 패킷 포워딩할 수 있게 했다. 하지만 이 하드웨어 스위칭 방식은 브리징만 지원했다.

라우터, 브리지, 스위치

라우터는 스위치인가? 아니면 스위치는 브리징의 동의어인가? 이런 질문들은 오랫동안 네트워크 엔지니어의 뇌리 속에 존재했다. 필자가 큐물러스에 재직하던 시절에 만났던 한 고객이 스위치는 브리징만 의미하므로 분리된 스위치도 브리징만 가능해야 한다고 말했다. 그래서 그곳의 큐물

러스 리눅스는 브리징으로만 동작하게 되어 있었다. 단지 오후 반나절 강의로 필자는 이런 혼동의 원인을 걷어내고 고객에게 온전히 라우팅 기반의 새로운 네트워크 디자인을 제시했다. 그로 인해 고객이 가지고 있던 큐물러스 리눅스로 상당히 큰 규모의 네트워크를 배치하는 것에 대한 의심을 없앨 수 있었다. 하지만 여전히 많은 사람이 잘못 생각하고 있다. VM웨어^{VMware}의 하이퍼바이저에 탑재된 브리징 모듈이 브리징만 수행하지만 '소프트웨어 스위치'로 부르고 있어서 사람들을 헷갈리게 한다.

이러한 혼란이 처음에는 하드웨어 기반의 패킷 포워딩을 **하드웨어 스위치**^{hardware switch}라 부르고 이후에는 줄여서 **스위치**라 명명해서 그렇다고 생각한다. 하지만 IP 라우팅 탐색을 하드웨어로 구현하기에는 너무 복잡했기 때문에 하드웨어 패킷 포워딩에서 오랫동안 브리징만 지원했었다. 자연스레 스위칭은 하드웨어로 구현된 패킷 포워딩을 의미하게 되었고 하드웨어 패킷 포워딩은 브리징만 의미하게 되었다.

그렇지만 패킷 스위칭 실리콘이 라우팅을 지원하면서부터 더는 스위치를 브리징이라고 부를 필요가 없었다. 어떤 곳에서는 'L2 스위치'는 브리징만 지원하는 스위치를 말하고, 'L3 스위치'는 거기에 라우팅도 할 수 있는 스위치를 의미하기도 한다. 많은 장비 공급 업체가 여전히 이러한 용어의 혼란을 이용해 브리징과 라우팅 포트의 가격, 라이선스 정책을 별도로 가져가곤 한다.

이 책에서 스위치는 라우터 또는 브리지를 뜻하며 명확한 구분이 필요할 때는 그 역할을 명시할 것이다.

또한 이 분야에서 통용되는 용어로 **패킷**^{packet}을 브리징(링크)과 라우팅 레이어(아무도 프레임 스위칭이라 하지 않는다)에서 모두 사용한다. 개방형 시스템 간 상호 접속 모델 표준의 링크 레이어에서는 패킷 대신 프레임을 교환한다.

사유 엔터프라이즈 네트워크 스택

클라이언트-서버 시대의 네트워킹에서는 IP가 단순히 수많은 네트워크 프로토콜 중 하나였다. 인터넷 역시 지금 우리가 알고 있는 것이 아니었다. 엔터프라이즈의 네트워크 스택들은 경쟁이 치열했다. 그 예가 노벨의 IPX나 반얀의 VINES다. 흥미롭게도 이런 네트워크 스택은 모두 브리징 계층 윗부분만 서로 다르다. 즉, 브리징은 모두에게 공통된 계층이었다. 당시에 다른 엔터프라이즈 네트워크에서 동작하던 모든 프로토콜은 브리지에서 동작했다. 액세스-애그코어 네트워크 디자인은 네트워크 엔지니어가 모든 프로토콜마다 서로 다른 네트워크를 구축하지 않고 모든 네트워크 프로토콜을 지원할 수 있는 공통된 네트워크를 설계할 수 있게 해줬다.

무설정 약속

라우팅은 구성하기 어려웠다. 일부 공급 업체 스택에서는 지금도 여전히 어렵다. IP 라우팅은 명시적인 구성이 많이 필요하다. 가장 먼저 서로 다른 인터페이스가 라우팅되려면 동일한 서브넷 안에 존재해야 한다. 그리고 라우팅 프로토콜은 서로 정보를 교환할 필요가 있는 피어와 함께 구성해야 한다. 피어는 프로토콜을 통해 서로 수용 가능한 정보가 어떤 것인지 알려줘야 한다. 다양한 자료[1]에 따르면 하드웨어 장애를 제외한 네트워크 장애의 주요 원인은 사람의 실수로 발생한다고 한다. 라우팅은 브리징에 비해 CPU를 많이 쓰고 느렸다(하지만 20년 넘게 이 말은 사실이 아니었다[2]).

애플토크^{AppleTalk}와 같은 프로토콜들은 간단한 구성을 장점으로 내세운다.

고성능 워크스테이션에서 네트워킹 특화 장비로 대체되었을 때 사용자 모델도 함께 변화했다. 네트워킹 특화 장비는 플랫폼보다 어플라이언스^{appliance}로 설계되었다. 즉, 사용자 인터페이스^{user interface, UI}는 범용 명령행 셸이 아닌 고도로 정비된 라우팅 관련 명령들만 실행할 수 있게 했다. 게다가 UI는 유닉스 서버에서 가능했던 자동 설정이 아닌 수동 설정만 할 수 있도록 다듬어져 있었다.

사람들은 네트워크 구성을 아예 없애거나 줄이는 것을 원했다. 자가학습 브리지가 당시에는 엔터프라이즈 환경에서 가장 적합한 방법이라고 여겨졌다. 부분적으로 상위 계층 프로토콜에서 결정하고 부분적으로 간결화를 보장했기 때문이다. 자가학습 투명 브리지^{self-learning transparent bridge}는 **무설정**^{zero configuration}이라는 꿈을 약속했다.

자가학습 투명 브리지의 동작 방식

자가학습이 어떤 방식으로 동작하는지 모르는 독자를 위해 간략하게 소개한다. 보다 자세한 내용을 원하면 브리징을 다루는 많은 책이 출간되어 있으니 참고하기 바란다.

브리지는 다수의 인터페이스가 있고 한 인터페이스에서 다른 인터페이스로 패킷을 전달하는 역할을 한다. 인터페이스는 생산시기 사진에 부여한 MAC 주소(또는 이더넷 주소)라고 불리는 것으로 구분된다. 브리지는 사용자의 특별한 설정 없이 브리지를 지나는 패킷을 스누핑하여 자동으로 룩업 테이블을 생성한다.

---

[1] https://oreil.ly/RitXm
[2] 옮긴이_ 과거 20년 이상 동안 하드웨어의 발전과 더불어 라우팅이 더 이상 브리징보다 CPU를 많이 쓰는 프로토콜이 아니라는 의미다.

패킷 스위칭 네트워크를 지나는 모든 패킷은 출발지와 목적지의 두 MAC 주소를 갖는다. 브리지는 목적지 MAC 주소를 통해 어느 인디페이스와 연결된 시스템으로 패킷을 전송해야 하는지 알 수 있다. 목적지를 찾을 수 없다면 패킷을 받은 인터페이스를 제외한 모든 인터페이스로 패킷을 전송한다. 이런 방식으로 MAC 주소가 네트워크상에 존재한다면 결과적으로 패킷은 목적지에 도착할 수 있다.

룩업 테이블에서 찾을 수 없는 MAC 주소를 가진 패킷을 모든 인터페이스로 보내는 것을 **플러딩**flooding이라고 한다. 여기에는 패킷을 전달받은 인터페이스로 다시 패킷을 보내지 않기 위해 **셀프 포워딩 확인**self-forwarding check도 포함된다.

브리지의 MAC 테이블에서 찾을 수 없는 목적지 MAC 주소를 가진 패킷을 **언노운 유니캐스트**unknown unicast 패킷이라고 부른다. **브로드캐스트**broadcast와 언노운 멀티캐스트unknown multicast 패킷들은 마찬가지로 모든 종단까지 전달되어야 하므로 플러딩된다.

브리지가 패킷에 포함된 MAC 주소로 해당 주소의 시스템이 어떤 인터페이스와 연결되었는지 알게 되는 과정을 **학습**learning이라고 한다. 동일한 주소를 가진 패킷이 다음에도 브리지에 전달되면 이제는 단순히 패킷을 알고 있는 인터페이스로 포워딩하면 된다. 따라서 시간이 흐르면 네트워크의 포워딩 테이블forwarding table을 만들게 된다. 이런 이유로 브리지를 **자가학습 브리지**self-learning bridge라고 부른다. 또한 패킷을 목적지에 보내기 위해 명시적으로 브리지의 주소를 목적지 MAC 주소로 변경하지 않으므로 **투명 브리지**transparent bridge라고도 부른다. 이는 라우팅에서 패킷의 목적지 MAC 주소가 라우터 인터페이스의 MAC 주소인 것과 차이가 있다.

1.2.2 확장 가능한 브리징 네트워크 구축

브리징은 모든 상위 프로토콜에 대해 빠른 패킷 스위칭과 최소한의 설정을 보장하는 단일 네트워크 디자인에 대한 꿈을 이뤄줄 것이라고 여겼다. 하지만 현실은 브리징의 자가학습 모델과 스패닝 트리 프로토콜spanning tree protocol, STP의 결과로 발생하는 여러 제약이 존재한다.

브로드캐스트 스톰과 스패닝 트리 프로토콜의 영향

아마도 자가학습 브리지가 패킷을 영원히 포워딩할 수 있을지에 대한 의문이 들 수도 있다. 패킷의 목적지가 네트워크 내에 존재하지 않거나 절대 응답하지 않는 상태라면 브리지는 이 목적지가 어디에 있는지 절대 알 수 없다. 따라서 아주 간단한 삼각형 토폴로지에서조차 셀프 포워딩 확인에도 불구하고 패킷은 무한히 네트워크 내에 돌아다니게 된다. IP 헤더와 달리 MAC 헤더는 유지 시간$^{time-to-live, TTL}$이 없어서 패킷이 무한히 돌아다니는 것을 막을 수 없다. 단일 브로드캐스트 패킷이라고 해도 루프가 있는 작은 네트워크에서 무한히 돌아다닌다면 결국에는 모든 대역폭을 다 사용할 수 있다. 이런 재앙을 **브로드캐스트 스톰**$^{broadcast\ storm}$이라고 한다. 목적지가 존재하지 않는 패킷을 충분히 네트워크에 흘려보낸다면 네트워크를 무너뜨릴 수도 있다.

브로드캐스트 스톰을 회피하기 위해 라디아 펄먼$^{Radia\ Perlman}$이 스패닝 트리 프로토콜을 발명했다. STP는 어떤 네트워크든 루프가 없는 트리로 만들어준다. 루프가 없으므로 당연히 브로드캐스트 스톰이 발생하지 않는다.

STP는 액세스-애그 네트워크의 경우 문제가 된다. 액세스-애그 네트워크에서 스패닝 트리의 루트는 애그리게이션 스위치 하나가 된다. [그림 1-2]에서 알 수 있듯이 두 개의 애그리게이션 스위치와 하나의 액세스 스위치를 이으면 삼각형이 그려져서 루프가 된다. STP는 액세스 스위치와 연결된 애그리게이션 스위치 중 STP의 루트가 아닌 스위치와 연결된 링크를 사용하지 않게 해서 루프를 해결한다. 이 방법은 애그리게이션 스위치와 연결된 액세스 스위치의 링크를 하나만 사용하게 되어 불행히도 가용한 네트워크 대역폭을 절반밖에 사용할 수 없게 된다. 동작 중인 애그리게이션 스위치에 장애가 발생하거나 액세스 스위치와 애그리게이션이 연결된 링크가 동작하지 않는 경우에는 STP는 자동으로 막아둔 링크를 사용하게 한다. 다시 말해 액세스 스위치의 상향 링크와 연결된 두 애그리게이션 스위치는 동작-대기$^{active-standby}$ 방식으로 동작하게 된다. 42쪽 'VLAN별 스패닝 트리를 이용한 대역폭 향상'에서 STP의 제약 사항을 극복하는 방법을 살펴볼 것이다.

지난 세월 동안 여러 업체가 기존 STP를 빠르게 하고 보다 확장 가능하게 하며 느린 융합 과정을 개선하기 위한 독자적인 사유 설정$^{property\ knob}$을 개발해왔다.

플러딩의 부하

또 다른 브리징 네트워크의 문제점은 바로 언노운 유니캐스트 패킷에 의해 발생하는 플러딩(정의에 대해서는 1.2.1절 내 박스 '자가학습 투명 브리지의 동작 방식'을 살펴보자)이다. 종단 호스트$^{end\ host}$는 브로드캐스트와 함께 언노운 유니캐스트 패킷과 언노운 멀티캐스트 패킷을 모두 수신한다. MAC 포워딩 테이블의 각 엔트리는 5분의 시간제한이 있다. 어떤 MAC 주소가 5분 동안 통신이 없다면 MAC 포워딩 테이블에서 해당 엔트리를 삭제하게 된다. 다음 패킷이 삭제된 MAC 주소를 갖는 경우 플러딩되는 원인이 된다. IPv4 프로토콜에서 어떤 IP 주소에 대응되는 MAC 주소를 알기 위해 **주소 결정 프로토콜**address resolution protocol, ARP을 사용하며 일반적으로 이런 질의를 브로드캐스트한다. 예를 들어 호스트 100개가 존재하는 네트워크에서 하나의 호스트는 최소한 100건(100건 중 99건은 각기 다른 호스트로부터 전송되며 한 건은 디폴트 게이트웨이로부터 받는다)의 추가 질의를 받는다.

ARP는 오늘날 상당히 효율적으로 동작한다. 따라서 초당 수백 개 이상의 패킷을 처리하는 것은 문제가 없다. 하지만 언제나 꼭 그런 것은 아니다.

그리고 애플리케이션 대부분이 ARP와 같이 동작하지는 않는다. 브로드캐스트와 멀티캐스트 패킷을 남발하여 브리징 네트워크를 굉장히 시끄럽게 만드는 경우도 있다. 대표적으로 브리징 위에서 실행되어 많은 용도로 사용되는 마이크로소프트의 넷바이오스NetBIOS가 있다.

가상 근거리 통신망virtual local area network, VLAN은 과도한 플러딩 문제를 해결하기 위해 발명되었다. 단일 물리 네트워크를 서로 간의 통신이 잦은 노드들로 구성된 작은 네트워크 단위로 논리적으로 나눈다. 모든 패킷에는 특정 VLAN이 부여되어 플러딩은 동일한 VLAN을 가진 스위치 포트 간에만 발생할 수 있도록 제한한다. VLAN을 사용하면 엔터프라이즈 내에서 비슷한 그룹 간 간섭 없이 동일한 물리 네트워크를 공유할 수 있게 해준다. IP에서 브로드캐스트는 서브넷 내에서 발생한다. 따라서 VLAN은 IP 서브넷과 연결된다.

서브넷이란?

IP 주소는 그룹으로 표현할 수 있다. 그룹은 하나의 연속된 주소를 공유하는 마스크라고 불리는 초기 비트와 마스크의 길이로 나타낼 수 있다. 예를 들어 IPv4에서 1.1.1.0/24는 1.1.1.0부터 1.1.1.255까지 256개 주소를 갖는 그룹을 뜻한다.

VLAN별 스패닝 트리를 이용한 대역폭 향상

두 개의 애그리게이션 스위치에 액세스 스위치에서 루프가 생기는 것을 방지하기 위해 STP를 사용하지만 그로 인해 네트워크 대역폭이 절반이 된다는 사실을 기억하고 있을 것이다.

시스코에서는 두 액세스 스위치와 연결된 링크를 활성화하기 위해 **VLAN별 스패닝 트리**per-VLAN spanning tree, PVST를 제안했다. PVST는 말 그대로 VLAN마다 스패닝 트리를 만드는 것이다. 예를 들어 짝수 VLAN을 하나의 애그리게이션 스위치에 연결하고 홀수 VLAN를 나머지 스위치에 연결하면 액세스 스위치는 두 애그리게이션 스위치와 연결된 링크를 모두 사용할 수 있게 된다. 각 링크는 짝수 VLAN 그룹과 홀수 VLAN 그룹을 담당한다. [그림 1-3]에서 VLAN마다 생성된 스패닝 트리가 액세스 스위치에서 어떻게 연결되는지 알 수 있다.

그림 1-3 액세스-애그리게이션-코어 네트워크에서 VLAN별로 활성화된 STP 토폴로지

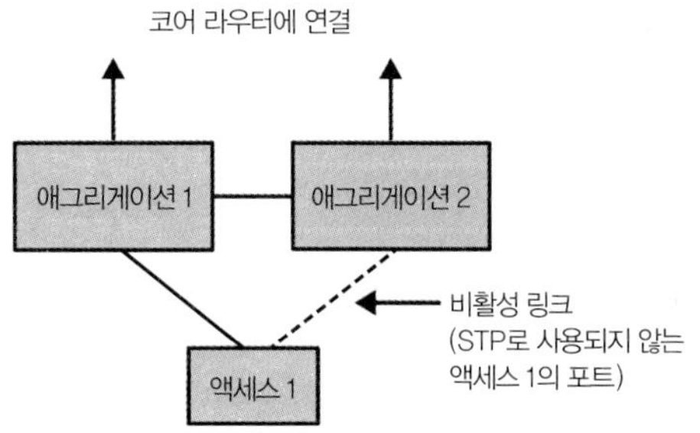

IP 레벨에서 중복

IP 레이어에서 또 생각해봐야 하는 문제가 있다. 애그리게이션 스위치가 라우팅 반경을 대표하므로 애그리게이션 스위치는 연결된 액세스 스위치 아래에 있는 모든 호스트들의 첫 번째 홉 first-hop 라우터가 된다. 호스트에 IP를 부여함과 동시에 첫 번째 홉 라우터의 IP 주소도 함께 입력된다. 첫 번째 홉 라우터를 통해 호스트는 자신의 서브넷을 벗어난 다른 장비들과 통신할 수 있다.

호스트가 디폴트 게이트웨이의 IP 주소를 알고 나서부터 게이트웨이 주소의 변경은 문제가 된다. 애그리게이션 스위치에서 장애가 발생한다면 다른 스위치가 디폴트 게이트웨이 주소로 사용되는 스위치의 역할을 계속 수행해야 한다. 즉, 장애가 발생한 스위치를 디폴트 게이트웨이로 알고 있는 호스트들은 할당된 서브넷을 벗어난 통신을 할 수 없게 된다. 이런 일이 일어나지 않게 하는 것이 두 번째 중복된 애그리게이션 스위치의 역할이다. 그래서 두 개의 라우터가 동시에 동일한 IP를 갖고 실제로 동작할 때는 두 스위치 중 하나만 동작하게 하는 방법이 개발되었다.

[그림 1-3]에 묘사된 토폴로지에서는 모든 브로드캐스트 패킷(ARP를 생각하자)이 두 애그리게이션 스위치로 전달된다. 한 번에 하나의 스위치에서만 요청에 대한 응답을 하기 위해서는 응답에 사용하는 스위치의 MAC 주소가 동일해야 한다.

이런 방법은 첫 번째 홉 라우팅 프로토콜^first hop routing protocol, FHRP이라고 불리는 또 다른 종류의 프로토콜을 발명하도록 했다. FHRP의 첫 번째 예가 시스코의 상시 대기 라우팅 프로토콜^hot standby routing protocol, HSRP이다. FHRP가 표준으로 구현되어 오늘날 사용되고 있는 것이 바로 가상 라우터 장애 복구 프로토콜^virtual router redundancy protocol, VRRP이다. FHRP는 두 라우터가 서로 활성화된 상태에서 지속적으로 추적할 수 있게 해주며 게이트웨이 IP 주소에 대한 ARP 응답을 언제든지 하나의 라우터에서만 실행할 수 있도록 해준다.

실패 완화: 서비스 중 소프트웨어 업그레이드

두 개의 애그리게이션 스위치만 존재하기 때문에 그중 하나에서 장애가 발생하거나 업그레이드와 같은 이유로 전원이 꺼지는 경우 가용한 대역폭이 절반으로 줄어들게 된다. 네트워크 사업자들은 이러한 장애 상황을 겪고 싶지 않았다. 그래서 네트워크 장비 업체들은 다중 제어 평면 카드^control-plane card를 애그리게이션 스위치에 탑재했다. 제어 평면 카드 중 하나가 다운되면 다른 하나가 스위치 전체가 장애에 빠지지 않도록 계속 동작한다. 즉, 두 제어 평면 카드가 한 번에 하나만 활성화되어 있는 활성–수동^active-passive 모드로 동작하게 된다. 하지만 초기에는 두 제어 평면 카드 간 상태를 동기화하는 기능이 없었다. 그래서 하나의 제어 평면 카드 장애 시 다른 카드가 활성화되면서 모든 포워딩 상태를 재생성하기 때문에 정지 시간^downtime이 길어지는 현상이 발생했다.

당시 시스코나 다른 업체들은 **서비스 중 소프트웨어 업그레이드**^in-service software upgrade, ISSU라는 기능을 개발했다. 그래서 사유 프로토콜은 제어 평면 카드 간 상태를 동기화할 수 있게 되었다. 제어 평면 카드가 동작하지 않을 때(예를 들면 유지 보수나 버그와 같은 이유로) 시스템의 콜드 스타트^cold start나 오랜 시간이 걸리는 재생성 상태를 거치지 않고 자동으로 대기 상태인 카드로 제어권이 넘어가는 방식이다.

이 기능은 굉장히 복잡하고 처음에 해결하려던 문제보다 훨씬 더 복잡한 문제를 야기할 수 있으므로 일부 대규모 데이터 센터의 경우에만 사용했다.

지금까지 설명한 네트워크 설계들은 [그림 1-2]의 네트워크 아키텍처로 귀결된다.

이제 확장 가능하고 유연하다고 여기는 이 아키텍처가 왜 새로운 시대의 애플리케이션을 위한 데이터 센터 네트워크 아키텍처가 아닌지 살펴볼 것이다.

1.3 액세스-애그리게이션-코어 네트워크 디자인의 문제점

액세스-애그-코어 네트워크 아키텍처가 중요했던 2000년도에는 아키텍처의 요소들이 합당해 보였다. 다양한 상위 레이어 프로토콜을 지원하며 빠르고 저렴하고 운영이 간편했다. 그리고 클라이언트 서버 애플리케이션 아키텍처에서 자주 발생하는 노스-사우스 트래픽에 적합했다. 하지만 다양한 프로토콜과 빠른 프로세서의 사용에도 불구하고 운영자들이 원하는 만큼 견고하지 못했지만 이 아키텍처를 계속 사용해왔다. 액세스-애그-코어 아키텍처 문제점 중 하나는 브로드캐스트 스톰으로, 브리지 네트워크를 운영하는 누구나 겪을 수 있는 익숙한 문제다. 이건 STP를 사용해도 막을 수 없다.

이제 애플리케이션이 변했다. 새로운 종류의 애플리케이션은 클라이언트 서버 아키텍처보다 서버 간 통신이 많다. 즉, 노스-사우스 트래픽보다 이스트-웨스트 트래픽이 훨씬 많다는 것이다. 새로운 애플리케이션들은 액세스-애그-코어 네트워크 디자이너들이 상상했던 것 이상의 규모가 필요하다. 늘어난 규모는 장애, 복잡성, 민첩성에 있어서 이전과는 전혀 다르다는 것을 의미한다. 이런 규모와 달라진 트래픽 양상은 네트워크가 기존과는 전혀 다른 요구 사항을 충족시켜야 한다는 것을 말한다.

하지만 액세스-애그-코어 네트워크 아키텍처는 새로운 요구 사항을 충족하지 못한다. 그 이유를 자세히 살펴보자.

1.3.1 비확장성

확장성을 고려해서 설계된 액세스-애그-코어 네트워크지만 한계점이 바로 드러났다. 장애는 다음과 같이 여러 단계에 걸쳐 발생했다.

플러딩

어떤 식으로 네트워크를 나눠도 '플러드와 학습flood and learn' 모델을 사용하는 자가학습 브리지는 확장성이 떨어진다. 그리고 MAC 주소도 계층적이지 않다. 따라서 MAC 플러딩 테이블MAC flooding table은 단순하게 패킷의 VLAN과 목적지 MAC 주소를 포함하는 60비트 룩업 테이블이다. 백만 개의 MAC 주소를 플러드와 학습을 통해 생성하고 타임아웃이 발생할 때마다 반복해서 재학습하는 것은 모든 네트워크 아키텍처에 비효율적이다. 전체 네트워크에 플러딩되는 것은 종단에는 엄청난 부담이 된다. 가상 엔드포인트virtual endpoint 시대의 하이퍼바이저 또는 호스트 운영체제는 이런 가상 네트워크들 중 하나를 담당하고 한 곳에서 백만 개의 패킷 플러딩을 주기적으로 처리해야 한다.

VLAN의 한계

전통적으로 VLAN ID는 12비트고 네트워크당 최대 4,096개의 VLAN을 만들 수 있다. 클라우드 규모에서 4,096개는 굉장히 적은 수다. 일부 운영자는 VLAN에 12비트를 더해서 플랫 24비트 VLAN을 구성하기도 하지만 24비트 VLAN ID를 관리한다는 것은 재앙에 가깝다. VLAN별 STP를 사용하는 예제를 떠올려보자. 1,600만 개의 STP를 관리한다는 것은 말이 안 된다. 그리고 다중 인스턴스 STP$^{\text{multi-instance STP, MSTP}}$가 이 문제를 해결하기 위해 만들어졌지만 이걸로 충분하지 않다.

ARP 부담

애그리게이션 스위치가 ARP 응답을 할 필요가 있다는 것을 기억하는가? 두 스위치가 ARP 응답을 굉장히 많이 하는 경우를 생각해보자. 윈도우 비스타가 출시되었을 때 RFC 4861(IP 버전 6의 이웃 탐색) 표준을 만족하기 위해 ARP 갱신 시간을 기존 1, 2분에서 15초로 줄였다. 그 결과 ARP 갱신이 빈번하게 발생하여 애그게이션 스위치에 문제가 발생했다. 필자가 겪은 흥미로운 사례가 있는데, 엄청난 양의 ARP로 CPU 처리가 늦어져서 다른 제어 프로토콜 처리에 장애가 발생했고, 중요 고객사 네트워크 전체가 단절되는 경험이 있었다. VM이나 컨테이너와 같은 가상 엔드포인트의 발전은 애그리게이션 스위치가 처리해야 할 엔드포인트가 스위치와 연결된 물리 호스트 수와 상관없이 증가하여 이 문제가 발생할 여지를 굉장히 증가시켰다.

스위치와 STP의 한계

늘어나는 이스트-웨스트 대역폭에 대응하기 위한 일반적인 방법은 애그리게이션 스위치의 숫자를 늘리는 것이다. 하지만 STP에서는 두 대 이상의 애그리게이션 스위치를 사용할 수 없다. 그 이상은 링크 또는 장비 장애로 토폴로지 변경이 예측 불가능하고 사용할 수 없는 토폴로지가 생성되는 결과를 초래한다. 두 대의 애그리게이션 스위치만 사용해야 하는 제약 사항으로 네트워크 설계의 대역폭이 제한된다. 이렇게 제한된 대역폭은 네트워크 정체를 일으키고 애플리케이션 성능에 영향을 미치게 된다.

1.3.2 복잡성

액세스-애그-코어 네트워크의 발전에서 알 수 있듯이 브리지 네트워크는 프로토콜이 많이 필요하다. STP와 그 변형들을 포함해서 FHRP, 링크 실패 감지, VLAN 트렁킹 프로토콜^{VLAN} $^{trunking\ protocol}$, VTP과 같은 공급자 전용 프로토콜이 그 예다. 이런 모든 프로토콜은 브리지의 복잡성을 비약적으로 증가시킨다. 실제로 이런 복잡성은 네트워크 장애 원인 분석을 위해 연결된 많은 부분을 살펴봐야 하는 이유다.

VLAN은 연결된 모든 노드가 반드시 VLAN을 알고 있어야 한다. 잘못된 구성으로 전송 장비가 VLAN을 알지 못한다면 네트워크는 분할되고 해결하기 어려운 복잡한 문제가 된다.

ISSU가 액세스-애그-코어 네트워크 디자인의 이런 문제를 해결하기 위해 고안되었지만 이 역시 복잡성을 증대시켰다. ISSU가 발전하면서 일부 구현체에서는 적절하게 동작하지만 그 복잡성 때문에 신규 기능 개발과 버그 수정 등이 더뎠다. 또한 ISSU로 인해 소프트웨어를 테스트하는 것 역시 더 복잡해졌다.

이 문제의 방점을 찍는 것은 그 어떤 것도 실패보다 중요한 것은 없다는 것이다. 실패하지 않을 거라 생각했던 것이 정말로 실패한다면 이를 해결할 수 있는 시스템이 없다는 사실이다. ISSU는 유닉스 커널과 같이 계속 동작할 것이라 여겨졌지만 오늘날 데이터 센터에 과연 얼마나 남아 있을까?

액세스-애그-코어 네트워크가 잘 설계되었음에도 불구하고 네트워크 정체는 쉽게 발생한다. [그림 1-3]으로 이 문제를 설명할 수 있다. 애그리게이션 1과 2가 각각 액세스 1에 연결된 서브넷에 도달할 수 있다고 알려준다. 서브넷은 액세스 1뿐만 아니라 여러 액세스 스위치에 걸쳐서 퍼져 있다. 애그리게이션 1과 액세스 1의 링크 장애가 발생하면 코어 네트워크에서 액세스 1과 연결된 노드로 전달되는 패킷은 애그리게이션 1에 전달되고 애그리게이션 2와 연결된 링크를 타고 애그리게이션 2로 전달된다. 그리고 애그리게이션 2는 전달받은 패킷을 액세스 1에 전달한다. 따라서 애그리게이션 1과 2 사이의 링크 대역폭을 신중하게 설계해야 한다. 그렇지 않으면 링크 대역폭을 넘어서는 트래픽으로 인해 예상치 못한 애플리케이션 성능 저하를 초래할 수 있다.

일반적인 상황에서도 트래픽의 절반은 막혀 있는 액세스 스위치 링크에 발생하며 이 트래픽을 전달하기 위해 다른 애그리게이션 스위치와 연결된 피어 링크$^{peer\ link}$를 사용한다. 이런 점이 네트워크 디자인과 가용량 계획, 장애 대응을 어렵게 만든다.

1.3.3 장애 도메인

웹 규모 데이터 센터의 대규모 네트워크에서 장애는 가능성이 아니라 필연성이다. 따라서 선제적인 장애 대응이 매우 중요하다.

데이터 센터 선구자들은 **장애 반경**^{blast radius}이라는 용어로 단일 장애가 어디까지 영향을 미치는지 측정했다. 전파된 장애가 장애 지점에 더 가깝게 있을수록 고밀도 장애 도메인^{failure domain}이며 장애 반경이 작다는 것을 의미한다.

액세스-애그-코어 모델에서는 저밀도 장애가 발생하는 경향이 있다. 즉, 넓은 장애 반경을 가진다. 단일 링크 장애가 전체 가용 대역폭을 절반으로 줄이는 것이 그 예다. 단일 링크 장애로 대역폭의 절반을 잃는 것은 너무 과하며 특히 대규모 환경에서 이런 장애로 네트워크 일부가 단절될 수도 있다. 단일 애그리게이션 스위치 장애가 네트워크 전체 대역폭을 절반으로 떨어뜨려 네트워크 전체 장애를 발생시킬 수도 있다. 더 심각한 것은 하나 남은 애그리게이션 스위치가 모든 제어 평면을 책임지면서 이 역시 장애가 발생할 수 있다는 것이다. 즉, 이 네트워크 디자인은 연속된 장애 전파로 전체 네트워크 장애가 발생할 가능성이 실제로 존재한다.

항상 발생할 수 있는 브로드캐스트 스톰의 위협은 제어 평면 처리에 과부하를 줘서 연속된 장애 전파를 발생시킬 수 있는 또 다른 예다. 브로드캐스트 스톰이 단순히 단일 노드의 트래픽을 우회시키는 것을 넘어 노드의 과부하나 버그를 유발하여 전체 네트워크를 중단시킬 수도 있다.

1.3.4 비예측성

반복적인 장애는 STP의 심각한 장애를 초래한다. 피어 STP가 ARP 스톰 대응과 같은 이유로 제시간에 헬로 패킷을 전송하지 못할 때 다른 피어들은 과부화 상태인 원격 스위치에 STP가 동작하지 않는다고 가정하고 스위치와 연결된 링크를 통해 패킷을 전달하기 시작한다. 이는 네트워크를 완전히 망가뜨리는 원인이 되는 루프와 브로드캐스트 스톰을 일으킨다. 여러 가지 환경에서 이런 일이 발생할 수 있다. 필자가 기억하는 사례 중 하나는 과거 스위칭 실리콘에 버그가 있어 블록된 스위치 포트로 패킷이 전송되어 루프와 브로드캐스트 스톰을 일으킨 것이다.

STP는 루트 선출 과정이 있는데, 잘못된 장치를 루트로 선출하는 경우도 발생한다. 과거 시스코에 재직하던 당시 굉장히 큰 고객사 네트워크에 새로운 장치를 추가했을 때 이런 일이 발생한 적이 있다. 그로 인해서 고객사 네트워크 장애가 빈번하게 발생했고 급기야 고객은 새로운 장비를 직접 설정하기 전까지 비활성 상태로 입고해줄 것을 요구했다. 스위치 포트들을 비활성화 상태로 투입해서 STP에 의해 자동으로 네트워크에 추가되고 자기 자신을 루트로 선정하는 사고를 막을 수 있었다.

네트워크를 구성하는 많은 사유 구성 부분의 존재가 네트워크를 예측 불가능하고 문제 해결을 어렵게 만드는 또 다른 이유다.

1.3.5 경직성

[그림 1-4]에서 VLAN은 브리지와 라우팅의 경계에 있는 애그리게이션 스위치에서 끝난다. 동일한 VLAN은 서로 다른 한 쌍의 애그리게이션 스위치를 넘어서 존재할 수 없다. 다른 의미로 액세스-애그-코어 디자인은 네트워크 엔지니어가 고객의 요청으로 아무 가용한 포트에 VLAN을 부여할 수 있을 만큼 유연하지 않다는 뜻이다. 네트워크 디자이너는 반드시 가상 네트워크의 증가세를 신중하게 고려하여 필요한 포트 수를 계획해야 한다는 뜻이다.

그림 1-4 다중 파드 액세스-애그-코어 네트워크

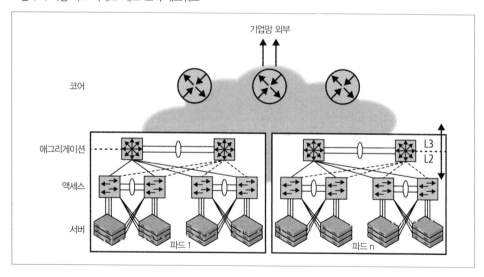

1.3.6 민첩성의 부재

클라우드에서 테넌트는 굉장히 빠르게 증가한다. 따라서 가상 네트워크를 빠르게 제공하는 것이 매우 중요하다. 앞서 설명했듯이 VLAN이 정상적으로 동작하기 위해서는 모든 노드에 VLAN 설정을 해야 한다. 하지만 VLAN을 추가하는 것 자체도 제어 평면에 부하를 준다. PVST를 사용하는 경우 STP의 헬로 패킷 수는 VLAN 수에 포트 수를 곱한 수와 같기 때문이다. 앞서 살펴본 것처럼 단일 제어 평면이 과부하 상태라면 전체 네트워크가 쉽게 중단될 수 있다. 그래서 VLAN을 추가 또는 제거하는 일은 수동으로 진행되므로 며칠이 걸릴 수 있는 작업이다.

또한 새롭게 노드를 추가하는 것도 신중하게 계획해야 한다는 것을 앞서 설명했다. 새로운 노드를 추가해서 변경된 STP로 발생하는 새로운 패킷들이 네트워크 규모를 한계까지 밀어붙일 수도 있다. 그래서 이 작업 역시 무사히 완료되기까지 많은 사람을 동원해 확인해야 하므로 장시간이 걸린다.

1.4 못다 한 이야기

그렇다고 브리지와 관련된 이런 문제들을 해결하기 위해 노력하지 않았던 것은 아니다. 많은 솔루션이 브리지 문제들을 해결하기 위해 고안되었다. 필자 역시 이런 솔루션들을 디자인하는 것에 깊이 관여한 적이 있다. 개인적으로, 래디아 펄먼과 함께 다수 링크 간 투명 상호 접속transparent interconnection of lots of links, TRILL 프로토콜 설계에 참여했던 순간이 가장 기억에 남는다. 필자는 여기서 브리지 문제를 해결하기 위해 고안된 모든 솔루션과 그 실패에 대해선 언급하지 않을 것이다. 모던 엔터프라이즈 데이터 센터에서는 이런 솔루션 중 단 하나, 이중으로 연결된 서버들을 다루기 위한 **멀티섀시 링크 애그리게이션**multichassis link aggregation, MLAG만 일부에서 제한된 목적으로 사용되기 때문이다.

다양한 상위 레이어 프로토콜을 지원할 수 있다는 브리징의 유연성은 더 이상 유용하지 않다. IP만 승자이고 그 외 다른 네트워크 레이어 프로토콜은 지원하지 않는다. 이제는 다른 종류의 유연성이 필요하다.

1.5 마치며

이 장에서는 애플리케이션의 진화가 어떻게 네트워크 아키텍처를 바꿔왔는지 살펴봤다. 간결한 (오늘날의 애플리케이션과 비교해) 모놀리스 애플리케이션은 복잡하고 특별한 하드웨어와 빈약한 상호 접속과 사유 프로토콜로 이뤄진 네트워크상에서 동작했다. 차세대 애플리케이션은 반대로 복잡한 클라이언트 서버 애플리케이션 형태로 상대적으로 간결한 컴퓨트 인프라와 더불어 고도의 네트워크 지원이 필요하다. 복잡한 대규모 분산 애플리케이션으로 대표되는 지금은 다른 종류의 네트워크 아키텍처를 요구한다. 다음 장에서는 액세스-애그 모델을 대체할 수 있는 새로운 아키텍처를 살펴본다.

## CHAPTER 2

클로스: 새로운 세상을 위한 네트워크 토폴로지

삼나무의 표면적은 하늘을 향해 계속 확장된다. 바로 반복이라고 불리는 성향을 가지고 있기 때문이다. 삼나무는 차원 분열을 해서 삼나무에 가지가 나면 그 가지들이 작은 삼나무로 자란다.

_리처드 프레스턴 Richard Preston

네트워크에 있어서 형상은 굉장히 중요하다. 네트워크 구조는 그 자체로 모든 것의 기초가 된다. 나무를 심는다고 생각하면 그 뿌리가 모든 것을 제어하는 것과 같다. 원환면 torus 같은 접속 경로를 만들면 촘촘하게 짜인 네트워크를 구성할 수 있다. 이 장에서는 클로스 Clos로 네트워크를 설계하는 데 필요한 것들을 살펴볼 것이다.

새로운 시대를 위한 네트워크 구조는 바로 클로스 토폴로지(이를 발명한 찰스 클로스 Charles Clos의 이름을 따서 명명됨)다. 클라우드 네이티브 데이터 센터 인프라 선구자들은 아주 거대한 규모의 클라우드를 만들고 싶어 했다. 클로스 토폴로지는 프랙털 모델 fractal model을 사용하여 확장하는 삼나무와 같다. 이 책의 주요 내용은 클로스 토폴로지의 네트워킹이다. 따라서 모든 네트워크 엔지니어와 아키텍트는 클로스 토폴로지와 ㄱ 특성을 잘 이해하고 있어야 한다.

이 장에서는 다음 질문에 대한 답을 얻을 수 있다.

- 클로스 토폴리지란 무엇이며 액세스-애그-코어 토폴로지와 어떻게 다른가?
- 클로스 토폴로지의 특징은 무엇인가?
- 데이터 센터 네트워킹에서 클로스 토폴로지의 결과는 무엇인가?

- 클로스 토폴로지를 어떻게 확장하는가?
- 클로스 토폴로지에서는 어떤 문제가 발생하는가?

9장에서는 클로스 토폴로지를 외부 네트워크에 어떻게 연결하는지 설명할 것이다.

2.1 클로스 토폴로지 소개

[그림 2-1]은 기본적인 클로스 토폴로지를 보여준다. 두 레이어의 스위치가 존재한다. 하나는 **스파인**spine이고 다른 하나는 **리프**leaf다. 대체로 이런 레이아웃을 **리프-스파인** 토폴로지라고 한다.

그림 2-1 일반적인 클로스 토폴로지

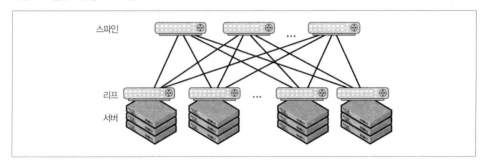

모든 리프는 스파인 노드와 연결되어 있다. 스파인 노드는 여러 리프를 연결하고, 리프는 서버들을 네트워크에 연결한다. 일반적으로 서버와 리프 스위치를 단일 랙에 배치한다. 그래서 종종 리프를 **랙 상단**top of rack, ToR 스위치라고도 부른다. 이 책에서는 ToR과 리프를 번갈아가면서 사용하겠지만 모두 서버가 연결되는 스위치를 의미한다.

필자는 스파인과 리프를 동일한 모양으로 표현했다. 이 두 가지가 같은 종류의 장비를 사용할 수 있다는 것을 보여주기 위해서다. 클로스 토폴로지에서는 강제되지 않지만 동종homogeneous 장비를 사용하는 것은 이 아키텍처의 주요 이점이라고 할 수 있다. 그 이유에 대해서는 이 장 후반부에서 다룬다.

클로스 토폴로지는 두 서버 사이에 경로가 두 개 이상 존재하기 때문에 고용량 네트워크를 구성할 수 있다. 스파인을 더 추가하면 리프 간 가용 대역폭이 증가한다. 하지만 단순히 리프와 스파인 간 링크를 더 만든다고 해서 대역폭을 늘릴 수는 없다. 그 이유를 바로 살펴보자.

스파인은 다른 리프를 연결하기 위한 단 한 가지 목적을 갖고 동작한다. 컴퓨트 엔드포인트는 절대 스파인에 연결되지 않는다. 스파인 역시 다른 종류의 서비스를 제공하지 않는다. 1장에 설명했던 액세스-애그-코어 아키텍처의 애그리게이션 스위치와 구조적으로 동일한 위치에 있지만 전혀 다르다. 다시 말해 클로스 토폴로지에서 모든 네트워크 기능은 중앙이라고 할 수 있는 스파인보다는 네트워크 에지^{edge}인 리프 및 서버 자체에서 수행된다.

클로스는 **스케일 아웃**$^{scale-out}$ 아키텍처라고 하는 것을 통해 일관성 있는 방식으로 규모가 커진다. 리프와 스파인을 더 추가해 네트워크의 처리량을 증가시킬 수 있다. 스파인은 에지 간 가용 대역폭을 늘리는 데만 사용한다. 대조적으로 액세스-애그-코어 아키텍처는 애그리게이션 스위치의 CPU 사양을 높여서 서비스 규모 확장을 할 수 있다. 이런 아키텍처를 **스케일 인**$^{scale-in}$ 아키텍처라고 부른다.

클로스에서는 상호 접속을 제외한 모든 기능이 에지에 있으므로 리프 추가로 인한 스파인의 제어 평면 부하는 약간만 증가한다. 예를 들어 애그리게이션 스위치와 달리 스파인은 종단의 주소 결정 프로토콜$^{address\ resolution\ protocol,\ ARP}$ 요청에 응답할 필요가 없다. 그 결과 네트워크에 연결할 수 있는 최대 서버 수를 결정하는 것이 얼마나 쉬워졌는지에 대해 곧 살펴볼 것이다.

클로스 토폴로지 그리기

찰스 클로스의 논문이나 위키피디아에서 클로스를 검색해보면 필자가 그린 리프-스파인 토폴로지와 다르다는 것을 확인할 수 있다. 일반적인 그림은 [그림 2-2]에 더 가깝다.

그림 2-2 전통적인 3단계 클로스 토폴로지

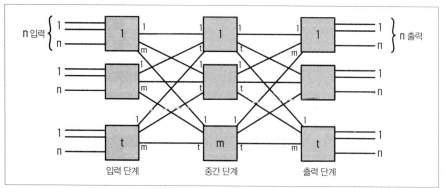

토폴로지는 입력, 중간, 출력 등 총 세 단계로 이루어져 있다. 입력 단계는 n개의 입력과 중간 단계로 m개의 연결이 있고, 출력 단계는 m개의 중간 단계 연결과 n의 출력이 있다. 입력 단계의 스위치는 각각 모든 중간 단계 스위치와 연결된다. 마찬가지로 중간 단계의 스위치는 각 출력 단계 스위치와 연결된다. t개의 입력 단계 스위치와 t개의 출력 단계 스위치가 존재하면 중간 단계는 t개의 입력과 t개의 출력이 존재한다.

이는 [그림 2-1]과 다르게 보이지만 실제로는 정확하게 일치한다. 출력 단계 스위치를 입력 단계 스위치와 동일한 쪽에 놓도록 접는다고 생각해보면 중간 단계 스위치가 스파인 스위치가 되고 입력, 출력 단계의 스위치는 단순히 리프가 된다는 것을 쉽게 알 수 있다. 각 단계의 입출력 개수를 $n=m=t$로 동일하게 한다면 오늘날 네트워크 실무자들이 사용하는 앞서 그린 리프-스파인 토폴로지가 된다.

2.2 클로스 토폴로지 심층 분석

클로스 토폴로지의 특성을 더 자세하게 살펴보자.

2.2.1 동종 장비의 사용

찰스 클로스는 이 토폴로지를 사용하여 매우 큰 전화망을 상대적으로 작은 스위치를 이용하여 경제적으로 구축했다. 비슷한 방법으로 클로스 토폴로지를 이용하여 매우 큰 패킷 교환 네트워크packet-switched network를 간단한 고정 폼 팩터fixed-form-factor 스위치로 구성할 수 있다. 이것은 매우 혁신적인 방법이다. 새로운 토폴로지와 경제성은 장애 발생 시 새로운 스위치를 구매하는 방법과 재고 관리 방법, 네트워크 관리 방법을 모두 현대화했다.

2.2.2 핵심적인 상호 접속 모델의 라우팅

액세스-애그-코어 네트워크 모델의 근본적인 한계는 애그리게이션 스위치 두 개만 지원한다는 것이다. 그렇다면 클로스 토폴로지는 어떻게 스파인을 두 개 이상 사용할 수 있을까? 그건 스위치 상호 접속 제어 프로토콜로 신장 트리 프로토콜을 사용하지 않기 때문이다. 클로스 토폴로지에서 브리징을 지원하지 않는다고 생각할 수 있지만 클로스 토폴로지에서 브리징은 에지, 즉 단일 랙에서만 지원한다. 랙 간 브리징을 하기 위해서는 가상 확장 랜^{virtual extensible local area network,} VXLAN(6장에서 설명함)과 같은 현대적인 네트워크 가상화 솔루션을 사용해야 한다.

산업계가 IP 라우팅을 데이터 센터 내에서 표준으로 사용하기 전에는 STP 없이 상호 접속으로 브리징을 지원하는 TRILL이나 최단 경로 브리징^{shortest path bridging, SPB}과 같은 다양한 솔루션을 제안했었다. 시스코의 패브릭패스^{FabricPath}와 같은 사유 솔루션이 일부 네트워크에 구축되기도 했다. 하지만 이런 솔루션들은 네트워킹 개론^{networking 101}을 기반으로 했음에도 미성숙했었다. 더욱이 IP 네트워크가 유일한 상위 레이어 프로토콜로 사용되면서 브리징은 주요 연결 기법으로 더는 유용하지 않게 되었다. 패킷 교환 실리콘이 IP 라우팅을 브리지와 동일한 가격, 지연 시간, 대역폭으로 지원하기 시작하면서 일반적으로 느리다고 생각했던 라우팅에 대한 우려를 불식시켰다.

그렇다면 라우팅에서 어떻게 스파인 스위치를 두 개 이상 사용할 수 있을까? 바로 등가 다중 경로^{equal-cost multipath, ECMP} 라우팅이 이를 지원한다. ECMP는 가용한 등가 경로 어디든 패킷을 전송할 수 있다. 예를 들어 [그림 2-1]에서 한 리프는 스파인을 거쳐 어떤 리프든 도달할 수 있는데, 이는 모든 리프로 도달하는 비용이 동일하기 때문에 가능하다.

그러므로 아주 기본적으로 클로스 네트워크는 기본 패킷 전달 모델을 브리징에서 라우팅으로 스위칭[1](전환)했다.

플로와 정체

목적지로 가는 다음 홉이 둘 이상 존재하면 라우터는 이들 중 하나를 임의로 선택하거나 같은 플로^{flow}에 있는 모든 패킷이 동일한 다음 홉을 사용하도록 보장한다. 플로는 동일한 패킷들의 모음이다. 일반적으로 전송 제어 프로토콜^{transmission control protocol, TCP}이나 사용자 데이터그램 프로토콜^{user datagram protocol, UDP} 플로는 파이브튜플^{five-tuple}로 표현할 수 있다. 레이어 4(L4) 프로토콜(TCP/UDP)의 출발지 IP 주소와 목적지 IP 주소, L4 출발지 포트, L4 목적지 포트다. 다른 프로토콜의 패킷들은 다른 형태로 플로를 정의할 수 있다.

플로를 식별하는 주된 이유는 플로와 관련된 프로토콜이 적절한 기능을 하는지 명확하게 하기 위해서다. 한 노드에서 동일한 플로에 속한 패킷 중 하나를 다른 경로로 전송하면 목적지에서는 출

---

1 옮긴이_ 영단어 switch의 뜻을 활용한 일종의 말장난이다.

발지에서 전송한 패킷 순서가 아닌 다른 순서로 도착할 수도 있다. 순서가 맞지 않은 전송은 프로토콜의 성능에 영향을 주고 결과적으로 이 프로토콜을 사용하는 애플리케이션 성능에도 영향을 준다. 하지만 목적지로 향하는 모든 네트워크 경로를 활용하는 것은 가용한 네트워크 대역폭을 최대로 활용할 수 있도록 보장한다. 따라서 모든 네트워크 노드는 이런 두 가지 제약 사항 사이에서 균형을 맞춰야 한다.

동일 플로에 속한 모든 패킷을 같은 다음 홉으로 전송을 보장하기 위해 (하드웨어 또는 소프트웨어) 라우터는 **플로 해싱**^{flow hashing}을 사용한다. 즉, 라우터는 모든 패킷에 대해 패킷 헤더에 인입 포트^{incoming port}와 같은 정보를 결합해서 해시를 만든다. 해시의 일부 고정 비트로 나머지 연산을 한 후 가용한 홉 중에서 다음 홉을 고른다. 이를 통해 라우터가 플로별 상태를 유지하지 않고도 플로 내 모든 패킷이 동일 경로로 전송되는 것을 보장한다.

플로 해시의 중요한 점은 링크 간 플로는 균일하게 분산하지만 패킷은 그렇지 못하다는 것이다. 플로마다 패킷 수가 다르기 때문이다. 즉, 플로는 균일하게 분산되지만 총 대역폭은 플로마다 균일하지 못하다. 따라서 링크에 정체가 발생하여 일부 플로가 공평하게 분배된 패킷 양보다 더 많은 패킷을 전송하게 되는 현상이 일어나게 된다. 패킷 수가 많은 플로를 **코끼리 플로**^{elephant flow}라고 부르는 반면 상대적으로 적은 수의 패킷이 있는 플로를 **생쥐 플로**^{mice flow}라고 한다. 네트워크는 소수의 플로가 대역폭 대부분을 사용하는 전형적인 두터운 꼬리 분포^{heavy-tailed distribution} 양상을 보인다. 코끼리 플로가 동일한 링크에 많이 존재해 링크에 정체를 일으키고 결국 생쥐 플로에도 영향을 미치게 되는 현상을 **코끼리-생쥐 문제**^{elephant-mice problem}라고 한다.

코끼리-생쥐 문제를 차치하고도 플로 해시는 특정 트래픽 패턴에 대해 일부 링크만 사용하는 문제를 일으킨다. 이런 상향 링크^{uplink}의 효율 불균형을 **트래픽 편파**^{traffic polarization}라고 부른다. 대부분의 패킷 교환 실리콘은 이런 편파 현상을 완화하거나 제거하기 위해 해시의 인수를 변경할 수 있는 기능도 제공한다.

2.2.3 클로스 토폴로지의 초과가입

스위치 **초과가입**^{oversubscription}은 패킷 교환 네트워크에서 하향 링크^{downlink}와 상향 링크 대역폭의 비율로 정의된다. 리프에서 서버 방향^{server-facing} 링크를 하향 링크라고 부르며 스파인 방향^{spine-facing} 링크를 상향 링크라고 한다. 따라서 초과가입 비율이 1:1이라는 것은 하향 링크 대역폭 총합과 상향 링크 대역폭 총합이 같다는 의미다. 서버로부터 대역폭이 스파인으로 향하는 대역폭의 두 배가 된다면 초과가입 비율은 2:1이다. 2.3절 '클로스 토폴로지 확장'에서 설명한 것처럼 추가 계층이 없다면 스파인은 초과가입이 없는 [그림 2-1]처럼 간단한 2계층 클로스 토폴로지가 된다.

상향 링크와 하향 링크가 동일한 속도의 링크라고 가정하면 초과가입 비율은 1:1이며 모든 하향 링크는 각각 상향 링크를 갖는다. 하지만 모든 데이터 센터가 리프에서 1:1 초과가입 비율을 구성하지 않는다. 대체로 초과가입 비율은 2:1이거나 4:1이다. 대부분의 데이터 센터에서는 클로스 네트워크의 상위 계층(2.3절 참조)은 1:1 초과가입 비율을 갖도록 한다. 그래서 3계층 또는 4계층 구조 클로스 토폴로지에서 리프는 초과가입 비율이 1:1은 아니지만 상위 계층에서는 1:1이다. 물론 처음 데이터 센터를 구축할 때는 상위 계층도 2:1이거나 그보다 높은 초과가입 비율이고 대역폭 수요가 증가하면 1:1 비율로 확장할 수 있다.

1:1 초과가입 네트워크는 **논블로킹**nonblocking 네트워크(엄밀하게는 실제로 **비경합**noncontending이다)라고 불린다. 단일 하향 링크에서 상향 링크까지의 트래픽은 다른 하향 링크 트래픽과 경합하지 않기 때문이다. 하지만 1:1 초과가입 비율로 네트워크를 구성한다고 해도 클로스 토폴로지는 **재배치 가능한 논블로킹**rearrangably nonblocking일 수밖에 없다. 트래픽 패턴에 따라 서로 다른 하향 링크로부터 전달된 패킷이 플로 해싱에 의해 동일한 상향 링크에 전달될 수 있다(2.2.2절 내 박스 '플로와 정체' 참조). 동일한 상향 링크로 전달되는 하향 링크들의 플로를 재배치할 수 있다면 네트워크를 논블로킹하게 만들 수 있다. 이런 특성 때문에 클로스 토폴로지를 재배치 가능한 논블로킹이라고 부른다.

n개 포트를 갖는 스위치를 리프와 스파인으로 사용하고 1:1 초과가입 비율로 구성된 네트워크가 있다고 가정해보자. [그림 2-1]과 같은 클로스 토폴로지에서 연결 가능한 최대 서버 수는 $n^2/2$이다. 더 쉬운 이해를 위해 4포트 스위치를 사용하고 있다고 하자. [그림 2-3]과 같은 클로스 네트워크에서 4포트 스위치로만 구성하면 연결 가능한 서버 수가 8이 된다는 것을 쉽게 알수 있다. 리프 L1-L4의 포트 2개는 서버를 향하고 나머지 2개는 각 스파인을 향한다. 이런 이유로 리프는 서버 2대만 연결할 수 있다. 4포트 스위치로 스파인을 구성하면 각 스파인은 리프 4개와 연결된다. 따라서 리프 수 4에 리프 당 각 서버 포트 2를 곱해서 서버 수 8을 구할 수 있다. 위 공식을 적용하면 $4 \times 4/2 = 8$(서버 수)로 표현할 수 있다.

그림 2-3 4포트 스위치를 사용한 클로스 배치

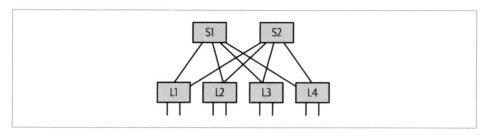

좀 더 현실적으로 64포트 스위치를 사용하면 연결 가능한 서버 수는 $64^2/2 = 2{,}048$이 된다. 포트 수가 2배인 128포트 스위치를 사용하면 서버 수는 4배가 되어 $128^2/2 = 8{,}192$가 된다. 여기서 모든 n포트는 같은 대역폭을 가진다고 가정한다.

n포트 스위치로 구성된 완전 2계층 클로스 토폴로지에 필요한 총 스위치 수는 $n + n/2$이다. 그러므로 64포트 스위치를 사용하면 필요한 스위치는 $64 + 64/2 = 96$개가 된다. 스파인 스위치는 리프 스위치 n개와 연결할 수 있다는 것을 생각하면 이해하기 더 쉬울 것이다. 모든 리프 스위치의 포트의 절반은 서버와 연결되고 나머지는 스파인과 연결된다. 그리고 스파인은 n포트 모두를 리프 스위치 연결에 사용한다. 즉, n포트 스위치는 스파인 $n/2$개와 연결하는 리프 n개를 가져서 위 공식으로 표현할 수 있다.

2,048대에 달하는 서버는 중소기업에서 사용하기에 충분하다. 클로스 토폴로지 디자인이 수천 또는 수만 대 서버 규모를 어떻게 만들어낼 수 있을까? 이에 대해서는 2.3절 '클로스 토폴로지 확장'에서 자세하게 살펴보겠다.

2.2.4 상호 접속 속도

필자가 경험한 공통적인 클로스 모델의 구현체는 서버 간 연결을 동일한 속도로 하고 **인터스위치 링크**inter-switch link, ISL는 높은 속도로 하는 것이다. 예를 들어 1GbE(기가비트 이더넷) 서버 링크와 10GbE ISL을 사용하거나 10GbE 서버 링크와 40GbE ISL를 함께 사용하는 것을 의미한다. 이 글을 쓰는 시점에는 25GbE 서버 링크를 100GbE ISL과 함께 사용하는 것이 추세다.

고속 상향 링크를 사용하는 가장 큰 이유는 동일한 초과가입 비율을 유지하면서 스파인 스위치 수를 적게 사용할 수 있기 때문이다. 예를 들어 10GbE로 연결된 서버 40대가 있는 네트워크에서 40GbE 상향 링크를 사용하면 스파인 스위치 10대면 되는데, 10GbE 상향 링크를 사용하면 스파인 스위치 40대가 필요하다. 스파인 스위치의 대수가 1/4로 줄어들면 케이블링 비용 절감을 가져온다. 이는 데이터 센터 운영자 관점에서 굉장히 중요한 일이다. 마찬가지로 관리해야 할 스위치 숫자가 준다는 의미도 된다. 대용량 상향 링크 ISL을 사용하면 오래 지속되는 고대역폭 플로가 발생할 가능성을 줄여 그로 인한 링크 부담을 줄일 수 있다. 이런 점들은 오늘날 데이터 센터 운영자가 바라는 것에 부합된다.

하지만 일부 데이터 센터 운영자는 상향 링크와 하향 링크 속도를 동일하게 하거나 상대적으로 상향 링크의 속도를 저속으로 가져가는 경우가 있는데 그 이유는 다음 세 가지다.

가장 중요한 첫 번째 이유는 적은 포트의 스위치로 보다 큰 네트워크를 만들기 위해서다. 예를 들어 32포트 40GbE 스위치는 2013년 당시 가장 최신이었는데, 이 스위치의 40GbE 포트만 가지고 만든 2층 구조 네트워크에서 연결 가능한 서버 수의 총합은 $32^2/2 = 512$대다. 40GbE 포트를 10GbE 포트 4개로 나눈다면 최대 108개의 10GbE 포트를 사용할 수 있다. 여기서 108개 포트인 이유는 스위치의 제약 사항이라서 그렇다. 10GbE 포트 108개로는 $108^2/2 = 5,832$ 서버를 연결할 수 있는 보다 큰 네트워크를 만들 수 있게 된다.

두 번째 이유는 보다 나은 부하 분산을 위해서다. 앞 문단의 예제로 생각해보면 저속 스위치를 사용하면 스파인 스위치 54대로 네트워크를 구성하게 된다. 반면 40GbE를 그대로 사용했다면 스파인 스위치 16대(40GbE 32개 포트의 절반)로 구성된다. 다음 홉이 16개 아니라 54개가 된다면 코끼리-생쥐 문제가 발생할 확률을 줄일 수 있다.

마지막으로 링크 장애나 스파인 스위치 장애가 발생해도 보다 촘촘한 장애 도메인(1.3.3절 참조)을 가지게 된다. 그 이유를 이전 예제에서 살펴본다면 단일 링크의 장애는 대역폭의 1/54만 손실이 생긴다는 것이다.

하지만 일부 굉장히 큰 데이터 센터에서만 동일 속도 상향 링크 아키텍처를 사용한다.

2.2.5 현실적인 제약 사항

앞 절에서 이론적으로 계산한 여러 값은 현실과는 약간 거리가 있다. 클로스 토폴로지보다는 냉각cooling, 표준 랙 사이즈, 서버 패키징server packaging, 스위치 실리콘 기술 등에 관련된 기술적 제약 사항 때문이다. 이런 점들을 더 자세히 살펴보자.

대형 데이터 센터에서 랙 공간만 놓고 보면 랙당 서버를 40대까지 수용할 수 있다. 하지만 냉각과 전력 가용량을 고려한다면 대부분의 데이터 센터에서 랙당 수용 가능한 서버 수는 40대보다 적다. 대부분의 사이트에서 사용 가능한 전력은 약 10KVA(킬로볼트암페어)다. 공랭$^{air\ cooling}$을 사용한다면 사용 가능한 전력의 한계는 45KVA까지 올라간다. 위치와 전력 제한으로 많은 기업이 랙당 20대 서버만 사용할 수 있는 수준에 머물게 된다. 그래픽 처리 장치를 탑재한 서버가 추가되면 전력 소비 역시 늘어나 랙당 수용 가능한 서버 수가 줄어든다. 필자는 마이크로서버로 하나의 랙에 서버 96대를 설치한 경험이 있지만 일반적으로 통용되는 랙당 서버 수는 20대 또는 40대다.

[그림 2-4]처럼 10GbE 64포트 스위치가 설치된 랙에 서버가 40대 있다면 스위치에 24개 포트가 남는다. 남은 포트 중에서 20개를 사용해서 상향 링크 대역폭이 200GbE가 되면 초과가입 비율은 400:200, 즉 2:1이 된다.

그림 2-4 초과가입 비율

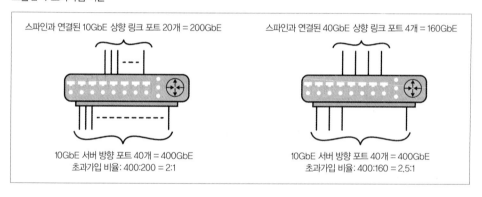

같은 공식으로 2계층 클로스에서 사용 가능한 서버는 총 64×40 = 2,560대라는 것을 알 수 있다. 이 값은 이론적으로 얻을 수 있는 총 서버 수인 2,048대(64×32)보다 훨씬 많다. 데이터 센터 사업자 대부분은 (스위치의 스위칭 실리콘이 지원한다면) 10GbE 포트 24개를 묶어서 40GbE 포트 6개로 만들고 그중 4개만 스파인과 연결하기 위해 사용한다. 그렇게 하면 [그림 2-4]처럼 초과가입 비율은 400(10G 포트 40개의 합):160(40G 포트 4개의 합), 즉 2.5:1이 된다. 이 정도는 작은 규모의 데이터 센터에서는 충분히 수용 가능한 수준이다.

충분한 전력을 사용할 수 있는 데이터 센터에서 랙당 서버 20대를 사용하는 경우의 초과가입 비율은 어떨까? 이건 조금 더 복잡하다.

오늘날 스위칭 실리콘은 100GbE 32 또는 64포트나 40GbE 32포트를 대체로 많이 사용한다. 앞서 언급했듯이 많은 기업이 10GbE/40GbE나 25GbE/100GbE 속도 조합을 선택하여 사용한다. 1GbE/10GbE가 일반적이었던 당시에도 10GbE/100GbE와 같은 조합은 본적이 없었다. 스위칭 실리콘 디자인과 케이블링 기법의 한계로 10GbE로 100GbE에 연결하는 것이 쉽지 않았다. 대부분의 기업에서 서버는 40GbE나 100GbE 수준의 트래픽을 처리할 수 없어서 40GbE와 100GbE 포트를 10GbE와 25GbE 포트로 분할해서 서버에 연결해서 사용했다. 25GbE 서버 방향 링크에 랙당 서버 수가 40대를 넘지 않는 환경에서는 100GbE 서버 방향 포트 10개($10 \times 100 = 25 \times 40$)가 필요하다. 이때 1:1 초과가입 비율을 맞추기 위해서는 100GbE 스파인 방향 상향 링크 10개가 필요하다. 하향 링크와 상향 링크의 요구 조건들을 모으면 1:1 초과가입 비율로 서버와 스파인을 연결하는 데 고작 20개 스위치 포트만 사용한다는 것을 알 수 있다. 이렇게 구성한 리프에서는 많은 수의 스위치 포트가 연결되지 않은 채로 남게 된다. 그래서 서버 설치 공간이 작은 조직에서는 서버 방향 포트 40개를 모두 사용하기 위해 서버를 이중으로 연결한다.

랙당 서버를 더 설치해서 서버 96대가 있다고 가정해보자. 100GbE 스위치를 사용해서 25GbE 포트 96개 또는 100GbE 포트 24개로 서버와 연결하고 남은 100GbE 포트 8개를 상향 링크로 사용하면 초과가입 비율은 3:1이 된다. 상향 링크로 100GbE 포트 4개만 사용한다면 초과가입 비율은 6:1이 된다.

요약하면 데이터 센터 운영자는 보다 큰 네트워크를 구성하기 위해 포트 수가 많은 스위치를 원하지만, 동시에 포트 수가 적은 스위치로 리프를 구성하고 싶어 한다. 이러한 요구를 충족하기 위해 실리콘 스위치 공급 업체들은 일반적으로 각 스파인과 리프 용도로 사용할 수 있는 두 종류(또는 그 이상)의 스위칭 실리콘을 제공한다. 브로드컴^{Braodcom}의 트라이덴트^{Trident}와 토마호크^{Tomahawk} 계열이 대표적인 예다.

2.2.6 촘촘한 장애 도메인

스파인이 두 개 이상 있는 네트워크에서 단일 링크나 스파인 노드 한 대의 장애는 큰 문제가 되지 않는다. 아주 큰 웹 규모 서비스 제공자와 같은 곳에서는 16개 또는 32개의 스파인을 사용하기도 한다. 스파인 4개는 필자가 경험한 가장 작은 규모였다. 따라서 스파인 16개로 구성된 네트워크에서 단일 노드 또는 링크 장애의 대역폭 손실은 총 대역폭의 16분의 1밖에 되지 않는다.

비록 스파인 4개로 이뤄진 작은 규모에서도 동일한 장애의 대역폭 손실은 절반이 아닌 4분의 1 수준이다.

더욱이 단일 링크 장애의 영향은 해당 링크로 스파인과 연결된 리프의 트래픽에만 영향을 준다. 나머지 네트워크에서는 아무 문제없이 전체 대역폭을 다 사용할 수 있다. 링크 장애는 노드 장애보다 더 자주 발생하고 그로 인한 장애 도메인의 범위는 촘촘하다. 마찬가지로 노드가 업그레이드될 때도 동일한 장애 도메인 분석이 시작된다.

스파인 S1부터 Sn까지와 리프 L1부터 Lm까지로 구성된 토폴로지가 있다고 가정하자. 리프 L1과 스파인 S1 사이 링크에 장애가 발생하면, 다른 리프는 L1에 접근하기 위해 S1 사용을 멈춘다. 따라서 L1으로 향하는 트래픽이 다른 리프와 스파인에 의해 S1에 전달될 수도 있다. 예를 들어 S1은 L1으로 가는 패킷을 L2와 S2를 통해 보낼 수 있다. 하지만 리프와 스파인 간 트래픽을 주고받음으로써 해당 리프 간 링크의 혼잡을 일으킬 수 있다. 이로 인해 영향을 받는 링크는 자신과 상관없는 트래픽에 부수적인 손상을 입힐 수 있다. 하지만 STP와 다르게 라우팅 프로토콜은 장애 링크로 인한 영향이 해당 링크와 연결된 노드에만 미치도록 제한한다.

단일 스파인 장애 또는 스파인과 연결된 링크 장애와 다르게 리프 장애는 연결된 모든 서버에 영향을 미친다. 대규모 데이터 센터에는 수백 또는 수천 개의 랙이 있어서 이런 장애를 비교적 간단하게 처리한다. 장애가 발생한 서버에서 수행되던 작업을 취소하고 다른 서버에서 수행하도록 하면 된다. 작은 규모의 데이터 센터에서는 이런 장애를 예방하기 위해 랙마다 리프 스위치 두 개를 설치해서 랙 내 서버들과 모두 연결한다. 더 자세한 내용은 2.7절 '호스트 연결 모델'에서 다룰 것이다.

시스템의 제어 평면 장애는 전체 네트워크에 영향을 미친다. 작은 규모의 데이터 센터에서는 네트워크를 단순하게 유지해서 장애 발생 가능성을 줄이는 것과 견고하고 잘 만들어진 제어 프로토콜을 사용하는 것 외에는 이러한 장애를 막을 수 있는 방법이 없다. 대규모 데이터 센터에서는 네트워크를 여러 구획으로 나눠서 해당 구획 간 단일 장애 지점을 제거함으로써 이러한 장애를 회피할 수 있다. 하지만 패킷 스위칭을 위해 브리징이 아닌 라우팅을 사용하는 액세스-애그 네트워크에서는 이런 전신 장애가 발생하지 않는다는 점을 유의하기 바란다.

2.3 클로스 토폴로지 확장

지금까지 2계층 클로스 토폴로지가 어떻게 서버 8,192대를 연결하는지 살펴봤다. 클로스 토폴로지는 어떻게 수만 또는 수십만 대의 서버들을 연결할 수 있을까? 이 물음에 대한 답을 찾기 위해 클로스 토폴로지가 큰 네트워크를 구축하기 위해 얼마나 확장되는지 살펴볼 것이다.

토폴로지에 계층을 추가할 때 계층 간의 초과가입 비율은 가장 하위 계층을 제외하고는 1:1이라는 것을 명심하기 바란다.

3계층 클로스 토폴로지를 구축하는 방법은 여러 가지가 있다. 가장 쉬운 방법은 4포트 스위치를 사용하는 것이다. [그림 2-5]는 4포트 스위치로 구성된 2계층 클로스와 4포트 스위치를 이용해서 만든 3계층 클로스의 두 가지 형태를 보여준다.

2계층 클로스 토폴로지에서는 스파인의 포트 4개를 모두 리프와 연결하는 데 사용한다. 리프에서는 포트 2개로 서버와 연결하고 나머지 2개로 스파인과 연결한다. 이 구조를 앞서 설명한 공식으로 계산하면 서버의 총합은 $4 \times 4/2 = 8$이 된다.

3계층 클로스 토폴로지를 구축하는 한 가지 방법은 [그림 2-5(a)]의 2계층 클로스 토폴로지에서 리프에 바로 서버를 연결하지 않고 스위치 한 열을 새로운 계층으로 추가하는 것이다. 이렇게 만들어진 토폴로지는 [그림 2-5(b)]와 같다. 2계층 토폴로지에서 지원 가능한 서버는 총 8대가 되므로 8개의 스위치를 연결해서 리프 스위치로 사용할 수 있다. 새로 추가되는 스위치 역시 4포트 스위치로 서버 방향 포트 2개와 상향 링크 2개를 사용한다. 따라서 4포트 스위치를 사용하면 3계층 클로스에서는 총 16대의 서버를 연결할 수 있다. 페이스북이 [그림 2-5(b)]와 같은 3계층 모델을 사용하면서 유명해졌다. 일부 공급 업체는 [그림 2-5(b)]의 점선으로 표시된 두 레이어를 지원하는 단일 섀시 기반 대형 스위치를 공급하기 때문에 이런 모델을 **가상 섀시 모델**^{virtual chassis model}이라고 한다(자세한 내용은 2.6.3절 내 박스 '클로스를 위한 다른 종류의 섀시' 참조).

3계층 클로스 토폴로지를 만드는 다른 방법은 [그림 2-5(c)]처럼 최상단 스위치 계층에 스파인 스위치의 포트 2개를 연결하는 것이다. 이 모델은 마이크로소프트, 아마존을 비롯해서 중소형 규모부터 초대형 규모 데이터 센터에서 사용된다. 이 모델은 일반저으로 **파드**^{pod} 또는 **클러스터**^{cluster} 모델이라고 부른다. 기존 2계층 클로스 토폴로지를 구성하고 있던 스위치 4개의 그룹은 이제 **파드** 또는 **클러스터**라고 부르는 단위가 된다. [그림 2-5(c)]는 4포트 스위치를 사용해서 파드 4개를 구성할 수 있다는 것을 보여준다. 파드를 연결하기 위해 추가한 새로운 스위치 계층을 다양한 이름으로 부른다. **슈퍼 스파인**super-spine 또는 **인터파드 스파인**inter-pod spine 스위치라고 하거나, 세 번째 계층의 스파인을 최상위 계층이라 하고 일반적으로 2계층 클로스 토폴로지에서 스파인, 리프라고 부르던 것을 각각 리프, ToR이라고 부른다. 이 책에서는 리프, 스파이, 슈퍼 스파인이라고 부르기로 한다.

그림 2-5 4포트 스위치로 구성한 3계층 클로스 토폴로지

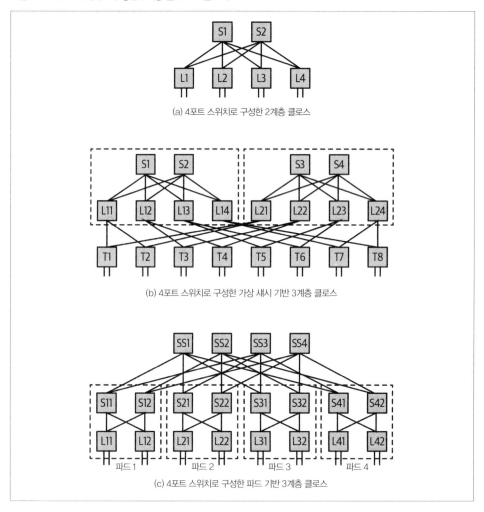

이 토폴로지에서는 초과가입 비율이 1:1로 유지된다. 4포트 스위치 사용에서 예상한 대로 구성된 토폴로지의 각 계층에서 리프 층까지 층마다 2번의 ECMP가 발생한다.

이 그림들은 3계층 토폴로지를 구축하는 방법을 간단하게 설명한다. 4포트 스위치만 사용하면 서버보다 스위치가 더 많이 필요한 것처럼 보인다. 하지만 실제로는 그렇지 않다. 2계층 클로스의 공식과 마찬가지로 n포트 스위치로 3계층 클로스에서 사용 가능한 서버 수는 $n^3/4$가 된다. 64포트 스위치를 사용하면 총 서버 수는 $64^3/4 = 65,536$대다. 2계층 클로스에서 동일하게 64포트 스위치를 사용한 경우의 총 서버 수는 2,048대였다는 것을 기억한다면 3계층 클로스에서 사용 가능한 서버 수는 상당할 것이다. 예를 들어 128포트 스위치를 사용한다면 총 서버 수는 $128^3/4 = 524,288$대가 된다. 이 수식은 앞서 설명한 3계층 클로스 네트워크를 구축하는 두 가지 방법에 동일하게 적용된다.

완전히 연결된 3계층 클로스 토폴로지에서 필요한 스위치 수의 총합은 $n + (n^2)$으로 구할 수 있다. 64포트 스위치를 사용한다면 $64 + (64^2) = 4,160$대가 필요하다. 왜 이런 공식이 도출되는지 자세하게 알아보기 위해 파드 모델을 사용하여 설명할 것이다. 이 공식은 파드 모델뿐 아니라 가상 섀시 모델에도 동일하게 적용된다. 한 파드의 최대 스파인 수는 포트 수의 절반인 $n/2$이며, 각 스파인이 최대로 연결할 수 있는 리프 역시 포트 수의 절반인 $n/2$이다. 그래서 파드당 스위치 수는 $(n/2 + n/2) = n$대다. 스파인에서 슈퍼 스파인으로 연결하는 데 사용되는 포트 수는 전체 포트 수의 절반이다. 그리고 슈퍼 스파인 스위치는 포트 수만큼 n대가 존재한다. 따라서 슈퍼 스파인 스위치 n대가 n개의 스파인 스위치와 연결되므로 필요한 스위치 수의 총합은 $n + (n \times n) = n + n^2$으로 구할 수 있다.

2.4 두 가지 3계층 모델 비교

선택의 여지가 있는 곳에는 어떤 것이 더 좋은지에 대한 의문이 따른다. 이 절에서는 네트워크의 워크로드와 확장 용의성 관점에서 가상 섀시 모델과 파드 모델의 장점을 비교해볼 것이다.

2.4.1 애플리케이션 비교

두 모델(가상 섀시 모델, 파드 모델)은 트래픽 플로를 어떻게 분배하는지에 차이가 있어서 네트워크의 작업 분배가 달라진다.

[그림 2-5]를 다시 참조해보자. 가상 섀시 모델(b)에서 Tx라고 붙여진 어떤 리프에서 다른 리프로 이동하는 경로는 파드 모델(c)에 비해 균일하다. 파드 모델에서는 평균 세 홉을 거치면 파드 안의 한 서버에서 같은 파드의 다른 서버로 갈 수 있지만 다른 파드에 있는 서버는 다섯 홉을 거쳐야 한다. 따라서 파드 안의 통신과 파드 간의 통신의 지연 시간이 서로 다르게 된다. 반면 가상 섀시 모델에서 모든 서버는 평균 다섯 홉을 거쳐서 다른 모든 서버에 도달할 수 있으므로 전체 네트워크의 지연 시간은 균일하다.

따라서 모델마다 서로 다른 종류의 워크로드에 적합하다고 할 수 있다. 페이스북과 같은 데이터 센터에서 단일 애플리케이션을 실행하는 경우에는 가상 섀시 모델을 사용한다. 반대로 데이터 센터에서 클라우드를 운영하고 고객의 인스턴스를 지역화할 필요가 있다면 파드 모델이 더 적합하다. 파드 모델에서는 다른 종류의 애플리케이션을 각 파드에서 운영할 수 있고, 필요에 따라 파드 규모를 다르게 할 수 있다. 하지만 단일 애플리케이션을 서비스화하기 위해 파드 모델을 사용하는 것은 드문 일이 아니다.

2.4.2 데이터 센터 구축

데이터 센터 운영자들은 가능하면 네트워크를 다시 케이블링하기 원치 않는다. 장비의 케이블링을 완료하고 나서 새로운 노드를 추가하거나 오류가 발생한 장비를 교체할 때도 기존 링크를 다른 곳으로 재연결하는 것을 선호하지 않는다. 이런 관점에서 필요에 따라 두 토폴로지를 각각 어떻게 점진적 구축을 할 수 있는지 살펴보자. **점진적 구축**incrementally build out 의 의미는 최초로 필요한 스위치 수에서 시작해서 계획한 용량까지 구축해가는 것을 의미한다. 말할 필요도 없이 완전히 구축한 상태에서는 파드와 가상 섀시 아키텍처 모두 주어진 용량에 대해 동일한 수의 스위치를 사용한다.

가상 섀시 모델은 가상 섀시 안에 최소한의 슈퍼 스파인과 스파인 스위치를 갖고 네트워크를 구축하게 된다. 이 숫자에 요구되는 초과가입 비율을 유지하기 위해 필요한 가상 섀시 수를 곱해야 한다. 또한 최소한의 서버와 연결하려면 충분한 양의 리프 스위치가 필요하다. 파드 모델은 대부분의 트래픽이 파드 안에서 발생한다면 적은 수의 슈퍼 스파인 스위치로 시작할 수 있지만 아쉽게도 가상 섀시 모델에서는 그렇게 할 수 없다.

이 책을 집필하는 시점에서 일반적으로 사용하는 32포트 100GbE 스위치를 사용해서 서버 200대의 클러스터를 위한 파드 토폴로지를 만든다고 가정해보자. 랙당 서버가 40대라면 5개의 리프 스위치와 5개의 스파인 스위치가 필요하다. 스위치 10개로 상향 링크 포트마다 서버 방향 포트 2개가 있는 2:1 초과가입 비율의 네트워크를 만들 수 있다. 가상 섀시 모델에서는 스파인 1개와 슈퍼 스파인 스위치 5개가 있는 가상 섀시가 총 5개 필요하다. 이 경우 스위치의 총합은 $(5+1) \times 6 + 5 = 41$대가 된다.

위와 같은 이유로 데이터 센터 구축 시 대부분의 데이터 센터 사업자들은 파드 모델을 많이 선택한다. 가상 섀시 모델은 확장 계획이 명확하게 있고 초기 투자 비용을 낭비하지 않는다는 확신이 들 때 선택하는 게 좋다.

2.5 클로스 토폴로지의 의미

이 절에서는 클로스 토폴로지의 의미를 살펴볼 것이다. 이 의미는 네트워크 운영자의 일상생활에 영향을 미치므로 중요하다. 우리는 종종 새로운 환경이나 설계가 미치는 영향의 모든 측면을 고려하지 못한다. 클로스 네트워크는 네트워크 운영자들이 이전에 했던 일상적인 네트워크 관리 업무를 어떻게 다르게 할 수 있는지에 대한 고민을 해결하는 데 도움이 된다.

2.5.1 장애와 문제 해결에 대한 재고

클로스 토폴로지는 상대적으로 작은 스위치로 대규모 네트워크를 구축할 수 있다. 그래서 네트워크 운영자들은 대형 섀시 기반 다중 랙 스위치chassis-based multirack switch를 간단한 단일 스위칭 실리콘으로 된 고정 폼 팩터(일반적으로 랙) 스위치로 바꿀 수 있다. 고정 폼 팩터 스위치의 장점은 장애가 발생해도 단순 장애에 그친다는 점이다. 이와 반대로 대형 섀시 스위치는 수많은 '가동부moving part'로 복합 장애가 발생할 수 있다. 단순 장애는 복합 장애보다 해결 방법이 간단하다. 저렴한 가격으로 장비의 여분을 구비할 수 있어서 문제 발생 시 장애 장비를 신규 장비로 신속하게 교체하여 해결할 수 있다. 그래서 회복 탄력성은 제품 자체의 기능보다는 네트워크를 구성하는 장비들의 중요한 속성이라고 할 수 있다.

2.5.2 케이블링

고정 폼 팩터 스위치를 사용하면 많은 케이블을 관리할 필요가 있다. 대형 네트워크 사업자들은 각자 독자적인 케이블 검증 기술을 갖고 있다. 필자가 참여하고 있는 오픈 소스인 지시 토폴로지 매니저prescriptive topology manager, PTM에서는 케이블 검증을 다룬다. 이 방식은 공급자 전용 솔루션에서 차용해 사용하고 있다. 필자가 알고 있는 한 대형 고객은 케이블 장애가 30% 가까이 발생했을 때 PTM이 이를 해결해준다고 했다. 또한 케이블링 문제가 애플리케이션 성능에 영향을 미치고 있다는 사실을 알게 되었다고 한다. 18장에서는 PTM을 지원하지 않는 플랫폼에서 PTM의 장점을 제공할 수 있는 앤서블 플레이북을 사용하여 케이블링을 확인하는 방법에 대해 살펴본다.

2.5.3 단순화된 재고 관리

고정 폼 팩터 스위치만으로 대규모 네트워크를 구축하면 재고 관리를 단순화할 수 있다. 네트워크 스위치의 종류가 모두 동일하거나 한두 종류만 있으면 장애 대응을 위한 여분의 장비를 쉽게 비축할 수 있다. 따라서 네트워크 스위치, 라우터 재고 모델은 서버 재고 모델과 유사하게 된다. 단순화된 재고가 표준 인텔 및 리눅스 서버로 전환하게 된 핵심 이유다.

2.5.4 네트워크 자동화

수많은 고정 폼 팩터 스위치를 사용하면 네트워크를 수동으로 구성하는 것이 더 이상 불가능해진다. 이제 네트워크 자동화는 '있으면 좋은nice-to-have' 아키텍처에서 '반드시 있어야 하는must-have' 아키텍처가 되었다. 네트워크 자동화에 대한 더 자세한 내용은 10장에서 설명한다.

2.6 클로스 네트워크의 모범 사례

이 절에서는 클로스 토폴로지의 모범 사례를 살펴볼 것이다. 엔지니어들이 특히 액세스-애그-코어 방식 사고를 고수해서 발생하는 실수에 대한 두 사례를 다룬다.

2.6.1 스위치 간 다중 링크 사용

액세스-애그-코어 네트워크에서 가용 대역폭을 늘리는 가장 흔한 방법은 액세스 스위치와 어그리게이션 스위치 간에 링크를 추가하는 것이다. 다중 링크는 본딩이나 링크 애그리게이션^{link} aggregation이라고 하는 포트 채널이 된다. 그렇다면 리프와 스파인 또는 스파인과 슈퍼 스파인 사이에 링크를 추가하는 것이 스파인을 추가하는 것처럼 좋은 방법이 될 수 있을까?

대부분 경우 대답은 '아니오'다. 그 이유를 알려면 클로스 토폴로지에서 링크 장애 시 라우팅 프로토콜이 동작하는지 알아야 한다. 좀 더 자세하게 살펴보기 위해 클로스 토폴로지를 간략하게 다시 그린 [그림 2-6]을 살펴보자.

그림 2-6 다중 링크 사용의 문제

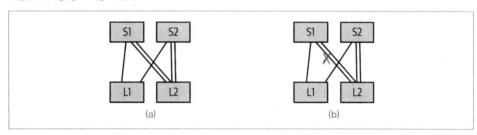

[그림 2-6(a)]를 보면 스위치 L2와 스파인 S1, S2 사이에 다중 링크가 있다. 링크가 본딩되었는지, 라우팅 가능한 단일 링크인지는 중요하지 않다. L1의 관점에서는 S1과 S2를 거쳐서 L2로 가는 동일 경로가 있을 뿐이다. 여기까지는 괜찮다.

[그림 2-6(b)]처럼 L2와 S1 링크 중 하나에 장애가 발생했다고 가정해보자. L1의 입장에서는 여전히 L2로 가는 경로는 두 가지의 동일 비용 경로다. 따라서 L2로 가는 트래픽을 동일한 양으로 나눠서 S1, S2를 거쳐 보내게 된다. 하지만 S1은 S2의 절반의 대역폭밖에 사용할 수 없으므로 무작위로 플로에서 패킷 드롭^{packet drop}이 발생하거나 지연 시간이 증가한다. 이러한 현상은 애플리케이션 성능 저하를 가져오고 원인을 분석하기 어렵게 만든다.

두 링크가 본딩되었다면 서로 다른 라우팅 프로토콜에서 동작이 달라진다. 경계 경로 프로토콜^{border gateway protocol, BGP}에서는 **링크 대역폭 확장 커뮤니티**^{link bandwidth extended community}라는 기능을 통해 S1과 S2에 보내는 트래픽 비율을 조절할 수 있다. 하지만 다중 링크가 있는 환경에서만 가능하고 링크 장애는 대체로 지원하지 않는다. 개방형 최단 경로 우선 프로토콜^{open shortest path first, OSPF}이나 중간 시스템 간 프로토콜^{intermediate system to intermediate system, IS-IS}의 링크 장애는 경로 비용을 제거해서 L1에서 L2로 가는 경로에서 S1을 더 이상 사용하지 못하게 한다. 그래서 OSPF와 IS-IS는 이런 문제를 해결할 수 없다.

따라서 대역폭을 늘리려면 다중 링크를 사용하면 안 된다. 대신 스파인이나 리프 노드를 추가해서 노드 간 링크 수를 균일하게 유지해야 한다.

2.6.2 커넥터로만 사용되는 스파인

순수한 클로스 모델에서 스파인은 단순히 리프 노드를 연결하는 커넥터로만 사용된다. 하지만 때로는 [그림 9-1]처럼 스파인은 외부로 나가는 출구점$^{exit\ point}$ 역할을 하는 경우도 있다. 이런 경우 몇몇 운영자는 일부 스파인만 외부 연결 라우터에 연결한다. 하지만 출구점 역할을 하는 스파인들이 수용 가능한 수준을 넘어서는 트래픽을 받게 되면 나쁜 상황이 발생한다. 예를 들어 내부와 외부 통신을 모두 다루다보니 원래 모델이 가정했던 것 이상의 트래픽을 처리하게 된다. 추가 트래픽은 스파인의 핫스팟을 일으키는 원인이 된다. 더욱이 이런 특수한 경우의 스파인은 네트워크 장애 양상을 바꾸기도 한다. 예를 들어 스파인 네 개 중 두 개로 외부 네트워크에 연결하면 그중 한 스파인의 링크 장애 발생 시 외부 네트워크와 연결된 대역폭의 절반을 잃게 된다.

스파인이 커넥터 역할 외에 부가적인 역할을 수행해야 한다면 스파인을 특별하게 여겨서는 안 된다. 그렇게 해야 촘촘한 장애 도메인을 유지하고 핫스팟의 위험을 줄일 수 있다. 이런 스파인의 간단한 심성 모델$^{mental\ model}$은 네트워크에서 어떤 일이 일어나는지 쉽게 이해할 수 있게 해준다. 누가 뭐라고 하든 심플^{simple}은 경멸적인 단어가 아니다. 심플은 강점이지 약점이 아니다.

2.6.3 섀시의 스파인 스위치 활용

일부 네트워크 운영자들은 3계층 클로스 네트워크를 다루는 것에 대한 두려움이 있다. 그래서 단순히 2계층 네트워크에서 스파인 스위치를 리프보다 훨씬 많은 포트를 가진 섀시를 사용해서 대규모 네트워크를 만들 수 있다고 생각한다. 예를 들어 64포트 스위치는 서버 2,048대만 연결할 수 있지만 256포트 섀시 스파인 스위치와 64포트 리프 스위치를 사용하면 서버 $256 \times 32 = 8,192$대를 연결할 수 있다고 생각한다. 더 중요한 것은 네트워크 엔지니어들이 3계층 네트워크를 구축하는 데 필요한 비용과 케이블링의 어려움 때문에 2계층 네트워크만 고수한다는 점이다.

이런 주장이 사뭇 합당해 보일지라도 이에 반하는 고려 사항이 많다. 소규모 네트워크는 2계층 네트워크로 구성할 수 있다. 하지만 네트워크 규모가 점점 커지면 비용과 전체 네트워크 장애 간 트레이드오프가 존재할 수밖에 없다. 2계층 네트워크는 3계층에 비해 전신 장애에 취약하다.

앞에서 살펴봤듯이 섀시 스위치의 장애는 굉장히 복잡하므로 문제를 해결하는 과정을 더 복잡하게 만든다. 고정 폼 팩터 스위치를 사용하면 네트워크 장애 발생 문제의 원인이 되는 스위치를 교체하여 원상태로 복구할 수 있다. 장애 원인 분석은 문제가 된 스위치를 사용하고 있는 네트워크가 아닌 다른 곳에 연결해서 진행할 수도 있다.

섀시 스위치 방식을 재고해야 하는 또 다른 이유는 2.5.3절 '단순화된 재고 관리'에서 살펴봤듯이 재고 관리를 복잡하게 만들기 때문이다. 마지막으로 단일 스위치 ASIC을 탑재한 128포트 고정 폼 팩터 대형 스위치는 이미 사용할 수 있어서 섀시 스위치 없이도 대규모 네트워크를 구성할 수 있다.

필자가 아는 고객 중 섀시 스위치 방식을 도입해서 위와 같은 문제로 후회하고 있는 고객이 있다. 링크드인, 드롭박스 등과 같은 기업이 공개적으로 이를 밝혔고, 섀시 기반 솔루션에서 고정 폼 팩터 스위치로 전환했다.

클로스를 위한 다른 종류의 섀시

섀시는 둘 이상의 중앙 관리 라인카드와 함께 라인카드로 구성된 모듈식 하드웨어다. 모든 라인카드는 사유 백플레인이나 교차 연결을 통해 연결된다. 내부 교차 연결의 일반적인 이름은 **크로스바**^{crossbar}라고 한다. 액세스-애그-코어 모델에서 애그리게이션 박스는 항상 이런 종류의 섀시를 사용한다.

클로스의 출현으로 다른 종류의 섀시가 등장했다. 페이스북의 백팩^{Backpack}과 같은 디자인이 대표적인 예다. 이 디자인의 **존재 이유**$^{raison\ d'etre}$는 바로 대규모 데이터 센터를 구축하는 데 들어가는 케이블링 비용을 줄이는 데 있다. 이렇게 하려면 섀시의 모든 라인카드를 연결하는 크로스바로서 클로스 토폴로지를 사용하는 섀시를 만들어야 한다. 예를 들어 [그림 2-5(b)]의 가상 섀시 모델로 살펴보자. 단일 하드웨어 박스 내에서 2계층 클로스 토폴로지가 교차 연결로 동작하는 것을 **가상 섀시**$^{virtual\ chassis}$라고 한다. 외부로 보이는 모든 포트는 그림에서 보는 것처럼 모든 리프의 출력이다. 크로스바는 외부 클로스 토폴로지와 마찬가지로 표준 라우팅 프로토콜로 동작한다.

모든 섀시는 단순히 케이블링 문제만 해결한다. 전통적인 섀시와 다르게 중앙 라인카드나 섀시 전체를 관리하는 카드는 없다. 각 라인카드는 분리된 개별 라우터로 관리된다. 내부 클로스 교차 연결은 그 구현에 따라 외부에 신택적으로 노출된다.

이 모델은 널리 쓰이지 않았지만 일부 유명한 기업에서는 이미 자사의 데이터 센터에 이 모델을 적용했다.

2.7 호스트 연결 모델

모던 데이터 센터에서는 호스트가 하나 또는 두 개의 NIC을 갖는 것이 가장 일반적이다. 서버는 단일 리프와 단일 연결점을 통해 네트워크에 연결되거나 [그림 2-7]과 같이 이중 연결될 수도 있다. 이중 연결 NIC은 엔터프라이즈 데이터 센터에서는 널리 쓰였지만 대규모 데이터 센터에서는 그렇지 않다. 단일 리프가 유지 보수나 장애 때문에 동작하지 않을 경우 단일 랙 서버라 하더라도 연결이 유실되는 것을 허용할 수 없어서 이중 연결을 많이 사용한다. 이는 대체로 작은 규모 데이터 센터에서 사용한다.

그림 2-7 이중 연결 호스트 모델

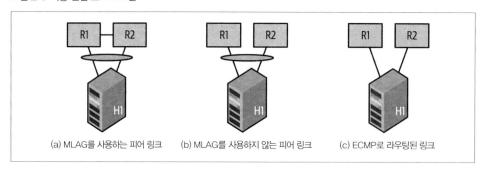

(a) MLAG를 사용하는 피어 링크　　(b) MLAG를 사용하지 않는 피어 링크　　(c) ECMP로 라우팅된 링크

호스트가 이중 연결된 경우 단순히 동작 대기 상태로 사용하곤 한다. 즉, 항상 링크 하나만 동작한다. 이런 경우에는 링크 장애로 단순히 서버와 네트워크의 연결이 유실되지 않는 것만 보장하는 것에 관심이 있다. 하지만 대부분 두 링크 모두 사용하는 것을 선호한다. 이를 위해서는 [그림 2-7]처럼 세 가지 모델을 고려해볼 수 있다. 일반적으로 가장 많이 사용하는 모델은 [그림 2-7(a)]처럼 호스트의 두 링크를 포트 채널 또는 링크 애그리게이션으로 불리는 본딩으로 사용하는 경우다. 서버 쪽은 표준 IEEE 802.3ad 본딩과 같다. 스위치 쪽은 일반적으로 MLAG라고 불리는 공급 업체 사유 프로토콜을 사용하는 것이 일반적이다. 공급 업체마다 이런 사유 프로토콜을 다른 이름으로 부른다. 시스코에서는 vPC, 큐물러스에서는 CLAG, 아리스타에서는 MLAG라고 한다. 이 프로토콜은 호스트가 본딩이나 포트 채널로 단일 스위치와 연결되었다.

MLAG가 네트워크 가상화 기술의 일종인 이더넷 VPN(EVPN)과 함께 동작하면 [그림 2-7(b)]와 같이 리프 사이 링크는 호스트에서 알 수 없다.

세 번째 모델은 [그림 2-7(c)]와 같이 호스트에서 두 링크로 라우팅을 사용해 트래픽을 전송하는 것이다.

오래된 엔터프라이즈 네트워크에서는 **MAC 고정**^{MAC pinning}이라고 불리는 모델을 이중 NIC이 있는 하이퍼바이저에서 일반적으로 사용했다. 이 모델에서 하이퍼바이저는 링크 간 부하 분산을 위해서 두 NIC를 사용하며 패킷의 출발지 MAC 주소만을 사용해 판단한다.

2.8 마치며

이 장에서는 모던 데이터 센터의 기본이 되는 클로스 토폴로지를 여러 측면에서 자세하게 살펴봤다. 다음 장에서는 네트워크 분리의 등장을 만들어낸 클로스 토폴로지의 중요한 의미를 살펴볼 것이다.

2.9 참고문헌

* Clos, Charles. "A study of non-blocking switching networks." Bell System Technical Journal, Vol 32, Issue 2, March 1953.[2]

---

2 https://oreil.ly/0oniD

## CHAPTER 3

네트워크 분리

이별은 자판기를 흔드는 것과 같다. 자판기에서 음료수가 한 번에 나오지 않을 때 자판기를 앞뒤로 몇 번이고 마구 흔드는 것과 같다.

_제리 사인펠드 Jerry Seinfeld

제리는 아마도 **네트워크 분리** network disaggregation 를 말하고 싶었던 것 같다. 결국 분리는 이별이다. 이젠 하드웨어와 소프트웨어가 같은 지붕 아래에 사는 것이 불편하다. 각자 자신에게 맞는 방향과 이상을 찾아 떠날 때가 되었다. 이 장에서는 하드웨어 분리를 다루고, 다음 장에서는 소프트웨어 분리를 다룬다.

네트워크 분리는 2장에서 소개한 새로운 아키텍처의 주요 결과물 중 하나다. 이 장에서는 다음 질문에 대한 답을 얻을 수 있다.

- 네트워크 분리란 무엇인가?
- 네트워크 분리는 왜 중요한가?
- 네트워크 분리를 위한 주요 활성 기술은 무엇인가?
- 네트워크 분리를 위한 하드웨어 시장의 핵심 주체는 누구인가?
- 분리된 스위치는 기존 스위치와 어떻게 다른가?

3.1 네트워크 분리란

'네트워크 분리'라는 용어는 10년 정도 된 '서버 분리$^{\text{server disaggregation}}$' 방향에서 비롯됐다. 서버 분리에서 컴퓨트 노드는 CPU, 하드웨어 하우징, 운영체제, 애플리케이션 등의 구성 요소로 나뉜다. 각 구성 요소는 서로 다른 공급 업체에서 구매할 수 있다. 가장 넓은 의미로 분리는 소프트웨어로부터 하드웨어를 떼어내는 것을 말한다. 하드웨어 구성 요소들은 서로 다른 회사에서 생산된 제품을 사용할 수 있다. 네트워크 분리(더 정확하게는 '스위치 분리' 또는 '네트워크 스위치 분리')는 이와 유사하게 라우터나 브리지를 하드웨어와 네트워크 운영체제를 포함하는 소프트웨어로 분리하는 것이다. 그리고 각각 따로 구매하는 것을 말한다.

분리하는 주된 이유는 전체 시스템의 비용을 줄이고 분리된 요소들을 독립적으로 개발하거나 발전시키기 위해서다. 애플리케이션 아키텍처가 차용한 마이크로서비스의 이면에 있는 동기가 바로 네트워크 분리와 동일하다.

[그림 3-1]은 고정 폼 팩터 스위치의 주요 구성 요소를 나타낸다. 여기에는 RAM, 디스크 등과 같은 다양한 요소가 필요하다. 하지만 네트워크 분리에서는 핵심 구성 요소가 아니다.

그림 3-1 네트워크 스위치의 주요 구성 요소

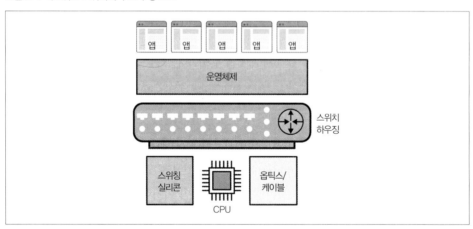

앞서 설명했듯이 넓은 의미로 네트워크 스위치는 하드웨어와 소프트웨어로 나눌 수 있다. 하드웨어는 패킷 스위칭 실리콘, CPU, 하드웨어 박스, 옵틱스^{optics}, 케이블로 나눌 수 있다. 마찬가지로 소프트웨어는 운영체제와 애플리케이션으로 나눌 수 있다. 애플리케이션은 라우팅 제품군, 모니터링, 설정 에이전트와 스위치 제어 평면을 구성하는 요소들로 구분할 수 있다.

네트워크 스위치는 대부분 시스코와 같은 단일 공급 업체에서 구매한다. [그림 3-1]의 패킷 스위칭 실리콘, 하드웨어 박스, CPU, 옵틱스, 케이블은 모두 단일 공급 업체가 제작 및 생산하는 것으로 구성된다. 드문 경우지만 소프트웨어도 마찬가지다. 시스코와 같은 공급 업체들은 여전히 패킷 스위칭 칩을 자체 설계하는 동시에 기성^{off-the-shelf} 스위칭 칩 기반 제품도 만든다.

이런 방식은 서버가 생산되거나 판매되는 방식과 다를 것이 없다. 썬 마이크로시스템즈는 독자적인 CPU(SPARC)를 만들고, 워크스테이션(모니터, 키보드, 마우스, 기타 주변 기기와 이를 연결하는 케이블 모두)과 운영체제(SunOS와 솔라리스)까지 만든다. 애플리케이션은 썬 마이크로시스템즈가 만든 것부터 워드프로세서나 프레젠테이션과 같은 서드파트 애플리케이션까지 다양한 종류가 있다. 이와 같은 모델은 SGI, HP, IBM과 같이 많은 업체가 반복해왔다. POSIX와 같은 표준 계층이 존재해도 소프트웨어 일부 구성 요소는 여전히 각 공급 업체가 독자적으로 만들었다.

개인용 컴퓨터^{personal computer, PC}는 워크스테이션과 다른 모델을 사용했다. CPU는 인텔이라는 한 업체(시간이 지나면서 늘어났다)에서 생산했지만 케이블, 모니터, 키보드, 박스 등의 나머지 부품은 대체로 IBM에서 생산했다. 그리고 운영체제는 완전히 다른 업체인 마이크로소프트가 거의 독점적으로(당시에는 다른 업체도 존재했지만) 공급했다. 애플리케이션은 마이크로소프트에서 자체적으로 만들었고 곧 다른 업체들도 참여했다. 흥미롭게도 최초의 모든 PC는 IBM에서만 판매했다. 하지만 점차 다른 업체도 마이크로소프트 운영체제가 탑재된 IBM이나 'IBM 호환' PC를 판매하기 시작했다. 이후에는 리눅스를 탑재한 PC도 판매했다.

결국 시장에서 IBM 모델이 승리했다. 이를 본 대규모 데이터 센터 운영자들은 네트워크 산업계를 향해 '네트워크는 왜 분리하지 않는가?'라는 질문을 던지기 시작했다.

분리에 대한 일반적인 관점

마크 트웨인^{Mark Twain}은 "역사 그 자체는 반복되지 않지만 흐름은 반복된다"고 말했다. 분리는 역사의 다양한 시간 속에서 여러 분야에 걸쳐서 나타난 하나의 흐름이다. 이런 흐름은 산업 혁명 말기에 있었던 생산성 향상을 위해 노동 전문성에 집중하고 규모의 경제를 통해 비용을 절감하려 했던 것으로 증명된다. 어느 분야든지 초기 단계는 미성숙하므로 공통된 문제를 해결하기 위한 많은 방안이 제시된다. 그래서 많은 회사가 새로운 문제 해결 방안과 시장 점유율을 놓고 경쟁을 한다. 확실한 승자가 없는 시장 환경에서는 서로 다른 회사들의 공통된 요구를 해결해줄 수 있는 서드파티가 나타나기 어렵다. 서드파티가 문제를 해결해서 얻는 이득이 적기 때문이다. 하지만 시간이 지나면 소수의 승자들이 나타나면서 서드파티가 참여하기 좋은 조건이 만들어진다. 그래서 단일 독점 공급 업체보다 훨씬 효율적이고 저렴하게 문제를 해결할 수 있는 서드파티 솔루션들이 등장하게 된다. 때로는 이런 차이가 PC처럼 모델 자체에 내재되는 경우도 있다. 또한 다양한 요인에 의해 차별화된 솔루션이 등장하는 경우도 있다. 이런 요인의 특정한 예가 이더넷과 IP의 점진적인 지배력 증가였다. 따라서 브로드컴과 멜라녹스가 제품군을 NIC에서 이더넷 스위치로 확장할 수 있었다.

3.2 네트워크 분리의 중요성

네트워크 엔지니어나 아키텍처에게 네트워크 분리는 그들의 미래라고 할 수 있다. 시스코나 주니퍼 네트웍스뿐만 아니라 모든 업체가 이미 상용^{merchant} 패킷 스위칭 실리콘 기반 제품을 판매하고 있다. 아리스타의 경우는 이미 자체 패킷 스위칭 실리콘을 개발하지 않고 모든 제품에서 상용 실리콘을 사용하고 있다. 그리고 대부분 업체에서는 리눅스를 기본 운영체제로 사용한다. 리눅스를 운영체제로 사용한다는 것은 업체마다 리눅스의 네트워크 기능을 어떻게 사용하는지와 공개 범위 정도의 차이일 뿐이다. 이런 부분들이 많은 사람에게 알려져 있지 않거나 사용할 수 없지만 시스코와 아리스타의 경우 대규모 데이터 센터에 고객 자체 운영체제를 올려서 운영할 수 있는 제품을 판매한다. 네트워크 분리가 사람들이 네트워크 장비를 사용하는 방식으로 바뀌는 것은 시간문제다. 그러므로 네트워크 분리를 이해하고 어떻게 동작하는지 알고 있는 것은 굉장히 중요한 일이다. 그래야지 이상과 현실을 잘 구분해서 현명한 선택을 할 수 있다.

분리라는 것은 기술적인 문제보다 비즈니스 모델이라고 할 수 있다. 기술적인 결정은 분리의 영향을 받겠지만 비즈니스적인 이유가 기술보다 더 중요하다는 의미다. 그렇다면 네트워크 분리가 왜 이런 관점에서 중요한지 살펴보자.

3.2.1 비용 관리

대규모 데이터 센터 사업자들이 네트워크 분리를 원하는 가장 큰 이유는 네트워크 인프라 구축 비용을 관리하기 위해서다. 시스코, 주니퍼 네트웍스, 아리스타와 같은 업체의 제품 디자인은 고객의 선택 폭을 제한한다. 기성 업체들은 자사 제품군에 사용할 수 있는 옵틱스와 케이블만 판매한다. 다른 곳에서 구입한 케이블을 아예 지원하지 않는다. 그 결과 기성 업체들은 10배에서

20배 정도의 비싼 돈을 받고 케이블을 판매하고 큰 이익을 얻었다. 하지만 네트워크 분리 출현 이후에는 기성 업체가 마지못해 이런 관행을 천천히 완화하고 있다.

하지만 금융 지출은 전체 비용 중 일부다. 운영 비용, 다른 말로는 네트워크를 관리하는 데 필요한 비용은 훨씬 비싸다. 대부분 수동으로 스위치를 관리하거나 운영하므로 확장성이 떨어진다. 네트워크 장비 업체들은 이런 데이터 센터의 문제를 해결해주는 것을 주저했다. 업체들은 천천히 라우터의 관리성을 개선했지만 기존 업체들이 제공하는 네트워크 운영 비용은 컴퓨트 노드 관리 비용과 비교하면 더 어렵고 복잡하게 책정되었다.

3.2.2 벤더 록인 회피

네트워크 분리는 네트워크 운영자들이 벤더 록인$^{vendor\ lock-in}$[1]에서 벗어나기 위한 강렬한 열망 때문에 대두되었다. 또한 특정 구성 요소나 전체 소프트웨어를 보다 더 적합한 업체의 것을 선택하고자 하는 욕망도 있었다.

일부 비관론자들은 네트워크 분리를 매도하면서 소프트웨어에서도 마찬가지로 벤더 록인이 발생한다고 지적한다. 사실 우리 모두는 파워포인트나 워드에 얽매였다. 하지만 공급 업체들이 오픈 소스 커뮤니티라면 결과는 달라졌을 것이다. 예를 들어 리눅스를 네트워크 운영체제$^{network\ operating\ system,\ NOS}$로 사용했다면 그 어떤 사유 운영체제보다 벤더 록인의 위험성이 훨씬 낮았을 것이다. 또한 잘 정의된 기능과 사용 구성들 역시 벤더 록인에 빠질 가능성을 줄여준다.

즉, 벤더 록인은 항상 위험하다. 우리 스스로 쉽게 변하지 않으려는 마음가짐이 벤더 록인에 반영되기 때문이다. 데이비드 포스터 월리스가 말했듯이 벤더 록인에 빠지게 하려는 악마를 최대한 운전석에 앉지 못하게 하는 것이 우리가 앞으로 해야 할 일이다. 분리된 플랫폼은 통합 스위치$^{integrated\ switch}$보다 벤더 록인과 반대로 향하는 경향이 있다.

3.2.3 기능 표준화

벤더 록인을 회피하는 방법 중 하나는 표준 기능에 집중하는 것이다. 공급 업체의 독자 ASIC을 사용하면 큐패브릭^{Qfabric}, 패브릭패스, 오버레이 전송 시각화$^{overlay\ transport\ visualization,\ OTV}$와 같은 사유 솔루션에 갇히기 쉽다.

---

1 옮긴이_ 특정 업체의 제품이나 서비스에 종속되어 다른 업체의 것으로 변경하기 어려워지 것을 의미한다.

패킷 스위칭 실리콘을 깊이 이해하는 것 역시 네트워크 운영자에게 도움을 준다. 서로 다른 NOS 업체 경쟁력을 자원 사용량, 라우팅 수렴성, 속도를 기준으로 측정하고 결정해야 하는 경우에 패킷 스위칭 실리콘에 대한 이해가 도움이 된다. 그래서 사유 ASIC에서 동작하는 공급 업체의 NOS를 판단할 때 보다 공정할 수 있다.

네트워크 분리의 세 번째 장점에 대해서는 널리 알려져 있지 않지만 필자의 오랜 경험을 바탕으로 결론을 맺고 싶다. 상용 실리콘merchant silicon 업체가 통합 실리콘integrated silicon 업체보다 더 자주 업데이트를 제공해서 운영자로 하여금 보다 쉽게 업데이트 계획을 세울 수 있게 해준다. 새로운 실리콘 출시에 맞춰서 양질의 제품을 선보이는 운영체제 업체나 (이후에 설명할) 원천 디자인 제조업자original design manufacturer, ODM가 고객을 더 쉽게 확보할 수 있다.

3.3 오늘날 네트워크 분리가 가능해진 이유

네트워크 분리는 다음 세 가지 이유로 발생했다. 첫째, 모던 데이터 네트워크 센터 선구자들은 전통적인 네트워크 업체들이 자신들의 비즈니스 속도를 늦추고 있다(즉, 발목을 잡고 있다)는 것을 깨달았기 때문이다. 네트워크를 운영하다 보면 이런 것들이 사실로 다가온다. 둘째, 액세스-애그 토폴로지 대신 클로스 토폴로지를 도입했기 때문이다. 클로스 토폴로지의 도입은 브리징을 위한 복잡한 사유 기능을 걷어낼 수 있게 해줬고, 기능 집합을 표준화된 최소의 것으로 줄였다. 이로 인해 선구적 회사의 독자적인 NOS 개발이 쉬워졌다. 셋째, 독립적인 패킷 스위칭 업체들의 등장 때문이다. 이런 업체는 자신들이 만든 칩을 사용해서 스위치 제품을 만들기보다는 기존 스위치를 만드는 업체에 납품했다. 이와 같은 스위칭 실리콘 칩을 상용 실리콘이라고 부른다. 상용 실리콘 칩들은 상당히 정교해졌으며, 오늘날 새로운 기능을 가장 먼저 지원하는 최초의 칩이 되었다.

따라서 선구적인 회사들은 중국이나 대만의 생산 업체에 자신들이 사용할 네트워크 스위치 생산을 위탁했다. 처음에는 브로드컴의 트라이던트 칩셋 기반이었으나 이후 다른 상용 실리콘 업체들의 칩셋을 사용하기 시작했다.

> **NOTE_** NOS가 탑재되지 않은 네트워크 스위치를 **베어메탈 스위치**bare-metal switch 라고 부른다. 베어메탈 서버와는 다른 의미로 '베어메탈'을 사용할 것이다.

고정 폼 팩터 섀시의 등장으로 새로운 NOS 개발이 더욱 쉬워졌다. 큐물러스 네트웍스와 빅스위치 네트웍스는 NOS 문제(4장 참조)에 접근하는 방식이 다르다. 그 후 분리된 네트워크 운영체제의 새로운 영역을 강화하려는 많은 업체와 합류했다.

3.4 분리된 환경의 네트워크 운영 차이점

분리된 스위치를 사용하는 경우 기존의 운영 방식과는 두 가지 주요한 차이가 있다. 이 두 가지 모두 네트워크 분리를 도입하기로 결정하자마자 생기는 제로데이$^{zero-day}$ 문제다. 첫 번째는 하드웨어와 소프트웨어 조달 방법 차이이며, 두 번째는 하드웨어와 소프트웨어가 입고된 이후 수행되는 일련의 작업 순서의 차이다.

하지만 무엇보다 용어를 정리할 필요가 있다. 어떤 소프트웨어도 탑재되지 않은 하드웨어, 즉 스위칭 박스 자체를 생산하는 업체를 **원천 디자인 제조업자**라고 부른다. 전통적인 스위치 공급 업체인 시스코나 주니퍼 네트웍스는 직접 설계해서 사양을 정의하고 생산 업체에 이 사양을 전달해서 제품을 생산한다. 반면 분리된 스위치 ODM은 하드웨어 박스 자체를 설계하고 생산한다.

3.4.1 구매와 지원

시스코나 아리스타와 같은 단일 업체를 통해 전통적인 스위치 구매한다. 일반적으로 케이블도 같은 회사에서 판매한다. 하지만 분리된 스위치의 경우에는 고객이 하드웨어, NOS, 케이블 등을 다른 업체에서 구매할 수 있다.

베어메탈 스위치를 도입할 때 필자가 발견했던 중견기업과 대기업의 공통된 문제는 바로 해당 회사의 자산 획득 모델이었다. 많은 ODM은 이 모델을 가진 기업에 제품을 판매할 수 없었다. ODM은 스위치 수만 대를 일부 대규모 웹 스케일 회사를 위해 생산하고 판매했다. 하지만 스위치 수만 대를 수많은 다른 업체에 판매하는 방법을 알지 못했다. 수년에 걸쳐서 기업은 공급 업체와 낡은 액세스-애그 모델에 익숙한 컨설턴트의 조언을 바탕으로 소프트웨어 요구 사항을 만들어냈다. 제품의 질은 얼마나 많은 기능이 있는지에 따라 결정되었다. 그로 인해 불쌍한 스타트업들은 기존 공급 업체로부터 벗어나고 싶지 않은 고객을 유치하기 위해 기능을 추가하는 데 더 많은 시간을 쏟을 수밖에 없었다.

대체로 얼리 어댑터들이 이런 문제들을 직접 해결하거나 새로운 업체를 끌어들여 기존 관행을 바꿔서 문제를 해결하는 방법을 찾기도 한다. 하지만 네트워크 분리가 주류가 되기 시작하면서 이런 현실적인 문제들은 많은 기업이 새로운 모델을 도입하는 것을 주저하게 만들었다.

고객 역시 네트워크 분리 모델을 도입했을 때 네트워크에 이상이 생기면 더는 단일 공급 업체가 책임을 지지 않을 것이라고 걱정했다. 하지만 첫 번째 NOS 공급 업체가 등장하면서 이런 걱정이 사라졌다. 예를 들어 델^{Dell}은 시스템이 동작하는 하드웨어가 자사 제품이면 지원했고, 큐물러스도 ODM이 콴타^{Quanta}나 에지코어^{Edgecore}인 경우에 지원했다. 그래서 네트워크 엔지니어에게는 전통적인 스위치와 마찬가지로 분리된 스위치를 사용할 경우에도 문제가 발생할 경우 책임지는 단일 주체가 있다.

3.4.2 첫 부팅

수직 통합 스위치는 미리 설치되어 절대 변경할 수 없는 NOS를 탑재한 채 제공된다. 하지만 베어메탈 스위치는 이런 NOS가 없다. 고객이 스위치에 설치 가능한 어떤 종류의 NOS도 설치할 수 있다. NOS가 설치되지 않은 스위치를 구매하면 네트워크 엔지니어는 NOS를 스위치에 어떻게 설치하는지 알아야 한다. NOS를 설치하는 것은 시스템 운영자가 운영체제를 서버에 설치하는 것과 다르지 않다. 그렇지만 네트워크 엔지니어에게 이런 개념은 생소하다. 네트워크 엔지니어에게는 구매한 스위치가 익숙한 NOS 프롬프트로 부팅되지 않으면 그다음 단계에 대한 확신을 가질 수 없다. 다음 경우를 통해 이런 문제를 어떻게 해결하는지 살펴보자.

멜라녹스와 같은 일부 스위치 생산자들은 미리 NOS를 설치한 스위치를 납품한다. 또한 일부 NOS 공급 업체는 아예 자사 NOS가 미리 설치된 스위치를 판매하기도 한다. 큐물러스 네트웍스의 큐물러스 익스프레스 스위치가 그러한 예다. 하지만 이런 회사들은 단지 고객이 NOS를 직접 설치해야 한다는 부담을 일부 덜어줄 뿐이다. 여전히 고객이 이런 종류의 스위치를 다른 NOS로 변경할 수 있다.

3.5 오픈 네트워크 설치 환경

PC는 IBM이 제공하는 레퍼런스 디자인이 있어서 모든 PC 생산 업체들은 이를 따라야 했다. 그래서 다양한 업체에서 생산하는 모든 PC는 소프트웨어가 의존하는 운영체제(윈도우, 리눅스 등)의 요구 사항을 충족했다. 안타깝게도 스위치 ODM들은 이런 레퍼런스 디자인이 없었다. 그래서 ODM이 생산하는 스위치마다 다른 종류의 디자인이 많았다. 선구적인 NOS 회사인 큐 물러스 네트웍스는 이런 문제를 인지하고 해결하기 위해 노력했다. 하지만 큐물러스 역시 작은 스타트업이라서 ODM에 많은 영향을 미치지 못했다.

페이스북은 인텔, 랙스페이스, 골드만삭스, 안디 베히톨스하임^{Andy Bechtolsheim}과 함께 효율적인 데이터 센터를 구축하는 데 필요한 장비들의 새로운 디자인을 제공하기 위한 오픈 컴퓨트 프로 젝트^{open compute project, OCP} 발의를 시작했다. OCP 웹사이트[2]에 따르면 새로운 디자인은 에너 지 효율면에서 38% 더 우수하고, 기존 기업의 설비 운영 비용 대비 24% 더 저렴하다. 그리고 원대한 혁신을 이끈다. OCP는 베어메탈 네트워크 스위치의 표준 설계 작업도 진행한다. 베어 메탈 스위치가 확장 가능하고 자동화된 방식으로 NOS를 설치하고 프로비저닝할 수 있는 펌웨 어가 가장 먼저 필요하다. 큐물러스가 이미 이런 종류의 소프트웨어를 개발해서 오픈 네트워크 설치 환경^{open network install environment, ONIE}이라고 부르고 있었다. 그래서 OCP가 ONIE를 표준 으로 사용했다. OCP 호환 베어메탈 스위치는 반드시 ONIE를 지원해야 하며 네트워크 분리 스위치 시장에 참여하고 싶은 모든 ODM의 스위치는 ONIE를 지원해야만 한다.

PXE를 사용하지 않는 이유

ONIE는 NOS를 베어메탈 스위치에 설치한다는 한 가지 목적으로만 사용된다. 컴퓨트 측면에서 서버에 운영체제를 설치하는 작업은 사전 부팅 실행 환경^{preboot execution environment, PXE}을 통해 수행한다. 하지만 PXE는 x86 CPU 기반 서버에서만 동작한다. ARM이나 파워PC 기반 칩셋을 사용하는 서버는 유부트^{u-boot}라고 부르는 다른 종류의 부트로더^{bootloader}를 사용해야 한다. 베 어메탈 스위치는 파워PC와 x86 칩셋 모두 사용하므로 ONIE는 칩셋 종류와 상관없이 동작하는 단일 인스톨러여야 했다.

ONIE는 PXE와 유부트 위에서 추가 기능도 지원해야 했다. 예를 들어 IPv6 지원은 처음부터 가 능해야 한다. 또 다른 요구 사항은 스위치 모델과 CPU에 따라 NOS 이미지를 선택하는 등 단순 화된 NOS 인스톨러 환경을 추가로 제공하는 것이다.

특정한 펌웨어 이미지를 사용하는 대신 ONIE 개발자들은 간단하게 리눅스 자체를 부트로더로 사용하기로 했다. 그래서 ONIE는 표준 리눅스 커널이 제공하는 방대하고 강력한 기능 집합들을 그대로 사용할 수 있게 되었다.

---

2 https://oreil.ly/gkdKw

3.5.1 ONIE 구동 방식

ONIE는 리눅스 커널(집필 시점 가장 최신 커널 버전은 4.9.95)과 원하는 기능을 제공하기 위해 비지박스[Busybox][3] 환경을 사용한다. 개발자는 비지박스를 '작은 크기의 단일 실행 파일에 공통된 유닉스 도구들의 작은 버전을 제공'하는 임베디드 리눅스의 맥가이버 칼로 묘사한다. 그래서 사용자들이 다양한 셸 스크립트를 갖고 설정, 설치, 부팅 과정의 자동화를 할 수 있게 한다. 일반적으로 널리 사용되는 비지박스는 유닉스나 리눅스의 명령어 도구들의 임베디드 시스템과 같이 제한된 환경에서 사용할 수 있도록 크기를 줄인 대체 도구를 제공하기 위해 개발되었다.

NOS 인스톨러는 표준 리눅스 도구(비록 일부 기능은 제거되었지만)와 셸을 사용해서 설치 과정을 스크립트화할 수 있다. 이는 기본적으로 비지박스가 리눅스이기 때문에 가능하다. HTTP나 오래된 간이 파일 전송 규약[trivial file transfer protocol, TFTP]과 같은 일반적인 프로토콜을 지원한다. 또한 다양한 이더넷 드라이버와 무선장치(기본 설정은 아니더라도)도 지원한다. 마찬가지로 스토리지도 같은 방법으로 지원한다. 따라서 리눅스에서 지원하는 프로토콜이나 장치라면 ONIE가 NOS를 설치하는 데 사용할 수 있다.

또 다른 ONIE의 중요한 점은 네트워크에 접속하기 위해 관리 이더넷 포트를 사용한다는 것이다. 네트워크 접속을 위한 다른 스위칭 실리콘 포트는 전혀 사용하지 않는다. 스위칭 실리콘은 굉장히 복잡한 독점 드라이버가 필요해서 ONIE에서 사용하기에는 너무 무겁고 쓸모가 없다. 모든 네트워크 스위치는 적어도 둘 이상의 관리 이더넷 포트를 갖고 있는데, 이 역시 리눅스 커널에서 표준으로 제공하는 이더넷 드라이버로 구동할 수 있다.

마지막으로 ONIE는 NOS가 설치되지 않았거나 NOS을 다시 설정해야 할 때만 사용한다. 재부팅과 같은 경우에는 미리 설치된 NOS로 스위치가 부팅된다.

NOS를 로드할 위치 선택은 다음 순서를 따른다.

1. 로컬 USB 플래시 드라이브

2. DHCP 서버부터 획득한 URL

3. DNS 서비스 탐지로부터 받은 URL

4. IPv4나 IPv6 링크의 로컬 이웃들을 탐사

---

3 https://oreil.ly/5GknD

5. HTTP를 이용한 탐사

6. TFTP를 이용한 탐사

탐사의 경우 ONIE는 ping과 ping6를 사용해서 서브넷 로컬 주소(IPv4는 255.255.255.255, IPv6는 ff02::1)로 핑^{ping}을 보내서 동일 서브넷에 연결된 IP 주소 목록을 획득한다. 그다음 ONIE는 일련의 기본 파일 이름 사양을 바탕으로 인스톨러 이미지를 찾는다. 이런 방식으로 NOS 인스톨러 이미지를 찾으면 다운로드를 시도한다. 설치에 실패하면 ONIE은 다음 방법을 시도한다. 이런 과정을 NOS가 설치될 때까지 영원히 반복한다.

ONIE는 NOS 인스톨러가 필요하다면 여러 환경 변수를 NOS를 설치하기 전에 미리 설정한다. 이런 환경 변수는 스위치 호스트명(동적 호스트 구성 프로토콜$^{dynamic host configuration protocol,}$ ^{DHCP}과 같은 것을 통해 획득), 스위치 일련 번호, 공급 업체 ID 등을 포함한다. NOS 설치 스크립트는 이렇게 미리 설정한 변숫값을 사용해서 특정한 과정을 수행할 수 있다.

ONIE 자체도 운영체제를 설치하는 방법과 동일한 과정으로 업데이트할 수 있다. 단지 NOS 이미지가 아닌 ONIE의 새로운 이미지를 선택하는 것만으로도 업데이트가 가능하다.

ONIE 웹사이트[4]에 정리된 예제들을 참고하기 바란다.

3.6 네트워크 분리에서 하드웨어를 담당하는 업체

이 절에서는 네트워크 분리에서 하드웨어를 담당하는 주요 업체를 살펴볼 것이다. 이 절의 목표는 네트워크 엔지니어들이 스스로 계속 깊이 생각하고 조사할 수 있도록 이 분야에 참여하는 많은 업체를 언급하는 것이다. 네트워크 분리에서 소프트웨어 부분을 맡고 있는 업체들은 다음 장에서 다룬다.

3.6.1 패킷 스위칭 실리콘

데이터 센터에서 활용 가능한 수준을 갖춘 양질의 상용 실리콘에 특화된 업체의 등장이 없었다면 네트워크 분리는 아마 절대 시작할 수 없었을 것이다. 오늘날 스위치 공급 업체들은 중요한 새로운 기능을 제공하기 위해 이런 제품에 종종 의존한다. 예를 들어 VXLAN 같은 기능을 최초

---

4 http://onie.org

로 상업적으로 지원했던 제품은 전통적인 네트워크 장비 공급 업체의 패킷 스위칭 실리콘이 아니라 상용 실리콘이었다.

브로드컴은 상용 실리콘 시장의 선구자다. 브로드컴이 제작하는 트라이던트 계열의 칩셋은 기본적으로 리프(또는 ToR라고 불림) 스위치로 많이 사용된다. 또한 스파인용 토마호크 계열도 있고, 인터넷 방향 또는 **엔터프라이즈 에지**enterprise edge 라우터 용도로 사용되는 제리코Jericho 칩셋도 있다.

멜라녹스 역시 화려한 업력을 자랑하는 업체다. 스펙트럼 계열 칩셋은 ToR과 스파인 스위치에서 모두 사용할 수 있는 자사 플래그십 제품이다.

베어풋Barefoot은 스위칭 실리콘 시장에 등장한 새로운 업체 중 하나다. 프로그래밍 가능한 패킷 스위칭 실리콘으로 유명해졌다. 시스코와 아리스타는 모두 베어풋의 실리콘을 기반으로 한 스위칭 제품을 보유하고 있다.

이노비움Innovium과 마벨Marvell을 비롯한 몇몇 업체 역시 상용 실리콘을 생산한다. 100GbE 64 포트를 지원하는 칩셋은 오늘날 여러 상용 실리콘 업체에서 흔히 구입할 수 있다. 모든 제조업체의 이상향은 단일 스위칭 실리콘으로 100GbE 128포트를 사용할 수 있는 제품을 생산하는 것이다. 100GbE 128포트를 단일 스위칭 칩에서 사용할 수 있다면 대규모 네트워크를 구축할 수 있다. 이노비움사의 테라링스Teralynx 7이나 브로드컴의 토마호크 3를 사용한다면 100GbE 128포트 또는 400GbE 32포트 스위치를 사용할 수 있다. 물론 그 목표는 계속 발전해나가고 있다.

3.6.2 ODM

에지코어, 콴타, 아메가, 셀레스티카는 가장 유명한 스위칭 제품 ODM이다. 이들 업체 대부분은 독점적으로 브로드컴 계열의 스위치를 생산한다. 델도 주요한 스위치 제조 ODM이지만 교체 불가능한 자사 NOS를 탑재한 전통적인 스위치를 더 많이 판매한다.

화이트 박스와 브라이트 박스

베어메탈 스위치는 잘 알려진 상표가 없어서 **화이트 박스 스위치**white-box switch라고도 한다. 많은 업체가 네트워크 분리라는 유행에 편승하면서 자신들이 판매하는 하드웨어가 다른 업체의 제품보다 NOS를 구동하기에 더 적합하다고 광고하기 시작했다. 하지만 여전히 자신들의 잘 알려진 브랜드를 붙여서 판매한다. 이런 종류의 박스를 **브랜드가 붙은 화이트 박스**branded white box 또는 **브라이트 박스**brite box라고 부른다. 델이 브라이트 박스의 대표적인 공급 업체다. 자사 운영체제뿐만 아니라 큐물러스와 빅스위치 같은 서드파티 NOS도 설치할 수 있는 스위치를 공급한다. 많은 기업의 경우 브라이트 박스는 화이트 박스 스위치에 비해 다뤄야 할 새로운 요소가 적고 믿을 수 있는 단일 박스 제조업체의 지원을 받기 때문에 더 매력적이다.

3.6.3 CPU

초기 ODM은 파워PC 기반 CPU로 스위치를 만들었다. 하지만 서버 시장과 마찬가지로 인텔 x86 칩이 하이엔드high-end 박스 시장을 지배하기 시작했다. 데스크톱 버전과 다르게 스위치 버전의 CPU는 대체로 성능이 떨어지는 대신 전력 소모가 적다. 네트워크 관리 목적으로만 사용하는 로우엔드low-end 박스의 경우 ARM 코어 칩셋이 사실상 표준으로 사용된다.

x86과 ARM 모두 리눅스를 쉽게 구동할 수 있다.

3.6.4 표준 협의체

3.5절 '오픈 네트워크 설치 환경'에서 소개한 OCP[5]는 네트워크 분리를 담당하는 주요 조직이다. 어느 공급 업체든지 분리된 스위치로 사업하려면 OCP가 만든 사양을 준수해야 한다. 예를 들어 ONIE는 OCP 인증을 받기 위한 필수 요구 사항이다. 소프트웨어 측면에서 리눅스 재단[6]은 리눅스를 지원하는 기본 조직이다. 리눅스 재단은 오픈 소스 라우팅 제품군인 FRR[7]을 지원한다. 오픈 네트워킹 재단open networking foundation, ONF[8]은 개방형 네트워킹 공간을 위해 일하는 단체이며 다양한 NOS 모델과 오픈플로(4장 참조)에 집중하고 있다.

> **NOTE_** 국제 인터넷 표준화 기구internet engineering task force, IETF는 TCP/IP 관련 프로토콜과 인터넷을 관장하는 중요한 표준 단체다. 하지만 네트워크 분리에는 참여하고 있지 않다. 네트워크 분리 자체가 기술적인 문제가 아니라 단체 관할권 밖의 일이기 때문이다. 전기 전자 기술자 협회institute of electrical engineers, IEEE는 이더넷 표준화 작업과 새로운 이더넷 속도 개발을 담당하는 표준화 단체다. 하지만 라우팅이 대세인 요즘에는 모던 데이터 센터에서 IEEE 802.3 표준의 일부인 브리징을 담당하는 IEEE가 별다른 역할을 하고 있지 않다.

---

5 https://oreil.ly/5QDmg
6 https://oreil.ly/qwstw
7 https://frrouting.org
8 https://oreil.ly/HngbK

3.7 네트워크 분리의 일반적인 미신

기성 업체들은 항상 분리에 대한 공포심을 심어줬다. 일반적으로 공급 업체 입장에서 네트워크 분리는 적은 매출과 이익율, 벤더 록인을 지속할 수 없는 문제가 발생한다는 뜻이다. 네트워크 분리에 대항하기 위해 공급 업체들은 FUD(공포^{fear}, 불확실성^{uncertainty}, 의심^{doubt}) 캠페인의 일환으로 많은 미신을 퍼트리기 시작했다. 회사가 화이트 박스 스위치를 도입한다면 중요한 무언가를 잃게 된다는 두려움을 네트워크 엔지니어에게 심어주었다. 공급 업체가 주장하는 바를 낱낱이 파헤쳐보자.

네트워크 분리는 굉장히 번거로운 일이다

스스로 하시오$^{do\ it\ yourself,\ DIY}$. 필자가 큐뮬러스에서 일하면서 제일 자주 듣던 밈^{meme}이다. 이 말은 마치 네트워크 엔지니어가 스위칭 ASIC과 CPU를 보드에 납땜하고 나사를 조여서 박스를 닫은 후 화이트 박스가 잘 동작하도록 라우팅 프로토콜이나 다른 중요한 코드를 직접 작성해야 하는 것처럼 들린다. 잘 다듬어진 명령행에 익숙해져 있는 네트워크 엔지니어가 광대하게 열려 있는 리눅스 셸을 마주하고 리눅스가 좀처럼 쉽지 않다고 느낄 때 이 말이 사실이라고 느낄 수 있다. 하지만 익숙하지 않은 사용자 인터페이스인 리눅스 셸을 쓴다고 해서 DIY가 구성되는 건 아니다.

네트워크 분리는 대규모 데이터 센터 사업자를 위한 것이다

필자가 처음 마주한 미신이다. 이 절에서 설명하는 분리된 스위치들을 관리하기 어렵다거나 구축하는 데 많은 노력이 필요하다는 등의 미신들과도 관련 있다. 공급 업체들은 중소기업의 고객에게 네트워크 분리를 도입하는 비용이 지나치게 높다고 주장한다. 동시에 대형 데이터 센터 사업자가 베어메탈 스위치 모델을 도입하려는 시도조차 못하도록 엄청나게 높은 할인율을 제안하기도 한다. 그리고 네트워크 자동화가 대형 데이터 센터 사업자뿐만 아니라 그 누구에게도 불필요한 것처럼 보이게 했다. 반대로 고도로 통합된 솔루션을 제공해서 벤더 록인을 더 악화시키고자 했다.

책임을 지는 단일 주체가 없으면 지원은 엉망이 된다

사용자는 하드웨어와 소프트웨어를 따로 다루는 것에 익숙하지 않아서 이런 미신을 쉽게 믿게 된다. 하지만 초창기 화이트 박스 NOS 선구 업체부터 하드웨어 제작 여부와 상관없이 업체가 단일 책임$^{single-throat-to-choke}$ 모델을 도입했으므로 사실이 아니다.

네트워크 분리의 기능 집합은 제한적이다

전통적인 네트워킹 공급 업체에 복잡한 기능 집합을 판매하는 것은 벤더 록인 관리에 도움을 주는 것뿐만 아니라 이익도 준다. 그들은 화이트 박스 스위치의 기능 집합이 '빈약'하다는 것을 지적한다. 그러면서 단순히 라우팅을 자사 제품에 활성화하는 것만으로도 추가 비용을 요구한다. 브리징을 사용할 때 필요한 많은 복합 기능 집합과 비교해서 라우팅의 기능 집합이 단순하다는 것은 저주가 아니라 축복이다. 더욱이 네트워크 분리는 사업자들이 다른 종류의 운영체제를 시험해볼 수 있게 해준다. 예를 들어 사업자는 보다 복잡한 기능 집합을 지원하거나 자신들의 데이터 센터 네트워킹을 더 잘 지원하는 공급 업체의 운영체제를 적용하여 비교해볼 수 있다. 이때 새로운 소프트웨어를 시험하기 위해 새로운 하드웨어를 구매할 필요도 없다.

분리된 스위치의 품질은 조악하다

큐물러스 네트웍스의 초창기 시절 창업자 중 한 사람인 JR 리버스^{JR Rivers}는 고객을 만날 때 항상 내부가 훤히 보이는 네트워크 스위치를 가지고 나갔다. 그는 큐물러스 ODM 박스가 고객이 현재 사용 중인 브랜드 제품의 스위치와 동일한 박스라는 것을 보여주고 싶었다. ODM에서 생산하는 스위치의 품질이 기성 제품과 다르다는 사실은 기존 업체들이 퍼트린 미신이다. 물론 ODM 제조업체들이 많아져서 일부 스위치의 품질이 다른 것에 비해 떨어지는 경우도 있다. 하지만 일반적으로 ODM이 제공하는 스위치는 기존 업체와 동등한 제품이라고 할 수 있는 이유는 바로 두 제품 모두 동일한 회사에서 만들기 때문이다.

> **NOTE_ 만병통치약은 없다**
>
> 반대로 많은 얼리 어댑터의 추종자들은 화이트 박스 스위치를 사는 것만으로도 그들의 네트워크가 자동으로 더 좋아질 것이라 여겼다. 하지만 화이트 박스 스위치는 좋은 관례를 모두 대체하지 못했다. 다시 말해 단순히 리눅스를 NOS로 사용한다고 해서 모든 문제가 자동으로 해결되는 것은 아니다. 사용자 스스로 생각하는 방식과 네트워크를 구축하고 관리하는 방식을 바꿔야 한다.

3.8 네트워크 분리를 위한 엔지니어링 모범 사례

화이트 박스나 브라이트 박스 스위치를 사용하려는 고객을 수년간 상대하다보니 네트워크 분리를 도입하려는 고객의 노력을 방해하는 몇 가지 패턴을 발견하게 되었다. 이 절에서는 필자의 경험을 바탕으로 네트워크 분리를 성공적으로 도입하는 데 도움을 주는 몇 가지 팁을 소개한다. '성공'은 네트워크 분리를 위해 반드시 무언가를 구매해야 한다는 것을 의미하는 게 아니다. 최소한 다음과 같은 고민을 해볼 수 있는 단계에 도달할 수 있다는 것을 의미한다.

재고 관리 방법을 고민해보자

스위치 장애 발생 시 가용한 재고에서 재빨리 교체하는 것을 선호하는가 아니면 제조업체에 고장난 스위치를 보내서 새로운 장비로 최대한 빨리 교체하는 것을 더 선호하는가? 섀시 박스나 통합 스위치와 달리 베어메탈 스위치는 훨씬 더 저렴해서 쉽게 가용한 재고를 확보할 수 있다는 것을 알아두기 바란다. 스위치 생산 업체에서 재고를 빨리 보내는 것을 선호한다면 최대한 처리 시간이 짧은 업체를 선택해야 한다.

NOS 공급 업체가 테스트한 케이블과 옵틱스를 사용해보자

이론적으로는 어떤 케이블이나 옵틱스도 모두 사용할 수 있다. 하지만 경험에 따르면 품질이나 사용에 필요한 정보의 가용성이 모두 같지는 않았다. 적어도 최초 도입 단계에서는 NOS 공급 업체에 테스트 완료한 케이블이나 옵틱스 목록을 요구해야 한다.

네트워크 설계를 다시 생각해보자

오래된 모델의 기능 목록을 참고하여 어떤 NOS가 더 좋을지 결정하지 않는 게 좋다. 네트워크 설계를 더 단순화하고 본질적인 것에 집중할수록 더 좋은 네트워크 설계를 할 수 있다. 단순하고 본질적인 것에 집중하는 것이 네트워크 품질의 수준을 타협하는 것이라 생각한다면 다시금 낡은 네트워크 설계를 선택하게 된다. 이와 관련된 네트워크 재설계의 다른 개념들은 12장에서 더 자세히 다룰 예정이다.

3.9 마치며

이 장에서는 네트워킹 세상의 주요 신규 개발인 네트워크 분리를 살펴봤다. 이 선택은 미래까지 영향을 미칠 것이다. 네트워크 스위치를 구성하는 부분과 베어메탈 스위치를 사용하는 경우 네트워크 운영이 어떻게 변화하는지도 살펴봤다. 네트워크 분리를 둘러싼 여러 미신과 네트워크 분리를 성공적으로 시작할 수 있는 다양한 팁도 살펴봤다. 화이트 박스가 잠깐 스쳐가는 유행이라고 생각하는 사람들도 있다. 하지만 우리는 이별(네트워크 분리)하는 중이다. 이제 곧 이별이 주류가 될 것이다. 다음 장에서 NOS를 더 자세하게 배워보자.

3.10 참고문헌

- NOS list maintained by OCP[9]

---

9 https://oreil.ly/NXxCU

## CHAPTER 4

네트워크 운영체제 선택

모든 모델이 잘못되었지만 일부는 유용하다.

_조지 E.P. 박스^{George E.P. Box}

모든 운영체제는 엉망이고 리눅스는 덜 엉망인 것뿐이다.

_리누스 토르발스^{Linus Torvalds}

클라우드 네이티브 데이터 센터 네트워킹 중심에 있는 분리(이별)는 네트워크 운영자들이 공급 업체가 넘겨주는 통제 수준에 만족하지 못해서 만들어졌다. 분리가 일어날 때마다 그 가능성은 무한해 보이고 그동안 불가능해 보였던 방법과 새로운 아이디어를 탐구하게 된다. 하지만 얼마 후 예전 방식 중 일부가 실제로 괜찮았다는 걸 깨닫는다. 마치 매주 금요일 저녁에 피자를 먹으면서 〈엑스 파일〉[1]을 보는 일상에서 갑자기 〈엑스 파일〉을 보고 싶지 않았다고 해서 피자에 문제가 있는 것이 아닌 것과 같다. 즉, 현재 잘 작동하는 것을 그렇지 않은 것과 함께 무조건 내던 져버릴 필요는 없다.

따라서 현대적인 빅데이터와 클라우드 네이티브 애플리케이션의 발전으로 네트워킹 방법에 대한 완전히 새로운 아이디어들이 생겨났다. 이런 아이디어 중 일부는 시간이 흐르면서 필요에 의

---

1 옮긴이_ FBI 요원 멀더와 스컬리가 엑스 파일(X-File)이라는 초자연적 현상, 유령, 과학적으로 설명할 수 없는 미해결 사건 등을 수사하는 부서에서 일하며 겪은 일을 줄거리로 하는 TV 시리즈이다.

해 생겨났거나 완전히 중요한 요구 사항이었거나 새로운 세상에 다양한 가능성을 시험하기 위해 생겨났다. 이 장에서는 네트워크 분리의 소프트웨어 부분(하드웨어보다 더 나은?)이 따랐던 가능성과 모델에 대해 알아본다.

이 장에서는 다음 질문에 대한 답을 얻을 수 있다.

- 클라우드 네이티브 NOS의 기본적인 요구 사항은 무엇인가?
- 오픈플로와 소프트웨어 정의 네트워킹은 무엇인가? 어떤 상황에서 사용할 수 있고, 어떤 상황에서 사용할 수 없는가?
- 분리된 스위치에서 선택 가능한 NOS는 어떤 것들이 있나?
- 클라우드 네이티브 NOS의 요구 사항과 여러 모델을 어떻게 비교할 것인가?

4.1 네트워크 장비 요구 사항

토머스 홉스Thomas Hobbes 정신에 따라 2010년경 NOS는 사유, 수동, 임베디드 이 세 가지 상태로 요약할 수 있다. NOS가 처음 설계되었을 당시 네트워크 장치는 어플라이언스가 전부였다. 그래서 NOS의 수동 조작 기능을 포함한 다양한 기능들은 임베디드 OS와 유사했다. NOS가 클라우드 네이티브 데이터 센터 사업자들이 원하는 방향과 대척점에 있다는 의미다. AWS의 핵심 아키텍트인 제임스 해밀턴James Hamilton은 이런 문제를 논의하는 'Datacenter Networks Are in my Way'라는 글을 블로그에 게시했다.[2]

대규모로 장비를 구매하는 사업자는 장비 비용과 규모에 따라 필요한 운영 비용을 굉장히 신경쓰고, 네트워크 운영 비용을 줄이기 위해 운영 모델을 바꾸고 싶어 한다. 따라서 클라우드 네이티브 네트워킹 인프라가 이전 모델과 차별화되는 주요 요인은 효율적인 운영이다. 다른 의미로는 네트워크 장비를 관리하는 부담을 줄인다는 것이다. 또 다른 차별성은 바로 기민함이다. 혁신속도, 유지 보수와 업그레이드 속도, 새로운 장비와 서비스가 배포되는 속도 모두 이런 차별성에 속한다. 이 두 가지 요구 사항에서 클라우드 네이티브 시대의 모든 네트워크 장비는 다음과 같은 요구 사항이 발생했다.

----

2 https://oreil.ly/bYEmD

장비의 프로그래밍 가능성

자동화는 확장성 있고 효율적인 운영에 꼭 필요한 요구 사항이다. 자동화는 장비 설정과 장비 모니터링을 모두 프로그래밍할 수 있어야 수행된다.

서드파티 애플리케이션 구동 능력

스위치 공급 업체가 제공하는 낡은 모델과는 상관없이 설정 및 모니터링 에이전트를 구동할 수 있어야 한다. 현대적인 프로그래밍 언어인 파이썬과 같은 언어로 운영자 정의 스크립트를 작성하고 구동할 수 있어야 한다. 일부에서는 이런 서드파티 앱을 컨테이너화해서 기본적으로 서드파티 앱의 잘못된 동작을 격리하는 것을 선호한다.

공급 업체 제공 구성 요소 대체 능력

이 요구 사항의 예는 바로 공급 업체 제공 라우팅 제품군을 오픈 소스 버전으로 대체하는 것이다. 아마도 대부분의 네트워크 운영자와는 관련이 없을지도 모른다. 하지만 많은 대규모 사업자에게는 네트워크의 특정 문제를 해결할 수 있으므로 시도해볼만한 새로운 아이디어다. 학계에 종사하는 연구원들에게도 마찬가지다. 오랜 시간동안 학계는 라우팅 프로토콜을 포함한 네트워킹 스택의 세 가지 하부 계층에 대한 기여가 굉장히 적었다. 네트워크는 혁신을 하는 대상이 아닌 수단이었다. 이 요구 사항의 목표는 네트워킹 스택의 세 가지 하부 계층에 공급 업체가 아닌 다른 주체들이 네트워킹 발전에 기여하는 것이다. 그 결과로 얻을 수 있는 혁신의 예로 새로운 경로 최적화 알고리즘 또는 라우팅 프로토콜의 설계, 테스트, 배치가 있다.

운영자 스스로 버그를 고칠 수 있는 능력

이를 통해 운영자는 공급 업체가 제공할 수 없는 수준의 빠른 속도로 필요에 따라 환경을 바꿀 수 있다.

다시 말해 네트워크 장비는 오랫동안 존재했던 특화된 어플라이언스나 임베디드 박스와는 달리 반드시 서버 플랫폼과 같은 동작을 해야 한다.

4.2 소프트웨어 정의 네트워킹과 오픈플로의 부상

더 나은 운영 모델을 찾기 위한 첫 시작은 전혀 관련 없는 문제를 다루던 학계에서 나왔다. 네트워킹 연구 커뮤니티는 해결 불가능해 보이는 문제에 직면했다. 그것은 바로 사유 스위칭 실리콘과 플랫폼으로 설계되지 않은 NOS로 구성된 수직 통합 스위치에서 연구를 진행하는 방법에 대한 것이었다. 네트워크 장비 공급 업체, 네트워크 운영자 그 누구도 스위치에서 임의 코드가 구동하는 것을 허락하지 않았다. 학계는 이런 문제를 해결할 수 있는 답을 찾았다. 그것은 다음 아이디어를 기반으로 영향력 있는 논문으로 발표된 오픈플로[3]다.

- 대부분의 패킷 스위칭 실리콘에서 지원하는 플로 테이블을 사용해서 패킷을 처리한다. 이를 통해 연구원들은 새로운 패킷 포워딩 동작을 심을 수 있다.
- 운영자는 플로 테이블을 나눠서 프로덕션과 연구 데이터를 동일 박스에서 운영할 수 있다. 이를 통해 연구원들은 프로덕션 트래픽을 망치지 않으면서 새로운 아이디어를 실제 네트워크에서 시험해볼 수 있다.
- 플로 테이블과 다른 종류의 정보들을 원격으로 구동되는 소프트웨어에서 교환할 수 있도록 새로운 프로토콜을 정의한다. 연구원들은 플로 테이블을 스위치 자체에 소프트웨어를 설치하지 않고 원격으로 프로그래밍할 수 있게 되었다. 따라서 당시의 비플랫폼 모델인 스위치 네트워크 운영체제를 회피할 수 있게 되었다.

플로 테이블(스위치 대부분에서는 접근 제어 목록access control list, ACL 테이블이라고 불린다)은 룩업 테이블lookup table이다. 최소 출발지와 목적지의 IP 주소, 레이어 4(L4) 프로토콜 유형(전송 제어 프로토콜TCP, 사용자 데이터그램 프로토콜UDP 등), L4 출발지와 목적지 포트TCP/UDP 포트를 룩업 키로 사용하는 테이블을 말한다. 룩업 결과로 다음 중 하나의 동작이 일어난다.

- IP 라우팅이나 브리징으로 원래 목적지가 아닌 다른 곳으로 패킷 전송
- 패킷 드롭
- 카운팅, 네트워크 주소 변환network address translation, NAT 등 추가로 동작 수행

원격에서 플로 테이블을 프로그래밍하는 노드를 컨트롤러controller라고 한다. 컨트롤러는 플로 테이블을 어떻게 프로그래밍하는지 결정하는 소프트웨어를 구동하고 오픈플로 노드OpenFlow node들을 프로그래밍한다. 예를 들어 컨트롤러가 전통적인 라우팅 프로토콜로 동작하고 플로 테이블에서 패킷의 목적지 IP 주소만 사용한다면 개별 오픈플로 노드는 전통적인 라우터처럼 동작한다. 하지만 라우팅 프로토콜은 분산된 애플리케이션이 아니므로 여러 노드에서 구동되는 애플리케이션은 개별 로컬 라우팅 테이블 기반으로 독자적인 농작을 수행한다. 따라서 연구원들은 그 어떤 스위치 공급 업체의 도움 없이 새로운 경로 전달path forwarding 알고리즘을 만들 수 있다. 게다가 연구원들은 전통적인 IP 라우팅의 동작과는 판이하게 다른 완전히 새로운 패킷 포워딩 방식을 실험해볼 수 있다.

---

3 https://oreil.ly/nkAvT

데이터 평면data plane(패킷 포워딩 방식)과 제어 평면control plane(패킷 포워딩을 관장하는 테이블을 생성하는 소프트웨어)의 분리는 연구원들이 서버 운영체제가 주는 안락함 속에서 제어 평면을 조작할 수 있게 해줬다. NOS는 네트워크 장비의 로컬 리소스만 관리한다. 제어 평면 프로그램이 전송하는 프로토콜 명령어를 기반으로 네트워크 장비에 설치된 NOS가 로컬 플로 테이블을 업데이트한다.

중앙 컨트롤 평면과 분산 데이터 평면이 있는 네트워크는 점차 **소프트웨어 정의 네트워킹**software-defined networking, SDN으로 알려졌다. 이 아이디어는 플로 테이블을 스위칭 실리콘 하드웨어에 탑재된 보편적인 소프트웨어 추상화의 패킷 전달 방식으로 바꿨다. 이는 공급 업체 중심의 네트워킹 세계를 무너뜨릴 만한 새로운 접근법이었다.

4.2.1 SDN과 오픈플로의 상세 내용

[그림 4-1]은 SDN에서 스위치의 두 중앙 구성 요소를 나타낸다. [그림 4-1(a)]는 [그림 4-1(b)]처럼 패킷 포워딩을 관장하는 플로 테이블이 있는 장치로 구성된 네트워크를 오픈플로가 관리하는 방법을 보여준다.

그림 4-1 오픈플로와 SDN

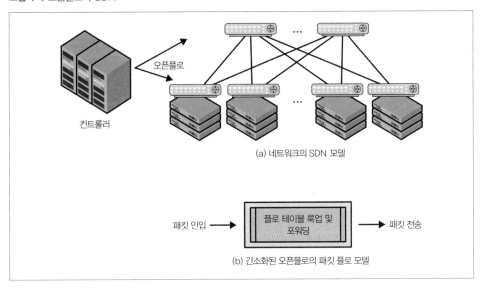

[그림 4-1 (a)]처럼 설정과 모니터링은 중앙에서 수행된다. 네트워크 운영자는 전체 네트워크에 대한 전지적 시점을 갖게 된다. 이 모델을 사용함으로써 운영자는 네트워크의 전체 요구 사항을 개별 장비 설정별로 변환하는 노력을 줄일 수 있다.

[그림 4-1 (b)]처럼 오픈플로를 사용하면 스위칭 실리콘은 매우 간단해진다. 원래 플로 테이블은 소수의 필드로만 구성된다. 오픈플로 옹호자는 더 다양한 아이디어를 적용하기 위해 플로 테이블의 룩업 키를 일반화해야 한다고 주장한다. 즉, 패킷 헤더의 모든 필드가 포함되는 특정 크기인 40 또는 80바이트로 키를 만들어야 한다고 했다. 이 접근법의 예로 종종 참조되는 것은 새로운 터널 헤더와 같은 패킷 헤더의 자동 지원이다. 6장에서 터널에 대해 더 자세히 다룬다. 본 논의를 위해 터널 헤더는 IP 헤더와 같이 기존에 존재하는 패킷 헤더 앞에 삽입되는 새로운 패킷 헤더라고 가정한다. 패킷의 특정 길이의 모든 바이트를 가지고 룩업하므로 플로 테이블이 룩업을 수행할 때 터널 헤더나 또 다른 새로운 패킷 헤더가 있어도 이를 인지할 수 있도록 프로그래밍할 수 있다.

전통적인 스위칭 실리콘의 플로 테이블은 라우팅이나 브리징 테이블보다 훨씬 크기가 작다. 굉장히 큰 플로 테이블을 가진 실리콘을 제작하는 것은 비용이 많이 든다. 그래서 오픈플로 논문에서는 플로 테이블을 미리 생성하지 않고 캐시처럼 사용할 것을 제안한다. 플로 테이블에 일치하는 패킷이 없다면 해당 패킷을 컨트롤러로 보낸다. 중앙 컨트롤러는 소프트웨어 테이블을 참조해 해당 패킷을 위한 동작을 결정한다. 그리고 같은 플로에 속한 다음 패킷부터는 중앙 컨트롤러로 보내지 않도록 플로 테이블을 프로그래밍한다.

FoRCES

일부 사람은 SDN의 제어와 데이터 평면 분리가 IETF에서 표준화한 분산 라우팅 프로토콜에서 기인한 것으로 알고 있다. IETF 내에 포워딩 및 제어 요소 분리forwarding and control element separation, FoRCES라는 워킹 그룹이 존재한다. 리눅스 네트워킹 그룹의 핵심 요소인 넷링크Netlink API[4]가 FoRCES 워킹 그룹의 산출물 중 하나다. 필자는 FoRCES 내에서 오픈플로와 유사한 개념이 최초로 논의되었던 것을 기억한다. 그리고 전 동료가 이 일을 인텔에서 실제로 진행했었다. 하지만 이 아이디어는 공급 업체와 사업자에게 전혀 설득력을 얻지 못했다.

---

4 https://oreil.ly/nLe5-

4.2.2 오픈플로의 문제

오픈플로는 나오자마자 문제가 발견되었다. 단순한 라우팅에서 ECMP(2.2.2절 참조)를 사용할 수 없어 간단한 플로 테이블 룩업 모델조차 제대로 동작하지 않았다. 제어 평면 측면에서는 새로운 플로마다 전송되는 첫 패킷을 받는 중앙 제어 평면을 확장할 수 없는 구조였다. 이 두 가지는 근본적인 문제였다. 네트워킹 세계에서 플로의 새로운 패킷을 제어 평면으로 보내는 아이디어는 이미 여러 상업 제품에서 시도되었고 실패로 간주되었다. 이는 확장되지 않았고 캐시 비움은 개발자가 예상했던 것보다 훨씬 자주 발생했다.

문제는 여기서 끝나지 않았다. 패킷 스위칭을 할 때는 간단한 플로 룩업보다 훨씬 복잡한 과정이 필요했다. 패킷 스위칭 방식을 결정할 때 테이블 여러 개를 참조하거나 같은 테이블을 여러 번 참조하는 과정을 거쳐야 했다. TTL을 감소시키고, IP 헤더의 체크섬을 수행하고, 네트워크 가상화를 다루는 등의 기능을 어떻게 제어할 것인가? 플로 테이블 무효화의 경우는 또 다른 문제다. 컨트롤러는 플로를 제거하는 시점을 언제 결정하는가? 그 답은 항상 직관적이지 않았다.

이 모든 문제와 간단한 플로 테이블이 충분하지 않았던 것을 해결하기 위해 오픈플로 1.0이 1.1로 업데이트되었다. 하지만 어떤 패킷 스위칭 실리콘 공급 업체도 이를 지원하지 못했다. 버전 1.2가 그나마 조금 실용적으로 변경되었다. 제어 평면을 재설계해서 룩업 테이블을 미리 생성하여 첫 패킷을 컨트롤러로 보내지 않았다. 하지만 이 시점에서 네트워크 운영자 대부분은 오픈플로에 흥미를 잃었다. 데이터를 근거로 말하면 2013년쯤 필자가 큐물러스 네트웍스에서 근무할 당시 고객들은 전부 오픈플로와 SDN를 사용하는 것에 관심이 많았다. 하지만 1년 반에서 2년이 지나고 나서는 그런 요청을 거의 들을 수 없었다. 또한 필자는 큐물러스 고객이 아닌 사업자가 오픈플로와 SDN에 대한 요청을 한 것을 들은 적이 없었다. 데이터 센터 라우터를 프로그래밍 가능하게 배포하는 것은 굉장히 드문 일이다. 구글이라는 단 하나의 거대 사업자를 제외하고는 말이다.

오픈플로가 기대에 비해 성공하지 못한 이유는 다음과 같다.

- 오픈플로는 여러 문제를 한 번에 풀려고 했다. 사용자가 원했던 프로그래밍 가능 수준은 설정과 통계와 같은 구성을 위한 것이었다. 오픈플로는 전체적으로 다른 추상화 수준을 제공하고 문제를 해결하기 위해 변경해야 하는 부분이 너무 많았다.
- 플로 테이블의 실리콘 구현은 라우팅이나 브리징 테이블에 비해 확장 비용이 높았다.
- 데이터 센터 사업자는 연구 주제에 대해서는 관심이 없었다. 예를 들어 모든 패킷의 TTL을 다른 패킷과 다르게 62나 12로 설정해서 포워딩하거나 IPv4 주소 32비트와 MAC 주소 하위 12비트를 합쳐서 룩업을 수행하는 등과 같은 것에 관심이 없었다.

- 오픈플로의 추상화 모델은 너무 제한적이거나 느슨했다. 간이 망 관리 프로토콜simple network management protocol, SNMP과 같이 동작 방식을 규정하려는 시도처럼 결국 벤더 록인을 약화시키지 않고 강화하는 결과를 초래했다. 서로 다른 SDN 컨트롤러는 오픈플로 테이블 프로그래밍을 전혀 다르게 할 수 있다. 결과적으로 한 번 특정 공급 업체의 컨트롤러를 선택하면 쉽사리 스위치 공급 업체를 변경할 수 없다.

- 마지막으로 사람들은 오픈플로가 전통적인 네트워킹 모델인 라우팅 및 브리징과 굉장히 다른 사고방식을 표방하고 있어서 그 성숙도도 굉장히 낮다는 것을 알게 되었다. 세상에서 가장 큰 네트워크인 인터넷은 오픈플로가 해결하고자 하는 문제들이 있음에도 이미 잘 동작하고 있다. 또한 이미 잘 동작하고 있는 분산된 라우팅 프로토콜을 버리고 스위치를 프로그래밍할 수 있다는 이유로 오픈플로를 선택해야 하는 타당한 이유를 찾지 못했다.

오픈플로 제약 사항에 관한 통찰

오픈플로가 처음 나왔을 때 많은 관심을 받았다. 굉장히 큰 네트워크 사업자의 초청으로 필자와 동료들은 오픈플로에 대한 회사 계획을 설명한 적이 있다. 고객은 오픈플로의 가능성에 굉장히 관심이 많았다. 오픈플로는 여전히 1.0이던 때라서 큐물러스가 제안하는 방식으로 오픈플로를 상대하기 쉬웠다. 당시 수석 임원들과 엔지니어들 앞에서 고객의 우려 사항을 오픈플로보다 더 나은 오픈플로로 해결할 수 있다고 했다. 문제를 해결하고자 시도했던 다양한 도전에 대한 이야기를 하니 모든 사람이 재밌게 들으며 기뻐했다. 그때 필자가 참석자들에게 이런 질문을 던졌다. "오늘 이야기한 우리 회사의 랩 환경이 지금 있다고 상상해보세요. 귀사는 이를 어떻게 사용하실 건가요? 가장 먼저 테스트해보고 싶은 것은 무엇인가요?" 당시 미팅에 참석한 직급이 높은 사람 중 한 명이 대답했다. "굉장히 간단한 문제죠. VLAN을 설정하고 인터페이스로부터 통계를 수집할 거예요." 필자는 의자에서 떨어지는 듯한 느낌을 받았다. 필자는 그분에게 상세한 설명을 부탁했다. 아마도 그가 말한 내용을 잘못 이해하고 있다고 생각했기 때문이다. 결국 이 미팅에서 네트워크 사업자가 겪는 어려움은 프로그램 가능 수준의 부족과 SNMP의 부족함 때문이라는 것을 알게 되었다. 은유적으로 비유하자면 병따개가 필요한 고객이 병따개가 아닌 착암기를 찾고 있는 것이다.

이런 비슷한 이야기를 다른 고객과 사업자로부터 듣기 시작하면서 필자는 오픈플로가 견실하게 사용되기 어려운 도구라는 것을 느끼게 되었다.

4.2.3 OVS

오픈 가상 스위치open virtual switch, OVS[5]는 리눅스에서 동작하는 잘 알려진 오픈플로의 오픈 소스

---

5 http://www.openvswitch.org

구현이다. ovs-vswitchd는 오픈플로 스위치의 플로 테이블 및 동작을 구현한 사용자 공간 애플리케이션이다. 이 애플리케이션은 리눅스 커널의 룩업 테이블이나 패킷 포워딩 방식을 사용하지 않는다. 그래서 ovs-vswitchd는 주소 결정 프로토콜, IP, 다중 프로토콜 레이블 스위칭 multiprotocol label switching, MPLS과 같은 수많은 표준 코드를 재구현했다. ovs-vswitchd의 플로 테이블은 일반적으로 오픈플로 컨트롤러에서 프로그래밍된다. 이 글을 집필한 시점에 OVS의 버전은 2.11.90이었고 오픈플로 프로토콜 1.5 버전을 지원했다. 더 자세한 내용은 OVS의 웹사이트를 참고하기 바란다. 오픈플로를 사용하는 가장 널리 알려진 방법은 OVS를 사용하는 것이다.

OVS는 OVS를 설정하고 자체적으로 질의하기 위한 OVSDB 서버 또는 그냥 OVSDB라고 불리는 구성 요소와 함께 동작한다. 오픈플로 컨트롤러는 OVS 상태를 OVSDB에 질의해서 얻을 수 있다. 이런 질의어는 OVSDB 서버에서 내보내는 스키마를 기반으로 한다. IETF에서 OVSDB 사양을 RFC 7047[6]로 발행했다. [그림 4-2]는 오픈플로 컨트롤러, OVSDB, OVS 간의 관계를 나타낸다.

그림 4-2 OVS 구성 요소와 오픈플로 컨트롤러

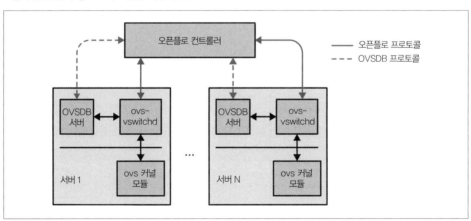

OVSDB는 하이퍼바이저와 오픈스택 공급 업체가 VM 또는 하드웨어 스위치를 제어하는 엔드포인트 관리를 OVS로 하기 위해 사용된다. 후자와 같은 방법의 예는 SDN과 유사한 솔루션을 통합하는 것이다. 즉, 베어메탈 위에서 동작하는 하이퍼바이저에 OVS를 구축하고 하이퍼바이

---

6 https://oreil.ly/BNuoF

저가 호스팅하는 VM과의 통신을 가능하게 할 수 있다. 이런 모델에서 스위치 NOS 공급 업체는 OVSDB가 설정한 값을 자사 NOS에서 사용하는 값으로 변환하고 스위칭 실리콘 상태로도 변환할 수 있는 OVSDB 구현체를 제공하기도 한다. VM웨어의 NSX가 OVSDB의 주요 사용자다. 주요 공급 업체에서 생산하는 스위치들은 NSX용 스위치로 인증받기 위해 여러 OVSDB 버전을 지원한다.

데이터 평면 개발 키트^{data plane development kit, DPDK}를 사용하도록 OVS를 설정하면 사용자 공간에서 고속 패킷 프로세싱이 가능하다.

4.2.4 네트워크 분리에서 SDN과 오픈플로의 영향

오픈플로와 SDN은 없어지지 않고 여전히 활용되고 있다. 광역 네트워크^{wide area network, WAN}와 같은 도메인에서 사용되는 소프트웨어 정의 WAN^{software defined WAN, SD-WAN}은 기존의 모델에 비해 보다 간소화된 모델을 제공하므로 성공적으로 활용된다. WAN의 글로벌 트래픽 최적화 모델과 같은 것은 복잡한 RSVP-TE 모델에 비해 간결하고 배포와 사용이 간단하고 용이해서 많이 사용된다. 또 다른 모델로 BGP 기반 SDN이 있다. 여기서 BGP는 전체 플로가 아닌 일부 플로의 경로를 변경하기 위한 경로 정보를 전달하는 수단으로 오픈플로를 대신해서 사용한다. 또 다른 사례는 VM웨어의 NSX 제품군과 같은 네트워크 가상화 오버레이 컨트롤러가 있다.

하지만 데이터 센터 내부에서 분산된 라우팅 프로토콜을 중앙 집중 제어 평면과 오픈플로 정의 룩업 테이블을 지원하는 스위치로 변경하는 방법은 성공하지 못했다. 아주 일부 사업자를 제외하고는 오픈플로 모델로 데이터 센터 네트워크 인프라를 구축하는 방법을 도입하는 사업자를 거의 본 적이 없다.

오픈플로 저자들은 클라우드 네이티브 데이터 센터나 네트워크 분리의 문제를 해결하려고 하지 않았다. 오픈플로가 약속하는 프로그래밍 가능한 네트워크 장비들은 오픈플로의 길로 많은 사람을 이끌었다.

하지만 SDN은 네트워크 분리라는 물을 상당히 흐려놓았다. 먼저 네트워크 운영자가 수년에 걸쳐 여러 자격증과 실전을 통해 획득한 모든 라우팅 프로토콜과 브리징에 관련된 기술이 완전히 쓸모없게 될 거라는 생각을 하게 만들었다. 그리고 전통적인 스위치 공급 업체는 프로그래밍이라는 사상을 악용해 네트워크 운영자들이 반드시 코딩을 배우거나 개발자가 SDN 기반 네트워크를 운영해야 한다고 말했다. 많은 이들이 네트워크 분리 자체를 고려하지 못하게 했다. 필자는 많은 운영자가 오픈플로와 SDN으로 데이터 센터 네트워크 구축이 가능하다는 것을 검증하기 위해 수없이 많은 개념 증명proof-of-concept, PoC 실험으로 지새웠던 수많은 날을 알고 있다. 하지만 그들 모두 전통적인 네트워크 공급 업체가 제공하는 익숙하고 따뜻한 품으로 돌아갔다. 더욱이 많은 공급 업체는 SDN을 사용하여 데이터 센터 네트워크 인프라를 제어하는 데만 주력하고 브리징만 지원했다. 브리징은 확장성이 없다.

4.3 NOS 설계 모델

오픈플로와 SDN이 예상대로 시작되지 않았다면 네트워크 분리 세상에서 NOS에 대한 답은 무엇이었을까? 이상하게도 오픈플로 논문은 다른 접근 방식을 암시했지만 비현실적이라고 거부했다. 논문을 인용하면 다음과 같다.

> 우리가 선택하지 않았던 접근법은 '이름 있는name-brand'은 상업 장비 공급 업체를 설득해서 개방형, 프로그래밍 가능한, 가상화된 플랫폼을 탑재한 스위치와 라우터를 공급하는 것이다. 그렇게 되면 연구원들이 새로운 프로토콜을 배포할 수 있다.

틀에 박힌 진부한 표현이 다시 한 번 나왔다. 이제 유행하는 다양한 NOS 모델을 살펴보자. 먼저 공통 부분을 살펴본 다음 차이점을 살펴본다.

다음은 모던 네트워크 운영체제의 두 공통 요소다.

리눅스
모든 NOS의 기반 OS다. 기반 OS는 프로세스와 메모리 관리를 수행하고 주로 스토리지와 같은 비네트워크 장치 I/O를 수행한다.

인텔 x86/ARM 프로세서
NOS를 구동하기 위해서는 CPU가 필요하다. 인텔과 ARM은 스위치의 가장 일반적인 CPU 아키텍처다. ARM은 1GbE 이더넷 포트 또는 그보나 낮은 속도를 지원하는 로우엔드 스위치에 가장 많이 사용되는 프로세서 제품군이다. 10GbE와 고속 스위치는 대체로 듀얼코어 인텔 프로세서와 2에서 8기가바이트 메모리를 사용한다.

이 두 가지는 새롭게 분리된 네트워크 운영체제와 전통적인 데이터 센터 스위치 공급 업체에서 모두 사용된다. 이 조합에서 가장 잘 알려진 것은 주니퍼이며, 주니퍼의 주노스 OS가 리눅스 대신 FreeBSD를 기반 OS로 사용한다. 하지만 주노스 OS 다음 세대인 주노스 OS 이볼브드 Junos OS Evolved[7]는 FreeBSD 대신 리눅스를 사용한다.

OS는 자원과 이를 사용하는 애플리케이션 사이에서 중재 역할을 한다. 예를 들어 CPU도 자원인데 이를 접근하는 서로 다른 애플리케이션은 OS의 프로세스 스케줄링에 의해 제어된다.

모든 OS는 사용자 공간과 기본적으로 메모리 접근이 보호되는 커널 공간으로 구분된다. 장치 드라이버를 제외한 커널 공간의 소프트웨어는 모든 하드웨어와 소프트웨어 자원에 접근할 수 있다. 사용자 공간에서 각 프로세스는 프로세스에 할당된 개별 메모리 공간에만 접근을 허용한다. 그 외의 접근은 모두 커널에 요청해야 한다. 이런 분리는 CPU의 보호 링protection ring[8] 또는 보호 도메인protection domain에 의해 강제된다. OS는 애플리케이션이 자원을 요청, 사용, 해제할 수 있게 하는 표준 애플리케이션 프로그래밍 인터페이스application programming interface, API도 제공한다.

[그림 4-3]처럼 분리된 스위치이든 아니든 CPU는 패킷 스위칭 실리콘, 관리 이더넷 포트, 스토리지 등에 연결된다.

그림 4-3 스위치 복합체의 CPU와 패킷 스위칭 실리콘

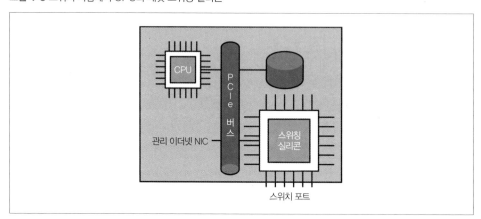

7 https://oreil.ly/_Sy_W
8 https://oreil.ly/MujUb

일반적으로 패킷 스위칭 실리콘은 PCI 익스프레스^{peripheral component interconnect express, PCIe}라고 불리는 주변 장치 입출력 버스를 통해 CPU와 연결된다. 패킷 스위칭 실리콘과 CPU 사이의 내부 접속 대역폭은 스위칭 실리콘 용량의 일부일 뿐이다. 예를 들어 2018년경에 흔히 볼 수 있었던 100GbE 32포트 스위칭 실리콘의 경우는 초당 3.2테라비트초까지 지원한다. 그러나 내부 접속 대역폭은 400Mbps부터 최대 100Gbps까지 다양하지만 그 상한에 도달하는 것은 극히 드물다.

NOS의 가장 중요한 역할은 제어와 관리 프로토콜을 구동하고, 카운터와 같은 부가적인 상태를 유지하고, 패킷 포워딩을 위한 패킷 스위칭 실리콘을 설정하는 것이다. 오픈플로가 사용되는 경우를 제외하고는 스위치의 NOS가 패킷 포워딩 경로에 있지 않다. NOS는 스위치로 들어오는 아주 작은 양의 트래픽만 제어한다. 대체로 제어 평면 패킷으로 라우팅이나 브리징 프로토콜이 이 패킷들을 보낸다. NOS에 전달되는 또 다른 종류의 패킷은 잘못된 패킷이며 반드시 에러 메시지 패킷을 생성해야 한다.

그러므로 스위치에 탑재된 NOS는 패킷 스위칭 실리콘이 지원하는 총 대역폭의 아주 작은 양만 처리한다. 예를 들어 NOS가 최대 초당 150,000패킷을 처리한다면 스위칭 실리콘은 초당 5억 패킷 이상을 처리한다고 할 수 있다. NOS는 트래픽 제한을 넘지 않게 관리하고 제어 프로토콜 트래픽을 다른 것보다 먼저 처리한다. 이렇게 하면 NOS로 들어오는 패킷이 처리 한계를 넘지 않도록 할 수 있다.

지금까지 설명한 내용은 지난 세기 동안 설계된 모든 네트워크 운영체제와 동일하다. QNX나 VxWork 같은 임베디드나 실시간 운영체제에 대한 의존성은 시간이 많이 흘렀지만 여전히 일부 공급 업체에서는 사용하고 있다(오픈 컴퓨트 프로젝트가 제공하는 NOS 목록[9] 참조).

하지만 모던 네트워크 운영체제는 다음 부분에서 앞서 다룬 내용과 차이가 있다.

- 스위치 네트워크 상태 위치
- 스위칭 실리콘 드라이버 구현
- 프로그래밍 모델

이와 같은 부분들은 네트워크 엔지니어나 아키텍트의 제어 범위를 넓힐 수 있다. 처음 두 고려 사항은 서로 연결되어 있지만 각각 네트워크 운영자에게 미치는 영향을 알아보기 위해 나눠서

---

9 https://oreil.ly/aOKJA

설명할 것이다. 앞서 언급한 고려 사항 중 한 가지를 위해 선택된 솔루션이 반드시 다른 고려 사항에 대한 정답은 아니다. 각 선택이 4.1절 '네트워크 장비 요구 사항'에서 언급한 요구 사항을 어떻게 충족시키는지 비교를 통해 확인할 것이다.

4.3.1 스위치 네트워크 상태의 위치

스위치 네트워크 상태는 패킷 포워딩과 관련된 룩업 테이블, 접근 제어 목록^{ACL}에서부터 카운터에 이르는 모든 것을 나타낸다. 서드파티 애플리케이션이 NOS에서 어떻게 동작하는지에 대한 전반적인 정의를 하고 있으므로 이를 이해하는 것이 중요하다.

여기에는 다음 세 가지 주요 모델이 있다.

공급 업체 특정 사용자 공간 모델

이 책을 집필한 시점으로 가장 일반적인 모델은 사용자 공간의 NOS 공급 업체 특정 소프트웨어에만 네트워크 상태를 저장한다. 즉, NOS에서 절대적 진실 공급원^{source of truth}은 공급 업체 특정 소프트웨어라는 것이다. 이런 모델에서 공급 업체 제공 제어 프로토콜 스택이 직접 공급 업체 특정 데이터 저장소에 상태를 기록한다. 시스코의 NX-OS와 DPDK 기반 네트워크 운영체제가 이 모델을 구현한다.

하이브리드 모델

하이브리드 모델인 두 번째 모델은 첫 번째 모델의 변조다. 첫 번째 모델과 마찬가지로 절대적 진실 공급원은 역시 공급 업체 특정 사용자 공간 스택이다. 하지만 NOS가 커널의 동일한 부분에도 상태를 동기화한다. 예를 들어 NOS가 라우팅 테이블을 커널 라우팅 테이블과 동기화하기도 한다. 이때 전체 상태 중 일부만 동기화한다. 다른 예로 브리징 상태 외의 모든 상태를 동기화하는 것도 있다. 또 다른 NOS는 단지 인터페이스 상태와 ARP, ND 상태를 포함하는 IP 라우팅 상태만 동기화하는 것도 있다. 나머지 부분은 커널과 동기화하지 않는다. 대부분의 경우 공급 업체 소프트웨어는 반대의 경우도 동기화하는데, 커널의 어떤 구조체에 변화가 있으면 공급 업체 사유 스택에 이를 반영하기도 한다.

그렇다면 어떤 상태를 동기화하고 그렇지 않은지에 대한 의구심이 생길 것이다. 필자는 여러

NOS 공급 업체로부터 다양한 이유를 들었다. 어떤 NOS 공급 업체는 스위칭 실리콘을 단순히 패킷 포워더로만 취급한다. CPU가 스위칭 실리콘으로 패킷을 보낼 때는 스위칭 실리콘은 패킷이 포트를 통해 들어오면 그대로 패킷을 포워딩할 것을 기대한다. 그리고 그 반대 방향도 마찬가지다. 그래서 단지 이런 기대를 유지하기 위해 필요한 것만 동기화한다. 이러한 방식으로 사용되는 유일한 패킷 전달 모델은 스위칭 실리콘의 모델이다. 다른 경우로 공급 업체 사용자 공간 소프트웨어가 커널 상태를 동기화하는 것은 확장된 애플리케이션을 사용하기 위해서다. 그래서 라우팅 기능만 사용하는 대규모 네트워크 사업자가 독자적으로 만든 애플리케이션을 이런 NOS에서 구동할 수 있게 한다. 이는 대규모 네트워크 사업자와의 비즈니스를 유지 또는 시작하기 위해 주로 수행한다.

두 가지 경우 모두 공급 업체가 제공한 제어 프로토콜 제품군과 같은 애플리케이션은 커널이 아닌 공급 업체별 사용자 공간에 상태를 직접 갱신한다.

아리스타의 확장 운영체제extensible operating system, EOS, 마이크로소프트의 소닉, 아이피인퓨전IP Infusion의 OcNOS, 델의 오픈스위치OpenSwitch를 비롯한 많은 솔루션이 하이브리드 모델을 택했다. 각 솔루션은 동기화할 커널 상태에만 차이가 있다.

완전 커널 모델

상대적으로 새로운 세 번째 모델은 리눅스 커널의 자료 구조를 네트워크 상태의 절대적 진실 공급원으로 삼는 것이다. 오늘날 커널은 데이터 센터 네트워크 인프라와 연관된 모든 중요한 요소인 IPv4, IPv6, 네트워크 가상화, 논리 스위치 같은 것을 모두 지원한다. 패킷 포워딩이 스위칭 실리콘 내에서 일어나므로 스위칭 실리콘의 카운터 상태와 다른 상태들을 커널에 대응되는 상태로 동기화해야 한다. 이 모델에서 NOS 공급 업체들은 동기화를 위해 그 어떤 비표준 리눅스 API를 사용하지 않을 것이라고 가정한다. 큐물러스 OS가 이 모델을 택한 주요한 NOS다.

어떤 수준에서는 대다수의 업체가 하이브리드 모델을 채택하고, 스위칭 실리콘의 모든 상태를 항상 리눅스 커널에서 지원하는 것은 아니므로 심지어 큐물러스조차 하이브리드 모델이라고 주장할 수 있다. 하지만 여기서 다루는 내용은 특정 시점의 구현 수준이 아닌 이 모델의 일반적인 철학에 대해서다. 리눅스 커널은 매우 복잡하고 성숙하며 활발한 커뮤니티의 지원을 통해 계속 발전한다.

스위치에서 서드파티 애플리케이션을 구동하기 위해 적합한 모델이 어떤 것인지 살펴보자. 공급 업체 특정 사용자 공간만 사용할 수 있는 모델의 경우에는 애플리케이션을 NOS 공급 업체의 API를 사용하도록 수정해야 한다. 더 간단하게 설명하자면 매일 사용하는 ping이나 SSH조차 NOS에서 동작하도록 수정해야 한다. 하지만 커널 모델은 어떤 애플리케이션이든지 표준 리눅스 API를 사용한다면 잘 동작한다. 예를 들어 연구원들이 커널 모델에서 새로운 라우팅 프로토콜을 시험해볼 수도 있다. 더욱이 리눅스는 그 어떤 사용자 공간 애플리케이션이 망가지지 않도록 API가 거의 변경되지 않는다. 따라서 기존 애플리케이션(재컴파일해야 할 수도 있다) 동작이 다음 버전 커널에서도 그대로 동작한다는 것을 보장한다. 하이브리드 모델에서는 서드파티 애플리케이션이 커널 상태(IP 라우팅 같은)와 동기화하는 것에만 의존하면 표준 리눅스 API를 사용할 수 있다. 하지만 그렇지 않은 경우에는 반드시 공급 업체 특정 API를 사용해야 한다.

4.3.2 스위칭 실리콘 프로그래밍

NOS에서 로컬 네트워크 상태를 처리하고 나면 어떻게 스위칭 실리콘에 그 상태를 전달할 수 있을까? 스위칭 실리콘은 이더넷 NIC이나 디스크와 같은 장치이므로 당연히 장치 드라이버가 이를 수행한다. 드라이버는 전통적인 장치 드라이버처럼 리눅스 커널 내에 구현되거나 사용자 공간에서 구현될 수 있다.

이 책을 집필한 시점에서 가장 일반적인 모델은 드라이버를 사용자 공간에 배치한다. 이렇게 하는 이유는 대부분의 스위칭 실리콘 공급 업체가 사용자 공간용 드라이버만 제공하기 때문이다. 또 다른 이유는 리눅스 커널에 패킷 스위칭 실리콘을 위한 모델이나 추상화가 없기 때문이다. 커널은 블록 장치, 캐릭터 장치, 네트워크 장치 등 많은 장치 추상화를 제공한다. 하지만 패킷 스위칭 실리콘을 위한 장치 추상화는 아직 없다. 사용자 공간 모델이 널리 사용되는 이유는 드라이버를 구현할 때 고려해야 하는 부분들이 커널보다 더 간단하기 때문이다.

사용자 공간 드라이버는 스위칭 실리콘을 프로그래밍하는 데 필요한 정보를 어떻게 획득할 수 있을까? 네트워크 상태가 사용자 공간에 존재할 때 사용자 공간 블롭user space blob이 드라이버와 통신해서 관련된 정보를 실리콘에 프로그래밍한다. 절대적 진실 공급원이 커널에 있다면 사용자 공간 드라이버는 넷링크 소켓을 열고 커널의 네트워킹 상태가 성공적으로 변경되었다는 알림을 받는다. 그리고 이 정보를 스위칭 실리콘에 프로그래밍한다. 이 두 모델에 대한 소개는 [그림 4-4]를 참조하기 바란다.

[그림 4-4]에서 스위칭 실리콘 바로 위에 있는 작은 박스는 아주 저수준의 드라이버를 나타낸다. 이 드라이버는 스위칭 실리콘의 인터럽트 관리, DMA 설정 등을 담당한다.

그림 4-4 사용자 공간 스위칭 실리콘 드라이버의 정보 획득 방법

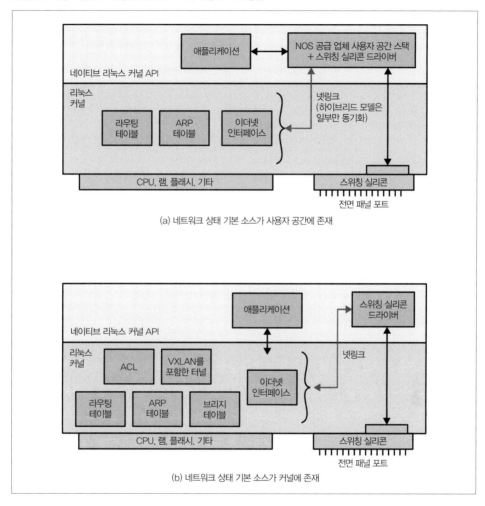

넷링크

사용자 공간에서 커널에 있는 네트워크 상태를 동기화하거나 그 정보를 이용해서 스위칭 실리콘을 프로그래밍할 수 있게 하는 마법과 같은 기능을 리눅스 커널에서 **넷링크**^Netlink^라고 부른다. 넷링크는 커널 내 다양한 네트워킹 구조체의 상태를 프로그래밍할 수 있게 하는 API인 동시에 발

행-구독 버스publish-subscribe bus다. 넷링크는 리눅스의 소켓군인 AF_NETLINK로 제공된다. 사용자 공간 프로세스는 AF_NETLINK 소켓을 만들 수 있다. 그리고 프로세스는 소켓 함수인 send와 recv를 이용해서 커널의 네트워킹 구조체를 프로그래밍할 수 있다. 커널의 네트워킹 구조체를 프로그래밍하기 위해 둘 이상의 프로세스가 AF_NETLINK를 열 수 있다.

예를 들어 라우팅 테이블에 엔트리를 추가하기 위해 라우팅 프로토콜과 같은 사용자 공간 프로세스는 AF_NETLINK 소켓을 열고 커널 API인 rt_netlink의 형식에 맞춰진 메시지를 전송한다. 커널이 갱신을 성공하면 변경된 정보를 넷링크 소켓을 열고 있는 모든 사용자 공간 프로세스에 알려준다. 갱신을 요청한 사용자 프로세스의 경우 변경 성공에 대한 알림을 받는 것 외에도 이 변경에 대한 사본을 전달받는다.

사용자 공간 스위칭 실리콘 드라이버 역시 넷링크 소켓을 사용한다. 따라서 라우팅 테이블에서 발생하는 성공한 모든 갱신에 대한 알림을 받는다. 커널 상태를 스위칭 실리콘에 반영하기 위해 이 정보들을 사용한다. 예를 들어 사용자가 스위칭 포트 인터페이스를 내리고 싶을 때 ip link set down swp1을 실행한다. iproute2 제품군 명령어에 속하는 'ip'라는 프로그램은 넷링크 소켓을 열고 인터페이스를 종료하기 위해 형식에 맞는 메시지를 전송한다. 그러면 리눅스 커널은 그 상태를 반영하기 위해 인터페이스를 종료한다. 커널은 링크가 종료되었다는 사실을 넷링크 소켓을 열고 있는 모든 사용자 공간 프로세스에 다시 통지한다. 따라서 사용자 공간 스위칭 실리콘 드라이버 역시 링크 다운에 대한 통지를 받는다. 그리고 스위칭 실리콘 칩의 실제 포트를 종료하기 위한 명령어를 보내서 해당 포트를 종료하게 된다.

하이브리드 NOS 모델에서도 유사하게 공급 업체 스택은 내부 라우팅 테이블(또는 이를 지원하는 모든 테이블)을 커널과 동기화할 수 있다. 그리고 다른 프로세스에 의해 변경되는 커널 테이블의 모든 변화를 내부 상태에도 갱신한다.

넷링크 소켓은 다양한 메시지 타입을 제공해서 사용자 공간 프로세스가 커널의 특정 이벤트에만 반응하도록 할 수 있다. 예를 들어 사용자 공간 프로세스는 인터페이스 상태 변경에 대해서만 전달받을 수 있는 소켓을 열 수 있다. 이러한 경우 커널은 라우팅 테이블과 같은 다른 타입의 성공한 변경 사항에 대해서는 이 소켓을 통해 알리지 않는다. ifplugd는 이런 방식을 사용하는 인터페이스 상대를 모니터링하는 사용자 공산 리눅스 도구다.

리눅스 커널의 거의 모든 네트워크 상태는 넷링크를 통해 프로그래밍 가능하고 알릴 수 있다. 그리고 넷링크 역시 확장 가능하다. 넷링크는 사용자 정의 가능한 메시지 타입을 지원해서 사용자 공간 구성 요소와 새로운 커널 구성 요소 간에 사용이 가능하다. 사용자 공간 프로세스가 넷링크 소켓으로부터 오는 통지 패킷을 제시간에 처리하지 못하면 커널에서 패킷 드롭이 발생하고 다음

I/O 작업에서 에러 메시지를 전달받게 된다. 이런 경우 프로세스는 소켓을 다시 열고 커널 상태를 재동기화해야 한다. 이런 상황을 피하기 위해 넷링크 소켓의 버퍼 크기를 충분히 크게 하는 것을 추천한다.

원격 호스트에서 넷링크 소켓을 열 수 없다. 하지만 원격 클라이언트와 넷링크 소켓 사이에서 프록시로 동작하는 애플리케이션은 구현할 수 있다. 오픈플로와 같은 중앙 컨트롤러가 넷링크를 이용해서 로컬 장치들을 원격으로 프로그래밍하는 것을 예로 들 수 있다. 4.2.1절 내 박스 'FoRCES'에서 소개한 FoRCES에서는 넷링크를 사용해서 제어와 데이터 평면을 분리한다.

스위치 추상화 인터페이스

스위칭 실리콘 드라이버가 사용자 공간에서 동작하므로 대부분의 NOS 공급 업체들은 자사 하드웨어 추상화 계층^{hardware abstraction layer, HAL}과 실리콘 공급 업체 드라이버에서 사용하는 실리콘 특정 부분을 정의했다. 이를 통해 논리 연산을 실리콘 특정 코드에 매핑하여 여러 종류의 스위칭 실리콘을 지원할 수 있다. HAL 정의는 각 NOS 공급 업체에 따라 다르다.

마이크로소프트와 델은 패킷 스위칭 실리콘의 HAL을 일반적이고 NOS 중립적인 형태로 정의했고 이를 스위치 추상화 인터페이스^{switch abstraction interface, SAI}라고 부른다. 마이크로소프트의 애저 데이터 센터에서 사용하는 스위칭 실리콘을 지원하기 위해 정의했고 이를 OCP에 기부했다. OCP가 이를 네트워킹 하위 프로젝트로 수용했다. 마이크로소프트는 마이크로소프트 애저에서 사용하는 모든 스위치가 SAI를 지원해야 한다고 요구한다. 그래서 많은 상용 실리콘 공급 업체가 SAI를 지원하기 시작했다. 즉, SAI가 지원하는 추상화에 자사 스위칭 실리콘이 대응할 수 있게 했다. 원래 SAI는 기본적인 라우팅과 브리징을 비롯한 소수의 기능만 지원했다. 그 이후 SAI는 계속 개발을 진행했으며 오픈 소스 프로젝트로 깃허브[10]에서 찾아볼 수 있다.

SAI는 이 절의 시작에서 정의한 나머지 문제에 대해 그 어떤 가정도 하지 않는다. 다시 말해 SAI는 NOS에서 서드파티 애플리케이션을 지원하는 문제를 해결해주지 않는다. SAI는 패킷 포워딩 동작이 스위칭 실리콘에서 일어난다고 가정하지 않으며 리눅스 커널이 절대적 진실 공급원이라 가정하지 않는다.

---

10 https://oreil.ly/WmmhP

스위치데브

패킷 스위칭 실리콘의 커널 추상화 모델의 부재를 해결하기 위해 큐물러스 네트워크와 멜라녹스를 비롯한 여러 커널 개발자들이 새로운 장치 추상화 모델을 만들기 시작했다. 이를 **스위치데브**switchdev라고 부른다.

스위치데브는 다음과 같이 동작한다.

- 스위칭 실리콘의 스위치데브 드라이버는 스위칭 실리콘과 통신해서 어떤 스위치 포트를 설정할 것인지 결정한다. 드라이버는 설정해야 할 실리콘 포트만큼 넷데브Netdev 장치를 인스턴스화한다. 넷데브 장치는 스위칭 실리콘에 실제 패킷 I/O의 오프로딩을 맡기게 된다. 넷데브는 이더넷 인터페이스의 리눅스 추상화 모델이며 오늘날 NIC에서 사용되고 있다. 이와 같이 동일한 커널 추상화 모델을 사용하면 포워딩 테이블 상태, ACL 상태, 인터페이스 상태 등에 훅hook을 추가할 수 있다. 그렇게 되면 리눅스에서 기존에 사용하던 ethtool, iproute2와 같은 명령어가 자동으로 패킷 스위칭 실리콘의 포트에서 동작할 수 있게 된다.
- 커널의 모든 패킷 포워딩 자료 구조는 잘 정의된 백엔드 훅을 제공한다. 이 훅을 이용해서 스위칭 실리콘 드라이버가 커널 상태를 스위칭 실리콘에 오프로딩할 수 있다. 스위칭 실리콘 드라이버는 훅을 통해 호출할 수 있는 함수를 등록할 수 있다. 새로운 경로가 추가된 경우를 예로 들면 훅이 멜라녹스 스위치데브 드라이버의 함수를 호출해서 이 경로가 스위칭 실리콘에서 오프로딩이 필요한지 여부를 결정하게 된다. 스위칭 실리콘이 개입하지 않는 경로는 대체로 오프로딩되지 않는다.

따라서 커널이 모든 로컬 네트워크 상태를 저장하므로 스위칭 실리콘을 프로그래밍할 때 스위치데브를 사용하는 것이 보다 효율적이다.

스위치데브는 커널 3.19에 처음으로 반영되었다. 멜라녹스의 스펙트럼 칩셋에서 스위치데브를 완전히 지원한다.

4.3.3 API

커널이 로컬 네트워크 상태를 표준 구조체로 저장하면 표준 리눅스 커널 API는 프로그래밍 API가 된다. 이는 공급 업체 특정 API가 아닌 리눅스 커널 커뮤니티가 관리하는 것이다. 사용자 공간에서 로컬 네트워크 상태를 가지면 NOS 공급 업체 API만 모든 네트워크 상태에 접근할 수 있는 유일한 신뢰 가능한 경로가 된다. 이런 이유로 많은 네트워크 운영자가 공급 업체 중립적인 API를 원한다. 리눅스 커널 API가 이미 공급 업체 중립적인 API를 제공하고 있음에도 운영자들은 커널 모델을 또 다른 공급 업체 모델로 생각한다. 따라서 일부 운영자는 네이티브 리눅스에서도 벤더 중립적인 API를 제공하기 바란다.

이른바 공급 업체 중립적인 API는 네트워크 장비를 플랫폼이 아닌 어플라이언스로 그 위치를 지속적으로 되돌리고 있다. 운영자는 공급 업체 중립적인 API를 통해 네트워크 장비의 일관된 데이터 모델을 계속 추구한다. 운영자가 API를 정의하자마자 공급 업체가 추가한 새로운 기능으로 공급 업체 특정 확장 API가 만들어진다. 이런 일은 빈번하게 발생했었다. 그 예가 SNMP와 관련된 관리 정보 베이스$^{management\ information\ base,\ MIB}$다. 오픈플로, NETCONF도 마찬가지다. 피너츠^{Peanuts} 만화의 풋볼 개그[11]가 생각난다. 루시가 찰리 브라운에게 계속 공을 차라고 부추기지만 찰리가 공을 차려는 순간마다 그의 발밑에 있는 공을 뺏는다. 운영자의 공급 업체 중립적인 모델이 공급 업체 특정 확장으로 즉시 오염될 때 운영자가 찰리 브라운과 같은 취급을 받게 될까봐 겁이 난다.

4.3.4 서로 다른 모델이 있는 이유

네트워크 상태 저장 위치에 따른 다른 모델과 스위칭 실리콘의 프로그래밍 방법이 달라지는 두 가지 주요 이유는 다음과 같다.

- 해당 모델이 태동되고 개발되던 시기와 당시 리눅스 커널의 네트워크 기능 차이다.
- 비즈니스 모델과 라이선싱은 서로 관련이 있다.

리눅스 커널의 발전 때문에 시기는 밀접한 연관성을 띤다. 이 글을 집필한 시점에 리눅스 커널은 5.0 버전이었다. 공급 업체의 디자인은 리눅스 커널을 사용하기로 결정한 시점의 상태에 맞춰진다. 따라서 공급 업체는 리눅스 버전이 발전함에 따라 제공되는 기능, 향상된 안정성, 보다 높은 성능을 놓치게 된다. 모델의 시기와 커널의 상관관계는 다음과 같다.

1. 2005년에 첫 모델이 개발되었다. 당시 리눅스 커널 버전은 대략 2.4.29였다. 시스코의 NX-OS가 이 버전으로 MDS 광학 채널 스위치$^{fibre\ channel\ switch}$ 제품군을 만들었다. NX-OS가 2002년에 처음으로 리눅스 커널을 사용한 당시에는 2.2 버전이 가장 안정된 버전이었다. 더욱이 NX-OS가 커널에서 실제로 많은 것을 필요로 하지 않아서 커널 버전을 2.6 시리즈로 고정했다.

---

11 https://oreil.ly/0tkqW

2. 아리스타는 2004년부터 하이브리드 모델을 주력하는 주요 네트워크 장비 공급 업체다. 아리스타의 리눅스 커널 모델의 시작이 어떤 것인지 필자는 알 수 없지만 대체로 리눅스 커널 2.6 버전(필자가 봤던 것은 페도라 12)을 오랫동안 사용했을 거라고 생각한다. 이 글을 집필한 시점에 해당 OS는 리눅스 커널 4.9 버전으로 구동한다.

3. 세 번째 NOS 모델의 시작을 알린 큐물러스 네트웍스는 데비안 배포판을 기본 배포판 모델로 삼았다. 즉, 선택한 데비안 배포판의 커널 버전이 주로 실행되는 커널 버전이 된다는 것이다. 이 글을 집필한 시점에 커널 4.1 버전을 기준으로 새로운 커널 기능들을 백포트한 것을 사용한다. 즉, 커널이 4.1 버전이라도 새로운 커널의 수정 사항과 앞선 기능을 포함한다. 커널 4.1 버전을 유지하면 기본 데비안 배포판의 소프트웨어는 그대로 동작한다.

라이선싱 문제는 다른 종류의 NOS 모델이 개발 및 유지되는 또 다른 중요한 이유다. 리눅스 커널 라이선스는 GNU 일반 공중 사용 허가서^{GNU general public license, GNU GPL} 버전 2다. 따라서 NOS 공급 업체가 커널의 TCP/IP 스택을 개선하는 패치를 했다면 이를 공개적으로 사용 가능한 커널 버전으로 제공할 수 있도록 커뮤니티에 기여해야 한다. 2002년 리눅스 커널이 상대적으로 초기였을 때 NOS 공급 업체 엔지니어들은 커널 네트워킹 스택을 개선해서 경쟁사를 도와주고 싶은 마음이 없었다. 그래서 사용자 공간 네트워킹 스택을 디자인하고 개발하기로 결정했다. 그 결과 커널 모듈은 리눅스 커뮤니티에서 사용을 강력하게 비추천했지만 사유 블롭이 될 수 있었다. 이 아이디어는 최근 NOS 공급 업체까지 이어져 새로운 기능(VRF, VXLAN, MPLS와 같은)을 사용자 공간에 있는 자사의 전용 블롭에 개발하고 있다.

마지막으로 오픈 소스 커뮤니티 중심으로 일을 하는 것은 기존 영리 기업과는 다른 역학 관계를 수반한다. 첫째, 유능하고 영향력 있는 커널 개발자를 찾는 것이 어렵다. 둘째, 기업이 오픈 소스 소프트웨어를 개발하고 이를 판매해서 이익을 얻어도 근본적으로 자신들이 공개한 것을 통해 경쟁사가 자신의 점유율을 가져가지 않을까라는 두려움이 있다. 큐물러스 네트웍스와 같은 NOS 공급 업체는 리눅스 커널에만 독점적으로 모든 네트워크 계층 기능을 개발하는 사업 모델을 갖고 있다. 그래서 커널 커뮤니티와 밀집하게 협력하는 것이 그들 DNA의 일부다.

4.4 사용자 인터페이스

네트워크 운영자는 네트워크 장치를 다룰 때 장치에 특정한 명령줄을 사용한다. 네트워크 장치의 명령줄 인터페이스$^{command line interface, CLI}$는 리눅스와 달리 프로그래밍 가능한 셸이 아니다. 대체로 모달 CLI이며 대부분의 명령어는 CLI의 특정 문맥 내에서만 유효하다. 예를 들어 neighbor 1.1.1.1 remote-as 65000은 BGP 설정 문맥 내에서만 유효한 명령어다. 이 문맥으로 들어오기 위해 configure와 router bgp 64001과 같은 여러 명령어를 먼저 입력해야 한다. 하지만 리눅스 명령어들은 비모달이며 프로그래밍할 수 있어서 스크립팅이 가능하다. 네트워크 운영자들은 명령어를 완성하기 위해 [Tab] 키[12]를 누르기보다 [?] 키를 누르는 데 익숙하다. 또한 명령어에 특정 옵션을 붙이기 위해 '--'나 '-'를 입력하지 않는다. 그로 인해 대부분의 네트워크 운영자가 배시 셸을 마주했을 때 너무 당황해서 무엇을 해야 할지 길을 잃어버린다. 그러곤 [?] 키를 누르지만 아무 일도 일어나지 않는다. [Tab] 키를 눌러도 아무 일도 일어나지 않는다. 배시 셸을 다루는 것에 익숙하지 않거나 더 중요하게는 전통적인 네트워크 장비 CLI에 익숙한 네트워크 운영자는 어떻게 진행해야 할지 갈피를 잡지 못한다.

"유닉스는 사용자 친화적이다. 다만 신중하게 누가 친구인지 고른다"라는 유명한 말이 있다. 리눅스 커널이 복잡하고 강력한 네트워크 OS를 만들어냈다고 해서 배시가 자동적으로 리눅스 플랫폼의 네트워킹과 상호 작용하는 유일한 CLI가 되는 것은 아니다. 리눅스는 호스트 OS로 발전해왔다. 그리고 사용자 인터페이스 관점에서 리눅스가 라우터나 브리지로 사용할 때 자동으로 이를 쉽게 할 수 있다는 것은 아니다. 더욱이 여러 라우팅 제품군은 독자적인 CLI를 보유하고 있다. 이 책에서 라우팅 제품군으로 사용하는 FRR은 가장 유명한 시스코의 CLI 모델을 따른다. 또 다른 유명한 라우팅 제품군인 BIRD는 주니퍼의 주노스 OS와 같은 문법을 사용한다. goBGP는 리눅스나 다른 현대적인 Go 기반 애플리케이션을 사용하는 사람들에게 익숙한 CLI를 사용한다.

그러므로 리눅스에서 네트워킹 명령어와 상호 작용하는 통일되고 유일한 오픈 소스 방식은 없다. 큐물러스가 제공하는 오픈 소스 패키지인 ifupdown2와 같은 것은 우분투와 같은 데비안 기반 시스템에서는 동작하지만 레드햇 기반 시스템에서는 동작하지 않는다. 순수하게 라우팅 네트워크를 구성한다면 FRR은 단일 통합 네트워킹 CLI가 될 수도 있다. 네트워크 가상화를 해

---

12 옮긴이_ 배시 컴플리션(Bash Completion)과 같이 특정 명령어의 일부 문자만 타이핑하고 [Tab]을 누르면 해당 문자로 시작하는 명령어의 목록을 보여주거나 자동 완성하는 것을 뜻한다.

야 한다면 네이티브 리눅스 명령어를 사용하거나 `ifupdown2`를 사용해서 VXLAN과 본딩(포트 채널) 인터페이스를 구성해야 한다. 물론 이러한 기능을 FRR에 추가하기 위해 많은 노력이 진행되고 있다. MSTP와 같은 완전한 브리징 지원은 FRR 지원 범위를 벗어난 채로 유지될 수 있다. FRR 커뮤니티는 REST API, NETCONF 등을 지원할 수 있는 관리 계층에 대해 작업이 진행되고 있다.

요약하면 리눅스 커널을 네이티브 네트워크 OS로 사용한다고 해서 `iproute2`와 같은 이미 존재하는 명령어와 배시 셸을 사용하는 것이 유일한 방법은 아니다. 이 글을 집필한 시점에 FRR은 라우팅 인터페이스 설정만 지원하지만 훌륭한 대체재가 될 수 있다.

4.5 클라우드 네이티브 NOS 요구 사항에 따른 NOS 모델 비교

클라우드 네이티브 NOS가 제시하는 요구 사항을 바탕으로 세 가지 NOS 모델을 비교해보자. [표 4-1]은 스위치 자체에서 NOS를 구동하기 위해 필요한 요구 사항을 명시하고 있다.

표 4-1 NOS 모델 비교

요구 사항	사용자 공간 모델	하이브리드 모델	커널 모델	스위치데브를 사용하는 커널 모델
프로그래밍 가능한가?	사유 API 사용	사유 API 사용	대체로 오픈 소스	오픈 소스
새로운 모니터링 에이전트를 추가할 수 있는가?	NOS만 지원	대체로 NOS만 지원	대체로 가능	대체로 가능
상용 분산 애플리케이션을 구동할 수 있는가?	NOS만 지원	대체로 NOS만 지원	예	예
라우팅 프로토콜 제품군을 교체할 수 있는가?	아니요	아니요	예	예
운영자가 소프트웨어를 패치할 수 있는가?	아니요	아니요	오픈 소스 구성 요소일 경우 가능	오픈 소스 구성 요소일 경우 가능
새로운 스위칭 실리콘을 지원 가능한가?	NOS 공급 업체가 지원할 경우	NOS 공급 업체가 지원할 경우	NOS 공급 업체가 지원할 경우	스위칭 실리콘이 지원할 경우

4.5.1 예제로 모델별 특징 살펴보기

하이브리드 모델과 커널 공간 모델이 서드파티 애플리케이션을 사용할 때 어떻게 동작하는지 조금 더 깊이 알아보자. 여기서 순수 사용자 공간 모델에 대해서는 다루지 않는다. 공급 업체가 제공하는 네트워킹 애플리케이션은 사용자 공간에서만 동작하고 커널의 개입이 없기 때문이다. EOS가 분리된 NOS가 아니더라도 다른 분리된 네트워크 운영체제의 동작과 유사하므로 본 절에서는 아리스타의 EOS에서 동작하는 애플리케이션을 예를 들어 살펴볼 것이다. 큐물러스 만큼은 아니지만 필자는 EOS를 사용하는 것이 익숙하기 때문이다.

Ping

IP 주소가 접근 가능한지 알아보기 위해 활용하는 ping 애플리케이션을 사용하면 어떤 일이 일어나는지 살펴보자. 스위치 포트 2번을 통해 접근할 수 있는 주소로 ping 10.1.1.2를 수행한다고 가정한다. 두 모델 모두에서 커널 라우팅 테이블에 이 정보를 포함하고 있다고 가정한다.

먼저 커널과 하이브리드 모델 모두 이름만 다르게 붙였을 뿐 스위칭 실리콘 포트는 커널에 일반적인 이더넷 포트로 표시된다. 큐물러스에서는 swp1, swp2 등으로 나타내고 아리스타에서는 Ethernet1, Ethernet2 등으로 나타낸다.

두 모델에서 일부 구현체는 넷데브 계층 이후를 후킹하는 사유 커널 드라이버를 구현해서 스위칭 실리콘 포트를 표시하기도 한다. 또 다른 구현에서는 커널의 튠/탭$^{Tun/Tap}$ 드라이버(자세한 내용은 4.5.1절 내 박스 '튠/탭 장치' 참조)를 사용해서 패킷을 NOS 공급 업체의 사용자 공간 구성 요소로 다시 보내 포워딩을 처리하는 방법을 사용한다. 큐물러스의 경우 스위치에서 사용하는 스위칭 실리콘 공급 업체가 제공하는 사유 드라이버를 사용한다. 아리스타는 자사가 제공하는 사유 드라이버를 사용한다.

스위칭 실리콘 공급 업체들은 CPU와 스위칭 실리콘 간 패킷 통신을 위한 내부 패킷 헤더를 정의한다. 내부 헤더는 패킷을 어떤 포트로 받는지 그리고 내보내는지 결정하거나 스위칭 실리콘에 추가 패킷 처리를 해야 하는지 등의 여부를 나타낸다. 내부 헤더는 오로지 스위칭 실리콘과 CPU 간 통신에만 사용되며 절대 스위치 밖으로 나오지 않는다.

커널 드라이버가 스위칭 실리콘으로 패킷 전송을 담당하므로 ping 명령어가 입력되면 다음 순서로 동작한다.

1. ping 애플리케이션이 10.1.1.2로 패킷을 전송하기 위한 소켓을 연다. 이는 리눅스에서 서버를 운영할 때와 마찬가지다.

2. 커널의 라우팅 테이블이 다음 홉이 swp2라고 지정한다. 스위칭 실리콘의 TX/RX 드라이버가 패킷을 다음 홉 라우터로 전달하기 위해 패킷을 스위칭 실리콘으로 보낸다.

3. ping 응답이 도착하면 스위칭 실리콘은 패킷을 커널로 보낸다. 스위칭 실리콘의 TX/RX 드라이버가 패킷을 받고, 커널은 패킷이 NIC에서 도착한 것처럼 처리한다.

4. 커널이 패킷을 보낼 소켓을 결정하면 ping 애플리케이션이 패킷을 수신한다.

[그림 4-5]는 이 패킷의 플로를 보여준다. 그림과 같이 사용자 공간 스위칭 실리콘 드라이버는 이 절차에 개입하지 않는다.

그림 4-5 네이티브 커널 패킷의 TX/RX 플로

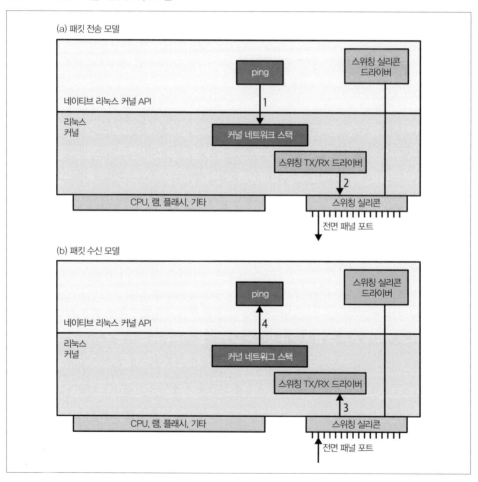

아리스타 스위치에서도 동일한 순서로 명령들이 실행된다. 하지만 아리스타 스위치에서는 스위칭 실리콘이 패킷을 하나의 포트에서 들어온 것처럼 처리하고 포워딩하도록 한다. 이런 요청은 앞서 설명한 내부 패킷 헤더로 구분된다. 다시 말해 커널이 이미 올바르게 처리한 패킷이라 하더라도 스위칭 실리콘이 다시 패킷 포워딩 동작을 한다. 아리스타 스위치는 내부적으로 발생한 패킷이든 아니든 모든 패킷은 스위칭 실리콘을 통해 동일한 방법으로 포워딩한다. 즉, 리눅스 커널이 아닌 스위칭 실리콘이 패킷 포워딩 동작을 담당한다.

스위칭 실리콘 포트를 커널 내부에서 스위치 포트로 매핑하기 위해 튠/탭이라고 부르는 가상 네트워크 장치를 사용하는 다른 상용 네트워크 운영체제도 있다. 튠/탭 장치의 가장 기본적인 동작은 패킷을 커널에서 사용자 공간으로 되돌려주는 것이다. 이 경우 NOS 공급 업체는 VM으로 동작하는 사용자 공간 스택에 패킷 포워딩을 구현한다. 이제 ping에 대한 단계 시퀀스가 [그림 4-6]과 같이 작동한다.

1. ping 애플리케이션이 10.1.1.2로 패킷을 보내기 위해 소켓을 연다.

2. 커널이 패킷 포워딩을 수행하며 커널 라우팅 테이블에 의해 지정된 et2 포트로 패킷을 내보낸다.

3. et2는 튠/탭 장치이므로 패킷은 NOS 공급 업체의 사용자 공간 스택으로 전달된다.

4. 사용자 공간 스택에서는 공급 업체 특정 필수 처리를 거친다. 그 후 패킷 스위칭 실리콘의 실제 드라이버를 통해 적절한 전면 패널 포트로 패킷을 보낸다.

5. ping 응답을 수신한 경우 스위칭 실리콘은 패킷을 사용자 공간 스택으로 전달한다.

6. 패킷의 적절한 처리 이후 사용자 공간 스택은 적합한 튠/탭 장치에 패킷을 쓴다. 예를 들어 스위칭 실리콘 포트 3번으로 응답을 수신한 경우 패킷은 해당 포트와 대응하는 튠/탭 장치인 et3에 기록된다.

7. 커널은 NIC과 같은 일반적인 네트워크 장치로부터 전달받은 것처럼 패킷을 처리한다.

8. 마지막으로 커널은 ping 프로세스에 패킷을 전달한다.

ping과 같은 서드파티 애플리케이션에 의해 발생하는 패킷 전송과 수신의 전체적인 흐름을 알아봤다. 하이브리드 모델을 채택한 일부 NOS 공급 업체는 실제 스위치에서 튠/탭 모델도 사용한다.

그림 4-6 튠/탭 패킷의 TX/RX 플로

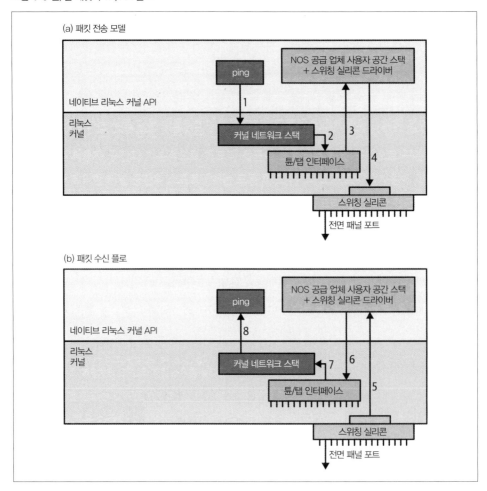

튠/탭 장치

리눅스 커널은 튠 드라이버(터널에 사용)와 탭 드라이버라 부르는 두 가지 가상 네트워크 장치를 지원한다. 튠 드라이버는 라우팅을 지원하고 탭 드라이버는 브리징을 지원한다. 이 두 가지를 함께 사용해서 사용자 공간 네트워크 스택을 지원한다. 원래 튠 장치는 사용자 공간에서 가상 사설망virtual private network, VPN의 암호화, 복호화 소프트웨어와 같은 기능을 구현하기 위해 개발되었다. 또한 일반 라우팅 캡슐화generic routing encapsulation, GRE와 같은 IP 터널링 프로토콜을 지원하기 위해 사용되기도 한다.

튠/탭 드라이버는 /dev/tapN(여기서 N은 탭 장치가 추가될 때마다 증가한다)이라고 불리는 네트워크 장치를 생성한다. 사용자 공간 스택은 이 장치에 바인드된다. 라우팅과 브리징 테이블 같은 네트워크 룩업 테이블의 엔트리가 탭 장치를 가리키는 경우 커널은 매칭된 패킷을 해당 인터페이스로 포워딩하고 사용자 공간 스택에서 이를 수신한다. 사용자 공간 스택이 탭 디바이스로 패킷을 보낸 경우 커널은 일반적인 네트워크 장치에서 전달받은 패킷과 동일하게 처리한다. 그 결과 패킷은 수신자인 애플리케이션으로 전달된다.

다른 종류의 라우팅 프로토콜 구동

공급 업체가 제공한 라우팅 프로토콜 제품군이 아닌 다른 제품군을 사용하려면 커널 전용 모델에서 확실히 가능하다. 다른 라우팅 제품군은 리눅스에서 동작해야 하고 넷링크로 커널의 상태를 프로그래밍할 수 있어야 한다.

하이브리드 모델에서 라우팅 프로토콜 제품군이 커널과 동기화되지 않는 상태를 프로그래밍하기 위해서는 NOS 공급 업체의 API를 수정할 필요가 있다. 서드파티 라우팅 제품군이 커널을 프로그래밍하려는 경우에도 커널 내의 NOS 공급 업체가 구현한 스위칭 실리콘 인터페이스의 특성을 반드시 따라야 한다.

4.6 NOS가 해야 할 일

NOS는 스위칭 실리콘을 프로그래밍하는 것 외에도 파워, 팬, 인터페이스의 LED와 같은 다양한 박스의 센서를 읽고 제어해야 한다. NOS는 또한 박스 모델, 스위칭 실리콘 버전 등과 같은 것도 알 수 있어야 한다. 이외에도 인터페이스의 옵틱스를 어떻게 읽고 프로그래밍하는지도 알아야 한다. 위에서 언급한 것들은 화이트 박스나 브라이트 박스에서 표준화되어 있지 않다. 그래서 NOS 공급 업체들은 이 모든 것을 제어하기 위해 독자적인 드라이버나 패치를 만들어야 한다. 이외에도 NOS는 당연히 사용자 인터페이스, 프로그래밍 API 등과 같을 것을 다양하게 제공해야 한다.

4.7 마치며

이 장의 가장 큰 목표는 클라우드 네이티브 NOS 선택에 도움을 주는 것이다. NOS 선택이 중요한 이유는 네트워킹의 미래와 그들이 산출하는 이익에 몇 가지 근본적인 영향을 미치기 때문이다. 어떤 모델을 선택하느냐에 따라 운영자가 할 수 있는 일에 영향을 미친다. 예를 들어 박스에서 실행할 수 있는 애플리케이션, 검색할 수 있는 정보 및 지원 가능한 네트워크 프로토콜 기능에 영향을 미친다.

철학자이자 인도의 2대 대통령이었던 사르베팔리 라다크리슈난^{Sarvepalli Radhakrishnan}이 다음과 같은 말을 했다. "모든 사람들은 평화를 원한다. 하지만 모든 사람이 평화를 이루기 위한 일을 하는 것은 원치 않는다." 마찬가지로 모든 선택이 진정한 클라우드 네이티브 정신에 부합하는 NOS의 번영으로 이어지는 것은 아니다. 따라서 특별히 네트워크 디자이너나 아키텍처라면 신중하게 선택하는 것이 굉장히 중요하다. 네트워크 엔지니어도 마찬가지로 각 선택에 맞는 스킬 셋^{skill set}을 갈고 닦아야 한다. 이 장에서 소개한 내용이 오늘날의 선택을 쉽게 결정할 수 있도록 도와줄 것이며 그 이후 진정으로 조직에 힘을 실어줄 것이다. 다음 장에서는 소프트웨어 스택으로 넘어가 라우팅 프로토콜을 살펴본다. 그리고 상황에 맞는 것을 선택하는 방법을 다룬다.

4.8 참고문헌

- Hamilton, James. "Datacenter Networks are in my Way"[13]
- McKeown, Nick, et al. "Linux kernel documentation of switchdev"[14]
- "OpenFlow: Enabling Innovation in Campus Networks"[15]
- NOS list, Open Compute Project[16]

---

13 https://oreil.ly/D_Zpr
14 https://oreil.ly/ltVy9
15 https://oreil.ly/nkAvT
16 https://oreil.ly/aOKJA

## CHAPTER 5

라우팅 프로토콜 선택

이름은 우리가 찾는 것을 뜻한다. 주소는 어디에 있는지 알려준다. 경로는 어떻게 가야 하는지 알려준다.

_존 F. 스코시[John F. Schoch]

유니캐스트 라우팅[unicast routing]은 클라우드 네이티브 데이터 센터의 기본 활성화 기술이다. 유니캐스트 라우팅은 인터넷만큼 오래되었지만 데이터 센터의 응용은 골치 아픈 상황을 만든다. 이런 골치 아픈 것들로 라우팅 프로토콜이 데이터 센터에 맞게 개선되고 발전했다. 하지만 일부 오래된 관행이 반복되면서 잘못된 관념들이 생겨났다. 이런 관념들은 클로스 토폴로지에 지나칠 정도로 엄격하게 적용한 이론(예를 들어 링크 상태 프로토콜은 너무 수다스럽다)이나 널리 잘못 알려진 개념(예를 들어 BGP는 너무 느리다)에 기인한다.

올바른 라우팅을 데이터 센터에서 하기 어렵게 만드는 또 다른 장벽은 많은 네트워크 운영자가 브리징 네트워크 구축을 더 선호하고 라우팅은 난해하다고 여겼기 때문이다. 그래서 이 장에서는 라우팅과 라우팅 프로토콜을 보다 잘 이해할 수 있게 도와줄 것이다. 특별히 클로스 토폴로지에서의 활용에 대해 살펴볼 것이다. 쿠버네티스와 같은 기술의 등장으로 비네트워크 엔지니어도 라우팅에 관심을 갖게 되었다. 큐브 라우터[kube-router]나 캘리코[Calico]를 사용하려면 라우팅과 라우팅 프로토콜을 알고 있어야 한다.

이 장에서는 다음 질문에 대한 답을 얻을 수 있다.

- 라우팅은 어떻게 동작하는가?
- 라우팅 프로토콜의 종류는 무엇이 있는가?
- 클로스 토폴로지에 맞는 라우팅 프로토콜은 무엇인가?
- 언넘버드 unnumbered 인터페이스는 무엇이며 왜 필요한가?
- 적합한 라우팅 프로토콜을 어떻게 선정할 것인가?

라우팅과 라이팅 테이블에 대한 지식을 충분히 숙지하고 있다면 이 장을 건너뛰어도 좋다. 이 장에서 필자가 사용하는 '라우팅'은 모두 '유니캐스트 라우팅'의 준말이다. 멀티캐스트 라우팅 multicast routing의 좀 더 깊이 있는 내용은 다른 장에서 다룬다. 이 장에서는 BGP와 OSPF 라우팅 프로토콜의 특성을 간략하게 살펴볼 것이다.

5.1 라우팅 개요

간단하게 **라우팅**routing은 패킷의 목적지 IP 주소를 갖고 출발지부터 목적지까지 패킷을 포워딩하는 절차를 의미한다.[1] 라우팅을 이용해서 패킷을 포워딩하는 장비를 **라우터**router라고 부른다.

IP 라우팅에서 패킷 포워딩 결정은 각 라우터가 다른 라우터와 독립적으로 수행해야 한다. 따라서 IP 라우터는 오로지 패킷이 최종 목적지로 도달하기 위해 가야 할 다음 홉을 찾는 것에만 관심이 있다. IP 라우팅이 채택한 방식이 약간 편협하다고 생각할 수 있다. 하지만 이런 편협함은 IP가 장애를 쉽게 피할 수 있어서 라우팅될 수 있게 하므로 강점이 된다. 전자 프런티어 재단 electronic frontier foundation의 창시자 중 한 명인 존 길모어John Gilmore가 "넷net은 검열을 훼손이라고 생각하고 이를 피해서 경로를 정한다"라는 말을 했다. 그가 말한 '넷'은 정말로 IP 라우팅을 의미한다. 라우터가 패킷의 목적지와 동일한 서브넷(이후에 자세히 다룬다)에 있지 않는 한 다음 홉은 다른 라우터가 되며 최종 목적지에 도달할 때까지 이런 라우팅 절차를 반복한다.

라우터는 패킷의 다음 홉을 찾기 위해 **라우팅 테이블**routing table이라고 하는 룩업 테이블에서 패킷의 목적지 IP 주소를 찾는다. 그리고 라우터는 룩업을 통해 얻은 네트워크 인터페이스로 패킷을 포워딩한다.

---

1 IP가 실제로 유일한 네트워크 계층이기 때문에 우리는 더 일반적인 용어인 '네트워크 계층' 대신 IP를 사용한다.

좀 더 자세히 설명하면 라우팅은 다음 단계를 거친다.

1. 다음 홉 엔트리 목록을 얻기 위해 라우팅 테이블에서 패킷의 목적지 IP 주소를 찾는다.

2. 목록 중 하나의 다음 홉을 선정한다.

3. 다음 홉의 MAC 주소를 획득한다.

4. 패킷과 프레임 헤더를 갱신한다. 이때 목적지 MAC 주소와 IP 헤더의 TTL을 다시 작성한다.

5. 선정된 다음 홉에 명시된 네트워크 인터페이스로 패킷을 내보낸다.

> **NOTE_ IPv6**
>
> 오늘날 IPv4와 IPv6는 상호 공존하며 IPv4가 여전히 더 많이 사용된다. 이 둘이 라우팅을 다루는 방식은 유사하다. 따라서 이 장에서 다루는 IPv4 예제들은 IPv6에 유사한 방법으로 적용할 수 있다.

5.1.1 라우팅 테이블 룩업의 동작 방식

간략하게 라우팅 테이블은 IP **주소 프리픽스**^{address prefix}를 키로, **다음 홉**^{next hop} 목록을 결과로 하는 엔트리를 갖는다.

라우팅 테이블은 네트워크 내에 접근 가능한 모든 IP 주소를 엔트리로 갖지 않는다. 대신 주소들을 **서브넷**^{subnet}으로 그룹화한다. 서브넷은 동일한 개수의 가장 좌측 비트를 공유하는 주소들의 그룹이다. 공유되는 비트 수는 **마스크 길이**^{mask length}(오래된 다른 표기 방법으로는 공유 비트를 **네트워크 마스크**^{network mask}로 표기한다)로 표기할 수 있다. IP **주소 프리픽스**는 공유하는 비트의 시작과 마스크 길이로 정의된다. 예를 들어 주소 프리픽스 1.1.1.0/24(. 이전의 각 숫자는 8비트이므로 세 숫자는 24비트를 의미한다)는 1.1.1.0부터 1.1.1.255에 이르는 모든 IP 주소를 포함한다. 상위 24비트를 공유하므로 1.1.1을 주어진 주소에서 공유한다.

[그림 5-1]은 이 개념을 설명하고 있다. 각 라인의 화살표 왼쪽의 주소나 주소 프리픽스가 확장되어 총 32비트의 8비트 네 옥텟^{octet}과 연결되는지 표현하고 있다. 제일 첫 라인에 있는 1.1.1.0/24가 확장되어 이진법으로 1인 세 옥텟과 마지막 옥텟은 0 또는 1이 모두 될 수 있는 별표(*)로 표시된다. 따라서 1.1.1.1이나 1.1.1.16은 1.1.1.0/24 프리픽스와 일치한다. 하지만 주소 1.1.2.1은 상위 24비트가 1.1.1.0/24 프리픽스의 상위 24비트와 다르므로 일치하지 않는 주소가 된다.

그림 5-1 IP 주소 프리픽스와 매치 설명

1.1.1.0/24 ⟶	00000001.00000001.00000001.********
1.1.1.1 ⟶	00000001.00000001.00000001.00000001
1.1.1.16 ⟶	00000001.00000001.00000001.00010000
1.1.2.1 ⟶	00000001.00000001.00000010.00000001

주소 프리픽스가 흥미로운 이유는 많은 주소를 합쳐서 단일 엔트리로 만들 수 있기 때문이다. 약 200여 개 주소 블록에 접근할 수 있는 두 링크를 포함한 라우터가 있다고 가정하자. 링크 1을 통해 1.1.1.1부터 시작하는 첫 번째 주소 집합에 접근할 수 있고, 1.1.1.129부터 시작하는 주소 집합은 링크 2를 통해 접근할 수 있다. 이 경우 라우터의 라우팅 테이블에는 엔트리 두 개만 있으면 된다. 200여 개의 주소 엔트리를 모두 가질 필요 없이 각 1.1.1.0/2와 1.1.128/25만 있으면 된다.

다른 경우를 생각해보자. 주소 블록의 두 주소(예: 1.1.1.31과 1.1.1.67)만 링크 1에서 활성화되어 있고 나머지는 링크 2에 연결되어 있다고 가정해보자. 이 경우 라우터는 세 개의 라우팅 테이블 엔트리가 필요하다. 링크 1에는 1.1.1.31/32와 1.1.1.67/32가 할당되고 나머지 주소는 1.1.1.0/24 하나의 엔트리로 링크 2에 할당된다. 일부 주소를 직접 명시했음에도 불구하고 여전히 200여 개에 가까운 주소를 저장하지 않아도 된다.

따라서 위와 같이 세 주소 프리픽스가 포함된 룩업 테이블에서 1.1.1.31의 라우팅 테이블 룩업 결과는 링크 1이 되며, 1.1.1.2의 룩업 결과는 링크 2가 된다. 각 결과가 일치하는 주소 프리픽스 중에서 가장 긴 프리픽스 길이를 가진 엔트리를 선택해서 얻는다. 1.1.1.31과 일치하는 가장 긴 프리픽스는 1.1.1.31/32이고 1.1.1.2의 경우는 1.1.1.0/24가 된다. 그러므로 일치한 주소 프리픽스를 찾는 알고리즘을 **최장 프리픽스 일치**^{longest prefix match, LPM}라고 한다.

다수의 IP 주소를 라우팅 테이블의 단일 엔트리로 표현할 수 있는 방법은 IP 네트워크를 확장 가능하게 해준다. IPv4는 32비트이므로 대략 IPv4 주소 40억 개를 만들 수 있다. 이 모든 주소를 담을 수 있는 라우팅 테이블을 만드는 것은 비용이 많이 들고 굉장히 비효율적이다. IPv6 주소는 128비트이므로 상상을 뛰어넘는 340,282,366,920,938,463,463,374,607,431,768, 211,456개의 주소 공간을 만들어낼 수 있다.

단일 라우팅 테이블 엔트리는 둘 이상의 다음 홉 목록을 갖는다. 다음 홉 목록에는 발신 인터페이스^{outgoing interface}와 선택적으로 다음 홉 라우터의 IP 주소를 포함한다. 다음 홉이 다른 라우터일 경우에는 다음 홉 엔트리는 다음 홉 라우터의 IP 주소를 가진다. 라우터에 도착한 패킷의 목적지가 자신의 인터페이스 주소이거나 동일 서브넷에 속하는 IP 주소라면 성공적으로 라우팅이 종료된다. 이 경우 라우터는 IP 이웃 테이블neighbor table(또는 ARP/ND 테이블)에서 목적지 주소와 발신 인터페이스로 목적지 노드의 MAC 주소를 결정한다. 그리고 마침내 해당 노드로 패킷을 전달한다. 주어진 목적지 MAC 주소를 가진 노드로 패킷을 전달하는 마지막 과정은 브리징 네트워크를 거칠 수도 있다.

ARP/ND 테이블에 어떤 엔트리도 없으면 네트워크 스택은 IPv4라면 주소 결정 프로토콜로, IPv6라면 이웃 탐색 프로토콜neighbor discovery protocol, NDP로 목적지 IP 주소와 연결된 MAC 주소를 결정한다.

성공적으로 종료되는 것 외에도 다음과 같은 두 가지 실패 요인으로 라우팅이 종료될 수 있다.

- 가용한 경로가 없는 경우
- 오류로 인해 패킷이 전달되지 않는 경우

이런 경우에는 패킷은 드롭되고 오류 메시지가 종종 패킷의 출발지로 되돌아간다. 이런 오류 메시지들을 **인터넷 제어 메시지 프로토콜**internet control message protocol, ICMP이라고 부른다.

5.1.2 경로 선택 방법

[그림 5-2]와 같은 간단한 네트워크가 있다고 하자.

그림 5-2 네트워크 예

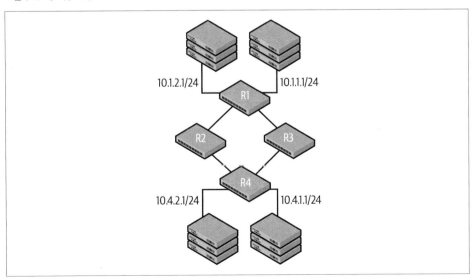

[그림 5-2]의 라우터는 서버 랙과 단일 링크로 연결된 것으로 표현된다. 하지만 현실에서는 R1과 R4는 분리된 물리 링크로 랙 내 각 서버들과 연결된다. 여기서 단일 링크처럼 표현한 것은 논리 링크이며 연결된 모든 서버가 동일한 서브넷에 존재한다는 의미다. R1은 10.1.1.0/24 서브넷에서 10.1.1.1/24 주소를, 10.1.2.0/24 서브넷에서 10.1.2.1/24 주소를 갖는다.

라우터 R1은 네트워크 10.1.1.0/24와 10.1.2.0/24에 연결되었고 네트워크 10.4.1.0/24와 10.4.2.0/24는 라우터 R4에 연결되었다. 1.1.1.0/24 네트워크에 있는 개별 서버는 10.1.1.2/24, 10.1.1./24 등의 주소를 갖는다. 네트워크 10.4.2.0/24에 연결된 서버들도 동일한 방법으로 10.4.2.2/24, 10.4.2.3/24 등의 주소를 갖는다. 따라서 10.1.1.2 주소를 가진 서버가 10.4.2.20으로 패킷을 보낼 때 라우팅 경로는 R1부터 R4까지다.

프리픽스가 다수의 다음 홉을 가진다면 라우팅 룩업은 그중 하나를 선택하게 된다. 일반적으로 라우터는 한 플로에 속한 모든 패킷의 다음 홉을 동일하게 유지해서 플로 내에서 패킷의 순서가 바뀌는 것을 방지한다. 57쪽 '플로와 정체'에서 설명했듯이 플로는 다섯 가지 특성을 공유한다. 출발지 IP 주소, 목적지 IP 주소, 레이어 4(L4) 프로토콜, 출발지 포트, 목적지 포트 이 다섯 가지가 있다.

모든 라우팅 테이블 엔트리는 속성을 추가할 수 있다. 이런 속성은 엔트리를 생성한 엔티티와 같은 정보를 담고 있다.

5.1.3 라우팅 테이블 엔트리의 유형

라우팅 테이블에는 세 종류의 엔트리가 있다.

연결된 경로

연결된 경로connected route는 장치 인터페이스에 부여된 주소와 관련 있는 경로다. 네트워크 스택(리눅스나 공급 업체)에서 주소를 할당할 때 자동으로 추가한다. 예를 들어 리눅스 커널에서 IP 주소 10.1.1.1/24를 인터페이스에 추가한 경우 커널은 자동으로 10.1.1.0/24(서브넷)의 경로를 라우팅 테이블에 추가한다. 따라서 패킷의 주소가 링크에 연결된 다른 피어인 경우 커널은 이 패킷을 어떻게 포워딩해야 하는지 정확하게 알게 된다. 연결된 경로를 사용하면 라우팅 프로토콜의 도움 없이 직접 연결된 피어와 통신할 수 있다.

정적 경로

정적 경로^{static route}는 관리자가 수동으로 추가한 경로다. 예를 들어 굉장히 작은 네트워크의 경우 서비스 제공자와 기업 네트워크 사이를 구성하는 라우팅 프로토콜이 없어서 네트워크 관리자는 서비스 제공자 네트워크와 연결된 인터페이스를 가리키는 디폴트 경로를 구성해야 한다. 정적 경로는 라우팅 프로토콜을 통해 만들어진 경로보다 항상 우선된다. 정적 경로는 운용 가능한 다음 홉 인터페이스(링크 다운)가 없는 경우 사용 불가로 표기된다.

동적 경로

동적 경로^{dynamic route}는 라우팅 프로토콜이 피어 간 통신으로 알게 된 다양한 경로 중 최단 경로를 계산해서 생성한다. 대체로 라우팅 테이블의 대부분 엔트리가 동적 경로로 형성된다. 서버에서는 동적 호스트 구성 프로토콜이 DHCP 서버와 통신을 통해 학습한 게이트웨이를 가리키는 디폴트 경로를 자동으로 추가한다. 이 경우가 라우팅 프로토콜 외 다른 종류가 동적 경로 엔트리를 추가하는 예다.

이 장에서 다루는 모든 경로는 라우팅 프로토콜에 의해 생성된 것을 말한다. 더 자세히 살펴보기 전에 라우팅 스택이 위 세 가지 종류의 엔트리 사이에 충돌이 발생할 경우 어떻게 해결하는지 알아본다.

5.1.4 RIB 및 FIB

라우터는 다수의 프로토콜을 운용할 수 있는가? 원격 라우터로부터 전달받은 프리픽스에 관한 정보가 이미 연결된 경로인 경우는 어떻게 처리하는가? 네트워크 운영자가 실수로 정적 경로를 추가해서 연결된 경로를 덮어쓴 경우 어떻게 되는가?

이런 질문들은 여러 엔티티(라우팅 프로토콜, 네트워크 스택, 운영자)가 제공하는 동일하거나 충돌하는 정보로 발생하는 많은 충돌 중 일부다. 이런 질문을 해결하기 위해 라우팅 구현체는 라우팅 테이블을 두 부분으로 나눈다. 첫 번째 부분은 제어 평면 소프트웨어와 연계되는 라우팅 정보 베이스^{routing information base, RIB}다. 다른 부분은 패킷 포워딩시 데이터 경로로 사용되는 포워딩 정보 베이스^{forwarding information base, FIB}다. 이 책에서 '라우팅 테이블'은 FIB를 뜻한다.

RIB는 서로 다른 방법(연결된 경로, 정적 경로, 라우팅 프로토콜)을 통해 얻은 서로 다른 정보들을 모두 갖는다. **RIB 매니저**^{RIB manager}라고 부르는 소프트웨어 구성 요소가 모든 종류의 방법으로 얻어진 프리픽스를 선택해서 FIB로 전송한다. 모든 라우팅 프로토콜은 **거리**[distance]**2**라고 부르는 유일한 번호가 할당된다. 여러 프로토콜이 동일한 프리픽스를 제공하는 경우 RIB 매니저는 가장 낮은 거리를 가진 프로토콜의 프리픽스를 고른다. 이때 연결된 경로가 가장 낮은 거리를 가진다. 정적 경로는 라우팅 프로토콜을 통해 얻은 경로보다 낮은 거리를 갖는다. RIB 매니저는 이런 비교를 통해 선택한 엔트리를 FIB에 보내서 패킷 포워딩에 사용할 수 있게 한다. RIB와 FIB의 차이점을 [그림 5-3]에서 설명한다.

그림 5-3 RIB와 FIB의 차이

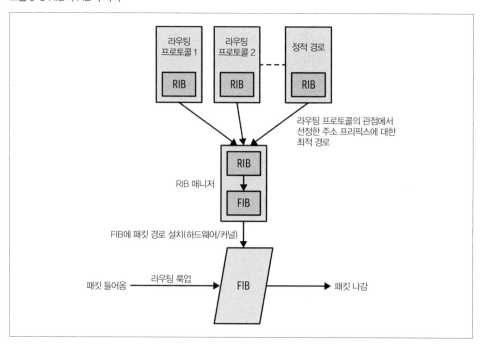

리눅스 라우팅 테이블 화면

전통적인 공급 업체 스택 환경에 익숙하다면 다음과 같은 라우팅 테이블(아리스타 박스에서 발췌함)이 익숙할 것이다.

```
eos#show ip ro

VRF: default
```

---

2 순수주의자에게 BGP는 두 가지 거리를 사용한다고 할 수 있지만 15장 전까지는 자세히 다루지 않는다.

```
Codes: C - connected, S - static, K - kernel,
       O - OSPF, IA - OSPF inter area, E1 - OSPF external type 1,
       E2 - OSPF external type 2, N1 - OSPF NSSA external type 1,
       N2 - OSPF NSSA external type2, B I - iBGP, B E - eBGP,
       R - RIP, I L1 - IS-IS level 1, I L2 - IS-IS level 2,
       O3 - OSPFv3, A B - BGP Aggregate, A O - OSPF Summary,
       NG - Nexthop Group Static Route, V - VXLAN Control Service,
       DH - Dhcp client installed default route

Gateway of last resort:
  S     0.0.0.0/0 [1/0] via 192.168.121.1, Management1

  C     10.10.0.0/24 is directly connected, Vlan10
  O     10.20.0.0/24 [110/20] via 10.127.0.0, Ethernet1
                              via 10.127.0.2, Ethernet2
  C     10.127.0.0/31 is directly connected, Ethernet1
  C     10.127.0.2/31 is directly connected, Ethernet2
  C     10.254.0.1/32 is directly connected, Loopback0
  O     10.254.0.2/32 [110/10] via 10.127.0.0, Ethernet1
                              via 10.127.0.2, Ethernet2
  C     192.168.121.0/24 is directly connected, Management1

eos#
```

위 라우터와 연결된 리눅스 커널에서 동작하는 라우터의 출력(큐물러스를 실행하는 라우터에서 발췌)은 다음과 같다.

```
vagrant@vx:~$ ip route show
default via 192.168.121.1 dev eth0
10.10.0.0/24  proto ospf  metric 20
        nexthop via 10.127.0.1  dev swp1 weight 1
        nexthop via 10.127.0.3  dev swp2 weight 1
10.20.0.0/24 dev vlan20  proto kernel  scope link  src 10.20.0.1
10.127.0.0/31 dev swp1  proto kernel  scope link  src 10.127.0.0
10.127.0.2/31 dev swp2  proto kernel  scope link  src 10.127.0.2
10.254.0.1  proto ospf  metric 20
        nexthop via 10.127.0.1  dev swp1 weight 1
        nexthop via 10.127.0.3  dev swp2 weight 1
192.168.121.0/24 dev eth0  proto kernel  scope link  src 192.168.121.44
vagrant@vx:~$
```

리눅스에서 ip route show의 출력은 RIB가 아닌 커널의 FIB다. 결과적으로 RIB가 관리하는 거리와 같은 정보들은 이 출력에서 표시되지 않는다. 다음은 리눅스 구현체 특정 제어를 나타내는 두 가지 낯선 용어다.

metric

같은 거리의 다중 경로를 리눅스 커널에서 내부적으로 다루기 위해 사용하는 숫자다. 커널은 항상 낮은 메트릭의 엔트리를 선택한다. 예를 들어 메트릭은 IP의 빠른 경로 변경과 같은 것을 구현하기 위해 사용된다. 빠른 경로 변경은 높은 메트릭으로 백업 경로를 미리 생성해 놓은 다음 원래 경로를 사용할 수 없을 때만 사용한다.

weight

여러 다음 홉이 존재할 때 다음 홉 간의 트래픽 분산 비율을 결정하기 위해 사용한다. 예를 들어 두 개의 다음 홉을 가진 경로가 있다고 가정하자. 경로 중 하나의 웨이트^{weight}는 2이며 다른 하나는 1이다. 이 경우 커널은 패킷 플로의 3분의 2를 웨이트 2의 다음 홉으로 보내고, 나머지 3분의 1은 웨이트 1의 다음 홉으로 보낸다. 일반적으로 모든 다음 홉은 동일한 웨이트를 가지며 플로들은 균등하게 모든 다음 홉으로 분배된다.

RIB 내 거리를 보기 위해 운영자는 자유 범위 라우팅$^{free\ range\ routing,\ FRR}$과 같은 라우팅 프로토콜 스택 관점에서 라우팅 테이블을 살펴봐야 한다. 이 경우의 출력은 좀 더 전통적인 공급 업체 스택의 화면과 유사하다.

```
vx#show ip route
Codes: K - kernel route, C - connected, S - static, R - RIP,
       O - OSPF, I - IS-IS, B - BGP, E - EIGRP, N - NHRP,
       T - Table, v - VNC, V - VNC-Direct, A - Babel, D - SHARP,
       F - PBR,
       > - selected route, * - FIB route

K>* 0.0.0.0/0 [0/0] via 192.168.121.1, eth0, 00:37:56
O>* 10.10.0.0/24 [110/110] via 10.127.0.1, swp1, 00:36:20
  *                         via 10.127.0.3, swp2, 00:36:20
O   10.20.0.0/24 [110/10] is directly connected, vlan20, 00:36:38
C>* 10.20.0.0/24 is directly connected, vlan20, 00:36:38
O   10.127.0.0/31 [110/100] is directly connected, swp1, 00:37:55
C>* 10.127.0.0/31 is directly connected, swp1, 00:37:56
O   10.127.0.2/31 [110/100] is directly connected, swp2, 00:37:54
C>* 10.127.0.2/31 is directly connected, swp2, 00:37:56
O>* 10.254.0.1/32 [110/110] via 10.127.0.1, swp1, 00:37:47
  *                          via 10.127.0.3, swp2, 00:37:47
O   10.254.0.2/32 [110/0] is directly connected, lo, 00:37:55
C>* 10.254.0.2/32 is directly connected, lo, 00:37:56
C>* 192.168.121.0/24 is directly connected, eth0, 00:37:56
vx#
```

위 출력에서 RIB 동작이 명확하게 표시된다. 10.127.0.0./31의 경로는 두 개의 분리된 라인으로 알려진다. O로 시작하는 라인은 OSPF가 광고한 경로이며 C로 시작하는 라인은 이 경로가 직접 연결된 경로임을 알 수 있다. 연결된 경로가 OSPF가 광고한 경로보다 우선된다는 것을 직접 연결된 경로라고 표기되기 전의 별표(∗)를 통해 알 수 있다. OSPF는 110을 기본 거리로 한다.

5.2 라우팅 프로토콜 개요

라우팅 프로토콜은 피어로부터 접근 가능한 경로의 정보를 수집한다. 그리고 네트워크에 존재하는 모든 라우터를 아우르는 일관된 포워딩 토폴로지를 자동으로 구축한다. 라우팅 프로토콜을 정의하는 방법은 많지만 모두 같은 본질을 담고 있다.

라우팅 프로토콜은 다음 주요 작업을 수행한다.

1. 로컬 상태 추적(링크, 주소 등)

2. 목적지로 접근 가능한지 여부에 대한 정보 교환

3. 피어 간 통신을 통해 획득한 정보를 바탕으로 목적지로의 최단 경로 계산

4. 목적지로 가기 위한 다음 홉을 라우팅 테이블에 프로그래밍

위 작업을 완수할 수 있는 여러 가지 방법이 존재한다. 예를 들어 어떤 프로토콜은 경로 계산(작업 3)을 중앙에서 처리하게 하는 반면 각 라우터에서 자동으로 경로를 계산하는 프로토콜도 있다. 전자의 모델은 오픈플로 및 중앙화된 제어 평면의 경로를 따른다. 후자의 경우가 인터넷이 동작하는 방식이고 전통적인 IP 라우팅 모델이다. 여기서는 전통적인 IP의 분산 라우팅 프로토콜 모델에 집중한다. 하지만 전통적인 모델에서도 패킷을 라우팅하는 복잡한 문제를 풀기 위해 다양한 접근법을 함께 사용하기도 한다. 앞으로 여러 절에 걸쳐서 두 가지 주요 접근법에 대해 알아보고 그 차이점을 살펴본다.

5.3 거리 벡터 프로토콜과 링크 상태 프로토콜

전통적인 방식에서 라우팅 프로토콜을 설계하는 주요한 두 가지 접근법은 **거리 벡터**^{distance vector}

프로토콜과 **링크 상태**^{link-state} 프로토콜이다. 라우팅 정보 프로토콜^{routing information protocol, RIP}, 강화 내부 게이트웨이 라우팅 프로토콜^{enhanced interior gateway routing protocol, EIGRP}, BGP가 거리 벡터 프로토콜의 예다. 여기서 데이터 센터에서 거리 벡터 프로토콜로 실제로 선택한 유일한 것은 바로 BGP다. OSPF와 IS-IS는 링크 상태 프로토콜의 예다. 이제 두 접근법의 기본적인 차이점을 살펴보자.

두 가지 라우팅 프로토콜의 가장 큰 차이점은 그들이 경로 정보를 전달하는 방법을 어떻게 선택하느냐다. 거리 벡터 프로토콜은 목적지 네트워크별 거리를 전달한다. 반면에 링크 상태 프로토콜은 라우터의 이웃 간 연결성 정보를 전달한다. 차이점을 좀 더 자세히 알아보자.

[그림 5-2]를 다시 살펴보자. 두 접근법의 최종 목표는 R1에서 R4에 이르는 모든 라우터가 목적지 네트워크 10.1.1.0/24, 10.1.2.0/24, 10.4.1.0/24, 10.4.2.0/24로 접근하는 방법을 아는 것이다. 여기서는 R1에서 R4로 향하는 경로 전파에만 집중해보자. 이는 10.1.1.0/24와 10.1.2.0/24 네트워크 경로가 어떻게 분배되는지에 대해서만 집중한다. 단순하게 설명하기 위해 여기서는 10.4.x.x 네트워크 전파를 무시한다.

두 프로토콜 모두 라우터를 구성할 때 가장 먼저 누구와 통신해야 하는지 명시한다. R1는 R2 및 R3와 통신할 수 있으며, R2는 R1 및 R4와 통신할 수 있다. 라우터는 경로 광고를 교환하기 전에 다른 라우터와의 통신을 먼저 수립해야 한다. 또한 라우터는 반드시 어떤 종류의 정보를 교환할 수 있는지 나타내도록 설정되어야 한다.

5.3.1 거리 벡터 해부

[그림 5-4]는 거리 벡터 프로토콜이 R1의 경로를 광고하는 것을 단순화된 순서로 나타낸다.

그림 5-4 R1에서 R4까지 거리 벡터 라우팅 프로토콜의 패킷 교환 예

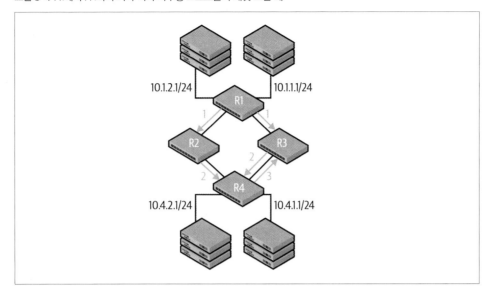

❶ R1은 거리가 1인 두 네트워크 R2와 R3에 접근할 수 있다고 광고한다. R2와 R3가 R1의 라우팅 피어^{routing peer}로 설정되어 있어서 이 작업을 수행할 수 있다. 또한 논리적 라우팅 인터페이스에서 두 네트워크의 서브넷 정보를 획득하도록 설정되어 있다. 라우터가 로컬에 연결된 서브넷이나 주소를 광고하도록 명시적으로 설정된 경우에만 광고한다.

❷ R2는 이 정보를 수신한다. 두 네트워크로 접근할 방법에 대한 정보가 이외에는 없다. 그래서 R1에서 광고한 정보를 이 두 네트워크로 접근하기 위한 최적 경로로 수용한다. 이제 R2의 관점에서 살펴보면 R1으로 가는 링크 P1을 통해 두 네트워크로 접근할 수 있다. R2 역시 이 정보를 교환하도록 설정된 다른 라우터인 R4에 광고한다. 하지만 이번 광고에서는 거릿값이 2로 증가한다. 즉, 각 홉은 다른 라우터로 정보를 광고하기 전에 비용만큼 거리를 증가한다. R3 역시 R2와 마찬가지로 동일한 동작을 한다.

❸ R4가 R3 광고를 받기 전에 R2의 광고를 먼저 받았다고 가정해보자. R4는 이전에 두 네트워크에 도달하기 위한 다른 방법을 배우지 않아서 R2가 전달한 경로가 최적의 경로라고 생각하고 계산한다. R4가 통신하도록 설정된 라우터는 R2와 R3뿐이나, R4가 두 네트워크로의 경로를 R2에서 획득했으므로 R4가 이를 알려줘야 하는 남은 라우터는 R3가 된다. 따라서 R4는 R3에서 두 네트워크로의 경로를 3의 거리로 R3에게 알려줘서 R3가

그 광고를 수신한다. 하지만 R4가 알려준 두 네트워크의 경로는 이미 1의 거리로 도달할 수 있다고 계산이 되어 있다. 3의 거리는 1보다 크므로 두 네트워크로 가는 최적 경로는 R1을 통해서 간다는 것을 변경하지 않는다. 따라서 연결된 유일한 다른 라우터인 R1에 광고할 새로운 정보가 없다. R3은 이미 두 네트워크가 2의 거리로 도달할 수 있음을 R1의 광고를 수신하고 R4에 광고했음을 기억하자.

2단계에서 R4가 R3의 광고를 수신했을 때 두 네트워크가 R2를 통해서 가는 것과 마찬가지로 동일한 2의 비용으로 도달 가능하다는 것을 다시 계산한다. R4는 두 네트워크를 R2와 R3를 통해 도달할 수 있다고 정보를 갱신한다. 서브넷 10.1.1.0/24와 10.1.2.0/24로의 거리가 R3의 광고를 수신하고 나서도 변하지 않았으므로 R4는 R2로의 광고를 하지 않는다.

패킷 교환이 끝나면 모든 라우터는 이 두 네트워크에 효율적으로 도달할 수 있는 방법을 알게 된다. R1과 R4가 서로에게 도달할 수 있는 '최적 경로'를 선택하는 것과 같은 사소한 세부 사항이 남았다. 예를 들어 R2와 R3가 R1에 등거리equidistant라고 하더라도 R4는 이 중 하나를 최적 경로로 선택해야 한다. 그리고 나머지 경로를 최적 경로의 동일 비용 경로equal-cost path (이 부분은 경로 벡터 프로토콜에 따라 다르지만 BGP에서는 이렇게 한다)로 설정해야 한다.

5.3.2 링크 상태 해부

링크 상태 프로토콜의 패킷 교환은 거리 벡터에서 살펴봤던 것보다 복잡하다.

1. [그림 5-5(a)]처럼 모든 라우터는 최초에 자신의 링크 상태 정보를 피어와 교환한다. 이 동작이 거리 벡터 프로토콜과 다른 부분이다. 피어링 세션을 수립한 후 광고할 경로가 없을 경우 거리 벡터 프로토콜로 동작하는 라우터는 트래픽을 더 이상 피어에 보내지 않는다. 이와 반대로 링크 상태 프로토콜은 세션 수립 후에도 라우터의 링크 상태 정보를 피어에 광고한다. R2와 R3 같은 다른 라우터 간 링크만 있는 라우터 경우에도 링크 정보를 피어 간 교환한다. 예를 들어 R2는 R1과 R4의 링크 두 개가 있다고 R1에 알린다. 마찬가지로 R1과 R4는 도달 가능한 로컬에 연결된 서브넷도 존재한다는 것을 물론 알려준다. 단, 이 서브넷과 연결된 로컬 링크를 통해서는 이를 광고하지 않는다(재분배라는 방법으로도 할 수 있지만 여기서는 다루지 않는다). 여러 라우터의 링크 상태 광고link state advertisement, LSA를 색깔(흑백에서는 서로 다른 명암으로)로 구분해서 나타냈다.

그림 5-5 링크 상태 라우팅 프로토콜의 패킷 교환 예

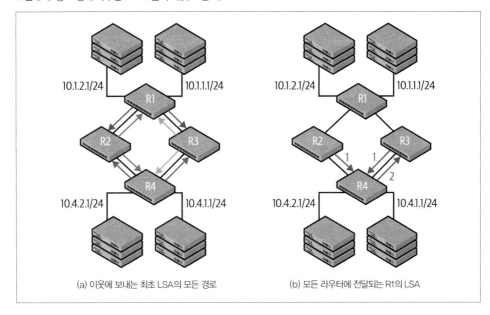

(a) 이웃에 보내는 최초 LSA의 모든 경로　　(b) 모든 라우터에 전달되는 R1의 LSA

2. 거리 벡터 프로토콜과 달리 피어로부터 LSA를 전달받은 라우터는 LSA를 전혀 알지 못하거나 수신한 LSA가 현재 자신이 알고 있는 정보보다 최신인 경우 다른 모든 피어에 패킷을 수정 없이 흘려보낸다. 플러딩 규칙은 특정 링크 상태 프로토콜에 따라서 복잡해질 수 있지만 가장 기본적인 동작은 전달받은 것을 수정 없이 그대로 흘려보내는 것이다. 각 라우터가 LSA를 흘려보내기 전에 변경하는 부분은 LSA의 수명 필드를 증가하는 것이 유일하다. 이때 패킷이 도착한 포트로는 흘려보내지 않는다. R1의 LSA의 플러딩이 다른 라우터에서 어떻게 일어나는지를 [그림 5-5(b)]에서 보여준다. 화살표의 숫자는 각 패킷이 전송되는 순서를 의미한다. R4는 R2의 LSA를 R3보다 먼저 받았다고 가정하므로 R3에 흘려보낸다. R4는 R3으로부터 받은 R1의 LSA를 R2에서 전달받은 것과 동일하므로 무시한다. 비슷하게 R3 역시 R4가 전달한 R1의 LSA를 R1 자신에게 보내온 것과 동일하므로 폐기한다.

3. 절차가 완료되면 라우터 네 개 모두 다른 라우터의 LSA를 동일하게 갖게 된다.

4. LSA를 전달받은 라우터는 독립적으로 LSA를 전파하며 이 행위는 경로 재계산을 촉발한다. 이 경로 재계산은 모든 다른 라우터로의 최단 경로를 파악하는 것을 포함한다. 거리 벡터 예제와 마찬가지로 R4가 R3에 앞서 R2로부터 정보를 전달받았다고 가정하자. 먼

저 R4는 R2를 통해 R1에 도달할 수 있음을 알게 된다. R1이 연결된 두 서브넷 역시 광고하므로 R4는 R1이 계산해준 경로를 이 서브넷에 도달할 수 있는 최단 경로로 계산한다. R3의 LSA를 수신하면 R2와 R3를 통해 R1과 연결된 서브넷에 도달할 수 있음을 명시하도록 이 정보를 갱신한다.

5.3.3 거리 벡터와 링크 상태 경로 교환의 비교 요약

거리 벡터와 링크 상태 프로토콜을 다음과 같이 요약할 수 있다. 거리 벡터 프로토콜에서 라우터는 정보를 학습한 방법이 아닌 모든 목적지 서브넷의 도달 가능한 거리 비용에 대해 그 이웃들에게 알려준다. 링크 상태 프로토콜에서 라우터는 이웃들에게 자신과 연결된 라우터가 무엇인지 알려주고, 모든 라우터는 이를 토대로 도달 가능한 목적지 서브넷이 무엇인지 알아낸다. 조금 더 일반적으로 말한다면 거리 벡터 프로토콜의 라우터는 네트워크에 있는 모든 라우터에 대한 이야기를 모든 이웃에 퍼트린다. 반면 링크 상태 프로토콜에서 네트워크의 모든 라우터는 그들의 이웃에 대해 모든 라우터에 이야기를 퍼트린다.

물론 각 프로토콜 절차를 마친 후 라우터에서 선정한 경로들은 그 결과가 동일하다.

5.4 거리 벡터와 링크 상태 프로토콜 비교

이제 거리 벡터와 링크 상태 프로토콜의 주요 특성을 살펴보자. 특히 이 절에서는 프로토콜 간의 차이를 클로스 토폴로지에서의 활용 관점에서 살펴보겠다. 더 깊이 있는 정보를 얻고자 한다면 『Interconnections』(Addison-Wesley, 1999)를 참고하기 바란다.

5.4.1 링크 상태와 거리 벡터 프로토콜의 확장

거리 벡터 프로토콜에서 모든 노드는 이웃으로부터 전달받은 주소 프리픽스의 거리만 다룬다. 모든 라우터는 연결된 이웃만이 라우터가 알고 있는 세계의 전부이기 때문이다. 정보는 한 라우터에서 다음 라우터로 전달되면서 통합된다.

링크 상태 프로토콜에서 모든 라우터는 네트워크에 있는 모든 라우터의 이웃에 대해 다룬다. 이 정보들은 네트워크가 확장되면서 커진다. 더욱이 모든 라우터가 변경된 이웃 정보를 최신으로 유지하기 위해 교환해야 할 라우팅 프로토콜의 메시지 숫자도 함께 증가한다. 대규모 네트워크로 발생하는 메시지 수와 메모리 사용량을 제한하기 위해 링크 상태 프로토콜은 네트워크를 계층hierarchy으로 나눈다. IS-IS에서는 계층의 각 부분을 나타내는 말로 직관적인 용어인 레벨level을 사용하고 OSPF에서는 **에어리어**area라고 한다. 동일 레벨이나 에어리어에서 모든 라우터는 다른 라우터의 이웃을 링크 상태에서 필요한 만큼 다 알고 있다. 하지만 한 에어리어에 존재하는 라우터는 다른 에어리어의 라우터의 자세한 링크 상태 정보를 다른 에어리어의 인터페이스가 없는 한 알 수 없다. 이 경우 라우터는 **에어리어 경계 라우터**area border router가 광고하는 정보만 알 수 있다. 즉, 에어리어나 레벨을 넘나드는 링크 상태 프로토콜은 거리 벡터 프로토콜과 같은 형태로 동작한다는 것이다. 하지만 거리 벡터 프로토콜과 달리 에어리어를 넘나드는 프리픽스들은 항상 태그가 별도로 달려서 동일 에어리어의 프리픽스들과 구분된다.

OSPF는 **백본 에어리어**backbone area와 **비백본 에어리어**nonbackbone area 두 단계의 계층만 지원한다. 반면 IS-IS는 다중 레벨을 지원하지만 어떻게 사용하는지에 대한 설명이 아직 없었다. 최근에 BGP의 저자 중 한 명이며 인터넷에서 굉장히 뛰어난 네트워크 아키텍트이자 엔지니어로 알려진 토니 리Tony Li가 이 동작을 구체화하는 초안[3]을 소개했다.

단일 레벨에 구축할 수 있는 라우터는 몇 대가 될까? 모던 데이터 센터 라우터의 성능으로 단일 레벨에 수백 대가 존재하는 것은 문제가 되지 않는다. 필자가 아는 사례 중에서도 최소 384개의 노드가 단일 레벨 내 배치된 것이 있는데 전혀 문제가 되지 않았다. 개인적으로 또 다른 대규모 배치 사례를 알고 있지 않지만 최근에 FRR의 IS-IS 구현체가 최신의 인텔 CPU를 사용하는 라우터 노드 1,000개를 단일 레벨에서 성공적으로 테스트했다고 들었다.

5.4.2 거리 벡터와 링크 상태 프로토콜에서 다중 경로 처리

[그림 5-6]에 라우터 R1에서 R7까지 있는 토폴로지가 있다. R7의 관점에서는 R5 또는 R6를 통해 1.1.1.0/24에 도달하는 두 가지 경로가 있다 R6의 관점에서는 R3 또는 R4를 통해 1.1.1.0/24에 도달하는 두 가지 경로가 있다. 반면 R5의 관점에서는 R2를 통해 가는 단

---

3 https://oreil.ly/teXbg

일 경로만 있다. 거리 벡터 라우팅 프로토콜은 가능한 경로 수가 아니라 각 연결된 라우터 간의 거리로만 판단한다. R6가 다중 경로가 될 수 있지만 그것은 R6만의 결정일 뿐이다. R7은 1.1.1.0/24에 도달하는 R5와 R6의 비용 경로가 동일하다고 가정한다. 그래서 1.1.1.0/24에 보내야 할 트래픽의 절반을 R6로 보내고 나머지 절반을 R5로 보낸다. 이렇게 되면 R5를 거치는 경로는 초과가입^{oversubscription}이 되고 R6를 거치는 경로는 과소가입^{undersubscription}이 된다. R6의 경우 R3와 R4를 동일 비용으로 취급하지만 그중 하나만을 1.1.1.0/24에 도달하는 **최적 경로**^{best path}로 표기해야 한다.

그림 5-6 다중 경로의 영향을 나타내기 위한 토폴로지 예

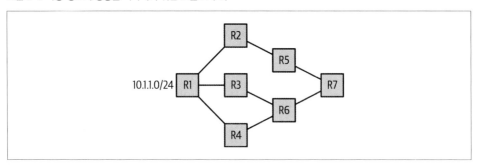

반면 링크 상태 라우팅 프로토콜에서는 R7은 R6로 가는 경로가 R5로 가는 경로에 비해 더 좋다는 것을 알고 있다. 그렇지만 **최단 경로 우선**^{shortest path first, SPF} 알고리즘은 이렇게 선택하지 않는다. R7은 두 경로를 동일 비용으로 취급하여 R5에 3분의 1의 트랙과 R6에 나머지 트래픽을 보내는 것이 아닌 동일한 양으로 R5와 R6에 보낸다. 따라서 R5와 R6의 링크 상태 정보가 R7의 경로 계산에 영향을 미치지 않는다. 결국 링크 상태와 거리 벡터 모두 동일한 경로로 트래픽을 보내게 된다.

5.4.3 무소식이 희소식

[그림 5-6]의 R1과 R4 사이의 링크가 동작하지 않는 장애 상황을 상상해보자. R7의 관점에서 이 장애는 1.1.1.0/24로의 도달 가능성에 아무런 영향을 주지 않는다. 거리 벡터 프로토콜을 사용하는 경우 R6는 링크 장애에 대해서 R7이 갱신하도록 하지 않을 것이다(R6가 R4를 통해 가는 경로가 최적 경로라고 하지 않은 이상). 링크 상태 프로토콜에서는 R6는 R7에 링크 장애를 알려주고 이 소식은 모든 라우터에 전파된다. 사실 R4 역시 이 장애에 대해 모든 라우터에

알려준다. R7은 1.1.1.0/24로 가는 경로를 다시 계산하지만 기존 상태와 다름없다는 것을 알게 된다(R5와 R6는 여전히 접근 가능하기 때문이다).

거리 벡터 프로토콜은 링크 장애가 경로 재계산을 일으키지 않지만 링크 상태 프로토콜은 강제로 R7이 그럴 필요가 없음에도 경로를 다시 계산한다. 링크 상태 프로토콜이 처음 나왔을 때는 저성능 CPU를 사용하는 라우터에서는 이 동작이 꽤 큰 문제가 되었다. 이 문제를 해결하기 위해 나온 것이 **증분 최단 경로 우선**incremental shortest path first 알고리즘이다. 필자가 아는 한 오늘날 대부분의 구현체가 이 알고리즘을 사용한다.

5.4.4 링크 상태와 거리 벡터 프로토콜의 전파 지연

[그림 5-6]의 R1과 R4 사이의 링크 단절은 다른 라우터들의 포워딩 상태에도 영향을 준다. 예를 들어 R3에서 R4로 가는 경로는 더 이상 다중 경로가 아니다(이전에는 R1 또는 R6를 통해 R4에 도달했으나 지금은 R6만 가능). R1은 R4로의 경로(R3를 통해서 가는)를 찾아야 하고, R2는 R4로 향하는 다중 경로(R1-R3-R6-R4와 R5-R7-R6-R4)가 생기는 등의 변화가 일어난다. 두 프로토콜 모델에서 이런 변화들이 최종 상태까지 걸리는 시간, 교환되는 메시지 수 등과 같은 관점에서 효율적으로 수행될 수 있을까? 올바른 최종 상태로 도달하는 데 걸리는 시간을 **수렴**convergence이라고 한다. 수렴에는 노드 특정 수렴과 네트워크 단위 수렴이 있다.

링크 상태에서는 라우터의 원래 링크 상태 정보를 수정 없이 전달하므로 모든 노드에 전파되는 것이 빠르다. 모든 라우터에서 갱신된 정보를 갖고 있으므로 경로 계산을 병렬로 수행할 수 있다. 거리 벡터에서 라우터는 주소 프리픽스의 거리를 광고해야 하므로 거리를 먼저 계산하지 않고는 어떤 갱신된 정보도 전달하지 않는다. 그래서 이론적으로는 링크 상태 프로토콜의 수렴이 거리 벡터 프로토콜에 비해 빠르다. 거리 벡터 프로토콜은 '무한히 계산하는'이라는 문제를 회피하기 위해 대기 타이머와 같은 다른 동작 방식을 가질 수도 있다. 이 때문에 거리 벡터 프로토콜이 링크 상태 프로토콜류보다 수렴이 느리다고 알려져 있다. 하지만 특별히 데이터 센터 내에서의 BGP는 그렇지 않다. 이에 대해서는 이 장 후반부에 다룰 것이다.

더욱이 이런 LSA의 빠른 전파는 같은 레벨일 때만 가능하다. 레벨을 넘어선 전파는 에이리어 경계 라우터에서 LSA를 통합하는 동작으로 느려진다.

5.4.5 다중 프로토콜 지원

네트워크는 여러 레이어 3(L3) 프로토콜, 특히 IPv4, IPv6, MPLS를 지원할 수 있어야 한다. IPv6는 IPv4의 명백한 후계자임에도 불구하고 그 자리를 차지하기 위해 영원히 기다리는 것 (사실 20년 정도인데 인터넷 세상의 시간으로는 영원하다고 할 수 있다)처럼 보인다. MPLS는 패킷에 20비트 레이블을 붙여서 라우팅할 수 있는 다른 종류의 라우팅 프로토콜이다.

네트워크는 레이어 2(L2) 또는 MAC 주소를 다룰 수 있어야 한다. 이 위에서 단일 네트워크는 여러 가상 네트워크(6장 참조)로 나눌 수 있다. 그리고 라우팅 프로토콜은 이런 가상 네트워크의 주소들이 서로 섞이지 않고 운반할 수 있는 방법을 알아야 한다. 운반되는 이러한 정보의 여러 변형을 일반적으로 **네트워크 주소 패밀리**^{network address family}라고 한다.

여러 주소 패밀리의 라우팅 정보를 전송할 수 있는 것을 **다중 프로토콜**^{multiprotocol} 라우팅 프로토콜이라 한다. 따라서 BGP와 IS-IS 모두 다중 프로토콜 라우팅 제품군이다. OSPF는 단지 IPv6를 지원하기 위해 이전 버전과 호환되지 않는 OSPFv3로 업그레이드되어야 했다. OSPFv3는 다중 프로토콜 라우팅 제품군이 되고자 했지만 아직까지 IPv4와 IPv6만 지원하고 모든 구현체가 IPv4 프리픽스를 OSPFv3로 광고하는 것을 지원하지 않는다. 반면 IS-IS는 훨씬 유연해서 IPv4와 IPv6뿐만 아니라 MPLS 레이블도 지원한다. 이외에도 BGP는 MAC 주소, 플로 정보, 멀티캐스트 주소도 지원한다.

요약하면 링크 상태와 거리 벡터 프로토콜 모두 다중 프로토콜 라우팅 프로토콜이 될 수 있지만 BGP가 지원하는 주소 패밀리 종류가 가장 많다.

5.4.6 언넘버드 인터페이스

라우팅 용어에서 **넘버드**^{numbered} 인터페이스는 고유의 IP 주소가 있는 인터페이스를 의미한다. 따라서 **언넘버드**^{unnumbered} 인터페이스는 고유 IP 주소가 없는 인터페이스를 의미한다. 언넘버드 인터페이스는 동작 중인 다른 인터페이스의 IP 주소를 빌려와서 사용한다.

물론 IP 대여는 의존성과 관련된 문제를 일으킬 수 있다. 인터페이스가 내려가면 연결된 모든 IP 주소가 삭제된다. 예를 들어 링크 장애로 인터페이스가 불능이 된다면 갖고 있던 IP 주소를 내놓게 된다. 그래서 일반적으로 언넘버드 인터페이스는 항상 동작 중인 루프백 인터페이스의 IP 주소(호스트 전용 127.x.x.x 서브넷의 주소가 아닌 전역적으로 유일한 주소)를 빌려온다.

네트워크에서 넘버드 인터페이스는 연결성 문제를 해결할 수 있는 더 나은 방법을 제공한다. 각 인터페이스가 고유 IP 주소를 가지고 있다면 traceroute에서 각 IP 주소가 출력된다. 이를 통해 네트워크 운영자들은 장애 처리와 같은 상황에서 traceroute가 거쳐 가는 링크가 어떤 것인지 알 수 있다. 하지만 공급 업체 구현체의 조잡한 지원으로 traceroute에서 언넘버드 인터페이스는 네트워크 내의 고아처럼 취급된다.

클로스 네트워크는 이 결정을 크게 바꾼다. 클로스 토폴로지에서의 모범 사례는 인접한 계층 내의 두 노드는 단일 링크로만 허용하는 것이다. 이를 통해 인접한 두 노드 간의 연결된 링크가 무엇인지 보다 쉽게 특정할 수 있다. 인터페이스마다 개별 IP 주소를 부여하는 것은 중복이다. 더 나아가 데이터 센터 내의 모범 사례는 멀웨어^{malware}가 침입할 수 있는 공격 벡터와 FIB 크기를 줄이기 위해 인터페이스 주소를 광고하지 않는 것을 추천한다. 넘버드 인터페이스는 라우터 설정 자동화를 어렵게 한다. 이러한 이유로 데이터 센터에서는 언넘버드 인터페이스를 널리 사용하게 되었다.

OSPF와 IS-IS는 처음부터 언넘버드 인터페이스를 지원했다. 특히 이더넷을 통한 OSPF를 지원하는 공급 업체는 몇 안 되지만 존재한다. 널리 알려진 오픈 소스 라우팅 제품군인 FRR[4]은 OSPF와 IS-IS에서 언넘버드 인터페이스를 지원한다.

BGP는 전송 제어 프로토콜 기반으로 동작한다. 반면 링크 상태 프로토콜은 링크 로컬 멀티캐스트 주소로 메시지를 보낸다. 이는 링크 상태 프로토콜이 피어의 주소를 알 필요가 없고 어떤 인터페이스를 통해 패킷을 보내거나 받는지 알면 된다는 뜻이다. 이와 다르게 TCP를 사용하는 BGP는 통신을 위해 사용할 인터페이스가 무엇인지 결정할 수 있는 네트워크 스택이 필요하다. 이는 다른 패킷과 마찬가지로 BGP 패킷을 네트워크 스택이 피어로 라우팅하면 된다.

전통적으로 BGP는 원격 피어로 도달하도록 라우팅을 설정하기 위해 연결된 경로나 다른 라우팅 프로토콜(OSPF 또는 IS-IS 같은)을 사용한다. 이상하게 들리지만 BGP의 원래 서비스 제공자 네트워크에서 사용하기 위해 만들어졌다는 것을 떠올리면 이해하기 쉽다. 하지만 데이터 센터에서 BGP가 사용될 때는 유일한 프로토콜로 사용되고 OSPF나 IS-IS와 같은 다른 프로토콜은 함께 사용하지 않는다. 따라서 BGP는 연결된 경로가 필요하다. 모든 인터페이스는 원격 피어가 존재하는 서브넷의 특정 IP 주소를 사용해야 한다. 예를 들어 10.1.1.0/31을 인터페이스 IP 주소로 부여하면 BGP는 IP 주소가 10.1.1.1/31인 피어와 연결을 수립할 수 있게 된

---

4 https://frrouting.org

다. 네트워크 스택이 10.1.1.0/31을 연결된 경로로 설정(10.1.1.0/31 프리픽스는 10.1.1.0과 10.1.1.1 주소를 포함한다)하기 때문에 가능하다. 다시 말해 BGP는 인터페이스마다 서로 다른 IP 주소가 필요하므로 언넘버드 인터페이스와 정확히 반대다.

필자는 큐뮬러스의 라우팅팀에서 근무하면서 BGP가 인터페이스 주소를 부여하지 않은 상태에서도 동작할 수 있도록 했다. 이를 **언넘버드 BGP**^{unnumbered BGP}라 불렀으며 수년이 지난 지금 FRR에서 사용할 수 있다. 언넘버드 BGP(15.6절 참조)는 필자가 본 모든 데이터 센터 사업자들이 BGP를 FRR로 활용하는 방식이다.

요약하면 언넘버드 인터페이스는 오늘날 거리 벡터와 링크 상태 프로토콜 모두에서 사용 가능하다. 하지만 모든 데이터 센터 공급 업체 라우팅 스택이 거리 벡터나 링크 상태 프로토콜에서 언넘버드 인터페이스를 지원하는 것은 아니다.

5.4.7 라우팅 구성의 복잡성

링크 상태 프로토콜의 설정 방식과 거리 벡터 프로토콜의 방식은 어떻게 다를까? 간단하고 보다 이해하기 쉬운 구성은 오류 없는 네트워크를 구축하는 데 도움을 준다. 사람으로 인한 설정 오류가 가장 주요한 네트워크 오류의 원인이다. 따라서 어느 한 종류의 프로토콜이 다른 것에 비해 이러한 점에서 어떠한 이점이 있는지 살펴보는 것이 중요하다.

BGP는 구성이 까다롭기로 유명하고 다뤄야 하는 설정은 아마도 어느 작은 섬나라의 인구보다 많다. 이런 점 때문에 링크 상태 프로토콜을 더 선호하는 것일까?

이 질문에 대한 답을 찾도록 라우팅 프로토콜 구성의 기본적인 부분을 살펴보자. 모든 라우팅 프로토콜 구성은 다음과 같은 필수적인 질문에 답을 해야 한다.

- 나는 누구인가?
- 누구에게 말을 걸어야 하나?
- 어떻게 다른 이에게 말을 걸까?

라우팅 프로토콜은 이외에도 로깅, 타이머, 프로토콜 특정 설정 등 많은 구성이 있다. 이 장에서는 이런 주제와 관련이 없으므로 다루지 않는다. 설정에 대한 자세한 내용은 13장과 15장에서 다룬다.

나는 누구인가?

모든 라우터 설정은 **라우터 ID**$^{router\ ID}$라고 부르는 신원 필드를 가지고 있다. 라우터 ID는 지금 다루고 있는 정보가 어느 라우터로부터 기인했는지 알 수 있게 해준다. 또한 문제 해결을 위한 유용한 정보가 된다. 라우터 ID는 대체로 BGP나 OSPF(v2와 v3)의 IP 주소와 같이 32비트 정수로 표현된다. 일반적인 관행은 라우터 ID가 루프백 인터페이스의 IP 주소를 사용하는 것이다. IS-IS는 다소 긴 형식인 XX.XXXX.XXXX.XXXX.XXXX.XX를 시스템 ID로 사용해 식별한다.

라우터 ID가 설정되어 있지 않으면 대부분의 구현체는 유효한 IP 주소를 가진 첫 번째 인터페이스를 선정해서 그 주소를 라우터 ID로 사용한다. 이런 경우 원치 않는 동작을 야기할 수 있으므로 라우터 ID를 명시적으로 부여하는 것을 권장한다. 이는 링크 상태나 거리 벡터 프로토콜에서 모두 동일하다.

누구에게 말을 걸어야 하나?

이것 또한 구성에 필수적인 정보다. 링크 상태 프로토콜의 경우 인접 노드가 연결된 인터페이스 이름만큼 간단하다. 대부분의 네트워크 운영자가 이 모델을 사용하는 것에 실패했지만 설정 자동화를 굉장히 간단하게 할 수 있어서 적극 권장한다. 대부분의 공급 업체도 이 모델을 지원한다.

이에 더해 IS-IS 계층의 링크 레벨(또는 OSPF의 경우 링크의 에어리어)을 설정할 필요가 있다.

BGP의 경우 조금 더 복잡해진다. 피어의 IP 주소를 설정하는 것 말고도 이웃이 알아야 할 BGP의 중요한 개념인 자율 시스템 번호$^{autonomous\ system\ number,\ ASN}$(15장 참조)도 반드시 설정해야 한다. IP 주소나 ASN이 부정확하게 설정된 경우 피어링 세션은 맺어지지 않고 피어와 그 어떤 경로 정보도 교환하지 않는다.

FRR에서는 BGP가 이웃과 피어를 맺을 인터페이스를 설정할 수 있게 해준다. 또한 정확하게 피어 ASN을 지정하지 않아도 된다. 이를 통해 BGP 설정을 OSPF처럼 간단하게 만든다.

시스코의 라우팅 스택이나 다른 라우팅 스택에서 간단한 구성을 위해 클로스 토폴로지에서 가장 하위 계층에 있는 라우터를 포함하여 동일 클로스 계층에 존재하는 모든 라우터에 동일한 ASN을 부여한다. 수없이 많은 설정 중 하나를 사용해 리프가 다른 리프의 프리픽스를 볼 수 있게 했다. 이것은 불필요할 정도로 복잡하다. 게다가 모든 리프가 동일 ASN을 가지고 있다면 경로의 원점이나 라우팅에 연관된 경로를 쉽게 식별하지 못하게 된다. 따라서 필자는 ASN을 이렇게 사용하는 것을 추천하지 않는다. 이는 자동화를 쉽게 하기 위해 공급 업체에 언넘버드 BGP 지원을 요청하는 대신 사용하는 꼼수다.

어떻게 다른 이에게 말을 걸까?

다음 질문은 통신이 수립되고 나서 어떻게 라우팅 피어에 광고하는가에 대한 것이다. 링크 상태 프로토콜의 경우는 어떤 라우터와 통신할 것인지 인터페이스에 설정하고 나면 자동으로 인터페이스의 IP 주소를 광고한다. 루프백과 같은 다른 인터페이스의 경우 피어를 맺지 않고 인터페이스 주소를 광고하는 절clause을 추가할 수도 있다.

거리 벡터 프로토콜에서는 network 문으로 명확하게 어떤 프리픽스를 광고할 것인지 명시해야 한다.

여러 네트워크 주소 패밀리를 지원하기 위해서는 광고를 시작하도록 각 주소 패밀리를 반드시 '활성화'해야 한다.

두 프로토콜 모두에서 프리픽스는 광고하기 전에 반드시 로컬 라우팅 테이블에 있어야 한다. 두 프로토콜의 또 다른 공통 사례는 '재분배' 모델을 사용해서 광고한다는 것이다. 재분배 모델은 광고할 주소를 연결된 경로 또는 정적 경로와 같은 방법을 통해 선정하는 것에 개입한다.

여기서 링크 상태 프로토콜과 거리 벡터 프로토콜은 필수적인 부분에서 대체로 유사한 복잡성을 가지고 있다.

5.5 클로스 네트워크의 라우팅 프로토콜

라우팅 프로토콜에 대한 많은 결정은 링크가 얇고 네트워크가 희소하게 연결되었던 시대에 고안되었다. 이제는 이 책의 주요 관심사인 풍부하게 연결된 데이터 센터 네트워크의 링크 상태와 거리 벡터 프로토콜의 동작에 대해 살펴보자(데이터 센터 네트워크 토폴로지는 2장 참조).

[그림 5-7]은 리프 라우터(L*), 스파인 라우터(S*), 슈퍼 스파인 라우터(SS*)를 가진 3계층 클로스 토폴로지를 보여준다. [그림 2-5(c)]에서 설명한 아키텍처처럼 [그림 5-7]에도 두 개의 파드(파드1과 파드2)가 있다.

그림 5-7 3계층 클로스 네트워크 예

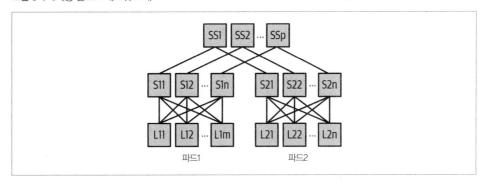

일반적인 링크 상태 배치 모델을 사용하면 각 파드에서 리프와 스파인 라우터의 링크는 레벨 1 (에어리어 1)에 속한다. 스파인과 슈퍼 스파인 라우터 링크는 레벨 2(또는 백본 에어리어)에 속한다.

5.5.1 링크나 노드 장애 시 링크 상태와 거리 벡터의 차이점

이 절에서는 클로스 토폴로지에서 링크나 노드 장애 시 거리 벡터와 링크 상태 프로토콜에서 어떤 일이 일어나는지 살펴본다.

클로스 네트워크의 BGP 동작

여기서 BGP의 동작은 각 노드에 ASN을 부여하는 것이다. ASN은 BGP의 중심 개념 중 하나다. 모든 BGP 스피커^{BGP speaker}(BGP 프로토콜이 동작하는 라우터)는 반드시 ASN이 있어야 한다.

BGP가 운반하는 프리픽스는 완전한 경로가 함께 광고된다는 것을 명심하자. 경로는 ASN의 목록으로 프리픽스에 인코딩되어 있다. 이 목록을 ASPATH라고 부른다.

[그림 5-6]에 있는 라우터들의 ASN은 각자의 번호처럼 R1의 ASN은 1, R6의 ASN은 6과 같다고 가정하자. R6에서 R7으로의 프리픽스 10.1.1.0/24의 광고는 ASPATH 6-3-1을 함께 포함한다.

15장에서 설명하는 BGP 배치 모델을 사용하면 다음과 같다.

- 각 리프는 고유 ANS을 갖는다.
- 단일 파드 내 모든 스파인은 동일한 ASN을 갖는다.
- 서로 다른 파드의 스파인은 다른 ASN을 갖는다.
- 모든 슈퍼 스파인은 같은 ASN을 갖는다.

위와 같은 구축 모델은 BGP의 경로 사냥path-hunting 문제를 회피하고 결과적으로 단순한 **하향식 라우팅**top-down routing이 된다. 하향식 라우팅은 패킷이 클로스 계층 간에 되돌아오지 않는다는 것을 의미한다. [그림 5-8]은 하향식 라우팅이 무엇을 의미하는지 보여준다. [그림 5-8]은 하향식 라우팅으로 인해 허용되지 않는 패킷 플로를 나타낸다. 예를 들어 SS2에서 SSp에 도달할 수 없다는 것을 링크에 X로 표시했다.

그림 5-8 클로스에서 패킷 포워딩 가능한 경우와 불가능한 경우

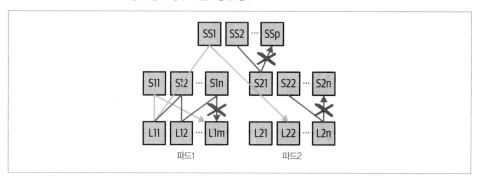

여기서 알 수 있는 사실은 리프 간에는 통신이 가능하지만 동일 파드 내의 스파인 간에는 통신이 불가능하다는 것이다. 슈퍼 스파인 역시 다른 슈퍼 스파인과의 통신이 불가능하다.

네트워크에 변화가 생기면 어떤 일이 일어나는지 알아보자.

예를 들어 [그림 5-7]에서 리프 L11과 스파인 S11의 링크 장애가 발생했다고 가정해보자. S11은 L11로의 도달 가능성을 제거하는 갱신 내역을 전송하고, 마찬가지로 L11과 로컬로 연결된 프리픽스를 연결된 리프에 알린다. 이 리프들은 L11이 S11을 통해 도달 가능하고 연결된 프리픽스에 대한 정보를 제거한다. [그림 5-7]에 나타난 것처럼 L11 역시 S11과 연결이 유실되었음을 다른 연결된 스파인에 알린다. 하지만 스파인에서는 동일한 ASN을 공유하므로 이 갱신 내역은 무시된다. S11은 L11과의 연결 유실에 대한 갱신과 프리픽스 정보를 자신과 연결된 슈

퍼 스파인에 전송한다. 슈퍼 스파인에서는 L11과 L11에 연결된 프리픽스가 S11을 통해 도달할 수 없다는 것을 라우팅 테이블에 갱신한다. 이게 끝이다. 다른 경로에 대한 전파는 더 이상 어디에서도 일어나지 않는다. 갱신이 이보다 더 간단할 수 없다.

L11은 여전히 다른 리프에 대한 도달 가능성이 다른 리프를 통해 가능하기 때문에 S11의 루프백 IP 주소로 도달 가능성을 철회한다. 하지만 스파인은 ASN이 구성된 방식 때문에 서로 통신할 수 없으므로 L11의 갱신 정보가 다른 스파인에서는 드롭된다.

> **NOTE_** 데이터 센터에서는 갱신이 즉각적으로 실행되도록 BGP의 **광고 주기**advertisement interval 타이머를 0으로 설정하는 것이 좋다. 서비스 제공자 공간에서 설정된 광고 주기의 디폴트값은 30초다. 따라서 관리자는 반드시 명시적으로 이 간격을 0으로 변경해야 한다.

클로스 네트워크의 링크 상태 프로토콜의 동작

IS-IS나 OSPF를 사용하는 경우 각 파드는 자신의 레벨 또는 에어리어, 레벨 1 또는 비백본 에어리어에 속한다. 각 리프는 에어리어 경계 라우터가 된다. 리프와 스파인이 함께 레벨 2 (또는 백본) 라우터가 된다.

S11과 L11의 링크 장애 발생 시 어떻게 되는지 살펴보자.

1. S11은 L11과의 링크가 제거되었음을 알리는 새로운 LSA를 전송한다. 이 정보는 파드 내에 전파되고 각 리프와 스파인에 전달된다. 단일 노드는 링크 상태 프로토콜에서 동작하는 LSA 플러딩 동작으로 동일한 패킷의 복사본을 다수 전달받는다.

2. 유사하게 L11도 S11과의 링크가 제거되었음을 알리는 LSA를 전송한다. LSA도 S11의 LSA와 마찬가지로 플러딩된다.

3. 네트워크 내 모든 노드는 새로운 LSA를 기준으로 각자 SPF를 재계산한다.

4. 리프에서 더 이상 L11에 도달하기 위해 S11을 사용할 수 없다는 것을 알고 L11과 그 프리픽스로 접근하기 위한 다음 홉에서 S11을 제거한다.

5. 모든 리프는 에어리어 요약 경로area summary route를 계산하고 이를 다른 백본 에어리어 라우터에 알린다. 변화를 감지한 S11 역시 백본 에어리어에 있는 이웃인 슈퍼 스파인에 새로운 갱신 정보를 전송한다. 이 갱신은 백본 에어리어에 있는 모든 라우터에 전파될 때까지

진행된다. 다른 파드에 있는 리프도 포함한다. 여기서 스파인은 경로 요약을 하지 않는다고 가정한다(요약에 대한 자세한 내용은 5.5.2절 참조).

6. 모든 백본 에어리어 라우터가 경로를 재계산한다. 스파인 라우터는 L11과 그 프리픽스로 도달하기 위한 S11을 다음 홉에서 제거한다. 다른 파드에 있는 리프들은 모든 계산을 마친 후 변화가 없다는 것을 인지하고 로컬 라우팅 테이블을 갱신하지 않는다.

링크 상태의 추가 계산과 메시지 교환이 가능한 하나의 이점은 L11로 전송 중인 패킷을 통해 T11로 가는 방법을 결국 찾게 된다는 것이다. 하지만 대체로 이런 패킷들은 루프를 생성하거나 어긋난 순서로 도착한다. 루프는 포워딩 토폴로지가 최종 상태로 수렴하는 중에도 발생할 수 있다. 이는 모든 라우팅 프로토콜에 해당되는 내용이다. 그래서 IP 헤더에 TTL이 존재하는 이유가 된다. 라우터는 패킷을 포워딩하기 전에 TTL을 감소하고 TTL이 0이 되면 패킷을 드롭한다.

TCP는 너무 많은 비순차 패킷을 만나게 되면 정상적으로 동작하지 않는다. TCP는 패킷 유실이 발생했다고 판단하여 혼잡 윈도우를 스로틀링해서 성능을 떨어뜨린다. 그래서 TCP의 잘못 정렬된 패킷에 대한 반응으로 링크 상태 프로토콜의 작은 이점이 간과된다.

5.5.2 클로스 네트워크의 경로 요약

라우팅은 확장된다. 오늘날 인터넷이나 대규모 데이터 센터를 구축하는 데 사용되는 이유다. 라우팅은 IP 주소를 요약하는 능력 때문에 확장이 가능하다. 경로 요약은 여러 네트워크의 도달 가능성을 포함하는 단일 프리픽스를 광고할 수 있는 능력이다. 이 장에서 설명했듯이 프리픽스 10.1.1.0/24는 10.1.1.0에서 10.1.1.255에 이르는 256개 주소의 경로를 요약할 수 있다. 마찬가지로 10.1.0.0/16은 64,000개 주소의 경로를 요약한다. 상당한 절약이다. 클로스 네트워크에서 이 경로 요약은 어떻게 동작할까?

클로스 네트워크는 리프의 경로만 요약한다. 스파인에서는 경로를 요약하지 않는다. 스파인과 리프 간 링크 장애 시 도달 불가능한 경로를 재구성할 뿐만 아니라 추가로 네트워크 혼잡을 야기하기 때문이다. [그림 5-8]에서 스파인이 모든 리프의 프리픽스를 포함하는 요약 경로인 10.1.0.0/16을 광고한다고 가정해보자. S11에서 L11로 연결이 끊어진 경우에도 요약 경로를 전파하고 있으므로 여전히 L11의 프리픽스로 향하는 트래픽을 끌어당기게 된다. 이 트래픽은 다른 파드에서 올 수도 있고 네트워크 외부에서 오는 트래픽일 수도 있다. 하지만 S11에서는

L11로 패킷을 전송할 방법이 없거나(BGP의 경우) 또는 다른 스파인이나 리프로 패킷을 되돌 릴 수밖에 없다(OSPF나 IS-IS 경우).

서브넷이 단일 랙을 넘지 않게 했다면 리프는 단순히 서브넷 프리픽스만 알려줄 필요가 있다. 이 책에서 묘사한 모던 데이터 센터 네트워크의 초기 몇 년 동안 상용 스위칭 실리콘에서 가능한 라 우팅 테이블의 엔트리는 1만 6천 개를 넘지 못했다. 그래서 서브넷 프리픽스만 다룰 경우 스위 칭 실리콘의 라우팅 엔트리는 전체 데이터 센터에서 생성되는 라우팅 정보를 담기에 충분했다 (그렇다, 오늘날의 기준보다 데이터 센터 규모가 작았다). 하지만 요즘은 상용 스위칭 실리콘 은 25만 6천 개의 라우팅 테이블 엔트리를 지원한다. 따라서 데이터 센터 전체에서 25만 6천 개의 엔드포인트 주소(서브넷 프리픽스가 아닌)를 지원할 수 있게 되었다. 이를 EVPN과 같은 네트워크 가상화 솔루션에서 활용할 수 있게 되었다. 그럼에도 불구하고 단일 서브넷을 가능하 다면 단일 랙으로 제한하는 것이 좋은 네트워크 디자인이다. 6장에서 네트워크 가상화를 이용 한 대규모 네트워크의 요약을 살펴볼 것이다.

5.5.3 보안과 보호

라우팅 프로토콜의 피어링은 두 피어를 구성하는 것에 관여한다. 이는 멀웨어의 드라이브 바이 공격drive-by attack을 막기에 충분하다. 라우팅 프로토콜은 비인가 피어링을 막기 위한 보안 조치 를 지원하고 패킷의 무결성을 보호한다. 데이터 센터에서는 라우팅 프로토콜의 보안을 그다지 신경 쓰지 않는다. 하지만 큐브 라우터나 캘리코를 통한 호스트의 라우팅 프로토콜이 동작되면 서 라우팅 상태에 대한 보호와 무결성이 말단 호스트에서 발생할 수 있는 사고나 악의적인 오 류로부터 보장되는 것이 중요해졌다.

라우팅 프로토콜 보안을 위한 최소한의 추가 조치는 피어링 후 정보를 교환하기 앞서 패스워드 를 부여하는 것이다. BGP, OSPF, IS-IS 모두 패스워드 부여와 교환을 지원한다. 이러한 모든 라우팅 프로토콜은 패스워드 인증 피어링을 제공한다.

BGP는 TCP 위에서 동작하므로 이론적으로는 추가 보안 메커니즘을 사용할 수 있다. 이런 메 커니즘의 예기 비로 전송 계층 보안transport layer security, TLS과 TCP 인증 옵션TCP authentication option 이다. 하지만 불행히도 아직 어떤 구현체도 BGP에서 이런 옵션들을 지원하지 않는다. BGP에 서는 비록 일반적이지 않지만 IPsec을 함께 사용하기도 한다.

OSPF는 IP 위에서 동작하므로 패스워드 외에도 IPsec을 이용한 프로토콜 교환 암호화를 사용할 수 있다. 반면 IS-IS는 이더넷 위에서 동작하므로 패스워드 외에는 다른 보안 선택 사항이 없다.

캘리코와 큐브 라우터는 BGP를 사용하므로 BGP 보안이 중요하다. 필자는 큐물러스의 일부 고객이 OSPF를 위한 FRR을 호스트에서 구축한 것으로 알고 있지만 그런 경우는 극히 일부다.

라우팅 프로토콜이 네트워크 장애를 일으키는 인적 오류나 멀웨어로 잘못된 프리픽스가 광고되는 것을 막기 위한 보호 장치가 있는 것은 중요하다. 예를 들어 라우터에서 이웃으로부터 받을 수 있는 프리픽스를 특정하고 그 프리픽스만 이웃에 광고하도록 설정할 수 있다(예: 디폴트 경로).

경로 필터링route filtering은 이러한 보호 장치를 보증하는 일반적인 방법이다. 경로 필터링은 **경로 맵**route-map이나 필터링 언어로 대부분의 라우팅 제품군에서 지원한다. FRR은 경로 맵을 지원한다. BGP는 경로 맵 설정을 가장 폭넓게 지원하는 데 인바운드와 아웃바운드는 물론 특정 이웃 또는 전체를 대상으로 할 수 있다. OSPF와 IS-IS는 `distribute-list` 명령어로 인바운드 경로 필터링을 제공한다.

요약하면 BGP는 보안과 보호 장치에 대한 지원을 광범위하게 지원한다. 애플리케이션 인프라 소프트웨어 도구가 BGP를 호스트에서 사용하기 시작하면서 이런 점이 더욱 적합해졌다.

5.6 양방향 포워딩 감지

양방향 포워딩 감지bidirectional forwarding detection, BFD는 두 라우터 간 경로 결함을 탐지하는 표준 프로토콜이다. 이런 결함은 케이블, 인터페이스, 포워딩 파이프라인 자체에서 발생할 수 있다. 프로토콜이 결함을 탐지하는 시간 척도는 1초 미만으로 충분히 촘촘하다. 따라서 일반적으로 BFD는 라우팅 프로토콜(13상과 15상 참조)과 함께 구성되며 독립된 프로토콜로 어느 특정한 프로토콜이나 매체와 상관없이 동작한다.

고속 네트워크에서 결함을 재빨리 탐지하는 것은 중요하다. 그러나 일부 결함은 즉각적으로 탐지하기 어려운 경우가 있다. 가령 케이블 장애가 한 방향에서만 발생해서 다른 방향으로는 동작하는 경우가 그렇다. 모든 라우팅 프로토콜은 결함을 탐지하기 위한 타이머가 있다. 라우팅 프로토콜이 모든 장애를 스스로 탐지할 수 있어야 한다면 관리자는 킵얼라이브^{keepalive}나 헬로 타이머^{hello timer}를 1초 이하의 빠른 주기로 설정해야 한다. 하지만 이런 설정은 라우팅 절차에 과도한 부담을 준다. 또한 내부 프로토콜로 OSPF를 사용하고 외부 프로토콜로 BGP를 사용하는 것과 같이 다중 라우팅 프로토콜을 사용하는 경우에 동일한 상태를 감지하기 위해 각각 빠른 타이머를 동작시키는 것은 중복이고 낭비다. 이런 문제들을 해결하기 위해 BFD가 나왔다. BFD를 사용하면 라우팅 프로토콜은 보다 여유롭게 타이머를 운용할 수 있다. BFD가 장애를 감지하면 해당 링크와 연결된 라우팅 세션을 끊는 등의 적합한 동작을 취하도록 라우팅 프로토콜에 알린다.

라우터가 액세스-애그 모델에서처럼 공유된 매개^{medium}에 연결되어 있다면 BFD는 보다 중요한 역할을 한다. 링크 장애와 같은 상황을 점대점^{point-to-point} 링크에서는 쉽게 감지하기 어렵기 때문이다. 하지만 데이터 센터에서 모든 내부 라우터 링크는 점대점이다. 그렇다면 BFD는 케이블 단절과 같은 문제를 재빨리 알아차리는 것이 불필요한 게 아닐까하는 의문이 들 것이다. 하지만 BFD는 단방향 케이블 또는 실리콘 결함과 같은 완전한 장애가 아닌 상황을 감지하기 위해 사용된다. 유일하게 BFD가 감지할 수 없는 결함은 라우팅 프로토콜 프로세스 자체가 멈추거나 응답하지 않는 상황이다. 이런 오류는 라우팅 프로토콜의 타이머만 감지할 수 있다. 하지만 이런 일은 견고한 라우팅 스택에서는 굉장히 드물게 발생한다.

BFD는 RFC 5880[5]과 RFC 5881[6]에 정의되어 있다. 가장 일반적인 구현은 비동기 모드라고 하는 두 개의 독립적인 단방향 세션을 사용한다. FRR은 BFD를 지원한다. 마지막으로 유의할 점은 BFD는 라우터 간에만 동작한다는 것이다. 브리지 간 링크는 지원하지 않는다.

5.7 데이터 센터의 라우팅 프로토콜 요구 사항

데이터 센터의 라우팅 프로토콜은 몇 가지 기본 요구 사항을 만족해야 한다. 그밖에도 대규모 네트워크에 적용할 수 있는 고도화된 요구 사항이 있다. 이 절에서는 좀 더 미래지향적이고 모호한 요구 사항도 살펴볼 것이다. 이러한 분류는 필자가 시스코와 큐물러스 재직 기간 동안 만난 수백 명의 고객을 대상으로 한 경험과 다른 업계 전문가들과 논의한 경험을 바탕으로 작성되었다.

---

[5] https://oreil.ly/DyyOe
[6] https://oreil.ly/pOhSl

5.7.1 기본 요구 사항

데이터 센터에서 클로스 토폴로지가 주류인 경우 라우팅 프로토콜의 기본 요구 사항은 다음과 같다.

- 데이터 센터를 위해 선택한 네트워크 프리픽스를 분배할 수 있어야 한다. 모든 경우 최소 IPv4 프리픽스여야 하며 일부 경우 IPv6 프리픽스가 요구되기도 한다.
- 네트워크 전체에서 라우팅 상태가 빠르게 수렴될 수 있어야 한다.
- 유지 보수 또는 수명을 다한 노드를 제거하기 위해 노드를 종료하는 경우 트래픽 드레이닝을 지원해야 한다. 드레이닝 지원 예는 IS-IS의 오버로드 비트, OSPF의 최대 메트릭 옵션, 트래픽 드레이닝을 위한 BGP에서의 다양한 선택 등이 있다.
- 네트워크 설정을 자동화하기 쉬워야 한다.

5.7.2 고도화된 요구 사항

다음 요구 사항은 네트워크 가상화 또는 호스트에서의 라우팅과 같은 고도화된 배치를 위한 것이다.

- 다중 프로토콜을 지원해야 한다. 엔터프라이즈 환경에서 브리징 네트워크가 필요한 레거시 애플리케이션을 운영하거나 멀티테넌시가 필요한 경우가 증가하고 있다. 주로 네트워크 가상화가 이런 요구 사항을 지원한다.
- 라우터 몇 대부터 수만 대에 이르는 대규모 네트워크를 지원한다.
- 서버에서 동작을 지원해야 한다. 캘리코와 큐브 라우터의 등장으로 라우팅 프로토콜은 라우터뿐만 아니라 서버에서도 동작 가능해야 한다. 따라서 서버에서 동작하는 라우팅 프로토콜이 라우터에서의 동작과 동일해야 하는 것이 중요하다. 서버는 대체로 오픈 소스 버전의 라우팅 프로토콜, 특히 FRR, BIRD[7], goBGP[8]를 사용한다.
- 적은 수의 프로토콜만 사용해야 한다. 다중 프로토콜 지원을 요구할 때 특별히 중요하게 생각해야 한다. 적은 프로토콜을 사용하는 것을 강조하는 이유는 적을수록 잘못될 확률이 낮으며 문제 발생 시 확인해봐야 할 부분이 적기 때문이다. 단일 eBGP 세션을 사용하는 것이 OSPF + PIM + iBGP(6장 참조)를 사용하는 것보다 훨씬 낫다.
- 많은 수의 프리픽스를 지원해야 한다. 이는 서버가 개별 컨테이너 주소를 광고하거나 EVPN이 사용되기 시작하면서 중요해졌다.
- 인바운드와 아웃바운드 광고 필터링을 지원해야 한다.
- 안전한 통신(최소한 수립 단계부터)을 지원해야 한다.

---

7 https://oreil.ly/yxwVa
8 https://oreil.ly/wsm3J

5.7.3 드물거나 미래지향적인 요구 사항

다음 요구 사항 목록은 지극히 제한적으로 고도화된 배치에서 고려해야 할 사항이다.

- MPLS와 세그먼트 라우팅을 지원해야 한다. 이는 굉장히 진보된 일부 네트워크 운영자들이 사용하고 있다.
- 단일 노드(또는 일부 노드)에서 전체 네트워크의 물리적인 연결성을 확보할 수 있어야 한다. 일부 네트워크 사업자는 중앙에서 전역 경로 최적화 알고리즘을 사용하고, 플로별 경로를 개별 노드에 내려주어 추가로 최적화할 수 있도록 연결성 정보를 요구한다.
- 프리픽스 광고를 수백만 라우터로 광고할 수 있도록 확장 가능해야 한다.

5.8 네트워크에 맞는 라우팅 프로토콜 선택

네트워크에 맞는 프로토콜을 적절하게 선택하기 위해 고려해야 할 여러 요인이 있다. 대부분은 기술적인 요인이지만 그렇지 않은 것들도 있다. 많은 고객을 상대하고 여러 경로를 통해 들은 데이터 센터에서 사용되는 라우팅 프로토콜의 대부분은 BGP다. OSPFv2가 그 뒤를 따르고 있지만 더는 없다. 필자가 아는 한 그 외 다른 라우팅 프로토콜은 데이터 센터에서 사용하지 않는다. 때로는 프로토콜이 보다 복잡한 제품에 종속되어 사용되는 경우가 있는데 시스코의 애플리케이션 중심 인프라스트럭처^{application centric infrastructure, ACI}의 경우 IS-IS가 기본 프로토콜로 BGP와 함께 사용된다. 고객은 이런 선택을 피할 수 없다.

네트워크에 가장 적합한 라우팅 프로토콜을 선택하는 데 도움이 되는 몇 가지 질문이 있다. 여기서 따라야 하는 단 하나의 기준이 있다면 가능한 한 적은 수의 프로토콜을 사용해야 한다는 것이다.

- IPv4만 필요한가? (자유롭게 선택하라.)
- EVPN이 필요한가? (OK. 정답은 BGP다.)
- IPv6가 필요한가?
- 호스트를 피어로 하는 라우터가 필요한가? (OK. 정답은 BGP다.)
- 사용 중인 공급 업체가 언넘버드 인터페이스를 지원하는가? (그걸 사용하라.)
- 특정 프로토콜의 사내 전문가가 있는가?
- 이용 중인 공급 업체가 eBGP에서 EVPN을 지원하는가? (그걸 선택하라.)

5.9 마치며

이 장의 목표는 라우팅과 라우팅 프로토콜에 대한 오해를 불식시키는 것이다. 특정 프로토콜의 세부 사항은 이후에 다룰 예정이다. 앞 절에서 소개한 질문 목록을 바탕으로 특정 공급 업체가 제공하는 것을 그냥 선택하기보다는 네트워크에 최적화된 선택을 하는 데 도움이 되었길 바란다.

파이썬의 선$^{zen of python}$ 정신을 이어받아 필자도 라우팅 프로토콜의 선$^{zen of routing protocol}$을 남긴다.

```
Beautiful is better than ugly.
Simple is better than complex.
Complex is OK, complicated is not so good.
So just because you can, doesn't mean you must.
One is better than many.
Unnumbered is better than numbered.
Readability counts.
Although practicality beats purity, strive to automate.
A knob is sometimes better unused.
A good-enough network lasts longer than a perfect one.
"""
아름다움이 추함보다 낫다.
단순함이 복잡함보다 낫다.
복잡한 것은 괜찮다, 하지만 난해한 것은 좋지 않다.
할 수 있다고 해서 꼭 해야만 하는 것은 아니다.
하나가 많은 것보다 낫다.
언넘버드가 넘버드보다 낫다.
가독성은 중요하다.
실용성이 청정함을 망치더라도 자동화에 매진하라.
노브는 때론 사용하지 않는 것이 낫다.
충분히 좋은 네트워크가 완벽한 것보다 오래간다.
"""
```

이렇게 하면 여러분은 충분히 좋은 라우팅 프로토콜을 찾을 수 있다.

5.10 참고문헌

- Perlman, Radia. 1999. "Interconnections: Bridges, Routers, Switches, and Internetworking Protocols." New York: Addison-Wesley Professional.

- Keshav, Srinivasan. 1997. "An Engineering Approach to Computer Networking: ATM Networks, the Internet, and the Telephone Network." New York: Addison-Wesley Professional.

## CHAPTER 6

네트워크 가상화

우리 목적은 노출된 모든 계층을 살펴보는 것이다.

_웬디 바커 Wendy Barker

클라우드 컴퓨팅이 가능했던 이유는 리소스 가상화 기술 덕분이다. 물리 네트워크를 공유하지만 서로 다른 고객에게 할당된 여러 가상 엔드포인트가 생긴다. 이러한 가상 엔드포인트 간의 통신도 서로 격리되어야 한다. 마찬가지로 네트워크도 리소스이므로 **네트워크 가상화**network virtualization가 공통으로 사용하는 물리 네트워크 인프라를 공유할 수 있게 해준다. 데이터 센터에서는 네트워크 가상화를 사용하는 것이 클라우드 컴퓨팅만을 위한 것이 아니다. 이 장의 목적은 네트워크 엔지니어와 아키텍트에게 네트워크 가상화의 기초 기술을 알려주는 것이다.

네트워크 엔지니어와 아키텍트는 이 장에서 다음 질문에 대한 답을 얻을 수 있다.

- 네트워크 가상화란 무엇인가?
- 네트워크 가상화의 용도는 무엇인가?
- 네트워크 가상화에서 다른 선택은 어떤 것이 있는가?
- 네트워크 가상화에서 제어 평면 선택은 어떤 것이 있는가?
- 브리싱과 라우팅에서 VXLAN은 어떻게 동작하는가?

6.1 네트워크 가상화란

네트워크 가상화는 운영자가 단일 물리 네트워크를 격리된 여러 가상 네트워크로 나눌 수 있게 한다. 이런 개념은 서버 가상화와 유사하다. 서버 가상화에서 컴퓨트 요소는 CPU, 메모리, I/O 인터페이스로 이뤄져 있고 이를 여러 가상 컴퓨트 요소로 나누게 된다. 각 가상 컴퓨트 요소는 다른 가상 컴퓨트 요소가 존재하는 것도 모른 채 온전히 서버를 독점적으로 사용하는 유일한 인스턴스로 알고 있다. VM은 추상화된 CPU, 메모리, I/O 인터페이스를 사용하며 실제로는 여러 VM에서 돌아가면서 공유하는 자원이다. 서버 가상화 소프트웨어를 **하이퍼바이저**hypervisor라고 부른다. 하이퍼바이저는 컴퓨트 요소들의 일반적인 추상화와 가상 인스턴스 간의 격리를 제공한다.

패킷 네트워크에서 가상 네트워크는 다음과 같은 자원을 갖는다고 가정한다.

- 인터페이스와 링크
- 포워딩 테이블
- 정책(예: 접근 제어)을 시행하거나 다른 종류의 패킷 조작 수행(예: 네트워크 주소 변환과 같은 테이블)
- 패킷 버퍼와 링크 큐

가장 높은 단계의 추상화로 본다면 가상 네트워크는 자신을 전체 네트워크로 여긴다. 이러한 착각이 가능하게 하려면 각 가상 네트워크는 다른 가상 네트워크로부터 격리되어야 한다. 전체 주소 공간을 가진 것처럼 착각할 수 있도록 패킷 포워딩 테이블을 여러 가상 네트워크로 분리해야 한다. 가상 네트워크 간의 트래픽을 분리하려면 인터페이스가 온전히 가상 네트워크에 할당되거나, 단일 인터페이스가 논리적으로 나뉘어 링크에 대한 각 가상 네트워크를 공유해야 한다.

자원 분배가 동적이고 촘촘해야 효율적인 자원 공유가 가능하다. 각 자원은 어떤 가상 네트워크에 속하는지에 따라 태그가 지정된다. 예를 들어 패킷 헤더는 **가상 네트워크 식별자**virtual network identifier가 있어서 여러 가상 네트워크에서 물리 인터페이스를 공유할 수 있게 해준다. 포워딩 테이블과 플로 테이블에서 패킷 헤더 룩업이 패킷의 가상 네트워크 ID를 본다. 물리 인터페이스의 개수보다 많은 가상 네트워크가 존재할 수 있다. 이처럼 상대적으로 작은 패킷 버퍼와 링크 큐로도 많은 수의 가상 네트워크를 지원할 수 있는데 그 수에 비해 요구되는 자원이 적어서 그렇다. 앤드 호스트의 네트워크 인터페이스 카드보다 스위치에서 특별히 더 그렇다. 따라서 패킷 버퍼와 큐는 일반적으로 가상 네트워크당 최소한으로 보장해야 할 양이 없다.

네트워크 가상화가 데이터 센터에서 어떻게 사용되는지 먼저 다룰 예정이다. 그리고 네트워크 가상화에 대한 더 자세한 내용을 살펴볼 것이다. 이 장 후반부에서는 다른 종류의 네트워크 가상화를 이러한 사례에 어떻게 활용하는지 알아본다.

6.2 데이터 센터에서 네트워크 가상화 사용

모던 데이터 센터에서 네트워크 가상화의 주요 사용 사례는 다음과 같다.

- 트래픽이 특정 서비스를 거치도록 강제
- 레이어 3(L3) 네트워크에서 레이어 2(L2) 연결성 제공
- 멀티테넌시
- 데이터 트래픽과 스위치 관리 트래픽의 분리

위 사례를 자세히 살펴보자.

6.2.1 트래픽이 특정 경로를 거쳐 가도록 강제

네트워크 가상화의 첫 번째 사용 사례는 트래픽이 특정한 서비스를 제공하는 특정 노드를 거쳐 가도록 강제하는 것이다. 간단한 예는 바로 데이터 센터 외부의 트래픽과 내부 네트워크 사이의 방화벽이다. 예를 들어 서버들이 내부적으로 통신해서 외부 질의에 대한 결과를 응답한다고 가정해보자. 외부로 향하는 서버가 데이터 센터 밖 세상과 통신할 때 보안이 가장 중요하다. 설령 이러한 서버가 공격을 당하더라도 내부 네트워크를 망가뜨리면 안 된다(방화벽 그 자체는 망가지지 않는다고 가정). 이는 공통적인 데이터 센터의 네트워크 가상화 사용 사례다.

[그림 6-1]은 이러한 사용 사례에 대한 일반적인 디자인을 나타낸다. [그림 6-1(a)]는 외부 네트워크와 단일 내부 네트워크 간의 물리적 연결을 의미한다. [그림 6-1(b)]에서 외부 네트워크와 내부 네트워크를 분리한 가상 네트워크를 구성하여 서로 어떻게 분리했는지 나타낸다. 내부와 외부 가상 네트워크 간의 트래픽은 반드시 방화벽을 거쳐야 한다. 방화벽이 양 네트워크 사이를 연결하는 유일한 노드이기 때문이다. [그림 6-1(b)]는 전통적인 방화벽 설정처럼 보이지만 여기서 두 개의 에지 라우터는 사실 동일한 라우터다. 라우팅 테이블이 두 개로 나눠져서 한쪽(내부 네트워크)은 다른 쪽(외부 네트워크)과 직접적으로 통신할 수 없다.

그림 6-1 방화벽을 거쳐 가도록 트래픽 강제

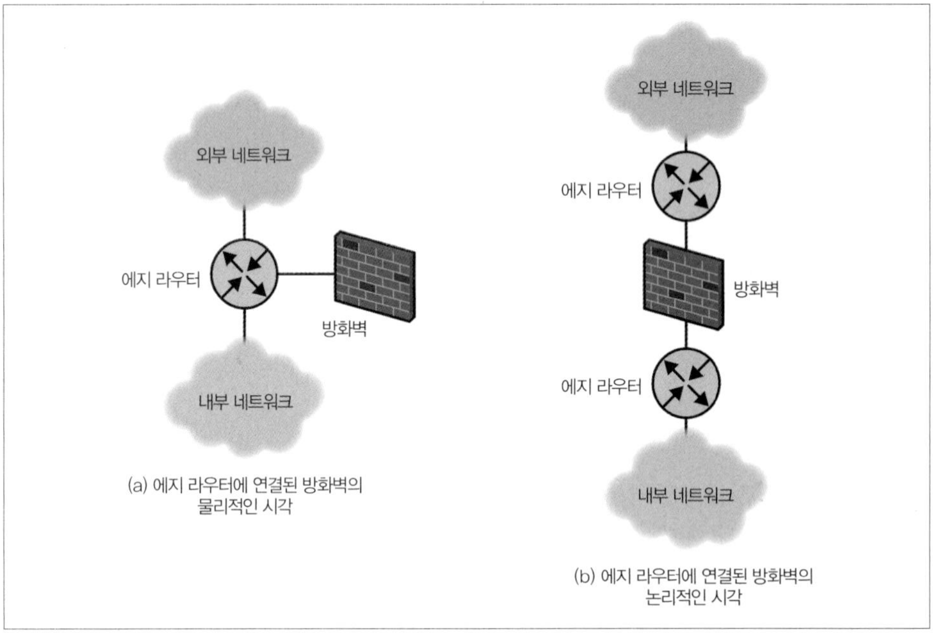

(a) 에지 라우터에 연결된 방화벽의
물리적인 시각

(b) 에지 라우터에 연결된 방화벽의
논리적인 시각

각기 다른 정책으로 외부 세상과 통신하는 내부 네트워크가 여러 개 있다면 여러 가상 네트워크를 만드는 것은 매우 실용적인 해결 방법이 될 것이다.

이번 네트워크 가상화 사용 사례는 컴플라이언스compliance 요구 사항으로 특정 트래픽 계열이 통신을 위해 명시적으로 인가되어야 할 경우에도 유용하다. 이런 트래픽을 강제로 분리된 가상 네트워크로 보내고, 네트워크 간의 트래픽은 무조건 방화벽을 통과하게 해서 네트워크 엔지니어는 컴플라이언스 달성을 보여줄 수 있다(예를 들면 로그를 통해).

6.2.2 L2 연결성이 필요한 애플리케이션

기업에서 주로 사용하는 많은 애플리케이션은 여전히 L2 연결성이 필요하다. 예를 들어 VM웨어의 경우 브이모션^{VMotion} 지원을 위해 L2 연결성을 요구한다. 브이모션은 L2 연결성 없이도 가능하다는 것을 보여준 적이 있지만 여전히 VM웨어에서 지원하지 않거나 관리자들이 이미 시도했고 확인한 방법을 포기하지 않는다. L2 연결성이 필요한 다른 예로는 새로운 클러스터 멤버를 탐지하거나 클러스터 멤버십을 유지하기 위해 L2 멀티캐스트(또는 브로드캐스트)를 사용하는 경우가 있다.

어떤 이유에서든 L2 연결성을 유지하기 위해서는 L2가 L3 네트워크 위에서 동작해야 한다. 클로스 토폴로지를 사용하는 모던 데이터 센터는 본질적으로 L3이기 때문이다. 이러한 기능을 위해 네트워크 가상화를 사용한다.

6.2.3 클라우드

네트워크 가상화의 마지막 사례는 클라우드다. 클라우드는 본질적으로 멀티테넌트다. 이를 통해 클라우드 서비스 제공자는 공통으로 공유하는 컴퓨트나 네트워크와 같은 인프라를 다수 고객에게 제공한다. 네트워크 가상화는 이런 사례를 위한 기본 기술이다.

6.3 데이터 트래픽에서 스위치 관리 네트워크 분리하기

가장 많은 네트워크 가상화 사용 사례는 바로 데이터 센터의 스위치 관리 트래픽을 데이터 트래픽에서 분리하는 것이다. 모든 스위치는 분리된 대역외^{out-of-band} 이더넷 포트가 있다. 이 포트는 스위치와 관리 서버의 통신을 목적으로 사용된다. 예를 들어 이미지 다운로드, SSH를 통한 접근, 네트워크 자동화를 통한 설정, SNMP를 통한 모니터링 등과 같은 스위치 관리 작업은 일반적으로 모두 분리된 대역외 관리 네트워크에서 수행된다. 이더넷 관리 포트는 패킷 스위칭 실리콘과 연결되어 있지 않으며 스위치 설정을 위해 스위칭 실리콘 드라이버가 필요 없다. 운영자들이 스위치(확실하게는 브리지나 라우터)를 관리하는 가장 공통된 방법이다. 네트워크의 존재 이유인 데이터 트래픽은 이런 관리 네트워크를 사용하지 않는다. 5장에서 디폴트 경로 개념을 다뤘다. 데이터 트래픽은 이런 관리 네트워크와 달리 디폴트 경로가 필요하다. 스위치에서 서로 다른 두 디폴트 경로를 사용하는 것은 가상 라우팅 및 포워딩(이후에 더 자세히 다룬다)을 통해 가능하다. **관리 VRF**^{management VRF}가 네트워크 운영자들 사이에서 가장 잘 알려진 개념이다.

6.4 네트워크 가상화 모델

네트워크 가상화 솔루션들은 두 가지 주요 기준으로 분류된다. 하나는 서비스 추상화 제공 수준 (L2 또는 L3)이고 다른 하나는 인라인 또는 오버레이 기반 여부다. 캡슐화 방법에 따라 네트워크 가상화 솔루션을 분류할 수 있지만 이는 고수준 분류 모델이라기보다는 세부 사항이라고 할 수 있다. 또 다른 방법은 제어 평면의 속성으로 분류하는 것이다. 하지만 이 부분은 이후에 다룰 독립적인 주제라고 생각한다. 또 다른 가상화 추상화는 컨테이너에서 사용하는 네트워크 네임스페이스로, 7장에서 다룰 예정이다.

6.4.1 서비스 추상화: L2와 L3

전통적으로 네트워킹은 7계층으로 나눠지지만 네트워크 가상화 관점에서는 L2와 L3만 중요하다. L2와 L3 계층 이후의 기능은 네트워크 가상화보다는 서비스 가상화에 가깝다. L2와 L3 네트워크 가상화는 데이터 센터 안이나 밖에서 모두 널리 알려져 있다.

L2 가상 네트워크

L2 서비스 추상화로서 가상 L2 네트워크에서는 패킷이 라우팅되는 네트워크 계층에 대한 그 어떤 가정도 하지 않는다. 패킷 포워딩은 L2(또는 MAC) 포워딩 테이블을 사용하고 주소는 L2 계층 전체에서 유일하다고 가정한다. 하지만 가상 L2 네트워크는 MAC 주소가 전체 가상 L2 네트워크에서 유일한 것처럼 IP 주소를 모든 네트워크에서 고유하도록 만들지 않는다. L2 서비스 가상화를 제공하는 가장 대표적인 가상 네트워크 방법은 바로 **가상 근거리 통신망**이다.

전통적인 브리징(VLAN을 포함해서)에서 STP는 유니캐스트와 다중 목적지 패킷(언노운 유니캐스트, 멀티캐스트, 브로드캐스트)과 같은 모든 패킷을 전송하기 위해 브리지 네트워크에서 단일 트리를 만든다. 따라서 유니캐스트와 다중 목적지 프레임은 같은 경로를 따른다. VLAN을 사용하면 종종 VLAN별로 분리된 트리를 만든다.

모든 가상 L2 네트워크 기술은 이 모델, 특히 STP를 사용하지 않는 모델을 지원하지 않다. 예를 들어 VXLAN과 함께 사용하는 EVPN, 표준 TRILL, 시스코의 패브릭패스와 같은 제품에서는 유니캐스트와 다중 목적지 프레임을 단일 경로로 하는 모델을 지원하지 않는다. 많은 네트워크 운영자는 처음에 EVPN과 TRILL 네트워크에서 이와 같은 다른 동작 방식에 대해 우려했었다. 하지만 이 모델로 전환한 후 애플리케이션에 미치는 영향이 없다는 것을 알고 나서부터 네트워크 운영자들은 가상 브리지 네트워크와 물리 브리지 네트워크의 포워딩 방식 차이에 대한 걱정을 멈췄다.

L3 가상 네트워크

L3 서비스 추상화에서 가상 L3 네트워크는 유일한 L3 주소를 제공한다. 물리 네트워크와 마찬가지로 가상 L3 네트워크도 대체로 IP 네트워크인 경우가 많다. 모든 가상 L3 네트워크는 각자의 라우팅 테이블을 갖는다. 각 가상 네트워크의 라우팅 테이블은 물리 네트워크에서와 마찬가지로 프로토콜이나 네트워크 스택에 의해 관리 목적 또는 동적으로 생성된다. 라우팅 테이블이 라우팅 프로토콜로 생성되었다면 가상 L3 네트워크를 위한 분리된 라우팅 프로토콜 인스턴스가 있는 모델과 서로 다른 가상 L3 네트워크를 구분할 수 있는 단일 라우팅 프로토콜 인스턴스가 있다. 두 모델 모두 꽤 널리 쓰이고 흔하다.

가장 일반적인 가상 L3 네트워킹 기술은 VPN이다. VPN는 **가상 라우팅 및 포워딩**^{virtual routing and forwarding, VRF}이라는 가상 L3 네트워크를 지원하기 위해 필요한 기본 추상화를 사용한다. VRF의 주요한 역할은 바로 가상 L3 네트워크별로 라우팅 테이블을 제공하는 것이다. 주로 라우팅 테이블 룩업에 VRFID 필드를 추가하여 수행한다. 아주 간단한 VRF 구현체에서는 VRFID가 패킷의 인입^{incoming} 인터페이스에서 파생된다. 패킷 그 자체는 VRFID를 만들 수 있는 그 어떤 정보도 없다. 하지만 VPN의 경우 패킷에 VPN ID가 있다.

VPN은 가상 L2 네트워크도 지원하도록 발전했다. 따라서 가상 L3 네트워크를 지원하는 VPN은 L2VPN과 구분하기 위해 주로 L3VPN이라고 부른다.

6.4.2 인라인과 오버레이 가상 네트워크 비교

또 다른 주요한 가상 네트워크 분류 축으로는 가상 네트워크가 인라인 네트워크나 오버레이 네트워크로 구현되는지에 대한 여부다. 인라인 모델에서는 출발지와 목적지 사이에 있는 모든 홉에서 패킷이 속한 가상 네트워크를 알고 있다. 그리고 이 정보를 활용해서 포워딩 테이블 룩업을 수행한다. 오버레이 네트워크 모델에서는 네트워크의 에지만 가상 네트워크에 대한 정보를 관리하고, 나머지 네트워크 코어에서는 가상 네트워크를 인식하지 못한다. VLAN과 VRF는 가상 네트워크의 인라인 모델의 예이며 MPLS, VXLAN, IP 기반 VPN은 오버레이 모델의 예다. 필자는 32개에서 64개의 VRF을 구축한 고객을 만난 적이 있다.

인라인 모델의 가장 큰 장점은 투명성과 패킷 헤더 오버헤드 감소다. 하지만 경로에 존재하는 모든 노드에서 가상 네트워크를 알아야 하는 이 모델은 굉장히 확장성이 떨어지고 비효율적이다. 확장성이 떨어지는 이유는 네트워크의 코어에 도달하면 코어 장비들이 패킷 포워딩을 제대로 하기 위해 모든 가상 네트워크를 추적해야 하기 때문이다. 가상 네트워크의 모든 변화가 네트워크에 있는 모든 노드에 영향을 미치므로 비효율적이다. 네트워크가 커질수록 더 많은 오류와 예상치 못한 문제가 발생할 확률이 높아진다. VLAN을 이용해서 네트워크를 구축할 경우 반드시 이 두 문제를 고려해야 하며 VRF도 마찬가지다.

따라서 수백 혹은 수천 개의 가상 네트워크가 필요한 데이터 센터에서 오버레이 가상 네트워크를 선호하며 널리 쓰인다. 이러한 이유로 이 장의 나머지 부분에서는 오버레이 기반 가상 네트워크를 중점적으로 다룬다.

6.5 네트워크 터널: 오버레이를 구축하는 기초

필자는 종종 일이 꼬이면 '네트워크 엔지니어들은 또 다른 굴(터널)을 파서 들어간다'라고 말하곤 한다. 극복할 수 없는 문제에 직면했을 때와 같은 경우를 대비하기 위해 네트워크 터널이 고안되었다. 네트워크 터널링network tunneling은 성숙한 기술이며 오버레이 네트워크를 구축하는 데도 활용된다.

네트워크 터널은 아주 간단하게 구축할 수 있다. 단순히 원래 패킷 헤더를 감추기 위해 추가로 패킷 헤더를 더하기만 하면 된다. 이런 부가적인 패킷 헤더를 **터널 헤더**tunnel header라고 한다. 여기에는 새로운 출발지와 목적지 주소가 있고 원래 패킷의 헤더 앞에 삽입된다. 터널 엔드포인트 사이의 네트워크는 이제 터널 헤더 이하는 신경 쓰지 않아도 된다. 네트워크 터널을 또 다르게 생각하면 새로운 터널 헤더가 제공하는 추상화가 필요한 가상 링크라고 할 수 있다. 실제로 터널은 필자가 아는 모든 네트워킹 스택에서 의사 네트워크pseudo-network 인터페이스를 만든다.

[그림 6-2]로 네트워크 터널에서의 패킷 포워딩을 알아보자. R1, R2, R3는 라우터이며 각 라우팅 테이블 상태는 [그림 6-2] 안의 박스로 나타낸다. 화살표는 엔트리의 목적지로 패킷을 보내기 위해 사용할 포트를 의미한다. 그림의 라우팅 테이블에서 R2는 R1과 R3를 목적지로 하는 패킷만 포워딩할 수 있다. 따라서 [그림 6-2(a)]처럼 A에서 B로 가는 패킷이 R2에 도달하면 R2는 그 패킷을 삭제한다. [그림 6-2(b)]에서 R1은 목적지 R3와 R1을 출발지로 하는 새로운 헤더를 추가한다. R2는 이 패킷을 어떻게 포워딩해야 하는지 잘 알고 있다. 이 패킷이 R3에 도착하면 바깥 헤더를 제거하고, B에 도달하는 방법을 알고 있으므로 B에 패킷을 전달한다. R1과 R3에서의 패킷은 네트워크 터널 내에 있다. 일반적인 네트워크 터널의 예는 VPN을 사용하는 경우다.

R1, R2, R3의 동작은 가상 네트워크 오버레이 동작과 유사하다. A와 B는 사설 네트워크이고 코어 라우터인 R2에 대해서는 알지 못한다. 이는 왜 가상 네트워크가 대체로 네트워크 터널을 이용해서 구현되는지에 대한 답이다.

그림 6-2 네트워크 터널의 패킷 포워딩

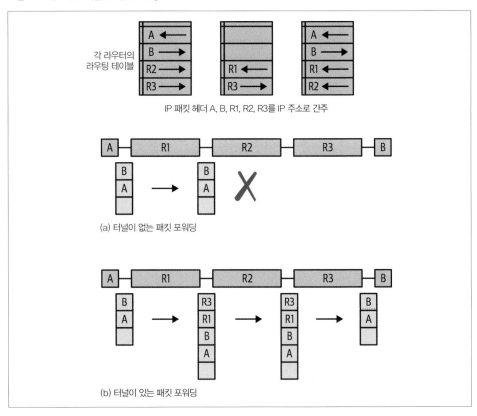

오버레이 가상 네트워크의 터널 엔드포인트([그림 6-2]의 R1, R3)를 **네트워크 가상화 에지**[network virtualization edge, NVE]라고 한다. 인그레스[ingress] NVE는 가상 네트워크 오버레이(위 예제의 R1)의 시점이고 터널 헤더를 붙인다. 이그레스[egress] NVE는 가상 네트워크 오버레이(위 예제의 R3)는 가상 네트워크 오버레이의 종점이며 터널 헤더를 벗긴다. NVE와 연결된 네트워크를 **언더레이**[underlay]라고 한다.

터널 헤더는 패킷의 가상 네트워크 ID도 운반한다. 따라서 원격 터널 엔드포인트는 패킷을 올바른 가상 네트워크로 보낼 수 있다.

네트워크 터널은 점대점 또는 점대다중점[point-to-multipoint]이 될 수 있다. 점대점 터널에서는 각 터널의 끝에 단일 엔드포인트만 존재한다. 반면 점대다중점 터널에서는 단일 인그레스 엔드포인트에 여러 이그레스 터널 엔드포인트가 존재한다. 점대다중점 터널에서도 일부 트래픽은 단일 목적지로 전송되어 점대점처럼 보일 수도 있다. L3 터널은 일반적으로 점대점 터널이며 반면에 L2 터널은 두 가지 모두 가능하다.

6.5.1 네트워크 터널의 장점

네트워크 터널은 다음과 같은 이유로 굉장히 널리 알려져 있다.

확장성

앞서 설명했듯이 네트워크 터널은 특히 데이터 평면에서 굉장한 확장성을 지원한다. 클로스 토폴로지를 떠올려보자. 최하위 계층을 제외하고 다른 어느 계층에서도 가상 네트워크에 대해 알 필요가 없다. 더욱이 최하위 계층의 각 스위치는 자신과 연결된 가상 네트워크에 대해 알기만 하면 된다. 퍼블릭 클라우드에서는 수백만 개의 가상 네트워크가 존재하므로 네트워크 터널만이 유일한 해결책이다. 최대 규모의 퍼블릭 클라우드 사업자들은 터널링 계층을 엔드포인트까지 확장하여 보다 큰 확장성을 달성한다.

전체 장비 업그레이드 불필요

네트워크 운영자들은 네트워크 터널을 지원하기 위해 가상 네트워크의 존재를 알아야 할 장비의 범위를 한정한다. 그래서 가상 네트워크를 지원하는 기존 장비를 강제로 업그레이드하지 않아도 된다. 말할 것도 없이 이는 굉장한 이점이다.

간단해진 관리

이 모델은 가상 네트워크 관리 역시 간단하게 한다. 가상 네트워크를 알아야 할 노드만 설정하면 된다. 네트워크는 보다 적은 구동부로 구성되어 간단해지며 오류 발생이 감소한다. 그래서 신뢰할 수 있는 네트워크가 될 수 있다.

유연성

네트워크 터널의 마지막 이점은 가상 네트워크를 구축하는 것 이외의 목적으로도 네트워크 터널을 사용할 수 있다는 것이다. 이러한 유연성은 클로스 토폴로지의 다른 계층(호스트나 클로스의 최하위 계층)이 가상 네트워크에 대해 명백히 알 수 있게 해준다. 이러한 유연성을 잘 나타내고 있는 한 가지 설계는 전체 네트워크에 가상 네트워크가 필요하지 않은 경우 일부 특별히 지정된 파드만 가상 네트워크를 지원하도록 하는 것이다. 이 방법으로 전체 장비를 업그레이드하지 않아도 필요하면 언제든지 단일 파드를 여러 파드로 확장할 수 있다.

지금까지 설명한 내용을 보면 이 모든 장점이 단 하나의 설계 방향에서 기인했다는 것을 알 수 있다. 그건 바로 네트워크 에지까지만 아는 것을 제한하고 나머지 네트워크에서는 에지에서 알고 있는 것과 상관없어야 한다. 이를 통해 네트워크 구축의 **불변 인프라**immutable infrastructure 모델을 지원한다. 네트워크를 구축 및 설정하고 나면 더 이상 변경할 필요가 없다. 이로써 미래에 새로운 기능이나 설정 변경이 초래할 네트워크 오류에서 벗어날 수 있다.

6.5.2 네트워크 터널의 단점

단점 없는 솔루션이 없듯이 네트워크 터널도 마찬가지다. 극복할 수 있는 단점이 존재한다면 그 해결 방안에 대해 살펴볼 것이다.

패킷 로드 밸런싱

터널화된(또는 캡슐화된) 패킷은 기존 네트워킹 장비를 사용할 때 심각한 문제를 일으킬 수 있다. 이 문제는 목적지로 가는 다중 경로가 존재하는 경우 패킷 포워딩의 동작 방식에 기인한다. 노드가 다음 패킷을 포워딩할 다른 노드를 무작위로 선출하든지 같은 플로에 속한 패킷의 경로를 동일하게 보장하든지 선택해야 한다.

2.2.2절 내 박스 '플로와 정체'에서 정의한 것처럼 플로는 대체로 함께 속하는 패킷의 그룹으로 정의된다. 일반적으로 TCP나 UDP 플로는 IP 주소, 목적지 IP 주소, 레이어 4(L4) 프로토콜 (TCP/UDP), L4 출발지 포트, L4 목적지 포트의 다섯 튜플로 정의된다. 다른 프로토콜의 패킷은 다른 플로로 정의된다.

플로를 식별해야 하는 기본적인 이유는 플로에 연관되는 프로토콜을 정상적으로 작동하기 위해서다. 노드가 같은 플로에 속하는 패킷을 다른 경로로 포워딩한다면 이 패킷들은 목적지에 최초 출발지가 보낸 순서가 아닌 다른 순서로 도착할 수도 있다. 이렇게 순서가 어긋난 배달은 프로토콜 성능에 영향을 준다. 하지만 가용 네트워크 대역폭, 즉 목적지로 향하는 모든 네트워크 경로를 최대한 활용하는 것도 중요하다. 모든 네트워크 노드는 두 가지 유형의 최적화에서 균형 있는 결정을 해야 한다.

패킷이 터널화되면 전송 또는 언더레이 노드는 터널 헤더만 보게 된다. 터널 헤더는 패킷이 어떤 플로에 속해 있는지 판단하기 위해 사용된다. L3 터널 헤더는 일반적으로 터널 유형을 식별하기 위해 다른 L4 프로토콜 유형을 사용한다(예를 들어 IP GRE는 IP 프로토콜 47을 사용한다). 같은 인그레스와 이그레스 NVE에서는 출발지와 목적지 주소가 항상 동일하다. 하지만 터널은 대체로 다양한 플로에 속한 패킷을 운반한다. 이런 플로 정보는 터널 헤더 안에 함께 들어 있다. 동일한 터널 이그레스와 인그레스 엔드포인트 간 패킷이 동일한 경로를 갖는 것은 기존 네트워킹 장비는 터널 헤더 안을 들여다 볼 수 없기 때문이다. 따라서 터널화된 패킷은 엔드포인트 간 다중 경로 이점을 충분히 활용하지 못해 네트워크 대역폭 활용률이 심하게 떨어진다. 초기 네트워크에서는 다중 경로가 거의 없어서 이런 단점이 실제로 겉으로 드러나지 않았다. 하지만 최신 네트워크, 특히 데이터 센터에서는 다중 경로가 존재하는 것이 꽤 일반적인 상황이 되었다. 그래서 이 문제는 해결책이 필요했다.

기발한 해결책은 바로 UDP를 터널로 사용하는 것이었다. 라우터(및 브리지)는 로드 밸런싱되는 UDP 패킷을 오랫동안 사용했다. TCP와 같이 UDP도 동일한 플로에 속한 모든 패킷을 동일한 경로로 전송한다. UDP가 터널 헤더로 사용되는 경우 목적지 UDP 포트가 터널 유형을 식별하지만 출발지 포트는 사용하지 않는다. 따라서 터널 인그레스가 언더레이 페이로드 헤더의 다섯 튜플의 해시를 출발지 포트로 설정한다. TCP나 UDP 플로에 속하는 모든 패킷의 목적지 포트는 항상 같은 값이 보장되어야 한다. 그래야 오래된 네트워킹 장비에서도 언더레이 페이로드 패킷의 재정렬 없이 터널화된 패킷의 가용 대역폭을 최대로 활용할 수 있기 때문이다. 위치자 식별자 분리 프로토콜locator identity separation protocol, LISP이 이 방법을 채택한 최초의 프로토콜이었고, VXLAN도 이 아이디어를 차용했다.

NIC 동작

컴퓨트 노드에서 NIC은 성능 향상을 위한 여러 중요한 기능을 제공한다. 그중 하나가 TCP 세그멘테이션 오프로딩이고 다른 하나는 IP, TCP, UDP 계층의 체크섬 계산이다. NIC 하드웨어에서 이런 계산 집약적 작업을 수행해서 CPU의 부담을 덜어줄 수 있다. 따라서 종단국^{end} ^{station}에서 귀중하고 비싼 CPU 사이클 소모 없이 대체로 높은 대역폭으로 송수신이 가능하다.

하지만 패킷 캡슐화나 터널로 이런 기능을 사용할 수 없게 된다. NIC에서는 이러한 새로운 패킷 헤더 아래에 있는 언더레이 TCP/UDP/IP 페이로드를 파싱할 수 없기 때문이다. 터널의 UDP/IP 헤더를 오프로딩하는 기능이 엔드포인트에 탑재된다면 네트워크 성능은 비약적으로 상승할 수 있다. 새롭게 출시되는 NIC 중 일부는 VXLAN 헤더를 인지할 수 있지만 이 문제의 근본적인 이유는 VXLAN을 호스트에서 확인할 수 없기 때문이다. 따라서 사람들은 VXLAN 캡슐화와 역캡슐화를 할 수 있는 네트워크로 돌아서게 되었다. 이러한 움직임이 EVPN의 부상에 기여하게 되었다.

애플리케이션 엔지니어게는 플라넬^{Flannel} 또는 위브^{Weave}(7장 참조)를 사용하는 쿠버네티스나 메소스, 심지어 오픈스택 중 어느 것을 선택하느냐에 따라 큰 영향을 미친다.

최대 전송 단위

L3 네트워크에서 모든 링크는 최대 전송 단위$^{maximum\ transmission\ unit,\ MTU}$라고 부르는 최대 패킷 크기와 연결된다. 새로운 패킷 헤더가 매번 더해질 때마다 허용 가능한 패킷의 최대 페이로드 크기는 더해진 헤더 크기만큼 감소한다. 이것이 중요한 이유는 모던 네트워크에서는 일반적으로 IP 패킷을 단편화하지 않아서 종단국에서 올바르게 감소한 MTU를 설정하지 않으면 네트워크 경로에 가상 네트워크의 도입이 분석하기 어려운 연결성 문제를 일으키게 되기 때문이다.

가시성 부족

네트워크 터널은 그들이 통과하는 에코시스템을 알 수 없게 한다. traceroute와 같은 전통적인 디버깅 툴에서 터널은 전체 네트워크 경로로 나타내지 못하고 단일 홉이 표시되어 있는 네트워크 내 실제 경로를 찾지 못한다. 이는 터널을 사용하는 네트워크에서 문제 해결을 어렵게 만든다.

6.6 데이터 센터용 네트워크 가상화 솔루션

오버레이와 인라인 가상 네트워크 솔루션은 많이 존재하지만 실제로 데이터 센터에 구축되는 것은 그중 극히 일부다.

6.6.1 VLAN

VLAN은 첫 홉 라우터인 거의 모든 네트워크 에지에 구축되어 있다. 대규모 네트워크에서도 이 모델을 사용하는 경우가 있다. 하지만 VLAN 단일 홉에 제한되므로 가상 네트워크 솔루션으로서의 흥미가 떨어진다. 하지만 다음 절에서 설명하는 것처럼 단순한 배치에서는 종종 사용된다.

6.6.2 VRF

노드에서 격리된 라우팅 테이블을 제공하는 단순한 구축 방법이다. 여러 노드에 걸쳐 격리된 라우팅 테이블을 매핑해서 엔드투엔드 트래픽 격리를 제공하는 것은 다른 구성에 남겨진 문제다.

VRF는 인라인 솔루션이다. 즉, 출발지부터 목적지까지 경로상 모든 노드는 가상 네트워크를 알고 있다. 이는 각 노드가 패킷을 가상 네트워크에 독립적으로 연결해야 한다는 의미다. 노드는 패킷의 인입 인터페이스로부터 가상 네트워크를 얻어 와서 이 일을 수행한다.

일반적으로 단일 물리 인터페이스는 VLAN 태그를 이용해서 여러 논리 인터페이스로 분할된다. 이때 VLAN은 L2 구성이 아닌 단지 가상 네트워크를 나누기 위한 태그로 사용된다. VLAN은 각 L3 홉에서 종료되므로 경로상 각 라우터는 다른 VLAN을 사용해서 동일한 VRF를 표현할 수 있다. 하지만 보다 간결한 구축과 네트워크 관찰성을 향상시키고, 좀 더 견고하고 예측 가능한 네트워크를 위해 일반적으로 공유 인프라 전체에 동일한 VLAN으로 VRF를 식별한다.

6.6.3 VXLAN

VXLAN은 L3 네트워크 인프라 위에서 단일 L2 가상 네트워크를 구축할 수 있게 하는 무상태 L2 터널이다. VXLAN은 필자가 본 데이터 센터에서 대부분 사용되는 오버레이 가상 네트워크 솔루션이다. 상대적으로 최신(이 글을 쓸 당시 10년도 채 되지 않음)이다. 데이터 센터에서 VXLAN은 VRF과 연결되어 완전한 브리징과 라우팅 오버레이 솔루션이 된다.

VXLAN은 IP 상에서 UDP를 캡슐화 기술로 사용해서 이미 존재하는 장비에서도 데이터 센터 네트워크의 공통 요구 사항인 여러 경로로 패킷을 로드 밸런싱할 수 있다. 기본적으로 VXLAN은 데이터 센터에서 구축된다. VXLAN에서는 터널 에지를 VXLAN 터널 엔드포인트^{VXLAN tunnel} ^{endpoints, VTEP}라고 부른다.

[그림 6-3]에서 VXLAN 헤더를 설명한다.

그림 6-3 VXLAN 헤더 형식

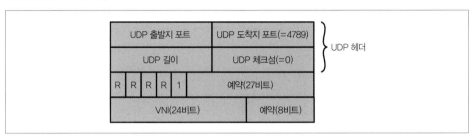

로드 밸런싱을 소개한 절에서 설명했듯이 UDP 목적지 포트는 인그레스 VTEP에서 내부 페이로드의 패킷 헤더로 연산한다. 이를 통해 VXLAN은 모든 전송 노드에서 정확하게 로드 밸런싱된다. 나머지 네트워크에서는 바깥 IP 헤더를 보고 포워딩한다.

VXLAN은 점대다중점 터널이다. 멀티캐스트나 브로드캐스트 패킷을 네트워크 내 단일 VTEP에서 여러 VTEP으로 전송할 수 있다.

VXLAN의 내부 이야기

이미 잘 알고 있는 독자들은 VXLAN 헤더를 보면 이상하다고 생각할 수도 있다. 또 다른 터널링 프로토콜이 왜 필요한가? 가상 네트워크 인스턴스^{virtual network instance, VNI}를 위해 24비트가 왜 필요한가? 저렇게 예약된 비트가 많은가? VLXAN 헤더 전부는 4바이트로 충분해 보이는데 왜 8바이트인가? 항상 1인 비트는 또 무엇인가? 이 모든 것의 주된 이유는 역사적이며, 대체로 필자도 책임이 있다.

2010년경 AWS는 엘라스틱 컴퓨트 서비스^{elastic compute service, ECS}로 사업을 크게 시작했다. 가상화 컴퓨트의 강자인 VM웨어는 역시 네트워킹의 강자였던 시스코에 네트워크 가상화에 대한 도움을 요청했다. VM웨어는 그들의 기업 고객들에게 내부 용도의 AWS와 같은 인프라(프라이빗 클라우드라 부르는)를 구축하는 사업을 원했다. VM웨어가 요구한 네트워크 요구 사항은 VLAN

과 같은 L2 가상 네트워크지만 수백만 개의 가상 네트워크를 지원할 수 있는 오버레이 모델 기반이어야 했다. 또한 IP 기반 모델을 요구했는데 IP의 편재성과 L2 기반 기술에 비해 아주 우수한 확장성이 필요했기 때문이다. MPLS는 너무 복잡하다고 여겼고 사내에서 지원하고 있지 않아서 고려 대상이 아니었다.

시스코 데이터 센터 사업부의 핵심 아키텍트 중 한 사람으로서 필자는 이러한 네트워크 터널과 같은 문제를 해결하기 위해 투입되었다. 필자가 처음으로 살펴본 것은 IP-GRE였다. 하지만 바로 거절당했다. 방화벽을 쉽게 통과할 수 있는 프로토콜을 원했기 때문이다. 방화벽을 통과하도록 UDP 포트를 구성하는 것은 쉬운 일이지만 GRE와 같은 L4 프로토콜은 그렇지 않았다. 게다가 GRE는 제네릭 캡슐화라서 네트워크 가상화 외 목적으로 GRE 사용을 식별할 구체적인 방안이 없었다. 이는 헤더 필드들이 언더레이 하드웨어에서 네트워크 가상화를 위한 특정한 동작을 하지 못하도록 다른 방법으로 사용될 수 있다는 것을 뜻한다. 필자는 스위칭 실리콘에서 조금씩밖에 차이가 나지 않는 터널링 프로토콜을 계속 지원해야 하는 것에 지쳐갔다.

필자는 이미 EVPN의 사유 선구자^{precursor}인 OTV와 LISP 프로토콜을 지원해야 했다. LISP은 이미 표준 협의체에서 논의되고 있어서 VXLAN이 OTV처럼 보이고, 둘 다 LISP과 유사해지길 원했다. 하지만 이미 OTV와 LISP 배치가 있으므로 어떤 형태로 헤더를 구성하더라도 하위 호환이 되어야 했다.

이미 많은 L2 가상화 네트워크가 24비트 VNI를 지원하고 있었고, 다른 터널링 프로토콜 간 VNI를 매핑하기만 하는 상태가 있는 게이트웨이를 구축하고 싶지 않았다. 그래서 VXLAN 헤더에 VNI를 위해 24비트를 할당하기로 했다. LISP 및 OTV의 경우 해당 비트가 다른 의미를 가지기 때문에 예약된 비트와 항상 1인 비트가 있다. 즉, 헤더 형식의 나머지 부분은 하위 호환성을 유지하기 위한 결과다. 그 결과가 지금의 VXLAN 헤더다.

6.6.4 다른 네트워크 가상화 솔루션

GRE를 사용한 네트워크 가상화$^{network\ virtualization\ using\ GRE,\ NVGRE}$는 마이크로소프트에서 VXLAN 대신 사용했지만 지금도 사용하는지는 알 수 없다. 일부 다른 초기 선구자들은 원래의 IP-GRE 터널을 사용했다. VM웨어는 단일 네트워크 터널 유형에서 향상되고 확장된 기능 집합을 제공하기 위한 새로운 네트워크 터널인 Geneve$^{generic\ network\ virtualization\ encapsulation}$를 추천하지만 아직까지 실제로 Geneve를 배치한 사례를 본 적이 없다.

NVGRE[1]는 이미 IETF가 발행한 정보 제공 표준이다. 비슷한 시도가 Geneve에서도 진행 중이다. Geneve[2]는 리눅스 커널에서도 지원하며 네이티브 커널 스택과 OVS의 한 부분으로 모두 제공된다.

또 다른 네트워크 터널의 조상인 MPLS는 대규모의 아주 복잡한 일부 네트워크 사업자가 데이터 센터에서 사용을 고려했었다. 하지만 필자는 MPLS를 사용한 실제 배치 사례는 접하지 못했다.

6.7 현실적인 가상 네트워크 수 제한

앞서 다뤘듯이 인라인과 오버레이 모델은 서로 지원하는 가상 네트워크 수가 다르다. 이 절에서는 이 숫자에 대해 살펴볼 것이다.

실제로 구축된 숫자는 다음과 같은 주요 요인에 영향을 받는다.

- 패킷 헤더의 가상 네트워크 ID 크기
- 하드웨어 제약 사항
- 제어 평면과 소프트웨어의 확장성
- 배치 모델

가상 네트워크의 최대 수는 위 모든 요인에 의해 결정되는 가장 작은 값과 동일하다. 위 목록은 상한을 절대적으로 제한하는 순으로 나열한다. 예를 들어 패킷 헤더가 가상 네트워크 4,000개만 지원할 수 있다면 아마도 아주 복잡한 배치 전략을 사용하지 않고는 다른 요인에서 아무리 증가시켜도 그 수를 아주 조금밖에 못 늘린다. 이와 유사하게 패킷 스위칭 실리콘이 가상 네트워크 512개만 지원 가능하다면 패킷 헤더가 가상 네트워크 1,600만 개를 지원하는 것은 의미가 없다.

6.7.1 패킷 헤더의 가상 네트워크 ID 크기

패킷 헤더의 가상 네트워크 ID 크기는 단일 공통 물리 인프라에서 지원 가능한 가상 네트워크

---

1 https://oreil.ly/X3Q7P
2 https://oreil.ly/SAobK

수를 제한하는 게 핵심이다. 이 숫자는 인라인과 오버레이 네트워크 모두 동일하게 적용된다. 다음은 공통되는 제한 내용이다.

- VLAN은 헤더에 가상 네트워크를 구분하기 위한 12비트를 가지고 있다. 이는 하나의 연속된 물리 네트워크에서 최대 4천 개의 가상 네트워크를 지원할 수 있다는 의미다.
- MPLS는 20비트를 지원해서 백만 개의 가상 네트워크를 사용할 수 있다. 이론적으로는 MPLS 레이블을 하나 더 추가해서 더 많은 가상 네트워크를 지원할 수도 있다.
- VXLAN과 GRE는 24비트를 지원하므로 각각 1,600만 개의 가상 네트워크를 지원할 수 있다.

6.7.2 하드웨어 제약 사항

가상 네트워크 수를 제한하는 다음 요인은 하드웨어의 제약 사항이다. 예를 들어 VXLAN에서 1,600만 개의 가상 네트워크를 지원하더라도 패킷 스위칭 실리콘 대부분은 단일 장비에서 1만 6천 개에서 6만 4천 개의 가상 네트워크만 지원한다. 하드웨어 제약은 단지 패킷 포워딩 테이블 지원 수준 외에도 ACL 테이블과 같은 다른 테이블에 의해 결정된다. 하지만 모든 가상 네트워크가 단일 파드에 한정된다면 모든 장비에서 가상 네트워크에 대해 굳이 알 필요가 없을 수 있다. 그런 경우에는 단일 장비가 지원하는 수준 이상으로 보다 많은 수의 가상 네트워크를 데이터 센터 내에서 사용할 수 있게 된다.

6.7.3 제어 평면과 소프트웨어의 확장성

가상 네트워크 수를 제한하는 현실적인 그다음 원인은 가상 네트워크의 제어 평면(6.8절 참조)이다. 그 이유는 다음과 같다.

- 모든 가상 네트워크의 정보를 제어 프로토콜의 단일 인스턴스에서 다루는 것이 여러 제어 프로토콜 인스턴스에서 각 가상 네트워크를 다루는 것에 비해 확장성이 더 높은 방법이다. 예를 들어 각 제어 평면 인스턴스에 대해 서로 다른 프로세스가 호출되는 경우 1천 6백만 개의 프로세스(VXLAN의 VNID가 24비트이므로 잠재적으로 가능한 수치)를 다룬다는 것은 명백히 비현실적이다.
- 제어 프로토콜이 가상 네트워크를 특정 ID 크기로 부호화하면 다른 고려 사항과 상관없이 바로 그 자체가 최대로 지원 가능한 가상 네트워크 수의 한계가 된다.

오버레이 네트워크의 코어 스위치는 패킷 포워딩 평면 내의 가상 네트워크를 알 수 없다. 하지만 제어 평면에서 제어 프로토콜은 모든 가상 네트워크의 상태 정보를 가지고 있는데, 코어 스위치가 이 정보를 한 리프에서 다른 리프로 전달하기 때문이다. 이는 제어 프로토콜에 추가 부담을 주지만 일반적으로 주요 제한 요인은 아니다.

이러한 제한 외에도 제어 프로토콜의 구현이나 소프트웨어 상태를 하드웨어와 동기화하는 등의 소프트웨어 규모 문제도 존재한다. 여기서 공급 업체에 검증을 요구하거나 지원 가능 한계를 물어보는 것이 중요하다.

6.7.4 배치 모델

네트워크 배치가 모든 가상 네트워크와 관련된 정보를 엔드포인트로 몰아놓고, 첫 번째 홉 라우터조차 가상 네트워킹을 다루지 않는다면 제어 평면의 확장성이 가상 네트워크 수 제한을 관장하는 유일한 요인이 된다. 물론 터널 헤더의 가상 네트워크 ID의 크기가 여전히 상한이 된다.

자동화도 배치할 수 있는 가상 네트워크 수를 바꿀 수 있다. 필자가 아는 고객 중에 오버레이 모델을 사용하지 않지만 네트워크 자동화의 도움으로 128개의 인라인 가상 네트워크를 운영하는 경우도 있다.

iBGP를 사용하면 네트워크 내에 iBGP 경로 리플렉터^{route reflector}를 코어 라우터 대신 서버에서 사용한다면 한계를 상향 조정할 수 있다.

소프트웨어나 하드웨어 제한과 관련이 없는 또 다른 중요한 요인은 촘촘한 장애 도메인이다. 성공적인 퍼블릭 클라우드 사업자들은 장애 도메인을 가능한 한 제한하길 원한다. 장애가 발생하면 어떤 가상 네트워크가 영향을 받는지 쉽게 식별하고 싶어 한다. 따라서 실제 생각보다 많은 가상 네트워크를 배치하지 않는다.

필자가 경험한 모던 데이터 센터의 인라인 솔루션의 일반적인 가상 네트워크의 범위는 다음과 같다.

VRF
2개에서 64개의 가상 네트워크, 때로는 128개의 가상 네트워크

VLAN
VLAN은 가상 네트워크 4천 개를 지원할 수 있지만 네트워크 에지의 단일 홉에서만 한정되므로 이런 제한은 큰 의미가 없다.

VXLAN

EVPN과 함께 사용하는 VXLAN은 이제야 두각을 나타내고 있어서 아직 4천 개 이상의 가상 네트워크를 배치한 경우를 본 적이 없다. VXLAN을 통한 대부분의 EVPN의 배치는 클로스 토폴로지에서 레거시 엔터프라이즈 애플리케이션을 실행하기 때문이다.

보다 성공적인 퍼블릭 클라우드 사업자는 호스트 자체에서 가상 네트워크를 시작하고 가상 네트워크 정보를 위해 사유 분산 모델을 운영한다. 따라서 그들의 확장 가능한 규모는 크게 다르며 대중에게 공개하지 않는다.

6.8 네트워크 가상화의 제어 프로토콜

이 절에서는 네트워크 가상화의 패킷 포워딩을 위한 제어 평면을 살펴본다. 이 절의 핵심 목표는 두 가지 가용한 모델의 이해와 어떤 모델이 구축할 네트워크에 맞는지 결정할 수 있게 도와주는 것이다.

6.8.1 가상 제어 평면과 물리 제어 평면의 관계

인라인 네트워크 가상화를 위한 제어 평면은 일반적으로 물리 네트워크에서 사용하는 표준 제어 평면이 여러 인스턴스로 실행된다. 예를 들어 VLAN에서는 여러 STP 인스턴스를 사용한다. 전통적이고 널리 알려진 모델인 PVST에서는 VLAN별로 STP 인스턴스를 운용한다. 확장성의 제한으로 표준 기관에서는 느리지만 MSTP라고 부르는 변형을 발전시키는 것에 힘을 실어주게 되었다.

또 다른 모델에서는 VRF가 일반적으로 여러 라우팅 프로토콜 인스턴스를 사용하거나 VRF당 하나의 라우팅 프로토콜만 사용하는 경우도 있다. 하지만 단일 라우팅 프로토콜 프로세스는 대체로 이 모든 인스턴스를 지원한다.

오버레이 모델에서 가상 네트워크를 위한 제어 평면 프로토콜은 적어도 다음 정보를 교환해야 한다.

- 내부 페이로드의 목적지 주소와 터널 헤더의 목적지 주소의 매핑
- 각 오버레이 엔드포인트에서 지원하는 가상 네트워크 목록

사용하는 터널 유형과 같은 추가 정보도 사용 중인 제어 프로토콜이나 기능에 따라 교환할 수 있다.

6.8.2 중앙 집중 제어 모델

특별히 모던 데이터 센터에서 사용할 제어 프로토콜을 선택할 때 떠오르는 가장 기본적인 의문은 '어떻게 가상 네트워킹과 통합되는가'이다. 가상 네트워크 오버레이가 물리 네트워크 인프라 위에서 동작하는 애플리케이션이 될 것인가? 또는 네트워킹 루브릭 그 자체를 상속한 부분이 될 것인가?

필자는 모던 데이터 센터에서의 가상 네트워킹은 실제로는 애플리케이션이라고 주장한 글을 쓴 적이 있다. 다른 사람들처럼 필자도 오버레이 가상 네트워크가 SDN의 실제적인 사용(4.2절 참조)을 대표한다고 생각한다. VM웨어의 NSX, 누아지 네트웍스^{Nuage Networks}, 미도쿠라^{Midokura}를 포함한 것들이 이 모델을 구체화했다. 가상 엔드포인트는 컴퓨트 엔드포인트에만 알려지므로 가상 엔드포인트 생성자가 매핑 정보를 분산하고 네트워크 오버레이를 컴퓨트 엔드포인트에서 시작하는 것은 합리적이다.

VXLAN은 주로 이 모델에 대한 응답으로 발전했고 가장 성공적인 퍼블릭 클라우드 사업자가 이를 도입했다. 리눅스의 OVS(4.2.3절 참조)가 이 모델의 예다. OVS는 OVSDB라고 부르는 전역 데이터베이스를 가지고 있어 매핑 정보와 다른 정보를 저장한다. 각 오버레이 엔드포인트에서 해당 데이터베이스에 질의함으로써 관련 정보를 획득한다. 베어메탈 서버의 경우 가상 엔드포인트를 가진 서버와 통신할 수 있는 가상 엔드포인트가 없어서 첫 번째 홉 라우터가 터널링 기능을 제공하도록 지정되었다. 여러 공급 업체의 라우터가 OVSDB를 지원하고 있어서 중앙 컨트롤러가 베어메탈 서버와 가상 엔드포인트 간의 네트워크 터널 설정을 할 수 있게 한다. 이 솔루션은 IETF 표준 문서(RFC 7047[3])로도 작성되었다.

하지만 중앙 집중 모델은 생각보다 그다지 큰 성공을 거두지 못했다.

6.8.3 프로토콜 기반 제어 모델

VXLAN에 대한 실망은 제어 프로토콜이 동작하는 네트워크 장비가 스스로 매핑 정보를 분산

---

3 https://oreil.ly/GSXcH

하는 두 번째 모델의 등장을 이끌었다. EVPN이 바로 이러한 솔루션의 예다. EVPN은 꽤 널리 알려지고 오버레이 가상 네트워크를 구축하는 데 가장 적합한 모델로 채택되는 경우가 증가했다. 이를 컨트롤러 없는^{controller-less} VXLAN 솔루션이라고 부른다.

EVPN을 지원하는 FRR과 같은 오픈 소스 라우팅 솔루션의 출현으로 많은 고객이 OVS나 다른 유사한 프로토콜 대신 EVPN을 이용하여 컴퓨트 엔드포인트에서 오버레이를 시작하는 컨트롤러 같은 솔루션을 구현하기 위해 EVPN을 컴퓨트 엔드포인트에 배치하는 것을 보게 되었다.

EVPN은 17장에서 자세하게 다룬다.

6.9 공급 업체의 네트워크 가상화 지원

이 절에서는 오픈 네트워킹 생태계와 전통적인 네트워크에서 지원하는 가상 네트워크를 살펴본다. 또한 이런 기술과 연관이 있는 표준 기관에서 하는 일도 간략하게 소개한다.

6.9.1 상용 실리콘

네트워킹 장비 회사에서 커스텀 스위칭 ASIC을 제작하는 시대는 이제 저물어간다. 모든 사람이 스위칭 칩을 3장에서 소개한 상용 실리콘 공급 업체의 것을 사용하는 추세다. 이러한 스위칭(전환)을 강조하는 것처럼 거의 모든 전통적인 네트워킹 공급 업체가 VXLAN을 상용 스위칭 실리콘에서 처음 지원했다. 브로드컴이 트라이던트2 플랫폼에서 VXLAN을 지원한다고 발표했고 VXLAN 라우팅 지원을 트라이던트2+와 출시 예정인 트라이던트3 플랫폼에서 지원한다. 멜라녹스는 스펙트럼 칩셋에서 VXLAN 브리징과 라우팅을 최초로 지원했다. 다른 상용 실리콘 공급 업체인 베어풋 네트웍스, 마벨의 프레스테라, 이노비움 네트웍스 등에서도 브리징과 라우팅에서 모두 VXLAN을 지원한다. 이 모든 칩셋은 VRF 역시 지원한다. 이 글을 쓰는 시점의 일부 최신 칩셋인 멜라녹스의 스펙트럼과 브로드컴의 트라이던트3는 다른 구형 칩셋에서 지원하지 못하는 IPv6를 VXLAN 터널 헤더로 사용하는 것을 지원한다. 하지만 VXLAN은 기쁘게도 안쪽 IPv6 페이로드를 캡슐화해서 전송할 수 있다.

6.9.2 소프트웨어

리눅스 커널에서는 자체적으로 VLXAN을 지원한지 오래되었다. 리눅스 커널에서 VRF 지원은 큐물러스 네트워크가 2015년에 추가했다. 여러 리눅스 배포판에서 사용(예를 들어 IPv4 VRF를 지원하는 최초 우분투는 2016년 4월에 출시한 16.04 버전이다)할 수 있다. VRF를 완전히 지원하는 안정화된 리눅스 커널은 4.14 버전을 목표로 한다.

오픈 네트워킹 세상이나 모든 전통적인 네트워킹 공급 업체 내에서 큐물러스 리눅스는 수년째 VXLAN을 지원하고 있다. VXLAN 네트워크 간의 라우팅을 지원하는 것은 새로운 내용이다. 리눅스 커널이 VXLAN 네트워크 간의 라우팅을 처음부터 지원했지만 EVPN에 필요한 일부 추가 지원이 더해져야 했다. 리눅스 커널 4.18 버전은 EVPN이 필요한 모든 기능을 지원한다.

6.9.3 표준

IETF는 특별히 IP와 MPLS 기반 네트워크 가상화 기술을 관장하는 기본 단체다. VXLAN은 정보 제공 RFC 7348[4]이다. 대부분의 네트워크 가상화와 관련된 일은 IETF의 워킹 그룹인 NVO3network virtualization overlay over L3의 후원 하에 굉장히 느리게 진행되고 있다. 하지만 일부 기본 용어의 합의를 제외하고는 NVO3 워킹 그룹에서의 일은 주요 네트워킹 공급 업체나 리눅스의 도움을 받고 있지 않는 것으로 알고 있다. EVPN과 관련된 일은 L2VPN 워킹 그룹에서 관장한다. VXLAN과 접합된 EVPN은 아직 표준화 작업의 초안 단계다. 하지만 EVPN의 사양 자체는 꽤 오랫동안 안정적이었다. 오픈 소스 라우팅 제품군인 FRR을 비롯하여 여러 공급 업체가 EVPN의 주요 기능 대부분을 지원한다.

6.10 VXLAN 브리징과 라우팅

프로토콜을 이해하고자 할 때 패킷 패킷 플로를 따라가는 것만큼 좋은 방법은 없다. VXLAN도 마찬가지다. 이 절에서 예시 네트워크를 이용하여 VXLAN 포워딩이 브리징과 라우팅 사례에서 어떻게 동작하는지 설명한다. 사례별로 연관된 질문이 많다. 하지만 이 절에서는 데이터 평면,

---

4 https://oreil.ly/azt3Y

즉 VXLAN의 패킷 포워딩만 살펴본다. 다양한 테이블이 제어 평면을 통해 어떻게 생성되는지는 16장에서 살펴본다. 또한 실리콘 구현체와 같은 구체적인 구현 세부 사항은 다루지 않고 기능과 기능 테이블에만 집중한다. 마찬가지로 ARP 억제와 같은 VXLAN의 고급 개념을 알아보는 것은 이후에 다루기로 하자. 여기서 스위치는 VTEP으로 동작한다고 가정할 것이다. 즉, 스위치에서 VXLAN의 갭슐화와 역캡슐화를 담당한다.

VXLAN에서의 기본적인 브리징과 라우팅을 전체적으로 간략하게 알아보자. 단순성을 유지하기 위해 네트워크의 오류는 무시한다.

1. 브리징의 패킷 포워딩 동작은 패킷의 목적지 MAC 주소를 MAC 테이블에서 찾는다. 라우팅되어야 하는 패킷인지에 대한 여부와 상관없이 모든 패킷은 전달받은 인터페이스가 브리징 인터페이스인 경우에는 MAC 테이블을 검색한다.

2. 전달받은 인터페이스가 브리징 인터페이스가 아닌 인터스위치 링크와 같은 경우 목적지 MAC 주소가 반드시 전달받은 인터페이스의 것이어야 한다. 그렇지 않으면 패킷은 드롭된다. 수신한 패킷의 목적지 MAC 주소가 라우터에 속한 것이라면 패킷에 라우팅 플래그가 지정된다. 브리징 인터페이스의 경우 로컬 라우터의 MAC 주소는 해당 브리지의 라우터에 속하는 논리 인터페이스로 전달되도록 플래그가 지정된다. 이를 일반적으로 스위치 VLAN 인터페이스^{switch VLAN interface, SVI}라고 한다. 목적지 MAC 주소가 스위치의 라우팅 인터페이스에 속한 경우 패킷에 라우팅 플래그를 지정한다. 이런 개념을 [그림 6-4]에서 보여준다.

그림 6-4 SV와 스위치의 라우팅 인터페이스

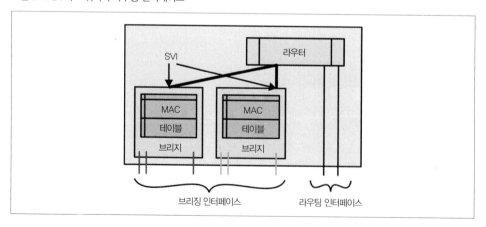

3. 목적지 MAC 주소를 라우터에서 찾을 수 없다면 스위치는 인입 VNI와 목적지 MAC 주소로 MAC 테이블 룩업을 수행한다. 발신 인터페이스가 VXLAN 터널이면 패킷에 VXLAN 터널 헤더가 더해진다. VXLAN 헤더가 패킷에 더해지면 이 새로운 패킷은 라우팅된다. 라우팅 단계에서 라우팅 룩업에 사용되는 목적지 IP 주소는 터널 헤더의 목적지 IP 주소며, 이 주소는 바로 이그레스 VTEP의 IP 주소다.

4. 하지만 이전 단계에서 패킷에 라우팅 플래그가 설정된 경우는 패킷 포워딩 단계에서 패킷의 목적지 IP 주소로 라우팅 테이블 룩업을 실시한다. 그리고 패킷의 발신 인터페이스를 얻게 된다(여러 가지 가능한 발신 인터페이스가 존재한다면 그중 하나를 선택한다). 이 룩업 결과로 패킷의 목적지 MAC 주소도 식별하고 MAC 주소와 연관된 VNID와 같은 추가 정보도 알게 된다.

5. 발신 인터페이스가 브리징 인터페이스인 경우 패킷을 보내기 위한 발신 인터페이스를 얻기 위해 논리적으로 이런 MAC 주소로 재차 MAC 테이블을 룩업한다. MAC 테이블 룩업을 통해 특정한 발신 인터페이스가 VXLAN 터널이라면 패킷 포워딩 절차를 3번 반복한다. 그렇지 않으면 패킷은 식별된 발신 인터페이스를 통해 포워딩된다.

6. 목적지 IP 주소가 로컬 VTEP IP 주소고 패킷이 VXLAN 패킷이라고 식별되었다면 VXLAN 헤더가 제거되고 언더레이 패킷이 패킷 포워딩 단계의 처음 단계인 1번을 반복하도록 되돌려진다. 그 결과 패킷이 VXLAN을 다시 캡슐화할 수 있지만 처음 인입되었을 때와는 VNID가 달라진다.

패킷은 라우팅 이후에 캡슐화될 수 있고 역캡슐화 이후에 라우팅될 수 있다. 이런 기능을 종종 **터널 내외부 라우팅**^{routing in and out of tunnel, RIOT}이라고 한다.

[그림 6-5]에 표시된 토폴로지를 사용하여 VXLAN 패킷 포워딩을 설명한다. 물리 네트워크에는 두 개의 가상 네트워크가 포함되어 있다. 하나는 보라색 VNI(와 보라색 VLAN)의 10.1.0.0/24 서브넷이고, 다른 하나는 초록색 VNI(와 초록색 VLAN)의 10.2.0.0/24 서브넷이다. 각 가상 네트워크를 나타내는 색깔의 선으로 해당 서브넷에 속한 서버가 리프와 연결되어 있음을 나타낸다.

그림 6-5 VXLAN 패킷 플로 설명을 위한 예제 토폴로지

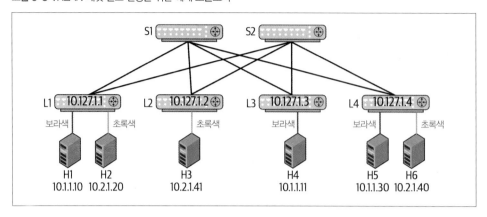

리프 L1과 L4에 표시된 IP 주소는 각 스위치의 VTEP IP 주소다. 예를 들어 10.127.1.3은 L3의 VTEP IP 주소다.

6.10.1 VXLAN 브리징 예제: H1에서 H5로

이 절에서는 [그림 6-5]의 예제 토폴로지의 가상 네트워크에서 패킷이 어떻게 흘러가는지 살펴본다. 각 엔드포인트는 보라색 가상 네트워크만 알고 있고 네트워크에 속하지 않는 패킷 전송 시스템에 대해서는 전혀 모른다.

1. H1은 H5의 IP 주소 10.1.1.30이 H1 자신의 서브넷에 속한다는 것을 안다. 그래서 H5의 MAC 주소를 ARP를 통해 결정한다. H1은 H5의 MAC 주소를 목적지 MAC 주소로 하는 패킷을 스위치 L1에 전송하는데 이때 출발지 MAC 주소는 바로 자신의 MAC 주소다. 보라색 VLAN으로 패킷을 보낸다.

2. L1이 패킷을 수신하면 보라색 VLAN과 H5의 MAC 주소로 MAC 테이블 룩업을 수행한다. 이로 인해 보라색 VNID와 연결된 VXLAN 터널을 알게 되고 L4의 이그레스 VTEP 주소인 10.127.1.4도 알게 된다.

3. L1은 목적지 VTEP 주소를 10.127.1.4로, 출발지 VTEP 주소를 10.127.1.1로 하는 VXLAN 헤더로 패킷을 캡슐화한다.

4. L1은 10.127.1.4에 도달하기 위한 다음 홉을 찾는 라우팅 룩업을 수행한다. 다음 홉으로 가능한 S1, S2 두 가지 선택지가 있으므로 VXLAN 헤더를 해싱하여 임의로 하나를 선정한다. 그 결과 S2를 선정했다고 가정해보자. S2의 MAC 주소로 S2와 연결된 인터페이스를 통해 패킷을 전송한다.

5. S2가 패킷을 수신했다. 목적지 MAC 주소가 전달받은 인터페이스의 것이고 라우팅 인터페이스이므로 S2는 패킷의 목적지 IP인 10.127.1.4로 라우팅 룩업을 수행한다. 이를 통해 패킷이 L4와 연결된 인터페이스로 전송되어야 한다는 것을 식별하게 된다. 그리고 패킷의 목적지 MAC 주소를 L4의 것으로 설정하고 자신의 MAC 주소, 즉 S2의 MAC 주소를 출발지로 하여 패킷을 전송한다.

6. L4가 패킷을 수신했다. 목적지 MAC 주소가 전달받은 인터페이스의 것이고 라우팅 인터페이스이므로 L4는 패킷의 목적지 IP인 10.127.1.4로 라우팅 룩업을 수행한다. 그 주소가 자신의 VTEP IP 주소와 일치하는 것을 알게 되어 L4는 VXLAN 헤더를 역캡슐화한다.

7. VXLAN은 L2 오버레이 터널이므로 역캡슐화된 패킷으로 MAC 테이블 룩업을 수행한다. 이런 역캡슐화된 목적지 MAC 주소는 H5의 MAC 주소다. 보라색 VNID와 목적지 MAC으로 수행한 MAC 테이블 룩업의 결과는 바로 H5로 가는 포트다. 그래서 L4는 역캡슐화된 패킷을 H5로 전송한다.

8. H5가 패킷을 수신했다. 목적지 MAC 주소가 전달받은 인터페이스의 것이므로 H5는 패킷을 수용한다. 목적지 IP 주소 10.1.1.30으로 라우팅 룩업을 수행한다. 그 결과 패킷의 목적지는 H5 자신이라는 것을 알게 되고 호스트는 이 패킷과 연관이 있는 프로세스에 로컬 전달을 위한 스케줄링을 한다. 이로써 패킷 전달이 종료된다.

[그림 6-6]은 H1에서 H5까지 패킷이 되는 동안의 패킷 헤더를 보여준다.

그림 6-6 VXLAN 기본 브리징의 패킷 헤더

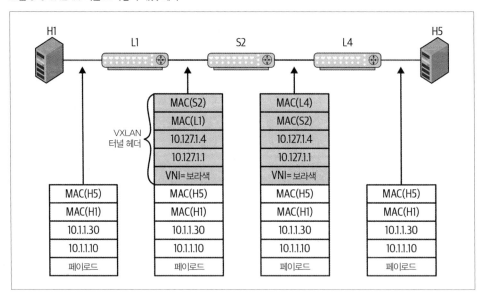

[그림 6-6]에서 볼 수 있듯이 H1이 최초로 생성한 패킷은 어느 VTEP에서도 수정되지 않는다.

VXLAN의 다중 목적지 프레임 처리

VXLAN에서는 둘 이상의 목적지를 갖는 프레임을 다루는 두 가지 모델을 제공한다. 이런 프레임의 예는 브로드캐스트 프레임, 언노운 유니캐스트 프레임, 멀티캐스트 프레임이다.

대부분의 일반적인 모델에서는 인그레스 VTEP이 모든 목적지 VTEP에 프레임을 복제한다. 이를 **헤드엔드 복제**head-end replication라고 부르는데 인그레스 VTEP(또는 헤드)이 모든 목적지에 패킷의 사본을 복제하여 전달하기 때문이다. 중복된 패킷과 루프를 생성하지 않기 위해 이런 패킷을 수신하는 VTEP은 패킷을 다른 VTEP으로 복제하지 않는다.

이러한 방식의 가장 큰 이점은 다중 목적지 프레임 처리를 위해 추가 제어 프로토콜이 필요 없으며 그 구성이 꽤 간단하다는 것이다. 단점으로는 많은 수의 VTEP으로 패킷을 복제해야 하거나 다중 목적지 프레임의 네트워크 규모가 작을 경우 잘 동작하지 않는다는 것이다. 패킷 스위칭 실리콘이 128개에서 750개의 VTEP으로 효율적인 패킷 복제를 지원하는 것은 흔한 일이다. 그 이상이 되면 오버헤드가 눈에 띄게 증가한다. 다중 목적지 프레임의 대부분이 ARP 요청, 클러스터 탐색 패킷, 클러스터 멤버십 패킷과 같이 굉장히 적은 대역폭을 소모하는 트래픽에서 이 모델은 상당히 잘 동작한다. 하지만 IPTV나 전통적인 애플리케이션과 같이 엄청나게 많은 멀티캐스트 트래픽을 발생시키는 경우 이 방법은 적합하지 않다.

두 번째 모델은 언더레이에 라우팅되는 멀티캐스트를 생성하여 다중 목적지 VTEP에 패킷을 전달하는 것이다. 여기에서 인그레스 VTEP은 IP 멀티캐스트 주소를 목적지 주소로 사용하고, 멀티캐스트 라우팅(8장 참조)을 사용하여 패킷을 포워딩한다. 언더레이의 모든 VTEP과 스파인 같은 전송 노드에서 멀티캐스트 라우팅을 지원해야 한다.

8.2.2절 '멀티캐스트 라우팅 프로토콜'에서 다루는 것처럼 일반적으로 널리 사용되는 멀티캐스트 라우팅 프로토콜은 PIM-SM이다. 하지만 EVPN 초안에서는 **PIM 소스 특정 멀티캐스트**PIM source-specific multicast, PIM-SSM가 지금과 같은 사용 사례보다 적합하므로 권장하고 있다. 그럼에도 불구하고 PIM-SSM은 기업 네트워크에서는 일반적으로 배치되지 않았다. 즉, PIM-SM의 안정적인 배치를 위해 멀티캐스트 출발지 탐색 프로토콜multicast source discovery protocol, MSDP과 같은 부가적인 프로토콜이 필요하다는 의미다. 더는 leaf03 멀티캐스트에 대해 자세히 설명하지 않을 것이다. 하지만 라우팅 멀티캐스트를 배치하는 것은 너무 어려우므로 가능하다면 피하길 바란다.

멀티캐스트를 사용하는 가장 큰 이점은 많은 수의 VTEP과 대량의 다중 목적지 트래픽을 효율적으로 처리할 수 있다는 점이다. 그러나 단점이 장점보다 훨씬 많다. PIM을 활성화하는 것과 라우팅 멀티캐스트를 다루는 복잡도는 차치하고도 이 모델은 다른 제한 사항이 많다. 모든 가상 네트워크에서 연결된 VTEP에서만 패킷을 다루도록 보장하기 위해서는 각 가상 네트워크는 반드시 독자적인 멀티캐스트 그룹에 속해야 한다. 그 결과 확장하기에는 너무 많은 멀티캐스트 그룹이 만들어지게 되었다. 그래서 관리자들이 모든 가상 네트워크를 적은 수의 멀티캐스트 그룹에 수동으로 매핑해야 한다. 이로 인해 일부 VTEP에서 가상 네트워크의 브로드캐스트, 언노운캐스트, 멀티캐스트(BUM[5]) 패킷을 수신할 필요가 없는데도 수신하는 경우도 생긴다. 가상 네트워크를 멀티캐스트 그룹으로 매핑하는 것 역시 굉장히 복잡한 설정이 필요하다. 관리자는 반드시 모든 VTEP에 가상 네트워크와 멀티캐스트 그룹의 매핑을 설정해야 한다. 이 설정에 대한 무결성과 정확성을 보장할 수 있는 간단한 방법은 존재하지 않는다.

---

5 옮긴이_ broadcast, unknown unicast, multicast의 약자

다는 아니겠지만 대부분의 데이터 센터 사업자, 서비스 제공자, 클라우드 서비스 제공자는 복잡성 때문에 멀티캐스트를 비활성화한다. 하지만 일부 기업에서는 멀티캐스트가 필요하다고 생각한다. 그 이유는 정말로 상당한 수준의 L2 멀티캐스트 트래픽이 필요하거나 효율성이라는 이름으로 특정 공급 업체에서 이 모델의 사용을 강요하기 때문이다. 따라서 네트워크에 상당한 양의 다중 목적지 프레임이 없다면 언더레이에서 라우팅 멀티캐스트를 사용하지 않는 것이 좋다.

6.10.2 VXLAN과 라우팅: H1에서 H6로

H1이 다른 서브넷의 엔드포인트인 H6와 통신하는 경우를 살펴보자. H6는 다른 서브넷에 있으므로 패킷은 반드시 라우팅되어야 한다. 이는 앞서 살펴본 RIOT라는 기능을 통해 이뤄진다.

[그림 6-5]처럼 10.1.1.x와 10.2.1.x 서브넷은 여러 리프에 퍼져 있다. 이런 경우 일반 모델은 모든 VTEP이 담당하는 서브넷의 디폴트 게이트웨이가 된다. 예를 들어 H1, H4, H5는 동일한 디폴트 게이트웨이 주소를 사용할 수 있다. 하지만 L1은 H1의 패킷을 라우팅하고 L3가 H4 패킷을, L4가 H5 패킷을 라우팅한다. 이를 **분산 라우팅 모델**distributed routing model이라고 한다.

또한 라우터의 일부만 라우팅을 수행할 수도 있다. 예를 들어 10.2.1.x 서브넷의 경우 리프 L2만 라우터가 될 수 있다. 이를 **중앙 집중 라우팅 모델**centralized routing model이라고 한다. 이 두 모델의 배치 시나리오는 다른 장에서 다룰 것이다. 다음 예제에서는 분산 라우팅 모델을 가정한다.

다음은 H1이 H6로 패킷을 전송할 때의 패킷 플로 단계다.

1. H1은 자신의 IP 주소로부터 H6가 다른 서브넷에 있다는 것(10.1.1.10/24는 10.2.1.40와 다른 서브넷)을 알고 있다. 따라서 패킷을 보낼 때 목적지 MAC을 디폴트 게이트웨이인 L1의 MAC 주소로 설정한다.

2. L1은 패킷을 수신한다. 라우터로 전달된 것을 확인하고 L1은 패킷을 라우팅한다. H6의 IP 주소가 속한 서브넷은 여러 리프에 퍼져 있으므로 라우팅(+ ARP) 룩업은 H6의 IP 주소와 연결된 이그레스 VTEP에서 수행한다. 여기서 라우팅 룩업을 완수하는 두 가지 방법이 있다. 하나는 룩업을 H6의 MAC 주소로 직접 하는 것이고 다른 하나는 이그레스 VTEP인 L4의 라우터 MAC 주소로 하는 방법이다. 전자를 **비대칭 라우팅**asymmetric routing이라 하고 후자를 **대칭 라우팅**symmetric routing이라 한다. 제어 프로토콜과 배치 모델에 따라 어떤 라우팅 모델을 선택하는지 규정되고 라우팅 테이블이 이에 맞춰서 생성된다. 두 모델

모두 VXLAN 헤더의 VNID가 인그레스와 이그레스 VTEP 모두를 나타낸다. 예제에서 비대칭 모델인 경우 VNID는 10.2.1.0/24가 속한 VNI인 초록색이 된다. 대칭 모델인 경우 10.1.1.0/24 및 10.2.1.0/24 서브넷이 공유하는 VRF를 나타내는 새로운 VNI가 L1에서 L4로 전송된 패킷에서 VNID로 사용된다.

3. L1에서 선택한 라우팅 모델과 상관없이 L4는 항상 이그레스 VTEP이다. 따라서 VXLAN 헤더는 L4의 IP 주소를 목적지로 항상 포함한다. VXLAN 헤더가 더해진 이후의 패킷 포워딩 동작은 브리징 경우와 유사하게 VXLAN 캡슐화 패킷이 S2(또는 S1)를 통해 L4로 라우팅된다.

4. 패킷이 L4에 도달하면 L4가 이그레스 VTEP이고 목적지 IP 주소가 L4의 IP 주소이므로 VXLAN 헤더가 제거된다. VXLAN은 L2 터널이므로 두 라우팅 모델에서 L4는 역캡슐화된 패킷의 목적지 MAC 주소와 VXLAN의 VNI로 MAC 테이블 룩업을 수행한다. 비대칭 라우팅인 경우 목적지 MAC 주소가 H6의 것이므로 패킷은 H6로 직접 브리징된다. 대칭 라우팅에서는 목적지 MAC 주소가 라우터의 것이므로 L4는 한 번 더 라우팅 룩업을 수행하는데 이번에는 역캡슐화된 패킷의 목적지 IP 주소로 수행한다. 라우팅 룩업의 결과로 패킷은 H6로 포워딩된다.

[그림 6-7]은 비대칭 라우팅에서 H1부터 H6까지의 패킷 헤더 변화를 나타낸다. VXLAN 헤더는 H6가 H1과 다른 서브넷에 있어서 VNI가 다른 것을 제외하고는 브리징 경우와 흡사하다. 하지만 H1의 MAC 주소의 원래 패킷은 인그레스 VTEP인 L1에서 수정한다. 반대로 [그림 6-8]은 대칭 라우팅에서 H1부터 H6까지의 패킷 헤더 변화를 나타낸다. 목적지 MAC 주소는 L1에서 라우팅 이후에 H6가 아닌 L4의 MAC 주소로 지정한다. 따라서 L4는 패킷을 H6로 라우팅한다.

그림 6-7 VXLAN 비대칭 라우팅 패킷 플로

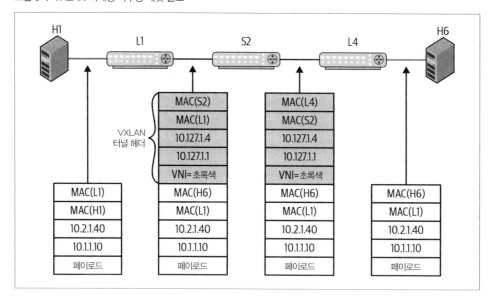

그림 6-8 VXLAN 대칭 라우팅 패킷 플로

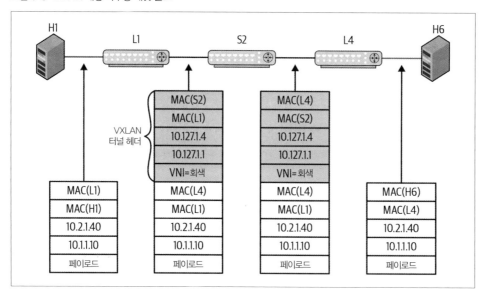

오버레이 네트워크에서 멀티캐스트 라우팅 지원

언더레이 네트워크에서 멀티캐스트를 사용하는 것은 다중 목적지 오버레이 네트워크 가상화

프레임을 효율적으로 전달하는 방법이라는 것을 살펴봤다. 추가로 전통적인 액세스-애그리게 이션-코어 네트워크에서 클로스 기반 네트워크로의 전환이 가능하며 이를 위해 오버레이 네트 워크의 멀티캐스트 라우팅이 필요하다. EVPN과 같은 일부 제어 프로토콜이 이 모델을 지원하 기 위해 발전했다. 하지만 아직 실제로 이 모델을 사용하는 경우를 본 적은 없다. 필자는 이런 수 준의 복잡도가 더해지면 클로스 기반 네트워크의 신뢰성과 간결성이 떨어질 것이라고 생각한다. 이를 감안하면 이런 애플리케이션은 데이터 센터에서 일반적이지 않다. 따라서 멀티캐스트 오버 레이가 필요하다면 기존의 네트워크 구성을 유지하는 것이 더 좋을지 깊이 생각해보고 따져볼 것을 권한다.

6.10.3 VXLAN 브리징 및 라우팅 요약

앞서 설명했듯이 VXLAN은 L2 가상 네트워크 오버레이, 즉 네트워크 터널이다. 터널은 일반 적으로 터널 엔드포인트 관점에서, 즉 traceroute와 같은 명령어로 본다면 단일 홉으로 보인 다. [그림 6-9]는 VXLAN의 상위 수준 관점을 요약해서 보여준다.

그림 6-9 VXLAN과 traceroute, 터널 설명

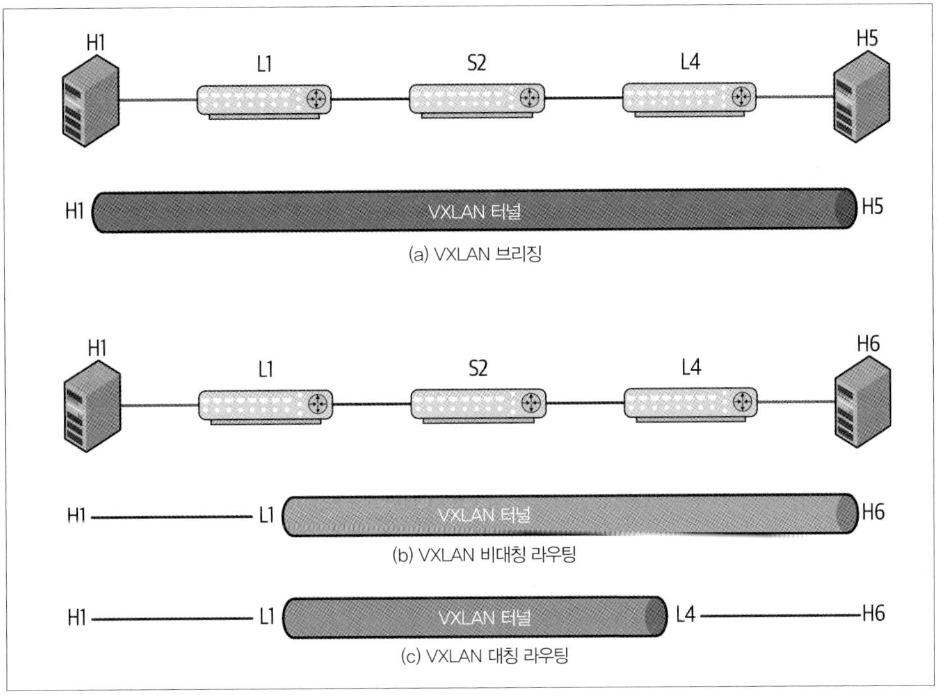

(a) VXLAN 브리징

(b) VXLAN 비대칭 라우팅

(c) VXLAN 대칭 라우팅

브리징 예제에서 10.1.1.10(H1)에서 10.1.1.30(H5)까지의 traceroute 출력은 모든 패킷이 브리징으로 처리되므로 H1과 H2 노드만 표시된다. VTEP 자체는 브리징의 경우 경로에 나타나지 않는다. 그래서 VXLAN 터널이 L1에서 시작해서 L4에서 끝난다고 해도 종단인 H1과 H6 관점에서는 두 노드가 하나의 선으로 연결된 것으로 보인다. 이 내용을 [그림 6-9(a)]에서 설명한다.

라우팅의 경우 [그림 6-9(b)]가 비대칭 라우팅의 traceroute가 보여주는 세상을 나타내며, [그림 6-9(c)]는 대칭 라우팅의 경우를 나타낸다. 비대칭 라우팅의 traceroute는 H1, L2, H6 세 홉만 나타내고 대칭 라우팅에서는 H1, L1, L4, H6 네 홉을 나타낸다.

모든 경우에 VXLAN 캡슐화 패킷은 L1에서 L4까지 라우팅된다.

6.11 마치며

네트워크 가상화가 데이터 센터에서 또 다른 기본 도구로 사용된다는 것을 배웠다. 특히 VLAN, VRF, VXLAN 이 세 가지 특정 가상화 기술과 그 사용 사례를 알아봤다. 네트워크 터널의 장점과 단점도 살펴봤다. 다음 장에서는 리눅스 플랫폼에서 컨테이너를 이용한 다양한 네트워크 구성을 살펴볼 것이다. 컨테이너를 이용한 형태가 마이크로서비스 간의 효율적인 통신 구축을 위한 기본이 되기 때문이다.

컨테이너 네트워킹

건축은 기본적으로 어떤 것을 위한 그릇^{container}이다. 나는 찻잔보다는 차를 더 즐겼으면 한다.

_타니구치 요시오^{Taniguchi Yoshio}

애플리케이션 아키텍처의 발전은 지금의 마이크로서비스 유행을 가져왔다. 컨테이너는 마이크로서비스라는 차를 배달하는 찻잔이라 할 수 있다. 애플리케이션을 서비스하는 네트워크가 있을 때 컨테이너에서 효율적인 분산 시스템 설계를 가장 잘 지원할 수 있는 네트워크 구성이 무엇인지 아는 것이 중요하다. 클라우드 네이티브 기술로서의 컨테이너는 보다 간단하고 확장성이 있고 복잡한 네트워크 옵션들을 지원한다. 따라서 쿠버네티스와 오픈 소스 라우팅 제품군을 나란히 놓고 본다면 어떻게 네트워킹을 하는지 다시 생각해볼 수 있다. 라우팅이나 터널 같은 전통적인 네트워킹 기능은 더 이상 특별한 라우터나 브리지만을 위한 것이 아니다. 컨테이너 네트워킹 구성에 대한 이해는 네트워크 엔지니어나 네트워크 디자이너에게 도움이 될 것이다. 컨테이너 네트워킹 구성을 전통적인 라우터와 함께 사용하여 기업의 비즈니스 요구 사항에 딱 들어맞는 네트워크를 구성할 수 있게 해줄 것이다. 리눅스가 사실상 리더이며 모던 데이터 센터의 호스트 OS이므로 이 장에서는 리눅스를 이용한 구성에 대해서만 다룬다. 이 장을 통해 모든 사람이 리눅스와 컨테이너로의 전환을 독려하는 것이 아닌 리눅스의 컨테이너를 알게 되고 보다 많은 가능성을 발견했으면 한다. 일부 선구자들이 어떻게 이러한 가능성의 장점들을 취했는지도 배우기 바란다.

이 장에서 다루는 컨테이너 네트워킹은 수많은 유사 주제들과 어떤 차이가 있을까? 필자가 생각하는 차이점은 두 개가 있다. 첫째, 네트워크 엔지니어나 아키텍트가 애플리케이션 엔지니어와 비교해서 어떻게 네트워킹 문제에 접근하는지에 대한 차이이다. 둘째, 이 주제를 다루는 필자가 접한 대부분의 설명은 호스트 관점에서 다루며 네트워크를 제어할 수 없다는 가정을 한다. 따라서 애플리케이션 개발자와 네트워크 엔지니어가 함께 일할 수 있을 때 선택할 수 있는 확실하고 보다 견고한 옵션을 배제하거나 무시하는 경향이 있다. 이것은 훌륭한 클라우드 제공자가 효율성을 높이고 보다 혁신적인 데이터 센터를 구축할 수 있는 한 방법이다. 따라서 이 장을 통해 기존의 가정인 '애플리케이션은 애플리케이션이고 네트워크는 네트워크야. 절대 두 엔지니어가 이야기하면 안 돼'보다는 새로운 논의를 할 수 있기 희망한다.

컨테이너가 비록 힙^{hip}하고 트렌디한 서버 가상화 기술이지만 여전히 가상 머신이 지배적인 기술이다. 기업 데이터 센터는 여전히 거대한 VM웨어 판이다. VM을 사용하더라도 전통 엔터프라이즈 애플리케이션은 리눅스나 웹보다는 윈도우에서 더 많이 구동된다. 하지만 전통 기업이라 하더라도 VM웨어를 통해 꽤 많은 리눅스 VM을 배포하기도 한다. 네트워킹 관점에서 VM웨어는 거대한 L2 구성만으로 제공되고 배치되며 비공개 소프트웨어. 하지만 리눅스는 보다 많은 네트워킹 구성을 지원한다. 리눅스가 성숙되고 보다 많은 곳에 사용되면서 네트워킹 기능도 역시 발전하고 있다. VM웨어나 하이퍼-V 같은 사유 운영체제와 하이퍼바이저에서도 리눅스가 먼저 선보인 마이크로서비스 기반 애플리케이션 아키텍처를 재구성한다.

이 장에서는 다음 질문에 대한 답을 얻을 수 있다.

- 리눅스에서 사용 가능한 컨테이너 네트워크 구성은 무엇인가?
- 다양한 선택의 제약과 성능 특성은 어떻게 되는가?

7.1 컨테이너 소개

컨테이너는 두 가지 다른 방식으로 정의된다. 하나는 패키지에 초점을 맞추는 것이고 다른 하나는 실행 환경에 중점을 두는 것이다. 패키징 모델^{packaging model}의 컨테이너는 애플리케이션이 구동될 환경이 제공해야 할 의존성, 설정, 데이터와 같은 것을 모두 애플리케이션 코드와 함께 묶어놓은 것이다. 실행 모델^{execution model}의 컨테이너는 사용할 CPU, 메모리 등의 자원 양을 제한하는 격리 단위다. 따라서 컨테이너는 공통 OS를 구동하는 서버의 자원을 공유할 수 있다. 단일 컨테이너는 여러 프로세스를 구동할 수 있다. 컨테이너는 프로세스보다 무겁지만 VM보다 덜 무겁다. 컨테이너는 프로세스와 같지만 VM과는 다르게 동일 호스트에서 구동되는 다른 컨테이너와 OS를 공유한다. 하지만 프로세스와는 다르고 VM과는 유사하게 각 컨테이너는 호스트 이름, 도메인 이름, 프로세스, 사용자, 파일시스템, 프로세스 간 통신을 포함하는 네트워크에 대한 독자적인 뷰를 갖는다. 시간 및 시스로그^{syslog}와 같은 더 많은 기능을 격리하기 위한 새로운 제안이 진행 중이다.

컨테이너 실행 모델은 **네임스페이스**^{namespace}, **컨트롤 그룹**$^{control\ group,\ cgroup}$으로 구성된 이중 리눅스 커널 위에 만들어진 사용자 공간 구성이다. cgroup은 리눅스 커널 기능으로 프로세스 모음이 소모하는 자원을 강제한다. 네임스페이스는 격리를 제공한다. 네트워크 네임스페이스와 함께 컨테이너 네트워킹을 살펴보자.

컨테이너 지형도와 다루는 범위

컨테이너 지형도는 다양한 요구를 충족하는 유행어와 솔루션들로 점철되어 있다. 기본적으로 어떤 컨테이너 네트워크도 다음 질문에 답을 할 수 있어야 한다.

- 컨테이너 인터페이스가 어떻게 IP 주소를 획득하는가?
- 컨테이너가 어떻게 외부와 통신을 하는가?
- 컨테이너는 다른 컨테이너와 어떻게 통신하는가? 컨테이너는 다중 호스트 시나리오에서 동일한 호스트 또는 다른 노드에서 동작할 수 있다.

이 장에서는 도커에서 지원 가능한 것만 다룬다. 비록 여전히 도커가 널리 알려져 있지만 쿠버네티스 내에서는 CRI-컨테이너디$^{CRI-containerd}$와 동등한 컨테이너디가 점차 부상하고 있다. 하지만 이런 차이는 네트워킹에 대한 질문 자체에 아무런 영향을 주지 않는다. 그래서 도커를 사용하는 경우만 다루고 도커 전용 솔루션은 다루지 않는다. 다른 종류의 컨테이너 런타임에 대해 흥미가 있다면 쿠버네티스 웹사이트[1]를 참조하라.

---

1 https://oreil.ly/jFDMm

7.2 네임스페이스

네임스페이스^{namespace}는 네트워크 및 서버 가상화와 유사한 리눅스 커널 가상화 구성 요소다. 네임스페이스는 커널이 관리하는 특정한 자원들을 가상화해서 가상 자원의 여러 격리된 인스턴스로 사용할 수 있게 한다. 프로세스는 이러한 자원의 가상 인스턴스 하나와 연관된다. 여러 프로세스가 자원의 동일한 가상 인스턴스에 속할 수 있다. 프로세스 관점에서는 자원에 대한 완전한 소유권을 획득한 것으로 볼 수 있다.

네임스페이스는 커널 버전 3.8 이후 가상화 구성으로 완전한 사용이 가능하게 되었다. 커널은 다음 여섯 가지 자원의 가상화를 지원한다.

cgroup

프로세스의 cgroup 뷰를 /proc/pid/cgroup과 /proc/pid/mountinfo를 통해 가상화한다. 여기서 pid는 프로세스의 ID이다. 이렇게 하는 이유는 컨테이너 내 애플리케이션이 컨테이너에서 구동되고 있는 것을 식별하지 못하게 하기 위해서다.

프로세스 간 통신

POSIX 메시지 큐, 공유 메모리, 세마포어 등과 같은 다양한 프로세스 간 통신^{interprocess communication, IPC} 구성을 가상화한다. 프로세스가 격리 단위를 넘어서 다른 프로세스의 상태를 망가뜨리지 않게 하는 역할도 한다.

네트워크

인터페이스, 소켓, 라우팅 테이블, MAC 테이블과 같은 모든 네트워킹 자원을 가상화한다. 네트워크 네임스페이스는 다음 절에서 더 상세히 다룬다.

마운트

파일시스템 마운트 위치^{mount point}를 가상화한다. 격리된 프로세스들의 각 그룹은 루트 파일시스템을 소유했다고 여기지만 실제로는 그 루트는 큰 파일시스템의 제한적인 뷰에 불과하다. 아주 오래된 유닉스 구성인 chroot는 단지 단일 프로세스가 보는 루트 뷰를 제한할 뿐이다.

PID

프로세스 ID 공간을 가상화한다. 프로세스가 컨테이너화되어 있다는 것을 모르게 하는 아주 유용한 기술이다. 모든 컨테이너는 베어메탈 서버와 같이 PID가 1번인 프로세스(init 프로세스)를 갖는다.

사용자

사용자와 그룹을 가상화한다. 모든 격리된 프로세스의 그룹은 루트 사용자가 있는데 가상 인스턴스 내에서 루트처럼 동작한다.

UTS

호스트 이름과 도메인 이름을 가상화한다. 각 격리된 단위가 독자적인 호스트 이름과 도메인 이름을 다른 프로세스나 부모 프로세스에 영향을 주지 않고 변경할 수 있게 한다.

네임스페이스를 사용하면 논리 라우터를 구성할 수 있다. 많은 전통적인 라우터가 서버에 비해 성능이 떨어지는 CPU를 갖는다. 따라서 네임스페이스는 VM보다 강력하게 논리 라우터를 지원할 수 있게 한다. 이 구성은 네트워크 관리자가 서로 다른 테넌트에게 물리 인프라에 대한 독자적인 뷰와 관리 기능을 제공할 수 있게 한다. 물론 VM으로 논리 라우터를 제공하므로 각자 다른 버전의 라우터 OS를 테넌트에게 제공할 수 있지만 흥미로운 접근 방법은 아니라고 생각한다.

7.2.1 네트워크 네임스페이스

네트워크 네임스페이스network namespace, netns의 개념은 네트워크 가상화와 유사하다. 하지만 네트워크 전송 계층까지 포함해 전체 네트워크 스택으로 구성되므로 네트워크 가상화보다 무거운 가상화 구성이다. 예를 들어 단일 서버에서 80 포트 트래픽을 받을 수 있는 분리된 두 컨테이너를 사용할 수 있다. 일반적인 네트워크 가상화 구성은 오직 단일 계층인 L2 또는 L3만 가상화한다. 여러 계층의 가상화를 제공하기 위해 이런 가상화된 구성이 동시에 배치되어야 한다.

리눅스 커널은 새로운 네임스페이스를 만들 때마다 루프백 인터페이스를 네임스페이스 내에 생성한다. 예를 들어 새로운 네임스페이스를 만들었을 때의 링크 정보는 다음과 같다. 이 책의 형식에 맞추기 위해 주제와 상관없는 얼괴 문자는 생략 기호(..)로 표시했다.

```
$ sudo ip netns add myown
$ sudo nsenter --net=/var/run/netns/myown ip -d link show
1: lo: <LOOPBACK> mtu 65536 qdisc noop state DOWN mode DEFAULT ...
    link/loopback 00:00:00:00:00:00 brd 00:00:00:00:00:00 ...
eui64 numtxqueues 1 numrxqueues 1 gso_max_size 65536 gso_max_segs 65535
```

네트워크 네임스페이스와 가상 라우팅 및 포워딩(VRF) 비교

컨테이너 네트워킹과는 살짝 벗어나지만 중요한 주제다. 필자가 큐뮬러스 네트웍스에 재직하던 시절 우리에게 중요한 의문은 새로운 리눅스 커널 구성인 VRF가 필요한지 아니면 네트워크 네임스페이스의 기존 구성을 그대로 활용할 것인지였다. 식스윈드[6Wind]와 아리스타 같은 일부 공급업체는 네트워크 네임스페이스를 이용해서 VRF의 일종을 만들어냈다. 하지만 네트워크 네임스페이스가 제공하는 격리가 너무 견고해서 우리는 결국 새로운 기능을 추가하기로 했다. 문제를 극복하기 위해 일반적이지 않은 수를 선택하는 것은 네트워크 사용자에게 도움을 주기보다는 오히려 헷갈리게 만들 뿐이었다. VRF를 추가하는 목적은 모두 그렇지는 않겠지만 애플리케이션을 수정 없이 네트워크 엔지니어의 일반적인 조작을 지원할 수 있도록 보장하기 위해서다. 몇몇 예제를 통해 살펴보자.

라우터의 가장 일반적인 배치 모델은 관리 포트를 분리된 VRF에 넣는 것이다. 이를 일반적으로 **관리 VRF**(6.3절 참조)라고 부른다. 관리 포트는 실제 데이터 트래픽 포트와 공유되지 않으므로 관리 포트를 관리 네트워크 네임스페이스에 할당함으로써 VRF 구성이 없어도 관리 VRF와 같은 형태로 동작할 수 있다. 사용자가 SSH를 이용해 노드에 접근할 때 관리 포트를 통해 자동으로 관리 네임스페이스로 접근하게 된다. 여기까지는 괜찮다. 네트워크 네임스페이스는 그럭저럭 동작하는 것처럼 보인다.

하지만 네트워크 관리자가 ping이나 traceroute 명령어를 실행하거나 라우팅 테이블을 살펴보는 행위는 모두 데이터 트래픽의 VRF 관점에서 일어나지 관리 VRF 관점이 아니다. 이를 네트워크 네임스페이스에서 수행하는 경우 관리 네임스페이스에서 확실히 빠져나와야 하는데 데이터 트래픽 네임스페이스로 진입하기 위해서는 ip netns exec 명령어를 사용해야 한다. 이런 방법은 굉장히 성가시고 오류에 취약하다. VRF는 관리자가 수행하는 네트워킹 작업들을 전통적인 라우터에서 수행하는 것과 마찬가지로 쉽게 수행할 수 있도록 해서 오류의 가능성을 줄여주고 이미 부담이 큰 네트워크 관리자에게 부담을 더 주지 않는다.

진정한 VRF 구성의 구현체에서 네트워크 운영자들은 ping과 traceroute를 특정 VRF에서 전통적인 인터페이스 옵션(ping의 -I 옵션 또는 traceroute의 -i 옵션)으로 실행할 수 있다. VRF

구현체가 리눅스 커널에서 가상 인터페이스처럼 동작하기 때문인데 인터페이스에 붙는 모든 명령은 자동적으로 VRF의 문맥에서 수행되며 별도의 수정이 필요 없다. 리눅스에서는 마스터 인터페이스^{master interface} 개념을 지원한다. 이는 인터페이스의 패킷 포워딩 동작을 관장하는 인터페이스를 말한다. 예를 들어 본딩(또는 포트 채널이라는 이름으로 널리 알려진)을 구성하는 개별 인터페이스는 본딩된 마스터 인터페이스의 슬레이브다. VRF는 본딩과 같은 구성을 사용해서 프로세스가 VRF 인터페이스에 바인드되는 즉시 적절한 라우팅 테이블을 제공한다.

네트워크 네임스페이스가 VRF 문맥 내에서 직면하는 다음 문제는 VRF 간 경로 유출을 지원하는 것이다. 공유되는 자원은 반드시 여러 VRF에서 접근 가능해야 한다. 이 경우 관리자는 수동으로 경로를 추가(다른 말로는 경로를 '유출'한다)해서 한 VRF가 다른 VRF에 접근할 수 있게 한다. 주어진 VRF 내에서 경로를 찾을 수 없는 경우 외부 엔티티에 접근하기 위한 라우팅 테이블을 가지는 전역 또는 인터넷 VRF가 있는 것이 흔한 일이다. 네임스페이스를 건너서 경로를 유출하는 것은 가상 이더넷 인터페이스와 같은 꼼수가 필요한데 이는 문제 해결을 보다 어렵게 만들고 관리자가 따르기 더 어려운 일반적인 구성이다.

이런 이유로 VRF를 해결하기 위한 분리된 구성이 리눅스 커널에 추가되었다. VRF는 커널 4.14 버전부터 사용할 수 있다.

7.3 가상 이더넷 인터페이스

한 네임스페이스에 있는 인터페이스가 동일한 물리 시스템에 존재하는 다른 네임스페이스에 있는 인터페이스에 패킷을 보내거나 그곳으로부터 패킷을 수신하기 위해서는 외부 연결을 사용해야 한다. 리눅스는 가상 이더넷인 veth라는 가상 인터페이스 구성을 제공한다. 이를 통해 네임스페이스 외부와 통신을 할 수 있다. veth는 항상 쌍으로 만들어진다. veth의 한쪽으로 패킷이 들어오면 자동으로 다른 쪽으로 보내게 된다. 다음 스니펫은 veth 쌍을 생성하는 내용이다.

```
$ sudo ip link add veth1 type veth
$ ip br link show type veth
veth0@veth1          DOWN              c2:9c:96:5c:fa:bf <BROADCAST,MULTICAST,M-DOWN>
veth1@veth0          DOWN              8a:69:f2:c9:76:e7 <BROADCAST,MULTICAST,M-DOWN>
```

따라서 네임스페이스 내부와 외부의 통신을 위해서는 veth의 한쪽을 네임스페이스에 위치시키고 다른 한쪽은 이 네임스페이스가 통신해야 할 다른 곳에 위치시키면 된다. 예를 들어 docker 명령어로 컨테이너를 생성했을 때 veth 쌍이 생성된다. 하나는 컨테이너의 네임스페이스 안에 위치하고 다른 하나는 디폴트 또는 호스트 네임스페이스에 위치한다. 이렇게 해서 컨테이너 내부와 외부 세상이 통신 가능 상태가 된다. [그림 7-1]은 리눅스에서 이러한 veth의 사용을 묘사하고 있다. NS1과 NS2는 모두 분리된 네트워크 네임스페이스이며 두 네임스페이스에는 통신을 위한 veth 인터페이스가 활성화되어 있다.

그림 7-1 리눅스에서 veth 인터페이스

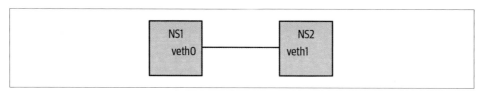

컨테이너에서 생성되는 가장 일반적인 네트워크 인터페이스는 최소한 도커에서는 veth 인터페이스다. 특히 기본 도커 브리징 네트워크를 사용할 때 그렇다. 컨테이너 내의 인터페이스 유형을 확인하는 간단한 방법은 ip -d link show 명령어를 실행하는 것이다. 알파인alpine[2]과 같은 일부 경량 컨테이너에서는 ip link show의 -d 옵션을 지원하지 않는다. 이런 경우 nsenter 명령어를 사용할 수 있다. 다음은 이에 대한 예다(확인하고 싶은 컨테이너의 이름을 'container1'이라고 가정했다).

```
$ sudo nsenter -t `docker inspect --format '{{.State.Pid}}'
                  container1` -n ip -d link show
1: lo: <LOOPBACK,UP,LOWER_UP> mtu 65536 qdisc noqueue state UNKNOWN ...
default qlen 1
    link/loopback 00:00:00:00:00:00 brd 00:00:00:00:00:00 promiscuity ...
17: eth0@if18: <BROADCAST,MULTICAST,UP,LOWER_UP> mtu 1500 qdisc noqueue ...
    link/ether 02:42:ac:11:00:02 brd ff:ff:ff:ff:ff:ff link-netnsid 0 ...
    veth addrgenmode eui64
$
```

---

2 옮긴이_ 컨테이너를 위한 리눅스 기반 초경량 배포판. https://alpinelinux.org

eth0가 veth 유형으로 나오는 것을 볼 수 있다.[3] veth 인터페이스는 ifindex[4]가 17이고 veth 쌍의 다른 ifindex는 18인데 인터페이스 정보에 @if18로 표시된다. ip link show를 호스트에서 실행해보면 다음과 같은 출력을 볼 수 있다.

```
$ ip -d link show
...
4: docker0: <BROADCAST,MULTICAST,UP,LOWER_UP> mtu 1500 ... state UP ...
    link/ether 02:42:f5:4c:09:f4 brd ff:ff:ff:ff:ff:ff promiscuity 0
    bridge forward_delay 1500 hello_time 200 max_age 2000 ...
32768 vlan_filtering 0 vlan_protocol 802.1Q addrgenmode eui64
18: vethcd16cb7@if17: <BROADCAST,MULTICAST,UP,LOWER_UP> ... master docker0 ...
    link/ether ba:66:d1:d2:70:df brd ff:ff:ff:ff:ff:ff link-netnsid 0 ...
    veth
    bridge_slave state forwarding priority 32 cost 2 hairpin off ...
```

vethcd16cb7은 ifindex가 18인 veth 인터페이스이며 docker0 브리지의 멤버다.

7.4 컨테이너 네트워킹: 깊이 알아보기

컨테이너 네트워킹은 다음 네 가지 운영 모드가 있다.

- 네트워크 없음
- 호스트 네트워크
- 단일 호스트 네트워크
- 다중 호스트 네트워크

첫 번째 모드는 컨테이너가 외부와 통신이 필요하지 않을 때 사용되며 어떤 종류의 네트워크 연결성도 제공하지 않는다. 이 모드에 대해서는 더 이상 다루지 않는다.

두 번째 모드에서 컨테이너는 네트워크 네임스페이스를 호스트 OS와 공유한다. 즉, 컨테이너는 호스트가 보는 것을 걸러 없이 다 볼 수 있다. 이 모드의 장점은 컨테이너와 외부 사이에 오버

---

3 도커는 인터페이스 이름을 eth0으로 재설정해서 애플리케이션이 베어메탈 호스트에서 돌고 있는 것처럼 착각하게 한다.
4 ifindex는 인터페이스 인덱스의 줄임말이며 장비 내의 모든 인터페이스에 유일한 ID로 부여된다.

헤드가 존재하지 않으므로 네트워크 성능이 거의 호스트 OS 네트워크 성능에 근접하게 나온다는 것이다. 컨테이너가 특권 모드에서 동작하면 컨테이너는 호스트 운영체제의 라우팅 테이블, MAC 테이블, 인터페이스 상태 등의 네트워크 상태를 수정할 수 있다. 오픈 소스 라우팅 제품군인 FRR이 컨테이너로 서버에서 특권 모드로 동작할 때 컨테이너화된 서비스가 서버에서 라우팅을 제공하게 된다. 예를 들어 사용자가 모든 애플리케이션을 컨테이너로 배포하는 경우 라우팅만 컨테이너가 아닌 형태로 배포하지 않도록 해준다. 컨테이너 기반 컴퓨트 클러스터 관리 소프트웨어인 메소스에서도 호스트 네트워킹을 기본 네트워크 유형으로 사용한다. 이 모드의 가장 중요한 단점은 컨테이너가 네트워크 상태를 공유하므로 두 컨테이너가 동일한 TCP/UDP 포트 번호를 사용해서 외부와의 통신이 어렵다는 것이다.

단일 호스트 네트워크는 도커에서 제공하는 기본 네트워크 유형이다. 이 모드에서는 동일 호스트에서 동작하는 컨테이너 간 통신이 가능하며 이에 더해 외부와도 통신도 가능하다. 상세한 내용은 다음 절에서 다룬다.

마지막으로 다중 호스트 컨테이너 네트워크는 서로 다른 서버에서 동작하는 컨테이너 간 통신을 가능하게 한다. 마찬가지로 상세한 내용은 단일 호스트 네트워크 모델을 설명하고 나서 다룬다.

7.4.1 단일 호스트 컨테이너 네트워킹

이 절에서는 동일 호스트에서 동작하는 컨테이너가 서로 그리고 외부와 통신하기 위해 사용하는 가장 일반적인 두 가지 방법을 알아본다.

브리지

도커 서비스가 처음으로 인스턴스화되면 리눅스 브리지인 docker0 장치를 생성한다. 새로운 컨테이너가 특정한 네트워크 옵션을 지정하지 않고 docker run 명령어를 통해 생성될 때마다 도커는 인터페이스의 veth 쌍을 만든다. 그중 하나는 컨테이너의 네임스페이스에 할당하고 다른 하나는 docker0 브리지에 연결한다. 추가로 생성되는 컨테이너가 유사한 방식으로 만들어지면 동일한 동작을 수행한다. 따라서 여러 컨테이너가 동일 호스트에 생성되어도 서로 통신이 가능한 것은 [그림 7-2]에 나와 있는 것처럼 모든 컨테이너의 veth 인터페이스는 하나의 docker0 브리지에 연결되기 때문이다.

그림 7-2 컨테이너 기본 네트워크인 docker0 브리지

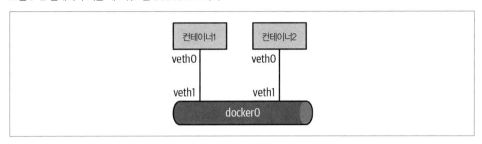

도커는 172.17.0.0/16의 기본 서브넷을 docker0 브리지에 사용하고 172.17.0.1 주소를 브리지에 할당한다. 새로운 컨테이너가 생성되어 docker0 브리지에 네트워크 인터페이스가 연결되면 도커는 자동으로 docker0 서브넷 172.17.0.0/16에서 사용하지 않는 IP 주소를 컨테이너에 할당한다. 도커는 컨테이너 네임스페이스에 docker0의 IP 주소인 172.17.0.1을 다음 홉으로 하는 디폴트 경로를 추가한다. 또한 도커는 기본으로 브리지를 통해 외부로 나가는 모든 패킷을 NAT해서 보낸다. 그래서 여러 컨테이너가 호스트가 아닌 다른 엔티티와 통신할 때 호스트 IP 주소를 공유할 수 있게 된다.

[그림 7-3]은 컨테이너1이 외부 웹서버와 통신할 때의 절차를 보여준다.

그림 7-3 docker0을 통한 외부 통신

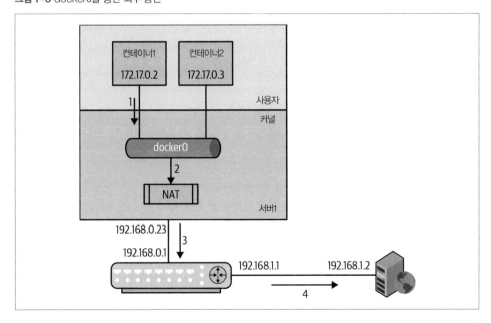

도커 컨테이너를 구동하는 호스트와 웹서버는 모두 192.168.0.0/24 네트워크에 있으며 도커의
IP 주소는 192.168.0.23, 웹 서버는 192.168.1.2다.

1. IP 주소 192.168.1.2가 컨테이너1의 서브넷인 172.17.0.5/16에 속하지 않으므로 패킷
   은 설정된 디폴트 게이트웨이인 172.17.0.1로 노멀 라우팅의 일부로 보내게 된다.

2. 리눅스 커널 스택이 이 패킷을 수신하면 경로 룩업을 수행한다. 그리고 패킷이 외부 라우
   터인 디폴트 게이트웨이 주소 192.168.0.1로 보내야 하는 것을 알게 된다.

3. 도커는 iptables 규칙을 설정해서 docker0에서 외부로 나가는 모든 통신은 NAT를 수
   행하도록 되어 있다. 따라서 패킷의 출발지 포트와 출발지 IP를 외부 라우터로 보내기 전
   에 수정한다.

4. 외부 라우터가 패킷을 웹 서버로 라우팅한다.

[예제 7-1]은 iptables의 출력을 나타낸다.

예제 7-1 도커 브리지에서 수행되는 NAT에 대한 iptables 출력

```
$ sudo iptables -L -t nat
Chain PREROUTING (policy ACCEPT)
target     prot opt source          destination
DOCKER     all -- anywhere          anywhere      ADDRTYPE match dst-type LOCAL

Chain INPUT (policy ACCEPT)
target     prot opt source          destination

Chain OUTPUT (policy ACCEPT)
target     prot opt source          destination
DOCKER     all -- anywhere          !localhost/8  ADDRTYPE match dst-type LOCAL

Chain POSTROUTING (policy ACCEPT)
target     prot opt source          destination
MASQUERADE all --  172.17.0.0/16    anywhere      ❶

Chain DOCKER (2 references)
target     prot opt source          destination
RETURN     all -- anywhere          anywhere
$
```

❶ NAT가 포스트 라우팅이라는 것을 의미한다. 패킷의 출발지 주소가 서브넷 172.17.0.0/ 16과 일치하는 로컬이나 다른 모든 목적지로 향하는 경우 반드시 NAT되어야 한다는 것이다. iptables의 모듈인 마스커레이드^{masquerade}가 NAT를 수행한다.

컨테이너가 동일한 브리지에 연결된 다른 컨테이너와 통신하면 docker0 브리지가 트래픽을 적절한 컨테이너로 브리징해준다.

컨테이너가 동일한 네트워크에 연결된 docker0과 같은 경우 다른 컨테이너와의 통신은 기본으로 가능하다. 하지만 동일한 호스트의 다른 네트워크에 연결된 컨테이너와의 통신은 기본적으로 불가능하다. 예를 들어 docker1이라는 새로운 브리지를 만들고(docker network create docker1 명령어로) 컨테이너3을 연결했다면 docker0에 연결된 컨테이너1은 컨테이너3과 기본적으로 통신이 불가능하다.

단일 호스트 모드에서 일반적으로 브리지 모드를 사용하지만 이후에 살펴볼 내용처럼 호스트 OS의 라우팅 데몬과 통합해서 사용하면 다중 호스트 컨테이너 통신에 활용할 수 있다.

Macvlan

단일 호스트 컨테이너 통신에 브리지를 사용하는 대신 Macvlan을 사용할 수 있다. Macvlan은 물리 인터페이스에 부여된 L2 가상 네트워크 인터페이스다. 커널 드라이버가 각 Macvlan 인테이스마다 고유 MAC 주소를 부여한다.[5] 커널은 Macvlan으로 들어오는 패킷의 목적지 MAC 주소가 인터페이스 MAC 주소와 일치하는 경우 인터페이스로 패킷을 전달해서 올바른 컨테이너로 패킷이 전달되게 한다.

[그림 7-4(a)]는 컨테이너가 연결된 Macvlan 네트워크를 나타낸다. Macvlan 네트워크 자체는 물리 인터페이스에 직접 연결되어 있다. Macvlan 네트워크에 연결된 컨테이너는 업스트림 인터페이스에 부여된 서브넷의 IP 주소가 할당된다. [그림 7-4(a)]에서 업스트림 라우터는 인터페이스가 서브넷 192.168.0.0/24에 있고 부여된 IP 주소는 192.168.0.1이다. 호스트는 IP 주소 192.168.0.101/24를 부여받았고 컨테이너들은 주소 192.168.0.128 및 192.168.0.129를 부여받았다.

---

5 도커는 MAC 주소의 상위 세 바이트를 부여되지 않은 조직 고유 식별자(organizationally unique identifier, OUI)인 02:42:ac로 설정한다.

그림 7-4 리눅스 커널의 Macvlan을 사용하는 컨테이너

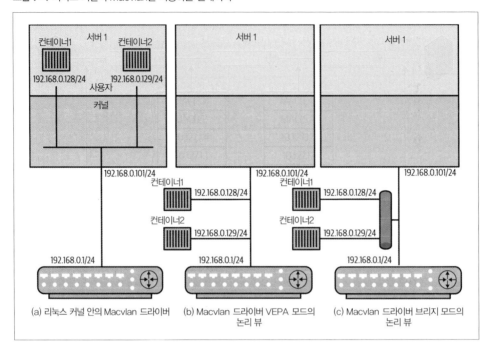

이 주소 지정 규칙은 Macvlan 인터페이스를 사용할 때 처음 고려해야 할 사항이다. 기본적으로 도커에서 컨테이너가 생성되면 IP 주소를 부여한다. 동일한 업스트림 네트워크에 있는 컨테이너 외 호스트와의 IP 주소 충돌을 피하기 위해 반드시 도커는 업스트림 장치의 IP 주소 할당자(일반적으로 동적 호스트 구성 프로토콜 서버)가 사용하지 않는 주소 범위를 알고 있거나 컨테이너가 생성될 때마다 수동으로 IP 주소를 할당해야 한다. 불행히도 컨테이너 인터페이스가 DHCP를 이용하여 업스트림 라우터에 주소 할당 요청을 쉽게 하는 미리 만들어진 방법은 없다. 그러기 위해서는 서드파티 플러그인 드라이버를 사용하거나 이런 시나리오를 대응할 수 있는 독자적인 IP 주소 관리^{IP address management, IPAM} 모듈을 운영해야 한다.

다행히 docker network create 명령어가 이 문제를 해결한다. 명령어의 옵션인 --ip-range를 사용하면 도커는 컨테이너에 할당하는 IP 주소를 보다 작은 범위 서브넷에서 시행한다. 다음 예제 명령어를 보자.

```
$ docker network create -d macvlan  \
  --subnet=192.168.0.0/24  \
  --ip-range=192.168.0.128/25 \
  --gateway=192.168.0.1  \
  --aux-address="my-router=192.168.0.129" \
  -o parent=eth1 macv
```

호스트와 컨테이너가 동일한 서브넷에 있고 같은 리눅스 커널에서 동작해도 이 둘 사이에는 직접적으로 핑을 할 수 없다. [그림 7-4(b)]와 [그림 7-4(c)]가 Macvlan의 실제 동작을 묘사한다. 호스트로 핑을 하기 위해서는 패킷은 반드시 업스트림 장치인 라우터까지 가서 되돌아와야 한다. 이를 **헤어핀**hairpinning이라 부른다. [그림 7-4(b)] 컨테이너가 같은 Macvlan 장치에 연결되었음에도 서로 직접적으로 핑을 할 수 없다. 이를 Macvlan 드라이버 **VEPA 모드**[6]라고 부른다.

[그림 7-4(c)]처럼 기본적으로 도커의 Macvlan 네트워크는 브리지 모드라는 다른 모드로 생성된다. 브리지 모드에서는 같은 Macvlan에 연결된 컨테이너가 헤어핀 없이 서로 직접 통신할 수 있다. 하지만 호스트와의 통신은 여전히 헤어핀이 필요하다.

[그림 7-5]는 일반적인 브리지와 VEPA 모드 Macvlan의 패킷 포워딩을 비교한 것이다. VEPA 모드를 사용하는 Macvlan 네트워크가 브리지에 비해 기본적인 이점은 성능이다. Macvlan 인터페이스는 연관된 물리 인터페이스에 직접 존재한다. 브리지와 다르게 veth 인터페이스의 한쪽 끝에서 다른 쪽으로 패킷을 전달하거나 브리지로 패킷을 보내거나 또는 물리 인터페이스로 패킷을 전달할 때도 추가 처리가 필요 없다. 더욱이 이 모델에서는 NAT를 사용하지 않는다. 모든 컨테이너는 외부에서 접근 가능한 IP 주소를 가지고 있다. 하지만 동일한 호스트에 있는 컨테이너 간의 통신이 필요할 때는 Macvlan 인터페이스를 브리지 모드로 사용하는 것이 다른 컨테이너와 통신하기 위해 헤어핀되는 트래픽이 발생하지 않기 때문에 효율적이다.

---

6 가상 이더넷 포트 애그리게이터(virtual ethernet port aggregator). IEEE 표준에 동작 방식이 정의되어 있다.

그림 7-5 브리지와 Macvlan의 패킷 플로 비교

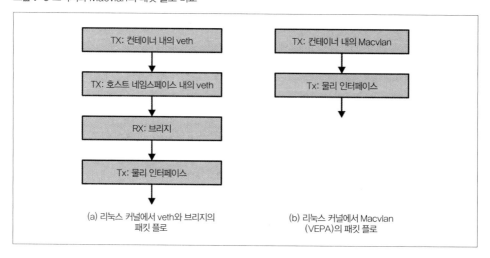

Macvlan 장치를 사용할 때 주의할 점이 하나 있다. 대부분의 NIC은 512개 정도의 MAC 주소만 수용할 수 있다. 이를 넘으면 NIC은 성능이 좋지 않은 혼잡 모드[promiscuous mode]로 동작한다. 따라서 NIC의 MAC 주소 필터를 넘어서는 너무 많은 컨테이너 MAC 주소가 할당되지 않도록 해야 한다.

7.4.2 다중 호스트 컨테이너 네트워킹

지금까지 단일 호스트의 컨테이너 통신만 다뤘다. 이 절에서는 다중 호스트 컨테이너 통신이 어떻게 동작하는지 살펴본다. 다중 호스트 컨테이너 통신을 고려하고 있다면 다음 질문을 해결해야 한다.

- 컨테이너가 L2 또는 L3에 연결되어 있는가?
- 컨테이너가 여러 호스트에 흩어져 생성될 때 주소 관리는 어떻게 처리되는가?
- 다양한 솔루션을 선택 가능하다는 의미가 정확히 무엇인가?

앞서 살펴본 것처럼 Macvlan은 L2 다중 호스트 컨테이너 네트워킹에 대한 답이 될 수 있다. 이 절에서는 두 가지를 더 살펴본다.

오버레이 네트워크

도커는 다중 호스트 연결을 위한 **오버레이**^{overlay}라는 네트워크 유형을 정의한다. 비록 공식 문서에서는 명확하게 설명하지 않지만 오버레이 네트워크는 6장에서 살펴본 VXLAN를 사용한다. VXLAN은 L2 네트워크다. 즉, 여러 호스트에 퍼져 있는 컨테이너는 동일한 서브넷에 존재한다. 이런 시나리오에서 여러 호스트에 걸친 동일한 서브넷의 IP 주소 할당을 다루는 것은 더 이상 로컬 데몬이 컨테이너 시작시 주소를 할당하는 것처럼 간단하지 않다. 따라서 도커는 오버레이 네트워크를 생성할 때 스웜^{swarm}**7** 기능이 필요하다. 스웜은 도커의 제어 평면으로 다중 호스트에서의 IP 주소 관리, 서비스 추상화 등의 기능을 제공한다.

도커 오버레이 대신 사용할 수 있는 위브와 플라넬 같은 다른 오버레이 솔루션도 있다. 각 솔루션은 전용 에이전트(스웜은 도커 오버레이 전용)가 있어서 여러 노드에 걸쳐 할당된 IP 주소와 같은 네트워크 정보를 동기화한다. 이들은 모두 분산된 키/값 저장소에 관련 정보를 저장한다.**8**

[그림 7-6]은 제어 평면에서 모든 것이 처리되는 방식을 패킷 포워딩의 관점에서 나타내고 있다. 서로 다른 두 서버에 있는 컨테이너는 동일한 서브넷인 172.17.0.0/24에 있다. 서버 1의 VTEP IP 주소는 192.168.0.23이고 서버 2의 VTEP IP 주소는 192.168.10.41이다. 라우터들은 서로 라우팅 정보를 교환해서 모든 라우터가 서브넷 192.168.0.0/24와 192.168.10.0/24에 접근할 수 있다. 따라서 서버 1에서 서버 2까지 VXLAN 캡슐화된 패킷은 [그림 7-6]의 네트워크에서 라우팅 가능하다.

---

7 옮긴이_ https://docs.docker.com/engine/swarm
8 필자는 이러한 솔루션들 중 어느 것도 DHCP 릴레이 플러그인을 구현해서 공통 DHCP 서버가 키/값 저장소 대신 모든 것을 조율하도록 하지 않았다는 사실에 다소 당혹스럽다.

그림 7-6 컨테이너 오버레이 네트워크

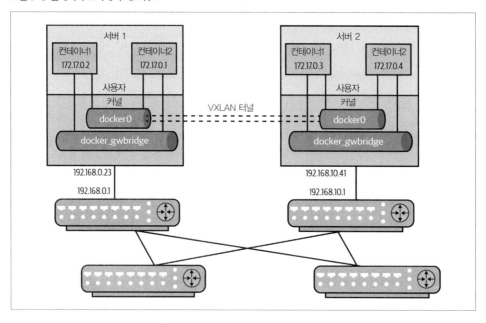

컨테이너 관점에서 리눅스 브리지에 연결된 veth 인터페이스는 단일 호스트 브리지 네트워크와 동일하게 동작한다. 하지만 실제로는 오버레이 네트워크가 노드 간에 VXLAN 터널을 생성한다. VXLAN 터널은 veth가 연결된 브리지(일반적으로 docker0)에 연결된다. 스웜(또는 플라넬 또는 위브)에 속한 모든 노드는 VXLAN 터널을 생성하고 브리지에 연결해서 패킷이 언더레이 네트워크를 통해 터널링될 수 있게 한다.

오버레이 네트워킹을 사용할 경우 도커는 컨테이너 내부에 인터페이스를 두 개 만든다. 하나는 오버레이를 이용해서 동일 서브넷의 다른 컨테이너와의 통신에 사용하고 다른 하나는 외부와의 통신에 사용한다. 이 새로운 인터페이스 역시 veth이지만 docker_gwbridge라는 다른 브리지에 연결되어 있다. 이 브리지 역시 IP 서브넷이 따로 있다. 컨테이너 내의 라우팅 테이블이 내외부 통신을 위한 적절한 인터페이스를 사용할 수 있게 설정된다. 다음 출력을 통해 좀 더 자세히 알아보자. 다음 출력은 일련의 명령어 수행 출력이다. 이 책의 형식에 맞추기 위해 이 장에서 이야기하는 것과 상관없는 일부 열과 문자는 생략 기호(...)로 줄였다.

```
$ docker network create -d overlay --subnet=172.16.86.0/24 \    ❶
          --gateway=172.16.86.1 --attachable overlay
```

```
kjq9b3psbrvtxdaxnxvp1j52y
$ docker run --rm -itd --network overlay --name test1 alpine    ❷
e02b42e392c05e8d0a34597df7f10687f9afccd597d75f14781c4e787020145c
$ docker attach test1
/ # ip route show    ❸
default via 172.19.0.1 dev eth1
172.16.86.0/24 dev eth0 scope link  src 172.16.86.2
172.19.0.0/16 dev eth1 scope link  src 172.19.0.3
/ # 컨테이너에서 빠져나오기
$ sudo nsenter -t `docker inspect --format '{{.State.Pid}}'    ❹
                  test1` -n ip -d link show
1: lo: <LOOPBACK,UP,LOWER_UP> mtu 65536 qdisc noqueue state ...
default qlen 1000
    link/loopback 00:00:00:00:00:00 brd 00:00:00:00:00:00 ...
numtxqueues 1 numrxqueues 1 gso_max_size 65536 gso_max_segs 65535
111: eth0@if112: <BROADCAST,MULTICAST,UP,LOWER_UP> mtu 1450 qdisc...
    link/ether 02:42:ac:10:56:02 brd ff:ff:ff:ff:ff:ff link-netnsid 0 ...
    veth addrgenmode eui64 numtxqueues 1 numrxqueues 1 ...
113: eth1@if114: <BROADCAST,MULTICAST,UP,LOWER_UP> mtu 1500 ...
    link/ether 02:42:ac:13:00:03 brd ff:ff:ff:ff:ff:ff link-netnsid 1 ...
    veth addrgenmode eui64 numtxqueues 1 numrxqueues 1 ...
$ ip link show veth71a0f27    ❺
114: veth71a0f27@if113: <BROADCAST, ... master docker_gwbridge
    link/ether 12:8f:e7:bd:7b:92 brd ff:ff:ff:ff:ff:ff link-netnsid 4
```

❶ '오버레이' 네트워크 유형의 새로운 네트워크를 생성한다.

❷ 새롭게 만든 오버레이 네트워크를 사용하는 새 컨테이너를 생성한다.

❸ 컨테이너 내부의 IP 라우팅 테이블을 살펴본다. 라우팅 테이블의 디폴트 경로가 IP 주소 172.19.0.1인 eth1 인터페이스임을 알 수 있다.

❹ 호스트에서 명령어를 실행하기 위해 컨테이너에서 빠져나온다. 알파인의 최소 명령어 집합에는 제한된 버전의 iproute2 명령어 집합이 포함되어 있기 때문이다. 이 출력은 eth1이 ifindex 114(eth1@if114)와 쌍인 veth라는 것을 보여준다.

❺ ip link show veth71a0f27 명령어의 결과로 ifindex 114인 veth라는 것을 알 수 있다. 이 veth의 마스터 인터페이스는 docker_gwbridge라는 것도 알 수 있다. 즉, 이 인터페이스는 docker_gwbridge 브리지의 일부다.

docker_gwbridge를 통해 나가는 패킷은 docker0 브리지와 마찬가지로 모두 NAT가 기본적으로 수행된다. docker_gwbridge에서 사용하는 디폴트 IP 서브넷을 변경할 수 있지만, 도커 버전 18.09.4에서는 리눅스 브리지 외 다른 유형을 선택하는 것이 불가능해 보인다.

직접 라우팅

오버레이 솔루션의 대체제는 L3 솔루션인 라우팅을 이용하는 것이다. 이 솔루션은 일반적으로 브리지 드라이버인 단일 호스트 컨테이너 네트워크 드라이버에서 다중 호스트 컨테이너를 구축하고 라우팅으로 연결할 때 사용된다. 여기서는 브리지 서브넷의 NAT를 사용하지 않아야 한다. 각 서버에서 동작하는 라우팅 데몬(FRR의 ospf, bgp)이 개별 컨테이너 주소 또는 브리지 서브넷을 광고한다.

도커에서 NAT 사용하지 않기

NAT를 종료하려면 /etc/docker 디렉터리에 다음 내용을 담은 dameon.json 파일을 생성한다.

```
{
    "ip-masq": false
}
```

systemctl restart docker 명령어로 도커를 재시작하고 iptable 출력에서 마스쿼레이드 라인([예제 7-1] 참조)이 사라진 것을 확인해야 한다. 제대로 동작하지 않는다면 서버를 재부팅해야 한다.

브리지 서브넷만 광고하는 경우를 살펴보자. 브리지에 첫 컨테이너가 연결되면 서브넷 경로가 광고되고 브리지에 연결된 마지막 컨테이너가 제거되면 서브넷 경로는 제거된다. 이 동작은 기존 라우팅 광고 로직에 따라 자동으로 행해진다. 브리지가 첫 컨테이너가 생성되고 연결되면 인터페이스의 상태를 업^{up}으로 변경하고 브리지에 연결된 마지막 컨테이너가 제거되면 인터페이스의 상태를 다운^{down}으로 바꾸기 때문에 라우팅 광고가 자동으로 수행된다.

캘리코와 같은 드라이버가 이 모델을 차용한다. 캘리코는 여기에 컨테이너가 생성되는 위치에 상관없이 정책을 강제하는 것과 같은 부가적인 기능을 제공한다.

큐브 라우터는 쿠버네티스를 사용해서 컨테이너를 배포할 때 다중 호스트 컨테이너 연결성을 위한 직접 라우팅 솔루션이다.

[그림 7-7]은 직접 라우팅 솔루션을 보여준다. [그림 7-3]의 아키텍처에서 NAT가 없다는 것과 컨테이너 경로를 광고하는 라우팅 데몬이 있다는 점만 빼면 굉장히 유사하다는 것을 알 수 있다. FRR과 같은 독립 데몬을 라우팅 데몬으로 사용하면 추가 구현 없이 광고할 수 있는 경로는 브리지 서브넷 경로뿐이다. 라우팅 데몬이 큐브 라우터나 캘리코처럼 드라이버 솔루션의 일부인 경우에만 개별 컨테이너 주소를 광고할 수 있다.

그림 7-7 다중 호스트 컨테이너 네트워킹을 위한 라우팅

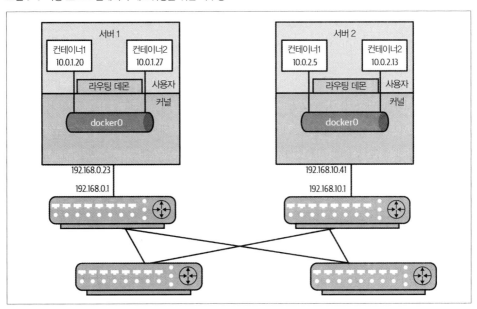

이 솔루션의 한 가지 단점은 여러 노드에 걸쳐 동일한 서브넷에서 IP 주소를 할당할 수 없다는 것이다.

7.5 다른 컨테이너 네트워크 솔루션의 비교

수많은 솔루션 중에서 하나를 선택할 때 심사숙고해야 할 사항은 무엇일까? 단지 성능만 본다면 오버레이 솔루션을 사용하지 말 것을 추천한다. 2018년 후반에 살펴본 오버레이 네트워크 드라이버의 성능 수치는 다른 드라이버와 비교하면 형편없는 수준이었다. 도커 오버레이뿐만 아니라 위브나 플라넬 같은 모든 종류의 오버레이가 마찬가지였다.

다음에는 [그림 7-5]에서 살펴본 것처럼 리눅스 커널 내 패킷 플로에 대해 Macvlan과 리눅스 브리지를 비교해야 한다.

앞서 살펴본 것처럼 veth/브리지의 경우 추가 동작이 필요하지만 Macvlan은 그렇지 않다. 또한 명시적으로 NAT를 종료하지 않는 이상 패킷들은 NAT된다. 브리지가 라우팅 데몬과 함께 다중 호스트 네트워킹으로 사용된다면 NAT는 사용되지 않는다.

Macvlan 장치에는 라우팅 테이블 룩업이 없고, VEPA 모드에서는 MAC 테이블 룩업, 학습 또는 리눅스 브리지로 인한 오버헤드가 없다. 하지만 Macvlan는 DHCP 주소 할당의 복잡도를 증가시킨다. 다중 IPAM 마스터(호스트를 위한 DHCP 서버와 컨테이너를 위한 DHCP IPAM)가 있기 때문이다. 이런 문제를 극복할 수 있다면 Macvlan VEPA 모드는 단일 호스트 컨테이너 네트워킹에서 최고의 성능을 낼 수 있다. 다중 호스트 컨테이너 네트워킹에서는 리눅스 브리지와 라우팅 데몬을 함께 사용하면 가장 좋은 성능을 낼 수 있고 어디서나 적용 가능하다. 쿠버네티스 역시 리눅스 브리지 사용을 선호한다. 쿠버네티스의 요구 사항은 다음에 살펴본다.

컨테이너 네트워크 인터페이스

도커 브리지가 새롭게 생성되는 컨테이너에 IP 주소를 어떻게 자동으로 할당하는지 살펴봤다. 대부분의 경우 보다 복잡한 솔루션은 컨테이너 네트워크 인터페이스^{container network interface} 설정이 필요하다. 기존의 것보다 복잡한 네트워크 인터페이스 설정을 요하는 두 가지 예제가 바로 캘리코와 플라넬이다. 이 확장을 지원하기 위해 도커와 다른 컨테이너 런타임에서는 IP 주소 관리와 같은 기능을 제공하는 네트워크 플러그인을 추가할 수 있는 기능을 제공한다. 이 두 유명한 경쟁 모델은 컨테이너 네트워크 모델^{container network model, CNM}과 컨테이너 네트워크 인터페이스^{container network interface, CNI}를 위한 네트워크 플러그인을 제공한다. 물론 오늘날 CNI가 승자가 된 것 같다. 쿠버네티스는 이제 클라우드 네이티브 컴퓨팅 재단^{cloud native computing foundation, CNCF}이 주도하는 CNI를 사용한다. CNCF는 컨테이너와 마이크로서비스 관련 핵심 요소들을 제공하는 주요 단체다.

CNI를 다루는 것은 이 책의 범위를 벗어난다. 기본 브리지 CNI와 라우팅 제품군을 사용하면 특히 쿠버네티스에서 높은 성능을 내는 컨테이너 네트워킹 솔루션이 된다.

7.6 쿠버네티스 네트워킹

이 글을 쓰는 시점에서 쿠버네티스는 컨테이너를 사용한 마이크로서비스 배포 방법으로 가장 널리 알려져 있다.

쿠버네티스에서 사용되는 중요한 용어인 **파드**^{pod}와 **서비스**^{service}를 살펴보자. 파드는 함께 생성되고 스케줄링되어서 실행되는 여러 컨테이너의 집합이다. 파드 내의 컨테이너 역시 동일한 리눅스 네임스페이스와 cgroup을 공유한다. 파드는 임시여서 쿠버네티스에서는 파드 간 직접 통신을 권장하지 않는다. 대신 파드 집합은 마이크로서비스에서 말하는 서비스가 되고 서비스는 이름과 IP 주소를 가진다. 외부 엔티티들은 서비스에 접근할 때 서비스의 이름과 IP 주소로 접근하게 된다. 예를 들어 DNS를 이용해서 여러 파드에 부하 분산을 할 수 있다든지 또는 리눅스 iptable이나 IP 가상 서버^{IP virtual server, IPVS}와 같은 방식을 사용해서 서비스를 제공하는 파드로 접근하는 부하를 분산할 수 있다. 쿠버네티스는 파드 상태와 인입되는 접근 부하를 모니터링한다. 이를 활용해 부하가 높은 경우 더 많은 파드를 생성하거나 반대로 부하가 낮은 경우 파드를 종료하거나 실패한 파드를 교체할 수 있다.

쿠버네티스는 파드 간 통신 또는 파드와 호스트 통신에 다음과 같은 제약을 가지고 있다(자세한 내용은 쿠버네티스 네트워킹[9] 참조).

- 파드 내 모든 컨테이너는 다른 컨테이너와 NAT를 사용하지 않고 통신이 가능해야 한다.
- 파드에 존재하는 모든 컨테이너는 어떤 호스트와도 NAT 없이 양방향으로 통신이 가능해야 한다.
- 컨테이너의 IP 주소는 파드 안팎에서 동일해야 한다. 즉, 파드 밖에서 NAT가 없어야 한다.

리눅스 브리지와 라우팅 데몬을 함께 사용하면 이러한 요구 사항을 충족할 수 있다.

쿠버네티스는 패키지의 일부로 큐브 라우터라는 라우팅 데몬이 있다. 큐브 라우터의 웹사이트 [10]에 이렇게 쓰여 있다. "큐브 라우터의 주요 디자인 철학 중 하나는 표준 리눅스 네트워킹 스택과 도구를 사용하는 것이다. 여기에는 오버레이나 SDN과 같은 요술봉^{pixie dust}은 없다. 단지 평범하고 좋은 오래된 리눅스 네트워킹만 있다. 그래서 훨씬 가볍다." 큐브 라우터는 BGP를 사용해 컨테이너 주소 접근성을 광고하고 IPVS로 부하 분산을 한다. 일부 더 간단한 시나리오에서는 라우팅 제품군 대신 정적 경로를 사용하는 경우도 있다.

---

9 https://oreil.ly/PpqMB
10 https://oreil.ly/IQusU

서비스의 가상 IP 주소로 접근할 때 IPVS나 iptable의 형태인 로드 밸런서가 요청의 목적지 IP 주소를 서비스 IP 주소에서 특정 파드 IP 주소로 변조해서 특정 파드로 부하 분산을 한다. 당연히 로드 밸런서는 노드에서 서비스로 들어오는 이후의 트래픽이 모두 동일한 파드로 가도록 보장한다. 따라서 쿠버네티스가 가지는 파드 간 및 파드와 호스트 간 기본 통신 제약 사항은 외부 엔티티가 서비스와 통신하는 경우에도 마찬가지로 적용된다.

지금까지 컨테이너 네트워킹에서 알아본 것처럼 쿠버네티스에서 오버레이를 사용하는 것은 성능이 뛰어난 방법이 아니다. 디폴트 브리지와 함께 라우팅 모델을 사용하는 것이 보다 간단하고 고성능인 경로[11]다.

7.7 마치며

지금까지 다양한 관점에서 컨테이너 네트워킹을 살펴봤다. 마이크로서비스와 컨테이너는 클라우드 네이티브 생태계의 중요한 부분이다. 네트워크 관리자 또는 엔지니어로서 디폴트 리눅스 브리지와 동일 호스트 내에 있는 컨테이너 간 통신에 NAT를 사용하지 않을 때의 장점을 발견했으면 한다. 라우팅 데몬을 사용하면 최고의 단일 호스트 솔루션을 다중 호스트 컨테이너 네트워킹으로 쉽게 확장할 수 있다. 이는 쿠버네티스에서 빠르고 단순한 네트워킹을 할 수 있게 한다. 더 나아가 라우팅과 함께 기본 리눅스 구성을 사용하면 컨테이너, 베어메탈 서버, VM까지 원활한 통신을 할 수 있다. 다시 한 번 라우팅이 왜 클라우드 네이티브 데이터 센터와 애플리케이션의 기초 기술이 되는지 알 수 있었다.

---

11 옮긴이_ 고성능으로 가는 길(route)이라는 의미와 네트워크에서의 라우팅(route)이라는 의미를 함께 담고 있는 말장난이다.

## CHAPTER 8

멀티캐스트 라우팅

멀티캐스트는 10억 달러 규모의 산업이다.

_프레드 베이커 Fred Baker

수년 전 필자가 네트워킹 분야에서 상대적으로 신입이었을 때 IETF 의장인 프레드 베이커가 "멀티캐스트는 10억 달러 규모의 산업이다"라고 선언한 것을 들었다. 이 선언은 지금까지 모던 데이터 센터에서도 유효하다. 애플리케이션이 클라우드상에서 구동되는 것만 원한다면 멀티캐스트는 잊어도 좋다. 반면 기업 네트워크가 클로스 토폴로지를 수용하기 시작하면서 멀티캐스트의 필요성이 다시 대두되기 시작했다. 특히 EVPN(6장 참조)이 있는 일부 배치에서 멀티캐스트가 필요하다. 이 장에서는 모던 데이터 센터 관점에서 멀티캐스트 라우팅의 역할을 설명한다. EVPN의 특정한 사용 사례와 관련이 적은 멀티캐스트 라우팅 특성은 다루지 않는다.

이 장에서는 다음 질문에 대한 답을 얻을 수 있다.

- 멀티캐스트 라우팅이 무엇이고 유니캐스트 라우팅과 어떻게 다른가?
- 멀티캐스트를 사용하는 이유는 무엇인가?
- 모던 데이터 센터에서 멀티캐스트 라우팅이 어려운 이유는 무엇인가?
- 멀티캐스트의 중앙 라우팅 프로토콜인 프로토콜 독립 멀티캐스트 산재 모드 protocol-independent multicast sparse mode 는 어떻게 동작하는가?
- 클로스 토폴로지에 멀티캐스트 라우팅을 배치하기 위해 필요한 것은 무엇인가?

먼저 멀티캐스트 라우팅의 개요를 살펴보고 멀티캐스트 라우팅이 해결하고자 하는 근본적인 문제를 살펴본다.

8.1 멀티캐스트 라우팅: 개요

멀티캐스트를 이미 알고 있을 거라 생각하지만 멀티캐스트에 대해 조금 더 살펴보자. [그림 8-1]에는 라우터가 총 7대 있다. 리프 L1에서 L4, 스파인 S1에서 S3, 외부 라우터 R1이 있다. 그리고 H1에서 H6까지 호스트 다섯 대가 있다.

그림 8-1 멀티캐스트 설명을 위한 토폴로지 예

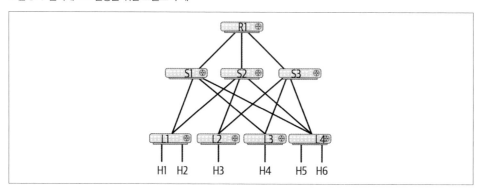

H1이 동일한 패킷을 H3, H5, H6에 전송하는 시나리오를 가정해보자. 단순히 패킷을 세 번 복제해서 H3, H5, H6에 전달할 수 있다. 이를 **인그레스 복제**ingress replication 또는 **헤드엔드 복제**head-end replication라고 한다(이 책에서는 두 용어를 혼용해서 사용한다). 또는 단일 패킷을 L1에 전송하기 위해 특별한 주소를 부여해서 전송할 수 있다. L1은 이 패킷 사본을 S2에 전송한다. S2는 패킷을 복제해서 하나는 L2로 나머지 하나는 L4로 보낸다. L4는 또 패킷을 복제해서 H5와 H6에 각각 보내고 L2는 H3에 패킷을 보내게 된다. 이 두 번째 모델을 바로 **멀티캐스트**multicast라고 부른다. 브로드캐스트와 다른 점은 네트워크에 있는 모든 사람이 패킷 사본을 수신하지는 않는다(이 예제에서는 H2, H4만 수신)는 것이다.

헤드엔드 복제와 비교해서 멀티캐스트의 주요 이점은 바로 패킷을 여러 엔티티에 전송 시 네트워크 대역폭을 효율적으로 활용할 수 있다는 것이다. 정말 필요한 경우에만 패킷을 복제하는 것이 효율적이다.

멀티캐스트 주소는 유니캐스트 주소와 다르다. 멀티캐스트 MAC 주소는 최하위 비트의 첫 옥 탯이 1이 된다. IPv4 멀티캐스트 주소는 IPv4 주소 첫 네 비트가 1110으로 식별된다. 따라서 IPv4 멀티캐스트 주소의 첫 옥탯 범위는 224에서 239다. IPv4 멀티캐스트 주소의 총합은 2^{28}개다(고정된 최초 네 비트는 무시한다). IPv4에서 주소가 224로 시작하는 경우 링크 로컬 멀티캐스트로 간주되며 라우팅 프로토콜과 같은 제어 프로토콜이 이를 사용한다. 예를 들어 OSPFv2는 224.0.0.5를 링크 로컬 멀티캐스트 주소로 사용해 이더넷과 같은 브로드캐스트 링크에 있는 모든 OSPF 라우터에 접근하기 위해 사용한다. 링크 로컬 멀티캐스트는 라우팅되지 않으므로 실제로는 브리징 멀티캐스트다.

IPv6 멀티캐스트 주소의 첫 여덟 비트는 1로 설정되어야 한다. IPv6 멀티캐스트 주소에도 링크 로컬, 노드 로컬, 글로벌 등의 범위가 내장되어 있다.

유니캐스트 패킷 포워딩에는 브리징과 라우팅 두 가지 모델이 있다. 이와 유사하게 멀티캐스트 역시 L2 또는 브리징된 멀티캐스트 또는 라우팅된 멀티캐스트가 있다. 이름에서 알 수 있듯이 브리징된 멀티캐스트는 단일 서브넷에서 운영되는 반면 라우팅된 멀티캐스트는 여러 서브넷에 걸쳐 동작한다. 브리징 네트워크가 패킷 포워딩을 위한 신장 트리를 구축하므로 유니캐스트 패킷과 멀티캐스트 패킷에서도 동일한 트리가 포워딩을 위해 사용된다.

다른 한편 라우팅은 유니캐스트 포워딩 동작 방식을 그대로 계승한다. 따라서 멀티캐스트 라우팅은 유니캐스트 라우팅과 완전히 다른 종류다. 멀티캐스트 패킷을 라우팅하기 위해 멀티캐스트 라우팅은 **멀티캐스트 분산 트리**multicast distribution tree를 유니캐스트 라우팅 토폴로지에서 구성한다. 다시 말해, 멀티캐스트 라우팅을 사용하기 위해서는 유니캐스트 라우팅 토폴로지가 멀티캐스트 앞서 구축되어야 한다.

멀티캐스트 그룹은 **소스**source(멀티캐스트 패킷을 전송하는 호스트)와 **리스너**listener(패킷의 수신자)를 연결한다. 호스트가 그룹에 합류하면 호스트는 모든 소스로부터 오는 패킷을 수신할 것인지 아니면 특정 소스의 패킷만 수신할 것인지 알려줄 수 있다. 따라서 멀티캐스트 경로는 $(*, G)$와 (S, G) 두 가지 종류가 된다. 첫 번째는 그룹 내의 모든 소스의 패킷을 수신하고 두 번째는 단일 소스의 패킷만 수신한다.

5장에서 유니캐스트 패킷 포워딩이 패킷의 목적지 주소로 라우팅 테이블 엔트리와 최장 접두사 일치를 수행한다는 것을 배웠다. 멀티캐스트 라우팅 역시 선정된 최적 경로에서 최장 접두사 일치 룩업을 실시한다. 유니캐스트 라우팅의 라우팅 접두사 용어와 유사하게 멀티캐스트의

S와 G는 패킷에서 추출되어 패킷 포워딩 결정에 사용된다. 소스는 출발지 IP 주소 및 목적지 IP 주소의 그룹에서 가져온다. (S,G) 엔트리는 (*,G)보다 더 특정(최장 접두사)된다.

스위칭 실리콘에서 멀티캐스트 경로 엔트리는 유니캐스트 엔트리보다 두 배의 공간을 차지한다. 라우터가 반드시 출발지 주소와 목적지 주소(멀티캐스트의 그룹 주소) 두 가지를 찾아야 하기 때문이다. 멀티캐스트는 역경로 포워딩^{reverse path forwarding, RPF}이라고 불리는 것도 수행한다. RPF에 대해서는 이 장 뒷부분에서 다룬다.

8.1.1 멀티캐스트 라우팅의 사용

브리징된 멀티캐스트는 대체로 클러스터 멤버를 탐색하거나 하트비트^{heartbeat}(킵얼라이브) 메시지를 위해 사용된다. 클라우드 네이티브 애플리케이션은 항상 이 방식을 사용하지 않지만, 많은 레거시 애플리케이션과 일부 새로운 애플리케이션에서 사용한다.

라우팅된 멀티캐스트는 일반적으로 두 가지 시나리오에서 사용된다. 주식 시세가 여러 피드^{feed}를 통해 인입되는 주식 거래 사이트와 인터넷 프로토콜 텔레비전^{Internet Protocol Television, IPTV}과 같은 방송 매체가 그 경우다. 데이터 센터에서는 EVPN과 함께 라우팅된 멀티캐스트가 사용되는 사례가 필자가 아는 유일한 경우다. 가상 네트워크는 브리징 또는 L2 멀티캐스트를 사용하지만 네트워크 가상화의 라우팅 오버레이 구현 때문에 오버레이 네트워크의 브리징된 멀티캐스트가 언더레이의 라우팅된 멀티캐스트로 전환될 수 있다(오버레이와 언더레이 정의는 6장에서 설명했다).

8.2 멀티캐스트 라우팅에서 해결해야 할 문제

[그림 8-1]을 다시 살펴보자. 멀티캐스트 라우팅 솔루션이 반드시 해결해야 할 두 가지 중요한 질문이 있다.

중복된 패킷 전송을 막는 방법은 무엇인가?
토폴로지에는 많은 루프가 있으므로 패킷 중복을 막는 것은 필수다. 예를 들어 L1이 간단하게 자신의 모든 라우터 인터페이스인 S1과 S2에 패킷을 포워딩한다고 하자. S1과 S2가 동일한 패킷을 L4로 보내는 것을 어떻게 방지할 수 있을까? 동일한 브로드캐스트 모델을 따르면 S1은 L1부터 받은 패킷을 자신과 연결된 모든 라우터(L3, L4, R1)에 전송하고 S2는 패킷을 L2, L4, R1에 전송한다. R1이 S1의 패킷을 S2에 보내지 않아야 하는 걸 어떻게 알 수 있을까? 마찬가지로 S2의 패킷을 S1에 보내지 않아야 한다는 것을 어떻게 알 수 있을까?

멀티캐스트 그룹의 리스너는 어디에 있는가?

H1이 멀티캐스트 그룹 G1의 소스라면 라우터는 누구에게 패킷을 전달해야 할지 어떻게 알 수 있을까? H5가 리스너라면 L1은 이 사실을 어떻게 알 수 있을까? S1의 관점에서 패킷을 L3에만 보내고 L4에는 전송하지 않아야 하는 것을 어떻게 알 수 있을까? L4가 H6이 아닌 H5에만 패킷을 보내야 한다는 것을 어떻게 알 수 있을까?

두 가지 질문에 대한 답은 리스너와 발신자를 연결하는 비순환 방향 트리를 구축하는 프로토콜을 사용하는 것이다. 프로토콜은 리스너가 특정 그룹과 그룹의 특정 소스에 관심이 있다는 것을 알릴 수 있게 한다.

리스너는 어떤 멀티캐스트 그룹이 가용한지 어떻게 알 수 있을까? 이 질문에 대한 답은 IP나 L2 멀티캐스트 프레임워크의 주소 지정은 아니다. 대부분의 경우는 애플리케이션의 일부가 수행한다. 즉, 애플리케이션은 미리 정의된 멀티캐스트를 사용하거나 애플리케이션 설정의 일부로 가용한 멀티캐스트 그룹을 알 수 있게 된다.

8.2.1 멀티캐스트 트리 구축

[그림 8-2]는 [그림 8-1]의 네트워크가 어떻게 비순환 방향 그래프로 변환되어 루프를 방지하는지 보여준다. 루프가 없는 비순환 그래프는 중복된 패킷 전송도 방지한다(네트워크 토폴로지가 변경된 경우는 제외).

그림 8-2 네트워크에서 멀티캐스트 트리로 변환

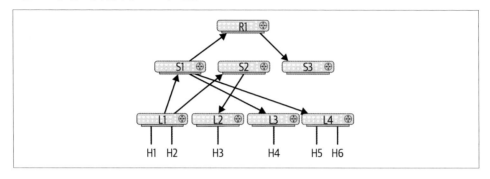

[그림 8-2]에서 보는 것처럼 L1을 루트로 하는 트리가 구성되었다. 그리고 [그림 8-3]은 L1 관점에서 재구성한 토폴로지다. [그림 8-3]은 라우터와 연결들의 물리적인 뷰가 아니라 멀티캐스팅 관점의 네트워크의 논리적인 뷰다. 멀티캐스트 오버레이가 효율적인 패킷 전송을 위해 어떻게 비순환 그래프를 생성하는지 보여준다.

그림 8-3 네트워크에서 멀티캐스트 트리로 변환

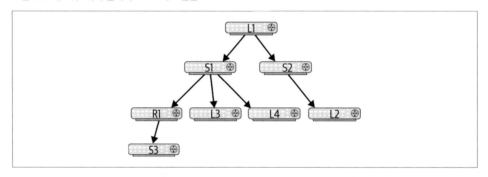

누가 L1을 트리의 루트로 선정했는가? 멀티캐스트 그룹의 소스가 H3라면 L2가 트리의 루트가 되어야 할까? 만약에 H1과 H3가 동일한 멀티캐스트 그룹 G1의 소스라면 어떻게 되는 건가? L1을 루트로 하는 트리와 L2를 루트로 하는 트리 두 가지가 존재하게 되는가? 그렇다면 그래프는 방향이 있어야 하는가? 결국 STP가 L2 네트워크에서 하는 것과 동일하게 트리는 무방향이다. 이 모든 질문에 대한 답은 멀티캐스트 라우팅 프로토콜의 특성에 있다.

8.2.2 멀티캐스트 라우팅 프로토콜

멀티캐스트 라우팅 프로토콜은 소스와 그 리스너로 시작해서 리스너에 도달하는 가장 최적의 비순환 그래프를 구축한다. 이 그래프가 8.1절에서 소개한 멀티캐스트 분산 트리를 구성한다.

멀티캐스트 라우팅 프로토콜은 두 부분으로 나뉜다. 한 부분은 **인터넷 그룹 관리 프로토콜**internet group management protocol, IGMP로 리스너가 (*,G)나 (S,G) 튜플로 멀티캐스트 그룹에 관심을 표현할 수 있게 한다. 다른 한 부분은 라우터에서 분산 트리를 만들고 패킷을 어디로 전송해야 하는지 결정하는 것이다. 기업 내에서 사용되는 가장 유명한 멀티캐스트 라우팅 프로토콜은 프로토콜 독립 멀티캐스트protocol-independent multicast, PIM다.

멀티캐스트 트래픽을 수신하고 싶은 리스너는 IGMP 합류 메시지IGMP join message를 전송해서 멀티캐스트 스트림을 만든다. 반대로 더 이상 멀티캐스트 스트림의 트래픽을 수신하고 싶지 않을 때는 IGMP 탈퇴 메시지IGMP leave message를 전송한다. 리스너의 첫 번째 홉 라우터가 리스너에 패킷을 전송하는 마지막 라우팅 홉이 된다. 그래서 리스너의 첫 번째 홉 라우터를 멀티캐스트 분산 트리에서는 마지막 홉 라우터last-hop router, LHR라고 한다. 반대로 소스의 첫 번째 홉 라우터를 멀티캐스트 분산 트리에서는 첫 번째 홉 라우터first-hop router, FHR라고 한다. 따라서 LHR이 로컬에 연결된 호스트가 전송한 IGMP 합류 메시지를 적절한 멀티캐스트 라우팅의 특정 메시지, 예를 들어 PIM 합류PIM join (PIM은 곧 살펴본다)로 변환한다.

멀티캐스트 라우팅에서 멀티캐스트 라우팅 상태는 소프트 상태soft sate라는 것이 중요하다. 다시 말해 프로토콜은 멀티캐스트 그룹의 트래픽을 계속 수신하기 위해 주기적으로 알려야 한다. 주기적인 관심 표명이 없는 경우 트리의 가장 가까운 업스트림 라우터는 수신자가 불능이거나 더 이상 트래픽에 대한 관심이 없다고 판단해서 분산 트리에서 제외시킨다. 라우터는 필요에 따라 트리를 다시 정리한다. 조금 더 자세히 살펴보면 리스너가 더 이상 IGMP 합류 패킷을 보내지 않고 LHR에 더 이상 해당 멀티캐스트 그룹의 다른 리스너가 없다면 LHR은 해당 멀티캐스트 그룹에 대한 PIM 합류 패킷 전송을 함께 멈춘다. 멀티캐스트 그룹의 LHR인 업스트림 라우터도 더 이상 리스너가 없으면 PIM 합류 전송을 멈추게 되고 계속 이렇게 반복되면 멀티캐스트 분산 트리의 FHR까지 도달하게 된다.

> **NOTE_** IGMPv2가 아주 오랫동안 널리 사용되었지만 오늘날 가장 일반적으로 볼 수 있는 버전은 IGMPv3다. IGMPv2와 IGMPv3와의 가장 큰 차이점은 IGMPv3는 (S,G)나 (*,G)에 대한 관심을 표현할 수 있는 반면 IGMPv2는 (*,G)만 가능하다. 즉, IGMPv2에서는 리스너들이 모든 소스로부터 오는 멀티캐스트 트래픽을 강제로 수신해야 한다.

PIM은 RFC 7761[1]에 정의되어 있다. PIM은 다양한 변형이 있다. 그 변형들은 특정 토폴로지 또는 특정 사용 사례에 적합하다.

PIM 산재 모드 PIM sparse mode, PIM-SM

대부분의 수신자가 멀티캐스트 수신을 원하지 않으므로 참여하는 라우터(리스너)들만 기록한다.

PIM 밀집 모드 PIM dense mode, PIM-DM

라우터 대부분이 모든 멀티캐스트 트래픽을 수신하는 것에 관심이 있는 경우에 사용한다. 라우터가 특정 (*,G)나 (S,G) 엔트리를 수신하고 싶지 않은 예외의 경우에는 반드시 이 멀티캐스트 스트림 분산 제거를 요청하는 메시지를 전송해야 한다. 이렇게 해야 원치 않는 패킷의 전달을 막아서 관련 없는 수신자의 부담을 줄여준다.

PIM 소스 특정 멀티캐스트 PIM source-specific multicast, PIM-SSM

특정 시나리오에서 사용되는 간소화된 PIM-SM이다.

양방향 PIM bidirectional PIM, bidir PIM

PIM-SM과 동일하지만 멀티캐스트 분산 트리가 공유되고 소스를 특정하지 않는다. 즉, (S,G) 경로가 존재하지 않는다.

PIM-SM이 기업 내에서 가장 널리 사용되는 형태이며, 그다음에는 양방향 PIM이 널리 사용된다. 이 장에서는 멀티캐스트 라우팅 프로토콜로 PIM-SM만 다룬다.

PIM-SM 프로토콜 패킷

PIM은 IP상에서 직접 구동된다. TCP나 UDP와 같은 어떤 전송 프로토콜도 사용하지 않는다. PIM 프로토콜 패킷은 IP 헤더의 L4 프로토콜 유형 103을 사용한다. PIM은 예약된 멀티캐스트 주소 ALL-PIM-ROUTERS를 사용해서 유니캐스트가 아닌 PIM 합류와 PIM 제거 프로토콜 메시지를 전송한다. ALL-PIM-ROUTERS의 IPv4 주소는 224.0.0.13이고 IPv6 주소는 ff02::d다. [표 8-1]에 패킷 유형을 정리했다.

---

[1] https://oreil.ly/RQEQW

표 8-1 PIM 프로토콜 패킷 유형

패킷 유형	사용	주기	목적지 주소
PIM 헬로 (PIM hello)	주기적으로 모든 PIM 라우터의 PIM 활성화 인터페이스가 전송	30초	ALL-PIM-ROUTERS
PIM 등록 (PIM register)	RP 트리를 사용해서 멀티캐스트 패킷을 RP로 전달하기 위해 FHR 이 전송	60초	RP의 IP 주소
PIM 등록 중지 (PIM register stop)	RP 트리의 전송 종료를 위해서 중 단 메시지를 FHR에 보내기 위해 RP가 전송	PIM 등록에 대한 응답	FHR의 IP 주소
PIM 합류/제거 (PIM join/ prune)	멀티캐스트 스트림의 멀티캐스트 분산 트리의 구축(합류) 또는 파괴 (제거)에 사용	60초	ALL-PIM-ROUTERS
PIM 확인 (PIM assert)	멀티캐스트 패킷 분배에 대한 오류 를 알리거나 수정하기 위해 전송	–	ALL-PIM-ROUTERS

> **NOTE_** IS-IS 라우팅 프로토콜은 유니캐스트 라우팅 테이블 엔트리와 멀티캐스트 테이블 엔트리 구축에
> 모두 사용될 수 있다. 이 방법은 IETF 표준인 TRILL에 최초로 도입되었다가 이후 시스코의 ACI와 같은 사유
> 솔루션에도 적용되었다. 하지만 IS-IS를 IP 멀티캐스트 라우팅 프로토콜로 하는 상호 운영 가능한 구현체나
> 표준화 정의는 없다. 멀티캐스트 OSPF(MOSPF)는 최초의 멀티캐스트 라우팅 프로토콜 중 하나였지만 이
> 제는 사용되지 않는다. 다른 멀티캐스트 라우팅 프로토콜도 역시 주류에서 크게 벗어나 있다.

8.3 PIM 산재 모드

이 절에서는 PIM-SM 동작 방식을 상세히 살펴본다. PIM-SM 사양은 RFC 7761[2]에 있다.

8.3.1 랑데뷰 포인트

PIM-SM에서 가장 먼저 이해해야 할 용어는 바로 공유된 멀티캐스트 분산 트리의 루트인 **랑데 뷰 포인트**rendezvous point, RP다. 이 트리는 패킷을 발신자에서 (*,G) 멀티캐스트 스트림에 관심이

----

2 https://oreil.ly/RQEQW

있는 수신자에 전송하기 위해 사용된다. RP는 관리자에 의해 선정되고 모든 PIM 라우터에 설정된다. RP는 일부 멀티캐스트 그룹 또는 모든 멀티캐스트 그룹을 담당하도록 설정될 수 있다.

RP로부터 모든 리스너를 향해 구축된 트리는 그룹의 모든 소스에 공통이므로 공유 트리다. 이 공유 트리를 **RP 트리**^{RP tree, RPT}라고 한다. 리스너가 새로운 소스를 학습할 때 리스너는 이 소스의 멀티캐스트 스트림에 대해 보다 최적화된 경로를 잠재적으로 구축할 수 있다. 이런 트리는 소스 그룹 특정 트리^{source group-specific tree}이며 **최단 경로 트리**^{shortest path tree, SPT}라고 부른다. SPT는 소스에서 리스너까지의 확실한 최적 경로다. 따라서 RPT 대신 SPT를 사용하는 것이 더 낫다. 하지만 SPT는 그룹의 멀티캐스트 트래픽이 발생하기 시작하면 사용할 수 없다. 트래픽이 RPT를 사용하다가 SPT 사용으로 전환되는 절차를 **SPT 전환**^{SPT switchover}이라고 한다.

8.3.2 멀티캐스트 분산 트리 구축

PIM-SM은 반드시 다음 문제들을 해결해야 한다.

- 소스 시작 전에 리스너가 관심을 표현했을 때 리스너들을 그룹에 연결
- 리스너가 없을 때 소스가 시작할 경우 리스너들을 그룹에 연결
- 엔드포인트 장애를 우아하게 대응
- (*,G)나 (S,G) 멀티캐스트 스트림의 리스너 집합 변경 대응
- 토폴로지 변경 대응

PIM은 독자적인 유니캐스트 접근 가능성 토폴로지를 구축하지 않으므로 '프로토콜 독립 멀티캐스트'라고 부른다. PIM은 소스로 향하는 유니캐스트 포워딩 경로를 식별하기 위해 유니캐스트 라우팅이 정상 동작한다고 기대한다. [그림 8-1]을 이 절에서 다룰 내용을 위한 토폴로지로 사용하기로 하자.

리스너와 LHR 사이에 PIM 세션이 구동되고 (*,G)나 (S,G) 튜플에 대한 관심을 RP에 보내고 있다. 또 다른 부분은 소스와 RP로 가는 소스의 FHR 사이에 구동되어서 RP가 소스를 알 수 있게 한다. RP는 이 두 엔드포인트의 관심을 하나로 엮어서 멀티캐스트 패킷 플로가 가능하게 한다. 다음은 PIM-SM 프로토콜의 초기화 단계다.

1. 첫 번째 단계는 라우터의 모든 인터페이스에 PIM-SM을 활성화하는 것이다. 멀티캐스트 소스, 멀티캐스트 리스너, RP에 있는 모든 라우터에서 활성화되어야 한다. 인터페이스에서 PIM-SM 활성화가 PIM의 시작이다.

2. 다음 단계는 RP를 포함한 모든 라우터에 RP의 IP 주소를 설정하는 것이다. 대부분의 구현체에서는 RP를 특정할 수 있고 멀티캐스트 그룹 내에서 RP가 어떤 것인지 특정할 수 있다. RP를 자동 탐색해주는 솔루션도 존재한다. 여기서 상세한 내용은 다루지 않는다. 본 예제에서는 R1이 RP라고 가정한다.

3. PIM은 인터페이스를 통해 헬로 메시지를 전송한다. PIM 헬로는 링크 로컬 멀티캐스트 메시지여서 ALL-PIM-ROUTERS 주소로 전송된다. 따라서 링크에 있는 모든 PIM 라우터가 이 메시지를 수신한다.

4. 헬로 메시지는 PIM 스피커$^{\text{PIM speaker}}$의 존재를 알리는 데 사용된다. 이는 링크의 지정 라우터$^{\text{designated router, DR}}$를 선정하기 위해 사용된다. DR은 유일해서 (1) 수신한 멀티캐스트 데이터를 브리징 세그먼트로 전송하고 (2) 수신자의 PIM 합류 메시지를 RP에 전달하고 (3) 링크에서 전달받은 패킷의 PIM 등록 메시지를 전송한다. 이를 통해 여러 라우터가 브리징 세그먼트로 패킷 포워딩하여 패킷 중복이 발생하는 것을 막는다.

소스가 먼저 시작된 경우

PIM-SM의 멀티캐스트 분산 트리 구축 방법 중 소스가 시작될 때 멀티캐스트 스트림에 어떤 리스너도 관심을 표현하지 않았을 경우부터 설명하겠다. [그림 8-4]는 일련의 단계를 나타낸다.

그림 8-4 PIM-SM을 통한 (*,G1) 트리 설정

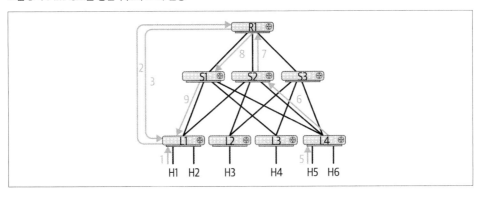

1. H1을 그룹 G1의 소스라고 하자. H1의 멀티캐스트 패킷 사본이 L1에 있는 제어 평면(이 내용에 대해서는 이후에 다룬다)에 전달된다.

2. L1의 PIM 프로세스가 이 패킷을 수신하면 PIM 등록 메시지로 캡슐화해서 RP에 유니캐스트 패킷으로 보내게 된다. 등록 메시지는 새로운 소스의 존재를 알리는데, 이미 알려진 멀티캐스트 그룹의 일부일 수도 있고 새로운 멀티캐스트 그룹의 시작일 수도 있다. L1도 (H1,G1)을 위한 (S,G) 멀티캐스트 라우팅 엔트리를 생성한다. 이 시점에 등록된 리스너가 존재하지 않으므로 해당 그룹의 나가는 인터페이스 목록(olist 또는 **OIF 목록**이라고 한다)은 비어 있다. 따라서 패킷은 더 이상 포워딩되지 않는다.

3. RP가 패킷을 수신한다. RP는 빈 olist가 있는 (H1,G1) 엔트리를 멀티캐스트 라우팅 테이블에 생성한다. 엔트리는 수신자가 나중에 합류하여 소스와 랑데뷰[3]하도록 하고, 그룹의 멀티캐스트 패킷 수신을 시작할 수 있게 한다. 하지만 아직까지 이 멀티캐스트 스트림을 수신하는 리스너가 등록되지 않았으므로 R1은 PIM 등록 중지 메시지를 L1에 보내 더 이상의 등록 메시지가 오지 않도록 한다.

4. L1은 RP로부터 등록 중지 메시지를 수신한다. (H1,G1)에서 멀티캐스트 패킷을 위한 등록 메시지 전송을 중단한다. 리스너가 존재하지 않으므로 H1의 패킷은 L1에서 그냥 드롭된다. 따라서 L2 멀티캐스트와 달리 PIM-SM에 등록된 리스너가 존재하지 않으면 패킷은 전송되지 않는다. L2 멀티캐스트에서는 등록된 리스너가 없어도 멀티캐스트 패킷이 VLAN의 모든 엔드포인트(많은 구현체가 멀티캐스트 패킷을 L3와 같이 등록된 리스너에만 보내는 것을 활성화하는 옵션을 제공한다)로 플러딩된다. 이로 인해 어떤 메시지도 전송되지 않으므로 [그림 8-4]에는 네 번째 단계가 존재하지 않는다. 멀티캐스트의 모든 상태는 소프트 상태라는 것을 꼭 기억하자. 따라서 소스가 패킷을 계속 전송하는 한 L1은 지속적으로 PIM 널 등록$^{\text{PIM null register}}$ 메시지를 전송할 것이다. 이 메시지는 리스너가 계속 동작한다는 사실을 RP가 알 수 있도록 보장한다. 널 등록 메시지라고 부르는 이유는 어떤 데이터도 포함하지 않기 때문이다. 단지 멀티캐스트 소스와 그룹 정보만 있어서 RP에 어떤 멀티캐스트 라우팅 상태를 유지해야 하는지 알려준다.

5. 이제 리스너를 시작해보자. H5가 (*,G1) 멀티캐스트 스트림에 관심이 있는 것을 나타내는 IGMPv3 합류$^{\text{IGMPv3 join}}$를 전송한다. L4가 이 IGMP 메시지를 트랩^{trap}해서 (*,G1) 멀티캐스트 경로를 박스에 생성한다. olist는 아직까지 H5로 향하는 인터페이스만 있다. L4가 RP로 도달할 수 있는 OIF인 R1을 식별하기 위해 유니캐스트 라우팅 테이블을 살펴본다. 여기서는 R1에 도달하는 경로가 S1, S2, S3를 통하는 세 가지가 있다. 다중 인터페

---

3 옮긴이_ RP에 참여하는 것을 의미한다.

이스가 있다면 L4는 멀티캐스트 스트림의 패킷 헤더를 해싱해서 하나를 선택한다. 여러 경로가 존재하는 가운데 하나의 인터페이스를 선택하는 방법은 유니캐스트의 많은 등가 경로 중에서 인터페이스 하나를 선택하는 것과 유사하다. L4가 R1에 도달하기 위해 S2 로 가는 인터페이스를 선택했다고 하자.

6. L4는 (*,G1) 멀티캐스트 스트림에 대한 관심을 표명하는 PIM 합류 메시지를 전송한다. L4는 이 메시지를 S2와 연결된 포트로 전송한다. RP로 가기 위한 경로로 S2를 선택했 기 때문이다. L4는 S2로 가는 인터페이스를 (*,G1) 경로의 **RPF 인터페이스**^{RPF interface}라 고 표기한다. 이 인터페이스는 RP로부터 오는 멀티캐스트 데이터 스트림^{multicast data stream} 을 수신하게 된다. 이 멀티캐스트 그룹으로 멀티캐스트 데이터 패킷이 수신될 때마다 패 킷 포워딩 로직은 패킷이 RPF 인터페이스로 표시된 인터페이스에 수신되었는지 검사한 다. 지정된 인터페이스에 수신된 경우 패킷을 수용하고 그렇지 않으면 드롭한다. 인입 인 터페이스에서 수행되는 검사를 RPF 검사^{RPF check}라고 한다. RPF 검사가 실패하면 일반 적으로 PIM 확인 메시지를 잘못 수신된 인터페이스로 발송한다.

7. S2가 L4의 PIM 합류 메시지를 수신했다. (*,G1)에 대한 엔트리가 없으므로 S2는 (*,G1) 상태를 멀티캐스트 라우팅 테이블에 생성한다. L4로 가는 인터페이스를 olist로 설정한다. S2는 RP로 향하는 인터페이스를 RPF 인터페이스로 지정한다. 그리고 (*,G1) 그룹의 PIM 합류 메시지를 생성하고 메시지를 RP로 전송한다.

8. R1이 메시지를 수신하고 자신의 멀티캐스트 라우팅 테이블에서 빈 olist가 있는 (H1,G1) 상태가 존재하는 것을 확인한다. 이제 관심 있는 리스너가 생겼으므로 소스 H1의 패킷이 리스너로 갈 수 있도록 보장해야 한다. H1에 도달하는 경로는 S1, S2를 통 하는 두 가지가 존재한다. 플로 해시를 기반으로 이 중 하나를 선택하고 다른 경우와 마찬 가지로 (H1,G1) 스트림의 PIM 합류 메시지를 전송한다. R1이 S1을 선택했다고 가정 하자. R1이 (H1,G1)의 olist를 S2로 나가는 인터페이스로 설정하는데, R1이 PIM 합류 메시지를 수신한 인터페이스다. R1은 S1으로 향하는 인터페이스를 RPF 인터페이스로도 지정한다. 해당 인터페이스는 소스 H1으로부터 그룹 G1으로 향하는 멀티캐스트 스트림 을 수신한다.

9. S1은 PIM 합류 메시지를 R1으로부터 수신한다. 그리고 (H1,G1)의 R1 방향의 인터페 이스를 olist로 특정한 멀티캐스트 경로를 생성한다. S1은 유니캐스트 라우팅 테이블에서 소스 H1을 찾기 위한 룩업을 수행한다. 그 결과 L1으로 가는 인터페이스를 찾는다. S1은

(H1,G1) 멀티캐스트 그룹의 RPF 인터페이스를 L1 방향의 인터페이스로 설정한다. 다음으로 (H1,G1) 멀티캐스트 그룹의 PIM 합류 메시지를 생성하고 L1에 전송한다.

10. L1에서 S1의 PIM 합류 메시지를 수신하면 (H1,G1)의 멀티캐스트 라우팅 테이블 엔트리를 S1 방향의 인터페이스로 특정해서 갱신한다.

H1에서 보낸 멀티캐스트 패킷 플로는 H1 → L1 → S1 → R1 → S2 → L4 → H5가 된다. 트래픽은 [그림 8-5]에서 묘사한 대로 이제 소스 H1과 리스너 H5 사이에서 흐르게 된다.

그림 8-5 소스 H1에서 리스너 H5를 연결하는 (*,G1) 트리

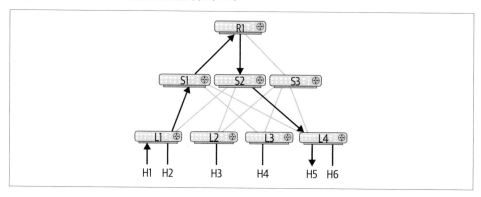

하지만 이는 소스와 리스너 사이의 비최적화 경로다. H1과 H5 사이에는 최단 경로 (L1,S1,L4)와 (L1,S2,L4) 두 가지가 있다. 따라서 멀티캐스트 분산 트리가 설정된 후에라도 호스트와 라우터가 함께 경로를 최적화한다. 지금부터 이에 대해 살펴본다. 일련의 단계를 [그림 8-6]에 나타냈다.

그림 8-6 PIM-SM을 통한 (H1,G1) 트리 설정

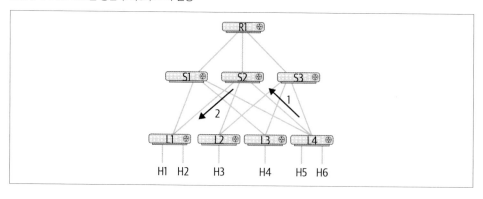

1. L4는 L4에서 L1까지의 경로가 지금의 (*,G1) 트리보다 최단 경로라는 것을 알지 못하고 상관하지도 않는다. 단지 (H1,G1)의 특정한 소스에 대한 정보만 가지고 있다. L4는 유니캐스트 라우팅 테이블을 참조하여 H1으로의 최단 경로를 확인한다. 그리고 S1과 S2를 통하는 가능한 두 가지 경로가 있다는 것을 알게 된다. L4는 이 두 경로 중 하나를 일반적인 부하 분산 방법을 통해 선정한다. 여기서 S2를 선정했다고 하자. L4는 (H1,G1)의 PIM 합류 메시지를 S2에 전송한다. olist를 H5로 하는 (H1,G1) 멀티캐스트 경로를 만들고 RPF 인터페이스를 S2와의 인터페이스로 지정한다.

2. S2가 (H1,G1)의 PIM 합류를 수신한다. H1으로의 경로를 찾기 위해 유니캐스트 라우팅 테이블을 확인하고 L1으로 향하는 인터페이스를 써야 하는 것을 알아낸다. 그래서 S2는 L4로 향하는 인터페이스 하나를 OIF로 하는 (H1,G1) 멀티캐스트 라우팅 테이블 엔트리를 구축하고 L1으로 향하는 인터페이스를 RPF 인터페이스로 한다. 다음으로 (H1,G1)의 멀티캐스트 경로 엔트리가 신규로 생성되었으므로 PIM 합류 메시지를 L1에 보낸다.

3. L1이 (H1,G1)의 PIM 합류를 수신하면 S2를 (H1,G1)의 멀티캐스트 라우팅 테이블에 추가한다.

여기에서 그룹 G1의 H1부터 시작하는 멀티캐스트 트래픽은 H1 → L1 → S2 → L4 → H5로 흐른다. 이 경로가 최적 트리다. L4가 (H1,G1)의 SPT 전환을 했다고 할 수 있다. [그림 8-7]에서는 멀티캐스트 분산 라우트에 참여하는 라우터를 회색으로 표시했고 최적화된 트래픽 플로를 파란선으로 표시했다. 하지만 검은선으로 표시한 것처럼 여전히 큰 (*,G1) 경로의 상태가 네트워크에 존재한다. L1은 여전히 S1이 유효한 (H1,G1)의 PIM 합류를 전송하고 있으므로 G1의 멀티캐스트 스트림을 H1부터 S1과 S2 양쪽으로 전송한다.

그림 8-7 소스 H1에서 리스너 H5까지 연결된 (H1,G1) 트리

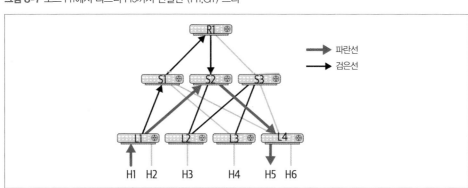

이러한 RP로 대역폭이 낭비되는 것을 피하기 위해 RP에 (H1,G1)의 트래픽을 S2에 전송을 멈춰야 한다는 사실을 알려야 한다. RFC 7761의 4.5.6절[4]에 정의된 PIM-SIM 규칙에 따르면 L4는 트리의 삭제를 시행할 수 없다. L4가 (S,G)와 (*,G) 두 인터페이스의 RPF 인터페이스를 동일한 것으로 지정했기 때문이다. 둘 다 S2와 연결된 인터페이스를 지정했다. S2가 (H1,G1)과 (*,G1)의 RPF 인터페이스를 서로 다르게 지정한 라우터이므로 S2가 반드시 무엇인가를 해야만 한다. 그래서 S2는 RP에 보내는 (*,G1) 스트림의 다음 PIM 합류 메시지에 **(S,G,RPT) 제거**라고 불리는 특별한 플래그를 포함시킨다. (S,G,RPT) 제거 한정자는 PIM 합류 수신자에 메시지 전송자가 여전히 (*,G1) 그룹의 트래픽을 받는 것에 관심이 있지만 특정 소스에서 기인한 스트림은 그렇지 않다는 것을 알려준다.

본 예제에서는 S2가 (*,G1)의 PIM 합류 메시지에 소스 H1에서 R1의 (S,G,RPT) 제거를 함께 포함해서 R1에 전송한다. 이 메시지를 처리하면서 R1은 (H1,G1) 멀티캐스트 경로의 olist에서 S2를 제거하게 된다.

[그림 8-8]에 제거 이후에 일어나는 일련의 과정을 나타냈다.

그림 8-8 (H1,G1)의 PIM (S,G,RPT) 제거 메시지 플로

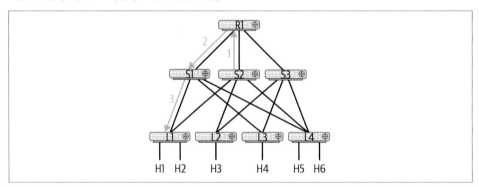

1. S2는 (H1,G1)과 (*,G1) 상태를 가지고 각각 다른 RPF 인터페이스가 지정되어 있다는 것을 알고 오버라이드 타이머$^{override\ timer}$를 실행한다. 이 타이머의 목적은 (S,G,RPT) 비트가 설정된 합류 메시지 폭풍이 업스트림 라우터에 닿지 않게 하는 것이다. S2가 (S,G,RPT) 비트가 설정된 (*,G1)의 PIM 합류 메시지를 수신하면 오버라이드 타이머를 취소한다. 이 메시지를 통해 이미 다른 누군가가 동일한 목적으로 메시지를 전송한 것

---

4 https://oreil.ly/kol0x

을 알게 되었기 때문이다. S2는 바로 이 메시지를 처리해서 (H1,G1)의 (S,G,RPT) 메시지가 RP에 전달되도록 한다. 이 예제에서는 소스 H1의 (S,G,RPT)가 설정된 (*,G1) 합류 메시지를 보내는 다른 노드는 없다. 따라서 오버라이드 타이머가 종료되면 S2는 (*,G1)의 PIM 메시지를 소스 H1의 (S,G,RPT) 비트를 설정해서 RP에 보낸다. 이때 R1으로 가는 인터페이스를 사용한다.

2. R1이 PIM 합류 메시지를 수신하면 소스 H1에 대한 (S,G,RPT) 한정자가 있다는 것을 알게 된다. 그리고 (H1,G1)의 olist에서 S2으로 향하는 인터페이스를 제거한다. RP의 (H1,G1)의 olist는 빈 엔트리가 된다. 이것은 R1이 (H1,G1) 트리의 PIM 제거 메시지를 RPF 인터페이스인 S1으로 향하는 인터페이스로 전송하도록 만든다.

3. S1이 (H1,G1)의 PIM 제거 메시지를 수신한다. 그리고 (H1,G1) 멀티캐스트 경로 엔트리의 olist에서 R1으로 향하는 인터페이스를 제거한다. 여기서 (H1,G1)의 olist가 없다는 것을 알게 된다. 그리고 (H1,G1)의 PIM 제거 메시지를 L1에 전송한다.

4. L1이 (H1,G1)의 PIM 제거 메시지를 S1부터 수신하면 (H1,G1) 멀티캐스트 경로 엔트리의 olist에서 S1을 제거한다. 이로써 패킷은 소스와 리스너 사이에서 최적화되어 흐르고 낭비되는 대역폭이 없어진다.

여기서 다뤘던 제어 패킷 플로를 요약해보자.

- (*,G) 멀티캐스트 스트림의 PIM 합류/제거 메시지는 RP를 향해 흐른다.
- (S,G) 멀티캐스트 스트림의 PIM 합류/제거 메시지는 소스 S를 향해 흐른다.
- RPF 검사는 멀티캐스트 패킷이 반드시 이를 수용하기로 한 단일 인터페이스로 전달된 것을 확인한다.
- 다중 경로가 존재하면 RPF 인터페이스 선출은 일반적인 플로 부하 분산 동작 방식에 의해 많은 경로 중 하나를 선택하게 된다.
- PIM은 토폴로지의 사본을 직접 구축하지 않는다. 하지만 유니캐스트 토폴로지에서 구축한 모든 것에 의존한다. 그래서 PIM을 '프로토콜 독립 멀티캐스트'라고 부른다.
- RP는 소스와 리스너가 합류되는 순서에 상관없이 적절한 연결을 위해 (*,G)와 (S,G) 상태를 유지한다.
- PIM 합류/제거 메시지 처리는 각 노드에서 독립적으로 행해진다. 이 메시지들은 절대 포워딩되지 않으며 이 메시지를 수신하면 수신자 노드의 상태 머신에 자체 PIM 합류/제거 메시지를 생성하도록 트리거링한다.

상태 머신은 중간 노드의 처리를 포함하여 여러 구동부로 인해서 상당히 복잡하다는 것을 알게 되었을 것이다.

다른 시나리오와 그곳에서의 동작을 알아보자.

R1이 H1에 도달하기 위한 경로로 S2를 선택한 경우

[그림 8-4]의 단계 7에서 R1이 (H1,G1)의 PIM 합류 메시지 전송을 S1이 아니라 S2로 선택했다면 S2는 두 PIM 합류 메시지를 수신하게 된다. 하나는 (*,G1)의 L4에서 오는 메시지이며 다른 하나는 (H1,G1)의 R1에서 오는 메시지이다. 이 둘은 서로 충돌하지는 않고 별도의 멀티캐스트 경로 엔트리 두 개를 생성한다. 하나는 olist가 L4로 향하고 RPF 가 RP인 R1으로 향하는 인터페이스인 (*,G1) 엔트리다. 다른 하나는 (H1,G1) 엔트리 인데 olist가 R1과 L4를 향하는 인터페이스를 둘 다 포함하고 RPF 인터페이스는 L1을 향하는 인터페이스다. 따라서 소스 H1의 멀티캐스트 그룹 G1의 패킷은 (H1,G1)의 멀티캐스트 경로 엔트리에 적중한다. 이와 유사하게 H1이 아닌 그룹 G1의 다른 소스의 패킷은 (*,G1) 엔트리에 적중한다. 이는 LPM 룩업이 멀티캐스트 라우팅에서도 유니캐스트 라우팅과 마찬가지로 동작한다는 것을 보여준다.

H5가 (*,G1)이 아닌 특정한 소스를 포함하는 (H1,G1)에 관심을 표명할 때

H5가 IGMPv3를 사용해서 특정한 수신자 H1에만 관심을 표명할 경우 L4는 (H1,G1) 멀티캐스트 스트림의 PIM 합류 메시지를 직접 보낸다. 이는 [그림 8-4]에서 설명하는 단계가 실행되지 않고 프로토콜의 상호 작용이 (*,G1)와 관련 있는 그 어떤 상태가 명백히 없는 가운데 [그림 8-7]에서 설명한 단계로 직접 처리된다.

리스너가 먼저 시작된 경우

이제 앞 절에서 살펴본 시나리오와 반대의 경우를 살펴본다. 이번에는 리스너가 멀티캐스트 그룹에 소스보다 먼저 합류한다. [그림 8-9]가 일련의 과정을 보여준다.

그림 8-9 (*,G)에서 리스너가 소스보다 먼저 활성화된 경우의 PIM 제어 플로

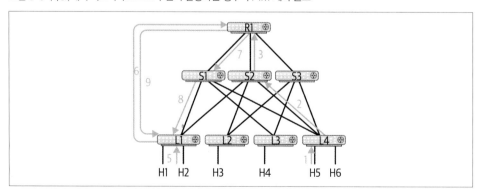

1. H5가 (*,G1) 그룹에 대한 관심을 IGMP 메시지를 통해 표명하면서 시작된다.

2. L4가 이 IGMP 메시지를 수신한다. (*,G1) 그룹의 PIM 합류 메시지를 RP로 전송할 때 S1, S2, S3 중에서 S2를 선택한다. L4는 (*,G1)의 멀티캐스트 경로를 생성한다. RPF 인터페이스는 S2로 가는 인터페이스이고 olist는 H5로 향하는 인터페이스를 포함한다.

3. S2가 PIM 합류 메시지를 수신하면 RPF 인터페이스는 R1을 향하는 인터페이스이며 olist는 L4로 가는 인터페이스를 포함하는 (*,G1) 멀티캐스트 경로를 생성한다. 그리고 S2는 (*,G1)의 PIM 합류 메시지를 생성한다.

4. R1이 합류 메시지를 수신하면 OIF가 S2를 향하는 인터페이스인 (*,G1) 상태를 생성한다. R1은 아직 소스에 대한 정보가 없으므로 RPF 인터페이스는 지정되지 않는다. 이 시점에 리스너와 RP는 소스에 대한 정보가 들어오는 즉시 처리할 수 있도록 대기한다.

5. 소스 H1이 그룹 G1에 트래픽을 전송한다. 이전 사례와 같이 L1이 이 패킷을 트랩해서 PIM 등록 메시지에 캡슐화한다. 그리고 RP인 R1에 유니캐스트 패킷으로 전송한다.

6. R1이 PIM 등록 메시지를 수신한다. 그 후 자신의 상태를 확인하고 나면 이 멀티캐스트 그룹에 관심이 있는 리스너가 있다는 사실을 알게 된다.

7. R1이 (H1,G1)의 PIM 합류 메시지를 소스 H1에 전달하기 위해 생성한다. 이전과 같이 H1으로 가는 경로로 S1을 선택했다고 하자. R1이 RPF 인터페이스를 S1으로 향하는 것으로 지정하고 olist에 (*,G1)의 PIM 합류 메시지를 전달받은 S2로의 인터페이스를 포함한다.

8. S1이 (H1,G1)의 PIM 합류를 수신하면 (H1,G1)의 멀티캐스트 경로를 만든다. 이 경로의 RPF 인터페이스는 L1으로 가는 인터페이스를 포함하며 olist는 R1으로의 인터페이스를 포함한다. 그리고 S1은 (H1,G1)의 PIM 합류 메시지를 생성해서 L1에 전송한다.

9. L1이 PIM 합류 메시지를 수신한다. 그리고 S1으로의 인터페이스를 포함하는 olist와 H1을 향하는 인터페이스를 RPF 인터페이스로 하는 (H1,G1) 멀티캐스트 경로를 생성한다.

이제 멀티캐스트 데이터 스트림은 H1 → L1 → S1 → R1으로 흐른다. 스트림이 R1에 도달하면 R1은 (H1,G1)의 PIM 등록 중지 메시지를 원래 PIM 등록 메시지를 전달받은 L1에 전송한다.

여기까지 공유된 RPT로 H1에서 H5로 흐르는 트래픽의 상태를 수립한다. L4는 앞서 설명한 것처럼 SPT 전환을 실행해서 H1에서 H5까지의 경로를 가장 최적화된 경로로 바꾼다. 종국에는 리스너가 먼저 합류하든지 소스가 먼저 전송을 시작하든지 그 결과가 동일하다.

H5가 (*,G1) 대신 (H1,G1)의 IGMP 합류 메시지를 H1이 시작하기 전에 보내면 어떤 일이 발생할까? 네트워크에 G1과 관련된 어떤 정보도 없고 (S,G) 멀티캐스트 스트림의 PIM 합류 메시지의 동작은 소스를 향해 흐르기 때문에 L4, S2, L1만 (H1,G1)에 대한 정보를 갖고 있게 된다. 하지만 (*,G1) 멀티캐스트 스트림에 관심이 있는 다른 리스너가 존재할 수도 있다. 이 정보는 RP만 유일하게 알고 있다. 따라서 H1이 G1의 멀티캐스트 데이터 스트림을 전송하기 시작하면 L1은 여전히 데이터 스트림을 처리할 수 있는 RP에 PIM 등록 메시지 전송해야 한다. RP가 (*,G1)의 등록된 리스너가 없는 경우 PIM 등록 중지 메시지를 바로 보내게 된다. 하지만 등록된 리스너가 존재하는 경우 (H1,G1) 상태를 [그림 8-9]의 단계 7에서 9까지와 같이 생성하게 된다.

관심 있는 다른 리스너가 없다고 가정한 일련의 동작 절차는 [그림 8-10]에 나타냈다. L1과 RP가 PIM 등록 처리 중에도 멀티캐스트 스트림은 H5를 향해 계속 흘러가야 한다.

그림 8-10 (S,G)에서 리스너가 소스보다 먼저 시작한 경우의 PIM 제어 플로

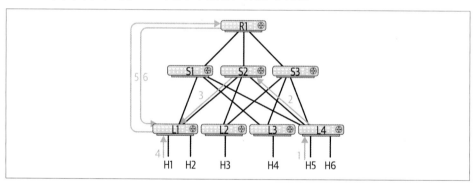

H5가 (H1,G1)의 IGMPv3 합류 메시지를 전송한 경우를 살펴보자. [그림 8-10]에 일련의 동작 과정이 있다. RP는 L1에서 L4로 가는 트래픽을 명확하게 S2를 거쳐서 보낸다. 이제 H6가 IGMP 합류 메시지를 전송하는데 일반적인 (*,G1) 경로의 것이라고 하자. L4가 단지 H5의 (*,G1) 메시지를 처리하는 것과 동일한 절차를 따르게 된다면 L4는 중복된 멀티캐스트 패킷을 받을 수 있다. SPT 트리가 하나의 사본을 전달하고 RPT가 또 다른 사본을 전달하기 때문이다. (S,G,RPT) 제거 메시지가 S2에서 다시 전송되어 중복된 패킷이 전달되지 않게 한다.

다른 예제로, H3가 (H1,G1) 멀티캐스트 스트림을 수신하기로 선택한다면 L1에서 가장 최적화된 패킷 복제는 S2에 사본을 전송하고 S2에서는 L2와 L4로 향하는 인터페이스로 각각 사본을 전송하는 것이다. 하지만 (S,G) 트리에서 소스로의 경로를 각 라우터에서 독립적으로 결정하므로 L4는 S1을 H1에 도달하는 경로로 선택하는 반면 L2는 S2를 선택할 수도 있다(L3에서 S2를 통해 H1으로 가는 경로만큼 짧은 경로는 없다). 이 경우 L2는 패킷의 사본을 각각 S1과 S2에 전송할 수 있고, S1은 사본을 L4에 보내고 S2는 L2에 전송할 수 있다. 따라서 멀티캐스트 분산 트리는 소스와 여러 리스너 사이의 다중 경로가 존재하는 경우 항상 예측 가능한 경로를 보장하지 않는다.

첫 패킷이 CPU에서 트랩되는 방식

이전 논의에서는 멀티캐스트 데이터 스트림의 패킷 사본들이 PIM 등록, PIM 합류 시작 등의 일을 하기 위해 PIM으로 전송되었다. 그렇다면 이러한 트랩은 정확히 어떻게 일어날까?

각 FHR은 모든 멀티캐스트 패킷을 잡기 위해 멀티캐스트 경로를 설정한다. 이 엔트리는 제어 평면에만 패킷을 전송한다. 엔트리가 스위칭 실리콘(또는 소프트웨어 패킷 포워딩 스택)에 멀티캐스트 그룹에 속한 새로운 소스의 패킷을 제어 평면에 보내게 한다. 그리고 패킷을 PIM 프로세스로 전달한다.

FHR에서 (S,G) 엔트리가 생성되면 FHR은 주기적으로 PIM 등록 메시지를 보낸다. RP가 더 이상 등록 패킷이 필요하지 않거나 (S,G)의 멀티캐스트 데이터 플로를 다룰 수 있게 되면 RP는 등록 정지 메시지를 보내게 된다. 그리고 FHR은 PIM 널 메시지를 보내도록 전환된다. PIM 널 메시지는 멀티캐스트 데이터 패킷의 사본 없이 전송된다. 라우터에서 PIM 널 메시지를 보내도록 하려면 (S,G) 엔트리는 멀티캐스트 데이터 패킷의 사본을 관심 있는 리스너에 포워딩하는 것이 아니라 제어 평면에 보내도록 표기해야 한다. 그래서 소스가 메시지 전송을 중단하면 널 등록 메시지도 마찬가지로 중단되어 경로를 제거할 수 있게 된다.

LHR에서는 멀티캐스트 데이터 패킷 수신 시 IGMP 합류 메시지에 (*,G) 엔트리만 포함한 경우 존재하는 (*,G) 엔트리에서 (S,G) 엔트리를 생성하도록 한다. IGMP 합류는 PIM 합류 메시지를 주기적으로 전송하게 한다. 그리고 IGMP 탈퇴는 라우터가 PIM 탈퇴 메시지를 전송하게 한다. 멀티캐스트 데이터 스트림의 수신에 앞서 IGMP 합류가 일반 (*,G) 경로만 관심 표명한다면 (*,G) 멀티캐스트 경로 엔트리만 마지막 홉 라우터에 존재하게 된다. 이 엔트리 역시 패킷의 사본을 제어 평면에 보내도록 표시된다. 그룹의 새로운 소스가 제어 평면에 사본을 보내도록 한다. 멀티캐스트 그룹의 특정 소스를 위한 (S,G) 멀티캐스트 경로 엔트리가 생성되면 IP의 LPM에 의해 (*,G) 엔트리는 선택되지 않는다.

8.3.3 다중 RP와 MSDP

단일 RP는 안전한 방식이 아니다. RP에 장애가 발생하면 어떻게 될까? 이런 문제를 피하기 위해 멀티캐스트 라우팅 네트워크에는 둘 이상의 RP가 있어야 한다. 대체로 PIM-SM 네트워크에서 RP는 애니캐스트 주소를 공유해서 PIM 스피커가 가장 가까운 RP를 사용할 수 있게 한다. RP 간에 (S,G) 상태를 동기화하기 위해 MSDP라고 부르는 프로토콜을 사용한다. 애니캐스트 RP 사용의 장점은 비 RP 구성의 단순화. RP에 단일 IP 주소를 특정하는 것과 패킷 처리를 위한 인접 PIM RP를 선정할 수 있게 유니캐스트 라우팅을 사용하도록 해서 RP로 동작해야 하는 부담을 모든 RP가 나눠 갖게 한다. 이는 RP 중 하나에 장애가 발생하면 전환할 수 있도록 도움을 준다. 유니캐스트 라우팅이 자동으로 다음 인접 RP로 패킷을 라우팅하기 때문이다.

애니캐스트 RP를 사용하면 관리자는 RP 설정을 굉장히 단순화할 수 있다. 여러 RP에서 수동으로 RP를 어떻게 미리 분산할 것인지와 백업 RP를 선택하는 등의 걱정을 하지 않아도 된다. 설정에서 유일하게 누락된 부분은 PIM 상태를 RP 간에 동기화해서 전환 시 중단을 최소화한다. 바로 MSDP가 동기화를 위한 프로토콜이다.

MSDP는 서로 다른 ISP에서 동작하는 RP들이 여러 회사에 걸쳐 구축된 멀티캐스트 분산 트리의 멀티캐스트 라우팅 상태 정보를 서로 동기화할 수 있게 한다. BGP와 마찬가지로 MSDP는 내부와 외부 MSDP 피어를 지원한다. 내부 피어는 동일한 라우팅 도메인 내에 있다. 여기서는 내부 피어링만 살펴본다. MSDP는 (*,G)가 아닌 (S,G) 상태를 RP 간에 동기화한다.

MSDP는 TCP 상에서 동작하고 모든 MSDP 라우터가 멀티캐스트 라우팅 네트워크의 다른 모든 라우터와 연결되어 있는 완전 메시$^{full\ mesh}$ 형태가 된다. 현재는 PIM-SM에서만 MSDP를 사용한다. MSDP는 실험적 IETF 프로토콜이고 IPv6를 위해서는 정해진 것이 없다. 그 이유는 MSDP가 RFC 3618[5]로 제안되었을 당시에는 IPv6에 대한 요구가 적었기 때문이다.

왜 새로운 프로토콜이 필요한가? PIM 자체를 이 목적으로 사용할 수 없는가? PIM은 공유된 (RPT) 또는 소스 특정한(SPT) 멀티캐스트 분산 트리를 구축하고 유지하는 것만이 목적이다. PIM의 기본 목적에 영향을 주지 않는 분산이나 동기화에 대해서는 지원하지 않는다.

---

5 https://oreil.ly/HQHiI

그렇다면 새로운 프로토콜을 정의하는 대신 BGP를 사용하면 되지 않았을까? 필자의 추측으로는 본 사례에 독립적인 프로토콜이 사용된 명확한 이유가 없다고 본다. 따라서 MSDP는 표준 RFC가 아닌 실험적인 것이며 이후에 더 이상 개발이 진행되지 않을 수 있다. 그럼에도 불구하고 멀티캐스트를 사용하는 곳에서 널리 알려져서 애니캐스트 RP가 사용된다. 이 책에서는 MSDP에 대해 더 이상 다루지 않는다.

시스코의 NX-OS에서 특히 애니캐스트 RP를 사용할 때 RP 상태를 동기화하는 사유 PIM 확장이 있다. PIM 등록 메시지를 수신하는 RP가 정의된 다른 RP 피어에 등록 메시지를 전송할 수 있게 한다.

8.4 데이터 센터에서의 PIM-SM

클로스 토폴로지에서 멀티캐스트는 아주 흥미로운 주제다. 클로스 토폴로지가 널리 사용되는 것은 패킷 스위칭 네트워크에서는 상대적으로 새로운 것이다. 클라우드 네이티브 데이터 센터에서 멀티캐스트를 사용하는 것은 피해야 한다. 멀티캐스트 사용은 견고하고 신뢰 가능한 네트워크를 유지하기 어렵게 만들기 때문이다. 이 장의 서두에서 밝혔듯이 데이터 센터에서 멀티캐스트의 주요 사용 사례는 네트워크 가상화에서 오버레이 L2 네트워크의 멀티캐스트 양이 상당히 많은 경우다.

결국 클로스 네트워크에서의 멀티캐스트 사용은 널리 사용되지도 충분히 성숙되지 못했다. 이를 염두에 두고 데이터 센터에서 멀티캐스트의 사용, 특히 PIM의 사용에 대해 살펴보자. PIM-SM은 엔터프라이즈 내에서 가장 많이 사용되는 멀티캐스트 제어 프로토콜이다. 클로스 토폴로지에서의 PIM-SM 사용에 대해 먼저 알아보겠다.

첫 번째로 떠오르는 질문은 클로스 토폴로지에서 RP의 위치다. 스파인(2계층 클로스의 경우), 슈퍼 스파인(3계층 클로스의 경우) 또는 리프 노드 어디든 앞뒤가 맞지 않는다.

먼저 간단한 경우인 2계층 클로스부터 살펴보자. 스파인을 RP로 택한다면 클로스 토폴로지의 기본 철학인 '스파인은 단지 연결 노드이며 서비스를 위한 것이 아니다'라는 것을 위반하게 된다. 이를 무시하고 계속 생각해본다면 '단일 스파인에서 무엇인가를 하면 모든 스파인에서도 동일하게 한다'는 또 다른 기본 철학을 무시하게 된다. 앞서 설명한 모든 이유로 일부 스파인만 특별 취급할 수 없다.

동일한 논리로 모든 스파인이 RP가 된다면 보다 나은 회복 탄력성을 가질 수 있다. 하지만 다른 리프들은 모두 다른 RP에 등록될 수 있으므로 (*,G)와 (S,G) 상태를 RP 간에 지속적으로 동기화하는 MSDP를 사용해야 한다. 데이터 센터에서는 BGP가 가장 일반적으로 사용되는 유니캐스트 라우팅 프로토콜이다. 하지만 BGP는 스파인끼리 통신하는 것을 기본적으로 막고 있다(15장 참조). 스파인이 서로 통신할 수 있게 하기 위해 추가 설정(allowas-in 1, 17.3절 내 박스 'allowas-in 1을 사용하는 이유' 참조)이 필요하다. 하지만 실제로 이렇게 사용하면 경로 사냥(5장 참조)의 안 좋은 시나리오가 된다. 보다 제한적인 설정으로 스파인은 다른 하나의 IP 주소만 볼 수 있게 하고 그 외는 허용하지 않아야(FRR의 allowas-in origin) 한다. 이렇게 하더라도 여전히 문제는 존재한다. [그림 8-1]에서 S1에서 S3까지 모든 스파인을 RP로 선정했다고 하자. L4가 그룹 (*,G1)의 H5에 관심을 표명하는 PIM 등록 메시지를 보낸다고 가정한다. L4는 S2 대신에 S3를 RP로 선정할 수 있다. L4의 관점에서는 둘 다 동일하기 때문이다. 이제 H1이 그룹 G1에 트래픽을 전송하기 시작하면 PIM 등록 메시지는 L1에서 S1으로 전달되어 (H1,G1) 상태를 생성하고 MSDP를 통해 다른 스파인과 동기화하게 된다. 하지만 S3에서는 L1으로부터 BGP로 트래픽을 전달받을 방법이 없다. 따라서 링크 장애(L1과 S3 간 링크 장애와 같은)가 발생하면 특정 소스에서 리스너까지의 블랙홀된 멀티캐스트 트래픽이 생기게 된다. BGP 대신 OSPF를 사용하면 EVPN의 경우 사용되는 프로토콜 수를 늘려 이 문제를 회피할 수 있다. 스파인을 RP로 사용하지 않는 마지막 이유로는 일반적으로 4대 또는 8대에 이르는 많은 수의 스파인을 사용하기 때문이다. 이러한 경우 RP의 완전 메시에서 MSDP로 동기화하는 것은 과하다고 할 수 있다.

다른 접근법으로는 둘 이상의 리프를 RP로 하는 것이다. 무엇보다 모든 리스너의 SPT로의 전환이 가능한 한 빨리 된다면 RP로 향하는 패킷 플로가 없을 수 있다. 즉, PIM-SM의 일반적인 동작이 리프에 다른 추가 트래픽이 흘러가지 않게 해야 한다. 이 방법은 서비스가 네트워크의 코어에 위치하기보다는 에지에 위치하는 클로스 네트워크에 보다 논리적이고 적합한 모델로 보인다. SPT 전환으로 인해 RP에서의 경로가 적게 사용되므로 출구 리프를 RP로 사용하면 경로 최적화의 이점을 얻을 수 있다.

모든 제약과 요구 사항을 고려해볼 때 2계층 클로스 네트워크 또는 파드 내에서는 출구 리프를 RP로 사용하는 것을 추천한다. 일반적으로 두 개에서 네 개의 출구 리프가 구성되므로 스파인을 RP로 하는 것보다 효율적이고 적합하다. [그림 8-2]는 단지 토폴로지를 다르게 그렸을 뿐 R1을 출구 리프로 하는 모델을 가정한다. 하지만 출구 리프를 사용하는 경우 8.3.2절 '멀티캐스트 분산 트리 구축'에서 처음으로 살펴본 것처럼 멀티캐스트 스트림이 굉장히 비효율적으로 시작하고 점진적으로 최적화되는 경우 처음에는 최적화 경로의 문제가 생길 수 있다.

EVPN(17장 참조)의 경우 모든 VTEP은 다른 모든 VTEP과 관심이 있는 가상 네트워크에 대해 알아야 한다. 6장에서 다룬 VXLAN의 멀티캐스트 사용을 생각해보면 운영자는 각 가상 네트워크와 연관 있는 멀티캐스트 그룹을 정의해야 한다. 가상 네트워크에서 브로드캐스트, 멀티캐스트, 언노운 유니캐스트와 같은 다중 목적지 프레임은 연관 있는 멀티캐스트 그룹을 목적지 IP 주소로 해서 멀티캐스트로 전송된다.

이 시나리오에서는 PIM-SM과 RP는 시작시에 알려지지 않은 멀티캐스트 그룹과 소스를 연결하기에 유용하다. 앞서 살펴봤듯이 엔드포인트가 (S,G)의 IGMPv3 합류를 전송한다면 이 엔드포인트의 FHR이 소스로 향하는 (S,G) 트리를 구축해서 RP를 완전히 회피한다. EVPN의 경우 EVPN 광고로 인해 관심 그룹과 그룹의 소스들은 미리 알고 있게 된다. 따라서 각 VTEP은 알아야 할 모든 멀티캐스트 그룹의 (S,G) 트리 구축을 자동적으로 시작할 수 있다.

이는 멀티캐스트 네트워크를 보다 간단하고 덜 복잡한 설정과 유지 보수를 할 수 있게 해준다. 비록 FRR에 이 방법에 대한 구현이 제안되었지만 아직 구현되지 않았다. 이러한 제안으로 인한 단순화는 다음과 같다.

- RP를 설정할 필요 없음
- MSDP를 사용할 필요 없음
- RPT에서 SPT로의 전환을 신경 쓰지 않음
- 멀티캐스트의 올바른 동작을 위한 구성과 프로토콜은 간결하므로 문제 해결도 간단해짐

8.4.1 PIM-SM과 언넘버드

OSPF와 BGP를 사용할 때 언넘버드 인터페이스를 함께 사용하는 것이 라우팅 네트워크 설정의 불필요한 복잡성을 해결할 수 있는 효과적인 방법이라고 다뤘다. PIM 구현에서 언넘버드 네트워크^{unnumbered network}를 사용하기 위해서는 몇 가지가 더 필요하다.

언넘버드 OSPF를 사용하기 위해서는 루프백(또는 적절한 가상 라우팅 및 포워딩의 IP 주소를 모든 인터페이스에 할당해야 한다. PIM은 인터페이스의 IP 주소를 소스로 선정하여 패킷을 전송한다. 하지만 언넘버드 BGP의 경우는 인터페이스에 IP 주소조차 없다. 따라서 PIM 구현은 반드시 루프백(또는 적절한 VRF)의 IP 주소를 패킷의 소스로 써야 한다.

8.5 마치며

"라우팅을 안다고 생각하는가? 멀티캐스트에 대해 알아보고 다시 생각해보라." 이 말은 네트워크 실무자와 디자이너 사이에서 종종 인용되는 말이다. 이 장에서는 데이터 센터에서 사용하는 멀티캐스트 프로토콜의 일부분만 살펴보았다. 다른 사람들처럼 멀티캐스트 라우팅이 혼란스러울 것이라 생각한다. 클라우드 네이티브 데이터 센터에서 멀티캐스트 라우팅에 대해 나쁜 인상을 갖는 이유와 일반적으로 네트워크에서 멀티캐스트를 금지하는 이유를 설명할 수 있어야 한다. 문제가 발생했을 때 이를 해결하는 것은 엄청난 고통의 원천이 될 수 있다.

## CHAPTER 9

데이터 센터 에지에서의 삶

사람은 아무도 그 자체로 섬이 아니다. 모든 사람은 대륙의 일부다.

_존 던Johne Donne

사람과 마찬가지로 데이터 센터도 섬이 아니다. 이 장에서는 데이터 센터가 나머지 세상과 연결되는 방법을 알아본다. 그 방법은 다음과 같은 질문에 대한 답을 찾는 데 도움이 된다.

- 클로스 토폴로지가 외부 네트워크와 연결되기 위한 방법은 어떤 것이 있는가?
- 에지에 라우팅 프로토콜을 배치하는 모범 사례는 무엇인가?
- 기업은 하이브리드 클라우드 내의 연결성을 어떻게 제어하는가?

9.1 문제점

1.2.1절 내 박스 '네트워크 다이어그램의 방향성'에서 설명한 것처럼 외부 세계와의 연결성은 노스-사우스 트래픽 패턴이다. 클로스 토폴로지를 선정한 근본적인 이유는 이스트-웨스트 트래픽 패턴을 잘 다룰 수 있어서다. 이제 클로스 토폴로지를 이용해서 외부 세계와 연결되는 네트워크를 구축하는 방법을 살펴보자. 다음 질문에 대한 답은 데이터 센터와 외부 세계와의 연결성에 영향을 미치는 여러 요인을 관장한다.

- 외부 연결성external connectivity은 왜 필요한가?
- 외부 세계 연결의 대역폭 요구 사항은 무엇인가?
- 데이터 센터 네트워크는 어떤 업스트림 장비에 연결되는가?
- 내부에서 외부 세계를 건너는 모든 트래픽에 필요한 서비스는 무엇인가?

처음 두 질문에 대한 답으로 외부 세계와의 연결 모델을 결정할 수 있다. 그다음 두 질문은 에지 연결성edge connectivity의 남은 부분을 상기시킨다. 첫 질문은 온프레미스on-premise 데이터 센터와 클라우드 간의 연결 모델에 대한 고려도 하게 한다.

9.2 연결성 모델

이 절에서는 클로스 토폴로지에서 외부 네트워크 또는 인터넷과 연결하는 세 가지 다른 방법을 살펴본다. 먼저 앞 절에서 살펴본 처음 두 질문을 바탕으로 각 모델이 제시하는 답을 살펴본다.

9.2.1 외부 세계와 연결하는 이유

데이터 센터와 외부 세계를 연결해야 하는 많은 이유가 있다. 검색, 광고 추천 시스템, 콘텐츠 전송 등과 같은 서비스를 제공한다면 외부 세계와의 연결을 통해 다른 이들이 이러한 애플리케이션에 접근해야 한다. 그리고 점점 일반적인 이유가 된 클라우드 내에 존재하는 데이터 센터의 일부(하이브리드 클라우드)에 접근하기 위해서다. 세 번째 이유는 외부 세계로부터 데이터를 당겨오는 웹 크롤러 실행과 같은 행위를 데이터 센터 내에서 동작하는 애플리케이션(예를 들어 머신 러닝 모델에 훈련 데이터를 제공하기 위한 검색 색인 구축)에서 수행하기 위해서다.

9.2.2 외부 연결성의 대역폭 요구 사항

데이터 센터 내의 대역폭은 꽤 정확하게 산출할 수 있다. 예를 들어 2계층 클로스를 스파인 4개와 리프와 스파인 간 연결이 100GbE인 리프 16개로 구축한다면 리프 간 대역폭은 400GbE가 된다. 각 스파인은 1.6Tbps의 대역폭(16×100GbE)을 받게 된다. 대규모 네트워크의 스파인을 예로 들면 리프 32개 또는 64개가 있는 경우 보다 높은 대역폭(3.2 또는 6.4Tbps)을 받게 된다. 각 리프가 네 개 이상의 스파인과 연결되므로 데이터 센터 네트워크의 대역폭 용량은 쉽게 10Tbps를 초과할 수 있다. 고대역폭 용량은 모던 데이터 센터 네트워크를 과거와 비교할 수 있는 하나의 차이점이다.

대부분의 기업에서는 이 정도의 대역폭을 외부 세계와의 연결에 요구하지 않는다. 따라서 인터넷 방향 라우터는 내부 네트워크 용량보다 훨씬 적은 용량을 갖는다. 이와 반대로 스위치 간 링크는 상대적으로 저속 링크(즉, 100GbE 대신 40GbE 사용)를 쓰지만 대부분의 대역폭을 서버에서 외부 세계로 나가는 데 쓰는 네트워크도 있다. 예를 들어 데이터 센터가 고대역폭 미디어 전송을 서비스하는 경우다. 외부 세계와의 연결에 필요한 대역폭을 파악하는 것이 데이터 센터 네트워크와 외부 세계의 연결 설계를 결정하게 된다.

9.2.3 클로스 토폴로지와 외부 세계 연결

[그림 9-1]은 클로스 토폴로지에서 외부 세계를 연결하는 가장 일반적인 방법을 보여준다. 여기서 새로운 종류의 리프 스위치를 소개하고 있는데 바로 **경계 리프**border leaf 스위치 또는 **출구 리프**exit leaf 스위치라고 불리는 것이다. 이 스위치는 다른 스위치와 유사하지만 내부 서버를 연결하는 대신 외부 세계와 연결된 인터넷 방향 라우터와 연결된다.

그림 9-1 2계층 클로스와 외부 세계 연결

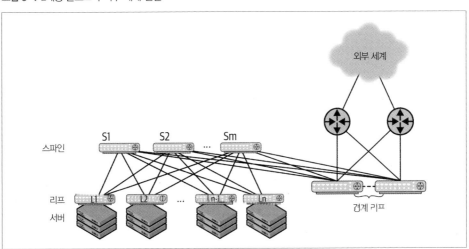

경계 리프 수는 내부 트래픽 대역폭과 외부 트래픽 대역폭 간의 기대되는 초과가입 비율에 의해 결정된다. 단일 장애점이 되는 것을 막기 위해 최소 두 개의 경계 리프가 있어야 한다. 각 경계 리프는 단일 인터넷 라우터 또는 보다 일반적으로는 인터넷 라우터 쌍에 연결되어 단일 링크 장애로 경계 리프를 쓸 수 없게 되는 상황을 막는다.

액세스-애그-코어 모델로 네트워크를 구축하는 것에 익숙한 사람들이 외부 세계와의 연결성은 스파인에서 온다고 자동적으로 가정하게 된다. 그래서 외부 대역폭이 작아서 모든 스파인을 사용하지 않아도 충분하다고 생각해 스파인의 일부만 인터넷 라우터에 연결하는 실수를 저지르게 된다. 여러 번 살펴봤듯이(2장 참조) 이런 설계는 나쁜 것이고 모든 네트워크 문제를 일으키게 된다. 이 절에서 사용되는 클로스 디자인에서 경계 리프는 일반 리프와 마찬가지로 모든 스파인과 연결된다.

3계층 클로스 네트워크와 같이 대규모 네트워크도 유사한 모델을 따른다. 대신 경계 리프는 스파인이 아닌 슈퍼 스파인에 연결된다. 이를 [그림 9-2]에 나타냈다.

그림 9-2 3계층 클로스와 외부 세계 연결

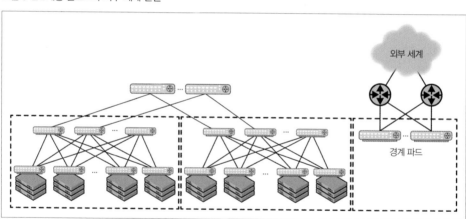

대규모 네트워크에서 스파인 수가 경계 리프의 포트 수를 초과하게 되는 경우 모든 스파인을 경계 리프와 연결할 수 없게 된다. 이런 상황에서는 또 다른 스위치 계층을 네트워크에 추가함으로써 문제를 완화할 수 있다. 100GbE 64포트 스위치를 찾기 쉽다는 것을 생각하면 많은 스파인을 사용하는 것은 이런 상태가 되므로 해결책이 필요하다.

클로스 토폴로지를 외부 세계와 연결하기 위한 마지막 변형은 경계 리프를 사용하지 않고 스파인을 인터넷 라우터와 연결하는 것이다. [그림 9-3]에서 이 변형을 설명한다. 이 모델은 굉장히 작은 네트워크나 노스-사우스 트래픽이 이스트-웨스트 트래픽과 동일한 양인 네트워크에서 사용된다. 운영자가 스파인 스위치를 두 개에서 네 개 사용하고 비용에 민감할 경우 별도의 에지 스위치에 비용을 부담하고 싶어 하지 않는다. 대체로 이 모델은 작은 규모의 네트워크에 사용된다.

데이터 센터를 떠나는 트래픽 양이 이스트-웨스트 트래픽 양과 비슷하거나 그보다 많다면 데이터 센터를 나가는 트래픽이 스파인을 통해서 나가는 것이 합리적이다. 하지만 이런 경우는 일반적이지 않으며 아주 일부 경우에만 사용한다.

그림 9-3 스파인을 통한 클로스와 외부 세계 연결

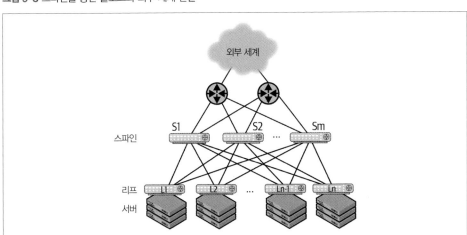

일부 운영자는 외부 세계를 연결하기 위한 경계 리프가 만드는 추가 홉을 아낄 수 있으므로 이 모델을 선호하기도 한다. 하지만 요즈음에는 이런 이유가 정당하지 않다고 생각한다. 스위칭 실리콘은 300ns 또는 그 이하로 패킷을 포워딩할 수 있다. 경계 리프를 사용하지 않으므로 300ns를 줄일 수 있지만 추가 지출되는 비용을 줄일 만큼은 아니다. 추가 비용은 인터넷 라우터의 포트가 리프나 스파인 스위치에 비해 대체로 더 비싸기 때문에 발생한다. 이 절 앞에서 설명했듯이 운영자는 반드시 모든 스파인을 인터넷 라우터와 연결해야 한다. 두 개 이상의 스파인이 사용된다면 그 비용은 급격하게 증가할 것이다.

이 절의 그림들은 경계 리프나 스파인이 인터넷 라우터를 통해 외부 세계와 연결되는 것을 보여줬다. 굉장히 드문 경우로 [그림 9-3]의 예제처럼 네트워크가 줄어든다면 경계 리프가 실제로 인터넷 방향 라우터가 되기도 한다. 아주 간단한 외부 세계와의 연결성이 필요한 작은 기업에서는 이렇게 사용한다. 여기서 간단하다는 의미는 단일 ISP와의 연결성이나 라우팅 피어링 세션routing peering session조차 없이 ISP 링크를 가리키는 단순한 정적 디폴트 라우팅만 있다는 뜻이다.

9.2.4 에지에서의 라우팅

데이터 센터 패브릭의 모든 세부 사항을 외부 세계에 노출해야 하는 경우가 있다. 따라서 경계 리프가 경로 요약을 제공하는 논리 위치가 된다. 5장에서 설명한 것처럼 특히 BGP를 사용하면 라우팅 동작 방식으로 인해 데이터 센터 내 경로 요약은 스파인에서 하면 안 된다. 경계 리프는 모든 스파인과 연결되므로 경계 리프에서 절대로 내부 주소 접두사와의 연결성이 유실되면 안 된다. 대규모 장애는 반드시 경계 리프 이전에서 발생할 수 있도록 경계 리프는 일반 리프로부터 격리되어야 한다.

BGP가 클로스 라우팅 프로토콜로 사용된다면 경계 리프는 경로를 외부 세계로 광고하기 전에 사설 ASN[1]도 벗겨내야 한다.

9.2.5 서비스

경계 리프는 방화벽, 로드 밸런서, 외부에서 데이터 센터 내부로 들어오는 접근 제어와 같은 다양한 네트워크 서비스를 엮기에 좋은 장소다. 방화벽은 대체로 경계 리프에 배치되어 오직 허가된 트래픽만 내부와 외부 네트워크 간에 흐르도록 보장한다. 방화벽은 [그림 9-4]에서 벽돌 벽으로 그렸다. 이 시나리오에 대해서는 6장에서 네트워크 가상화의 사용 사례로 간단하게 설명했다. 이제 좀 더 자세하게 살펴보자.

---

1 15장에서 사설 ANS과 이를 벗겨내는 방법을 알아본다.

그림 9-4 방화벽을 통한 클로스와 외부 세계 연결

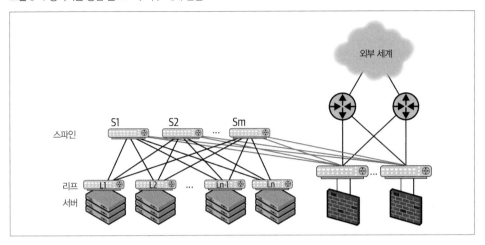

[그림 9-4]에서 경계 리프는 두 VRF를 사용한다. 하나는 내부 네트워크의 초록색 VRF(옅은 선으로 표시)이고 다른 하나는 외부 네트워크의 검은색 VRF이다. 스파인과 경계 리프가 아닌 리프에서는 VRF 사용 여부를 알 필요가 없다. 스파인과 일반 리프는 오직 디폴트 VRF를 사용해 서로 간의 통신과 경계 리프와의 통신에만 관심이 있다. 마찬가지로 인터넷 라우터도 경계 리프에서 사용되는 VRF에 대해 일절 알 필요가 없다. 경계 리프는 BGP(또는 OSPF 또는 IS-IS)를 통해 경로를 학습한다. 내부 네트워크를 통해 학습된 경로는 초록색 VRF에 들어가며 인터넷 라우터(대체로 디폴트 경로)를 통해 학습된 경로는 검은색 VRF에 들어간다.

방화벽은 [그림 9-4]와 같이 경계 리프에 연결된다. 경계 리프는 방화벽과 연결되는 두 개(또는 그 이상)의 인터페이스가 있다. 인터페이스는 모두 물리 링크일 필요는 없다. 단일 물리 링크를 VLAN 태그로 나눠서 다중 논리 인터페이스를 만들어도 된다. 이 경우 VLAN 태그를 L3 서브인터페이스라고 부른다. 경계 리프는 두 인터페이스를 각기 다른 VRF에 속하도록 태깅한다. 이 예제에서 한 인터페이스는 검은색 VRF(진한 선)에 속하고 다른 하나는 초록색 VRF(흐린 선)에 속한다. 방화벽에는 두 개의 BGP 세션이 있다. 하나는 초록색 서브인터페이스와 연결되고 다른 하나는 검은색 서브인터페이스와 연결된다.

방화벽은 스파인 및 일반 리프와 마찬가지로 VRF를 모른다. 방화벽은 단지 초록색 링크를 통해 학습한 경로를 검은 링크의 BGP 세션에 재광고하고 그 반대도 마찬가지로 재광고한다. 따라서 인터넷 라우터를 통해 경계 리프가 학습한 디폴트 경로는 검은색 링크를 타고 방화벽에 보

내진다. 방화벽은 이를 받아서 다시 초록색 링크의 BGP 세션에 재광고하는 것이다. 내부 네트워크에서 외부 네트워크로 이동하는 트래픽 플로 관점에서 본다면 트래픽은 자동으로 방화벽을 거쳐 흐르게 된다.

조금 더 자세히 알아보기 위해 서버에서 인터넷으로 나가는 트래픽을 따라가자.

1. L1에 연결된 서버에서 외부로 나가는 트래픽은 디폴트 경로가 L1이므로 L1에 도착한다.

2. L1은 트래픽의 경로가 디폴트 경로와 일치하는 것을 보고 5장에서 설명한 것처럼 패킷 헤더로 해싱을 해서 그 결과를 바탕으로 스파인 중 하나로 패킷을 보낸다.

3. 스파인에 도착한 패킷은 경계 리프에 보내진다. 이때도 이전 단계와 마찬가지로 해싱한 값을 바탕으로 경계 리프 하나를 선정한다.

4. 경계 리프는 초록색(또는 옅은 색깔) 링크가 디폴트 경로의 발신 인터페이스이므로 이를 통해 패킷을 방화벽으로 보낸다.

5. 패킷이 방화벽에 도달했다. 패킷이 외부로 나가는 것이 허용되지 않는다면 방화벽은 패킷을 드롭한다.

6. 방화벽에서 패킷 전송이 유효하다고 판단하면 패킷을 검은색 링크(디폴트 경로로 학습한 링크)로 보낸다.

7. 패킷은 다시 경계 리프로 전달되는데 이번에는 검은색 VRF에 있는 검은색 링크로 전달된다.

8. 경계 리프가 검은색 VRF에서 경로 룩업을 하고 패킷을 인터넷 라우터로 보낸다.

인터넷 라우터에서 내부 네트워크로 향하는 패킷은 위 과정을 반대로 거치게 된다. 이 경우 검은색 VRF가 방화벽과 연결된 내부 네트워크를 가리키는 검은색 인터페이스의 경로를 갖는다. 방화벽에서 허용된 패킷만이 초록색(또는 옅은 색) 링크를 통해 경계 리프에 다시 전달된다.

로드 밸런서와 같은 다른 서비스가 있다면 유사한 방법으로 연결될 수 있다. 내부나 외부로 트래픽이 가기 전에 방화벽을 거치고 로드 밸런서를 거치게 할 수 있다.

17장에서 경계 리프 BGP 설정에 필요한 세부적인 내용과 추가 설정 옵션을 다룰 것이다.

9.3 하이브리드 클라우드 연결성

요즘 데이터 센터의 떠오르는 트렌드가 **하이브리드 클라우드**^{hybrid cloud}다. 하이브리드 클라우드는 데이터 센터를 기업의 온프레미스 서버와 클라우드 제공자의 서버로 나눠서 구성하는 것을 말한다. 두 서버군은 하나의 데이터 센터에 있는 것처럼 통신되어야 한다. 많은 기업이 하이브리드 클라우드 모델을 클라우드의 세계로 발을 들이기 전에 경험을 위해 사용하거나 비즈니스 일부를 클라우드에 옮기기 위해 사용한다. 이 경우 온프레미스 데이터 센터와 퍼블릭 클라우드 인스턴스 간의 통신은 어떻게 수행될까?

이 책에서는 연결성 옵션만 다루고 온프레미스 데이터 센터 쪽에서 수행하는 일만 다룬다. 하이브리드 연결성 솔루션들은 끊임없이 발전하고 있어서 지금 이 글을 쓰는 순간에 존재하던 것도 곧 구식이 될 위험이 있다. 그래서 빠른 발전 속에서 대체로 변하지 않을 것이라고 생각하는 부분만 집중적으로 다룬다. 또한 서로 다른 클라우드 제공자들은 각기 조금씩 다른 옵션을 제공한다. 개별 세부 사항을 이야기하기보다는 이 책에서 이야기하고 있는 주제에 영향을 미치는 적절한 경우에만 이러한 차이점을 언급한다.

퍼블릭 클라우드에서 서비스를 구동하는 가장 일반적인 모델은 바로 **가상 사설 클라우드**^{virtual private cloud, VPC}다. VPC는 L3 네트워크로 연결된 여러 컴퓨트 노드로 구성된다. 지금껏 이야기한 클라우드 네이티브 데이터 센터 네트워크와 마찬가지로 VPC 내의 연결성은 순수하게 L3다. VPC 내에서 L2 연결성을 제공하는 클라우드 제공자에 대해 들어본 적이 없다. 더욱이 멀티캐스트나 브로드캐스트를 VPC 내에서 사용할 수 없다. VPC에서는 라우팅 프로토콜도 사용할 수 없다.

각 VPC는 둘 이상의 서브넷을 갖는다. VPC는 가상 사설 라우터^{virtual private router}(어떤 클라우드 솔루션에서는 가상 사설 게이트웨이^{virtual private gateway})가 있어서 서브넷 간 라우팅을 수행하고 외부 세계로부터 들어오는 접근을 제어한다. 예를 들어 VPC는 인터넷에 접근하기 위해 NAT를 사용할 수 있다. 또는 외부에서 접근 가능한 IP 주소를 제공해서 게이트웨이를 통해 엔드포인트로 라우팅되게 할 수도 있다. 각 VPC는 동일한 게이트웨이를 통해 서로 통신할 수 있다.

외부에서 VPC와의 연결은 VPN을 사용하거나 적절한 클라우드 서비스 제공자와의 직접 라우팅 연결^{direct routed connection}이 사용된다. 두 번째 옵션의 경우 두 가지 형태가 있다. 하나는 고객 네트워크가 클라우드 서비스 제공자 네트워크와 결합되는 것이고, 다른 하나는 클라우드 제공자가 고객의 온프레미스 데이터 센터에 직접 WAN 연결^{direct WAN connection}을 제공하는 것이다. [그림 9-5]에서 온프레미스 데이터 센터와 VPC를 연결하는 여러 모델을 묘사한다.

그림 9-5 VPC와 연결하는 방법

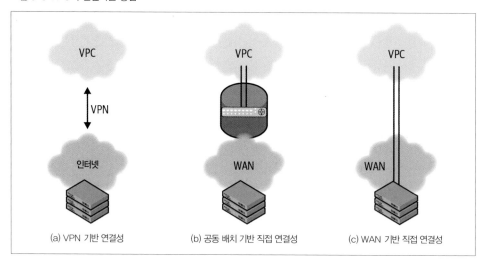

(a) VPN 기반 연결성 (b) 공동 배치 기반 직접 연결성 (c) WAN 기반 직접 연결성

아마존, 마이크로소프트, 구글 모두 이 세 가지 방법인 VPN 기반 연결성, 공동 배치 기반^{colocation-based} 직접 연결성, WAN을 통한 직접 연결성과 대체로 일치하는 솔루션을 제공한다. 다음은 어떤 옵션을 사용할지 결정할 때 도움이 되는 기준이다.

VPN 기반 연결성

가장 일반적인 옵션이다. 하지만 가장 유연하지 못하고 트래픽의 암호화, 복호화와 인터넷을 통과해야 하는 변동성 때문에 고용량 또는 고성능에는 적합하지 않다. 다른 두 가지 경우보다 저렴해서 종종 사용한다.

직접 연결성

온프레미스와 VPC 사이에 대용량의 데이터를 전송해야 할 경우 점대점 VPN 클라우드가 제공하는 것보다 복잡한 연결성 매트릭스^{connectivity matrix}가 필요한 경우에 추천되는 방법이다. 이 서비스에 대해 서로 다른 클라우드 서비스 제공자들이 각기 다른 용어를 사용한다. AWS는 다이렉트 커넥트^{Direct Connect}, 마이크로소프트 애저는 익스프레스라우트^{ExpressRoute}, 구글은 클라우드 인터커넥트^{Cloud Interconnect}라고 부른다. 모든 클라우드 서비스 제공자가 공동 배치를 통한 직접 연결성을 제공하거나 점대점 이더넷(예를 들면 큐인큐 Q-in-Q[2]를 통한) 또는 MPLS VPN 연결과 같은 서비스 제공자의 WAN 연결을 통해 제공한다.

점대점 이더넷 연결성을 제공하는 것을 포함한 모든 옵션은 온프레미스 데이터 센터와 VPC 간에 라우팅 연결성만 제공한다. 따라서 VPC 내에서나 VPC 간이나 온프레미스 데이터 센터와 VPC 간의 연결성 모두 L3다.

직접 연결성의 상호 연결 링크 대역폭은 50Mpbs에서 10Gbps까지 허용하고 100Gbps의 상호 연결을 지원하는 경우도 있다. 점대점 이더넷 연결은 1Gbps 이상의 대역폭을 위해 사용하는 반면 MPLS VPN 기반 직접 연결은 이보다 적은 대역폭을 요구하지만 직접 연결성이 요구될 때 사용한다.

[그림 9-5(a)]와 같이 VPN을 사용할 때 IPsec 터널이 온프레미스 라우터와 VPC 게이트웨이 사이에 수립된다. 라우팅 프로토콜은 IPsec 터널 위에 설정된다. [그림 9-5(b)]와 [그림 9-5(c)] 모두 둘 이상의 802.1Q VLAN 가상 인터페이스를 VPC 게이트웨이와 피어링에 사용한다. 각 클라우드 서비스 제공자는 VPN이 아닌 직접 연결인 경우에 지켜야 할 규칙이 있다. 예를 들어 애저의 경우 중복 연결이 항상 필요한데 AWS는 그렇지 않다.

필자가 살펴본 모든 클라우드 서비스 제공자는 온프레미스 데이터 센터와 VPC 간의 연결성 수립을 위해 BGP를 사용한다. 그 이유는 BGP가 관리 경계를 넘어 라우팅 정보를 전달하기 위한 기본 프로토콜이기 때문이다. 여기서 BGP의 주요 장점은 BGP가 라우팅 정책 정보를 전달할 수 있다는 것이다. 해당 정보의 활용 예는 온프레미스 데이터 센터와 VPC 간의 라우팅이 최적 경로를 따르게 만들 수 있다는 것이다.

[그림 9-6]의 예제를 살펴보자. 한 기업이 뉴욕과 샌프란시스코에 사무실이 있고 각각 클라우드 서비스 제공자의 동부 해안과 서부 해안 지역의 VPC 인스턴스들을 사용한다. 뉴욕과 샌프란시스코의 데이터 센터 내의 라우팅 테이블에 두 VPC 경로가 표시된다. 뉴욕 사무실에서 동부 해안 VPC까지 패킷이 그림에 있는 긴 경로를 가는 것이 아니라 직접 연결된 짧은 경로를 선택하도록 보장해야 한다. BGP는 route-map을 통해 이러한 정책 결정을 할 수 있게 한다. 이에 대해서는 15장에서 다룬다.

---

2 옮긴이_ https://en.wikipedia.org/wiki/IEEE_802.1ad

그림 9-6 직접 연결 모델의 비최적화 라우팅 시나리오

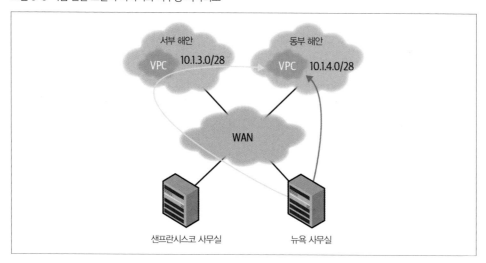

모든 클라우드 서비스 제공자는 BGP 세션을 통해 사설 및 공인 IP 주소를 광고할 수 있게 해준다. BGP는 사설 ASN을 피어링 세션에서 사용하고, 외부 BGP 다중 홉 세션을 사용한다(15장 참조). IPv4와 IPv6를 VPC와 온프레미스 데이터 센터에서 운용한다면 IPv4와 IPv6를 위한 개별 BGP 세션이 필요하다. 아직까지는 모든 클라우드 서비스 제공자가 개별 BGP 세션이 필요하다. 클라우드 제공자의 네트워크에서 고객의 온프레미스 데이터 센터로 직접 연결되는 경우 BGP 피어링은 인터넷 방향 라우팅에서 발생한다.

서비스 제공자들은 VPC 게이트웨이를 인터넷에 도달하기 위해 거쳐 가는 곳으로 사용하지 못하게 한다. 즉, 이러한 피어링을 통해 VPC 게이트웨이는 특별히 온프레미스 라우터가 디폴트 경로를 광고하는 경우에만 온프레미스 데이터 센터를 사용하여 인터넷에 연결할 수 있다. 하지만 온프레미스 데이터 센터는 클라우드를 인터넷에 도달하기 위한 전송 수단으로 사용할 수 없다.

빠른 장애 탐지를 활성화하기 위해 클라우드 서비스 제공자는 BFD(5장 참조)를 상호 연결 링크에서 구동할 것을 추천한다.

이 모든 것이 잘 동작하기 위해 필요한 내용을 전부 다루기에는 이 책의 범위를 벗어난다. 공급업체 특정 문서에서 하이브리드 클라우드 연결성을 설정하는 세부 사항을 찾아볼 것을 권한다.

9.4 마치며

이 장에서는 데이터 센터가 외부 세계와 통신하기 위해 어떻게 연결되는지 살펴봤다. 또한 온프레미스 데이터 센터와 클라우드의 VPC 인스턴스 사이에 원활한 라우팅 연결성을 제공하는 하이브리드 클라우드 솔루션을 배치하는 적합한 방법도 알아봤다.

## CHAPTER 10

네트워크 자동화

자동화는 인간을 대체할 수 없지만 아주 지루한 것들은 대체할 수 있다.

_스튜어트 버터필드 Stewart Butterfield

숙련된 기술자들은 역사적으로 자동화에 대해 양면적인 태도를 보여 왔으며, 보강되거나 대체될 자신들이 고통이자 동시에 힘의 기회라는 것을 알고 있었다.

_쇼샤나 주보프 Shoshana Zuboff

인공지능artificial intelligence, AI과 특별히 머신러닝의 대두로 인해 모든 세상이 자동화에 맞닥뜨린 것으로 보인다. 자동화의 이점과 해악에 대해 다루는 책은 아주 많다. 네트워크 자동화에 대한 질문은 아주 큰 범위의 논의보다는 훨씬 간단하지만 그것이 쇼샤나 주보프가 암시하는 긴장의 큰 논의에 약간의 긴장을 반영한다고 믿는다. 이 장에서 다루는 네트워크 자동화에 대한 관점은 스튜어트 버터필드가 보는 시각에 더 가깝다. 네트워크 자동화는 네트워크 관리자의 지루하고 반복적인 작업에서 벗어나게 해준다.

이 장의 목표는 네트워크 자동화에 대한 오해를 해소하는 것이다. 이전에도 말했듯이 클라우드 네이티브 데이터 센터 네트워크를 이전 세대의 네트워크와 차별화하는 중심 개념은 바로 효율적인 운영에 초점을 맞추는 것이다. 네트워크 자동화는 이러한 목표를 달성할 수 있는 중요한 열쇠다. 이 장에서는 다음 질문에 대한 답을 얻을 수 있다.

- 네트워크 자동화가 무엇이고 왜 관심을 가져야 하는가?
- 네트워크 자동화를 배우기 위해 프로그래밍을 배워야 하는가?
- 네트워크 자동화가 어려운 이유는 무엇인가?
- 네트워크 자동화의 이점들을 점진적으로 탐구할 수 있는 방법은 무엇인가?
- 적합한 네트워크 자동화 도구는 무엇인가?
- 자동화된 절차의 올바른 동작을 어떻게 보장할 수 있는가?

인기 있는 자동화 도구 모델의 주요 기능은 앤서블[1]의 간단한 소개를 통해 알 수 있다. 이 개요를 읽는다면 이후 사용될 플레이북playbook에 대해서도 알게 될 것이다.

10.1 네트워크 자동화란

이미 너무나도 명백하지만 먼저 네트워크 자동화에 대한 정의를 내리는 것이 중요하다고 생각한다. 네트워크 관리 관점에서 자동화는 운영자들이 각각 개별 박스에서 하나씩 수동으로 수행하던 작업을 운영자의 지시 없이 프로그램 스스로 수행하는 것을 말한다. 보안 업데이트가 필요한 박스를 업데이트해야 한다고 생각하자. 해당 작업이 잘 정의되어 있어서 하나 또는 여러 명령어로 작업을 수행한다. 그렇다면 프로그램 업데이트가 필요한 모든 박스에 로그인해서 사람의 개입 없이 업데이트를 진행하는 것이 하나의 자동화 예가 될 수 있다. 또 다른 예로는 BGP의 구동 상태를 모든 박스에서 확인하는 것과 같은 서비스 상태 확인이다. 박스마다 다니면서 show 명령어를 실행하는 대신 단일 프로그램이 원하는 모든 박스에서 해당 명령어를 실행한다면 그것이 자동화다. 게다가 프로그램은 좀 더 의미 있는 방법으로 출력을 재정렬한다든지 특정 필드만 출력한다든지 등의 일을 할 수 있다. 아주 극단적인 네트워크 자동화 범위의 예는 네트워크에 문제가 감지되었을 때 자동으로 이를 수정하는 것이다.

그럼 무엇을 자동화할 것인가? 잘 정의되고 여러 박스에 걸쳐 반복 가능한 모든 작업은 자동화가 가능하다. 반복되는 단계가 많고 복잡할 경우에는 작업이 어려워지므로 오류 발생 확률을 줄여주는 자동화가 큰 도움이 된다. 하지만 안타깝게도 많은 기업에서는 여전히 네트워크를 수동으로 관리한다. 가장 큰 원인은 온프레미스 데이터 센터의 비효율적인 운영이다. 그리고 네트

---

1 https://www.ansible.com

워크 자동화는 클라우드 사업자가 성공하는 주요 이유(확장의 효율성과 함께) 중 하나다.

네트워크 자동화에서는 구성 자동화가 가장 현실적으로 시도할 수 있는 부분이다. 특별히 주요 클라우드 사업자들은 모니터링과 경보 같은 네트워크의 다른 부분도 자동화해서 관리한다. 구성 에서도 마찬가지로 네트워크 자동화 사용은 종종 제로데이 구성에만 쓰인다. 구성에 대한 검증 은 여전히 많은 부분을 수동으로 작업한다.

10.2 네트워크 자동화가 필요한 대상

스위치 여러 대를 운영하거나 그럴 예정이라면 네트워크 자동화의 혜택을 누리게 될 것이다. 완 전히 새롭게 네트워크를 설계하거나 기존 네트워크를 관리하고 있다면 네트워크 자동화의 혜택 을 누리게 될 것이다. 작은 규모의 상점이나 중견 기업이거나 대기업인 경우에도 네트워크 자동 화의 혜택을 누리게 될 것이다. 이 장의 내용을 기억하지 못한다고 해도 핵심만은 꼭 기억했으 면 한다. 네트워킹 분야에서 경력을 쌓으면서 지나쳐왔던 수많은 네트워킹 유행과 달리 자동화 는 의미가 있다. 자동화는 관리자의 삶과 머리카락을 지켜주면서 예측 가능하고 확장 가능하고 기민한 네트워크를 구성할 수 있게 해준다. 이 절에서 그 이유를 설명할 것이다.

이전 엑세스-애그리게이션-코어 네트워크의 구성은 복잡하고 박스 간에 비반복적인 작업이었 다. 물론 가장 복잡한 구성 작업은 거대한 섀시 기반 애그리게이션 스위치에서 행해졌다. 이러한 특성이 어플라이언스 형태의 네트워크 장비 모델과 결합되어 수동 운영만 가능하게 됐다.

하지만 클로스 토폴로지와 굉장히 많은 소규모 폼 팩터 스위치가 등장하면서 많은 네트워크 설 정이 반복적인 것이 되었다. 반복적인 네트워크 설정은 사람으로 하여금 실수할 수밖에 없게 만 들었다. 이런 실수들은 무작위 오류$^{random\ error}$를 발생시킨다. 단 하나 해결해야 할 도전적인 것 이 있다면 바로 이 무작위 오류다. 여러 연구의 결과에서 가리키듯이 사람이 일으키는 설정 오류 가 첫 번째(또는 두 번째)로 가장 큰 네트워크 장애 원인이라고 한다. 자신의 능력을 평균보다 높다고 과대평가하는 가상의 도시 위비곤 호수$^{Lake\ Wobegon}$[2]의 주민이라고 할지라도 위 결과를 보면, '이것이 정말 가치 있는 일인가?'라는 질문을 반드시 던져야 한다.

---

2 https://oreil.ly/G8L_V

시간은 절대적으로 제한된 자원이다. 반복 작업에 헌신을 하겠다고 결심을 했거나 발견하기 어려운 오류를 추적하기로 결정한 시간은 다른 말로 문제 관점, 비전의 관점, 그 앞선 것에 대해 생각해볼 시간을 선택하지 않았다는 뜻이다. 작업을 자동화하지 않고는 예측 가능한 네트워크를 구축할 수 없다.

네트워크 규모가 커질수록 새로운 장비를 투입하거나 기존 장비를 업그레이드하는 데 들어가는 시간이 증가한다. 모던 데이터 센터 네트워크에서는 관리해야 할 박스가 늘어나는 반면 관리자들은 장애 도메인을 최대한으로 줄일 것을 주문한다. 스파인 스위치 두 대와 리프 스위치 여덟 대로 구성된 아주 작은 네트워크를 운영한다고 해도 설정해야 할 수십 개의 인터페이스 주소와 굉장히 많은 중복된 설정이 있다. 자동화 없이는 모든 정보를 지속적으로 추적하는 것이 불가능하며 신속하게 새로운 장비를 투입할 수 없다.

이보다 조금 더 대규모인 경우에는 이런 작업들이 금세 실질적인 문제가 된다. 수작업, 명령어 타이핑 반복, 박스 단위 로깅의 문제가 발생한다. 보다 큰 규모에서는 자동화 없이는 생존이 불가능하다.

민첩성은 모던 데이터 센터 네트워크의 또 다른 뚜렷한 차이점이다. 단순히 작업이 완료되는 것이 아니라 그 작업이 빠르게 완료되어야 한다는 것이다. 사실 이미 완료해야만 했다. 적합한 아키텍처와 기술이 자동화와 결합되면 그 변화를 빠르게 이끌 수 있다. 그리고 작업이 보다 정확하게 수행될 수 있다.

따라서 자동화는 다가오는 시대의 핵심 능력이다. 사용 중인 네트워크에 당장 적용하거나 다음 직장을 구할 때 잠재적으로 도움이 될 것이다. 네트워크 운영자라면 이미 보다 복잡한 능력을 보유하고 있으니까 너무 복잡해서 또는 불필요해서라는 핑계로 자동화를 두려워하거나 저항하지 말자.

10.3 자동화를 위해 프로그래밍 학습이 필요한가

네트워크 자동화를 하려면 프로그래밍을 배워야 하는지 종종 질문을 받는다. 자동화란 프로그램이 작업을 수행하도록 하는 것이다. 따라서 어떤 의미에서는 프로그래밍을 할 수 있어야 한다. 하지만 단지 YAML을 작성하거나 Jinja2[3]로 템플릿화하는 것을 배우는 것만으로도 많은 것을 할 수 있다. 이 두 가지는 두려움의 단어인 프로그래밍이라고 부르지도 않는다.

파이썬을 배우는 것은 굉장한 도움이 되고 수많은 작업을 쉽게 할 수 있게 하는 잠재력을 가지고 있다. 파이썬은 상대적으로 배우기 쉽고 잘 사용하기 위해 많이 배울 필요도 없다. 아마 개발자들이 코드를 보면 비웃을 게 뻔하고 흔히 말하는 '스파게티 코드'[4]가 될 수도 있다. 하지만 이렇게 배우고 사용하는 것이 너무 늦은 게 아니라면 문제 될 것 없다.

많은 네트워크 관리자들이 시스템 관리자[sysadmin]를 프로그래머로 착각한다. 절대 그렇지 않다고 해도 최소한 전통적인 의미의 개발자는 아니다. 웹에서 시스템 관리자와 개발자를 검색해보면 이런 사실을 알려주는 글들을 찾을 수 있다. 하지만 시스템 관리자는 배시 셸 스크립트를 작성할 수 있고 반복 작업의 단조로움을 완화할 수 있는 작은 프로그램을 작성할 수 있다. 같은 의미로 네트워크 관리자도 고급 프로그래밍 지식 없이도 자동화를 쉽게 할 수 있다.

어떤 경우에는 앤서블과 같은 도구를 사용한다면 자동화의 여정을 어떤 프로그래밍 지식 없이도 손쉽게 시작해볼 수 있다. 이 장 후반부에 얼마나 많은 네트워크 관리자가 네트워크 자동화를 단순히 파일을 복사하고 YAML[5]을 써서 시작하는지 보여줄 것이다.

---

3 옮긴이_ 파이썬에서 널리 사용되는 템플릿 언어. https://jinja.palletsprojects.com
4 옮긴이_ 소스 코드가 스파게티 면발처럼 복잡하게 얽혀서 구조화되지 않은 것을 뜻한다.
5 YAML Ain't Markup Language의 준말. 설정 정보를 제공하기 위한 매우 간단하지만 구조화된 형식이다.

10.4 네트워크 자동화가 어려운 이유

그림 10-1 2계층 클로스 네트워크 예

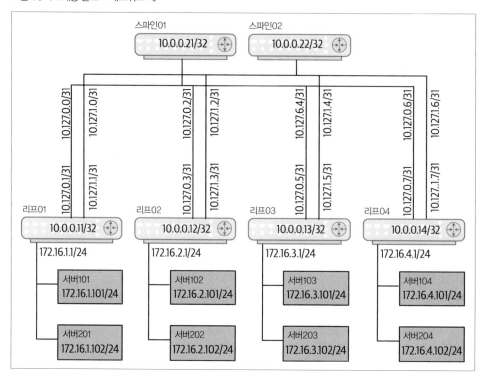

OSPF와 BGP 라우팅 프로토콜이 토폴로지에서 구성되는 방법은 다른 장에서 상세히 다룬다. 이 장에서는 다음 같이 2계층 클로스 네트워크의 BGP 설정 스니펫이 있다고 가정하자. 간결하게 하기 위해 스파인과 리프 각 두 대만 표시했다. [표 10-1]은 스파인01, 02의 스니펫이고 [표 10-2]는 리프01, 02의 스니펫이다.

표 **10-1** 스파인 BGP 설정 예

스파인01	스파인02

! Configuration for spine01
!
interface lo
 ip address 10.0.0.21/32
!
interface swp1
  ip address 10.127.0.0/31
!
interface swp2
  ip address 10.127.0.2/31
!
interface swp3
  ip address 10.127.0.4/31
!
interface swp4
  ip address 10.127.0.6/31
!
router bgp 65000
  bgp router-id 10.0.0.21
  neighbor 10.127.0.1 remote-as 65001
  neighbor 10.127.0.3 remote-as 65002
  neighbor 10.127.0.5 remote-as 65003
  neighbor 10.127.0.7 remote-as 65004
  network 10.0.0.21/32
	! Configuration for spine02
	!
	interface lo
	 ip address 10.0.1.22/32
	!
	interface swp1
	  ip address 10.127.1.0/31
	!
	interface swp2
	  ip address 10.127.1.2/31
	!
	interface swp3
	  ip address 10.127.1.4/31
	!
	interface swp4
	  ip address 10.127.1.6/31
	!
	router bgp 65000
	  bgp router-id 10.0.0.22
	  neighbor 10.127.1.1 remote-as 65001
	  neighbor 10.127.1.3 remote-as 65002
	  neighbor 10.127.1.5 remote-as 65003
	  neighbor 10.127.1.7 remote-as 65004
	  network 10.0.0.22/32

표 **10-2** 리프 BGP 설정 예

리프01	리프02

! Configuration for leaf01
!
interface lo
 ip address 10.0.0.11/32
!
interface swp1
  ip address 10.127.0.1/31
!
interface swp2
  ip address 10.127.1.1/31
!
interface vlan10
 ip address 172.16.0.1/24
!
router bgp 65001
  bgp router-id 10.0.0.11
  neighbor 10.127.0.0 remote-as 65000
  neighbor 10.127.1.0 remote-as 65000
  network 10.0.0.11/32
  network 172.16.0.0/24
	! Configuration for leaf02
	!
	interface lo
	 ip address 10.0.1.12/32
	!
	interface swp1
	  ip address 10.127.0.3/31
	!
	interface swp2
	  ip address 10.127.1.3/31
	!
	interface vlan10
	  ip address 172.16.1.1/24
	!
	router bgp 65002
	  bgp router-id 10.0.0.12
	  neighbor 10.127.0.2 remote-as 65000
	  neighbor 10.127.1.2 remote-as 65000
	  network 10.0.0.12/32
	  network 172.16.1.0/24

앞의 표를 보면 IP 주소와 65xxx 숫자만 제외하고는 거의 동일하다는 것을 알 수 있다. 그리고 이런 IP 주소와 숫자가 네트워크 자동화의 주요 문제점이다. 아마도 어떤 패턴을 발견할 수 있었을 것 같은데, 그것은 이런 숫자들이 여러 박스에서 동일하게 사용된다고 해도 괴로움을 그렇게 많이 줄여주지 않는다는 점이다. 조금 더 깊이 살펴보자.

10.4.1 IP 주소와 인터페이스의 문제

IP 네트워크에서는 인터페이스에 IP 주소가 할당된다. 이것이 바로 IP 아키텍처의 근본이다. 이런 주소의 구조와 문법들은 시간이 지나면서 발전했지만 변하지 않는 사실은 바로 라우팅에 참여할 인터페이스는 반드시 IP 주소를 가지고 있어야 한다는 것이다. 즉, 패킷 포워딩은 IP 주소 기반이다.

이 모델은 라우팅 프로토콜의 닭과 달걀 문제[6]를 야기한다. 라우팅 프로토콜은 원격 목적지에 대한 경로를 동적으로 학습하고 이 목적지로의 경로를 네트워크 상태에 따라 갱신한다. 하지만 라우팅 프로토콜이 피어와 어떻게 통신할까?

가장 일반적인 대답은 링크의 양 끝이 일반적으로 /31이나 /30의 동일 서브넷에 위치하는 것이다. 이는 한쪽에서 다른 쪽으로 통신을 할 때는 동일한 서브넷에 있으므로 브리징으로 통신한다는 의미다. 예를 들어 [그림 10-1]에서 스파인의 링크 끝과 리프의 링크 끝의 IP 주소는 반드시 동일한 서브넷이어야 한다. 즉, 스파인01의 인터페이스 주소는 10.127.0.0/31이며 연결된 리프01의 인터페이스 주소는 10.127.0.1/31이다. 이 두 주소는 모두 동일한 /31 서브넷에 속한다.

모든 인터페이스가 자동으로 링크 로컬 주소link-local address를 획득하는 IPv6에서도 프로토콜이 개발[7]되어 링크의 한쪽이 다른 한쪽의 링크 로컬 IPv6 주소를 획득하는 것을 보장한다.

다른 한쪽의 IP 주소를 알았다면(링크 로컬 또는 다른 종류) ARP(또는 IPv6의 경우는 NDP)로 상대방의 MAC 주소를 알 수 있다. 5장에서 설명한 것처럼 다음 홉의 MAC 주소를 얻는 것이 라우팅의 핵심이다.

---

6 옮긴이_ 닭이 먼저냐 달걀이 먼저냐의 질문처럼 어떤 문제의 원인과 결과의 순서를 결정할 수 없는 문제를 말한다.
7 라우터 광고(router advertisement) 또는 rtadv라고 한다.

모든 인터페이스의 양 끝의 인터페이스가 모든 박스에서 유일한 경우 설정 생성 자동화를 어떻게 할 수 있을까? 이를 정확하게 수행하기 위한 가장 좋지 않은 방법은 바로 링크의 양 끝을 운영자가 반드시 알아야 하는 것이다. 이렇게 쌍으로 IP 주소가 할당되어야 하는 것이 네트워크 자동화를 기술적으로 어렵게 만드는 주요한 원인 중 하나다.

10.4.2 규모

일부는 IP 주소 문제를 네트워크 자동화 도구에 어떤 추가 변수를 이용해서 해결할 수 있을 거라 생각한다. 예를 들어 앤서블과 같은 도구에서 단순히 추가 IP 주소를 변수로 파일에서 사용하면 된다고 생각한다. 또는 인포블록스Infoblox[8]와 같은 네트워크 주소 할당 도구로 이 주소들을 다룰 수도 있다. 하지만 규모는 인터페이스에 IP 주소를 설정하는 문제를 복잡하게 만든다. 스파인 4대와 리프 32대의 클로스 토폴로지는 인터페이스 256개($4 \times 32 \times 2$)에서 IP 주소가 필요하다. 추가로 리프와 서버에서 라우팅되어야 할 서브넷이 단순히 각각의 단일 서브넷을 설정해야 한다면 서버 서브넷의 추가 IP 주소가 할당되어야 하고 루프백의 IP 주소도 할당되어야 한다. 기업 네트워크에서 흔한 일은 아니지만 만약 리프에 둘 이상의 서브넷이 있으면 더 많은 주소가 필요하다. 많은 주소를 수동으로 기입해서 변수로 관리하는 것은 고통스러운 일이다.

10.4.3 네트워크 프로토콜 설정 복잡성

모든 라우팅 프로토콜이 각각의 기발함을 가지고 있지만 데이터 센터에서 가장 널리 쓰이는 라우팅 프로토콜인 BGP만큼은 아니다. BGP는 두 피어링 끝이 올바른 IP 주소를 가지고 있어야 할 뿐만 아니라 피어링 설정에서도 명시되어야 한다. 더 나아가 전통적인 BGP 설정에서는 ASN(15장 참조)이라는 또 다른 종류의 정보가 있어야 피어링이 유일하고 정확하게 맺어진다. 따라서 [표 10-1]과 [표 10-2]에서는 모든 피어와 시스템에서 IP 주소와 ASN을 명시해서 설정했다. 이는 안 그래도 어려운 작업을 더 어렵게 만든다.

OSPF 설정은 전통적으로 BGP에서 묘사한 것과 유사한 문제가 있다. OSPF는 어떤 OSPF와

---

8 옮긴이_ https://www.infoblox.kr

피어링을 맺을지 IP 주소로 특정한다. 추가로 각 인터페이스나 주소에 OSPF 에어리어[9]를 명시해야 한다. 2계층 클로스 토폴로지는 단일 에어리어만 있어서 이 부분은 BGP와 비교해서 조금 간단할 수 있다. 또한 인터페이스 주소를 광고하지만 OSPF를 이용해서 절대 피어링되지 않는 패시브 인터페이스passive interface도 설정해야 한다.

IS-IS는 다른 종류의 어려운 점이 있다. 사용하지 않는 주소 형식으로 라우터 ID를 만들어야 한다.

네트워크 가상화를 사용하는 경우 라우팅 프로토콜 설정의 복잡성은 더욱 증가한다. 종종 경로 구별자route distinguisher, RD, 경로 타깃route target, RT, 경로 맵route-map과 같은 복잡하고 어려운 프로토콜 옵션을 설정해야 한다. 이 작업은 박스마다 다르므로 기본적인 프로그래밍 능력이 필요하게 된다.

L2 프로토콜도 종종 복잡도 곡선을 높이는 원인이 된다. 라우팅 프로토콜처럼 단일 프로토콜이 쓰이는 것이 아니라 여러 프로토콜이 설정되어야 한다. VLAN은 모든 인터페이스에 설정되어야 하고 그 값들은 시작부터 끝까지 반드시 일치해야 한다. 브로드캐스트 도메인을 제한하기 위해 관리자들은 대체로 다른 쪽과 연결되어야 할 인터페이스에만 VLAN을 신중하게 설정한다. 이역시 박스와 인터페이스에 특정한 설정이므로 프로그래밍의 도움 없이는 자동화하기 어렵다.

[표 10-1]과 [표 10-2]에 나온 라우터 설정 스니펫에서 동일한 IP 주소가 반복되는 것을 볼 수있다. 이 중복된 정보 역시 오류를 일으킬 가능성을 더해준다.

10.4.4 프로그래밍적 접근의 부재

CLI는 네트워킹 장비에 접근하는 사실상의 모델이다. CLI는 아주 제한적이고 어떤 프로그래밍적 접근이나 기능이 없다. 따라서 파이썬과 같은 프로그래밍 언어로 접근할 수 있는 방법이 거의 없다. 만약 있다고 하면 공급 업체가 제공하는 확장이나 라이브러리를 다운로드해야 해서 거의 불가능하다.

CLI는 심지어 명령어가 실패하는 경우에 대한 유효한 오류 코드를 제공하지도 않는다. 문자 출력을 파싱하는 방법이 설정 도구에서 명령어의 성공을 알 수 있는 유일한 방법이다. 더욱이

---

9 OSPF 설정 세부 사항은 13장에서 다룬다.

VLAN을 설정하거나 경로를 추가하는 등 특정 작업에 대한 명령의 입력과 출력이 모든 공급 업체별로 상이하다. 대부분의 서버 도구들은 장치에서 동작하는 독자 에이전트나 코드에 의존적이다.

더욱이 SSH와 SNMP가 장치 정보에 접근을 지원하는 유일한 두 모델이다. SNMP는 처음에는 설정과 모니터링 도구로 계획되었지만 오늘날에는 모니터링 목적으로만 사용된다.

퍼핏[Puppet][10], 셰프[Chef][11], 그 조상 격인 CF엔진[CFEngine][12]과 같은 도구를 생각해보자. 이런 도구 모두 에이전트 기반이고 OS에서 루비나 파이썬과 같은 표준 프로그래밍 언어를 지원해야 한다. 이런 부분이 네트워크 자동화 도구의 선택에서 앤서블이 성공한 이유다. 앤서블은 네트워크 장치에서 동작하는 에이전트에 의존하지 않는다.

10.4.5 전통적인 네트워크 OS 제약

전통적인 네트워크 운영체제는 플랫폼이 아닌 어플라이언스를 위해 설계되었다. 공급 업체를 제외하고는 장치의 기능을 확장하거나 추가하는 것이 불가능하다는 의미다. 글로빙[globbing][13]과 같은 단순화도 지원하지 않는다.[14] 리눅스를 포함한 많은 운영체제에서 하는 것처럼 정보를 JSON[15]과 같은 구조화된 형식으로 제공하지 않고 비구조화된 문자 형식으로 제공한다. 이런 부분은 변화하고 있지만 필요한 만큼 빠르지도 않고 많지도 않다. 전통적인 네트워킹 소프트웨어에서는 언넘버드 인터페이스 지원과 같은 단순화를 지원하지 않는다.

FRR과 같은 오픈 소스 라우팅 제품군이 이런 부분에서 앞서 있다. FRR은 설정을 단순화하거나 설정 방법에 대한 완전히 다른 접근을 할 수 있는 기능들을 추가하기 때문이다.

---

10 옮긴이_ https://puppet.com
11 옮긴이_ https://www.chef.io
12 옮긴이_ https://cfengine.com
13 옮긴이_ 유닉스의 glob 도구에서 유래한 것으로 와일드카드(*, ? 등)와 기호로 파일명과 같은 문자열을 패턴에 맞게 대치하는 행위
14 각 인터페이스마다 IP 주소가 유일하다는 것을 생각하면 놀라운 일은 아니다.
15 옮긴이_ https://www.json.org/json-en.html

10.5 네트워크 자동화를 위해 네트워크 개발자가 할 수 있는 일

앞 절에서 강조한 네트워크 장치 설정과 같은 문제를 고민해야 하는 서버 소프트웨어는 없다. 시스템 관리자는 Sed[16]나 Awk[17] 같은 도구를 사용하거나 프로그래밍 언어를 이용해서 구조화된 입출력의 부재로 인한 제약을 뛰어넘는다. 윈도우 서버는 대체로 사용되지 않는다. 박스를 손쉽게 관리하고 싶은 많은 요청을 무시해왔기 때문이다. 하지만 파워셸[PowerShell]이라는 셸을 제공하면서 윈도우에 대한 관심이 크게 증가했다.

논문 「A Plea to Software Vendors from Sysadmins—10 Do's and Don'ts」[18]를 읽어볼 것을 권한다. 글 목록 자체가 네트워크 장비 공급 업체가 구현해야 할 훌륭한 로드맵이고 자동화로 네트워크 관리자의 삶을 보다 쉽게 만들어줄 비전이다. 아래에 주요 요구 사항을 요약했다.

- 바이너리 블롭이 아닌 아스키 설정 파일
- 그래픽 사용자 인터페이스뿐만 아니라 프로그래밍적 접근 제공
- 모든 설정에 대한 직관적이고 간단한 백업 및 복구 동작 방식 제공 또는 개별 요소에 대한 설정 제공
- 수동 설치나 업데이트가 아닌 조용한 설치[silent installation] 옵션 제공
- 개별 로그 파일이 아닌 시스템 로그를 사용하는 옵션 제공
- 훌륭한 도구 제공

필자는 원본 목록에 다음 요구 사항을 더 추가하고 싶다.

- 자동화 친화적인 프로토콜 설정
- 구조화된 입출력

10.6 네트워크 자동화를 위한 도구

네트워크 자동화에 대한 골치 아픈 부분과 바람직한 네트워크 관리라는 요구 사항을 바탕으로 적절한 도구를 선택해볼 시간이다.

---

16 옮긴이_ https://www.gnu.org/software/sed/manual/sed.html
17 옮긴이_ https://www.gnu.org/software/gawk/manual/gawk.html
18 https://oreil.ly/lmqX6

도구는 크게 두 가지 카테고리로 나뉜다.

시스템 관리자 툴킷

앤서블, 솔트, 퍼핏, 셰프 등은 처음에는 운영체제와 애플리케이션을 개별 시스템에 구성하기 위해 개발되었지만 이후 네트워크 구성을 위해 쓰이게 되었다.

네트워크 관리자 툴킷

NETCONF, YANG[Yet Another Next Generation], Restconf와 같은 것들이 여기에 속한다. NETCONF는 전송 수단으로 플랫 파일 설정이나 YANG 데이터 모델을 사용할 수 있다.[19]

서버 관리자 툴킷과 네트워크 관리자 툴킷 사이의 가장 큰 차이점은 두 가지 모델에서 취한 근본적인 가정에 있다. 네트워크 관리자 모델은 모든 공급 업체의 요소들이 통일된 데이터 모델이라고 가정한다. 반면 시스템 관리자 모델은 이러한 가정을 하지 않는다. 불행히도 통일된 데이터 모델은 신기루에 불과하다. SNMP로 시작해 오픈플로로 이어지더니 이제는 YANG이다. 이런 도구들에 경험이 있는 사람들이라면 통일된 데이터 모델은 시작부터 잘못된 허상이라는 것을 알려줄 것이다. 모든 네트워크 공급 업체는 '표준' 데이터 모델을 독자적인 방법으로 수정해서 새로운 기능을 위해 확장하거나 맞지 않는 영역을 삭제하거나 구현 자체를 하지 않는다.

공급 업체 측의 아키텍트와 초안 작성자[20]가 데이터 모델의 형상을 가지고 서로 줄다리기를 할 때 네트워크 개발자는 스스로의 것을 만드는 수밖에 선택의 여지가 없으므로 운영자는 이런 차이점도 다뤄야 한다. 필자는 통일된 데이터 모델은 어플라이언스 사상을 기반으로 만들어졌고 코드보다는 초안을 더 선호한다고 생각한다.

결과적으로 통일된 데이터 모델 가정은 실제로 네트워크 관리자를 어렵게 만드는 얄팍한 약속이었을 뿐이었다. 그리고 사람들의 사고가 굳어가도록 강제했다. 예를 들어 BGP 데이터 모델은 언넘버드 BGP 모델을 지원하지 않고 EVPN 모델은 FRR의 설정 간소화를 지원하지 않는다. 인터페이스 글로빙이나 다른 종류의 글로빙도 지원하지 않으므로 비효율적인 원격 접속 모델을 만들어냈다. 통일된 데이터 모델에 대한 믿음이 부분적으로는 혁신을 막거나 인정받지 못하게 했다.

---

19 주니퍼와 시스코의 제품군에서는 일반적으로 NETCONF를 사용하는 반면 다른 모든 데이터 센터 박스는 SSH나 HTTP(REST를 위해)를 전송 수단으로 사용한다.

20 여기서 초안은 이후 표준으로 선정될 IETF 초안을 말한다.

이와 반대로 서버 모델을 살펴보자. 패키지와 인터페이스 관리는 모든 리눅스 배포판에서 필요한 두 가지 기능이다. 레드햇과 데비안은 이 두 기능이 수행되는 가장 널리 알려진 진영이다. 각 진영은 일관되고 일정한 독립 데이터 모델self-contained data model을 제공한다. 서버 관리자 툴은 두 진영이 통일된 모델을 제공할 것을 요구하지 않는다. 앞서 살펴본 시스템 관리자의 탄원에서도 통일된 데이터 모델을 요구하지 않았다. 마찬가지로 포스트그레SQL, MySQL, 마이크로소프트 SQL과 같은 전통적인 SQL 데이터베이스라고 하더라도 자동화 도구는 상이한 데이터베이스 설정의 차이를 굳이 일치시키려고 하지 않는다.

스스로 이런 차이가 어떻게 네트워크 운영자에게 영향을 끼치는지 질문해보자. SNMP나 YANG을 아는 누구라도 통일된 모델을 위한 합의는 시간이 오래 걸린다는 것을 알고 있다. 여전히 표준 협의체는 논의 중이고 네트워크는 계속 기다리는 중이다. 이 일을 진행하기 위해 각 네트워크 공급 업체는 각자의 모델 버전을 제공한다. 네트워크를 완전히 구성하고 1~2년 후에 모델에 대한 합의가 되었다면 공급 업체는 어떻게 할 것인가? 소프트웨어가 출시되면 표준 버전을 지원한다. 이때 업그레이드를 해서 기존 워크 플로를 중단할 것인가? 아니면 두 모델 모두 유지할 것인가? 한 선택은 코드 비대화code bloat를, 다른 선택은 운영의 괴로움을 만들 것이다.

호환성 딜레마에 빠지지 않기 위해 공급 업체는 가만있지 않을 것이다. 더 많은 기능을 추가할 것이고 그 기능은 표준 모델에서 지원하지 않는다. 이런 기능을 구성할 경우 어떤 일이 벌어질까?

서버 모델에서 각 공급 업체는 그들의 장비에 가장 적합한 모델을 제공한다. 공급 업체 A가 보다 운영자 친화적인 모델과 더 나은 추상화를 제공한다면 운영자에게는 이것이 또 다른 결정 요인이 된다. 보다 확장성 있고 보다 예측 가능한 네트워크를 만들 수 있는 모델은 고려할 가치가 있는 장점이 된다. 서버 관리자 모델은 표준 외의 모델을 쫓아가는 것을 막고, 키메라chimera[21]를 쫓는 데 낭비하는 시간을 멈추게 한다.

필자의 개인적인 네트워크 관리자 툴킷의 경험을 서버 관리자 툴킷의 성숙도, 복잡성, 선택지에 비한다면 네트워크 관리자 툴킷은 항상 네안데르탈인Neanderthal[22] 수준이라고 여긴다. 앤서블과 같은 서버 관리자 툴을 사용해서 관리할 수 없는 박스를 다루지 않는 한 네트워크 관리자 툴킷을 멀리 할 것을 권장한다.

----

21 옮긴이_ 생물학에서 하나의 생물체 안에 서로 다른 유전 형질을 가지는 동종의 조직이 함께 존재하는 현상을 뜻한다. 여기서는 공급 업체가 제공하는 비표준 모델과 표준 모델을 공존하는 현상을 설명하기 위해 사용했다.

22 옮긴이_ 현생 인류인 호모 사피엔스에 가장 가까운 종이지만 그 수준이 호모 사피엔스에 미치지 못하다고 알려져 있다. 여기서는 네트워크 관리자 툴킷의 수준이 그와 같다고 비유했다.

도구의 관점에서 특별한 선호가 없다면 네트워크 자동화를 위해 앤서블[23]을 사용할 것을 권장한다. 권장하는 이유는 다음과 같다.

- 앤서블은 아마도 네트워크 관리자 사이에 가장 널리 쓰이고 있다.
- 2.2 버전부터는 네트워킹 장비에 대한 지원도 지속적으로 늘고 있다. 거의 모든 네트워크 장비 공급 업체를 지원한다.
- CLI에 익숙한 사람이 앤서블로 넘어가기 꽤 간단하다.
- 앤서블은 강력하고 유연한 템플릿 툴인 Jija2[24]를 사용한다.
- 프로그래밍 지식이 거의 필요 없다. Jinja2의 제어 구조를 통해 간단한 if, for, while 제어를 할 수 있다.
- 앤서블은 당연히 리눅스를 지원하며 맥OS와 윈도우까지 다중 플랫폼을 지원한다.
- 마지막으로 중요한 것은 앤서블은 클라우드 네이티브 솔루션으로 적합한 오픈 소스다.

앤서블은 완벽하지 않다. 사실 결점도 꽤 있다. 하지만 네트워크 공급 업체와 운영자 사이에 설정 자동화 도구로 크게 각광받고 있다. 바닥부터 시작해야 한다면 커뮤니티의 지원이 절실할 것이다. 예를 들어 인터넷에서는 자유롭게 이용 가능한 참조할 수 있는 아주 많은 앤서블 플레이북이 있다.

10.7 자동화 모범 사례

자동화는 이용할 수 있는 정규 패턴이 존재하는 경우에만 가능하다. 같은 명령어를 여러 박스에서 타이핑하는 것도 이런 패턴의 예다. 아주 최소한의 자동화에 대한 열망이 네트워크를 정돈하고 보다 관리하기 편하게 해주며 네트워크가 질서를 찾도록 도와준다.

숙련된 자동화 전문가들은 어떤 도구를 사용하든 상관없이 다음과 같은 모범 사례를 권장한다.

간단한 시작

대규모 또는 복잡한 작업을 자동화하려면 무척 힘든 일이 될 수 있다. 자동화의 길에서 벗어나지 않도록 확률을 높여주는 것은 바로 아주 간단한 작업부터 시작하는 것이다. 예를 들어 라우팅을 활성화하거나 루프백 IP 주소를 할당하는 등의 작업을 자동화한다.

---

23 https://www.ansible.com
24 http://jinja.pocoo.org

데이터에서 코드 분리하기

자동화에 조금 능숙해졌다면 특정 장치별 설정값과 독립적으로 동작하는 코드가 필요하게 된다. 예를 들어 루프백 IP 주소를 라우터에 할당하는 것과 같은 간단한 작업을 한다면 IP 주소를 별도의 파일(또는 파일들)에 저장해서 할당 명령어와 분리해야 한다. 또는 다양한 장치의 시리얼 번호 또는 모델을 얻어오는 읽기 전용 명령어를 자동화하는 것부터 시작한다. 앤서블은 변수만 별도 파일에 저장할 수 있어서 데이터를 코드에서 분리할 수 있게 해 준다.

검증

자동화 도구는 모든 변경 사항이 적용되기 전에 이를 검증하는 메커니즘을 제공해야 한다. 예를 들어 앤서블은 파일에 작성하기 전에 키워드를 검증한다. 베이그런트^{Vagrant}와 같은 시뮬레이션 도구를 이용해서 실제 장치에 설정을 쓰기 전에 변경 사항을 검증할 수 있다.

깃의 사용

깃과 같은 소스 코드 제어 시스템을 사용해서 코드 버전을 저장하자. 커밋을 가능한 한 빠르게 하는 것을 두려워하지 말자. 깃은 이전 버전으로 재빠르게 돌아갈 수 있다.

롤링 업그레이드 rolling upgrade

클로스 토폴로지는 오류가 발생했을 때의 '폭발 반경'을 제어할 수 있게 한다. 하지만 어떤 작업을 수행하든지 많은 변화를 모든 노드에 한 번에 적용해서는 안 된다. 먼저 단일 스파인을 변경하고 그다음 단일 리프를 변경해서 동작을 확인해야 한다. 이렇게 확인한 후에야 다른 스파인과 리프에 적용할 수 있다.

일관된 도구 사용과 프로그래밍 언어 사용

앤서블과 파이썬은 어우러진다. 퍼핏 또는 셰프는 루비와 어우러져야 한다. 프로그래밍 언어와 도구를 섞으면 안 된다. 서로 다른 것을 하나에 맞추는 것 이상으로 복잡한 문제를 야기한다. 하지만 앤서블을 사용하기 위해 파이썬을 배워야 한다는 의미는 아니다. 사용하는 도구가 퍼핏이나 셰프가 아니라면 보다 능숙해지기 위해서는 앤서블에서 잘 동작할 수 있는 파이썬으로 된 프로그램을 선택해야 한다.

반복

기술이 향상되면 보다 큰 패턴, 보다 효율적인 패턴 등을 찾아서 자동화 작업을 향상시킬 수 있다. 이는 자연스러운 현상이다. 환경에 맞는 솔루션을 충분한 시간을 들여서 반복하라. 유명한 프로그래머 마틴 파울러Martin Fowler가 말했듯이 "프로젝트를 성공시키고 싶으면 반복적인 개발만이 유일한 길이다." 이 말을 명심하자.

커뮤니티의 도움을 받자

규모가 크고 도움이 되는 커뮤니티를 가진 도구를 사용하자. 예를 들어 앤서블에 관한 질문은 유명한 스택 오버플로[25]를 포함한 여러 포럼에서 할 수 있다. 커뮤니티 사용자들이 네트워킹 도메인 전문가가 아니더라도 도구를 사용하는 올바른 방법에 대해 도움을 줄 수 있다. 네트워크 자동화에 대해 도움을 받을 수 있는 여러 온라인 자료는 10.12절을 참고하기 바란다.

10.8 앤서블: 개요

이 절에서는 앤서블의 개요를 소개한다. 앤서블만 다루는 책은 이미 시중에 많이 출간되었다. 이 절의 핵심은 앤서블을 가르치는 것이 아니므로 많은 내용은 다루지 않는다. 앞으로 여러 장에서 배포 시에 언급되는 앤서블 쓰임새의 기본적인 개념에 익숙해지도록 하는 것이 목적이다.

앤서블은 **푸시 기반 모델**push-based model을 제공하는 자동화 도구다. [그림 10-2]에서 묘사한 것처럼 네트워크 장비와 컴퓨트 노드의 설정 배포를 자동화하기 위해 사용한다.

그림 10-2 앤서블 동작 방식

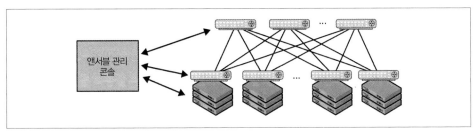

---

25 옮긴이_ 가장 많이 알려진 개발자 커뮤니티다. 소프트웨어와 하드웨어를 포함하는 컴퓨터 공학 전반에 걸친 다양한 질문에 대한 답을 얻을 수 있다. https://stackoverflow.com

앤서블은 리눅스(또는 맥) 서버에서 동작하는 애플리케이션이다. 앤서블의 주요 입력은 다음과 같다.

- 설정을 푸시할 모든 장치 목록을 담은 인벤토리[inventory]
- 설정을 생성하거나 명령어를 실행하는 작업을 구성하는 명령 집합인 플레이북

앤서블의 기본 특성은 다음과 같다.

자동화 도구

앤서블은 설정에 많이 사용되지만 보다 일반적인 시작점은 인벤토리 리포트를 가져오는 것이다. YAML이나 Jinja2가 프로그래밍 언어가 아닌 정적 형식의 정의이므로 인벤토리 리포트를 설정한 이후 검증에 사용할 수 있다. 앤서블을 검증에 사용하는 것은 18장에서 살펴본다.

에이전트리스

앤서블은 앤서블 특정 에이전트[agent]를 설치하지 않고도 어떤 장치에서나 동작한다. 아직 완성되지 않은 네트워크를 다뤄야 할 네트워크 운영자에게 보다 손쉬운 방법을 제공한다. 네트워크 OS의 버전을 변경하는 것은 도구의 사용성에 아무런 영향을 주지 않는다. 앤서블 역시 에이전트 기반 모델이 있지만 이를 사용하는 경우를 들은 적이 없다.

다중 네이티브 전송 지원

기본적으로 앤서블은 설정해야 할 장치와 SSH를 그대로 사용해서 통신한다. 하지만 OS 공급 업체가 제공하는 다른 전송도 사용할 수 있다. 예를 들어 아리스타는 SSH보다 효율적인 OS의 REST API를 앤서블 모듈로 제공한다. 주니퍼와 시스코의 일부 운영체제도 NETCONF를 전송으로 사용한다. 하지만 공급 업체 특정 모듈이 제공되지 않으면 SSH가 기본이다. SSH를 사용할 때 덜 고통받기 위해서는 키[key] 파일이나 볼트[vault]에 패스워드를 저장하여 패스워드 없는 모델을 사용해야 한다.

YAML

앤서블에서는 YAML을 기본 설정 언어로 사용한다. YAML은 쿠버네티스와 같은 많은 클라우드 네이티브 도구에서 설정 언어로 사용한다. 따라서 YAML를 잘 아는 것이 앤서블만 아는 것보다 더 도움이 된다.

데이터에서 코드를 분리하는 템플릿

앤서블의 기본 모델은 Jinja2 기반의 템플릿을 사용하는 것이다. 운영자는 일반적인 템플릿을 만들어서 설정들을 나타내고 다른 파일에 저장된 장비 특정 매개변수들을 읽어서 템플릿을 렌더링한다. 장치의 매개변수들은 분리된 파일에서 장치의 호스트명과 장치가 소속된 사용자 정의 그룹에 의해 자동으로 생성된다.

사용자 확장성

앤서블 자체에서 제공하는 표준 모듈이 있지만 네트워크 운영자들은 앤서블의 기능을 확장하여 특정 행위를 수행하는 독자적인 맞춤형 모듈을 작성할 수 있다. 네트워킹 장비와 서버를 위한 많은 모듈이 앤서블과 공급 업체에 의해 개발되고 유지 보수된다. 이런 것들로 앤서블은 기능이 풍부한 솔루션이 된다.

앤서블은 그 자체로 풍부한 리소스 모듈을 제공한다. 리소스 모듈은 패키지 관리자나 SSH와 같은 서비스, 로그인 화면의 배너를 설정하는 등의 단일 리소스에서 동작한다. 이렇게 풍부한 리소스 모듈의 장점은 네트워크 운영자가 처음 자동화를 시도하는 경우에도 템플릿에 관한 일부 지식만 있어도 간단한 작업을 수행할 수 있게 하며 작업을 효과적이고 효율적으로 시작할 수 있게 한다.

10.8.1 인벤토리

앤서블은 접근해야 할 노드와 그 방법을 어떻게 알 수 있을까? 네트워크 스위치와 물리 서버 같은 정적 엔티티를 위해 앤서블은 인벤토리 파일을 사용한다. 일반적으로 인벤토리 파일은 잘 정의된 위치인 /etc/ansible/hosts에 위치한다. 하지만 -i 옵션을 사용하거나 ansible.cfg 설정 파일[26]을 통해 경로를 제공하여 이 위치를 변경할 수 있다. 이 절에서 예시로 보여줄 인벤토리는 다음과 같다.

```
vx ansible_host=192.168.121.154    ❶
eos ansible_host=192.168.121.109   ❶
server01 ansible_host=192.168.121.86   ❶
server02 ansible_host=192.168.121.82   ❶
```

----

26 앤서블 문서에서는 ansible.cfg가 플레이북과 동일한 디렉터리에 존재하고 특히 이 디렉터리가 모든 사용자에 의해 쓰기 가능한 경우의 보안 위협에 대해 알려주고 있다. https://oreil.ly/aF1DC

```
[servers]      ❷
server01
server02

[cumulus]      ❷
vx

[arista]       ❷
eos

[linux:children]      ❸
cumulus
linux

[routers:children]      ❸
vx
eos

[all:vars]       ❹
ansible_port=22
ansible_user="vagrant"
ansible_ssh_private_key_file="/vagrant/machines/private_key"

[arista:vars]
ansible_network_os: "eos"
```

---

❶ 이 파일은 네 가지 장치인 vx, eos, server01, server02를 가리키고 있다. 각 항목에는 장치에 접근하는 방법에 대한 정보가 있다.

❷ 인벤토리는 이들 네 가지 장치와 관련 있는 다양한 그룹핑도 포함한다. 예를 들어 서버 그룹은 server01과 server02 장치를 포함한다. 모든 노드를 포함하는 미리 정의된 그룹 인 all도 있다.

❸ 그룹핑에서는 다른 그룹을 포함할 수 있다. 호스트가 여러 그룹에서 사용되는 경우 반복 해서 호스트명을 사용하는 것을 막아준다. 예를 들어 그룹 linux는 큐물러스 라우터와 서버를 모두 포함한다. 또한 인벤토리에는 각 그룹에서 사용하는 특정한 변수도 지정할 수 있다.

❹ 이런 변수들을 여기저기 놔두는 것도 좋지만 그룹 또는 호스트와 연관 있는 변수를 인벤토 리 파일에 둘 수도 있다. 예를 들어 나열된 모든 노드를 포함하는 all 그룹은 [all:vars]

아래에 많은 변수를 정의한다. 여기서는 모든 노드에 로그인할 때 사용하는 사용자명이 vagrant라는 것을 알 수 있다.

이런 그룹 외에도 앤서블에서는 장치의 배포판, 버전 또는 아티팩트를 기반으로 동적 그룹을 만들 수 있다. 일반적으로 동적 그룹은 앤서블이 장치와의 통신을 수립하고 그룹핑을 만들 수 있는 관련 정보를 모은 후에야 생성된다.

다음 두 절에서는 eos와 같은 장비를 참조하기 위해 앤서블을 사용하는 명령어에서 인벤토리 파일은 장비의 정보를 얻기 위해 활용된다.

네트워크 운영자는 특별히 네트워크 스위치나 컴퓨트 노드와 같은 물리 장비를 다룰 때는 인벤토리 파일을 수동으로 생성한다.

네트워크 운영자가 인벤토리 파일을 사용하면 일회성 명령어를 실행하거나 잘 짜인 워크플로를 실행할 수 있다.

10.8.2 플레이북

앤서블의 두 번째 주요한 요소는 잘 정의된 워크플로나 태스크를 실행하는 것이다. **플레이북**을 작성해서 이런 것을 정의할 수 있다. 플레이북은 일련의 태스크나 **플레이**로 이뤄진다. 다음 show-version.yaml이라는 플레이북은 노드의 버전을 수집하는 방법을 보여준다.

```
- name: get version  for non-linux devices    ❶
  hosts: eos                    ❷
  gather_facts: no
  connection: network_cli
  tasks:                        ❸
    - name: show version    ❹
      cli_command:
        commands: show version
      register: showver

    - debug: var=showver['stdout_lines']

- name: get version for linux devices    ❶
  hosts: linux                  ❷
  gather_facts: no
```

```
    tasks:                    ❸
      - name: show version    ❹
        command: hostnamectl
        register: showver

      - debug: var=showver['stdout_lines']
```

❶ 플레이는 각 플레이에 연결된 모든 태스크를 그룹화한다. 플레이가 하는 일을 의미 있는
이름으로 표현할 수 있다.

❷ 플레이를 실행해야 할 호스트 목록이다. 인벤토리 파일에서 봤듯이 여기서 linux는 모든
네이티브 리눅스 호스트 목록이다.

❸ 여기서는 플레이에 연결된 모든 태스크를 나열한다.

❹ 각 태스크의 이름이다.

플레이북의 실행 결과는 다음과 같다

```
$ ansible-playbook show-version.yml

PLAY [get version  for non-linux devices] **********************************  ❶

TASK [show version] ********************************************************  ❷
ok: [eos]

TASK [debug] ***************************************************************
ok: [eos] => {
    "showver['stdout_lines']": [
        "vEOS",
        "Hardware version:      ",
        "Serial number:         ",
        "System MAC address:  5254.0072.ec50",
        "",
        "Software image version: 4.22.0F",
        "Architecture:          i386",
        "Internal build version: 4.22.0F-12170486.4220F",
        "Internal build ID:     2c34e816-9aa7-4c63-9a32-05140aec7dbd",
        "",
        "Uptime:                1 weeks, 0 days, 3 hours and 4 minutes",
        "Total memory:          2014580 kB",
```

```
                "Free memory:                 1258860 kB"
        ]
    }
}

PLAY [get version for linux devices] **************************************** ❶

TASK [show version] ******************************************************** ❷
changed: [server01]
changed: [server02]
changed: [vx]

TASK [debug] *************************************************************
ok: [vx] => {
    "showver['stdout_lines']": [
        "   Static hostname: cumulus",
        "         Icon name: computer-vm",
        "           Chassis: vm",
        "        Machine ID: 5bb87be8ca4449549db8947b5be70cfd",
        "           Boot ID: 3690e42cb1a74b9f87d89e76c4b2b914",
        "    Virtualization: kvm",
        "  Operating System: Cumulus Linux",
        "       CPE OS Name: cpe:/o:cumulusnetworks:cumulus_linux:3.7.0",
        "            Kernel: Linux 4.1.0-cl-7-amd64",
        "      Architecture: x86-64"
    ]
}
ok: [server01] => {
    "showver['stdout_lines']": [
        "   Static hostname: server01",
        "         Icon name: computer-vm",
        "           Chassis: vm",
        "        Machine ID: bf712b1790a50163052d66505719d284",
        "           Boot ID: 727291f8d1344e02bffaaf73d53cf623",
        "    Virtualization: qemu",
        "  Operating System: Ubuntu 16.04 LTS",
        "            Kernel: Linux 4.4.0-22-generic",
        "      Architecture: x86-64"
    ]
}
ok: [server02] => {
    "showver['stdout_lines']": [
        "   Static hostname: server02",
        "         Icon name: computer-vm",
        "           Chassis: vm",
```

```
    "              Machine ID: bf712b1790a50163052d66505719d284",
    "                 Boot ID: d8b98e9a20904b1688166d161f5f203b",
    "          Virtualization: qemu",
    "        Operating System: Ubuntu 16.04 LTS",
    "                  Kernel: Linux 4.4.0-22-generic",
    "            Architecture: x86-64"
    ]
}
```

```
PLAY RECAP ************************************************************ ❸
eos                        : ok=2    changed=0    unreachable=0    failed=0
server01                   : ok=2    changed=1    unreachable=0    failed=0
server02                   : ok=2    changed=1    unreachable=0    failed=0
vx                         : ok=2    changed=1    unreachable=0    failed=0
```

앞선 출력은 장비 목록에서 각각 어떤 명령어가 실행되고 그 결과가 무엇인지 보여준다.

❶ 각 플레이를 나열한다. 플레이에 이름이 있는 경우에는 그 이름이 나열된다. 그렇지 않은 경우 hosts 변수를 나열한다. 여기서는 두 플레이가 있다는 것을 알 수 있다.

❷ 각 플레이의 태스크가 실행되었다. 플레이북은 플레이가 두 태스크로 되어 있다고 알려준다. 이 예제를 실행해보면 알겠지만 각 태스크는 다음 태스크가 실행되기 이전에 모든 호스트에서 완료되어야 한다.

❸ 마지막 요약은 모든 호스트에서 어떤 플레이북이 실행되었는지 알려준다. 각 호스트별로는 상태 변수의 집합으로 이를 나열한다. ok=2는 두 명령어가 성공적으로 실행되었음을 알려준다. unreachable=0은 목록에 있는 장비에 명령어를 전달하고 실행할 수 있었음을 나타낸다. changed=0은 명령어의 결과로 장비의 상태가 변화 없음을 나타낸다. 아리스타 장비에서는 show 명령어가 '변화 없음[no change]' 상태로 처리된다. 리눅스에서는 어떤 명령어든 수행할 수 있다. 예를 들어 내부적으로 상태를 변화시키는 스크립트를 실행할 수도 있다. 따라서 앤서블은 '커맨드[command]' 모듈을 사용한 결과로 상태가 변화한다는 것을 항상 가정한다. 이것이 리눅스 머신에서 명령어를 직접 실행시키지 말아야 할 첫 번째 이유다. 두 번째 이유는 직접 명령어를 수행해도 설정이 지속되지 않는다(재시작 또는 재부팅)는 것이다. 대신 모든 애플리케이션은 설정 파일과 애플리케이션의 시작/정지/재시작 로직을 추상화한 서비스 파일을 제공한다. 설정 파일을 업데이트한 경우 앤서블의 통지 메커니즘을 이용해서 애플리케이션의 변경 사항을 적용하도록 한다. 진짜로 설정 파일이 갱신된 변경이 아니라면 애플리케이션에 통지하지 않는다.

네트워크 운영자가 앤서블의 실행 결과를 살펴본다면 어떤 일이 수행되었는지 요약해서 보여주는 마지막 요약 행만 보면 된다. 모든 명령어가 실패하지 않았고 모든 장비가 플레이 중에 접근 가능했다는 것을 확실히 하는 것이 중요하다. 앤서블은 어떤 호스트에 실패한 명령어가 있는 경우 빨간색으로 표시해준다. 한 호스트에서 어떤 태스크가 실패하면 이후 이어지는 태스크는 해당 호스트에서 수행되지 않는다.

이 플레이북을 통해 다음과 같은 점을 알게 되었다.

- 네트워크 전역에 플레이북으로 show 명령어를 실행하는 것은 절대 인간 친화적이지 않다. 이건 단순한 결점을 말하는 것이 아닌 show 명령어의 한계를 나타낸다.
- 태스크는 비슷한 유형의 호스트로 분류된다(플레이북의 첫 번째 부분은 eos로 명명된 호스트에서 두 번째 부분은 모든 리눅스 호스트에서 실행된다).
- 다른 운영체제에서 실행되는 명령어 간의 차이점을 숨기지 않는다. hostamectl은 리눅스 머신에서 동작하는 명령어이며 show version은 아리스타의 EOS에서 실행된다. 비리눅스 머신에서는 잠재적으로 같은 태스크에 다른 이름(command 대신 cli_command, 연결 사양 등)을 사용한다.
- 전통적인 네트워크 장비에는 매개변수 연결과 같은 추가 설정이 필요하다
- 디폴트로 플레이의 명령어 출력은 표시되지 않는다. 명시적으로 캡처(register 옵션 사용)하거나 출력(debug 옵션 사용)되도록 해야 한다.

리눅스와 비교해서 전통적인 네트워크 장비는 파이썬을 대체로 지원하지 않으므로 앤서블은 네트워크 장비를 위해 다른 모델을 사용한다. 리눅스 호스트에서 앤서블은 파이썬 템플릿을 푸시해서 원격 엔드포인트에서 태스크를 실행하고 장비에서 스크립트를 실행한다. 예를 들어 템플릿이 각 원격 장비에서 독립적으로 렌더링된다면 이를 병렬로 수행할 수 있다. 전통적인 네트워크 장비에서 앤서블은 파이썬을 원격 노드에서 실행할 수 없다고 가정하므로 작업하고자 하는 원격 노드의 파이썬 코드를 로컬에서 수행해서 생성된 설정 결과를 원격 장비에 푸시한다. 큐물러스 리눅스나 소닉 같은 네트워크 운영체제는 아리스타나 시스코와 같은 다른 네트워크 장비와 다르게 리눅스 서버와 동일하게 취급되므로 그렇게 하지 않아도 된다. 이러한 차이점은 성능에 영향을 미친다. 이에 대해서는 나중에 이야기할 것이다.

여러 전통적인 네트워크 운영체제의 버전을 표시하기 위해 변수와 결합된 플레이북에서 cli_command를 사용하는 방법을 보여주는 훌륭한 플레이북[27]이 있다.

---

27 https://oreil.ly/6qjwf

10.8.3 애드혹 명령어

앤서블은 애드혹^{ad hoc} 명령어 실행도 지원한다. 애드혹 명령어는 어디에도 저장되지 않고 서로 다를 것 없는 네트워크 CLI 종류의 명령어 라인에 매개변수를 전달해서 실행된다. 리눅스를 사용하면 eos 노드에 저장된 아래와 같은 매개변수를 볼 수 있다.

```
$ ansible '!eos' -a 'cat /etc/lsb-release'
vx | SUCCESS | rc=0 >>
DISTRIB_ID="Cumulus Linux"
DISTRIB_RELEASE=3.7.0
DISTRIB_DESCRIPTION="Cumulus Linux 3.7.0"

server02 | SUCCESS | rc=0 >>
DISTRIB_ID=Ubuntu
DISTRIB_RELEASE=16.04
DISTRIB_CODENAME=xenial
DISTRIB_DESCRIPTION="Ubuntu 16.04 LTS"

server01 | SUCCESS | rc=0 >>
DISTRIB_ID=Ubuntu
DISTRIB_RELEASE=16.04
DISTRIB_CODENAME=xenial
DISTRIB_DESCRIPTION="Ubuntu 16.04 LTS"
```

예를 들어 애드혹 명령어를 사용해서 디폴트 경로를 추가할 수 있다(-b 옵션은 리눅스 호스트에서 sudo를 통해 명령어를 실행함).

```
$ ansible '!eos' -b -a 'ip ro add 10.10.0.0/24 via 192.168.121.1'

vx | SUCCESS | rc=0 >>

server02 | SUCCESS | rc=0 >>

server01 | SUCCESS | rc=0 >>
```

거의 모든 전통적인 네트워크 장비는 리눅스가 아니므로 독자적인 연결 방법이 있다. 주니퍼는 NETCONF를 사용하는 반면 아리스타와 시스코의 NX-OS는 REST API를 사용한다. 장비 연결의 복잡성을 감싼 각 공급 업체 특정 파이썬 라이브러리가 있다. 앤서블 버전 2.5에서는 network_cli라는 연결 방법이 있다. 이것은 애드혹 명령어인 cli_command와 동등하고 각 장비 접근법을 표준화했다. 명령어 자체를 표준화하지 않았으므로 장비에 적합한 명령어를 사용해야 한다. 아리스타에서 사용하는 간단한 cli_command와 그 결과는 다음과 같다.

```
$ ansible eos -c network_cli -m cli_command -a 'command="show version"'
eos | SUCCESS => {
    "ansible_facts": {
        "discovered_interpreter_python": "/usr/bin/python"
    },
    "changed": false,

    ... snipped lines thay were too long

    "stdout_lines": [
        "vEOS",
        "Hardware version:      ",
        "Serial number:         ",
        "System MAC address:  5254.0072.ec50",
        "",
        "Software image version: 4.22.0F",
        "Architecture:          i386",
        "Internal build version: 4.22.0F-12170486.4220F",
        "Internal build ID:     2c34e816-9aa7-4c63-9a32-05140aec7dbd",
        "",
        "Uptime:                1 weeks, 0 days, 2 hours and 56 minutes",
        "Total memory:          2014580 kB",
        "Free memory:           1264924 kB"
    ]
}
```

10.8.4 플레이북 구조화

앤서블은 초보자를 위해 자동화 방법을 단순화하고 중복 제거와 데이터로부터 코드 분리와 같은 좋은 사례들을 따르도록 하기 위해 일종의 규범을 강제하고 있다. 앤서블 플레이북을 위한 추천 디렉터리 구조는 다음 [예제 10-1]과 같다.

예제 10-1 앤서블 디렉터리 구조 추천

```
ansible.cfg        ❶
group_vars/        ❷
   routers.yml
   eos.yml
   server.yml
host_vars/         ❸
   vx.yml
   eos.yml
   ..
   server02.yml
inventory
roles/             ❹
   common/
         tasks/
         main.yml
      handlers/
      vars/
      files/
      templates/
   routers/
         tasks/
         main.yml
      handlers/
      vars/
      files/
      templates/
   servers/
         ...
   site.yml
```

앤서블 공식 문서에 따르면 롤은 특정 vars_file, 태스크, 핸들러를 알려진 파일 구조로부터 자동으로 로딩한다. 롤의 그룹핑 내용은 다른 사용자와 롤의 쉬운 공유를 가능하게 한다. 앞선 예제 구조에서 다음과 같은 것을 알 수 있다.

❶ ansible.cfg는 디렉터리 내의 모든 항목에 대한 앤서블 설정을 나열한다. 필자의 경우 항상 베이그런트 시뮬레이션을 실행하는 인벤토리 파일을 포함하도록 설정한다.

❷ 이 디렉터리에는 각 그룹별 변수가 포함된다. 여기서는 linux, routers, arista 등을 인벤토리 파일에 그룹으로 정의했다.

❸ 이 디렉터리에는 각 호스트별 변수가 포함된다. 따라서 그룹별 변수뿐만 아니라 각 호스트별 고유 변수를 가질 수 있다. 그룹별 변수 파일과 호스트별 변수 파일에 동일한 변수가 정의되어 있는 경우 호스트별 변수가 우선 적용된다.

❹ 앤서블에서는 **롤**role이 함수와 동등한 의미다. 함수 내에 변수가 있듯이 롤도 수행하는 기능에 특정한 어떤 것을 포함할 수 있다. 예를 들어 모든 노드에 BGP 설정을 렌더링하는 롤이 있을 때 롤의 템플릿 디렉터리 하위에 템플릿을 정의할 수 있다. templates 디렉터리와 files 디렉터리의 차이는 Jinja2를 통해 생성되는지 아니면 그대로 복사되는지의 차이다. 파일 사용 예제는 FRR이 구동해야 할 bgpd와 같은 라우팅 데몬들을 나열하는 데몬 파일이 있다. BGP 설정과 관련 있는 files 디렉터리에 이 파일을 위치해서 사용한다.

각 롤에 있는 모든 디렉터리와 파일을 나열하지는 않겠다. 앤서블이 추천하는 모범 사례는 공식 문서[28]에서 확인할 수 있다.

필자의 경험에 비춰봤을 때 네트워크 관리자는 설정들이 세세하게 계층화되면 많이 어려워한다. 이를 비난하고 싶은 마음이 전혀 없다. 정보를 검색하고 수집하는 것, 갱신할 부분을 알아야 하는 것 등 모든 것이 불필요하게 복잡하게 보인다. 네트워크 관리자가 아닌 사람과의 논의에서도 롤은 많은 사람에게 관리하기 어려운 개념이다. 따라서 이 모든 것을 알고 시작하기보다는 최소 다음 두 가지 사례를 따를 것을 추천한다.

- 데이터에서 코드를 분리하라. host_vars와 group_vars를 사용하는 것이 타당하며, 진행할 때 더 단순한 모델에서 전환할 수 있도록 준비한다.
- 앤서블의 include 옵션을 이용해서 플레이북을 재사용 가능한 개별 기능 단위로 나눠라. 앤서블에 보다 익숙해지면 include 파일을 롤로 전환할 수 있다.

10.9 일반적인 자동화 여정

큐물러스 네트웍스에 재직하면서 네트워크 자동화가 처음인 많은 고객을 상대했었다. 그렇지만 네트워크 자동화에 굉장한 관심이 있었다. 큐물러스 리눅스 인터페이스가 네이티브 리눅스 인터페이스여서 모든 서버 자동화 도구가 큐물러스에서는 그대로 동작한다. 프로그래밍을 할 수 없

---

28 https://oreil.ly/s08lc

는 사람들에게 가장 친숙한 도구였던 앤서블이 대체로 앞서가기 시작했다. 그 당시 많은 고객이 완전히 네트워크 자동화에 무지한 상태에서 자동화가 그들의 일상적인 워크플로가 되어 가는 여정을 지켜봤다.

필자가 목격한 가장 일반적인 여정은 다음과 같은 발전 과정을 거친다. 간결하게 하기 위해 구성의 일부 특성만 다룬다. 이는 자동화의 가능성을 강조하기 위해서지 장비 설정의 전체 과정을 보여주는 것이 목적이 아니기 때문이다.

여기에는 라이선스 키, 호스트명, 로케일 설정과 같은 것들이 더 존재한다. 이런 태스크는 이후에 다룰 비장비 특정 패턴^nondevice-specific pattern^을 따른다. 큐물러스의 깃허브 저장소[29]에 여러 공통 설정 태스크를 위한 플레이북이 있다. 시스코나 아리스타와 같은 장비를 위한 다른 저장소도 있다. 예를 들어 앤서블의 네트워크 자동화 팀과 숀 캐버노^Sean Cavanaugh^는 특히 인벤토리 리포트를 HTML로 생성하는 것과 네트워크 장비 애그노스틱^agnostic^ 예제를 포함하는 흥미로운 저장소[30]를 제공한다.

10.9.1 영광스런 파일 복사

네트워크 자동화 여정의 첫 번째 단계에서 운영자는 일부 장비를 위한 설정을 이전처럼 수동으로 생성했다. 이를 자동화하는 방법을 알고 있지 않기에 이런 단계가 필요하다. 이후에 운영자는 앤서블을 이용해서 수동 생성 설정 파일을 다른 장비에 푸시하게 된다. 이렇게 함으로써 앤서블을 사용하는 데 익숙함을 느끼게 될 것이다. 이 과정에서 운영자는 패턴을 인지하게 되고 수동 생성 파일을 템플릿으로 완전히 대체할 수 있는 가능성을 알게 되기 시작한다.

이 시나리오의 디렉터리 구조는 [예제 10-2]를 재조립한 것과 유사하다.

예제 10-2 초보적인 자동화의 디렉터리 구조 예

```
ansible.cfg
inventory
config/
    leaf01/
        interfaces
```

---

29 https://oreil.ly/nf08_
30 https://oreil.ly/Dxu11

```
        frr.conf   ❶
        daemons
        ntp.conf
        leaf02/
              interfaces
        frr.conf
        daemons
        ntp.conf
        ...
        spine01/
              interfaces
        frr.conf
        daemons
        ntp.conf
        ...
    site.yml
```

❶ FRR은 이 단계에 존재하지 않고 그 조상격인 콰가^{quagga}를 쓴다. 따라서 이 파일은 frr. conf가 아닌 quagga.conf가 되어야 한다.[31]

플레이북 site.yml은 [예제 10-3]과 같은 형태가 될 것이다.

예제 10-3 초보적인 자동화의 site.yml

```
- hosts: network
  tasks:
    - name: copy interfaces
      copy: src=config/{{ansible_inventory_hostname}}/interfaces dest=/etc/
network/
    - name: copy daemons
      copy: src=config/{{ansible_inventory_hostname}}/daemons dest=/etc/frr/
    - name: copy routing configuration
      copy: src=config/{{ansible_inventory_hostname}}/frr.conf dest=/etc/frr/
    ...
```

ansible-playbook site.yml이라는 명령어를 통해 모든 것이 실행된다. 장비는 재부팅되는데 이는 수정된 파일과 연결된 서비스를 재시작하는 것보다 간난하기 때문이다. 이를 통해 앤서블에 대해 조금 더 알 수 있게 되었을 것이다.

---

31 옮긴이_ FRR은 2017년 4월에 릴리즈했다. 아주 초보 수준의 자동화가 시작된 시기가 그보다 이전이라 콰가를 언급한 것 같다.

10.9.2 디바이스에 특정되지 않은 설정 자동화

모든 장비는 타임존^{timezone}, 네트워크 타임 프로토콜$^{network\ time\ protocol,\ NTP}$ 서버 설정, 로깅과 같은 매개변수를 설정해야 한다. 따라서 각 호스트에 동일한 파일을 계속해서 복사하는 것보다 운영자는 이 파일들을 공통 디렉터리에 복사한다. 이 예제에서 FRR 데몬 파일은 리프와 스파인에서 공통으로 사용되고 노드에서 동일하다. [예제 10-4]는 이런 디렉터리 구조를 보여준다.

예제 10-4 공통 파일의 디렉터리 구조 예

```
ansible.cfg
inventory
config/
    common/
        daemons
    leaf01/
        interfaces
    frr.conf
    leaf02/
        interfaces
    frr.conf
    ...
    spine01/
        interfaces
    frr.conf
    ...
site.yml
```

플레이북 site.yml은 [예제 10-5]와 같이 작성할 수 있다.

예제 10-5 향상된 장비 자동화의 site.yml

```
- hosts: network
  tasks:
    - name: copy daemons
      copy: src=config/common/daemons dest=/etc/frr/
    - name: copy interfaces
      copy: src=config/{{ansible_inventory_hostname}}/interfaces dest=/etc/
network/
    - name: copy routing configuration
      copy: src=config/{{ansible_inventory_hostname}}/frr.conf dest=/etc/frr/
    ...
```

```
      - name: Let the interface configuration take effect
        command: ifreload -a
      - name: restart frr
        service: name=frr state=restarted
```

장비 전체를 더 이상 재시작할 필요 없고 적합한 서비스만 재시작한다. 하지만 대부분의 운영자
는 제로데이 설정을 설치하고 난 뒤에 장비를 재부팅하고 업데이트를 위해 서비스를 재시작하거
나 재로딩한다.

10.9.3 라우팅과 인터페이스 설정 템플릿화

FRR이 언넘버드 인터페이스 지원을 시작했을 때 OSPFv2가 먼저였고 그다음이 BGP였다. 그
리고 인터페이스에 주소를 연결할 수 있는 것은 루프백뿐이었다. 주소를 할당할 다른 인터페이
스(대조적으로 리프는 서버 방향 포트에 VLAN을 부여해야 한다)가 존재하지 않는 스파인에
서 최소한 사용 가능했다. 따라서 다음 단계는 루프백 IP 주소를 가져와서 파일에 저장하고 라
우팅 설정을 템플릿화하는 것이었다. 앤서블 디렉터리 구조는 [예제 10-6]과 같다.

예제 10-6 공통 파일의 디렉터리 구조 예

```
ansible.cfg
inventory
config/
     common/
          daemons
     spines/
     frr.conf.j2
     leaf01/
          interfaces
     frr.conf
     leaf02/
          interfaces
     frr.conf
     ...
     spine01/
          interfaces
     ...
host_vars/
     spine01.yml
```

```
    spine02.yml
    ...
  site.yml
```

플레이북 site.yml은 [예제 10-7]과 같이 작성할 수 있다.

예제 10-7 루프백 주소를 다루는 site.yml

```
- hosts: network
  tasks:
    - name: copy daemons
      copy: src=config/common/daemons dest=/etc/frr/
    - name: copy interfaces
      copy: src=config/{{ansible_inventory_hostname}}/interfaces dest=/etc/
network/

- hosts: leaf
  tasks:
    - name: copy routing configuration
      copy: src=config/{{ansible_inventory_hostname}}/frr.conf dest=/etc/frr/
      notify: restart frr
    - name: restart frr
      service: name=frr state=restarted

- hosts: spine
  tasks:
    - name: template out routing configuration
      template: src=config/spines/frr.conf.j2 dest=/etc/frr/
      notify: restart frr
    - name: restart frr
      service: name=frr state=restarted
```

host_var/spine01.yml의 내용은 다음과 같이 간단하다.

```
  loopback_ip: 10.0.0.21/32
```

다른 스파인에서 동일하게 수행하면 그 결과는 각 스파인의 루프백 IP 주소를 갖는다. 스파인의 라우팅 설정 템플릿 파일인 frr.conf.j2는 [예제 10-8](OSPFv2용)과 같이 작성된다.

```
interface lo
  ip address {{ loopback_ip }}
  ip ospf area 0.0.0.0
!
interface swp1
  ip address {{ loopback_ip }}
  ip ospf network point-to-point
  ip ospf area 0.0.0.0
!
interface swp2
  ip address {{ loopback_ip }}
  ip ospf network point-to-point
  ip ospf area 0.0.0.0
!
...
!
router ospf
  router-id {{ loopback_ip }}
  passive-interface lo
```

10.9.4 향상된 템플릿과 롤

이쯤 되면 운영자는 앤서블과 자동화에 익숙해져서 리프 설정과 같은 많은 작업을 템플릿화하기 시작한다. 또 일부는 더 나아가서 롤을 사용하기도 한다. 이전 단계에서 롤로 넘어가는 방법은 다음과 같은 태스크로 식별할 수 있다.

- FRR의 데몬 파일 복사
- 인터페이스 파일 복사
- frr.conf를 리프에 복사
- 스파인의 frr.conf를 템플릿화

위 태스크를 각각의 롤로 만들 수 있다. 여기서는 두 가지 롤을 만들 수 있다. 하나는 인터페이스를 설정하는 롤이고 다른 하나는 FRR을 설정하는 롤이다. 하지만 지금까지 태스크를 나누는 방식을 고려한다면 롤을 만드는 것은 더 복잡할 수 있다. 다른 방법으로는 리프의 롤과 스파인의 롤을 만들고 리프와 스파인에 공통적으로 적용되는 것을 공통 롤로 만드는 것이다. 롤을 이용한 파일로 site.yml을 수정한 것이 [예제 10-9]다.

예제 10-9 첫 번째 방식의 롤을 사용하는 site.yml

```
- hosts: network
  roles:
    - copy_frr_daemons
    - copy_interfaces

- hosts: leaf
  tasks:
    - copy_leaf_frr
      notify: restart frr

- hosts: spine
  tasks:
    - copy_spine_frr
      notify: restart frr
```

또는 [예제 10-10]에서 보여주는 것처럼 분할한다.

예제 10-10 두 번째 방식의 롤을 사용하는 site.yml

```
- hosts: network
  roles:
    - common

- hosts: leaf
  tasks:
    - leaf
      notify: restart frr

- hosts: spine
  tasks:
    - spine
      notify: restart frr
```

위 두 예제가 이전 site.yml과 비슷하다는 것에 주목하자. 하지만 첫 번째 방식의 롤이 두 번째 방식에 비해 무슨 일이 일어나는지 쉽게 이해할 수 있는 느낌이 든다. 앤서블은 공식 문서에서 두 번째 모델을 사용할 것을 추천한다.[32] 그렇지만 첫 번째 방식의 롤을 진행한다면 디렉터리

---

32 https://oreil.ly/1HSsp

구조는 [예제 10-11]에 나타난 것과 유사할 수 있다.

예제 10-11 롤을 사용하는 디렉터리 구조 예

```
ansible.cfg
config/
     leaf01/
          interfaces
     frr.conf
     leaf02/
          interfaces
     frr.conf
     ...
     spine01/
          interfaces
     ...
group_vars/
host_vars/
          spine01.yml
     spine02.yml
     ...
inventory
roles/
     copy_frr_daemons/
          tasks/
          main.yml
     files/
          daemons
     copy_interfaces/
          tasks/
          main.yml
     copy_leaf_frr/
          tasks/
          main.yml
     handlers/
          main.yml
     copy_spine_frr
          ...site.yml
```

지금부터의 자동화 여정은 조직의 자동화 성공 여부, 보다 높은 수준의 자동화를 할 수 있는 역량, 남은 여정을 계속하고자 하는 욕구에 따라 달라진다.

10.9.5 동료 여행자에게 얻은 교훈

필자는 운 좋게도 대규모로 앤서블을 운영하는 사람들과 이야기할 수 있는 기회가 있었다. 그들은 굉장히 큰 조직에서 자동화 여정을 계속하기로 결정한 운영자들이다. 그들의 경험에서 나온 공통된 발견이 있다.

앤서블은 충분히 좋다

네트워크 운영자들은 앤서블을 쉽게 시작할 수 있는 자동화 도구라고 여긴다. 앤서블이 계속해서 네트워크 자동화를 쉽게 만들고 있어도 이런 운영자들은 현재 기능에 만족하고 있다.

성능은 향상될 필요가 있다

앞서 설명한 대로 앤서블은 전통적인 네트워크 장비와 관련된 플레이를 네트워크 장비에서 직접 돌리는 것이 아니라 리눅스 서버인 경우 로컬에서 실행한다. 이로 인해서 성능이 저하되고 단일 서버에서 백 대 또는 수백 대 이상의 장비를 관리하도록 자동화를 확장할 수 없게 된다.

공통 사례를 도입하라

롤을 사용하면 그 내용을 한눈에 파악하기 어렵다고 여긴다. 그럼에도 복잡한 기능 기반 롤(라우터, 서버, 웹서버 등으로 구분된)을 사용하는 것보다 단순한 단일 기능을 하는 롤(FRR 데몬 복사)을 사용하는 것이 쉽게 내용을 파악하고 롤을 적용할 수 있다.

인벤토리를 저장하는 도구를 사용하라

숙련된 사람은 어떤 소프트웨어를 그들의 '진실 공급원'으로 사용하기도 한다. 넷박스Netbox[33]가 이러한 도구로 널리 알려진 오픈 소스다. 드롭박스가 만든 또 다른 오픈 소스 도구인 네트워크 진실 공급원network source of truth, NSoT[34]이 있다. 또 다른 회사에서는 맨엔마이스Men & Mice[35]라는 IP 주소 관리를 도와줄 사유 소프트웨어를 사용하고 있다고 들었다. 이러한 도구에 대해 들은 기본 요점은 host_vars 파일을 사용하는 대신 IP 주소를 관리하는 것이다.

---

33 https://oreil.ly/hPLUl
34 https://oreil.ly/-WOta
35 https://oreil.ly/Y1h4T

자동 검증의 부재는 공포다

많은 사람에게 네트워크 배포 후를 확인하는 정교한 검증 도구의 부재는 공포다. 앤서블로 수백 대 장비에 설정을 푸시하는 것을 주저하게 된 제일 큰 이유는 이를 검증할 자동화된 도구가 없다는 것이다. 이렇게 하기 위해 많은 운영자가 독자적인 프로그램을 작성해야 했다.

다른 이들도 마찬가지로 아주 간단한 것부터 시작했다. 작은 성공을 바탕으로 이를 반복해서 완전한 자동화로 향하고 있다.

언넘버드 인터페이스: 네트워크 자동화의 비밀

언넘버드 인터페이스 없이는 네트워크 자동화는 간단해질 수 없다. 언넘버드 인터페이스는 인터페이스에 유일하게 할당된 IP 주소가 없다(이에 대해서는 5.4.6절 '언넘버드 인터페이스'에서 자세하게 다뤘다). 즉, 언넘버드 인터페이스를 사용하면 장비에서 알아야 할 IP 주소는 루프백 인터페이스와 서버의 서브넷만이다. BGP의 경우 언넘버드 BGP의 발명과 연결된 'remote-as external'[36]을 사용하면 BGP 설정이 간단해진다. 유사하게 네트워크 가상화를 위한 라우팅 설정도 간단하게 할 수 있다.

언넘버드 인터페이스로 인해 절약되는 호스트 변수의 수를 알려면 [표 10-3]을 보면 된다. 여기서 언급하는 호스트 변수는 루프백과 모든 인터페이스에 필요한 것만 포함한다.

표 10-3 호스트 변수에서 언넘버드 인터페이스 사용 효과

네트워크	최소 호스트 변수(넘버드)	최소 호스트 변수(언넘버드)
스파인 4대, 리프 32대	$36+4 \times 32 \times 2=288$	36(라우터당 1개)
스파인 4대, 리프 64대	$64+4 \times 64 \times 2=580$	68(라우터당 1개)
스파인 16대, 리프 96대	$112+16 \times 96 \times 2=3184$	112(라우터당 1개)

프로그래밍으로 생성하는 이러한 인터페이스 IP 주소의 문제점은 흔하지 않지만 케이블링을 다시 하거나 기본 토폴로지가 변경되는 경우에 발생한다. 이때 모든 네트워크를 다시 넘버링하거나 예외 처리를 위한 프로그래밍 복잡성이 추가로 필요하게 된다.

안타깝게도 언넘버드 인터페이스를 지원하는 전통적인 라우팅 스택은 없다. 이는 앞서 설명한 대로 네트워크 자동화가 아직까지도 어려운 부분으로 남아 있는 가장 큰 이유다. 오픈 소스 라우팅 제품군인 FRR이 유일하게 라우팅 설정을 쉽고 간단하도록 특별히 네트워크 자동화를 위해

---

36 이것이 의미하는 바는 15장에서 다룬다.

그 한계를 넘어서려고 노력하고 있다. 그 예로 FRR은 불필요한 혼란을 없애기 위해 정상적인 기능과 함께 언넘버드 BGP를 지원하는 최초의 라우팅 제품군이었다. 또 언넘버드 OSPFv2를 이더넷 인터페이스에서 지원한다.

10.10 설정 검증

진부한 얘기지만 '오류를 한 번 일으키는 것은 인간이고, 수천 번 일으키는 것은 자동화다.' 이절에서는 이러한 운명을 피할 수 있는 방법을 살펴본다. 다음 부분을 살펴볼 것이다.

- 설정을 검증하고 올바른 상태로 되돌리기
- 설정의 영향도를 실제 환경에 배포하기 전에 확인하기
- 배포 후 네트워크 상태 검증 자동화하기

10.10.1 단일 진실 공급원

자동화 시대에 장비 상태에 대한 진실 공급원은 무엇일까? 전통적으로 우리는 장비에서 직접 현재 운영 상태를 확인해왔다. 하지만 장비가 리부팅되면 진실 공급원은 장비의 시작 구성startup configuration이 된다. 리눅스의 경우(큐뮬러스 리눅스도 포함해서) /etc 디렉터리에 다양한 파일을 저장하고 있다. 가장 전통적인 네트워크 장비의 시작 구성은 공급 업체 특정 형식으로 저장되는데 show start-up configuration으로 출력된 텍스트 형식이다. 아리스타의 EOS의 예를 들면 이 블롭은 /mnt/flash에 있는 startup-config 텍스트 파일이다.

앤서블로 장비를 포맷하고 콘텐츠를 재설치한다면 시작 구성을 재생성하는 플레이북이 진실 공급원이 된다.

올바르게 작동하는 인프라에서 다음과 같은 설정의 특성 중에 불일치가 있으면 안 된다. 동작 또는 운용 상태, 시작 구성, 장비의 의도된 상태를 생성하는 자동화 스크립트가 여기에 해당된다. 네트워크 자동화 과정에서 이 세 가지 특성에서 불일치가 생기는 것이 불가능한 것은 아니다. 불일치를 발견하자마자 즉시 해결하는 것이 중요하다. 망설임은 예측 가능한 네트워크를 제공하는 능력에 해가 될 뿐이다. 보다 자세하게는 자동화에서는 앤서블 플레이북, 템플릿, 파일과 같은

것이 진실 공급원이다. 자동화를 하겠다고 결정하고 나면 수동으로 조작하겠다는 유혹을 억눌러야 한다. 그렇지 않으면 자동화로 인한 주요 이점을 잃게 되고 덜 예측 가능한 네트워크가 될 수밖에 없다.

10.10.2 자동화 시대의 커밋/롤백

대부분의 네트워크 장비는 설정을 적용하려고 시도한 다음 올바르지 않다고 판단되면 적용 대기 중인 설정을 되돌리는 커밋, 롤백 메커니즘을 제공한다. 일반적으로 적용 대기 중인 설정은 오타나 복사 및 붙여 넣기 오류로 발생할 수 있는 오류가 있는지 확인한다. 일부 시스템에서는 적용 대기 중인 설정에 구문 오류가 없는지 확인하기 위해 구문 검사도 수행한다.

새너티 체크[sanity check]의 교훈은 주니퍼의 사례에서 발견할 수 있다. 주니퍼가 주노스 OS에 커밋/롤백을 도입하기 전에는 네트워크 운영체제는 운영자가 명령어를 타이핑하자마자 실행했다. 오타나 긴 변경 과정 중의 오류는 네트워크를 망가뜨릴 수 있다. 주노스 OS는 모든 것을 변경했다. 그리고 요즘 거의 모든 네트워크 운영체제는 커밋/롤백 옵션을 제공한다.

리눅스의 경우에는 설정이 텍스트 파일 형식으로 저장되므로 적용 대기 중인 변경 사항은 임시 파일에 작성된다. 이 임시 파일이 새로운 시작 구성이 되고 적합한 서비스가 재로딩[reloading]되면 새로운 구성을 사용하게 된다.[37]

많은 서비스가 설정 검증을 위해 구문 검사기[syntax checker]나 드라이 런[dry run] 옵션을 제공한다. 주노스 OS는 특정 시간 동안에 키가 눌러지지 않으면 이전에 동작하던 설정으로 되돌려주는 추가 옵션을 제공하기도 한다. 이 기능은 오타로 인해 장비에 완전히 접근 못하게 되는 것을 막기 위해 유용하다.

앤서블은 리눅스에서 사용 가능한 카피, 템플릿, 어셈블 모듈에서 검증 옵션을 제공한다. 전통적인 네트워크 장비의 대부분은 그들의 특정 모듈에서 커밋/롤백 옵션을 제공한다. 예를 들어 푸시하고자 하는 FRR과 인터페이스 설정을 검증하고 싶다면 다음과 같은 플레이를 작성한다.

```
- name: copy FRR
  template:
    src: config/{{ansible_inventory_hostname}}/frr.conf
```

---

37 재로딩은 재시작과 다르게 새로운 변화가 적용되어도 서비스의 출렁임(hiccup)을 일으키지 않는다.

```
        dest: /etc/frr/
        validate: '/usr/bin/vtysh -C -f %s'
        backup: yes
      become: yes
      notify: restart frr

  - name: copy interfaces
    template:
        src: config/{{ansible_inventory_hostname}}/interfaces
        dest: /etc/network/
        validate: 'ifup -a -s -i %s'
        backup: yes
      become: yes
      notify: restart interfaces
```

파일에 backup 옵션이 yes로 설정되었으므로 장비에서 자동으로 이전 버전으로 되돌아간다.

지금 버전에 문제가 있다면 이전의 잘 동작하는 상태로 돌아가도록 자동화 스크립트를 되돌릴 수 있는 것도 마찬가지로 중요하다. 깃과 같은 소스 코드 제어 시스템에서 이를 보장하는 것이 핵심이다. 이전 절의 모범 사례에서 언급했듯이 견고한 소스 제어는 네트워크 자동화를 향해 가는 네트워크 관리자의 필수 워크플로 아이템이다.

동일한 개념으로 개별 장비에서 수동으로 변경하지 않는 것이 중요하다. 수동으로 변경했다면 이후 자동화 스크립트가 다시 동작할 때 예상치 못한 결과를 가져올 수 있다. 피할 수 없는 예상치 못한 결과가 발생하면 문제 해결을 어렵게 만든다. 수동 변경의 기억은 시간이 지남에 따라 잊혀지며 이를 실행했던 사람이 바뀌는 경우도 있기 때문이다. 이런 것들이 신뢰하기 어렵고 예측 불가능한 네트워크를 만든다.

앤서블은 아리스타나 시스코 장비에서 동작 설정 또는 운영 상태가 시작 구성 또는 의도된 상태와 동일한지 검증할 수 있다. 설정에서 intended_config 옵션을 사용해서 검증한다. 이 글을 쓰는 시점에 앤서블은 다른 네트워크 공급 업체나 리눅스에서 이런 검증을 지원하지 않는다.

10.10.3 베이그런트 및 네트워크 테스팅

현대의 시스템 관리자 툴킷에서 가장 유용한 도구 중 하나는 바로 베이그런트[38]다. 베이그런트

----

38 https://www.vagrantup.com

는 VM을 이용해서 네트워크 장비와 서버로 이뤄진 실제 네트워크의 가상 복사본을 생성할 수 있는 것이 주요 장점이다. 그리고 설정을 통해 예측될 네트워크 기능들에 대한 검증도 할 수 있다. 하지만 회선 속도 트래픽을 흘려보내는 것과 같은 데이터 경로^{datapath} 부하 테스트에는 사용되지 않는다.

베이그런트는 **박스**^{box}를 사용하는데, 이는 네트워크 운영체제(라우팅 제품과 같은 것들을 포함한)와 서버 운영체제를 재포장한 버전이다. 베이그런트는 버추얼박스^{Virtualbox}, KVM, 브이엠웨어와 같은 잘 알려진 하이퍼바이저 중 하나를 사용해서 가상 인프라와 박스를 하나로 엮는다. 다른 하이퍼바이저보다도 버추얼박스에서 사용 가능한 박스가 많다.

안타깝지만 베이그런트에 대한 설명과 상세한 사용법에 대한 안내는 이 책의 범위를 넘어선다. 더 자세히 알고 싶다면 『Vagrant: Up and Running』(O'Reilly, 2013)[39]을 참고하거나 웹에서 자료를 찾아보길 권한다.

이 책의 모든 코드는 베이그런트에서 테스트하고 실행했다. 모든 코드는 사용할 수 있도록 깃허브 저장소에 올려두었다. 제대로 실행되는지 확인하려면 적어도 16GB 메모리를 탑재한 리눅스 서버, 노트북, 맥OS 머신이 필요하다.

자동화 스크립트를 가상 인프라에서 실행해보고 배포 전에 이를 검증할 수 있다. 프로덕션 네트워크에서 롤링 업데이트 방식으로 이러한 검증을 실시하면 배포되는 구성이 원하는 동작을 하는 것을 보장할 수 있다. 스위칭 실리콘으로 푸시되는 설정이 호환되지 않아 발생하는 오류의 경우는 이런 방식으로는 잡을 수 없다. 하지만 이 방법은 그 외의 다양한 문제를 잡아낼 수 있게 한다. 예상치 못한 경우의 수를 만날 확률을 줄여주고 원하는 결과를 달성하는 것에 대한 신뢰를 상당히 증가시킨다. 필자가 아는 고객들도 이 방법론을 적용한 것을 절대 후회하지 않으며 이 방법으로 업그레이드와 변경된 설정을 테스트하는 데 꾸준히 사용하고 있다.

네트워크 공급 업체가 베이그런트를 지원한다면 네트워크 관리자는 반드시 베이그런트에 익숙해져야 한다. 아리스타, 큐물러스, 주니퍼가 현재 베이그런트 박스를 지원한다. 큐물러스의 모든 공식 릴리스는 베이그런트 박스와 함께 제공된다. 큐물러스 박스는 베이그런트의 웹사이트[40]에서 큐물러스에 연락을 취할 필요 없이 다운로드 가능하다. 아리스타도 공식 베이그런트 박스 릴리스를 제공하지만 먼저 등록을 해야 한다. 주니퍼는 아마도 베이그런트 박스를 제공한 최초

---

39 옮긴이_ https://www.oreilly.com/library/view/vagrant-up-and/9781449336103/
40 https://oreil.ly/-SpWq

의 네트워크 공급 업체였지만 모든 주노스 OS 릴리즈가 베이그런트 박스로 제공되는지는 알 길이 없다.

각 공급 업체에서 가상 네트워크 재구성을 지원하는 수준은 모두 다르다. 큐물러스는 스위치 포트의 숫자를 하이퍼바이저가 제공하는 것만 사용할 수 있는 제한 외에는 별다른 제약이 없다. 아리스타와 주니퍼의 경우는 스위치 포트의 숫자를 최대 8개까지로 제한한다.

10.10.4 자동화 검증

구성이 올바르고 베이그런트와 같은 것을 이용해서 배포 전에 구성을 검증했다고 하더라도 네트워크 상태를 검증하는 것은 대체로 수동 조작이다. 서버는 testinfra[41]나 goss[42]와 같은 도구로 형상을 검증할 수 있다. 하지만 네트워크 장비들은 이런 도구의 지원이 부족하다. 오픈 소스 라우팅 제품군과 다른 네트워킹 소프트웨어는 이런 도구들이 지원하지 않는다. 필자는 다양한 컨퍼런스나 웨비나[Webinar]에서 이런 종류의 테스팅을 앤서블로 수행하는 방식을 발표했다. 하지만 실제로 사용하는 것을 보지 못했다. [예제 10-12]는 2계층 클로스 토폴로지에서 BGP 정상 동작 여부를 확인하는 플레이북 예다. 배포된 설정을 검증하는 것에 대한 더 자세한 내용은 18장에서 다룬다.

예제 10-12 라우팅 설정을 검증하는 앤서블 플레이북

```
- name: Get bgp summary
  command: vtysh -c 'sh ip bgp summary json'
  register: cmd_out
  become: true

- name: Get the peer count
  set_fact:
    peer_count: "{{ ((cmd_out.stdout|from_json).totalPeers) }}"

- name: Get the peer list
  set_fact:
    bgp_peers: "{{ (cmd_out.stdout|from_json).peers }} "
```

----

41 https://oreil.ly/p53EU
42 https://oreil.ly/P7sh7

```
- name: Validate peer count matches the expected number of leaves
  assert: { that: '(peer_count|int) == num_leaves' }
  when: "{{ 'spine' in group_names }}"

- name: Validate peer count matches the expected number of spines
  assert: { that: '(peer_count|int) == num_spines' }
  when: "{{ 'leaf' in group_names }}"

- name: Verify all BGP sessions are in established state
  assert: { that: 'bgp_peers[item]["state"] == "Established"' }
  with_items: "{{ bgp_peers }}"
```

인텐션넷^{Intentionet}, 베리플로^{Veriflow}, 포워드 네트웍스$^{Forward\ Networks}$와 같은 스타트업이 자동화된 검증의 빈 부분을 채우려고 노력하고 있다. 인텐션넷은 오프 소스 도구 벳피쉬^{Batfish}[43] 기반이다. 벳피쉬는 동작 중인 장비에 어떤 접근도 요구하지 않으며 지정한 구성을 **배포 전**에 검증한다. 벳피쉬는 설정 배포 전의 검증 단계를 더 추가할 수 있다. 하지만 필자는 이들에 대한 충분한 경험이 없으므로 사용성이나 효용성에 대해 첨언할 수는 없다. 큐물러스[44]나 아리스타[45]에서 작성한 온라인 포스트와 예제들을 보면 배포 전 검증$^{predeployment\ validation}$의 동작 방식을 맛볼 수 있을 것이다.

10.11 마치며

이 장에서는 네트워크 자동화에 대해 살펴봤다. 특별히 설정 관리에 적용되는 자동화가 모던 데이터 센터에서 필수인 이유, 서버와 비교해서 네트워크 자동화가 더 어려운 이유, 네트워크 자동화의 여정을 시작하기 위한 방법을 살펴봤다. 또한 네트워크 자동화 도구로 가장 널리 쓰이는 앤서블의 사용법에 대해 간단하게 살펴봤다. 이 장의 목표는 네트워크 자동화를 가르치는 것이 아니라 관련해서 찾아볼 수 있는 여러 책과 온라인 자료에 대한 충분한 정보를 제공하는 것이다. 하지만 네트워크 관리자들이 네트워크 자동화에 대해 느끼는 어려움에 대해서도 공감하며 두려움을 소금이나마 덜이겠다고 생각한다.

....

43 https://oreil.ly/WNatZ
44 https://oreil.ly/8DwT-
45 https://oreil.ly/0RUKO

마지막으로 중국 속담 하나를 인용해 마무리한다. "네트워크 자동화를 시작하기 가장 좋은 때는 3년 전이었다. 두 번째로 좋은 때는 바로 지금이다."[46]

10.12 참고문헌

- Networktocode Slack channel[47]
- Ansible Mailing lists[48]
- Free Ansible workshops[49]
- Stack Overflow[50]
- Ivan Pepelnjak's Information Portal[51]

---

46 원래 속담은 "나무를 심기 가장 좋은 때는 20년 전이었다. 두 번째로 좋은 때는 바로 지금이다."이다.
47 https://oreil.ly/h5LHE
48 https://www.ansible.com/community
49 https://oreil.ly/L1Pkb
50 https://stackoverflow.com
51 https://oreil.ly/iMbQ4

## CHAPTER 11

네트워크 관측성

시스템 엔지니어링의 추악한 비밀 중 하나는 얼마나 많은 장애가 절대로 설명할 수 없거나 이해할 수 없는가 하는 점이다. 또한 얼마나 많은 장애가 실제로 주어진 텔레메트리telemetry로 설명하거나 이해할 수 없는가 하는 점이다.

_채리티 메이저Charity Majors

분산 시스템은 사용자가 알 수 없는 컴퓨터 장애로 인해 본인의 컴퓨터를 사용할 수 없는 시스템을 말한다.

_레슬리 램포트Leslie Lamport

다른 세대의 이론가와 실행가인 두 분산 시스템 전문가가 동일한 결론에 도달했다. 분산 시스템은 이해하기 어렵고 제어하기 힘들고 항상 잘못될 것을 걱정해야 한다. 그리고 엔드포인트 사이에 끼어 있는 것이 바로 네트워크 운영자다. "네트워크가 문제 아니야?"라는 질문은 "삶, 우주 그리고 모든 것의 의미는 무엇일까?"와 같은 범우주적인 질문 목록에서도 그리 아래쪽에 있지 않다. 슬프게도 네트워크 운영자들은 더글러스 애덤스Douglas Adams[1]의 이야기와 같이 도움을 줄 수 있는 유머조차 없다.

모던 데이터 센터의 규모와 날로 증가하고 있는 애플리케이션의 분산 속성은 네트워크 운영

---

1 옮긴이_ 『은하수를 여행하는 히치하이커를 위한 안내서』(책세상, 2005)를 쓴 영국 출신 작가

자들이 분산 애플리케이션의 장애를 해결하기 위해 받는 질문에 답하기 어렵게 만든다. **관측성** observability은 운영자가 이러한 질문에 적절하게 반응하려는 운영자의 최신 시도를 나타낸다. 자동화와 함께 관측성은 클라우드 네이티브 데이터 센터의 중요한 축이 되었다.

이 장의 주요 목표는 관측성의 중요성과 네트워크 관측성의 독특한 도전을 이해하는 것이다. 다음 질문에 대한 답을 얻을 수 있다.

- 관측성이란 무엇이며 왜 신경 써야 하는가?
- 네트워크 관측성에서의 도전은 무엇일까?

관측성의 정의부터 이야기하고 모니터링과 어떻게 다른지 살펴보자.

11.1 관측성의 정의

관측성이란 평범한 질문(BGP의 상태는 어떤가?)부터 실존적 질문(네트워크가 정상인가?[2])에 이르는 질문들에 대한 답을 제공하는 시스템의 속성이라고 정의할 수 있다. 보다 정확하게는 관측성이란 운영자가 시스템이 제공하는 출력을 가지고 시스템에서 일어나고 있는 일을 이해하는 방법이라 할 수 있다. 이것의 구체적인 예로 BGP 프로세서의 자료 구조, 패킷 교환, 상태 머신 등을 살펴보지 않아도 show bgp summary 명령어를 통해 노드의 모든 BGP 상태를 추론할 수 있다는 것을 들 수 있다.

관측성을 오늘날의 의미로 사용할 수 있게 기여한 트위터에서는 이렇게 말하고 있다.[3] "트위터의 관측성 엔지니어링 팀은 풀스택full-stack 라이브러리와 여러 서비스를 내부 엔지니어링 팀에 제공하고 있다. 이를 통해 서비스 상태를 **모니터링하고**monitor, 이슈를 **알리고**alert, 분산 시스템 콜 트레이스call trace를 통해 **근본 원인을 분석**하는 것을 지원한다. 그리고 집계된 애플리케이션/시스템 로그의 검색 가능한 인덱스를 생성해서 **진단할 수 있도록 지원**한다." (강조 표시는 필자가 했다.)

오늘날의 네트워크 운영자들은 이런 질문에 대한 답을 하는 것에 어려움을 겪고 있다. 선구적

---

2 옮긴이_ 원문은 'Is my network happy?'다. 이는 시스템이 아무 문제없이 정상적으로 동작하는 것을 의미한다.
3 https://oreil.ly/kjvDi

인 컴퓨터 과학자인 앨런 케이[Alan Kay]는 이렇게 말했었다. "단순한 것들은 단순해야 하고 복잡한 것들은 가능해야 한다." 하지만 네트워크 운영자는 이런 격언을 만족하는 네트워크 운영을 본 적이 없다. 네트워크 또는 다른 원인으로 인한 장애임을 밝혀내기 위한 네트워크 운영자의 **평균 무죄 시간**[mean time to innocence][4]은 항상 고되다. 왜 이런 이야기를 하는지 설명하기 위해 먼저 다음과 같은 질문에 답을 하려면 어떤 것들이 필요한지 생각해보자. '모든 BGP 세션이 수립 상태인가?' 이 질문은 모든 BGP 세션 상태를 읽어 들인다면 답을 할 수 있을 것이다. 더 좋은 질문은 아마도 '어떤 BGP 세션이 수립 상태가 아닌가?'이다. 하지만 시스템이 실패한 세션에 대한 목록을 제공하기 전까지는 이 질문에 답할 수 없다. 피어링된 모든 세션의 목록을 제공하는 것과 이를 이용해서 어떤 피어링이 수립에 실패했는지 확인하는 것은 좋은 방법이 아니다.

그 이유를 이해하기 위해 예를 들어보자. 128개 또는 32개의 BGP 세션이 여러 주소 패밀리와 VRF에 걸쳐서 퍼져 있는 네트워크가 있다고 하자. 한 화면에 이 모든 세션을 출력할 수 없고 눈으로 문제를 찾기까지 많은 시간이 걸릴 것이다. 자동화를 하려면 더 많은 프로그램을 작성해야 한다. 현실을 직시하자. 얼마나 많은 네트워크 운영자가 그들 평생에 이런 부분을 자동화해봤을까? 만약 시스템이 실패한 세션만 출력하는 옵션을 제공한다면 이를 즉각 사용해볼 수 있다. 실패한 세션을 실패 원인과 함께 출력하게 하는 명령어가 존재한다면 보다 좋을 것이다. 장애의 원인을 식별하기 위해 로그를 살펴보거나 다른 방식을 사용하는 것에서부터 해방시켜줄 것이다. 그리고 이제는 문제를 확장해서 수십에서 수천 대의 노드에서도 답할 수 있다면 잘 관측된 시스템[well-observed system]의 목표를 이해할 수 있을 것이다.

어떤 질문에 대한 답을 얼마나 쉽게 할 수 있는지가 시스템이 얼마나 관측성이 있는가를 나타내는 지표가 된다. 명령어들을 통해 보다 쉽게 정보를 획득하고 중요한 정보를 보다 명확하게 이해할 수 있고 현재 동작 중인 네트워크의 맵[map]을 구축하기 위해 여러분의 단기 기억[short-term memory]에 유지할 정보가 적어야 한다.

네트워크 운영자는 모니터링에 대해서는 일부 측정을 해왔지만 관측성에 대해서는 그렇지 않다. 이 두 용어 간의 차이점을 명확하게 설명하는 글 중 하나를 유명한 비비드코텍스 소프트웨어[VividCortex software]의 창립자이자 CTO인 바론 슈워츠[Baron Schwartz]가 다음과 같이 썼다.[5] "모니터링은 시스템의 동작 여부를 알려준다. 관측성은 왜 동작하지 않는지 물어볼 수 있도록 한다."

---

4 옮긴이_ 애플리케이션의 장애가 인프라 요소(컴퓨트, 네트워크, 스토리지)의 원인이 아니라는 것을 밝히는 것에 들어가는 시간
5 https://oreil.ly/Dj6DF

예를 들어 모니터링은 BGP 세션이 다운되었다고 알려주지만 관측성은 왜 다운되었는지에 대한 답을 할 수 있게 도와준다. 다른 말로 모니터링은 어떤 것을 모니터링해야 하는지 명확하게 알고 있고 모니터링하는 대상의 정상값과 비정상값을 알고 있다고 가정한다. 하지만 데이터 센터와 모던 애플리케이션 아키텍처는 많은 부분이 미지의 영역으로 남아 있기에 충분할 정도로 거대하고 복잡하다. 진부하게 표현하면 다음과 같다. '모니터링은 알려진 것들을 잡아내는 것에 충분하지만 관측성은 미지의 무엇인가로 인해 잘못된 경우에 추적하기 위해 필요하다.'

11.2 네트워크 관측성 현황

SNMP는 대부분의 네트워크에서 네트워크 관측성을 가능하게 하는 툴의 줄임말이다. 박스 바이 박스$^{Box \ by \ Box}$는 대부분의 네트워크에서 네트워크 관측성을 실행하는 방법을 묘사한 관용구다. 자세하게 살펴보자.

11.2.1 SNMP에 대한 실망

스위치(라우터와 브리지) 모니터링은 장비를 네트워킹 공급 업체에서만 수정 가능했던 시절에 만들어졌다. 그래서 장비의 어떤 정보에 접근하기 위해서는 이런 목적을 위해 개발된 특정 프로토콜을 사용해야 했다. 그 프로토콜이 바로 SNMP다. SNMP는 원격 시스템으로부터 데이터를 수집하기 위해 개발한 최초의 기술 중 하나였다.

SNMP에서 인터페이스 통계, BGP 정보 또는 그 외의 기능을 보고하는 데이터 모델은 관리 정보 베이스로 정의된다. 모든 기능은 개별 MIB가 있다. MIB는 구조를 쉽게 발견할 수 있도록 설계되었다. **MIB 워크**$^{MIB \ walk}$라고 부르는 것을 수행하면 장비가 지원하는 MIB의 모든 요소를 방문할 수 있고 그 값을 획득할 수 있다. 이를 지원하기 위해 모든 MIB는 표준과 사설 확장을 동시에 지원하기 위해 트리로 되어 있다. 따라서 MIB 워크는 본질적으로 트리 탐색이다. 트리의 각 요소는 번호가 붙은 계층 구조이며 그 번호는 절대 변하지 않는다. 예를 들어 인터페이스 통계는 인터페이스 MIB$^{interface \ MIB, \ ifMIB}$에 의해 정의되었으며, ifMIB 이름은 1.3.6.1.2.1.2로 부호화(인코드)되어 있다. 이 부호화된 이름을 오브젝트 ID$^{object \ ID, \ OID}$라고 한다.

오브젝트 ID의 목적은 불변성을 유지하는 것이다. 바로 각 인터페이스에는 유일하고 변하지 않는 번호가 주어진다는 의미다. 장비가 얼마나 많은 리부팅을 하거나 소프트웨어가 업그레이드되는 것과 상관없이 장비에 부여된 번호는 절대 변하지 않는다. 그리고 프로토콜은 네트워크 관리 시스템network management system, NMS과 같은 관리 주체가 트리에서 다음 가용한 요소가 무엇인지 물었을 때 그다음이 의미하는 바를 정의한다. 장비가 BGP가 아니라 OSPF만 지원한다면 MIB 워크는 NMS가 자동적으로 BGP를 건너뛰고 트리에서 다음 가용 요소를 반환한다. 그 이유는 이 프로토콜이 설계된 80년대 후반에서 90년대 초반 당시 네트워크 대역폭은 현재보다 4배~6배 정도 느려서 이 모든 데이터를 효율적으로 인코딩하는 것이 중요했다. SNMP는 추상 구문 기법 1abstract syntax notation one, ASN.1을 인코딩 스킴으로 사용해서 이 모든 정보를 전송한다.

지금까지의 내용은 모두 합리적으로 보인다. 문제는 초기 단계의 기술과 함께 사용할 때 발생한다. 기술은 굉장히 빠르게 발전하고 새로운 프로토콜이나 기능이 계속 추가된다. 공급 업체들은 자랑스럽게도 이러한 대부분의 기술을 가치 차별화 요소로 여겼다. SNMP 역시 이러한 기능 중 하나였다. 텔넷(그렇다. SSH가 아직 개발되기 전이다)을 통해 장비의 상태를 확인하고 명령어를 타이핑하는 것이 네트워크를 운영하는 일반적인 방법이었다.

비록 SNMP 지원이 네트워킹 산업 전체에 퍼지기 시작했음에도 불구하고 새로운 각 기능에 대한 MIB의 정의가 안정화되기까지는 적어도 2년이 걸렸다. 따라서 공급 업체들은 표준화 단체들이 아직 MIB에 대한 합의를 진행하고 있을 때 이미 독자적인 MIB 버전을 구현하기 시작했다. 경쟁 구현이 허락되었기 때문에 MIB는 주로 서로 다른 구현의 최소 공통분모만 가지게 되었다. 따라서 각 공급 업체는 공급 업체 특정 확장과 함께 하위 호환성을 지원하기 위해 이전 버전의 MIB와 나란히 새로운 표준 버전을 지원했다. 그 결과 운영자는 이전 표준 인터페이스와 플랫폼 MIB에 대한 의존이 가장 보편적인 SNMP에 의존하게 되었다.

SNMP는 또한 풀 모델pull model로 정의되는데, 장치가 NMS로 정보를 밀어 넣는 게 아니라 장치의 정보를 당기는 형식이다. 초기 대규모의 라우터가 일반적이었을 때는 수집할 정보가 굉장히 많았다. 그 결과 MIB 워크를 너무 자주 수행하게 되면 CPU가 과부하될 우려가 있거나 라우팅 프로토콜과 같은 우선순위가 높은 다른 프로세스가 충돌crash이나 기근starving 상태에 빠지게 할 수도 있다. 즉, 모니터링이 네트워크 안정성에 영향을 미친다. 그래서 사람들은 MIB 워크 수행 간격을 늘려야 한다는 것을 알게 되어 1분이나 5분 같은 짧은 주기로 실행하지 않게 되었다.

그렇다면 이게 어떤 문제인지 반문할 수도 있다. 데이터가 이렇게 긴 시간 간격으로 수집된다면 그 간격보다 짧은 순간에 일어나는 문제들은 데이터에 반영되지 않는다. 컴퓨트 노드의 데이터를 매초 또는 15초 간격으로 수집하지만 스위치는 매분 또는 그 이상마다 수집한다고 하자. 지연 시간, 패킷 드롭과 같은 네트워크 출렁임은 컴퓨트 엔드포인트에서는 보이지만 네트워킹 쪽의 뷰에서는 이런 문제를 표시할 수 없었다. 이런 것이 애플리케이션과 네트워크 간에 문제가 서로의 잘못이 아니라고 주장하게 되면서 서로를 의심하는 지리한 싸움의 원인을 제공하게 되었다.

오늘날 SNMP는 절대로 네트워크 기능과 함께 개발되거나 기능의 일부로 절대 개발되지 않고, 네트워크 기능이 개발 완료되고 나서야 끼워 맞춰지는 것에 불과하다. 실제로 라우터나 브리지 개발자는 디버깅 이점을 위해 보다 많은 정보를 로컬 CLI 기반 접근에 제공하고 나서야 SNMP 기반 접근에 대해 고민해본다. 하지만 텔레메트리에 대한 SNMP의 접근법은 정보를 제공할 수 있는 SNMP 데이터 모델이 없다면 그 정보를 획득할 수 없다. 가치 있는 정보가 오직 운영자가 실행하는 명령어를 통해서만 획득할 수 있고 SNMP 데이터 모델에는 누락되는 것이 일반적이다.

STP와 유사하게 SNMP도 그 끝에 다다른 기술이라 널리 여겨진다. 하지만 네트워크 운영자는 대안이 없어서 아직도 이 프로토콜과 데이터 모델을 사용한다.

11.2.2 네트워크 관측성의 박스 바이 박스 접근법

네트워크 관측성에 대해 깊이 있는 관심을 갖기 시작한 몇 년 전, 네트워크 운영자들과 그들의 문제 해결 방법론에 대해 이야기할 시간이 있었다. 바로 명백해진 것은 박스로의 SSH 접근이 많이 일어난다는 것이다. ping과 traceroute를 사용해 문제의 원인을 파악하고 일반적으로 여러 터미널 창을 열어서 원인이 되는 박스와 그 주변의 박스들의 로그를 살펴본다. 그리고 각 라우터의 설정과 라우팅 테이블과 같은 다양한 구성 요소의 상태와 라우팅 프로토콜 상태 박스별로 점검해서 문제를 격리하려고 한다. 이때 그래프와 SNMP 알림이 함께 사용되지만 문제를 재빠르게 파악하기 위해서는 그다지 도움이 되지 않는다.

OSPF 인접성이 왜 다운되었는지 파악하는 간단한 예제를 가지고 살펴보자. 이런 문제들은 대부분 잘못된 설정이 원인이다. 이를 해결하기 위해 두 박스에 걸쳐 여러 정보를 살펴보면서 잘못된 설정의 원인을 파악한다. 로그는 원인을 빠르게 찾아내는 데 때로 유용하지만 항상 그렇지는 않다(예를 들어 양쪽의 서브넷이 잘못 구성되었을 경우).

또 다른 예로는 특정 애플리케이션이 네트워크 가상화가 활성화된 환경에서 오동작하는 원인을 파악하는 것에 어려움을 겪는 고객을 본 적이 있다. 결국 이 문제는 전송 링크 중 하나의 MTU 가 잘못 설정되어 발생한 것으로 밝혀졌다.

11.3 네트워크에서 관측성이 어려운 이유

일반적으로 단일 시스템 프로그램에 비해 네트워킹에서 관측성을 확보하는 것이 더 어렵다. 중요한 두 가지 이유 중 하나는 라우터와 브리지의 설계는 잘 정의된(그리고 오픈된) 플랫폼이 아닌 어플라이언스이며 다른 하나는 패킷 스위칭 실리콘의 설계 때문이다. 보다 자세하게 살펴보자.

컴퓨트 노드는 범용 플랫폼이다. 플랫폼 제공자 외에도 사람들이 소프트웨어를 작성하고 이를 플랫폼에서 실행할 수 있다는 의미다. 이를 통해 혁신은 빠른 속도로 일어날 수 있으며 이런 방식은 개발자보다 운영자에게 더 적합하다. 그래서 컴퓨트는 모니터링 측면에서는 statsd나 collectd와 같은 다양한 도구로 혁신 가능했다. 관측성 정보의 생성은 전송 계층과 분리되어 있어서 운영자는 개발자가 어떤 방식으로 정보를 제공해도 수집할 수 있었고 이를 운영자에게 적합한 방식으로 패키징해 그 당시에 적합한 프로토콜을 사용하여 전송할 수 있다. 운영자는 원본 데이터 탑재 여부를 선택할 수 있고 데이터 탑재 전에 적합한 형태로 데이터를 가공할 수 있으며 데이터 수집 횟수나 시기 등을 제어할 수 있다. 하지만 오늘날까지도 라우터와 브리지에서는 이 중 어떤 것도 불가능하다. 아리스타와 같은 일부 전통적인 공급 업체가 다른 업체보다 더나은 지원을 하고 있지만 그것은 리눅스를 사용하는 것과는 다르다(비록 아리스타는 그와 같다고 말하고 있지만).

컴퓨트 노드에서는 한 단계씩 기능을 수행할 수 있다. 패킷 포워딩 실리콘에서는 이 방법이 가능하지 않다. 스위치의 기능과 속도가 이런 투명성을 가로막고 있다. 베어풋 네트웍스와 같은 칩 공급 업체가 이전에는 불가능했던 패킷이 포워딩되는 동안 어떤 일이 일어나는지에 대해 자세한 정보를 제공하도록 하기 위해 노력하고 있다. 다른 상용 실리콘 제공 업체들도 동일한 것을 천천히 시작하고 있지만 스위칭 실리콘은 여전히 상대적으로 불투명하다. 더불어 이런 스위칭 칩에서 생산하는 정보를 처리하는 도구들은 여전히 발전 중이다.

11.4 데이터 센터 네트워크의 관측성: 특수한 성격

네트워크는 항상 관측하기 어려웠다. 하지만 클라우드 네이티브 데이터 센터의 출현은 이 문제를 더욱 악화시켰다. 그 이유를 알아보자.

다중 경로

IP 네트워크는 느슨한 연결성^{sparse connectivity}의 시대[6]에 발전해왔다. 데이터 센터는 IP 네트워크에 비해 고도로 집약된 네트워크다. 다중 경로는 일반적이며 예외적인 상황이 아니다. 많은 운영자는 ping을 이용해서 엔드포인트 간의 연결성을 확인했다. 하지만 ping은 모든 경로에 대한 접근성을 테스트하지 않는다. 따라서 운영자들은 연결성을 살펴보는 방법을 바꿔야 했다. 다른 일반적인 네트워크 문제 해결 도구인 traceroute나 다른 공급 업체의 도구들은 적어도 필자가 아는 한 다중 경로를 지원하는 것은 없다. 서버(예를 들면 우분투의 mtr[7])에 기본으로 탑재되는 traceroute 버전은 다중 경로를 표시하기 위해 추가 옵션(-u)이 필요하다.

터널이 만드는 가림막

네트워크 가상화에서는 traceroute의 일반적인 구현이 목적지까지 언더레이를 지나가는 다중 경로를 모두 밝힐 수 없다. 일부 공급 업체는 그들의 장비를 사용하는 경우 가능하다고 말하지만 일반적인 경우는 아니다. 동일한 방법으로 네트워크 경로를 확인하지 못하면 대부분의 네트워크 문제 해결 도구를 사용하기 어려워진다. 따라서 traceroute와 같은 표준 도구를 사용해서 문제의 원인을 해결하는 것이 더 이상 가능하지 않다.

컨테이너와 마이크로서비스

마이크로서비스 아키텍처의 등장은 엔드포인트를 일시적인 것으로 만들었고 마이크로서비스 간 통신이 중요해졌다. 하지만 오늘날의 네트워크 관측성 도구는 컴퓨트와 네트워크(그리고 스토리지) 사이에 매몰되었다. 이는 컨테이너의 짧은 수명과 함께 결합되어 네트워크 관리자가 포스트 모텀 분석^{post-mortem analysis}을 수행하는 것을 보다 어렵게 만든다. 과거에 함께 일했던 한 회사에서는 문제를 격리하기 위해 필수적인 전제 조건인 컨테이너가 수행되는 서버를 찾는 것조차 고전했었다.

---

6 옮긴이_ 오늘날 모던 데이터 센터처럼 풀 메시 형태와 같이 촘촘하고 고속으로 연결되지 않았던 네트워크를 의미한다.
7 옮긴이_ http://manpages.ubuntu.com/manpages/bionic/man8/mtr.8.html

자동화

네트워크 자동화는 클라우드 네이티브 데이터 센터에서 운영 효율성을 위한 기초 역량이다. 자동화는 어느 정도 코드와 동일한 수준이며 코드는 버그가 존재한다. 자동화의 실수는 전체 네트워크에 보다 복잡한 방법으로 영향을 미친다. 따라서 빨리 문제를 검증하고 해결하는 능력이 중요하다.

고정 폼 팩터 스위치

클로스 토폴로지는 네트워크를 단일 종류의 장비(또는 최소한의 종류)로 구성하는 것에서 벗어날 수 있게 했다. 하지만 단일 박스 퇴진은 관리해야 할 장비가 더 많아지는 것을 의미하고, 따라서 고전적인 박스 바이 박스 문제 해결 방식이 적합하지 않다. 간단하고 고정 폼 팩터 장비로 구성하는 것은 관측성 외에도 많은 장점을 가지고 있다. 하지만 장비 수가 많기 때문에 단순한 모니터링을 넘어서는 것이 중요하다.

데이터 센터의 관측성과 관련된 어려움을 살펴봤으므로 클라우드 네이티브 데이터 센터를 통해 관측성을 보다 쉽게 만들 수 있는 방법을 살펴보자.

고정 폼 팩터 스위치

보다 작은 박스는 수집하고 보고할 정보의 양이 보다 적기 때문에 정보를 수집하는 주기를 빈번하게 가져갈 수 있다. 단일(또는 소수의) 장비 종류를 사용하는 것이 동종 텔레메트리 솔루션을 배포하는 데 적합하다.

분리

네트워크 분리와 클라우드 네이티브 데이터 센터의 요구 사항은 스위치를 어플라이언스가 아닌 플랫폼으로 구축해야 할 필요성을 확대했다. 그 결과 분리된 스위치는 리눅스를 네트워크 OS로 사용하고 도구 사용을 통일하고 인터페이스 통계와 같은 특정 데이터를 수집한다. '스트리밍 텔레메트리 *streaming telemetry*'는 오늘날 네트워크에서 굉장히 중요한 문제다. 스트리밍은 SNMP를 이용해서 분 단위로 데이터를 수집하는 이전 세대와 대조된다. 아리스타나 시스코와 같은 전통적인 공급 업체들조차 SNMP가 아닌 방식으로 데이터를 수집하는 기능을 제공하기 시작했다.

11.5 관측성 분해

앞 절에서 언급한 트위터의 공지처럼 관측성은 다음과 같은 부분으로 분해할 수 있다.

- 텔레메트리 또는 데이터 수집
- 스토리지: 수집된 데이터를 저장하는 방식
- 모니터링
- 경고
- 데이터 분석 및 애드혹 질의

11.6 텔레메트리 역학

텔레메트리는 자동으로 원격지의 데이터를 중앙에서 수집한다. 텔레메트리 과정은 무엇을(무엇을 수집할 것인가), 언제(언제 수집할 것인가), 어떻게(어떻게 전송할 것인가)로 나눌 수 있다. 오늘날의 네트워크에서는 SNMP가 이 모든 질의에 대한 답을 제어하고 있다. '무엇을'은 장비에서 지원하는 SNMP 데이터 모델에 한정된다. '언제'는 SNMP가 시스템에 과부하와 장애를 일으키지 않는 주기로 결정된다. '어떻게'는 간단하게 SNMP다. 하지만 전통적인 네트워크 장비여도 대체로 시스로그 프로토콜을 통해 중앙에 로그를 보내는 형태를 지원하기도 한다.

각 부분을 좀 더 자세히 살펴보고 대체 방식을 알아보자.

11.6.1 무엇을 수집해야 하는가

메트릭과 로그는 반드시 수집해야 한다고 인지하고 있는 잘 이해된 구조다. 마이크로서비스 아키텍처에서 분산 콜 트레이싱^{distributed call tracing}은 성능 저하나 장애 요소를 추적하기 위해 굉장히 중요한 것으로 여기고 있다. 네트워크 스위치에서 콜 트레이스는 패킷 트레이스^{packet trace}로 대체할 수 있다. 베어풋 네트웍스의 토피노^{Tofino}와 같은 스위칭 실리콘 출현 전에는 패킷 트레이스는 패킷 샘플링^{packet sampling}에 기반했으며 sFlow[8]라고 하는 기술에 의존했었다. 또한 포

---

8 옮긴이_ https://sflow.org

워딩 테이블(MAC 테이블, ARP/ND 테이블, 경로 등)과 같은 장치의 상태 정보와 제어 프로토콜의 상태는 수집하는 데 모두 유용하다.

어떤 데이터를 수집해야 하는지에 대해 생각이 서로 다른 두 학파가 있다. 첫 번째 학파는 statsd를 도입한 텔레메트리의 선구자 중 하나인 엣시^{Esty}에서 나왔다. 엣시의 유용하고 재미있는 포스트[9]에서 이렇게 말하고 있다. "엣시에서의 엔지니어링이 종교라면 우리는 그래프 교회일 것이다. 움직임이 있다면 추적을 한다. 때로 어떤 그래프가 움직이기도 전에 그 그래프가 움직일 경우를 대비해서 미리 그려놓기도 한다.", "모든 것을 볼 수는 없다. 다른 것들과 마찬가지로 운영과 모니터링은 비용이 든다." 필자는 이런 사상의 주요한 부분에 동의한다.

분산 시스템 아키텍처와 설계에서 또 다른 저명한 사상가이며 실행가인 넷플릭스의 브렌든 그레그$^{Brandan\ Gregg}$는 무엇을 수집해야 하는지에 대해 실행 가능한 설명을 하고 있다. 브렌든은 리소스에 대한 데이터를 수집하는 USE 모델[10]을 만들었다. USE는 사용량^{utilization}, 포화^{saturation}, 오류^{error}를 의미한다. 예를 들어 네트워킹에서 링크는 중요한 리소스다. 패킷 수신 및 송신, 인터페이스에서 바이트 수$^{byte\ count}$를 모니터링해서 사용량을 결정한다. 드롭과 오류 카운트는 오류를 결정하고 버퍼 사용량은 포화를 결정한다. 따라서 이러한 매개변수가 인터페이스의 USE 메트릭을 결정한다. 유사한 측정으로 CPU, 메모리, 온도 등과 같은 다른 중요한 자원들에 대한 USE를 쉽게 결정할 수 있다. 라우팅에서는 라우팅 테이블이 얼마나 차 있는지 측정해볼 수 있고 주소 접두사의 분포를 수집해야 할 유용한 통계로 생각할 수 있다. 또한 ACL 테이블, MAC 테이블, 터널 테이블과 같은 하드웨어 테이블의 상태를 수집해서 얼마나 채워졌는지 모니터링할 수도 있다.

또 하나 추가로 수집한 인터페이스 통계로부터 얻어진 중요한 매개변수는 필자가 리프의 상향 링크 간의 **편광비**$^{polarization\ ratio}$라 부르는 것이다. 클로스 토폴로지에서 고용량은 각 상향 링크에서 대역폭이 거의 같을 경우에 달성된다. 만약 그렇지 않다면 플로 해싱이 필요한 만큼 제대로 동작하지 않거나 많은 코끼리 플로$^{elephant\ flow}$가 동일 링크로 해시된다. 편광비가 1에 굉장히 근접하지 않는다면 그 결과로 애플리케이션은 최적 성능이 아닌 것으로 인해 고통을 받게 된다. 이 경우에는 플로 해싱 알고리즘의 매개변수(일반적으로 해시 시드$^{hashing\ seed}$)를 조절해서 문제를 해결할 필요가 있다.

---

9 https://oreil.ly/60lXR
10 https://oreil.ly/trwJB

구글의 유명한 책인 『사이트 신뢰성 엔지니어링』(제이펍, 2018)[11]은 지연 시간을 수집해야 할 또 다른 중요한 메트릭으로 추가했다. 필자가 아는 모든 대규모 클라우드 서비스 제공자는 네트워크의 지연 시간을 측정하며 지연 시간의 불규칙한 변화로 문제를 감지한다.

sFlow를 사용해서 패킷을 캡처하는 것은 네트워크에 어떤 종류의 트래픽이 흐르는지 추적하기 위한 또 다른 유용한 데이터다. 필자가 듣기로 sFlow 패킷 샘플링은 특정 대규모 네트워크에서 3만 패킷 중 패킷 하나를 사용한다고 한다.

11.6.2 어떻게 수집할 것인가

테이터를 수집할 정보의 종류를 식별했다면 어떻게 수집할 것인지 결정해야 한다. 네트워크 장비에서는 오랜 시간 동안 SNMP가 유일한 방법이었다. 컴퓨트 노드에서는 collectd[12]와 statsd[13]가 오랜 시간 동안 널리 사용되었다. 하지만 이 둘 모두 프로메테우스Prometheus[14]나 인플럭스DBInfluxDB[15]와 같은 새로운 도구로 점점 대체되고 있다. 이런 도구의 유명세는 비록 스트리밍 텔레메트리의 마케팅 용어로 사용되고 있지만 네트워크 장비에서도 퍼져나가고 있다. 카프카Kafka[16]와 같은 빅데이터 도구들도 다양한 엔드포인트에서 수집기collector로 데이터를 보내기 위해 그 사용이 증가하고 있다.

로깅과 관련하여 가장 일반적인 모델은 시스로그syslog를 사용해서 원격지의 시스로그 서버로 데이터를 보내는 것이다. 여기서 사람들은 데이터를 강력한 로그 분석인 스플렁크Splunk나 오픈소스 등가물인 ELK[17](엘라스틱Elastic, 로그스태시Logstash, 키바나Kibana 이 세 가지 제품을 뜻한다)와 같은 강력한 로그 분석기로 데이터를 밀어 넣는다.

데이터 수집 방식에 대해서는 풀 모델과 푸시 모델 중 어느 것이 더 나은지에 대해 유명한 논쟁이 있다. 구체적으로 운영자들은 엔드포인트(데이터 수집 에이전트가 동작 중인)에서 데이터를 수집기로 푸시push하는 것이 더 유용한지 또는 수집기가 특정한 폴링 간격polling interval마다

---

11 https://oreil.ly/8UpPj
12 https://collectd.org
13 https://github.com/statsd/statsd
14 https://prometheus.io
15 https://www.influxdata.com
16 https://kafka.apache.org
17 https://oreil.ly/kvERG

에이전트로부터 데이터를 풀pull하는 것이 더 나은지에 대해 논쟁한다는 것이다. 오랫동안 컴퓨트 진영에서는 데이터를 푸시하는 것에 집중했던 반면 네트워크 운영자들은 데이터를 풀링해오는 것에 집중했다. 프로메테우스의 출현으로 풀 모델 역시 컴퓨트 진영에도 널리 알려지기 시작했다. 프로메테우스 진영에서는 계속된 논쟁을 해결할 블로그 포스트[18]를 게시하기도 했다.

필자는 컴퓨터 과학 이론 관점에서 푸시는 인터럽트와 같으며 풀은 폴poll과 같다고 생각한다. 폴링polling은 자원을 낭비하는 경향이 있고 CPU를 바쁜 대기busy wait로 만든다고 여겨 일반적으로 꺼려했다. 하지만 DPDK와 같은 잘 알려진 솔루션에서 패킷 포워딩 동작은 인터럽트 주기가 아주 빠를 때 안 좋은 영향을 미칠 수 있는 것과 같은 여러 가지 이유로 폴 모델을 사용한다.

필자는 '풀 또는 푸시 중에 어떤 것이 좋은가'에 대한 질문은 '모든 것은 상황에 따라서 달라진다'는 고전적인 엔지니어링 대답을 이끌어낸다고 생각한다. 주요 특성을 이용해서 시스템의 강점과 약점을 측정할 수 있다. 두 모델 간의 주요 차이점은 다음과 같다.

적시just-in-time 모니터링

푸시 모델에서는 에이전트가 이벤트가 발생하자마자 바로 경고를 보내고 정보를 캡처해서 데이터를 수집기에 푸시할 수 있다. 풀 모델에서 수집기는 정보를 풀링하겠다고 결정한 순간의 이벤트에 대해서만 알 수 있다. 만약 에이전트를 구동하는 시스템이 치명적인 장애에 빠지게 되면 폴링이 너무 늦게 되어서 이벤트를 전혀 캡처할 수 없게 된다. 이것이 필자가 생각하는 풀과 푸시 모델의 큰 차이점이다. 이외의 것은 어떻게든 엔지니어링할 수 있다.

에이전트의 필요성

풀 모델은 기존 전송과 명령어로 데이터를 풀링할 수 있게 설계되었다. 예를 들어 시스템에서 제공하는 REST API를 사용해서 원하는 주기에 관련 데이터를 풀링할 수 있다. 푸시 모델에서는 각 텔레메트리 솔루션마다 NOS 특정 에이전트가 필요하다. 폐쇄적인 네트워크 장비 속성상 이 방식을 적용할 수 없다. 하지만 네트워크 분리의 출현으로 공급 업체에서 이 문제의 해결을 시작할 수 있게 되었다.

변경 적용의 복잡성

만약 데이터 수집의 주기나 대상을 변경해야 할 경우 관련 있는 모든 에이전트를 변경해야 한다. 풀 모델에서는 수집기가 변경해야 할 유일한 대상이다. 예를 들어 새로운 명령어를

---

18 https://oreil.ly/mki6k

추가하거나 명령어의 필드를 변경할 때 수집기에서 한 번만 수행하면 된다. 물론 SNMP와 같은 풀 솔루션 또는 프로메테우스에서도 에이전트 단에서의 변경이 필요하므로 이러한 차이점은 사용하는 솔루션에 따라 크게 달라진다.

푸시와 풀 모델의 양립할 수 없는 차이점을 해결하기 위해 SNMP는 두 방식 모두 지원한다. SNMP는 시간에 덜 민감한 데이터를 수집하기 위해 풀 모델을 사용하는 동안 traps라는 것을 사용하여 중요하며 시간에 민감한[time sensitive] 이벤트를 수집기에 통지했다. 중요하며 시간에 민감한 데이터의 예로는 링크업 또는 링크다운 이벤트가 있고, 인터페이스 통계는 시간이 중요하지 않은 데이터의 예다.

11.6.3 언제 수집할 것인가

11.2.1절 'SNMP에 대한 설명'에서 다루었듯이 컴퓨트와 네트워크는 동일한 주기로 데이터를 수집해야 한다. 요즘에는 네트워킹에서 보다 자주 수집하는 것이 일반적이다. 데이터 수집 주기가 길어지면 문제 발생을 탐지하기 어려워지고 시스템의 이해도가 떨어지게 된다. 반면 그 주기가 너무 짧은 것 역시 불필요할 수 있다. 예를 들어 NOS가 하드웨어 통계를 30초마다 풀링하는데, 통계 수집 주기가 그보다 짧다면 이 정보는 유용하지 않게 된다. 디스크 장애를 15초마다 확인하는 것은 불필요한 주기의 예다. 일반적으로 15초의 기본 주기가 네트워크와 컴퓨트 대부분의 경우에서 적합하다. 프로메테우스의 디폴트 시간 역시 15초다. 주기가 얼마이든 특정 서비스에 대한 측정 간격은 컴퓨트와 네트워크의 모든 노드에서 동일해야 한다.

11.6.4 데이터 저장

대체로 데이터 수집 모델에 따라서 데이터 저장 방식이 결정된다. 대부분의 도구가 시계열[time-series] 데이터베이스를 사용한다. 과거에는 스토리지가 비싸고 시스템은 단순했다. 그래서 데이터는 한 시간 또는 지정된 시간마다 주기적으로 **압축**[rolled-up]되거나 합쳐졌다. 다른 말로 메트릭이 매분 수집되면 매트릭은 한 시간 단위로 압축되어 시간당 평균값과 최소, 최대 그리고 때론 표준편차와 같은 정보들과 함께 저장되었다. 그렇게 되면 매분 수집된 정보는 버려지게 된다. 마찬가지로 매시간 데이터는 하루로 압축되고 매일의 데이터는 주 단위로 압축되어 계속 쌓여갔다. 이런 개념은 오래된 데이터는 덜 유용하다는 관찰에 기초했으며, 압축된 데이터면 충분하다고 여겼다. 컴퓨트 노드에서는 statsd가 수집기에 푸시하기 전에 매초마다 수집한 데이터를 5초 단위 또는 보다 큰 간격으로 압축한다.

하지만 저렴한 스토리지와 문제 해결 시스템에서의 경험이 쌓여서 오늘날에는 데이터를 압축하는 것을 꺼리고 있다. 운영자들은 종종 덜 치명적이지만 예상치 못한 동작이 주말에 걸쳐 발생했을 때 이를 월요일에 살펴보고 싶어 한다. 따라서 15초마다 캡처한 원시 데이터가 하루 단위로 저장되고 1~2주 후에 압축된다. 이것이 새로운 규범이다.

11.7 다중 데이터 소스의 사용

이렇게 서로 다른 데이터를 모두 모았다. 한 유형의 데이터가 다른 유형에 비해 어떤 특정 질의에 대한 답으로 적합한가? 네트워크 운영자가 두 가지 등급의 문제에 대해 호출되는 것을 보았다. 하나는 통신 장애고 다른 하나는 통신 품질 저하다. 첫 번째 등급의 문제는 A와 B가 통신을 할 수 없는 상황이고 두 번째 등급의 문제는 A와 B의 통신이 아주 느리고 손실이 발생할 때다. 이외에 용량 계획$^{capacity\ planning}$에도 관측성이 필요하다.

A와 B가 통신이 되지 않는 문제는 아마 대체로 네트워크 내부나 A와 B 엔드포인트의 부정확한 상태 또는 비일관적인 상태의 결과다. 예를 들어 A가 B의 호스트명을 가지고 접근하려고 할 때 잘못 설정된 DNS 서버 주소나 단순히 DNS 서버에 접근할 수 없게 되었을 때 문제가 발생할 수 있다. 또한 B의 호스트명이 DNS에서 잘못 설정되었거나 A나 B에서 호스트명이 잘못 설정되었을 때도 문제가 될 수 있다. 통신 장애를 완벽하게 다루는 것은 문제를 추적하기 위해 여러 노드의 상태를 살펴봐야 하는 복잡한 수행 과정이 수반된다. 하지만 어떤 경우에는 완전히 잘못된 케이블에 의해 문제가 발생할 수도 있다. 만약 메트릭을 살펴볼 수 있고 A에서 B까지의 경로 중 어느 곳에든지 오류 카운트와 드롭 카운트가 지속적으로 증가하는 것을 볼 수 있다면 문제를 격리할 수 있다.

A와 B 사이의 통신 품질 저하는 혼잡 링크$^{congested\ link}$ 때문일 수도 있고 일시적이지만 지속성 라우팅 루프$^{persistence\ routing\ loop}$로 인해 발생할 수 있나. 따라시 혼잡 링그의 메트릭을 확인하는 것은 매우 중요하며 마찬가지로 로그를 통해 지속성 라우팅 루프가 발생했는지 보는 것도 중요하다.

패킷 캡처는 관측성을 위해서라기보다는 컴플라이언스나 보안 측면에서 더 유용하다. 모던 데이터 센터 라우터의 경우 초당 3.2테라바이트에서 12.8테라바이트의 데이터를 전송하고 있어서 헤더만 캡처하더라도 상당한 부하를 일으킨다. sFlow를 사용하면 네트워크 내에 흐르는 데이터의 통계적인 샘플링을 얻을 수 있어서 더 낫다. 제어 프로토콜의 패킷을 캡처하는 것은 특정 제어 프로토콜 문제를 디버깅할 때 유용할 수 있다. 패킷 캡처는 일반적으로 tcpdump나 와이어샤크^{Wireshark}를 이용한다.

이러한 이야기들의 교훈은 문제를 격리하기 위해서는 모든 종류의 도구와 정보가 필요하다는 것이다.

11.8 경고 및 대시보드

전통적으로 이렇게 모은 데이터들은 경고와 대시보드^{dashboard} 구축을 위해 사용되었다.

경고는 치명적인 이벤트가 발생했을 때 문제가 광범위하게 퍼지거나 심각해지기 전에 이를 운영자에게 알리는 것이다. 치명적인 이벤트의 정의, 임곗^{threshold}값, 경고 방식, 경고 대상 등은 맞춤형이어야 한다. 각 시스템은 심각한 문제를 알리고 회복하기 위해 필요한 목표를 만족할 수 있도록 값들을 세세하게 조절할 수 있어야 하기 때문이다. 힙챗^{HipChat}[19], 페이저듀티^{PagerDuty}[20], 슬랙^{Slack}[21]과 같은 도구 사용의 증가로 요즘 모든 경고 프레임워크^{alerting framework}는 이메일을 보내거나 대시보드에 불을 밝히기보다 이런 도구와 연계되어야 한다.

슬프게도 운영자의 관측성 툴킷에서 가장 약한 도구 중 하나가 바로 경고다. 양치기 소년처럼 '경고 피로^{alert fatigue}'를 유발할 수 있다. 경고 시스템이 너무 단순해서 경고가 거짓 양성^{false positive}[22]으로 판명되면 운영자가 이를 무시하기 시작한다. 많은 조사와 연구가 이 문제를 확인해주고 있다. 이러한 거짓 양성의 예가 CPU 사용량이 순간적으로 솟아올랐다가 바로 정상 수준으로 돌아가는 경우다. 경고 시스템이 경고를 보내기 전에 이상 상태를 몇 사이클 동안 지켜본 다음 경

---

19 옮긴이_ 아틀라시안(Atlassian)사의 온라인 채팅 서비스. 2019년 2월 15일 이후로 서비스가 중단되었고 관련 지적재산권은 모두 슬랙에 매각했다.

20 옮긴이_ SaaS 기반의 온라인 모니터링 서비스. https://www.pagerduty.com

21 옮긴이_ 비즈니스 커뮤니케이션 플랫폼으로 널리 사용되고 있다. https://slack.com

22 옮긴이_ 실제 통계상으로는 음성인데 검사 결과는 양성이라고 나오는 것을 의미한다.

고를 보내도록 하면 거짓 양성 발생 횟수를 적게 줄일 수 있을 것이다. 나쁜 경고 시스템의 또 다른 예는 너무 많은 사람에게 통지하는 것이다. 세 번째로 경고 시스템이 제 역할을 못하게 하는 것은 중복된 경고를 생성하는 것이다. 『사이트 신뢰성 엔지니어링』(제이펍, 2018)에서 훌륭한 경고 시스템을 구축하는 좋은 아이디어를 얻을 수 있다.

데이터의 또 다른 사용처는 분산 시스템의 대시보드를 구축하는 것이다. 대시보드는 그래프로 이뤄져 있어서 시스템의 어느 부분이 잘못되었을 때 이를 한눈에 알 수 있도록 해주며 문제의 원인이 어떻게 생겼는지에 대한 힌트를 주기도 한다. 예를 들어 단순한 빨강, 노랑, 초록 블록이 네트워크 전체에 BGP가 정상 동작하는지 여부를 나타내게 할 수 있다. 일반적으로 네트워크 대시보드는 애플리케이션 모니터링 대시보드와 차이가 있고 각각은 서로 다른 팀이 책임을 진다. 더욱이 서로 다른 도구들은 각자의 대시보드를 가지고 있다. 예를 들어 로깅 도구의 대시보드는 통계 수집 도구나 패킷 샘플링 도구 등의 대시보드와 다르다.

현대의 도구들은 서로 다른 종류의 데이터를 도구의 핵심 역량과 통합해서 이러한 파편화 현상을 극복하려고 한다. 예를 들어 널리 쓰이는 로깅 도구인 ELK는 통계 수집을 위한 비츠[Beats 23]를 제공한다. 그라파나[24]와 같은 현대적인 그래프 도구는 여러 백엔드로부터 데이터를 풀링할 수 있게 해서 개별 맞춤 대시보드를 구축할 수 있게 한다. 이를 넘어서 플로틀리[Plotly 25]와 보케[Bokeh 26]를 사용하면 아주 복잡한 대시보드를 개발할 수도 있다. 하지만 대부분의 네트워크 운영자는 이런 대시보드를 배포해서 사용하는 것에 익숙하지 않으므로 이 모든 것이 무용지물이다.

하지만 대시보드가 있어도 문제의 원인을 정확하게 집어내는 것보다 문제 현상을 그대로 표시하는 것에 적합하다. 채리티 메이저가 "대시보드로는 디버깅을 할 수 없다"고 말한 것과 같다. 경고와 대시보드에 대한 그녀의 주장은 트위터 스레드[27]를 통해 살펴볼 수 있다.

저렴한 스토리지의 출현으로 원시 데이터를 보다 긴 시간 동안 저장할 수 있게 되었다. 대시보드와 경고를 넘어서 고도로 관찰 가능하고 유익한 시스템을 만들 수 있을까? 데이터 분석 도구인 파이썬의 팬더스[Pandas 28]나 SQL과 같은 데이터 질의 언어의 부상으로 네트워크 운영자는 수

---

23 옮긴이_ 엘라스틱을 위한 오픈 소스 경량 데이터 수집기. https://www.elastic.co/kr/beats/
24 https://grafana.com
25 옮긴이_ https://plotly.com
26 옮긴이_ https://docs.bokeh.org/en/latest/index.html
27 https://oreil.ly/wNef_
28 옮긴이_ https://pandas.pydata.org

집된 데이터에 질의하여 네트워크 개발자가 의도하지 않은 방법으로 상관관계가 있는지 살펴볼 수 있게 되었다. 즉, 디버거와 비슷한 방식으로 예상치 못한 질의를 미리 할 수 있는 진정한 질의 플랫폼을 향한 한 걸음을 내딛게 되었다. 하지만 이러한 기능을 제공하는 오픈 소스 도구는 아직까지 없다.

11.9 마치며

이 장에서는 관측성이 무엇인지 클라우드 네이티브 데이터 센터에서 왜 중요한지 살펴봤다. 안타깝게도 다중 공급 업체 지원과 문제 해결을 도와줄 오픈 소스 도구들이 부족하다. 그리고 네트워크 관측성의 애드혹 질의 쿼리 양상이 부족해서 관측성 측면에서 실제 사용 예를 찾지 못했다. 이 책에서는 지면과 시간 부족으로 모니터링과 경고의 배치에 대해서는 다루지 않는다. 바라기로는 이 장에서 설명한 정보가 어떤 데이터를 수집해야 하고 그 이유가 무엇인지 살펴볼 때 도움이 되었으면 한다.

11.10 참고문헌

- Schwartz, Baron. "See the Details with 1-Second Resolution Data"[29]

- Majors, Charity. "Observability—3-Year Retrospective"[30]

- Volz, Julius. "Pull doesn't scale—r does it?"[31]

- Google's SRE books, "Site Reliability Engineering and The Site Reliability Workbook"(O'Reilly)[32]

---

29 https://oreil.ly/WsM9v
30 https://oreil.ly/w64Yc
31 https://oreil.ly/xwPH5
32 https://oreil.ly/q18ao

## CHAPTER 12

네트워크 디자인 재고

우리의 가정 대부분은 그 쓸모없음보다 오래 남는다.

_마셜 매클루언^{Marshall McLuhan}

클라우드 네이티브 데이터 센터 네트워크는 아마존, 구글, 마이크로소프트와 같은 하이퍼스칼라^{hyperscalar}부터 스위치 20대에서 50대 정도로 이뤄진 네트워크를 사용하는 작은 기업에 이르기까지 다양한 크기와 형태로 나타난다. 하지만 모든 네트워크의 공통된 목적은 신뢰성과 비용 효율성이다. 운영 비용 효율화는 라우터 구매 비용의 효율화보다 달성하기 어려운 목표다. 큰 규모의 조직과 일해 본 필자의 경험에 따르면 클라우드 네이티브 데이터 센터 네트워크는 다음과 같은 디자인 원칙에 입각해서 설계해야 신뢰 가능하고 비용 효율을 달성할 수 있다.

- 표준화된 단순한 구축 단위
- 네트워크 장애의 재고
- 무자비할 정도로 단순화에 집중

이 원칙들은 지금까지 엔터프라이즈와 데이터 센터 네트워크가 구축해온 근본적인 네트워크 디자인 원칙을 뒤집어버렸다. 필자는 이 책을 통해 위 특성들에 대해 여러 번 언급했다. 하지만 아키텍처와 실제 이를 배치하는 기술에 대해 알아보기 전에 원칙에 대한 짧은 장을 할애해서 앞으로의 내용을 더 잘 이해하도록 도와줄 것이다. 디자인 원칙 중 하나 또는 그 이상을 빠뜨리면 지금껏 개선을 위해 노력해왔던 것이 다시 이전으로 돌아가게 된다.

장담하건데 이 세 가지 개념을 하나로 묶어서 설명하면 각 개념을 따로 설명하는 것보다 더 복잡할 수 있다. 또한 새로운 아키텍처가 형태를 갖춰갈 때 필자는 클라우드 서비스 제공사의 직원이었던 적이 없었기 때문에 이러한 원칙이 어떻게 진화한 건지(비록 필자는 그들이 했다고 생각하지만) 또는 처음부터 완성된 형태로 제안되었는지 알 수 없다.

네트워크 운영자들이 이러한 원칙들을 적용하지 못하게 하는 제약 사항에 대해 알아보며 이 장을 마치겠다.

12.1 표준화된 단순한 구축 단위

이 원칙은 클라우드 네이티브 데이터 센터 운영자와 이전 세대 운영자의 큰 차이점이다. 네트워크 분리와 함께 하는 클로스 토폴로지에서 운영자는 장비를 고를 때는 열 개 미만의 박스 유형을 선택한다. 즉, 스파인과 리프에 한 종류의 박스를 사용하고 이 박스들을 이용해서 어떤 규모의 네트워크도 구축할 수 있다. 리프 박스는 일반적으로 스파인과 연결되는 고속 포트 집합과 서버와 연결되는 저속 포트 집합을 지원한다. 예를 들어 최신 칩셋을 탑재한 리프 스파인의 경우 100GbE 포트 8개와 25GbE 포트 45개 또는 100GbE 포트 6개와 10GbE 포트 48개를 지원한다. 스파인은 네트워크 규모에 따라 32개에서 128개의 100GbE 포트가 있을 수 있다.

앞서 설명한 것처럼 단순하고 표준된 구축 단위를 사용할 경우의 큰 장점이 바로 재고 관리다. 서버의 경우 인텔(또는 AMD) 기반의 PC와 리눅스를 사용함으로써 운영자가 재고 관리를 단순화할 수 있다. 이제는 라우터도 마찬가지로 적용된다.

이와 반대로 이전 세대의 네트워크는 작은 액세스 박스와 보다 큰 애그리게이션 박스를 사용해서 구축되었다. 액세스와 애그리게이션 박스가 서로 같은 공급 업체의 제품을 사용하면 보다 더 잘 동작했었다. 이 박스들에 탑재되는 스위칭 칩도 각 공급 업체에 특정되었다. 각 애그리게이션 박스는 제어 카드와 스위칭 라인카드로 구성되었다. 박스가 발전하면서 라인카드와 박스의 구성을 관리해야 했고 이는 보다 복잡한 재고 관리를 해야 한다는 의미가 되었다. 만약 다중 공급 업체 전략을 취한다면 서로 다른 공급 업체별로 재고 관리를 해야 한다.

단순한 고정 폼 팩터 박스를 사용할 때의 또 다른 장점은 설정 자동화가 가능하다는 것이다. 액세스-애그 네트워크에서 애그리게이션 박스는 굉장히 설정하기 까다롭다. 종종 방화벽이나 로드 밸런서 기능을 하는 라인카드를 탑재하는 경우에는 설정을 보다 더 어렵게 만들었다. 따라서 박스를 설정하는 것이 굉장히 복잡해졌고 또 다른 벤더 록인의 이유가 된 것은 말할 것도 없다. 그렇다면 왜 이런 박스를 구매하는가? 다른 원인 중에서도 다양한 기능을 단일 관리 콘솔에서 설정할 수 있는 스위스 군용 칼 모델 박스의 주요 이점 때문일 것이다. 즉, 이런 모델들이 단순화된 관리 모델을 제공하기 때문이다. 네트워크 자동화가 없었을 때는 이런 점이 필요했다. 하지만 네트워크 자동화와 클로스 토폴로지의 스케일 아웃 모델의 등장으로 한 가지 기능만 수행하는 단순한 표준 박스에 집중하는 것이 보다 효율적이게 되었다.

클라우드나 네트워크 분리 모델로 넘어가더라도 벤더 록인은 항상 위협이다. 하지만 문제는 벤더 록인에 빠지는 것이 얼마나 쉬운가이다. 오픈플로와 같은 일부 솔루션을 사용하면 액세스-애그 시대만큼 또는 그보다 더 심하게 벤더 록인에 빠질 수 있다. 따라서 단지 네트워크 분리를 도입하거나 상용 실리콘을 사용하는 것만으로 이 문제를 회피하기에는 충분하지 않다. 반면 소프트웨어와 하드웨어는 서로 다른 공급 업체에서 제공하기 때문에 공급 업체 특정 솔루션을 배포하는 함정에 쉽게 빠지지 않는다. 시스코의 패브릭패스나 주니퍼의 큐패브릭과 같은 공급 업체 특정 솔루션은 단순하고 표준 네트워크 장비를 사용할 경우 더 사용하기 어려워진다.

운영자가 이전 디자인의 함정에 빠지는 또 다른 이유는 복잡도를 제한하고 케이블링 비용을 아끼기 위해 박스 수를 줄이려고 하는 것이다. 이 목표를 달성하기 위해 종국에는 운영자가 공급 업체에서 스파인 스위치로 사용할 섀시 스위치를 사게 된다. 물론 섀시 스위치 역시 바뀌었지만 여전히 앞선 세대의 부정적인 특성을 가지고 있다. 여전히 사유 실리콘을 탑재하고 장애 처리가 복잡하고 단순화된 재고 관리의 강점을 약화시킨다.

페이스북 OCP의 미니팩Minipack[1]과 같은 섀시 스위치는 새로운 디자인의 특성을 보장하면서 케이블 수를 줄이기에 적합하다. 첫 번째로 이 OCP 스위치 내에서 라인카드를 연결하는 내부 백플레인은 단순히 전면 패널의 카드와 동일한 상용 실리콘으로 구축된 클로스 네트워크다. 두 번째로 각 라인카드는 다른 라인카드와 독립적으로 기능하며 전체 섀시를 단일 박스처럼 보이게 하는 중앙 제어 프로세서가 없다. 이 두 가지 특성은 이러한 섀시 스위치가 단순하고 표준화된 구축 단위의 특성을 보장한다.

반대로 100GbE 포트 64개에서 128개를 지원하는 상용 실리콘 칩셋의 등장이 이러한 OCP 인증 섀시 스위치 사용 여부에 대한 의문을 갖게 한다. 다음에 언급하겠지만 박스를 상대적으로

---

1 옮긴이_ https://engineering.fb.com/data-center-engineering/f16-minipack

작은 크기로 유지하는 것이 좋다. 예를 들어 512 포트 대신에 128 포트를 사용하면 네트워크 장애가 발생했을 때의 범위에 영향을 미치게 된다.

단순하고 표준 박스를 사용하는 것이 이 장에서 설명하는 다른 원칙의 적용에서도 중요한 역할을 한다.

12.1.1 네트워크 분리

네트워크 분리는 재고 관리를 보다 단순화한다.

네트워크 분리 없이 다중 공급 업체 전략을 사용하면 운영자들이 서로 다른 어플라이언스와 그 사용자 인터페이스 사용에 익숙해져야 한다. 오픈 컨피그^{OpenConfig}[2]와 같은 도구를 사용해서 서로 다른 인터페이스를 합치려는 시도도 있었다. 하지만 하이퍼스칼라와 수많은 회사가 이러한 도구를 사용하기보다는 네트워크 분리로 넘어오고 있다. 네트워크 분리를 사용하면 동일한 OS를 유지하면서 공급망 문제나 벤더 락록을 겪지 않도록 다양한 하드웨어 공급 업체로부터 박스를 공급받을 수 있게 된다. 예를 들어 델과 에지코어^{Edgecore}[3]에서 동시에 스위치를 구매하는 것이 필자가 본 공통적인 패턴이다. 여러 공급 업체와 박스 유형에서 모두 동작하는 네트워크 OS를 사용하면 네트워크 아키텍트는 몇몇 유형의 서버로 표준화된 서버 시장의 모델과 공통 OS인 리눅스를 사용하는 형태를 따를 수 있게 된다.

12.2 장애: 나무를 보기 보단 숲을 봐라

네트워크 디자인의 다른 근본적인 변화는 IP 네트워크의 원래 모델인 '네트워크는 절대 실패하지 않지만 개별 요소는 실패할 수 있다'로 돌아온다. 개별 구성 요소의 장애에도 네트워크가 계속 동작하는 것을 보장하기 위해 네트워크 디자이너들은 작은 구축 단위를 사용하면서 자연적으로 발생하는 중복을 반드시 사용해야 한다. 작은 라우터는 가능한 한 장애의 범위를 제한하게 한다. 즉, 장애로 인해 영향을 받는 '폭발 반경'을 최대한 작게 한다.

클로스 토폴로지를 사용하면 코어가 복잡한 작업을 수행하지 않고 많은 정보를 유지하지 않는

---

2 옮긴이_ https://www.openconfig.net
3 옮긴이_ https://www.edge-core.com

스케일 아웃 모델을 장려한다. 서버를 포함한 리프에 최대한 복잡한 기능을 수행하게 하고 상태를 분산시켜서 확장 가능한 규모를 증가시킨다. 많은 박스에 상태가 분산되어 있으므로 박스 하나의 장애 폭발 반경이 많은 상태를 가지고 있는 단일 거대 박스보다 훨씬 작다.

운영자가 관리할 박스의 수를 줄이기 위해 큰 스파인 스위치를 사면 자동으로 장애 폭발 반경이 증가하게 된다. 이런 점은 운영자가 때때로 고려하지 못하는 요인이다. 포트 512개의 스파인 스위치로는 랙 512개의 2계층 클로스 토폴로지를 구성할 수 있다. 하지만 이제 장애의 영향 범위가 커졌다. 만약 이를 랙 64개를 하나의 파드로 해서 파드 8개가 있는 3계층 클로스 네트워크로 나눈다면 신뢰성이 있는 네트워크를 구축할 수 있을 것이다.

하이퍼스칼라 클라우드 제공자의 네트워크 장애는 매우 공개적이다. 하지만 거대한 규모에 비해 장애가 자주 일어나지 않으며 규모가 주는 복잡성이 장애의 원인이라고 언급되는 경우는 적다.

클라우드 네이티브 데이터 센터 네트워크의 또 다른 장애 처리 특성을 조금 더 파고들어 보자.

12.2.1 L2 장애 모델과 L3 장애 모델

L2 네트워크는 최근까지도 네트워크의 초석이었다. L2 네트워크의 주요 문제는 아주 작은 규모에서조차 신뢰할 수 없었다는 점이다. STP는 장애가 발생했을 때 이를 조용하게 잘 처리하는 것이 아니라 혼잡하게 만드는 근본적인 문제를 가지고 있다. 즉, 헬로 메시지를 기다리는 포트에서 STP 타임아웃이 발생하면 다른 쪽이 호스트라고 가정하고 해당 포트로 트래픽을 보내기 시작한다. 만약 트래픽을 보내려는 포트가 블록된 STP 상태라면(블록을 통해 루프를 방지하고 비순환 트리를 만드는 것이 STP가 하는 일이다) 1장에서 설명한 대로 전체 네트워크 장애가 발생할 수 있는 루프가 만들어지는 원인이 된다. 헬로 메시지를 보내는 데 실패한 스위치의 원인은 과부하가 발생한 제어 평면 때문일 수 있다. 완전한 네트워크 장애가 발생하는 것이 단일 요소 장애의 결과라는 것이 STP의 DNA 속에 있다.

클라우드 네이티브 데이터 센터의 초석인 L3 네트워크는 L2와 달리 장애를 가둔다. 만약 라우터가 이웃으로부터 특정 시간동안 정해진 연락이 없을 경우 라우터는 해당 노드를 동작 불능으로 인식하고 해당 노드의 모든 경로를 제거한다. 노드가 과부하 상태이거나 다운되면 이 노드를 거쳐 가는 다른 노드의 경로 트래픽을 더 이상 수신하지 않는다.

따라서 L3 네트워크가 본질적으로 L2보다 안정적이다.

12.2.2 단순한 장애와 복잡한 장애

단순한 박스는 단순한 장애를 경험하는 경향이 있다. 고정 폼 팩터 스위치는 단일 스위칭 칩과 단일 CPU 등을 사용한다. 하드웨어 장애가 발생하면 상당히 빠르게 그 장애를 격리할 수 있다는 의미다. 액세스-애그 시대의 거대한 애그리게이션 박스는 다중 스위칭 칩, 다중 CPU, 중앙 제어 카드와 라인카드를 연결하는 이중 백플레인 등과 같은 많은 구동부가 존재해서 그 장애의 양상이 복잡하다.

액세스-애그 시대에서 하드웨어 일부에 장애가 발생하면 재고 관리와 박스 비용 때문에 네트워크 운영자는 박스가 계속 네트워크에서 동작하도록 하면서 문제를 해결하도록 종용받는다. 이러한 방식은 네트워크 운영자에게 아주 큰 부담으로 작용하는데 문제를 파악하기 위해 서두르는 동안에도 네트워크 다운타임이 늘어나기 때문이다. 예를 들어 장애를 해결한다는 것은 라인카드가 단지 제대로 연결되지 않았다는 것을 확인하거나 일부 특정 슬롯이 제대로 동작하지 않다는 것을 확인하는 것이다. 만약 라인카드 전체가 장애라고 해도 운영자는 그 문제가 해당 카드에 국한된 것임을 확인해야 한다. 그런 경우가 아니라 제어 프로세서나 백플레인에 문제가 발생하면 곧 다른 라인카드도 영향을 받게 될 것이다.

단순하고 표준화된 그리고 저렴한 박스를 사용하면 같은 유형의 박스로 쉽게 교체하기만 하면 된다. 문제 있는 박스는 네트워크에서 제거되고 대체된 박스가 네트워크를 정상 상태로 가동하는 동안 오프라인에서 디버깅도 할 수 있다는 말이다. 자동화와 잘 정의되고 단순한 함수들은 박스 교체가 수고스럽거나 많은 시간을 소모하지 않게 해준다. 이러한 방법이 네트워크와 운영자 모두에게 건강한 방식이다.

12.2.3 업그레이드 조치

L2 프로토콜에서는 유지 보수나 교체가 예정된 노드의 트래픽을 우아하게 드레인할 수 없다. 예를 들어 링크 애그리게이션 제어 프로토콜link aggregation control protocol, LACP에서는 링크에 흐르고 있는 트래픽에 영향을 주지 않으면서 우아하게 링크를 내리는 것을 지원하지 않는다. 링크의 피어에 트래픽 전송 중단을 알리는 것과 현재 전송 중인 트래픽을 링크를 종료하기 전에 완전히 드레인하는 것이 불가능하다. STP도 마찬가지로 트리에서 노드를 우아하게 제거하는 방법이 없다. 특정한 이벤트가 계획되어 있음에도 불구하고 현재의 트래픽이 불필요하게 영향을 받을 수

있다는 의미다. 하지만 라우팅 프로토콜의 경우에는 신뢰성을 유지하면서 네트워크에서 우아하게 제거하는 것을 지원한다.

개별 노드의 신뢰성을 확보해서 네트워크 신뢰성을 구축한다는 원칙은 서비스 중 소프트웨어 업그레이드in-service software upgrade, ISSU와 같은 참담한 아이디어를 만들어냈다. ISSU는 업그레이드 시 기존에 전송 중인 트래픽에 영향을 미치지 않기 때문에 시스템 업그레이드의 해독제로 선전되었다. ISSU를 경험해본 어느 누구든 이에 대해 전혀 신뢰할 수 없다고 말할 것이다. 필자가 시스코에 재직하던 당시에 ISSU는 오히려 고위험 버그을 일으키는 원흉으로만 여겨졌고, 거의 혼자서 프로토콜 개발을 진행해 릴리즈도 굉장히 느렸다.

클라우드 네이티브 데이터 센터의 사람들 대부분은 ISSU를 사용하지 않는다. 대신 L3 라우팅 프로토콜의 노드를 네트워크에서 제거하는 능력을 사용하고 업그레이드를 평화롭게 진행한다. 전통적인 공급 업체들도 아주 최근에서야 ISSU가 나쁜 디자인이라는 것을 깨달았다. 이러한 이해에 대한 증거가 바로 [그림 12-1]에 있는 최근까지 시스코의 데이터 센터 스위치 부문의 기술 마케팅 이사로 일했던 조 오니식Joe Onisick의 트윗이다.

그림 12-1 조 오니식의 ISSU에 관한 트윗[4]

> **Joe Onisick**
> @JoeOnisick — Follow
>
> Replying to @cloudtoad @ioshints
>
> Don't get me started on ISSU. Nothing adds cost, complexity, and bugs to network devices faster. No other feature is as lack luster compared to what you think you're getting. All that and proper architecture negate its need completely.
>
> 7:15 AM - 22 May 2019

---

4 옮긴이_ ISSU를 도입하지 마세요. 네트워크 장비에 비용, 복잡성, 버그를 빠르게 추가하기만 합니다. 기대한 것에 비해 반짝이는 기능은 없을 것입니다. 대부분의 경우와 올바른 아키텍처에서는 ISSU가 전혀 필요 없습니다. https://twitter.com/joeonisick/status/1131201994532696066

12.3 보다 적은 것을 추구하자

전통적으로 네트워크 운영자들은 고든 게코^{Gordon Gecko}[5]의 "탐욕이란, 이보다 좋은 단어가 없네요, 좋은 것입니다."[6] 정신으로 훈련되었다. 즉, 많은 기능을 가진 박스일수록 더 좋은 박스라는 것이다. 필자가 큐물러스에서 일하면서 처음으로 고객을 담당했을 때 종종 많은 기능 목록을 고객을 위해 마련해야 했다. 많은 네트워크 운영자가 공급 업체를 선정할 때도 수많은 기능 목록을 업체에 요구하곤 했다. 하지만 그 목록은 중요한 기능, 유용한 기능과 더불어 관련 없는 기능, 중복된 기능들로 뒤죽박죽 섞여 있었다. 예를 들어 고객은 당시에 OSPFv2를 사용하고 있었고 IS-IS로 바꿀 계획이 없었음에도 목록에는 IS-IS 라우팅 프로토콜을 지원한다고 되어 있었다. 왜 필요한지 질문했을 때 고객의 대답은 사후 합리화 수준이었다. 일부 고객은 요구한 기능 목록이 본인들의 필요와 너무나도 동떨어진 것이라 깨닫고, 다시 적절한 기능 목록으로 돌아가곤 했다.

이와 반대로 클라우드 네이티브 네트워크 운영자의 기풍은 머리사 메이어^{Marissa Mayer}[7]의 발언인 "여러분이 원하는 것을 원할 때 가져라. 그렇지 않다면 원했던 모든 것을 원치 않을 때 가질 수도 있다."가 가장 잘 나타내주고 있다. 네트워크에 이 두 가지 다른 방법을 적용할 때 일어나는 관점의 차이를 비교하고 대조해보겠다.

12.3.1 올바른 아키텍처는 어떻게 도움이 되는가

최상위 수준에서 새로운 운영자가 클로스 토폴로지의 아키텍처를 도입한다. 클로스트 토폴로지는 액세스-애그 네트워크로 고통받는 운영자를 해방시킨다. 운영자가 아주 긴 기능 목록에 의존할 수밖에 없는 가장 큰 이유는 L2 기술이 안정적이고 신뢰성 있는 네트워크의 초석이 되기에는 본질적으로 많은 제약이 존재하기 때문이다. 따라서 개별 공급 업체들이 이러한 문제를 고치기 위해 많은 기능을 개발했다. 공급 업체가 만든 개선책의 문제는 바로 공급 업체에 특정된 것이라는 점이다. 하드웨어에 탑재된다든지 표준 프로토콜의 확장으로 구현되거나 완전히 새로운 프로토콜을 만들기도 했다. 장애에 안전하고 공급 업체 특정 기능의 구현체들은 단지 역사적 진화의 산물이었다. 즉, 해당 기술들은 클라우드 네이티브 운영자가 마주한 환경과는 상당히 다른 환경에서 잉태된 것들이다.

---

5 옮긴이_ 올리버 스톤 감독의 영화 월스트리트에 등장하는 기업 사냥꾼. 종종 탐욕의 상징으로 비유된다.
6 옮긴이_ 고든 게코의 유명한 대사다. 원문은 "Greed, for lack of a better word, is good."이다.
7 옮긴이_ 야후!의 전 CEO

네트워크의 루브릭 rubric 으로서의 L2는 수많은 프로토콜을 의미하기도 했다. 앞서 언급한 STP와 LACP가 있다. 또한 FHRP와 다양한 STP 향상 기능, 일부는 표준이고 일부는 사유인 것들도 있다. 그리고 단방향 링크 탐지 unidirectional link detection, UDLD, 멀티캐스트 프로토콜은 물론이고 라우팅 프로토콜도 있다. 이 모든 것은 앞서 이야기한 복잡한 장애와 상호 작용을 야기하는 복잡성을 의미한다.

L3 네트워크만 전적으로 사용하고 네트워크에서 멀티캐스트를 제거하면 운영자는 라우팅 프로토콜과 BFD, 이 두 가지 핵심 프로토콜만 가지고 전체 네트워크를 운영할 자유를 얻는다. 이를 통해 설정과 프로토콜 복잡성은 엄청나게 단순해진다.

12.3.2 기능 집합

최근 인기 있는 저서는 그렉 맥커운 Greg McKeown 의 『에센셜리즘』(알에이치코리아, 2014)이다. 해당 저서에서 저자는 "에센셜리즘 essentialism 은 무엇을 더해야 할까에 대한 것이 아니다. 올바른 일을 어떻게 하느냐에 대한 것이다. 또한 단순히 일을 적게 하거나 적게 하려는 목적을 의미하지는 않는다"라고 했다. 네트워크 디자인 접근법과 기능의 사용은 이러한 기조여야 한다. 공급 업체가 제공하는 과다한 옵션을 추구하기보다 최초의 원칙으로 돌아가서 "여러분이 원하는 것을 원할 때 가져라."의 격언을 기초로 목적에 맞는 네트워크를 설계해야 한다. 예를 들어 단순히 단일 프로토콜을 사용한다고 해도 가능한 한 많은 옵션을 시도하지 말고 최소한으로 사용해야 한다. 모든 경우에 있어 다른 공급 업체의 옵션이 보다 단순하다면 현재 거래 중인 업체에도 동일한 기능을 요구할 것을 고려해야 한다.

예를 들어 거래 중인 업체에 OSPF와 BGP에서 언넘버드 인터페이스가 표준에 기초한 기술이며 다른 어떤 업체의 특허에 포함되지 않는데 왜 지원하지 않는지 질문하자. EVPN을 사용하는 경우 다중 BGP 세션을 사용해야 한다는 공급 업체의 꾀임에 빠지지 말고 단일 세션으로 밀고 나가자(EVPN은 17장에서 다룬다). 대신 멀티캐스트를 배치하지 않고 헤드엔드 복제를 사용할 수 있는지 여부를 물어보자. 많은 경우 공급 업체가 필요 이상의 복잡한 솔루션을 강요한다. 단순한 옵션을 지원할 수 없거나 복잡한 솔루션이 벤더 록인을 유발하기 때문이다. 만약 네트워크 설정이 굉장히 단순해서 육안으로도 오류를 찾을 수 있을 정도라면 그 네트워크는 보다 신뢰성이 올라갈 수 있다.

다른 단계에 넘어와서 본다면, 새로운 네트워크 디자인은 네트워크에 속하지 않는 것들을 네트워크에서 제외한다. 전통적인 네트워크 공급 업체들은 스위치에 많은 기능을 추가해서 데이터 센터에서 스위치가 단순히 효율적이고 고속 연결성을 제공하는 것을 넘어 중요한 역할을 하게 한다. 이러한 방법은 불필요하고 부자연스런 기능을 스위치에 우겨넣게 한다. 결국 스위치는 복잡해지고 네트워크는 개별 박스의 본질적인 복잡성 때문에 신뢰성과 거리가 멀어진다.

12.4 클라우드 네이티브 네트워크 디자인 원칙의 제약 사항

물론 원칙이 종종 현실에 직면하게 되면 구김이 조금 생긴다. 네트워크 디자인 재고의 경우 특정 조직의 현실적인 고려 사항 때문에 이 장에서 설명한 디자인 원칙을 적용하는 것에 제한이 있을 수 있다.

가장 먼저 그리고 제일 중요한 제약 사항은 네트워크에 배포되는 애플리케이션이다. 하이퍼스케일러나 많은 클라우드 네이티브 데이터 센터 운영자들은 무에서 시작하여 자사 네트워크에서 구동될 애플리케이션을 직접 작성하고 소유하는 호사를 누렸다. 예를 들어 AWS, 마이크로소프트 애저, 구글은 모두 L2 기능성과 멀티캐스트를 VPC 기능에서 제공하지 않는다. 하지만 많은 금융 기업이나 완숙한 조직에서는 애플리케이션을 아예 재작성할 수 없거나 재작성에 많은 비용이 드는 오래된 레거시 애플리케이션이 있을 수 있다. 이러한 경우에는 레거시 애플리케이션 때문에 네트워크 변경을 포기할 수 밖에 없다.

이러한 오래된 애플리케이션들 중 다수는 네트워크에 대해 많은 가정한다. 가령 멀티캐스트를 사용하거나 클러스터링이나 탐지에서 브로드캐스트를 사용하는 것 등이다. 그로 인해 L2를 걷어내기 어렵게 된다. 하지만 특히 스토리지 영역의 새로운 애플리케이션 역시 이러한 잘못된 가정을 계속 이어가고 있다. 필자가 본 이 문제를 해결하기 위한 어떤 조직의 방법은 레거시 애플리케이션들을 오래된 네트워크에만 배포하도록 제한하는 것이다. 또한 L2를 걷어내기 어렵게 만드는 애플리케이션을 네트워크에서 구동할 경우 더 많은 비용을 부과해서 이런 애플리케이션이 실행되지 않도록 장려한다. 그래서 새로운 애플리케이션이 이런 오랜 잘못된 가정을 가지고 만들어지지 않도록 했다.

또 다른 제약 사항은 오래된 장비를 사용해서 새로운 네트워크 디자인을 배치할 수 없다.

12.5 마치며

이 장에서는 새로운 클라우드 네이티브 데이터 센터의 기초가 되는 디자인 원칙을 살펴봤다. 그 원칙들이 어떻게 안정적이고 확장 가능하며 관리하기 쉬운 네트워크를 구축하는지 설명했다. [표 12-1]은 이 원칙들을 요약하고 이전 세대와의 차이점을 보여준다. 디자인 원칙은 보다 훌륭한 확장성, 비용 효율성, 신뢰성을 이끌어주는 네트워크 디자인의 선순환을 만들었다. 라우팅과 네트워크 가상화와 같은 다양한 기술을 데이터 센터에서 실제로 배포하는 것을 살펴볼 때 이 원칙을 명심하자. 그리고 『에센셜리즘』에 나온 격언을 기억하자. "적게, 하지만 더 좋게."[8]

표 12-1 클라우드 네이티브 네트워크와 액세스-애그 네트워크의 네트워크 디자인 차이점

클라우드 네이티브 네트워크	액세스-애그리게이션 네트워크
표준화된 단순한 구축 단위	공급 업체 특정, 복잡한 구축 단위
노드가 아닌 네트워크 전체의 신뢰성 추구	신뢰성 있는 노드를 통한 네트워크 신뢰성 추구
필수적인 기능 집합	복잡하고 많은 기능 집합

----

8 옮긴이_ 독일 출신의 세계적인 산업 디자이너인 디터 람스(Dieter Rams)의 명언이다. 독일 원문은 "Weniger aber besser."다.

## CHAPTER 13

OSPF 배치

종이와 연필 없이 설계해서 거의 20분 만에 발명해냈다. 종이와 연필이 없다면 피해야 할 모든 복잡성을 피해갈 수 있다.

_에츠허르 데이크스트라Edsger Dijkstra

이 장에서는 클로스 토폴로지의 실제 배치 세부 사항을 알아본다. 링크 상태 라우팅이 OSPF에서 어떻게 동작하는지 살펴볼 것이며 클로스 토폴로지에서 사용할 OSPF 라우팅 프로토콜 구성을 살펴볼 것이다. OSPF를 선택한 이유는 데이터 센터 내에서는 오래되었지만 좋은 설계인 IS-IS보다 널리 사용되기 때문이다. 하지만 이 두 프로토콜은 동일하게 네덜란드 컴퓨터 과학자인 에츠허르 데이크스트라가 발명한 최단 경로 알고리즘을 이용해서 라우팅 테이블을 생성한다. 이 장 서두에서 인용한 데이크스트라의 말처럼 최단 경로 알고리즘은 간단하고 우아해서 그의 명성을 떨치게 해줬다.

이 장의 목표는 네트워크 엔지니어가 네트워크를 위한 이상적인 OSPF 구성을 결정하는 것을 돕는 것이다. 이 장에서는 다음 질문에 대한 답을 얻을 수 있다.

- 데이터 센터에서 OSPF가 유용한 경우는 언제인가?
- OSPF 구성을 위한 주요 디자인 원칙은 무엇인가?
- OSPFv2와 OSPFv3의 차이점은 무엇이고 어떻게 사용해야 하는가?
- 현재 라우팅 스택에서 OSPF를 어떻게 구성할 수 있는가?

- 예를 들어 컨테이너를 위한 라우팅 환경을 제공하기 위해 OSPF를 어떻게 서버에서 구성할 수 있는가?
- OSPF를 이용해서 어떻게 라우터 소프트웨어를 업그레이드할 수 있을까?

해결해야 할 문제를 설명하면서 시작한다. 이러한 문제를 해결해줄 OSPF 개념에 대입시키고 마지막으로 실제 배치에 대해 다룬다. OSPF에 대해 이미 잘 알고 있다면 OSPF 개념에 대한 내용은 건너뛰어도 된다. OSPF의 내부 구현에 대해 굉장히 자세하게 설명하는 책도 있다. 이 장에서는 다루고자 하는 문제와 관련이 있는 개념만 소개하고 프로토콜에 대해서는 간략히 설명한다. 12장에 설명한 대로 새로운 네트워크 디자인의 기초는 가능한 한 단순해야 한다. 또한 클로스 토폴로지가 정규 토폴로지이므로 OSPF의 굉장히 복잡한 부분은 알 필요가 없다. 예를 들어 클로스 토폴로지에서 사용하지 않는 OSPF의 가상 링크나 지정 라우터 선출^{designated router} ^{election}에 대해서는 설명하지 않는다.

이 장에서 사용하는 예제들은 오픈 소스 라우팅 제품군인 FRR을 사용했다. 특별한 이유는 없다. 단지 필자에게 익숙해서다. 또한 클라우드 네이티브 디자인 정신을 따라 오픈 소스 라우팅 제품군인 FRR을 사용했다. 동일한 구성이 시스코나 아리스타 박스에서 어떻게 되는지도 설명한다.

13.1 왜 OSPF인가

BGP가 데이터 센터 내에서 사용되는 가장 유명한 라우팅 프로토콜이다. 그렇다면 왜 OSPF를 고려해야 하는가? 어떤 경우에 OSPF가 적합한가?

사실 OSPF는 엔터프라이즈 네트워크 관리자들에게는 라우팅 프로토콜로 사용하는 것에 더 익숙한 프로토콜이다. 그 이유는 관리자들은 BGP가 아주 복잡할 것이라는 미신(비록 핵심적인 면에서는 개인적으로 BGP가 OSPF보다 단순하다고 생각한다)에 빠져 있었고, 프로토콜을 다루는 사용자는 대부분 백본이나 엔터프라이즈 네트워크의 WAN 쪽을 담당하는 관리자여서 그렇다. OSPF는 내부 게이트웨이 프로토콜^{interior gateway protocol, IGP}이라고 부르는 프로토콜군에 속해 있다. 이 글을 쓰는 시점에 OSPF가 가장 유명한 IGP다. OSPF가 더 익숙하기 때문에 BGP보다 OSPF를 더 많이 선택한다.

또한 OSPF는 BGP 대신 EVPN과 같은 네트워크 가상화 솔루션에서 언더레이 네트워크 구축을 위해 사용되기도 한다. FRR을 제외하고는 단일 BGP 세션을 가지고 깔끔하고 효율적으로 오버레이와 언더레이 네트워크를 지원하는 사유 라우팅 스택이나 오픈 소스 라우팅 스택은 거의 없다. 서비스 제공자의 전통적인 모델에서 IGP는 언더레이 네트워크를 구성하기 위해 사용되고 BGP는 오버레이 네트워크를 구성하기 위해 사용된다. 네트워크 관리자들이 이러한 모델이 더 익숙해서 OSPF을 종종 선택한다. 이 경우에는 OSPFv3 대신 OSPFv2를 사용한다. 대부분의 VXLAN 네트워크가 IPv4 언더레이 네트워크를 독점적으로 사용하기 때문이다.

네트워크 규모가 증가하거나 또는 광고해야 할 주소 접두사 수가 증가하면 BGP가 반드시 선택해야 할 라우팅 프로토콜이 된다. 만약 광고할 접두사가 32,000개 이하면 OSPF가 라우팅 프로토콜로 괜찮은 선택이다. 필자도 OSPF를 실제로 큰 데이터 센터에서 사용하고 있는 것을 알고 있지만 그때는 광고할 접두사가 위에서 설명한 수준으로 제한된다.

5장에서 살펴본 대로 OSPF에서 IPv4(OSPFv2 또는 OSPF)와 IPv6(OSPFv3)는 별도의 프로토콜로 동작한다. 만약 네트워크가 IPv4만 사용한다면 OSPF는 적합한 프로토콜이다. IPv6를 추가하고자 하면 가장 일반적인 형태는 네트워크를 관리하기 위한 프로토콜로 OSPFv2와 OSPFv3를 모두 사용해야 한다. 만약 사용 중인 네트워크 공급 업체가 OSPFv3에서만 다중 프로토콜을 지원한다면 OSPFv2와 OSPFv3를 동시에 사용하기보다는 OSPFv3와 다중 프로토콜 지원을 사용하길 권장한다. 이렇게 하면 네트워크 구성, 문제 해결, 네트워크 이해를 단일화할 수 있기 때문이다.

13.2 해결해야 할 문제

[그림 13-1]은 예제로 사용할 기본 클로스 네트워크 아키텍처 두 가지를 묘사한다.

5장에서 설명한 대로 링크 상태 라우팅 프로토콜을 사용한다면 라우팅 도메인에 있는 모든 라우터는 동일 도메인에 속한 모든 다른 라우터의 로컬 링크 상태 정보를 알게 된다. 모든 목적지에 대한 경로는 링크 상태 정보를 이용해서 계산된다. 라우터는 로컬 링크 상태 정보를 정확하게 알고 있으므로 해당 정보로 포워딩 경로를 계산하면 링크 또는 노드 장애 발생 시 네트워크가 빠르게 안정 상태로 수렴할 수 있게 해준다.

그림 13-1 OSPF 구성을 사용하는 클로스 토폴로지

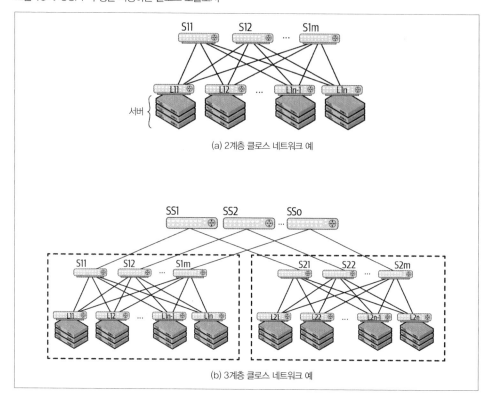

(a) 2계층 클로스 네트워크 예

(b) 3계층 클로스 네트워크 예

이 장에서 OSPF를 [그림 13-1]의 토폴로지에서 라우팅 활성화를 위해 사용한다. 여기서 해결해야 할 문제를 다음과 같이 나눌 수 있다.

- IPv4를 위한 OSPF 구성
- IPv6를 위한 OSPF 구성
- 서버에서의 OSPF 구성
- VRF를 사용하는 OSPF 구성

13.2.1 링크 상태 플러딩 도메인 결정

라우터는 설정된 이웃하고만 통신한다. 예를 들어 [그림 13-1 (a)]에서 L1은 스파인 라우터 S1부터 Sm까지만 정보를 교환한다. 네트워크 내의 모든 라우터가 다른 모든 라우터의 로컬 정보를 알고 있는 것을 보장하기 위해 라우터는 반드시 다른 이웃으로부터 전달받은 정보를 다른 모든 이웃에 전파해야 한다. 따라서 S1은 L1의 정보를 수정 없이 모든 이웃인 L2에서 Ln까지 전

파한다. 한 라우터로부터 전달받은 무수정 라우팅 정보를 다른 아웃에 전달하는 과정을 OSPF 용어로 **플러딩**^{flooding}이라고 한다.

규모가 큰 네트워크에서 네트워크 내 모든 라우터의 링크 상태를 저장하는 것은 모든 노드의 메모리를 많이 소모하게 된다. 따라서 모든 링크 상태 프로토콜은 무수정 정보가 전달되는 범위를 작은 세그먼트나 그룹으로 나눈 라우팅 도메인으로 제한한다. OSPF는 이런 작은 세그먼트를 **에어리어**^{area}라는 용어로 표현한다. 플러딩의 범위는 연속된 에어리어 내로 제한된다. 모든 라우터 인터페이스에는 에어리어가 할당된다. 다른 라우터 인터페이스들은 다른 에어리어에 할당될 수 있다.

OSPF는 두 단계 또는 계층 구조를 지원한다. **백본 에어리어**^{backbone area}는 라우팅 계층의 가장 상위 단계이며 기본 에어리어다. 모든 OSPF 라우팅 도메인은 당연히 그리고 반드시 백본 에어리어가 있어야 한다. 계층 구조의 두 번째 단계를 **비백본 에어리어**^{nonbackbone area}라고 한다. 비백본 에어리어는 여러 개 존재할 수 있지만 백본 에어리어는 유일하다. 다중 비백본 에어리어는 백본 에어리어를 통해 서로 연결된다. 백본 에어리어는 나눠질 수 없다. 즉, 하나의 연속된 세그먼트여야 한다. 다른 말로 OSPF는 백본 에어리어의 한쪽에서 다른 한쪽으로 흐르는 트래픽이 비백본 에어리어를 거쳐 가는 경우에는 동작하지 않는다.[1]

에어리어는 32비트 숫자로 식별되는데 0 또는 1의 한 자리 문자로 쓰거나 0.0.0.1과 같이 IPv4의 점으로 구분된 십진수 문자열로 나타낼 수 있다. 백본 에어리어의 식별자는 0 또는 0.0.0.0이다.

예제 네트워크에서 첫 번째 질문은 [그림 13-1]의 토폴로지에 OSPF 에어리어를 어떻게 매핑하는가다. [그림 13-1(a)]의 매핑은 단순하다. OSPF가 라우터 간에만 동작하므로 모든 라우터 간 링크는 백본 에어리어다. [그림 13-1(b)]에서 가능한 선택지는 전체 네트워크를 단일 에어리어로 하느냐 또는 각 파드별로 에어리어를 만들어서 파드 간 연결, 즉 스파인 라우터와 슈퍼 스파인 라우터 간의 연결을 백본 에어리어로 하느냐다. 후자의 경우 백본 에어리어는 스파인 라우터와 슈퍼 스파인 라우터를 담당하고 개별 파드는 비백본 에어리어에 속한다.

13.2.2 넘버드와 언넘버드 OSPF

가장 일반적인 OSPFv2 배포 모델에서는 OSPF 링크 양 끝의 인터페이스는 넘버드 인터페이스로 가정한다. 예를 들면 링크의 양 끝에는 유효한 IP 주소가 할당되어 있다. 일반적으로 이 주소

---

1 가상 링크가 발명된 이유다.

는 IPv4의 경우 /30 또는 /31 서브넷에서 할당한다. 단일 링크의 양 끝끼리만 주소가 공유 되므로 IPv4 주소의 낭비를 막기 위해 /31을 사용할 것을 권장한다. 상용 스위칭 실리콘이 작은 라우팅 테이블만 지원했던 네트워크 분리 초창기에는 선구적인 네트워크 운영자들은 링크 양 끝의 인터페이스만을 위한 경로를 광고하지 않도록 했다. IPv6에서 링크 로컬 주소(fe80으로 시작하는 주소)가 특별히 이런 사례를 다루기 위해 도입되었다.

5장에서 살펴본 대로 언넘버드 인터페이스는 작은 라우팅 테이블을 생성하여 보다 작은 보안 공격 범위가 되며 노드나 링크가 업 또는 다운될 경우 라우팅 테이블의 변화가 덜하다. 더욱이 10장에서 설명한 대로 인터페이스에 자동으로 IP 주소를 할당하는 것은 프로그래밍의 도움 없이는 굉장히 고통스러운 일이다. 그러므로 인터페이스 IP 주소의 사용을 피하는 것이 좋다.

OSPFv2는 초기부터 **언넘버드 인터페이스** unnumbered interface 를 지원했다. 만약 인터페이스가 /32 주소를 가지고 있다면 이를 언넘버드 인터페이스로 취급했다. 일반적으로 /32 주소는 루프백 인터페이스 주소다. 이 주소를 이웃에 전파하기 위해서는 루프백 인터페이스(또는 다운되지 않는 리눅스의 마스터 VRF 인터페이스와 같은 다른 인터페이스)에 /32 주소를 할당해야 한다. 따라서 OSPFv2에서 언넘버드를 사용하려면 OSPF를 구동할 모든 링크에 루프백 IP 주소를 부여해야 한다. 다른 쪽과 독립적으로 사용하는 단일 주소는 네트워크 자동화를 굉장히 단순화시킨다.

안타깝게도 FRR 외 다른 대부분의 네트워크 라우팅 스택은 언넘버드 OSPFv2를 지원하지 않는다. 전통적인 라우팅 스택에서 매우 유용하고 단순한 기능에 대한 지원 누락은 하이퍼스케일러 네트워크 운영자가 왜 네트워크를 관리하기 어려운 것이라고 생각하는지 보여주는 예다.

13.2.3 IPv6 지원

앞서 언급한 것처럼 IPv6 지원을 위해서는 OSPF의 전면적인 개편이 필요했고 그 결과로 OSPFv3라고 불리는 새로운 프로토콜이 탄생했다. 그로 인해 대부분의 라우팅 스택은 두 가지 별개의 OSPF 구현체를 가지게 되었다. 즉, 원래 OSPFv2를 지원하던 구현체와 OSPFv3를 지원하는 새로운 구현체가 생겼다. 무엇보다 OSPF에서 IPv4와 IPv6를 동시에 지원하는 구현체는 아주 적었다. 시스코 NX-OS와 주니퍼가 먼저 이를 지원했고 이후 아리스타가 4.17.0F 릴리즈부터 지원하기 시작했다. FRR은 OSPFv3에서 다중 주소 패밀리를 지원하지 않는다. 오픈 소스 라우팅 제품군인 BIRD[2]가 OSPFv3에서 다중 주소 패밀리를 지원할 뿐만 아니라

---

2 https://bird.network.cz

OSPFv2와 v3를 단일 코드 기반에서 지원한다.

이 장에서는 FRR이 예제 구성을 위한 기본 라우팅 제품군이므로 IPv6 지원은 다중 프로토콜 모델을 사용한다. 또한 시스코의 NX-OS에서 동일한 구성법을 예제와 함께 보여준다.

13.2.4 VRF 지원

OSPFv2와 v3는 VRF를 지원을 지원하는데 특별히 VRF별로 분리된 프로토콜 인스턴스를 구동할 수 있다. FRR은 7.0 릴리즈[3]부터 OSPFv2만 VRF를 지원한다. OSPF에서 VRF를 사용하는 것은 그리 일반적이 않다. VRF 사용은 EVPN으로 언더레이 네트워크를 구축할 때 사용되며 언더레이는 디폴트 VRF에서 동작한다.

13.2.5 OSPF를 서버에서 구동하기 위한 요구 사항

일부 네트워크 운영자들은 엔드포인트부터 순수하게 라우팅되는 네트워크를 운영하고 싶어 한다. 예를 들어 운영자가 쿠버네티스를 배포하고 보다 단순함을 위해 개별 컨테이너 또는 파드 주소를 쿠버네티스 서비스 주소와 같이 호스트에서 라우팅 프로토콜로 광고하려고 한다. 이런 운영자들은 서버에서 여러 스위치 간의 연결을 본딩과 같은 L2 솔루션이 아닌 ECMP로 한다.

필자가 만났던 대부분의 운영자는 이러한 경우에 BGP를 사용한다. 라우팅을 다루는 쿠버네티스 네트워크 모듈인 큐브 라우터도 BGP를 사용한다. 하지만 OSPF를 사용하는 운영자들도 만났었다. OSPF를 서버에서 사용하는 것은 다음과 같은 추가 질문이 나온다.

계층 구조에서 서버가 다른 계층을 추가할 때 어떻게 에어리어를 정의할 것인가?

[그림 13-1(a)]의 2계층 클로스 토폴로지에서 OSPF를 구동하는 서버들은 모두 비백본 에어리어에 할당된다. 3계층 클로스 토폴로지에서 서버는 비백본 에어리어에 할당되고, 리프부터 슈퍼 스파인까지의 모든 라우터는 백본 에어리어에 할당된다. FRR의 경우 다중 인스턴스 OSPF를 사용해서 파드 스파인 라우터에서 두 가지 개별 OSPF 인스턴스를 사용할 수 있다. 하나의 인스턴스(FRR의 경우는 분리된 OSPF 프로세스)기 서버, 리프, 스파인을 연결하기 위해 사용된다. 다른 하나의 인스턴스는 스파인과 슈퍼 스파인을 연결한다. 한 OSPF 인스턴스로부터 학습한 경로를 다른 인스턴스에 재배포할 수 있다.

---

3 FRR에서 VRF 지원과 다중 인스턴스 OSPFv2 지원은 서로 다르다.

링크 상태 프로토콜의 수다스러움으로부터 서버를 어떻게 보호할 것인가?

링크 상태 프로토콜은 에어리어 내의 모든 라우터 로컬 상태 정보에서 네트워크 변화를 갱신하기 위한 노력이 꽤 수다스럽다. 외부로 나가는 길이 단 하나인 서버에서는 이런 모든 갱신을 아주 조금만 알아도 된다. OSPF는 비백본 에어리어를 **완전 스텁 에어리어**^{totally stubby area}로 정의해 에어리어 내의 라우터가 나머지 네트워크 변화로 전달되는 정보가 흘러들어오는 것을 막아준다. 서버를 비백본 에어리어에 위치시키면 네트워크의 다른 부분의 변동 사항을 굳이 몰라도 된다. 또한 서버가 큰 라우팅 테이블을 유지하거나 OSPF를 실행하기 위해 필요한 오버헤드가 없어진다. 이런 구성 방법은 이 장 후반부에 다룬다.

13.3 OSPF 경로 유형

이 절에서는 OSPF의 세부 사항을 알아본다. 이를 통해 OSPF가 어떻게 네트워크를 구축하는지 이해할 수 있으며 이러한 구축이 [그림13-1]의 클로스 토폴로지에서 함의하는 바가 무엇인지 알게 된다. [그림 13-2]는 OSPF가 네트워크를 구축하는 방법을 보여준다.

그림 13-2 OSPF 개념을 설명하는 토폴로지 예

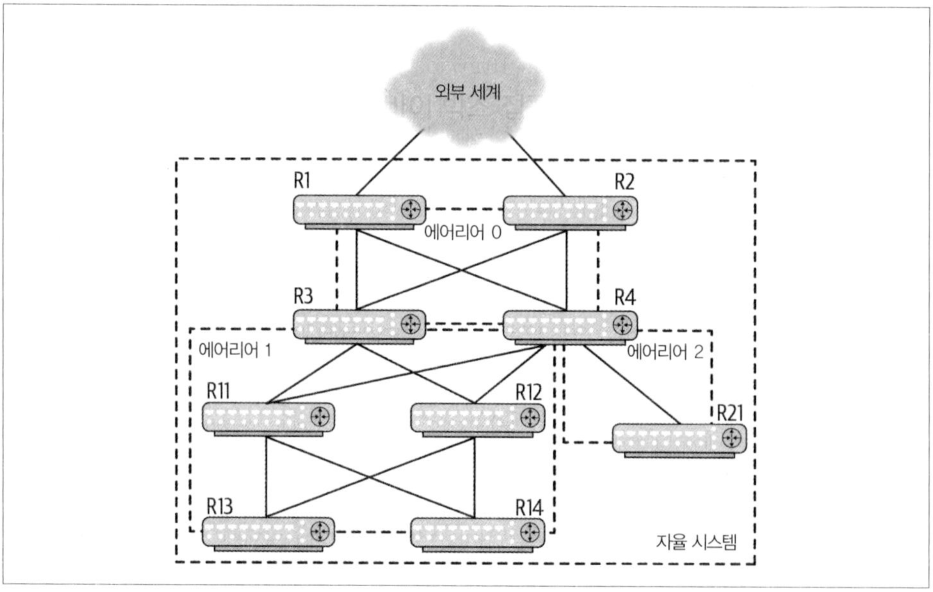

라우팅 네트워크에서 **자율 시스템**^{autonomous system, AS}은 자율적으로 관리되는 네트워크의 집합을 나타낸다. 예를 들어 단일 조직의 엔터프라이즈 네트워크를 AS로 간주한다. [그림 13-2]에서는 큰 점선 상자 내의 네트워크가 바로 AS다.

앞서 정의한 대로 OSPF에서 라우터의 각 인터페이스는 서로 다른 에어리어에 속할 수 있다. [그림 13-2]의 AS 백본 에어리어는 최상단 직사각형 상자 내 라우터 R1에서 R4의 인터페이스로 이뤄져 있다. 에어리어 1은 R3와 R4가 연결되는 라우터 R11부터 R14까지로 라우터 4대로 이뤄진다. 에어리어 2는 R4와 연결되는 R21만으로 구성된다.

R1와 R2는 [그림 13-2]에서 구름으로 표현한 외부 세계와 연결된다. 현실에서 R1은 R2보다 외부 세계 내의 어떤 목적지에 더 가까울 수 있다. 마찬가지로 R2는 R1보다 또 다른 외부 목적지에 더 가까울 수 있다. 그래서 바람직하게는 R3(그리고 R4)는 트래픽을 R1에 가까운 것은 R1으로 보내고 R2에 가까운 것은 R2에 보낼 수 있다.

이러한 네트워크에서 종종 R1과 R2는 다중 라우팅 프로토콜을 실행할 수 있다. R1과 R2는 AS 내의 라우터인 R3와 R4로 향하는 트래픽은 OSPF로 실행한다. R1과 R2는 또한 일반적으로 BGP로 AS 외부의 라우터와 통신한다. 두 프로토콜을 사용하면 R1과 R2는 외부 세계와 내부를 원활하게 이을 수 있다. BGP를 통해 외부 세계의 목적지를 학습하고 이 목적지를 자신의 AS 내에 광고한다. OSPF를 통해 AS 내부 목적지를 학습하고 외부 목적지를 내부 네트워크에 알려준다.

규모가 작은 네트워크에서 R1과 R2는 외부 세계 내의 다음 홉 라우터를 가리키는 디폴트 경로를 정적으로 구성할 수 있다. 외부 라우터는 모든 내부 네트워크를 아우르는 단일 서브넷(또는 아주 적은 서브넷들)을 정적으로 구성할 수 있다. 이런 경우 라우터는 정적으로 구성된 디폴트 경로를 여전히 OSPF 내에서 광고해야 한다. 따라서 라우팅 프로토콜은 OSPF가 생성한 경로 외에도 다른 경로(정적으로 프로그래밍된 또는 BGP를 통해 생성된 경로)를 광고할 수 있어야 한다.

어느 한 프로토콜로 학습한 경로를 다른 프로토콜로 광고하는 것을 **재분배 경로**^{redistributing route}라고 한다. 재분배 경로는 정적으로(관리적으로) 학습된 경로에도 마찬가지로 적용된다. OSPF에서는 재분배 경로를 OSPF 외부에서 학습했다고 해서 **외부 경로**^{external route}라고 한다. 이와 반대로 AS 내 에어리어 안에서 라우터 간에 학습한 경로는 OSPF를 통해 학습했기 때문에 **내부 경로**^{internal route}라고 한다. OSPF에서는 R1과 R2를 자율 시스템 경계 라우터^{autonomous system border}

router, ASBR라고 한다. AS와 외부 세계의 경계에 있는 라우터이기 때문이다. OSPF는 이런 개념을 일반화해서 외부 경로를 광고하는 모든 라우터를 ASBR이라고 한다. 만약 R13이 정적 경로 또는 연결된 경로를 재분배하면 R13은 동일한 AS 내에 존재하더라도 ASBR이 된다.

R1과 R2에서 OSPF를 통해 학습한 경로는 외부 세계로 광고되는데, 이를 통해 외부 세계는 이 네트워크와 통신하는 방법을 알게 된다. 이러한 광고는 일반적으로 내부 네트워크의 세부 사항을 숨긴 채 **요약 경로**만 광고한다. 예를 들어 내부 네트워크가 /24 서브넷으로 구성되어 있고 /25 서브넷 두 개로 나눠서 에어리어 1과 2에 할당했다면 R1과 R2는 개별 /25 서브넷을 광고하는 것이 아니라 /24 서브넷만 광고한다.

R3와 R4는 둘 이상의 에어리어와 링크가 있다. 이 라우터들은 백본 에어리어와 연결되고(R1과 R2의 각 링크를 통해) 비백본 에어리어 1에 연결된다(R11과 R12의 각 링크를 통해). 추가적으로 R4는 비백본 에어리어 2와 연결된다(R21의 링크를 통해). OSPF는 R3와 R4를 에어리어 경계 라우터area border router, ABR라고 부른다. 에어리어 1 내의 라우터들은 다른 라우터의 경로를 에어리어 1 내의 일반 OSPF 플러딩을 통해 학습한다. 또한 R21의 경로와 잠재적으로 R3와 R4를 통해 외부 경로에 대해 학습한다. 에어리어 내에서 학습한 경로를 **에어리어 내 경로**intra-area route라고 하는 반면 ABR을 통해 학습한 경로를 **에어리어 간 경로**inter-area route라고 한다. ABR을 통해 학습한 외부 경로는 여전히 외부 경로라 한다. 경로 계산 시 OSPF 알고리즘은 에어리어 내 경로를 에어리어 간 경로보다 우선하며 두 가지 경로 모두 외부 경로보다 우선된다. 클로스 네트워크의 경우에는 두 에어리어가 연결되어 있지 않기 때문에 에어리어 내 경로를 에어리어 간 경로보다 선호하는 것은 관계가 없다. 예를 들어 [그림 13-2]에서 에어리어 간 경로는 R3와 R4를 통과해야 한다.

13.3.1 스텁의 메시성

에어리어 간 경로와 외부 경로는 OSPF 라우터가 저장하고 처리해야 할 추가 정보다. 이전에는 많은 라우터가 메모리가 부족하고 CPU 성능이 떨어져서 그리 많은 정보를 처리하지 못했다. 하지만 이런 저성능 라우터는 여전히 지점branch office 네트워크에 사용된다. 거기서는 지점 내 경로와 그 외의 경로 밖에 다루지 않으며 그 어떤 외부 네트워크 정보도 처리하지 않는다. 저성능 라우터는 지점 네트워크 외부로 나갈 수 있는 간단한 디폴트 경로만 있으면 된다. 서버 역시 지점 라우터와 동일한 수준의 저사양 서버면 내부 네트워크 외의 모든 경로를 디폴트 경로로 처리하는 것에 큰 무리는 없을 것이다.

OSPF는 이러한 조건들을 다루기 위해 비백본 에어리어를 여러 유형으로 정의한다. ABR이 전파하는 에어리어 외부로 나가는 경로가 단순히 디폴트 경로이면 이 에어리어를 **완전 스텁 에어리어**라고 부른다. 경로 연산을 간단하게 유지하기 위해 디폴트 경로는 에어리어 간 경로로 광고된다. OSPF는 완전 스텁 에어리어에서 모든 외부 경로 광고가 복잡한 규칙을 갖는 것을 막는다. 즉, redistribute 명령어로 완전 스텁 에어리어 내 라우터의 경로를 재분배할 수 없다.

많은 경우에 재분배가 제한되는 것이 매우 한정적이고 문제가 많아서 시스코가 새로운 종류의 스텁 에어리어인 **스텁에 가까운 에어리어**not-so-stubby area, NSSA를 제안했다. OSPFv2의 유연하지 않은 LSA 구조가 이 단순한 조작을 ABR에서 혼란스럽게 한다. 스텁 에어리어의 ASBR은 LSA 유형 7번[4]으로 외부 경로를 광고한다. 스텁 에어리어의 ABR은 다른 모든 사람이 다룰 수 있게 유형 7번의 경로를 잘 알려진 유형 5번[5]의 경로로 변환한다.

이 모든 결과로 OSPF를 서버에서 구동하는 네트워크 운영자는 서버를 완전 스텁 에어리어에 위치시키고 경로 재분배를 하지 않는다. 대신 에어리어를 NSSA로 할 수도 있지만 NSSA는 문제 발생 시 불필요한 복잡성을 야기한다.

13.4 OSPF 타이머

다른 프로토콜과 마찬가지로 OSPF도 수렴성과 OSPF 기능의 다양한 특성에 영향을 주는 타이머가 있다. 좋은 라우팅 스택은 주어진 환경에 딱 들어맞는 기본값을 제공해서 이러한 타이머를 설정하는 것을 신경 쓰지 않게 해야 한다. 예를 들어 FRR은 배포된 다양한 환경에 맞춰 기본값을 설정한다. 이런 환경 중 하나가 바로 데이터 센터다. 그럼에도 불구하고 OSPF가 사용하는 다양한 타이머와 그 값들이 어떻게 결정하는지 이해하는 것 역시 필요하다.

헬로 간격hello interval

OSPF의 킵얼라이브 타이머로 OSPF가 얼마나 자주 이웃에게 패킷을 전송해서 자신이 살아 있음을 알리는지 결정한다. 보통 10초로 설정한다. 만약 단방향 케이블과 같이 장애에 취약한 케이블이 있는 경우 타이머가 OSPF 피어링을 끊고 네트워크가 이 경로를 우회할 수

---

4 옮긴이_ NSSA LSA, https://datatracker.ietf.org/doc/html/rfc1587#section-3.3
5 옮긴이_ AS-외부-LSAAS-external-LSA, https://datatracker.ietf.org/doc/html/rfc2328#page-117

있도록 한다. 타이머의 또 다른 이유는 OSPF 프로세스가 살아 있음을 보장하기 위해서다.

타이머값을 낮게 설정하면 OSPF 프로세스가 킵얼라이브 패킷을 모든 피어에 굉장히 자주 보내서 CPU 부하를 더하게 된다. 기본적으로 관리자가 양방향 포워딩 감지를 사용해서 결함 있는 케이블을 탐지하므로 헬로 타이머에서 낮은 타이머값을 사용하는 유일한 이유는 오동작 프로세스를 알아내기 위해서다. 올바른 라우팅 스택을 사용한다면 이 값을 디폴트로 놔두는 것이 제일 좋은 방법이다.

데드 간격 dead interval

피어가 데드 상태라는 것을 확정하기까지 기다리는 시간을 의미한다. 일반적으로 헬로 간격의 4배 시간으로 설정되어 있다. 즉, 네 번 연속으로 피어의 헬로 패킷이 유실된 경우에는 피어링을 끊는다. 타이머는 네 번 연속 헬로 간격 윈도우 이후에 피어를 데드 상태로 선언할 수 있도록 보장한다. 패킷 드롭으로 인해 또는 프로세스가 SPF 계산과 같은 작업을 수행 중이어서 한두 개의 헬로 패킷이 손실된 경우 피어는 라우터를 데드 상태로 선언하지 않는다. 디폴트값은 40초이며 헬로 간격과 마찬가지로 디폴트로 설정하는 것이 좋다. 헬로 간격을 변경했을 경우 예상하는 장애 비율을 유지하기 위해 데드 간격 타이머도 변경해야 한다.

재전송 간격 retransmit interval

링크 상태 정보를 포함하는 패킷 확인 acknowledgment 을 재전송하기 전에 기다리는 시간이다. LSA 패킷, 링크 상태 요청 link state request 패킷, 데이터베이스 기술 database description 패킷 등이 그 예다. 디폴트값은 5초다. 이 역시 디폴트값으로 하는 것이 제일 좋다. 저성능 라우터와 피어링을 맺었을 때 이 값을 증가시키면 프로세싱과 링크 상태 패킷의 확인이 더 오래 걸린다.

전송 지연 transmit delay

모든 OSPF LSA 패킷은 패킷 수명을 포함한다. LSA에는 최대 수명이 있어서 LSA의 수명이 이 최댓값을 초과하면 LSA는 삭제되고 경로는 재계산된다. LSA 수명을 정확하게 유지하기 위해 모든 OSPF 라우터는 프로세싱을 위해 설정된 양과 라우터의 전파 지연으로 LSA 수명을 증가시킨다. 이 설정된 양을 관장하는 것이 전송 지연 타이머다. 디폴트값은 1초며 그대로 사용할 것을 권장한다.

SPF 계산 타이머 SPF computation timer

OSPF는 네트워크 상태 변화를 학습한 후 경로 재연산을 시작하는 최적의 시간을 결정하기 위해 타이머를 사용한다. 경로 재계산은 특별히 규모가 큰 네트워크에서는 계산 집약적이 될 수 있다. 더욱이 OSPF가 처음 설계되었을 당시 라우터의 CPU는 오늘날과 비교해서 상대적으로 성능이 낮아서 OSPF 설계자는 재계산을 최적화하려 했다. 최적화는 변화를 학습하고 난 후 굉장히 오래 기다리는 것(라우터가 업되거나 다운되었을 때)과 변경 사항이 구축되기까지 충분히 기다리지 않는 것 사이의 균형을 잡아야 한다. 전통적인 라우팅 스택은 최초 변경 사항을 수신하고 경로를 계산하기까지 200밀리초(**SPF 지연 타이머**^{SPF delay} ^{timer}) 동안 기다린다. 후속 실행은 최대 10초까지 재계산을 보류(**최대 SPF 보류 타이머**^{max} ^{SPF hold timer})할 수 있고 변경 사항을 계속 수신하는 경우 1초씩 증가(보류 타이머^{hold timer})할 수 있다.

증분 SPF^{incremental SPF}라고 하는 새로운 알고리즘은 이제 전체 네트워크에 영향을 받은 경로만 재계산한다. 그래서 FRR은 디폴트값을 SFP 지연 타이머를 0으로 하고 최대 SPF 보류 타이머를 5초로 그리고 보류 타이머를 50밀리초로 설정했다. 빠른 CPU의 시대와 더불어 증분 SPF를 지원하기 위해 이렇게 타이머값들이 줄어드는 것이 맞다. 이 값들을 변경해야 할 확실한 이유가 없다면 그대로 두는 것을 추천한다.

피어링 이웃은 반드시 동일한 헬로 간격과 데드 간격 타이머를 설정해야 한다. 그렇지 않은 경우 OSPF는 타이머값이 다른 이웃 간의 피어링 관계 수립을 거부한다.

언급한 타이머 외에도 OSPF는 갱신이 존재할 경우 그 변화로 인해서 이웃이 압도당하지 않게 하기 위해 LSA를 얼마나 빨리 보낼 것인가를 제한하는 것과 같은 여러 타이머가 더 있다. 이러한 타이머값들은 그대로 둘 것을 추천한다.

OSPF 상태

[표 13-1]은 인터페이스에서 OSPF 라우팅 세션을 수립하려고 할 때의 OSPF 상태에 대한 간략한 설명이다. 점대점 인터페이스로 가정한다. 여기에 나열된 상태들은 18장에서 설명할 OSPF 피어링 세션이 제대로 맺어지지 않는 문제 해결에 유용하다.

표 13-1 OSPF 이웃 상태 및 의미

상태	의미
One-way	노드가 인터페이스에 헬로를 전송
Two-way	노드가 헬로를 인터페이스에서 전송하고 수신
ExStart	노드가 피어와 링크 상태 데이터베이스를 어떻게 교환할 것인지 협상 중
Exchange	두 피어가 서로의 링크 상태 데이터베이스를 동기화 중
Full	피어가 링크 상태 데이터베이스를 서로 완전히 동기화

13.5 OSPF 설정 해부

이 절에서는 도입부에서 설명한 다양한 시나리오의 OSPF 실제 구성에 대해 알아본다. 또한 구성 형식의 효과와 네트워크 자동화를 고려한 디자인 선택에 대해서도 살펴본다. 이 절에서 사용하는 OSPF 명령어는 다음과 같다.

- ospf router-id <router-id>와 ospf6 router-id <router-id>
- ip ospf area <area>와 interface <ifname> area <area>
- ip ospf network point-to-point와 ipv6 ospf6 network point-to-point
- area <area> stub no-summary
- area <area> range <prefix>
- max-metric과 stub-router
- passive-interface와 ipv6 ospf6 passive-interface
- network <prefix> area <area>
- redistribute connected

13.5.1 2계층 클로스 토폴로지에서 리프-스파인의 IPv4 구성

여기서는 OSPF 넘버드 구성을 작성하는 두 가지 방법을 알아본다. 이 과정을 통해 가장 일반적으로 많이 사용되는 넘버드 모델이 네트워크 자동화에 도움이 되지 않는다는 것이 확실해진다. 앤서블 스니펫과 함께 언넘버드 모델로 점진적으로 발전해서 구성을 자동화한다.

이 절에서 사용할 예제는 [그림 13-3]에 있는 네트워크 아키텍처다. 하지만 간결함을 위해 리프01과 스파인01에만 집중한다. 각 라우터의 IP 주소는 라우터 루프백 IP 주소다. 서버는 브리지 네트워크로 리프 라우터와 연결된다. 브리지의 서브넷은 [그림 13-1]에서 브리지 인터페이스 개별 IP 주소와 함께 표시한다. 대부분의 사람이 많은 IP 주소를 다루는 것에 익숙하지 않다는 것을 알기에 이러한 주소를 생성할 때 패턴을 따르려고 노력했다.

그림 13-3 OSPF 넘버드 인터페이스 설정 예

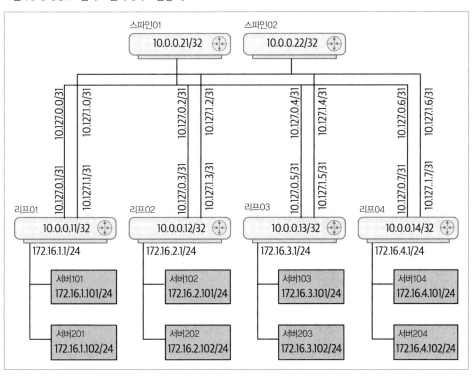

[예제 13-1]은 대부분의 사람이 OSPF를 구성하는 방식을 보여준다. 인터페이스의 IP 주소는 인터페이스에 할당된 에어리어와 함께 지정된다.

예제 13-1 일반적인 OSPF 구성 형식

```
! 스파인01 구성
!
interface lo
 ip address 10.0.0.21/32
```

```
!
interface swp1
  ip address 10.127.0.0/31
  ip ospf bfd      ❶
!
interface swp2
  ip address 10.127.0.2/31
  ip ospf bfd
!
interface swp3
  ip address 10.127.0.4/31
  ip ospf bfd
!
interface swp4
  ip address 10.127.0.6/31
  ip ospf bfd
!
router ospf
  ospf router-id 10.0.0.21
  network 10.127.0.0/31 area 0
  network 10.127.0.2/31 area 0
  network 10.127.0.4/31 area 0
  network 10.127.0.6/31 area 0
  redistribute connected
! Configuration for leaf01
!
interface lo
  ip address 10.0.0.11/32
!
interface swp1
  ip address 10.127.0.1/31
  ip ospf bfd
!
interface swp2
  ip address 10.127.1.1/31
  ip ospf bfd
!
! 다음 구문은 서버 서브넷을 의미한다.
!
interface vlan10
  ip address 172.16.0.1/24
!
router ospf
  ospf router-id 10.0.0.11
```

```
network 10.127.0.1/31 area 0
network 10.127.1.1/31 area 0
redistribute connected
```

❶ 특정 OSPF 피어에서 BFD (5.6절 참조) 사용을 활성화한다.

이 구성의 문제는 다음과 같다.

- 모든 노드 구성이 다르므로 자동화가 쉽지 않다. 스파인01의 구성은 다른 스파인과 다르게 보인다. 리프01 구성 역시 다른 모든 리프와 다르게 보인다.

- 이 구성에서는 오류가 쉽게 발생할 수 있다. 인터페이스의 사양과 network 문에서 IP 주소들이 중복해서 사용되고 있기 때문이다.

- 여러 라인에 걸친 상호 작용을 통해 오류가 발생할 수 있으므로 오류를 쉽게 발견(육안으로 확인 등)할 수 없다. 따라서 여러 정보를 확인할 필요가 있다.

- OSPF는 링크가 점대점 링크로 선언되어 있지 않으므로 경로를 교환하기 위해 추가 시간이 든다. 기본적으로 OSPF는 라우터 간 링크를 두 개 이상의 라우터가 링크에 존재하는 브리지 링크로 가정한다. 이로 인해 OSPF는 지정 라우터 선출이라고 하는 이 시나리오에는 불필요한 것을 실행하고 정보를 교환하기 위해 추가적인 시간을 소모한다.

- 연결된 경로 정보를 재분배하면 이미 network 문을 통해 정보를 교환했기 때문에 모든 인터페이스 IP 주소 정보가 중복된다. 만일 많은 VLAN이 라우팅된다면 redistribute connected를 사용하는 것이 많은 라인을 입력하는 것에서 쉽게 벗어나게 해준다. 하지만 이런 작업량 절감은 일부 경로 정보의 중복된 결과를 가져오며, 경로 계산 단계의 (아주 최소한이라도) 얼마의 시간을 더하게 된다.

정보를 수정하는 첫 번째 단계는 이전 구성을 [예제 13-2]에 표시된 것과 동일한 구성으로 바꾸는 것이다.

예제 13-2 명확한 넘버드 OSPF 구성

```
! 스파인01 구성
!
interface lo
  ip address 10.0.0.21/32
  ip ospf area 0
!
interface swp1
  ip address 10.127.0.0/31
  ip ospf network point-to-point
  ip ospf area 0
```

```
    ip ospf bfd
!
interface swp2
  ip address 10.127.0.2/31
  ip ospf network point-to-point
  ip ospf area 0
  ip ospf bfd
!
interface swp3
  ip address 10.127.0.4/31
  ip ospf network point-to-point
  ip ospf area 0
  ip ospf bfd
!
interface swp4
  ip address 10.127.0.6/31
  ip ospf network point-to-point
  ip ospf area 0
  ip ospf bfd
!
router ospf
  ospf router-id 10.0.0.21
  passive-interface lo
! Configuration for leaf01
!
interface lo
  ip address 10.0.0.11/32
  ip ospf area 0
!
interface swp1
  ip address 10.127.0.1/31
  ip ospf network point-to-point
  ip ospf area 0
  ip ospf bfd
!
interface swp2
  ip address 10.127.1.1/31
  ip ospf network point-to-point
  ip ospf area 0
  ip ospf bfd
!
! 다음 구문은 서버 서브넷을 의미한다.
!
interface vlan10
```

```
   ip address 172.16.0.1/24
   ip ospf area 0
!
router ospf
   ospf router-id 10.0.0.11
   passive-interface default
   no passive-interface swp1
   no passive-interface swp2
```

이전 버전에 비해 구성이 꽤 단순해진 것을 알 수 있다. 다음과 같은 부분이 달라졌다.

- network 문에서 인터페이스 주소 정보가 중복되지 않았다.
- OSPF 관점에서 인터페이스를 점대점으로 선언해서 불필요한 지정 라우터 계산을 회피하고 수렴 시간을 높였다.
- redistribute 문을 제거해서 중복된 정보가 분배되는 것을 제거했다. 외부 경로 역시 제거되었다. 이렇게 하면 OSPF가 경로 계산 로직에서 외부 경로를 다루는 방법 때문에 수렴 시간이 보다 감소하게 된다.
- 인터페이스 주소 정보를 어떻게든 특정할 방법이 필요하므로 라우팅된 VLAN 인터페이스routed VLAN interface를 OSPF에 자동으로 추가했다. passive-interface 문은 인터페이스에서 OSPF 피어를 맺지 않고 단지 이러한 인터페이스가 연결되어 있다는 것을 알려준다. 또한 설정을 지시하고 설정 파일의 크기를 유지할 수 있게 하는 두 가지 다른 유형을 보여준다. 리프01의 경우처럼 **패시브 인터페이스 모델**을 사용하는 라우팅된 VLAN 인터페이스(즉, 패시브 인터페이스)가 많은 경우 구성 파일이 더 작아진다. 스파인의 루프백 인터페이스만 패시브 인터페이스인 경우가 스파인01의 경우이며 작은 구성을 만든다. 한 유형만 사용하거나 모두 사용해도 무방하다.

위와 같은 개선에도 불구하고 이 구성은 쉽게 자동화를 할 수 없다. 모든 노드의 설정이 다르고 모든 라우터 간 링크inter-router link에 적절한 IP 주소가 할당되어야 하므로 구성이 실패한다. 앤서블과 같은 자동화 도구는 사용자를 위해 이러한 문제를 간단하게 만들 수 없다. 특별히 자동화의 문제는 링크의 양 끝단이 모두 동일한 서브넷에 속하는 것을 확인해야 한다는 것이다. 만약 네트워크 관리자가 파이썬이나 다른 언어로 코딩이 가능하면 이러한 작업을 단순화할 수 있다. 하지만 대부분의 네트워크 관리자는 스크립트 작성 능력 면에서 프로그래머가 아니다.

이제 언넘버드 OSPF를 사용해서 구성을 보다 간단하게 만들어보자. 각 인터페이스에 할당된 주소는 [그림 13-4]에 나와 있는 것처럼 라우터의 루프백 IP 주소와 동일하다. [예제 13-3]에 구성 스니펫을 나타냈다.

그림 13-4 OSPF 언넘버드 인터페이스 설정 예

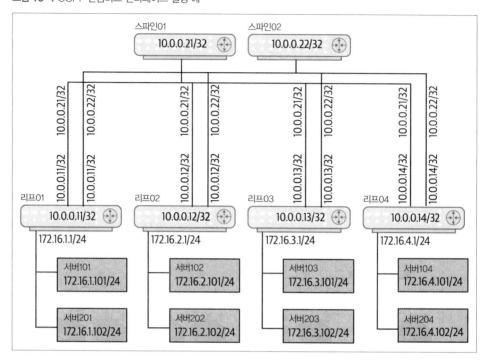

언뜻 보면 [그림 13-4]는 [그림 13-3]과 유사하다. 하지만 자세히 살펴보면 모든 라우터 간 링크에 단 하나의 주소가 사용되었고 이 주소가 루프백 주소와 동일하다는 것을 알 수 있다. 루프백 주소는 마찬가지로 라우터 ID다. 전체적으로 서버에 노출된 서브넷을 제외한 모든 항목에 대해 단일 주소만으로 충분하다. [예제 13-3]은 관련 구성을 보여준다.

예제 13-3 OSPF 언넘버드 구성

```
! 스파인01 구성
!
interface lo
  ip address 10.0.0.21/32
  ip ospf area 0
!
interface swp1
  ip address 10.0.0.21/32
  ip ospf network point-to-point
  ip ospf area 0
```

```
    ip ospf bfd
!
interface swp2
  ip address 10.0.0.21/32
  ip ospf network point-to-point
  ip ospf area 0
  ip ospf bfd
!
interface swp3
  ip address 10.0.0.21/32
  ip ospf network point-to-point
  ip ospf area 0
  ip ospf bfd
!
interface swp4
  ip address 10.0.0.21/32
  ip ospf network point-to-point
  ip ospf area 0
  ip ospf bfd
!
router ospf
  ospf router-id 10.0.0.21
  passive-interface lo
! Configuration for leaf01
!
interface lo
  ip address 10.0.0.11/32
  ip ospf area 0
!
interface swp1
  ip address 10.0.0.11/32
  ip ospf network point-to-point
  ip ospf area 0
  ip ospf bfd
!
interface swp2
  ip address 10.0.0.11/32
  ip ospf network point-to-point
  ip ospf area 0
  ip ospf bfd
!
! 다음 구문은 서버 서브넷을 의미한다.
!
interface vlan10
```

```
    ip address 172.16.0.1/24
    ip ospf area 0
!
router ospf
  ospf router-id 10.0.0.11
  passive-interface default
  no passive-interface swp1
  no passive-interface swp2
```

누락된 인스턴스 범위

슬프게도 대부분의 라우터 스택 구성은 글로브^{glob}나 인터페이스 범위를 지정하는 기능을 지원하지 않는다. 인터페이스 범위가 사용 가능하다면 리프 64개와 스파인 설정을 언넘버드 인터페이스를 사용해서 다음과 같이 할 수 있다.

```
! Configuration for spine01
interface lo
  ip address 10.0.0.11/32
interface swp[1-64]
  ip address 10.0.0.11/32
  ip ospf network point-to-point
  ip ospf area 0
  ip ospf bfd
router ospf
  ospf router-id 10.0.0.11
  passive-interface lo
```

이렇게 확실한 구성에서는 문제를 찾아내는 것이 쉽다. 실제로 필자가 발표할 때 이러한 설정에 일부러 오류를 심어두었는데 청중들은 즉각 이를 찾아냈다.

네트워크 자동화로 앤서블을 사용한다면 [예제 13-4]처럼 간단한 구성을 정의할 수 있다.

예제 13-4 앤서블을 이용한 스파인01 설정의 템플릿화

```
{# frr.j2 #}
interface lo
  ip address {{ loopback_ip }}                    ❶
{% for i in range({{isl_start}}, {{isl_end+1}}) %}  ❷
interface swp{{ i }}
  ip address {{ loopback_ip }}
```

```
    ip ospf network point-to-point
    ip ospf area 0
    ip ospf bfd
{% endfor %}
!
router ospf
    ospf router-id {{ loopback_ip }}
    passive-interface lo

hosts: spines
tasks:
    name: Generate config for router
    template:                        ❸
        src: frr.j2
        dest: /etc/frr/frr.conf
```

❶ loopback_ip는 스파인01의 host_vars 파일에 정의된 변수다.

❷ isl_start와 isl_end는 스파인의 group_vars 파일에 정의된 변수다.

❸ 템플릿 모듈은 템플릿을 확장해서 frr.conf 파일을 생성하고 스파인 노드의 dest 변수
에서 지정한 위치에 저장한다.

언넘버드 인터페이스 대신 넘버드 인터페이스를 사용할 때의 복잡성은 이미 10장에서 다뤘다.
만약 사용 중인 공급 업체의 라우팅 스택이 이를 지원하지 않을 때는 왜 지원하지 않는지 물어보
고 지원해줄 것을 요구하라. 적어도 데이터 센터 내에서는 이 방법으로 보다 신뢰성 있는 네트워
크를 구축할 수 있다.

13.5.2 2계층 클로스 토폴로지에서 리프-스파인의 IPv6 구성

IPv6는 기본 설계부터 올바르게 되었다. IPv6에서는 개별 인터페이스마다 IP 주소를 할당할
필요가 더 이상 없다. IPv6는 자동으로 링크 로컬 IPv6 주소를 만들어낸다. 다시 말해 IPv6에
서 기본 라우팅 모델은 언넘버드 인터페이스를 사용한다. 다른 라우팅 프로토콜 제품군 중에서
FRR은 OSPF의 IPv6를 위해 다른 구성 형태를 사용한다. 동일한 토폴로지의 경우 OSPFv3
구성은 [예제 13-5]와 같다.

```
! 스파인01 구성
!
interface lo
  ipv6 address 2001:10::21/128
  ipv6 ospf6 passive
!
interface swp1
  ipv6 ospf6 network point-to-point
  ipv6 ospf6 bfd
!
interface swp2
  ipv6 ospf6 network point-to-point
  ipv6 ospf6 bfd
!
interface swp3
  ipv6 ospf6 network point-to-point
  ipv6 ospf6 bfd
!
interface swp4
  ipv6 ospf6 network point-to-point
  ipv6 ospf6 bfd
!
router ospf6
  ospf6 router-id 10.0.0.21
  interface lo area 0
  interface swp1 area 0
  interface swp2 area 0
  interface swp3 area 0
  interface swp4 area 0
! Configuration for leaf01
!
interface lo
  ipv6 address 2001:10:0::11/128
  ipv6 ospf6 passive
!
interface swp1
  ipv6 ospf6 network point-to-point
  ipv6 ospf6 bfd
!
interface swp2
  ipv6 ospf6 network point-to-point
  ipv6 ospf6 bfd
```

```
!
! 다음 구문은 서버 서브넷을 의미한다.
!
interface vlan10
  ipv6 address 2001:172:16::1/24
  ipv6 ospf6 passive
!
router ospf6
  ospf6 router-id 10.0.0.11
  interface lo area 0
  interface swp1 area 0
  interface swp2 area 0
  interface vlan10 area 0
```

IPv4의 구성과 비교했을 때의 개선 사항은 자명하다. IP 주소가 라우터 간 링크 설정에서 완전히 사라졌다.

FRR의 라우팅 구성을 시스코의 NX-OS 구성과 비교해보자. 동일한 두 노드의 설정이 시스코 NX-OS에서는 다음과 같다.

```
! 스파인01 구성
!
interface loopback 1
 ipv6 address 2001:10::21/128
 ospfv3 passive-interface
 ipv6 ospfv3 201 area 0
!
interface ethernet 1/1
  ospfv3 network point-to-point
  ipv6 ospfv3 201 area 0
!
interface ethernet 1/2
  ospfv3 network point-to-point
  ipv6 ospfv3 201 area 0
!
interface ethernet 1/3
  ospfv3 network point to point
  ipv6 ospfv3 201 area 0
!
interface ethernet 1/4
  ospfv3 network point-to-point
```

```
    ipv6 ospfv3 201 area 0
  !
  router ospfv3 201
    router-id 10.0.0.21


  ! 리프01 구성
  !
  interface loopback 1
   ipv6 address 2001:10::11/128
   ipv6 ospfv3 201 area 0
   ospfv3 passive-interface
  !
  interface ethernet 1/1
    ospfv3 network point-to-point
    ipv6 ospfv3 201 area 0
  !
  interface ethernet 1/2
    ipv6 ospf6 network point-to-point
    ipv6 ospfv3 201 area 0
  !
  ! 다음 구문은 서버 서브넷을 의미한다.
  !
  interface vlan10
    ipv6 address 2001:172:16::1/24
    ospfv3 passive-interface
    ipv6 ospfv3 201 area 0
  !
  router ospfv3 201
    router-id 10.0.0.11
    log-adjacency-changes detail
```

13.5.3 OSPF를 실행하는 3계층 클로스 구성

3계층 클로스 네트워크를 OSPF로 구성하려 할 때는 앞서 설명한 것처럼 두 가지 가능한 경우
가 있다. 하나는 OSPF를 서버에서 실행하는 것이고 다른 하나는 그렇지 않은 경우다. 후자의
경우 각 파드는 개별 비백본 에어리어에 속해야 하고 각 파드의 스파인 스위치와 슈퍼-스파인
스위치 간의 링크가 백본인 에어리어 0이 되어야 한다. 모든 파드를 동일한 비백본 에어리어인
에어리어 1에 할당할 수 있다. OSPF를 서버에 구성하는 것을 설명하고 나서 경로 요약에 대해
살펴본다.

13.5.4 IPv4에서 OSPF를 실행하는 서버 구성

컨테이너를 사용할 때 일부 고객은 컨테이너의 IP 주소나 특정 컨테이너 브리지 IP 서브넷을 광고하기 위해 OSPF를 호스트에서 사용하기도 한다. 이런 경우는 앞서 살펴본 것과 같이 리프 라우터는 디폴트 경로만 서버에 광고하므로 서버를 완전 스텁 에어리어에 속한 것으로 취급한다. 리프01의 구성과 해당 스위치에 연결된 서버101을 살펴보자. 언넘버드 인터페이스 사용을 가정해서 고려할 수 있는 옵션들을 줄였다.

첫 번째 작업은 서버를 연결하는 것이다. 이 작업은 리프01의 서버 방향 포트를 라우팅 포트로 변경해야 한다. 지금까지의 예제에서는 서버 방향의 포트는 VLAN 포트, 즉 브리지 포트였다. 리프01과 서버들이 연결된 브리지를 사용하는 경우 OSPF는 브리지 세그먼트에 존재하는 모든 OSPF 라우터는 동일 브리지 세그먼트에 존재하는 모든 다른 라우터들과 피어를 맺게 된다. 예제 그림에서 리프01은 서버101 및 서버102와 OSPF 피어링 관계를 설정한다. 하지만 서버 101과 서버201도 서로 불필요한 OSPF 피어를 맺어서 서버에서 OSPF를 실행하는 데 복잡성과 오버헤드만 더하게 된다.

오버헤드에 대해 알아보기 위해 랙당 서버 40대가 있는 일반적인 배치를 생각해보자. 이러한 경우 리프01은 각 서버에 하나씩 40개의 OSPF 피어를 가진다. 40대의 서버 각각도 OSPF 피어를 사용한다. 따라서 모든 서버에는 40개의 OSPF 피어가 있다. 하나는 나머지 서버 39대고 다른 하나는 리프01이다. 이로써 피어링 세션이 총 1,600개가 되어 에어리어에서 많은 통신과 오버헤드가 가중된다. 무엇보다 나쁜 것은 갱신에 대한 정보는 지정 라우터인 리프01(항상 지정 라우터를 보장하기 위해 추가 설정이 필요하다)에서만 흐르기 때문에 수많은 피어링 세션은 전혀 필요하지 않다는 것이다.

대신 스위치(이 예제에서는 리프01)의 서버 방향 포트를 완전히 라우팅 포트로만 사용한다면 모든 서버는 연결된 리프 스위치하고만 피어를 맺고 모든 상황이 정상화된다. [그림 13-5]가 이 결과를 보여준다. 각 서버 내의 컨테이너들은 도커 브리지와 연결되어 있다. 이 도커 브리지는 서브넷 192.168.x.x의 IP 주소를 가지고 있다. 서버의 NIC은 서브넷 172.16.x.x에 속한다.

그림 13-5 서버에서 OSPF 실행 설정 예

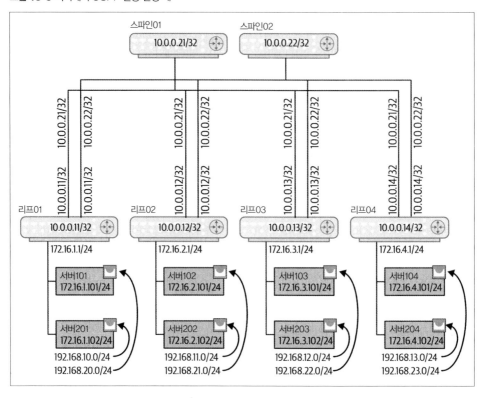

13.3.1절 '스팁의 메시성'에서 살펴본 것처럼 그다음 구성의 선택지는 바로 모든 서버를 서로 다른 완전 스팁 비백본 단일 에어리어에 위치시키는 것이다. docker0 브리지를 가정하면 리프01과 호스트 서버101 관점에서의 구성은 [예제 13-6]과 같다.

예제 13-6 리프01과 서버101의 OSPF 언넘버드 구성

```
! 리프01 구성
!
interface lo
 ip address 10.0.0.11/32
 ip ospf area 0
!
interface swp1
   ip address 10.0.0.11/32
   ip ospf network point-to-point
   ip ospf area 0
   ip ospf bfd
```

```
!
interface swp2
  ip address 10.0.0.11/32
  ip ospf network point-to-point
  ip ospf area 0
  ip ospf bfd
!
! 다음은 서버 연결이다.
!
interface swp3
  ip address 10.0.0.11/32
  ip ospf network point-to-point
  ip ospf area 1
  ip ospf bfd
!
interface swp4
  ip address 10.0.0.11/32
  ip ospf network point-to-point
  ip ospf area 1
  ip ospf bfd
!
router ospf
  ospf router-id 10.0.0.11
  passive-interface lo
  area 1 stub no-summary

! 서버01 구성
!
interface lo
 ip address 172.16.0.101/32
 ip ospf area 1
!
interface eth1
  ip address 172.16.0.101/32
  ip ospf network point-to-point
  ip ospf area 1
  ip ospf bfd
!
interface docker0
  ip ospf area 1
  ip ospf bfd
!
router ospf
  ospf router-id 172.16.0.101
  passive-interface lo
```

```
passive-interface docker0
area 1 stub no-summary
```

서버에서 OSPF를 실행하지 않는 버전과의 가장 큰 차이점은 당연히 서버에서 OSPF를 실행하면서 추가한 서버 방향 포트의 존재다. 추가 차이점은 area 1 stub no-summary 명령어로 에어리어 1을 완전 스텁 에어리어로 선언한 것이다. 중요하게 봐야 할 것은 완전 스텁 에어리어 선언은 서버와 리프에서 모두 필요하다는 것이다. 그렇게 하지 않으면 OSPF는 피어링을 맺을 수 없다. no-summary 키워드는 다른 에어리어의 요약 경로를 해당 지역 내에 전파하지 않고 단지 디폴트 경로만 전파한다는 의미다. 완전 스텁 에어리어는 ASBR이 될 수 없으므로 redistribute connected나 다른 어떤 재분배도 서버에서 할 수 없다.

이 구성에서는 디폴트 docker0 브리지의 IP 주소도 전파한다.[6] 도커가 서버에서 컨테이너의 패킷이 외부로 나갈 때 컨테이너의 IP 주소를 NAT하지 않는 것을 확인해야 한다. 이를 7.4.2절 내 박스 '도커에서 NAT 사용하지 않기'에서 설명했다.

이 구성을 실행하여 스파인01의 라우팅 테이블을 살펴보자.

```
vagrant@spine01:~$ ip ro
10.0.0.11 via 10.0.0.11 dev swp1  proto ospf  metric 20 onlink
10.0.0.12 via 10.0.0.12 dev swp2  proto ospf  metric 20 onlink
10.0.0.13 via 10.0.0.13 dev swp3  proto ospf  metric 20 onlink
10.0.0.14 via 10.0.0.14 dev swp4  proto ospf  metric 20 onlink
10.0.0.22  proto ospf  metric 20
        nexthop via 10.0.0.11 dev swp1 weight 1 onlink
        nexthop via 10.0.0.12 dev swp2 weight 1 onlink
        nexthop via 10.0.0.14 dev swp4 weight 1 onlink
        nexthop via 10.0.0.13 dev swp3 weight 1 onlink
172.16.1.101 via 10.0.0.11 dev swp1  proto ospf  metric 20 onlink
172.16.1.102 via 10.0.0.11 dev swp1  proto ospf  metric 20 onlink
172.16.2.101 via 10.0.0.12 dev swp2  proto ospf  metric 20 onlink
172.16.2.101 via 10.0.0.12 dev swp2  proto ospf  metric 20 onlink
172.16.2.102 via 10.0.0.12 dev swp2  proto ospf  metric 20 onlink
172.16.3.101 via 10.0.0.13 dev swp2  proto ospf  metric 20 onlink
172.16.3.102 via 10.0.0.13 dev swp2  proto ospf  metric 20 onlink
172.16.4.101 via 10.0.0.14 dev swp4  proto ospf  metric 20 onlink
172.16.4.102 via 10.0.0.14 dev swp4  proto ospf  metric 20 onlink
```

6 도커는 docker0 브리지의 IP주소를 /etc/docker/daemon.json 파일에서 할당한다.

서버에서 OSPF를 실행하지 않고 동일한 명령어를 실행한 다음 출력과 위 출력을 비교해보자.

```
vagrant@spine01:~$ ip ro
10.0.0.11 via 10.0.0.11 dev swp1  proto ospf  metric 20 onlink
10.0.0.12 via 10.0.0.12 dev swp2  proto ospf  metric 20 onlink
10.0.0.13 via 10.0.0.13 dev swp3  proto ospf  metric 20 onlink
10.0.0.14 via 10.0.0.14 dev swp4  proto ospf  metric 20 onlink
10.0.0.22  proto ospf  metric 20
        nexthop via 10.0.0.11  dev swp1 weight 1 onlink
        nexthop via 10.0.0.12  dev swp2 weight 1 onlink
        nexthop via 10.0.0.14  dev swp4 weight 1 onlink
        nexthop via 10.0.0.13  dev swp3 weight 1 onlink
172.16.1.0/24 via 10.0.0.11 dev swp1  proto ospf  metric 20 onlink
172.16.2.0/24 via 10.0.0.12 dev swp2  proto ospf  metric 20 onlink
172.16.3.0/24 via 10.0.0.13 dev swp2  proto ospf  metric 20 onlink
172.16.4.0/24 via 10.0.0.14 dev swp4  proto ospf  metric 20 onlink
```

후자의 출력에서 볼 수 있듯이 스파인은 각 서버로의 개별 경로가 아닌 요약 서브넷 경로를 보유한다. 요약 경로는 모든 노드가 개별 서버 IP 주소를 전달하는 것보다 확장성이 뛰어나다.

요약하자면, 여러분은 무엇을 해야 할까? 이 질문은 대규모 3계층 클로스 네트워크에도 동일하게 적용된다. 개별 파드가 다른 파드 내의 모든 경로를 알고 있어야 할까? 또는 디폴트 경로를 설정할 수 있을까? 이러한 경우에는 어디서 (경로를) 요약할 수 있을까? 이러한 문제를 다음 절에서 다룬다.

13.5.5 OSPF 경로 요약하기

서버의 경우에는 리프가 ABR이 된다. 따라서 리프에서는 서버가 OSPF를 실행하기 전에 가지고 있던 개별 서버 경로를 서브넷으로 다시 요약할 수 있다. 다음 명령어로 요약한다.

```
area <area> range <ip-summary-route> advertise
```

예를 들어 리프01에서는 다음과 같은 명령어를 사용한다.

```
area 1 range 172.16.1.0/24 advertise
```

3계층 클로스 토폴로지에서는 서버가 OSPF를 실행하지 않는 경우에 ABR이 될 수 있는 것은 파드 스파인 뿐이며 유일하게 경로 요약을 할 수 있는 곳이다. 만약 모든 파드에서 나가는 경로가 몇몇 서브넷으로 요약할 수 있다면 area 명령어를 사용해서 스파인에서 경로를 요약할 수 있다.

경로 요약을 할 때 중요하게 생각해야 하는 것은 5.5.2절 '클로스 네트워크의 경로 요약'에서 살펴본 것과 같이 장애시 동작이다. OSPF를 서버에서 실행하는 호스트가 스위치와 이중 연결되어 있고 두 스위치와 서버 사이의 링크 중 하나가 죽었을 때 경로 요약 문제가 리프에서 발생한다.

13.5.6 OSPF와 업그레이드

현재 트래픽이 흐르는 박스에서 트래픽에 영향 없이 업그레이드할 수 있다면 굉장히 유용하다. 기본적인 방법은 박스의 모든 트래픽을 드레이닝하고 업그레이드하는 것이다. LACP나 신장트리와 같은 L2 프로토콜과 달리 라우팅 프로토콜은 라우터에서 트래픽 드레이닝을 내장 지원built-in support한다. 네트워크 OS는 적합한 라우팅 명령어가 실행되고 난 후 모든 트래픽이 완전히 드레이닝되도록 박스 업그레이드 전에 보장하는 추가 작업을 수행해야 한다.

OSPF에는 라우터에서 트래픽을 드레이닝하는 두 가지 방법이 있다. 하나는 OSPFv2에서 사용되고 다른 하나는 OSPv3에서 사용된다.

OSPFv2에서 사용하는 명령어는 max-metric이다. 링크 상태 프로토콜에서 경로 계산 로직은 출발지와 목적지의 개별 링크의 비용(또는 메트릭)을 이용해 최소 비용의 경로를 선택한다. max-metric 명령어는 라우터의 모든 링크 비용을 최대 가능 값으로 변경한다. 따라서 네트워크 내의 모든 라우터는 해당 라우터를 제외하고 경로를 계산한다. 전송 중인 트래픽은 이전에 수행한 경로 계산으로 아무 문제없이 전달된다. 하지만 제외된 라우터를 거쳐 가는 새로운 트래픽은 발생하지 않는다. 라우터는 링크를 모니터링해서 트래픽이 충분히 작은 수준으로 떨어졌을 때 안전하게 업그레이드를 할 수 있다고 판단한다.

OSPFv3는 트래픽 드레인을 위한 보다 직접적인 방법인 stub router를 제공한다. 라우터를 **스텁 라우터**stub router로 설정하면 라우터는 자신의 LSA에 'R' 비트와 'V6' 비트를 제거하고 광고한다. 모든 라우터에 해당 라우터를 IPv6와 다른 경로 계산에서 제외할 것을 알려준다. 일부 라우팅 스택은 OSPFv3를 사용하더라도 max-metric 명령어를 제공해서 두 프로토콜에서 유사하게 사용할 수 있게 한다. FRR은 이 글을 쓰는 시점에 stub-router 명령어만 지원한다.

13.6 모범 사례

다음은 OSPF를 데이터 센터에 배치하는 모범 사례다. 실제 현장에서 겪어본 사용 사례를 기반으로 작성했다. 이러한 사례는 구성을 단순화하고, 자동화하기 편리하게 해주며 문제 발생 시 문제를 해결하는 데 도움을 준다.

- 가능하면 언넘버드 인터페이스를 사용하라.
- 파드의 에어리어 번호나 서버의 에어리어 번호는 재사용할 수 있다. 다시 말해 서로 다른 두 리프에서 연결된 서버에 동일한 에어리어 번호를 사용할 수 있다. 유사하게 서로 다른 파드에서도 동일한 에어리어 번호를 사용할 수 있다. 파드에 부여한 에어리어 번호가 1이라면 에어리어 0과 에어리어 1 단 두 에어리어만 존재한다.
- 넘버드 인터페이스 구성에서 network 문 대신 ip ospf area를 사용하라. 여러 군데에서 중복된 IP 주소를 사용하지 않게 해준다. 언넘버드에서는 어떤 경우에도 ip ospf area 모델을 사용하라.
- 서버나 라우터에서 언넘버드 인터페이스를 사용하는 경우에는 루프백 인터페이스에 항상 IP 주소를 할당하자. 루프백 인터페이스가 올바른 에어리어에서 패시브 인터페이스로 선언되도록 한다.
- BFD를 사용하고 디폴트 타이머값들은 손대지 않는다. 보다 견고하고 단순한 구성을 만들어준다.
- OSPF 연결 변화에 대한 상세한 로깅을 log-adjacency-changes detail 옵션을 통해 항상 활성화한다. FRR은 디폴트로 활성화되어 있으므로 이 장의 앞선 FRR 예제에서는 누락했다.
- redistribute connected 사용을 지양한다. 구성을 단순화할 수 있는 것처럼 보이지만 결국 불필요하고 중복된 정보를 광고하게 된다. 마찬가지로 외부 경로 사용을 지양해서 라우터의 OSPF 처리를 단순화한다.
- 견고한 네트워크를 보장하기 위해 OSPF 구성을 필요한 만큼 최소로 유지하라.

13.7 마치며

이 장에서는 데이터 센터에서 OSPF를 라우팅 프로토콜로 사용하는 것에 대해 살펴봤다. BGP가 여전히 데이터 센터 내에서 가장 많이 쓰이는 라우팅 프로토콜임에도 OSPF는 특정한 상황에서 여전히 유효한 선택지다. 3계층 클로스 네트워크와 서버에서 OSPF를 실행하는 것을 포함한 다양한 시나리오에 적합한 OSPF 설계에 대해 살펴봤다. 공격 벡터 축소와 쉬운 네트워크 자동화 등의 이점을 갖는 언넘버드 OSPF 사용도 살펴봤다. 이 장의 목표는 데이터 센터에서 OSPF 구성을 위해 적절한 모든 정보를 네트워크 관리자에게 알려주는 것이다. 다음 장에서는 데이터 센터에서 BGP를 라우팅 프로토콜로 사용하는 방법을 살펴본다. OSPF 구성과 OSPF 상태 표시의 유효성 검증은 18장에서 다룬다.

## CHAPTER 14

데이터 센터에서의 BGP

내가 그냥 포기하고 지금 미쳐버리면 네 시간을 많이 아껴주는 걸까?

_더글러스 애덤스[Douglas Adams]

BGP는 신화적인 짐승처럼 존중되는 동시에 굉장히 두려운 존재다. 외부 게이트웨이 프로토콜 exterior gateway protocol, EGP을 대체하기 위해 1989년에 만들었을 때부터 고도로 성숙하고 기능이 풍부한(따라서 혹자는 복잡하다고도 한다) 라우팅 프로토콜로 발전했다. 익히 알고 있는 것처럼 인터넷을 연결하는 책임을 지고 있다. 이외에도 그 뿌리에서 한참 벗어난 새로운 분야(데이터 센터)의 라우팅을 해결하기 위해서도 적용된다. 더욱이 SDN 컨트롤러와 같은 새로운 개념을 지원하기 위해서도 변화하고 있다. BGP를 깎아내리는 사람들은 더글러스 애덤스가 BGP를 이해하고자 하는 그들의 감정을 완벽하게 알아챘다고 여길 것이다.

시간을 아끼게 해주고 싶다. 그래서 데이터 센터 내에서 사용되는 BGP를 이해하기 위해 필요한 아주 기본적인 BGP 개념을 간략하게 살펴보고자 한다. 그 후 데이터 센터에서 BGP가 동작하도록 하는 실제적인 적용을 살펴본다. 이 장에서는 프로토콜에 대해 간단히 소개한다. 보다 자세한 사항에 관심 있는 독자는 표준을 살펴보거나 BGP를 다룬 서적을 읽어보길 권한다.

이 장에서는 다음 질문에 대한 답을 얻을 수 있다.

- ASN, 커뮤니티, 속성, 최적 경로와 같은 BGP 용어가 의미하는 바는 무엇인가?
- 데이터 센터에서 eBGP 또는 iBGP를 사용해야 하는가?
- 데이터 센터에서 BGP를 사용할 때 ASN 넘버링 스킴numbering scheme은 무엇인가?
- 데이터 센터에서 사용하기 위해 BGP 타이머를 어떻게 수정해야 하나?

이 장은 다음 두 장을 위한 준비 단계다. 이 장에서는 클로스 네트워크에서 네트워크 가상화 사용 유무에 따라 BGP를 어떻게 구성하는지 살펴본다.

14.1 기본 BGP 개념

BGP를 처음 접하거나 그 개념을 상기하기 위해서라면 이 절을 읽을 필요가 있다. 이 절은 BGP 설명의 클리프노트CliffsNotes[1]다.

14.1.1 BGP 프로토콜 개요

BGP는 **경로 벡터 라우팅 프로토콜**path vector routing protocol이라고 한다. **벡터**vector는 객체의 배열 또는 리스트다. 따라서 경로 벡터 라우팅 프로토콜은 객체 벡터를 만들고 배포하는 것이다. 각 객체는 한 네트워크 주소(대체로 IP)에서 다른 곳으로의 경로를 정의한다. 여기서 '라우터'가 아닌 '객체'라고 사용하는 이유는 객체는 이후에 설명할 AS라고 불리는 것이 될 수도 있기 때문이다.

이 글을 쓰는 시점에 BGP의 버전 숫자는 4이고 BGP-4로도 알려져 있다. 이는 RFC 4271[2]에 정의되어 있다. 해당 문서의 일부 명세는 최근 RFC에 의해 재정의되기도 했다(예를 들면 기능 광고 RFCcapabilities advertisement RFC).

BGP는 TCP 상에서 동작한다. 이로써 BGP는 단편화, 재조립, 확인 응답 제어, 재전송과 같은 문제와 다른 라우팅 프로토콜이 일반적으로 해결하려는 문제를 무시할 수 있다. 사실 BGP

---

1 옮긴이_ 고전 명작과 같이 난해하고 복잡한 책을 공부하는 학생을 위해 간략하게 요약한 학습 안내서다. https://en.wikipedia.org/wiki/CliffsNotes

2 https://oreil.ly/C07Zj

가 TCP 상에서 동작하는 유일한 라우팅 프로토콜이다. 다른 모든 일반적인 프로토콜은 IP 또는 그보다 더 아래인 L2 패킷 위에서 동작한다. BGP는 TCP 포트 번호 179로 새로운 연결을 수락하고 연결 요청을 보낸다.

BGP의 악명 높은 복잡성은 그 다양성으로부터 비롯한다. 예를 들어 BGP 피어는 IPv4, IPv6를 포함한 다중 네트워크 유형과 MPLS 및 VXLAN과 같은 네트워크 가상화 기술의 라우팅 정보를 교환한다. 따라서 BGP를 **다중 프로토콜 라우팅 프로토콜**^{multiprotocol routing protocol}이라고 부른다. BGP는 관리 도메인을 건너 라우팅 정보를 교환하므로 복잡한 라우팅 정책을 적용할 수 있게 되었다. 이러한 정책들이 목적지까지의 최적 경로 계산을 포함한 BGP 동작의 다양한 측면과 광고해야 할 경로와 속성들을 관장한다. BGP는 5장에서 설명한 ECMP와 함께 차등 비용 다중 경로^{unequal cost multipath, UCMP}도 지원한다. 하지만 그 어떤 구현체도 UCMP를 지원하지 않는다.

서로 다른 관리 도메인(또는 BGP 용어인 자율 시스템) 내 스피커^{speaker} 간의 BGP 피어링을 **외부 BGP**^{external BGP, eBGP}라고 한다. 반대로 동일한 관리 도메인(또는 동일한 자율 시스템) 내에 있는 스피커 간의 BGP 피어링을 **내부 BGP**^{internal BGP, iBGP}라고 한다. BGP에는 eBPG 피어링과 iBGP 피어링을 위한 서로 다른 규칙이 있다.

BGP는 아주 확장성이 뛰어난 프로토콜이다. 사람들은 항상 새로운 아이디어를 만들어낸다. 여러모로 BGP는 라우팅 개발자를 위한 HTTP 프로토콜이다. 원래 BGP 설계에 들어 있던 것은 아니지만 BGP는 라우팅에 사용되지 않는 모든 종류의 정보를 라우터 간에 실어 나를 수 있다. BGP의 확장성은 프로토콜을 유연하고 강력하게 만든다. 하지만 프로토콜이 제공하는 무수한 선택지를 모두 사용하고자 하면 BGP를 이해하는 것이 어려워진다. 이것이 BGP 사용에 있어서 최소화가 중요한 이유다. 단지 사용 가능하다고 해서 사용하지는 마라.

14.1.2 BGP 피어링

BGP 피어링은 클라이언트-서버 관계가 아닌 피어투피어 관계다. [그림 14-1]은 BGP 피어링 세션 주기의 타임라인 시퀀스 예를 보여준다.

그림 14-1 BGP 피어링 타임라인 시퀀스 다이어그램

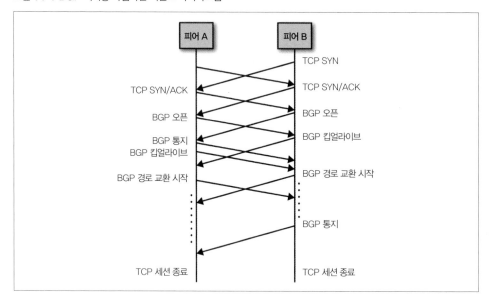

BGP 연결의 양 끝 피어는 TCP 커넥션을 시작할 수 있다. 일반적으로 두 연결이 성공하면 양쪽에는 서로 통신을 위한 두 개의 개별 TCP 연결이 존재하게 된다. 이런 상태를 BGP 표준에서는 **연결 충돌**connection collision이라고 한다. BGP는 두 개의 TCP 연결을 단일 TCP 연결로 만들어 충돌을 해결한다. 선택된 TCP 연결은 높은 router-id를 가진 스피커가 시작한 연결이 된다. 이때 router-id는 부호가 없는 32비트 숫자로 취급된다. router-id는 BGP 스피커의 고유 식별자가 된다. 다른 프로토콜과 달리 BGP는 세션 초기화 동안에 우선순위 필드를 정의하지 않는다. 어느 쪽의 연결을 선택할지는 BGP 의사 결정에 전혀 영향을 주지 않는 사소한 세부 사항이기 때문이다.

BGP 표준은 '패시브' 연결에 대한 가능성도 정의한다. 이 경우에는 어느 한쪽이 절대 먼저 TCP 연결을 시작하지 않고 단지 다른 노드가 보내는 연결 요청에만 응답한다. 예를 들어 큐브 라우터나 라우터에서 동작하는 BGP와 피어링한 솔루션이 구동하는 엔드포인트에서 사용된다.

14.1.3 BGP 상태 머신

BGP 상태 머신은 제법 간단하다. 상태 머신은 세 가지 단계로 구성된다. 즉, TCP 연결 수립, 기능 교환과 연결 충돌의 제거, 경로 교환으로 구성된다. 이 단계들은 [그림 14-2]처럼 몇 가지

특정한 상태를 거친다. [그림 14-2]에서 점선으로 표시된 것은 오류가 발생한 경우의 상태 전환을 의미하며 굵은 선으로 표시된 것은 일반적인 상황에서의 상태 전환을 의미한다. 이러한 상태 이름은 BGP 이웃 정보를 살펴볼 때 사용하는 명령어 출력이 피어링 세션의 상태를 뜻하기 때문에 알아둘 가치가 있다.

그림 14-2 BGP 상태 머신

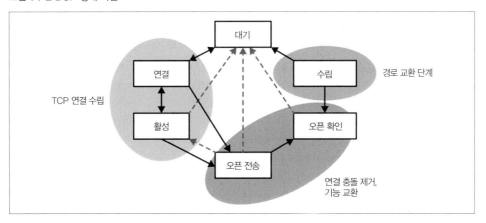

14.1.4 자율 시스템 번호

모든 BGP 스피커는 스피커가 대표하는 조직을 식별할 수 있는 ASN이 부여된다. BGP 문맥에서 조직은 단일 엔티티가 제어하는 네트워크로 정의되고 잘 정의된 라우팅 정책이 있다. 일반적으로 버라이즌^{Verizon}, 에이티엔티$^{AT\&T}$, 티모바일$^{T-Mobile}$ 등과 같은 서비스 제공자에게 유일한 ASN이 부여되고 엑슨모빌^{ExxonMobil}, 애플, 아마존과 같은 주요 기업도 마찬가지다. 어떤 경우에는 한 조직이 여러 ASN을 보유(예를 들면 합병의 결과로)할 수도 있다. 애플은 ASN을 3개 가지고 있는 반면 아마존은 14개 가지고 있다.

네트워크 주소의 경로 벡터는 주소에 의해 순회하는 ASN 목록이다. 또한 ASN 목록은 라우팅 루프를 식별하고 주소 접두사의 최적 경로를 결정하며 네트워크 라우팅 정책과 연관이 있다. 인터넷에서 각 ASN은 특성 IP 주소 집두사만 광고힐 수 있디.

ASN은 2바이트와 4바이트의 두 가지 변형이 있다. 2바이트 변형은 적당히 길며 읽기도 쉽기 때문에(예를 들어 2바이트 ASN 64000은 4바이트 ASN 4200000000보다 시각적으로 읽기 쉽다) 널리 쓰인다. 오늘날 대부분의 라우팅 프로토콜 제품군은 두 가지 변형을 모두 지원한다.

ASN은 내부 인터넷 사용을 위한 인터넷이 알지 못하는 사설 번호 영역도 가지고 있다. 데이터 센터는 일반적으로 내부 사용 목적으로 사설 ASN을 사용한다. 사설 ASN은 이 장 뒷부분에서 자세히 다룬다.

14.1.5 BGP 기능

지속적으로 발전하는 프로토콜인 BGP는 모든 피어링 세션에서 양쪽 모두 지원하는 정보만 교환하기 위해 기능 협상을 한다. 기능 협상에 대해서 RFC 5492[3]에 정의되어 있다. 이러한 기능 교환(BGP 오픈 메시지 내에서)은 어떤 주소 패밀리를 양쪽에서 지원하는지도 포함한다.

14.1.6 BGP 속성, 커뮤니티, 확장 커뮤니티

필자의 친구이자 저명한 BGP 전문가인 대니얼 월턴[Daniel Walton]이 말하길 BGP 경로 광고는 작은 포스트잇 노트를 들고 다니는 것이라고 했다. 여기서 말한 포스트잇 노트가 **BGP 경로 속성**[BGP path attributes]이다. 사용처와 의미[semantic]에 따라 서로 다른 속성이 있다. 속성은 잘 알려진 유형[type], 길이[length], 값[value](TLV)을 사용해서 부호화된다.

기본 BGP-4 RF에는 일곱 가지 경로 속성이 정의되어 있는데 표준을 따르는 구현체는 반드시 지원해야 한다. BGP의 최적 경로 알고리즘에서 이 속성을 사용한다. 예를 들어 속성 중 하나인 AS_PATH는 경로와 연결된 경로 벡터를 나타낸다.

일부 속성은 필숫값이다. 즉, 이 속성들은 반드시 전송되어야 하며 그 외 속성들은 메시지에 있을 수도 있고 없을 수도 있다. 하지만 일곱 가지 기본 경로 속성 중 하나가 존재하면 수신 측에서는 반드시 이 속성을 처리할 수 있어야 한다. 기본 RFC 외에 정의된 다른 속성들은 **선택적 속성**[optional attribute]이라고 한다. 모든 구현체가 선택적 속성을 지원하지 않을 수도 있다. 예를 들어 MP_REACH_NLRI 속성은 MPLS 레이블을 광고하기 위해 사용하는데 모든 구현체가 이를 지원하지 않을 수 있다. 선택적 속성을 처리하기 위한 수신측의 유일한 요구 사항은 해당 속성을 비록 이해할 수 없다고 하더라도 플래그된 속성을 전이적[transitive]으로 전달할 수 있어야 한다.

----

3 https://oreil.ly/_Nrro

BGP는 경로의 사용자 확장 가능 그룹화^{user-extensible grouping}를 **커뮤니티**^{community}라고 하는 속성으로 지원한다. 커뮤니티는 전이적인 선택적 속성이다. 커뮤니티는 운영자가 광고하는 경로를 하나로 묶어서 라우팅 정책을 적용하기 위해 사용한다. 라우팅 정책은 BGP 업데이트 메시지^{BGP update message}의 의미와 경로들의 최적 경로 계산에 영향을 준다. 운영자는 설정 명령어를 사용해서 커뮤니티 태깅이 된 경로를 라우팅 스택에 특정할 수 있다. 그리고 커뮤니티값에 기반하여 BGP 동작에 영향을 미치게 된다. 단일 업데이트 메시지가 여러 커뮤니티를 전달할 수 있다.

커뮤니티는 임의의 문자열이 아닌 4바이트 값이다. 첫 두 바이트는 항상 커뮤니티를 시작한 BGP 스피커의 ASN이다. 남은 두 바이트는 네트워크 운영자가 임의로 사용할 수 있다. BGP의 많은 부분과 마찬가지로 커뮤니티도 인터넷 초창기에 설계되어다. 4바이트 ASN의 출현과 운영자 용도가 2바이트 이상 필요하다는 요구에 따라 **확장 커뮤니티**^{extended community}(4바이트 대신 8바이트)와 **라지 커뮤니티**^{large community}(12바이트)가 만들어졌다. 2바이트 ASN과 네트워크 라우팅 정보는 확장 커뮤니티를 사용하는 반면 4바이트 ASN인 경우에는 라지 커뮤니티를 사용한다.

14.1.7 BGP 최적 경로 계산

BGP 라우터는 광고하는 경로의 최적 경로를 자신을 기점으로 하여 계산한다. BGP의 최적 경로 선택은 둘 이상의 피어로부터 새로운 UPDATE 메시지를 받을 때 실행된다. BGP 구현체는 이 계산 수행을 잠시 멈출 수도 있어서 경로 계산을 너무 자주 수행해서 잦은 경로 갱신을 야기하는 대신 단일 실행으로 모든 업데이트를 처리할 수 있게 한다. BGP는 주어진 네트워크 목적지의 최적 경로가 계산에 의해 변경되었을 경우(추가, 삭제, 갱신)에만 경로를 광고한다.

OSPF, IS-IS와 다른 라우팅 프로토콜은 특정 경로 수락 여부를 결정하는 간단한 메트릭을 가지고 있다. BGP는 무려 여덟 개나 된다! 기억술^{mnemonic}[4] 문구를 통해 최적 경로 계산에 필요한 메트릭의 우선순위를 쉽게 기억할 수 있다.

```
Wise Lip Lovers Apply Oral Medication Every Night.
```

시스코 엔지니어인 데니즈 피시번^{Denise Fishburne}이 이 문구를 만들었고 이 책에 싣는 것을 허락

---

4 옮긴이_ 특정 패턴이나 문구 등을 암기하는 데 도움을 주는 방법이다.

해주었다. [표 14-1]은 기억술과 실제 메트릭의 연관 관계를 나타낸다. 최적 경로는 지정된 순서(최적 경로 계산에 대한 자세한 내용은 RFC 4271의 9.1절[5] 참조) 내에서 우수한 메트릭값을 갖는 것을 말한다. 만약 신규 갱신 경로와 기존 경로 간 메트릭값이 동일하면 다음번 메트릭을 비교한다.

표 14-1 BGP 최적 경로 메트릭

기억술	BGP 메트릭명
Wise	Weight
Lip	LOCAL_PREFERENCE
Lovers	Locally originated
Apply	AS_PATH
Oral	ORIGIN
Medication	MED
Every	eBGP over iBGP
Night	Nexthop IGP Cost

데이터 센터에서는 위 메트릭 중에서 locally originated와 AS_PATH 두 가지만 사용한다. 즉, 노드에 로컬인 주소 접두사의 경로가 BGP를 통해 학습된 경로보다 우선되며, 짧은 AS_PATH 길이의 경로가 긴 것보다 우선된다. AS_PATH 길이가 동일한 경로는 동일 비용으로 간주한다. 실제로 기본 BGP 구현체에서 경로가 동일 비용으로 간주되려면 AS_PATH 길이만 같아서는 안 되고 AS_PATH 내의 ASN들이 반드시 일치해야 한다. 하지만 설정을 통해 AS_PATH 길이로 동일 비용 경로를 판단할 수 있게 할 수 있다.

14.1.8 다중 프로토콜 지원

BGP는 IP 주소로 도달하는 방법만 광고하는 것이 아니라 MPLS 레이블이나 MAC 주소와 같은 정보도 함께 광고할 수 있다. 다양한 주소를 지원하는 기본 표준이 RFC 4760[6]에 정의되어 있다. BGP에서 지원하는 네트워크 프로토콜마다 고유의 식별자가 있어서 이를 주소 패밀리 지시자address family indicator, AFI라고 한다. AFI는 기본 네트워크 프로토콜을 식별한다. 예를 들어 IPv4와 IPv6는 각각의 AFI가 있다. 하지만 동일 AFI 내에서도 보다 세분화된 구분이 필요하

---

5 https://oreil.ly/Fk1FK
6 https://oreil.ly/xZ-ub

다. 예를 들어 유니캐스트와 멀티캐스트 도달성 정보는 확연히 다르다. BGP는 이런 경우를 구분하기 위해 하위 주소 패밀리 지시자subsequent address family indicator, SAFI 번호를 유니캐스트와 멀티캐스트 주소에 별도로 사용한다. IPv4 유니캐스트 AFI-SAFI는 기본 RFC에서 가정한다. 따라서 AFI/SAFI가 특정되지 않으면 IPv4 유니캐스트의 값을 적용하는 것으로 가정한다.

BGP 스피커에 관심 있는 AFI/SAFI 목록은 BGP OPEN 메시지 내 BGP 기능을 이용해서 광고된다. 두 BGP 피어가 양쪽에서 AFI/SAFI의 관심을 광고한 경우에만 네트워크 주소에 대한 정보를 교환한다.

14.1.9 BGP 메시지

[표 14-2]에 BGP가 보내는 메시지 유형과 그 용도를 나열했다.

표 14-2 BGP 메시지 유형과 용도

메시지 유형	용도	주기성
Open	라우터 식별과 기능 교환을 위해 세션 수립 시 전송	한 번
Update	경로 광고 및 제거를 위해 사용	정보 갱신이 있을 시
Keepalive	하트비트, 원격 피어에 살아 있음 알리고 원격 피어를 깨우는 목적	설정에 따름, 일반적으로 60초
Notification	오류나 관리 목적으로 세션이 닫힐 때 전송	오류 또는 종료시
Route Refresh	원격 피어에 모든 경로 갱신을 요구할 때 전송	필요시

BGP 메시지는 TLV로 부호화된다. 모든 BGP 메시지는 BGP 메시지 유형을 포함한 고정된 BGP 헤더를 함께 보낸다.

BGP 메시지의 일꾼은 업데이트로 광고되는 경로 목록과 제거할 경로 목록을 전송한다. 링크 상태 정보의 수명을 제한해서 정보를 제거하는 OSPF나 IS-IS와 달리 BGP는 명시적인 제거 메커니즘이 있다. BGP Update 메시지 형식은 [그림 14-3(a)]에 있다. BGP는 네트워크 계층 도달성 정보network layer reachability information, NLRI라는 용어를 사용한다. 이는 광고되는 경로를 의미한다. 기뮤니티는 '경로 속성 목록path attributes list' 섹션에서 부호화된다.

그림 14-3 BGP Update 메시지와 다중 프로토콜 네트워크 주소 형식

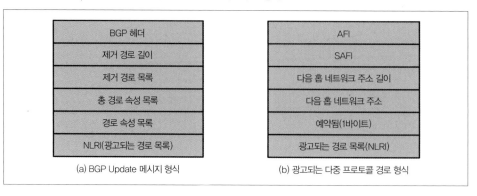

| BGP 헤더 |
| 제거 경로 길이 |
| 제거 경로 목록 |
| 총 경로 속성 목록 |
| 경로 속성 목록 |
| NLRI(광고되는 경로 목록) |

(a) BGP Update 메시지 형식

| AFI |
| SAFI |
| 다음 홉 네트워크 주소 길이 |
| 다음 홉 네트워크 주소 |
| 예약됨(1바이트) |
| 광고되는 경로 목록(NLRI) |

(b) 광고되는 다중 프로토콜 경로 형식

[그림 14-3 (b)]는 비 IPv4 주소 패밀리를 위해 NLRI가 어떤 방식으로 부호화되는지 나타낸다. 이를 MP_REACH_NLRI라고 한다. 이 값은 선택 사항이며 비전이적 경로 속성이다. MP_REACH_NLRI는 [그림 14-3 (a)]의 '경로 속성' 쪽에 속한다. NLRI에 있는 주소 접속사 목록을 위해 다음 홉과 같은 중요한 정보는 IPv4와 다른 프로토콜에서 다르게 부호화될 수 있다. IPv4에서 다음 홉은 잘 알려진 경로 속성인 NEXTHOP으로 존재하며 메시지의 '경로 속성 목록' 항목 내에 부호화된다. 반면 IPv6 경로를 광고할 경우 다음 홉과 광고되는 경로는 [그림 14-3 (b)]처럼 부호화된다. 단일 BGP Update 메시지는 둘 이상의 AFI/SAFI를 전달할 수 있다. 예를 들어 단일 BGP Update 메시지가 IPv4와 IPv6 두 가지 갱신 내역을 전달할 수 있다. 이러한 경우 MP_REACH_NLRI와 표준 NLRI가 모두 메시지에 존재하게 된다. 만약 IPv4 주소 접두사가 광고되지 않는다면 NEXTHOP 속성은 경로 속성 목록에 존재하지 않으며 IPv6와 관련 있는 MP_REACH_NLRI만 적절한 다음 홉 정보를 포함한다.

14.2 데이터 센터에서 BGP 도입

BGP는 데이터 센터에서 사용되기 이전에는 기본적으로 서비스 제공자 네트워크에서 주로 사용되었다. 이런 역사로 BGP 배치는 서비스 제공자 네트워크를 위해 작성되었기 때문에 일반적인 BGP 책에서 다루지 않는 어떤 수정이 필요하다. 네트워크 관리자라면 이러한 차이점을 이해하고 그 이유에 대해 잘 알고 있어야지 잘못된 구성을 막을 수 있다.

데이터 센터 네트워크의 촘촘한 연결성은 상대적으로 느슨한 관리 도메인 연결성과 비교하면

완전히 다른 영역이다. 따라서 데이터 센터 내에 다른 종류의 트레이드오프가 존재한다. 데이터 센터에서 BGP 사용은 다음과 같이 요약할 수 있다.

- eBGP는 단일 라우팅 프로토콜로 사용된다.
- eBGP는 사설 ASN과 함께 사용된다.
- BGP의 ASN 넘버링 스킴은 BGP 경로 사냥 문제를 일으키지 않아야 한다.
- BGP 타이머를 수정해서 서비스 제공자 네트워크보다 더 적극적으로 갱신해야 한다.

위 내용을 좀 더 자세히 살펴보자.

14.2.1 eBGP와 iBGP

전체 데이터 센터가 단일 관리 도메인 아래에 있게 된다는 점을 감안하면 iBGP가 자명한 답처럼 보인다. 하지만 eBGP가 데이터 센터 내 모든 배치에 선택되었다.

eBGP가 선택된 가장 큰 이유는 iBGP보다 쉽게 이해할 수 있고 배치할 수 있기 때문이다. iBGP는 최적 경로 선택 알고리즘, 어떤 경로를 선택하고 광고할 것인지 결정하는 규칙, 어떤 접두사 속성을 적용하고 무시할 것인지 등에서 혼돈이 있을 수 있다. iBGP의 다중 경로 지원이 특정 상황, 정확하게는 서로 다른 두 노드에서 경로를 광고하는 경우 제약이 있다. 제약을 극복하는 것은 가능하나 굉장히 성가시다.

BGP가 처음인 사람들에게는 eBGP보다 iBGP가 상당히 헷갈릴 여지가 많다. 원하는 동작을 위해 살펴봐야 할 구성 옵션 수가 많기 때문이다. 옵션이 많으면 처음 접하는 사람을 더 혼란스럽게 하고 불안감을 가중시킨다.

eBGP를 선택한 비기술적인 이유는 보다 많은 기능을 지원하는 것과 iBGP보다 견고한 구현체가 있다는 것이다. 여러 종류의 구현체가 존재한다는 것은 고객이 iBGP 대신 eBGP를 선택하면 벤더 록인을 피할 수 있다는 의미다. 2012년 중반까지는 정말로 그랬다. 그전까지는 많은 iBGP 구현체가 데이터 센터에서 사용하기에는 버그가 많고 기능이 부족한 경향이 있었다.

14.2.2 eBGP: 단독 비행

전통적인 배치 모델에서 BGP는 광고해야 할 주소 접두사를 일반적으로 OSPF, IS-IS, 강화 내부 게이트웨이 라우팅 프로토콜과 같은 다른 라우팅 프로토콜로부터 학습한다. 이런 다른 라우팅 프로토콜을 내부 라우팅 프로토콜이라고 하는데 기업 내에서 라우팅을 제어하기 위해 사용하기 때문이다. 하지만 데이터 센터에서는 eBGP가 내부 라우팅 프로토콜이다. 다른 것들은 필요 없다.

14.2.3 사설 ASN

사설 ASN은 인터넷에서는 보이지 않는 ASN이다. 기업 내에서만 사용되며 10.0.0.0/8 IPv4 서브넷과 같은 사설 IP와 유사한 방식이다. 사설 ASN은 2바이트 및 4바이트 ASN에 모두 존재한다. 2바이트 ASN은 1,023개의 사설 ASN(64512 - 65534)을 지원한다. 반면 4바이트 ASN은 거의 9천 5백만 개의 사설 ASN(4200000000 - 4294967294)을 지원한다. 오늘날 존재하는 어떤 규모의 데이터 센터에서도 충분히 사용하고 남을 정도다.

운영자가 데이터 센터에서 글로벌 ASN을 사용하는 데는 제약이 없으나 외부로 나가기 전에 글로벌 ASN이 제거되어야 한다. 하지만 글로벌 ASN을 사용하는 것이 좋은 방법이 아닌 두 가지 이유가 있다. 첫 번째는 글로벌 ASN 사용은 운영자에게 혼란을 주며, 도구가 ASN을 의미 있는 이름으로 해석하기 때문이다. 많은 ASN이 운영자들에게 잘 알려져 있어서 충분히 혼란스러울 수 있다. 예를 들어 버라이즌의 ASN을 데이터 센터 내 노드에서 사용할 수도 있다.

두 번째 이유는 내부 BGP 정보가 사고로 외부 네트워크에 유출될 수 있는 상황을 피하기 위해서다. 이런 사고는 인터넷에 큰 혼란을 가져온다. 예를 들어 데이터 센터에서 트위터의 ASN을 내부적으로 사용했는데 실수로 경로 선언이 외부 네트워크에 유출되었다고 가정하자. 이 경로 선언이라는 것은 트위터[7]가 데이터 센터 내에서 공개적으로 도달 가능한 경로의 AS_PATH 일부라는 것을 알려주는 것이다. 결국 네트워크 운영자는 잘 알려진 서비스의 대규모 글로벌 하이 잭킹에 책임을 져야 할 수도 있다. ASN 숫자 한두 개를 잘못 구성하면 모든 네트워크 단절을 유발할 수 있다. 따라서 이러한 문제들을 회피하고자 하면 글로벌 ASN을 사용하지 않는 것이 좋다.

----

7 옮긴이_ 정확하게는 트위터의 ASN

14.2.4 BGP ASN 넘버링 스킴

5장에서 설명한 것처럼 BGP ASN 넘버링 스킴은 다음과 같다.

- 개별 리프는 각자의 ASN이 있다.
- 2계층 클로스에서 모든 스파인은 단일 ASN이다. 3계층 스파인에서는 한 파드 내의 모든 스파인이 동일한 ASN이지만 파드별로 ASN이 다르다.
- 3계층 클로스에서는 모든 슈퍼 스파인의 ASN이 동일하다.

[그림 14-4]는 넘버링 스킴을 설명한다.

그림 14-4 3계층 클로스 토폴로지에서의 BGP ASN 넘버링

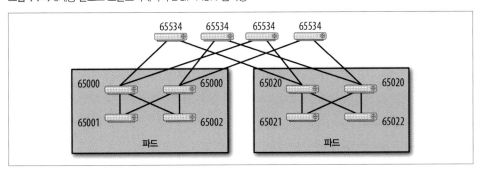

5장에서 설명했듯이 넘버링 스킴은 단순한 상하 라우팅^{up-down routing}을 만들어낸다.

BGP 경로 사냥 문제

경로 벡터 프로토콜은 거리 벡터 프로토콜에 악영향을 줄 수 있는 무한대 카운트^{count-to-infinity}라 불리는 다양한 문제로 어려움을 겪는다. 경로 사냥의 모든 내용을 여기서 다루지 않지만 [그림 14-5]의 간단한 토폴로지를 이용해서 문제를 간략하게 설명하겠다.

그림 14-5 경로 사냥을 설명하기 위한 토폴로지 예

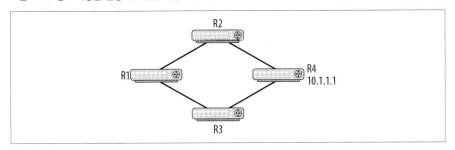

그림의 토폴로지는 모든 노드가 분리된 ASN에 속해 있다. 그러면 R1의 관점에서 10.1.1.1 주소에 도달하는 것을 살펴보자. R2와 R3는 R1에 10.1.1.1 주소가 도달 가능하다고 광고한다. R2가 광고하는 10.1.1.1의 AS_PATH는 [R2, R4]이며 R3가 광고하는 AS_PATH는 [R3, R4]이다. R1은 R2와 R3가 각각 이 정보를 학습했는지 알 수 없다. R1은 R2와 R3 양쪽에서 10.1.1.1로 경로를 학습하면 둘 중 하나를 최적 경로로 선택한다. 다중 경로 지원으로 R1의 포워딩 테이블에는 10.1.1.1로 도달 가능한 경로가 R2과 R3를 각각 거쳐 가는 경로가 존재하게 된다. 하지만 BGP 최적 경로 선택은 내부적으로 여전히 R2 또는 R3 중 하나를 최적 경로로 사용한다.

R3를 거쳐 가는 경로가 R1에 의해 10.1.1.1로의 최적 경로로 선정되었다고 가정하자. R1은 이제 10.1.1.1로는 AS_PATH [R1, R3, R4]를 통해 도달 가능하다고 R2에 광고하게 된다. R2는 이 광고를 수용하지만 10.1.1.1로 도달하는 최적 경로가 여전히 더 짧은 AS_PATH R4이므로 새로운 경로를 최적 경로로 선택하지 않는다.

노드 R4가 다운된 경우 R2는 이제 10.1.1.1로의 최적 경로가 없어지므로 최적 경로를 R1을 거쳐 가는 AS_PATH [R1, R3, R4]로 재계산한다. R2는 또한 경로 10.1.1.1의 경로 제거 메시지를 R1에 보낸다. R3 역시 마찬가지로 동작한다. 하지만 R3의 경로 제거 메시지가 R2의 메시지보다 먼저 도착한다면 R1은 최적 경로를 R2를 거쳐 가는 경로로 변경한다. 그리고 10.1.1.1의 경로를 AS_PATH [R1, R2, R4]로 광고한다. R3는 이제 R2를 거쳐 가는 경로를 최적 경로 생각하고 이 경로를 선택한다. 그리고 10.1.1.1의 경로가 여전히 도달 가능하다고 여긴다. R2의 10.1.1.1 경로의 제거 메시지가 R1에 도착하면 R1은 10.1.1.1로의 경로를 제거하고 동시에 제거 메시지를 R3에 보낸다. 이벤트의 정확한 순서는 노드 간의 패킷 교환 타이밍과 BGP 동작 방식에 의해 여기에 묘사된 것과 다를 수 있지만 여기서 설명한 내용에 근접할 것이다.

문제를 짧게 줄이면 다음과 같다. 노드는 네트워크 내의 모든 다른 노드의 물리 링크 상태를 알지 못하므로 어떤 경로가 실제로 없어진 것인지(왜냐하면 최후에 노드 자신이 종료되기 때문에) 또는 어떤 다른 경로를 통해 도달 가능한지 모른다. 따라서 노드는 목적지로의 도달 가능 여부를 모든 가능한 다른 경로를 통해 추적한다. 이를 **경로 사냥**path hunting이라고 한다.

[그림 14-5]의 단순한 토폴로지에서 이 문제는 그다지 나쁘지 않은 것 같다. 하지만 R1과 R4가 클로스 토폴로지의 리프이고 R2와 R3가 스파인이라고 생각해보자. 그리고 일반적인 클로스 토폴로지에는 32개 또는 64개의 리프와 4개에서 8개의 스파인이 있다고 하자. 각 리프는 서로 다른 스파인을 최적 경로로 선정할 수 있다. R4가 죽은 경우 각 스파인은 R4로의 경로를 각 리프를 통해 추적하고 각 리프는 추가 추적으로 다른 스파인을 최적 경로로 선정한다. 엄청나게 많은 추가 메시지 교환과 잘못된 정보가 필요 이상으로 많이 전파됨으로써 발생하는 트래픽의 유실은 이 문제를 더 심각하게 한다.

14.2.5 다중 경로 선택

앞서 설명했듯이 두 경로는 여덟 가지 기준이 모두 같은 경우 동일한 것으로 취급된다. 이 기준 중 하나는 AS_PATH가 단순히 동일한 길이의 경로가 아닌 AS 번호가 모두 일치해야 한다는 것이다. 이는 데이터 센터 내의 두 가지 일반적인 배치 시나리오의 다중 경로 지정을 깨뜨린다.

동일한 경로가 서로 다른 ASN에서 광고되는 첫 번째 배치 시나리오는 서버가 서버 상단 스위치별로 분리된 ASN에 이중 연결되는 경우다. 이 시나리오를 [그림 14-6]에 나타냈다. 그림에서 타원형은 두 링크를 하나의 고속 논리 링크로 상위 계층 프로토콜에 노출하는 본딩 또는 포트 채널을 나타낸다.

그림 14-6 AS_PATH 길이로만 판단해야 함

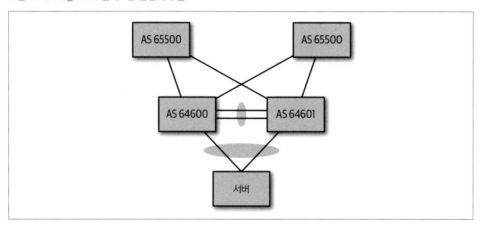

두 리프가 서브넷 10.1.1.0/24로의 경로를 광고하고 있다고 가정하자. 이 서브넷은 서버가 연결된 브리지의 서브넷이다. 이 경우 각 스파인은 10.1.1.0/24로의 경로가 64600이 있는 AS_PATH와 64601이 있는 AS_PATH가 전달된 것을 알 수 있다. 동일 비용 경로의 절차에 의해 BGP는 단지 AS_PATH 길이가 같은 것뿐만 아니라 AS_PATH 내에 동일한 ASN 목록이 있는 것을 동일 비용 경로로 여긴다. 여기서 설명한 경우는 동일 비용 경로로 여기지 않으므로 각 스파인은 다중 경로 지정을 하지 않는다. 대신 이 두 경로 중 하나만 선정한다.

두 번째 배치 시나리오는 서버별로 가상 서비스가 배포되어 여러 서버가 동일한 서비스 가상 IP 주소에 대한 도달 가능성을 광고하는 것이다. 서버는 안정성과 확장성을 보장하기 위해 서로 다른 리프에 연결되어 있으므로 스파인은 첫 번째 시나리오와 마찬가지로 동일한 경로를 여러 다른 ASN으로부터 받는다. 마찬가지로 이 경로는 AS_PATH 길이는 같으나 경로 내의 ASN 은 서로 다르다.

이 문제를 해결하는 방법은 여러 가지가 있지만 가장 단순한 방법은 최적 경로 알고리즘을 수 정하는 옵션을 설정하는 것이다. 이 옵션은 FRR과 다른 라우팅 스택에서 bestpath as-path multipath-relax라고 불린다. 그렇다면 무엇이 간단한 것이지 살펴보자. 두 개의 다른 출발지 로부터 광고되는 AS_PATH의 길이가 같다면 최적 경로 알고리즘이 ASN이 완전히 일치하는지 확인하는 과정을 건너뛰게 하고 다음 기준을 살펴보도록 만든다.

14.2.6 BGP 수렴 시간 수정

장애가 발생하거나 장애에서 회복되는(링크가 다시 사용 가능해지는 것과 같은) 순간의 BGP 수렴성에 일반적인 영향을 주는 네 가지 타이머가 있다. 이 타이머들은 네트워크 내에서 정보 전 파 속도에 영향을 미치므로 잘 이해하는 것이 중요하다. 타이머를 튜닝을 하는 것으로 운영자는 OSPF와 같은 다른 라우팅 프로토콜에 준하는 BGP 수렴 시간을 달성할 수 있다.

광고 주기

인터넷에서 라우팅 트래픽을 다룰 때는 잦은 변경보다 안정성이 훨씬 중요하다. 데이터 센 터에서는 그 반대여야 한다. 업데이트를 책임지는 기본 BGP 타이머가 바로 **광고 주기** 타이 머다. BGP는 피어에 다음 갱신을 보내기 전에 설정된 광고 주기 동안 기다린다. 타이머의 디폴트값은 30초다. 데이터 센터에서는 이 값을 반드시 0으로 설정해야 한다. 이 변경만 으로도 eBGP의 수렴 시간을 OSPF와 같은 다른 IGP 프로토콜의 수렴 시간으로 가져올 수 있다.

킵얼라이브와 보류 타이머

BGP 스피커는 킵얼라이브 메시지를 모든 수립된 세션에서 설정된 주기로 전송한다. 만약 원격 피어가 킵얼라이브 메시지를 **보류 타이머**[hold timer]라 불리는 값(대체로 킵얼라이브 시 간의 3배) 동안 받지 못한다면 피어가 죽은 것으로 선언하고 피어링 세션을 종료한다. 킵얼 라이브 시간의 디폴트값은 60초다. 이 말은 피어가 다운된 것을 탐지하는 데 3분이 걸린다 는 뜻이다. 기본적으로 피어의 eBGP 세션이 단일 라우팅 홉인 경우 세션은 링크 장애 시 즉각적으로 리셋된다. 킵얼라이브와 보류 타이머의 역할은 링크가 살아 있지만 케이블 오류로 단방향이 되는 소프트웨어 오류를 감지한다. 일부 운영자는 BFD라는 프로토콜을 활성화해서 케이블로 인한 오류를 1초 이내에 감지하기도 한다. 하지만 BGP 프로세스 자체에서 오류를 탐지하기 위해서는 킵얼라이브와 보류 타이머를 조절할 필요가 있다. 데이터 센터에서의 3분은 평생과도 같다. 데이터 센터에서 일반적으로 사용되는 값은 킵얼라이브 타이머는 3초, 보류 타이머는 9초다.

연결 타이머

연결 타이머는 네 가지 타이머 중 가장 덜 중요한 타이머다. BGP가 피어에 연결을 시도하다가 여러 가지 이유로 실패한 경우 다시 연결을 시도하기 전에 일정 시간 기다린다. 이 기간의 디폴트값은 60초다. 즉, BGP가 피어와 세션을 수립할 수 없을 경우에는 세션 수립을 다시 시도하기 전에 1분을 기다린다. 링크가 장애로부터 회복되거나 노드 전원이 들어오는 경우 세션 재수립을 지연시킬 수 있다. 데이터 센터에서는 대체로 이 값을 10초로 한다.

14.3 마치며

BGP에 대해 아주 개략적이고 빠르게 살펴봤다. 또한 데이터 센터 내 BGP 사용을 위한 적용에 대해 알아봤다. 명심해야 할 점은 서비스 제공자 네트워크에서 사용하기 위해 만들어진 BGP의 많은 복잡성은 데이터 센터 내 사용과는 관련이 없다는 것이다. 데이터 센터에서의 BGP는 서비스 제공자 설정보다 간단하고 빠르다. 그럼에도 불구하고 서비스 제공자나 데이터 센터에서 프로토콜의 기초는 동일하다. 이 장에서 배운 지식으로 무장하면 데이터 센터에서의 BGP 배치 메커니즘을 살펴볼 준비가 된 것이다.

## CHAPTER 15

BGP 배치

당신이 필요한 것을 말해주면 내가 그것 없이 사는 법을 알려 주겠소.

_스콧 애덤스 Scott Adams

이 장에서는 BGP 라우팅 프로토콜을 다루는 법을 알아본다. 이 장의 목표는 네트워크 엔지니어가 데이터 센터 네트워크에 BGP를 구성할 수 있게 돕는 것이다.

이 장에서는 다음 질문에 대한 답을 얻을 수 있다.

- BGP의 핵심 구성 개념은 무엇인가?
- 클로스 네트워크에서 BGP를 구성하려면 어떻게 해야 하는가?
- 언넘버드 BGP는 어떻게 동작하는가?
- 큐브 라우터와 같은 호스트에서 동작하는 BGP 스피커에서는 BGP 피어를 어떻게 구성하는가?
- 예약된 유지 보수에 맞춰서 네트워크가 정상적으로 종료하려면 BGP를 어떻게 구성해야 하는가?

이 장은 네트워크 엔지니어가 다양한 라우팅 스택과 BGP를 다루는 법을 비교, 대조하는 데도 도움이 된다. 이미 14장을 읽었거나 그 장에서 설명하는 개념에 익숙하다고 가정한다.

15.1 핵심 BGP 구성 개념

BGP 구성의 핵심 개념을 살펴보는 것으로 시작하자. 핵심 개념은 다음과 같은 기본적인 부분으로 이뤄진다.

- 글로벌 BGP 구성은 다음을 포함한다.
  - router-id 구성
  - 이웃(또는 피어) 구성
  - 라우팅 정책 정의
  - 타이머 설정
- 이웃 특정 구성은 다음을 포함한다.
  - 비전역 타이머 설정
  - 비주소 패밀리 특정 설정
- 주소 패밀리 특정 구성은 다음을 포함한다.
  - AFI/SAFI의 이웃 특정 활성화
  - 경로 광고 사양
  - 특정 이웃에 대한 라우팅 정책 적용

BGP 구성의 복잡성 중 일부는 어떤 영역이 특정한 옵션을 포함하는지 알아내는 것에 있다.

이 장에서 다루는 내용을 위해 13장에서 사용했던 토폴로지를 재사용해서 [그림 15-1]로 설명하겠다.

13장의 OSPF 경우와 마찬가지로 가장 단순한 사례부터 더 복잡한 사례 순서로 다음 각 사례를 살펴본다.

- IPv4의 BGP 구성
- IPv6의 BGP 구성
- VRF와 BGP 구성
- 서버 상에서 BGP 구성

BGP를 사용한 네트워크 가상화 구성에 대한 내용은 다음 장에서 다룬다. 14장에서 클로스 네트워크에서 BGP 구성을 위한 기본 개념을 이미 살펴봤으므로 여기서는 바로 구성에 대해 살펴보자. 먼저 넘버드 인터페이스를 사용한 전통적인 BGP 구성부터 살펴본다. 그 후 언넘버드 인터페이스를 사용한 구성을 알아본다. 이 두 가지 경우를 살펴본 후 BGP 구성의 나머지 사례를 살펴본다.

그림 15-1 BGP 구성을 위한 클로스 토폴로지

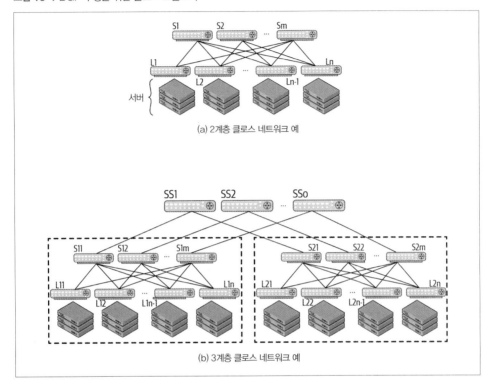

다음 절에서 사용하는 구성은 오픈 소스 라우팅 제품인 FRR에 기초한다. 아리스타나 시스코의 NX-OS와 같은 전통적인 공급 업체 스택을 사용하는 사람들도 이 FRR 구성을 공급 업체 특정 스택에 맞는 구성으로 쉽게 변경할 수 있다.

15.2 2계층 클로스 토폴로지를 위한 IPv4의 전통적인 구성

OSPF의 경우와 같이 언넘버드 인터페이스를 사용하는 전통적인 BGP 구성으로 IPv4 경로를 분배하는 경우를 먼저 살펴본다. [그림 15-2]에서 보여주는 것과 같은 2계층 클로스 토폴로지의 특정한 버전을 사용해서 설명한다.

14장에서 살펴본 것과 같이 eBGP를 사용한다. 각 라우터와 연관된 ASN은 65000부터 시작하는 일련의 번호이며 라우터 모양 그림 내 좌측 상단에 표기한다. 두 스파인에 동일한 ASN인 65000이 할당되었지만 각 리프는 리프01의 65011부터 리프04의 65014까지 서로 다른 ASN이 할당되었다. 마찬가지로 [그림 15-2]의 각 라우터 그림 내의 IP 주소들은 라우터의 루프백 IP 주소다. 서버들은 리프 라우터에 브리지 네트워크로 연결되어 있다.

그림 15-2 전통적인 BGP 설정

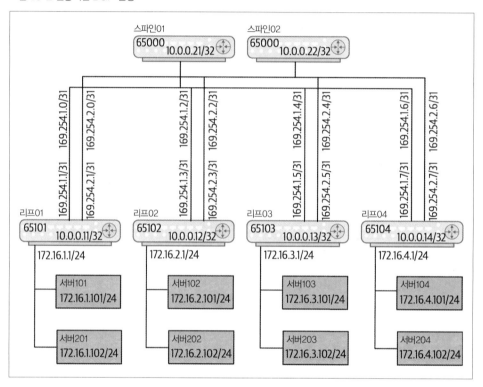

[예제 15-1]은 스파인01과 리프01의 전통적인 BGP 구성을 나타낸다.

예제 15-1 스파인01과 리프01의 전통적인 BGP 구성

```
! 스파인01 구성
!
interface lo
 ip address 10.0.0.21/32
!
```

```
interface swp1
  ip address 169.254.1.0/31
!
interface swp2
  ip address 169.254.1.2/31
!
interface swp3
  ip address 169.254.1.4/31
!
interface swp4
  ip address 169.254.1.6/31
!
router bgp 65000
  bgp router-id 10.0.0.21
  bgp log-neighbor-changes
  timers bgp 3 9                            ❶
  no bgp default ipv4 unicast               ❷
  neighbor 169.254.1.1 remote-as 65011
  neighbor 169.254.1.3 remote-as 65012
  neighbor 169.254.1.5 remote-as 65013
  neighbor 169.254.1.7 remote-as 65014
  neighbor 169.254.1.1 advertisement-interval 0    ❶
  neighbor 169.254.1.3 advertisement-interval 0
  neighbor 169.254.1.5 advertisement-interval 0
  neighbor 169.254.1.7 advertisement-interval 0
  neighbor 169.254.1.1 bfd
  neighbor 169.254.1.3 bfd
  neighbor 169.254.1.5 bfd
  neighbor 169.254.1.7 bfd
  bgp bestpath as-path multipath-relax      ❸
  address-family ipv4 unicast
      neighbor 169.254.1.1 activate         ❹
      neighbor 169.254.1.3 activate
      neighbor 169.254.1.5 activate
      neighbor 169.254.1.7 activate
      redistribute connected                ❺
      maximum-paths 64                      ❻
  exit-address-family
! 리프01 구성
!
interface lo
 ip address 10.0.0.11/32
!
interface swp1
  ip address 169.254.1.1/31
!
```

```
interface swp2
  ip address 169.254.2.1/31
!
! 다음 구문은 서버 서브넷을 의미한다.
!
interface vlan10
  ip address 172.16.1.1/24
!
router bgp 65011
  bgp router-id 10.0.0.11
  bgp log-neighbor-changes
  timers bgp 3 9                            ❶
  no bgp default ipv4 unicast               ❷
  neighbor 169.254.1.0/31 remote-as 65000
  neighbor 169.254.2.0/31 remote-as 65000
  neighbor 169.254.1.0/31 advertisement-interval 0    ❸
  neighbor 169.254.2.0/31 advertisement-interval 0
  neighbor 169.254.1.0/31 bfd
  neighbor 169.254.2.0/31 bfd
  address-family ipv4 unicast
      neighbor 169.254.1.0/31 activate      ❹
      neighbor 169.254.2.0/31 activate
      redistribute connected                ❺
      maximum-paths 64                      ❻
  exit-address-family
```

이 구성은 [예제 13-1]에서 설명한 것과 매우 비슷하다. 주목해야 할 주요 사항은 다음과 같다.

❶ 디폴트 BGP 타이머의 값은 데이터 센터에 적합하지 않으므로 튜닝이 필요하다.

❷ BGP는 IPv4 유니캐스트 주소 패밀리의 기본 동작으로 가정한다. 가장 중요한 점은 IPv4 경로 광고가 디폴트로 자동 활성화된다는 것이다. 하지만 많은 운영자가 이를 명시적으로 활성화는 것을 선호한다. 따라서 이 라인을 통해 IPv4 유니캐스트 주소 패밀리 경로 광고의 디폴트 활성화를 명시적으로 비활성화하고 있다.

❸ 이 옵션에 대한 설명은 14.2.5절 '다중 경로 선택'을 참조하라.

❹ 각 이웃이 주소 패밀리의 경로를 이웃에 BGP 광고를 하도록 주소 패밀리를 반드시 활성화해야 한다. activate는 BGP가 BGP OPEN 메시지에서 주소 패밀리 기능을 광고한다. 상대방이 주소 패밀리를 처리할 수 있는 경우에만 경로가 광고된다.

❺ redistribute 명령어의 명시는 특정 주소 패밀리 섹션 하위에 있다. BGP가 다중 프로토 콜 라우팅 프로토콜이므로 redistribute 명령어를 특정 주소 패밀리 섹션에서 사용해서 해당 주소 패밀리의 정보만 재분배하도록 한다. 만일 둘 이상의 주소 패밀리의 연결된 경로를 재분배할 필요가 있다면 각 주소 패밀리 섹션 내에 redistribute 명령어를 명시해야 한다.

❻ 자동으로 ECMP를 사용하는 OSPF와 달리 BGP는 maximum_paths 명령어를 통해 명시적으로 활성화해야 한다. redistribute 명령어와 다르게 특정 AFI/SAFI에서 ECMP를 사용하도록 BGP를 구성할 수 있다.

이 구성의 문제점은 OSPF와 유사하지만 더 어렵다.

- 모든 노드의 구성이 서로 다르기 때문에 자동화하기 쉽지 않다. 스파인01의 구성은 다른 스파인의 구성과 다르며 리프01의 구성은 모든 다른 리프와 서로 다르다.

- 이 구성에서는 각 원격 피어의 IP 주소를 이웃 구성에 사용해야 한다. 이 주소로 BGP가 연결 수립을 시도하거나 연결 시도 요청을 수락하기 때문이다. BGP 구성은 개별 피어의 IP 주소 정보가 필요하므로 자동화나 문제 해결이 OSPF의 경우보다 조금 더 복잡해진다.

- 마찬가지로 원격 피어의 ASN 사용이 필요하다. 리프의 관점에서는 모든 스파인이 동일한 ASN에 속하므로 쉬울 수 있다. 하지만 스파인의 경우에는 ASN을 올바른 IP 주소와 연결하는 데 매우 신중해야 한다.

- 오류를 쉽게 (육안으로) 발견할 수 없다. 오류는 여러 줄의 상호 작용에 기인해서 발생할 수 있으므로 여러 종류의 정보를 반드시 검증해야 한다.

- neighbor 명령어가 광고 주기, 광고 활성화 등의 다양한 매개변수를 구성하기 위해 반드시 반복되어야 한다.

- 인터페이스에 IP 주소가 있어서 redistribute connected 명령어가 인터페이스의 IP 주소와 루프백 및 서버 서브넷의 IP 주소를 함께 광고한다. 13장에서 살펴본 것처럼 인터페이스 IP 주소는 불필요한 오버헤드(BGP 메시지, RIB와 FIB 크기 등)를 더한다.

- BGP는 network 구성 옵션으로 광고하고자 하는 주소 접두사를 특정할 수 있다. redistribute connected를 사용하는 대신 루프백과 서버 서브넷을 광고하기 위해서만 사용할 수 있다. 이를 사용하면 가능한 한 라우터의 구성을 동일하게 하고자 하는 노력에서 멀어지게 된다.

이 구성을 단순화하기 위한 여정의 시작을 **피어 그룹**peer group이라 불리는 기능을 사용해서 템플릿을 만드는 것으로 시작해보자. 그 후 redistribute connected 문에 라우팅 정책을 추가해서 인터페이스 IP 주소의 광고를 제거하는 방법을 살펴본다.[1]

---

1 OSPF에서는 redistribute를 사용하지 않았다. 따라서 라우팅 정책 사용을 다룰 필요가 없었다.

15.3 피어 그룹

여러 이웃을 구성할 때의 반복을 단순화하기 위해 대부분의 라우팅 제품군은 **피어 그룹**peer group 이라고 하는 템플릿 형식의 기능을 지원한다. 사용자는 피어 그룹에 이름을 지정해서 생성하고 이웃 연결을 위한 원하는 속성(remote-as, 연결 타이머, BFD 사용 여부) 구성을 진행한다. 그다음 운영자는 실제 이웃들을 생성한 피어 그룹에 할당함으로써 동일한 내용을 계속해서 작성해야 할 필요가 없게 한다. FRR, 시스코, 주니퍼, 아리스타를 포함하여 많은 구현체가 피어 그룹과 같은 기능을 지원한다. 시스코의 NX-OS는 템플릿이라는 보다 유연한 템플릿 모델을 지원한다.

[예제 15-2]는 [예제 15-1]의 스파인01의 구성을 피어 그룹을 사용하여 보여준다.

예제 15-2 피어 그룹을 사용하는 전통적인 BGP 구성

```
router bgp 65000
   bgp router-id 10.0.0.21
   bgp log-neighbor-changes
   timers bgp 3 9
   no bgp default ipv4 unicast
   neighbor peer-group ISL          ❶
   neighbor ISL bfd                 ❷
   neighbor ISL advertisement-interval 0     ❷
   neighbor 169.254.1.1 remote-as 65011      ❸
   neighbor 169.254.1.1 peer-group ISL       ❹
   neighbor 169.254.1.3 remote-as 65012
   neighbor 169.254.1.3 peer-group ISL
   neighbor 169.254.1.5 remote-as 65013
   neighbor 169.254.1.5 peer-group ISL
   neighbor 169.254.1.7 remote-as 65014
   neighbor 169.254.1.7 peer-group ISL
   bgp bestpath as-path multipath-relax
   address-family ipv4 unicast
      neighbor ISL activate
      redistribute connected
      maximum-paths 64
   exit-address-family
```

❶ ISL이라는 peer-group을 정의한다.

❷ 여기에 할당된 속성들은 ISL 피어 그룹 내의 모든 멤버가 공유한다.

❸ remote-as 값은 피어별로 다르다. 따라서 피어 그룹에서 공통된 값으로 정의할 수 없다.

❹ 이웃을 이미 정의된 피어 그룹에 추가한다. 해당 피어 그룹의 모든 속성을 추가된 이웃이 상속한다.

15.4 라우팅 정책

라우팅 정책은 간단하게 말하면 경로 광고를 수락하거나 거절하는 것을 특정한다. 라우팅 정책이 적용되는 곳에 따라 피어로부터 받은 경로, 피어에 광고하는 경로, 재분배하는 경로 각각에 대해 수락 또는 거절을 할 수 있다. 라우팅 정책은 가장 복잡할 때 주소 접두사의 최적 경로 선정에 영향을 미치는 메트릭을 수정할 수 있으며 단일 주소 접두사 또는 여러 주소 접두사의 속성 및 커뮤니티를 추가하거나 제거할 수 있다. BGP가 기본적으로 서로 다른 관리 도메인을 연결한다는 것을 감안하면 BGP는 어떤 라우팅 프로토콜보다 가장 복잡한 라우팅 정책을 만들 수 있다.

라우팅 정책은 일련의 if-then-else 문 조건과 해당 조건이 일치할 때 실시하는 동작으로 구성되어 있다.

예를 들어 이전 절에서 설명한 인터페이스 IP 주소 광고로 발생하는 문제를 회피하기 위한 라우팅 정책의 의사코드는 다음과 같다(이 절 끝에서는 이 의사코드를 실제 구성 문법으로 발전시킬 것이다).

```
if prefix equals '169.254.0.0/16' then reject else accept
```

이전 예제에서 이미 살펴본 연결된 경로를 재분배하는 구성에서 안전한 정책은 데이터 센터에 속한 경로만 수락하고 나머지는 거부하는 것이다. 지금까지 살펴본 구성에는 두 종류의 주소 접두사가 포함되어 있다. 하나는 172.16.0.0/16(네트워크에는 호스트 방향 서브넷이 많이 있다고 가정한다)이며 다른 하나는 라우터의 루프백 IP 주소(예를 들면 10.0.0.11/32)다. 마찬가지로 광고되면 안 되는 인터페이스 주소 서브넷인 169.254.0.0/16도 있다. 따라서 라우팅 정책의 첫 번째 변형은 다음과 같다.

```
if prefix equals 172.16.0.0/16 then accept
else if prefix equals 10.0.0.0/24 then accept
else reject
```

하지만 위와 같은 정책으로 10.0.254.0/25와 같은 서브넷 광고를 누군가가 우연히 한다면 이를 수락하게 된다. 여기서는 모두 /32 주소로 이뤄진 라우터 루프백의 정확한 주소들의 접두사만 수락하고 싶다. 어떻게 할 수 있을까? 한정자를 더 추가해보자.

```
if prefix belongs to 172.16.0.0/16 then accept
else if (prefix belongs to 10.0.254.0/24 and
         address mask equals 32) then
     accept
else reject
```

추가된 한정자 address mask equals는 주소뿐만 아니라 주소 마스크를 이용해서 주소들을 보다 정확하게 일치시킬 수 있다.

여러 라우팅 정책을 사용할 수 있으므로 이 정책에 이름을 붙이고 함수로 나타내보자.

```
ACCEPT_DC_LOCAL(prefix)
{
    if prefix belongs to 172.16.0.0/16 then accept
    else if (10.0.254.0/24 contains prefix and
             subnet equals 32) then
    accept
    else reject
}
```

필자가 봐온 모든 네트워크 구성에서는 route-map과 prefix-list 이름에 대문자를 사용한다. 단지 이름뿐이지만 운영자는 나름의 규약(대문자, 카멜 케이스[camelCase] 등)을 자유롭게 선택할 수 있으며 규약을 잘 따르는 것이 유용하다.

15.4.1 경로 맵: 라우팅 정책의 구현

경로 맵은 라우팅 정책을 구현하는 일반적인 방법이다. FRR, 시스코의 IOS, NX-OS, 아리스타 외 다수가 경로 맵을 지원한다. 주노스 OS는 논란의 여지가 있지만 보다 직관적이고 강력한 다른 종류의 문법을 사용한다. 오픈 소스 라우팅 제품인 BIRD는 이보다 더 들어가서 route-map과 prefix-list의 조합을 사용하지 않고 간단한 도메인 특화 프로그래밍 언어domain-specific programming language[2]를 사용한다. 이를 설명하는 것은 이 책의 범위를 벗어난다. 관심이 있다면 BIRD의 웹 페이지[3]에서 보다 자세한 내용을 찾을 수 있다.

각 route-map 영역의 문법은 다음과 같다.

```
route-map NAME (permit|deny) [sequence_number]
  match classifier
  set action
```

이를 통해 일치된 경로를 허용할 것인지 거부할 것인지 판단하는 정책에 이름을 할당하고 분류 자classifier와 입력이 일치하는지 확인한다. 만약 match 절이 분류자와 일치하면 set 절이 수행 된다. 선택 사항인 sequence_number는 동일한 이름을 가진 route-map이 둘 이상 존재할 경우 어떤 순서로 이를 수행할 것인지 특정할 수 있다.

permit 키워드는 매치가 성공하는 경우에 수행되며 deny 키워드는 매치가 실패하는 경우에 적 용된다. deny는 'not' 연산자로 동작해서 일치하면 경로를 거절한다.

경로 맵에는 마지막에 암묵적인 'deny'가 있다. 따라서 일치되는 엔트리가 없는 경우 입력을 거 절한다.

경로 맵의 분류자

경로 맵은 다양한 종류의 분류자를 제공한다. 다양한 특성을 분류자로 사용할 수 있으며 구현 체마다 서로 다른 분류자 종류를 지원(일부 구현체에서는 모든 표준 분류자를 지원하고 독자 적인 분류자도 함께 지원한다)하기도 한다. [표 15-1]은 필자가 생각하기에 데이터 센터에서 가장 유용한 분류자 종류를 설명한다. 물론 이외에도 다양한 분류자가 사용되는 경우도 있다.

---

2 옮긴이_ domain-specific language(DSL)라고 더 많이 쓴다. 특정 도메인에 적용하기 위해 특화된 언어를 뜻한다.
3 https://bird.network.cz

표 15-1 경로 맵의 분류자

분류자명	설명
as-path	BGP의 AS_PATH와 매치
ip	IP 주소, 다음 홉, 출발지 등의 IPv4 정보와 매치
ipv6	IP 주소, 다음 홉, 출발지 등의 IPv6 정보와 매치
interface	인터페이스명을 매치
peer	세션 피어의 정보를 매치

IP 주소 접두사를 분류자로 사용하는 라우팅 정책의 예로 두 접두사를 정의하는 방법을 살펴보자.

```
ip prefix-list DC_LOCAL_SUBNET seq 5 permit 172.16.0.0/16 ge 24
ip prefix-list DC_LOCAL_SUBNET seq 10 permit 10.0.0.0/24 ge 32
```

위 명령어를 통해 172.16.0.0/16과 10.0.0.0/24 두 접두사를 포함하는 DC_LOCAL_SUBNET 이라고 하는 단일 리스트를 정의한다. 이 두 가지 경우에 모든 주소 접두사는 이 리스트를 기준으로 접두사가 정확히 일치하는지 또는 해당 접두사 내에 속하는지 확인하게 된다. 여기서 10.0.0.0/24 ge 32가 정확히 의미하는 바는 이 조건에 일치하는 것은 반드시 /32 서브넷이어야 한다는 것이다. 비록 '크거나 같은'이라는 뜻이지만 /32가 IPv4에서 가장 높은 마스크이며 단일 호스트로 구성된 가장 작은 서브넷을 나타내므로 이 명령어는 /32 접두사에 대해서만 정확하게 일치한다.

seq <number>는 각 매치의 순서를 결정한다. 예를 들어 10.1.1.1/32만 거절하고 10.1.1.0/24 의 다른 주소들은 허용하고 싶은 경우 prefix-list를 시퀀스 넘버를 이용해서 다음과 같이 정렬하는 것이 바람직하다.

```
ip prefix-list EXAMPLE_SEQ seq 5 deny 10.1.1.1/32
ip prefix list EXAMPLE_SEQ seq 10 permit 10.1.1.0/24
```

이제 DC_LOCAL_SUBNET으로 두 주소 접두사를 매치하는 route-map을 정의할 수 있다. 다음 예제는 15.4절 '라우팅 정책'에서 설명한 if-then-else 형식의 라우팅 정책 의사코드와 동일한 route-map이다. 정책을 고려하기 위한 redistribute 명령어를 포함한다.

```
ip prefix-list DC_LOCAL_SUBNET seq 5 permit 172.16.0.0/16 ge 26
ip prefix-list DC_LOCAL_SUBNET seq 10 permit 10.0.0.0/24 ge 32
route-map ACCEPT_DC_LOCAL permit 10
  match ip-address DC_LOCAL_SUBNET

redistribute connected route-map DC_LOCAL_SUBNET
```

앞선 예제와 달리 이 예제에는 route-map 영역에 set 절이 없다. 단순히 주소 접두사를 허용하거나 거부하는 것 외에는 다른 동작은 수행하지 않기 때문이다.

IP 주소 접두사를 사용하는 대신 인터페이스 이름을 사용할 수 있다. 예를 들어 라우터의 기본 루프백 IP 주소만 광고하고 싶을 때의 구성은 다음과 같다.

```
route-map ADV_LO permit 10
  match interface lo

redistribute connected route-map ADV_LO
```

여기서 주목할 점은 루프백 인터페이스에 부여한 호스트 로컬 127.x.x.x 주소를 광고하지 않고 전역으로 접근 가능한 IP 주소만 광고한다는 것이다. 이러한 방식의 장점은 route-map의 변경이나 BGP 구성을 수정하지 않고도 인터페이스 변경이 자유롭고 인터페이스에 비연속적인 IP 주소를 사용할 수 있다는 것이다. 일부 운영자는 올바르지 않은 주소 할당으로 잘못된 경로 광고가 되는 것을 막기 위해 인터페이스 이름보다는 IP 주소 사용을 더 선호한다.

루프백과 vlan10의 IP 주소를 모두 광고하고 싶은 경우에는 FRR에서 다음과 같이 하면 된다.

```
route-map ADV_LO permit 10
  match interface lo

route-map ADV_LO permit 10
  match interface vlan10

redistribute connected route-map ADV_LU
```

FRR에서만 match interface를 redistribute connected와 함께 사용하도록 지원하고 있다. 다른 모든 라우팅 제품이 이 방식을 지원하는 것은 아니다.

안전한 경로 맵 작성

경로 맵을 작성하는 두 가지 방법이 있다. 첫 번째는 허용할 것만 명시적으로 작성하고 나머지는 모두 암묵적으로 거부하도록 하는 것이다. 두 번째는 이와 반대로 거부할 것을 명시적으로 작성하고 나머지는 허용하는 것이다. 첫 번째 방법이 보다 안전하고 추천되는 방식이다. 이를 설명하기 위해 ADV_L0 경로 맵은 루프백과 서버 서브넷 인터페이스를 허용하도록 명시적으로 작성되었고 나머지는 거절, 무시하도록 했다. 명시적인 deny 절을 추가하고 나머지를 허용하도록 바꾸면 다음 EXCEPT_ISL_ETH0 경로 맵과 같다. swp1과 swp2는 스위치 간 링크이며 eth0는 관리 인터페이스이며 모두 거절된다. 여기서 남은 다른 인터페이스는 루프백과 서버 서브넷만이라고 가정한다.

```
route-map EXCEPT_ISL_ETH0 deny 10
    match interface swp1
route-map EXCEPT_ISL_ETH0 deny 20
    match interface swp2
route-map EXCEPT_ISL_ETH0 deny 30
    match interface eth0
route-map EXCEPT_ISL_ETH0 permit 40

redistribute connected route-map EXCEPT_ISL_ETH0
```

마지막 permit 설정으로 deny 경로 맵 중 하나와 일치하지 않는 모든 인터페이스를 허용한다.

다음은 이 route-map과 동일한 의사코드다.

```
EXCEPT_ISL_ETH0(interface)
{
    if interface is not swp1 and
        interface is not swp2 and
        interface is not eth0 then
        redistribute connected
}
```

이 방식의 단점은 새로운 인터페이스가 유효한 IP 주소를 가지고 추가되었을 때 관리자의 의도와 상관없이 즉시 광고된다는 점이다. 따라서 이 방법은 안전하지 못하므로 라우팅 정책을 구성할 때 사용하면 안 된다.

앞서 살펴본 루프백과 vlan10 인터페이스 주소 외에는 광고하지 않는 방법이 대안이 될 수 있다. 다시 말해 허용할 것을 명시적으로 표시하고 나머지는 거부해야 한다. 주소를 광고해야 할 인터페이스가 많은 경우에는 귀찮을 수 있다. 일반적이 라우팅 제품의 구현체들은 swp1-49(swp1부터 swp49의 모든 인터페이스를 포함한다)와 같은 문법을 통한 여러 인터페이스 정의를 허용하지 않는다. 이런 경우 인터페이스에 사용되는 IP 주소가 소수의 서브넷인 경우에는 IP 주소를 사용하는 것이 보다 작은 목록을 구성하는 한 방법이 될 수 있다.

BGP의 경로 맵

재분배되는 경로 외에도 BGP 처리의 다양한 부분에서 경로 맵을 활용할 수 있다. 그 예는 다음과 같다.

이웃의 광고를 허용할 주소 접두사 걸러내기

```
neighbor 169.254.1.1 route-map NBR_RT_ACCEPT in
```

이웃에 광고할 경로 걸러내기

```
neighbor 169.254.1.1 route-map NBR_RT_ADV out
```

network 문으로 광고되는 경로 걸러내기

```
network 10.1.1.1/24 route-map ADV_NET
```

BGP 처리에서 경로 맵의 영향

BGP는 경로 벡터 라우팅 프로토콜로 최적 경로 알고리즘을 실행하기 전까지는 경로 갱신을 알리지 않는다. route-map은 패킷 송수신 시 적용된다. 경로 맵에 연결된 BGP 스피커에 수십 또는 수백 이웃이 있다면 경로 광고를 하기 전에 각 이웃에서 route-map을 실행하는 것만으로도 CPU 부하가 높아져 업데이트 전송이 느려지게 된다. 느린 업데이트 처리는 수렴 시간에도 나쁜 영향을 준다.

띠리서 경로 맵과 피어 그룹이 종종 함께 사용되는데 이를 통해 이웃에 경로를 광고하기 전에 들어가는 BGP 처리량을 눈에 띄게 감소시킬 수 있다. 사용자 정의 피어 그룹을 사용하는 것보다 라우팅 구현체들은 일반적으로 이런 그룹을 동적으로 생성한다. 그 이유는 단일 피어 그룹이라고 하더라도 서로 다른 기능을 지원하는 서로 다른 이웃(예를 들어 일부만 MPLS를 지원하고 나머지는 지원하지 않을 수 있다)이 존재할 수 있기 때문이다. 이런 정보는 세션 수립 동안에만 결정된다. 따라서 사용자의 설정은 도움이 되지 않거나 피어 그룹에 속하는 모든 이웃이 정확하게 동일한 기능을 지원하는 것을 사용자가 보장해야 하는 과도한 부담이 생길 수 있다.

일부 구현체는 동일한 발신 경로 정책과 기능을 가진 피어들의 동적 그룹화^{dynamic grouping}와 그룹 해제^{ungrouping}를 지원해서 라우팅 정책이 있는 경로 처리의 성능을 향상시킨다. BGP는 전체 피어 그룹을 이루는 주소 접두사당 한 번만 정책을 실행한다. 그 결과 피어 그룹의 멤버별로 정책이 자동으로 적용된다. 이를 통해 라우팅 구현체가 수백 또는 수천 대의 이웃을 지원할 수 있게 확장할 수 있다. 이 기능을 **동적 업데이트 그룹**^{dynamic update group} 또는 **동적 피어 그룹**^{dynamic peer group}이라고 한다. 모든 구현체가 이를 지원하지 않을 수 있으므로 선택한 구현체에서 지원 여부를 확인하는 것이 중요하다.

15.5 데이터 센터를 위한 좋은 기본값 제공

관리 영역과 신뢰 구간을 넘어서는 경우에는 모든 관련 정보를 명시적으로 구성하는 것이 최고의 방법이다. 더욱이 서로 다른 기업 간의 기대치가 다르다는 것을 감안하면 BGP에서는 아무것도 가정하지 않고 가능한 모든 설정을 명시적으로 구성할 필요가 있다.

하지만 BGP가 데이터 센터에서 사용되면서 모든 것을 명시적으로 구성하는 행위가 불필요해졌다. 반드시 구성해야 할 것 같은 모든 설정은 신입과 중급 실무자에게 심적인 공포를 일으킨다(또는 적어도 잠재적인 혼란, 불필요한 부하를 가중시킨다). 이는 BGP에 정통한 사람조차 BGP를 구성하기 위해서는 상당히 많은 작업이 필요하다는 것을 지속적으로 느끼게 한다.

이런 모든 문제를 회피하기 위한 가장 좋은 방법은 바람직한 기본값을 설정해서 사용자가 신경 쓰지 않아도 되는 설정들은 신경쓰지 않도록 하는 것이다. 많은 사유 라우팅 제품군의 BGP 구현체는 서비스 제공자 세계에서 유래되어 일반적으로 이런 방법이 불가능하다. FRR과 같은 데이터 센터에서 사용을 목표로 하는 오픈 소스 라우팅 제품군에서 디폴트 구성은 사용자가 많은 옵션을 명시적으로 구성하지 않게 한다. 바람직한 기본값들은 사용자가 만드는 구성을 보다 관리하기 쉬운 크기로 렌더링해서 구성 오류 여부를 육안으로 쉽게 확인할 수 있다. 여러분의 조직이 데이터 센터 내 BGP 사용에 익숙해지면 올바른 기본값 구성은 견고한 자동화의 기반을 제공하게 된다.

FRR은 사용 사례에 따라 기본값을 정의할 수 있는 옵션을 지원한다. frr defaults datacenter 옵션은 데이터 센터를 위한 기본값들을 설정한다. 안타깝게도 이 옵션은 현재까지는 빌드 시점에만 지정할 수 있으며 곧 설정 가능한 옵션으로 제공될 것이다. 다음은 BGP를 위해 FRR에서 frr defaults datacenter를 선택한 경우의 기본값을 수백 개 회사의 네트워크 구성을 살펴본 경험 바탕으로 집대성한 것이다.

- eBGP와 iBGP에서 다중 경로 활성화
- 광고 주기는 0으로 설정
- 킵얼라이브와 보류 타이머는 각 3초와 9초로 설정
- 인접 변경 사항 로깅 활성화

피어 그룹, 경로 맵, 올바른 기본값을 사용할 때 [예제 15-2]의 스파인 구성은 [예제 15-3]과 같이 간소화할 수 있다.

예제 15-3 FRR에서 spine01의 넘버드 BGP 구성

```
router bgp 65000
  bgp router-id 10.0.0.21
  no bgp default ipv4 unicast
  neighbor peer-group ISL
  neighbor ISL bfd
  neighbor 169.254.1.1 remote-as 65011
  neighbor 169.254.1.1 peer-group ISL
  neighbor 169.254.1.3 remote-as 65012
  neighbor 169.254.1.3 peer-group ISL
  neighbor 169.254.1.5 remote-as 65013
  neighbor 169.254.1.5 peer-group ISL
  neighbor 169.254.1.7 remote-as 65014
  neighbor 169.254.1.7 peer-group ISL
  bgp bestpath as-path multipath-relax
  address-family ipv4 unicast
      neighbor ISL activate
      redistribute connected route-map ADV_LO
  exit-address-family

  route-map ADV_LO permit 10
    match interface lo
```

15.6 언넘버드 BGP: 성가신 인터페이스 IP 주소 제거

BGP를 정말로 쉽게 자동화하기 위해서는 개별 라우터에 특정되는 BGP 설정 중 남은 두 가지 요소를 제거해야 한다. [예제 15-4]는 우리가 최종 목표로 하는 구성을 보여준다.

예제 15-4 FRR에서 언넘버드 BGP 구성

```
! 스파인01 구성
!
interface lo
 ip address 10.0.0.21/32    ❶
!
router bgp 65000
   bgp router-id 10.0.0.21    ❶
   no bgp default ipv4 unicast
   neighbor peer-group ISL
   neighbor ISL remote-as external
   neighbor ISL bfd
   neighbor swp1 interface peer-group ISL
   neighbor swp2 interface peer-group ISL
   neighbor swp3 interface peer-group ISL
   neighbor swp4 interface peer-group ISL
   bgp bestpath as-path multipath-relax
   address-family ipv4 unicast
       neighbor ISL activate
       redistribute connected route-map ADV_LO
   exit-address-family

   route-map ADV_LO permit 10
      match interface lo

! 리프01 구성
!
interface lo
 ip address 10.0.0.11/32    ❶
!
! 다음 구문은 서버 서브넷을 의미한다.
!
interfa[ce vlan10
   ip address 172.16.1.1/24    ❷
!
router bgp 65011
   bgp router-id 10.0.0.11    ❶
```

```
no bgp default ipv4 unicast
neighbor peer-group ISL
neighbor ISL remote-as external
neighbor ISL bfd
neighbor swp1 interface peer-group ISL
neighbor swp2 interface peer-group ISL
address-family ipv4 unicast
    neighbor ISL activate
    redistribute connected route-map ADV_LO_SRVRS
exit-address-family

route-map ADV_LO_SRVRS permit 10
  match interface lo
route-map ADV_LO_SRVRS permit 20
  match interface vlan10
```

❶ router-id 정의만 BGP 구성 전체에서 유일하게 다른 부분이다.

❷ 서버 서브넷 정의는 리프별로 다르다.

[예제 15-4]처럼 BGP 구성에서 유일하게 다른 것은 router-id 값이다. 피어의 IP 주소와 ASN에 대한 어떤 구성도 존재하지 않는다.

그럼 어떻게 FRR이 이런 요술을 부렸는지 살펴보자. remote-as external을 사용한 가장 단순한 것부터 먼저 알아본다.

15.6.1 어떤 이름이든 가능한 remote-as

이웃 사양neighbor specification에서 피어의 ASN을 특정하는 두 가지 주요 용도는 다음과 같다.

- 관리 도메인을 넘어선 연결 시 연결할 ASN을 명시적으로 표시하기 위해서다. 잘못된 관리 도메인에 실수로 연결되면 대규모 재무 및 글로벌 피해가 발생할 여지가 있다.
- BGP 피어링이 iBGP 규칙 또는 eBGP 규칙 중 어떤 것에 적용되는지 식별하기 위해서다.

데이터 센터에서 ASN을 사용하는 유일한 진짜 이유는 AS_PATH를 통해 BGP 루프를 탐지하기 위해서다(iBGP는 자동 생성되는 cluster-id를 통해 루프 탐지를 한다. 하지만 14장에서 설명한 대로 iBGP는 보다 복잡한 처리가 필요하므로 데이터 센터에서 클로스 패브릭을 위한 기본 라우팅 프로토콜로 사용하지 않는다). 따라서 피어의 특정 ASN을 지정해야 하는 필요성을 무시할 수 있다.

이런 이유로 FRR은 remote-as 키워드에 두 가지 새로운 선택 사항인 external과 internal을 추가했다. external이 의미하는 바는 이 이웃(피어의 ASN은 반드시 자신과 달라야 한다)과 eBGP 연결을 설정하는 것을 기대한다는 것이다. internal이 의미하는 바는 반대로 iBGP 연결을 맺는 것(이때 피어의 ASN은 자신과 같아야 한다)을 기대한다는 것이다. 현실에서는 BGP 스피커가 BGP OPEN 메시지에서 수신한 ASN으로 iBGP와 eBGP를 구분할 수 있으므로 이런 지정을 무시할 수도 있다. remote-as 명령어는 BGP 피어 자료 구조 생성 시작에 도움이 된다. 하지만 여러 명령어를 사용할 때 이웃 사양 내 오타로 인해 새로운 BGP 피어를 생성하기 쉽다. 예를 들어 169.265.1.11 피어가 있을 때 명령어에 오타가 있어서 neighbor 169.254.1.11 timers connect 9 대신 neighbor 169.254.11.1 timers connect 9로 한다면 BGP는 원하지 않는 이웃과 세션을 맺을 준비를 시작할 것이다.

ASN을 정확하게 지정하는 오래된 방법 역시 여전히 사용 가능하다.

15.6.2 BGP에서 언넘버드 인터페이스 동작 방식

명시적으로 IP 주소가 할당되지 않은 인터페이스에서 BGP가 동작하기 위해서는 다음의 잘 정의된 네 가지 기능이 필요하다.

- 인터페이스의 IPv6 링크 로컬 주소 사용
- 피어의 링크 로컬 주소를 학습하기 위한 IPv6 라우터 광고 프로토콜router advertisement protocol 사용
- IPv4 주소와 IPv6 링크 로컬 주소를 다음 홉으로 안내하기 위한 RFC 5549 사용
- RFC 5549 주소 공지로 획득한 정보를 사용하여 라우팅 테이블 생성

이제 각 내용을 좀 더 자세히 알아보자.

IPv6 링크 로컬 주소

IPv6 스택은 리눅스이든 전통적인 공급 업체 스택이든 모든 네트워크 운영체제에서 사용 가능하다. IPv6가 링크에서 활성화되면 해당 링크에서만 유효한 IPv6 주소인 **링크 로컬 주소**link-local address, LLA를 자동으로 생성한다. 대체로 인터페이스 MAC 주소가 링크 로컬 주소 생

성에 사용된다. IPv6 LLA는 잘 정의된 형식이며 fe80으로 시작한다. IPv6 LLA의 예로 fe80::5054:ff:fe6d:4cbe가 있다.

언넘버드 BGP는 이 LLA를 사용해서 TCP 연결을 설정한다. FRR은 사용자에게 이를 명시하도록 요청하는 대신 인터페이스 이름을 사용해서 사용자가 IPv6 LLA로 BGP 피어링 수립을 하고자 하는 것을 이해한다. 따라서 fe80::5054:ff:fe6d:4cbe가 인터페이스의 IPv6 LLA라면 FRR은 인터페이스에 들어오는 피어의 연결 요청이 이 주소로 수신된다고 기대한다. 마찬가지로 FRR은 IPv6 LLA를 사용해 피어에 연결 요청을 보낸다.

하지만 원격 엔티티와 연결을 수립하기 위해 BGP는 링크 반대편 인터페이스의 IPv6 LLA가 필요하다. 그럼 노드는 어떻게 이를 자동으로 알 수 있을까? 바로 IPv6 라우터 광고를 통해서다.

IPv6 라우터 광고

호스트와 라우터가 자동으로 이웃 라우터를 발견할 수 있도록 IPv6 설계자들은 라우터 광고 router advertisement, RA를 추가했다. RA는 IPv6의 NDP[4]에서 사용되는 메시지의 일종이다. IPv6 NDP는 IPv4의 ARP와 동등한 것이다. 인터페이스에서 활성화되면 RA는 LLA를 포함한 인터페이스의 IPv6 주소를 주기적으로 알린다. 따라서 한 종단은 자동으로 다른 쪽의 IPv6 주소를 알 수 있게 된다. IPv6와 같이 RA는 오늘날 호스트와 라우터에서 모두 보편적으로 구현되어 있다.

명확하게 IPv6 LLA 사용은 운영자가 IPv6를 네트워크에 배치하여 주소로 사용하는 것과 상관이 없다. IPv6 LLA는 BGP 세션을 시작하기 위한 TCP 연결을 수립하는 것에만 사용된다. 일반적으로 자동으로 IPv6가 링크에서 활성화되는 것과 IPv6 라우터 광고를 링크에서 활성화하는 것 외에는 IPv6에 대해 운영자가 알아야 할 내용은 없다..

RFC 5549

IPv6 LLA로 TCP 연결을 수립하는 것만으로는 부족하다. IPv4 경로를 교환하기 위해서는 IPv4 주소의 다음 홉이 필요하다. 하지만 IPv4 주소가 없는 인터페이스에서 BGP 피어링이 수립된 경우에는 광고할 수 있는 라우터로 도달 가능한 IPv4 주소가 없다. 그럼 어떻게 할 수 있을까? 이 방법은 두 부분으로 구성된다. 하나는 제어 평면 부분이며 다른 하나는 패킷 포워

---

[4] https://oreil.ly/J_IYR

딩(또는 데이터 평면) 부분이다. 제어 평면 부분에서는 BGP의 다음 홉 값을 부호화하기 위한 잘 정의된 표준 확장 구현이 사용된다. 이 표준은 'IPv6 다음 홉에서 IPv4 네트워크 계층 도달성 정보 광고'라는 제목의 RFC 5549[5]에 정의되어 있다. IPv4 NLRI는 단지 경로일 뿐이라는 것을 기억해야 한다. 따라서 RFC에서는 다음 홉 IPv6 주소에서 IPv4 경로를 광고하는 방법을 정의한다. 정확하게 원하는 것이다!

14장에서 인코딩에 대해 설명하면서 [그림 14-3(a)]에서 IPv4 경로는 NEXTHOP 속성을 사용하고 [그림 14-3(b)]에서 비 IPv4 경로는 MP_REACH_NLRI 속성을 사용한다고 했다. MP_REACH_NLRI 속성의 AFI/SAFI 필드는 광고되는 경로의 네트워크 주소 패밀리를 정의한다. 다음 홉 네트워크 주소$^{\text{nexthop network address}}$ 필드는 같은 AFI/SAFI에 속한다. MP_REACH_NLRI의 형식과 기능을 정의한 RFC 4760[6]에서 다음 홉 네트워크 주소 필드는 다른 부호화를 사용할 수 있고 필드 부호화는 반드시 어떤 부호화를 사용했는지 쉽게 식별할 수 있어야 한다고 되어 있다. RFC 5549에서는 다음과 같이 설명하고 있다.

- MP_REACH_NLRI를 IPv4(와 VPN-IPv4)에서도 사용 가능하다.
- 다음 홉 네트워크 주소 필드의 길이 필드를 사용해서 해당 필드가 링크 로컬과 글로벌 IPv6 주소를 모두 가지고 있는지 또는 그중 하나만 있는지 식별할 수 있다.

즉, IPv4 다음 홉이 있는 IPv4 경로에서 [그림 14-3(a)]를 사용할 수 있고 IPv6 다음 홉이 있는 IPv4 경로에서는 [그림 14-3(b)]를 사용할 수 있다.

다른 BGP 확장과 마찬가지로 부호화와 IPv6 다음 홉이 있는 IPv4 처리는 BGP OPEN 메시지에서 기능 교환의 일환으로 처음 협상된다. 피어링 세션의 양측 모두가 이 기능을 지원해야 IPv4 경로 광고를 IPv6 다음 홉을 사용해서 할 수 있다. RFC 5549에 대한 지원을 나타내는 BGP 기능을 **확장된 다음 홉**$^{\text{extended next hop}}$이라고 한다.

RFC 5549의 패킷 포워딩

제어 평면 문제가 해결되었는데 패킷 포워딩은 어떻게 할까? 라우팅 테이블이 IPv6 다음 홉에서 IPv4 경로를 지원하기 위해 확장되어야 하는가? 패킷 스위칭 실리콘이 이 기능을 지원해야 하는가? RFC 5549 지원이 패킷 스위칭 실리콘 변경이 **필요 없는 이유**를 알아보자.

---

5 https://oreil.ly/FUjps
6 https://oreil.ly/CzNqY

5.1절 '라우팅 개요'에서 다음 홉 라우터의 IP 주소가 다음 홉 라우터의 인터페이스 MAC 주소만을 알기 위해 어떻게 사용되는지 설명했다. 이 MAC 주소는 라우터에서 패킷을 승인할 수 있도록 라우팅되는 패킷의 대상 MAC 주소로 사용된다. 다음 홉 라우터의 IP 주소는 패킷 어디에서도 사용되지 않는다.

IPv6 RA는 피어 라우터의 링크 로컬 IPv6 주소만 제공하는 것이 아니라 라우터의 피어 인터페이스의 MAC 주소도 함께 제공한다. 따라서 모든 주어진 IPv6 링크 로컬 주소에는 MAC 주소가 함께 있다. 패킷 스위칭 실리콘에는 일반적으로 다음 홉의 그룹을 가리키는 경로가 있고, 다음 홉의 각 엔트리에는 MAC 주소(와 VLAN)만 포함된다. 그래서 패킷 스위칭 실리콘의 라우팅 테이블은 이 정보를 가진 IPv4 경로와 다음 홉의 MAC 주소로 채워진다. 그러므로 RFC 5549 부호화의 정보는 IPv4 다음 홉 주소로 IPv4 경로를 수신한 것처럼 패킷 스위칭 실리콘을 채우는 데 사용될 수 있다.

FRR과 RFC 5549

다음 홉 라우터의 IP 주소는 단 한 가지 분명한 것에만 필요하다. 바로 5.1.4절 내 박스 '리눅스 라우팅 테이블 화면'에서 설명한 대로 경로를 표시하는 명령어의 출력에서 사용된다. 더미 IPv4 주소를 사용해서 임시로 사용할 수 있다. FRR은 169.254.0.1을 더미 IPv4 주소(이 글을 쓰는 시점에서는 이를 설정으로 변경할 수 없었다)로 사용한다. 169.254.0.0/16이 IPv4 LLA 서브넷으로 사용하도록 규정된 것이다. 하지만 IPv4 LLA는 IPv6 LLA 방식과 달리 자동으로 인터페이스에 할당되지 않는다. FRR의 show ip route의 다음과 같은 출력을 살펴보자.

```
$ sudo vtysh -c 'show ip route'
Codes: K - kernel route, C - connected, S - static, R - RIP,
       O - OSPF, I - IS-IS, B - BGP, E - EIGRP, N - NHRP,
       T - Table, v - VNC, V - VNC-Direct, A - Babel, D - SHARP,
       F - PBR,
       > - selected route, * - FIB route

C>* 10.0.0.11/32 is directly connected, lo, 20:04:01
B>* 10.0.0.12/32 [20/0] via fe80::5054:ff:fe92:a7dd, swp4, 20:03:52
   *                    via fe80::5054:ff:fef5:ca97, swp2, 20:03:52
   *                    via fe80::5054:ff:feb6:d927, swp1, 20:03:52
B>* 10.0.0.13/32 [20/0] via fe80::5054:ff:fe92:a7dd, swp4, 20:03:52
   *                    via fe80::5054:ff:fef5:ca97, swp2, 20:03:52
   *                    via fe80::5054:ff:feb6:d927, swp1, 20:03:52
```

여기서 각 IPv4 경로는 다음 홉으로 IPv6 LLA(fe80::로 시작하는 주소)를 갖는다. 이는 BGP를 통해 학습한 경로다. 동일한 경로를 리눅스 커널에서 살펴보면 [예제 15-5]와 같은 코드를 볼 수 있다.

예제 15-5 RFC 5549를 사용해서 광고되는 경로의 리눅스 FIB 출력

```
$ ip ro show
10.0.0.12  proto bgp  metric 20
        nexthop via 169.254.0.1  dev swp4 weight 1 onlink
        nexthop via 169.254.0.1  dev swp2 weight 1 onlink
        nexthop via 169.254.0.1  dev swp1 weight 1 onlink
10.0.0.13  proto bgp  metric 20
        nexthop via 169.254.0.1  dev swp4 weight 1 onlink
        nexthop via 169.254.0.1  dev swp2 weight 1 onlink
        nexthop via 169.254.0.1  dev swp1 weight 1 onlink
```

ip neighbor 테이블 엔트리는 다음과 같다.

```
$ ip neighbor
169.254.0.1 dev swp2 lladdr 52:54:00:f5:ca:97 PERMANENT
169.254.0.1 dev swp1 lladdr 52:54:00:b6:d9:27 PERMANENT
169.254.0.1 dev swp4 lladdr 52:54:00:92:a7:dd PERMANENT
fe80::5054:ff:fe92:a7dd dev swp4 lladdr 52:54:00:92:a7:dd router REACHABLE
fe80::5054:ff:fef5:ca97 dev swp2 lladdr 52:54:00:f5:ca:97 router REACHABLE
fe80::5054:ff:feb6:d927 dev swp1 lladdr 52:54:00:b6:d9:27 router REACHABLE
```

169.254.0.1 엔트리에서 모든 인터페이스의 MAC 주소(예를 들면 52:54:00:f5:ca:9)는 대응하는 IPv6 엔트리의 인터페이스 MAC 주소와 동일하다. 또한 엔트리는 PERMANENT로 표시되어 있다. 이는 커널에서 해당 엔트리가 정적 엔트리라는 것이다. 즉, 커널은 이 ARP 엔트리를 리프레시^{refresh}하려고 하지 않는다는 뜻이다.

이 모든 것을 묶어서 FRR은 언넘버드 BGP를 다음과 같이 구현한다.

1. FRR은 IPv6 RA를 네이티브하게 구현한다. FRR의 RA가 활성화된 인터페이스는 자신의 LLA와 MAC 주소를 알린다. RA 패킷은 링크 로컬 멀티캐스트 주소를 사용하고 절대 포워딩되지 않는다.

2. 피어 라우터로부터 RA 패킷을 인터페이스에서 수신하면 FRR의 RA는 MAC 주소와 연결된 IPv6 LLA를 추출한다.

3. 이제 인터페이스의 피어링 주소를 알게 되었으므로 FRR은 학습한 IPv6 LLA를 이용해서 BGP가 연결 수립 동작을 시작하도록 한다.

4. BGP 연결 수립이 성공하면 BGP는 피어링 세션의 양측이 RFC 5549를 지원하는지 기능 협상을 통해 확인한다.

5. BGP가 피어의 IPv6 LLA(그리고 전역 IPv6 주소[7]가 구성되었다면 이 주소도 함께)에서 10.0.0.11/32 경로에 대한 경로 광고를 수신한다.

6. BGP가 10.0.0.11/32의 경로를 최적 경로로 선택하면 이 경로를 RIB 프로세스[8](FRR에서는 zebra로 불린다)로 전달하고 다음 홉을 BGP UPDATE 메시지에서 수신한 IPv6 LLA로 설정한다.

7. RIB가 이 BGP 경로를 최적 경로로 선정해서 FIB를 채운다고 가정하자. RIB 프로세스는 IPv6 LLA와 연결된 MAC 주소에 대한 정보가 있는지 여부를 자신의 데이터베이스에서 확인한다. 그리고 이러한 엔트리가 있음을 알게 된다.

8. RIB 프로세스는 이제 169.254.0.1에 대한 정적 ARP 엔트리를 이 MAC 주소로 추가하고 피어링 인터페이스를 발신 인터페이스로 추가한다.

9. RIB 프로세스는 이 경로를 커널 라우팅 테이블에 169.254.0.1의 다음 홉과 함께 넣고 발신 인터페이스를 피어링 인터페이스로 설정한다. FIB의 마지막 상태는 [예제 15-5]에서 설명한 것과 같다. 지금까지 패킷 포워딩을 위한 모든 설정이 올바르게 동작했다. 정확하게는 패킷 포워딩 로직은 이 모델에서도 여전히 동일하다.

링크가 다운되었거나 원격지에서 RA 생성을 중단한 경우 로컬 RA 프로세스는 이 LLA와 LLA와 연관된 MAC을 RIB에서 제거한다. 이로써 RIB 프로세스는 다음 홉으로 더 이상 도달할 수 없음을 알게 되고 BGP 프로세스에 이 다음 홉을 사용할 수 없음을 알려준다. RIB는 생성했던 정적 ARP 엔트리도 제거한다. 세션이 종료되면 BGP는 이 피어링 인터페이스를 가리키던 경로를 제거한다.

---

7 옮긴이_ 호스트 인터페이스에 부여되는 유일한 주소이며, 전역 범위에 속한다. 즉, 인터넷에서 라우팅 가능한 주소로 IPv4의 공인 주소와 동일한 역할을 한다.

8 RIB가 어떤 역할을 하는지는 5.1.4절 'RIB 및 FIB'를 참조하라.

[그림 15-3]은 언넘버드 BGP에서의 BGP 경로 교환 패킷의 타임라인을 나타낸다.

그림 15-3 FRR에서 언넘버드 BGP의 패킷 시퀀스 타임라인

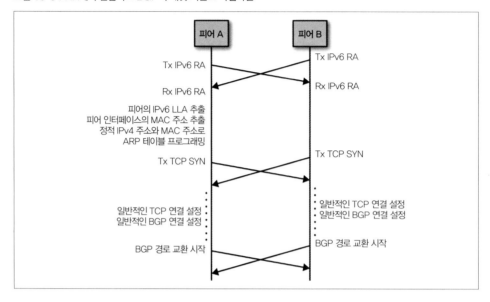

상호운영성

그렇다면 RFC 5549 사용은 네트워크의 모든 라우터가 이 동작을 지원할 필요가 있다는 것을 의미하는가? 하나의 BGP 피어링 세션에서 RFC 5549 지원 라우터와 비지원 라우터가 양쪽에서 경로 교환 처리가 가능한가? 답은 '그렇다'이다.

모든 eBGP 피어는 경로 광고를 전송하기 전에 NEXTHOP을 자신의 IP 주소로 설정한다. [그림 15-4]는 가상의 네트워크로, 라우터 B와 D는 RFC 5549를 지원하는 반면 라우터 A와 C는 지원하지 않는다. 따라서 B와 A의 링크와 B와 C의 링크는 명시적으로 인터페이스 IP 주소로 구성되어 있다. A가 10.1.1.0/24에 대해 도달 가능함을 알릴 때 피어링 인터페이스의 IPv4 주소를 다음 홉으로 전달한다. B가 10.1.1.0/24에 대해 도달 가능함을 알릴 때는 두 가지 방법을 사용한다. D에 경로를 전파할 때는 IPv6 LLA를 다음 홉으로 하고, C에 경로를 전파할 때는 자신의 인터페이스의 IPv4 주소를 다음 홉으로 전달한다.

그림 15-4 RFC 5549의 상호운영성을 설명하기 위한 토폴로지 예

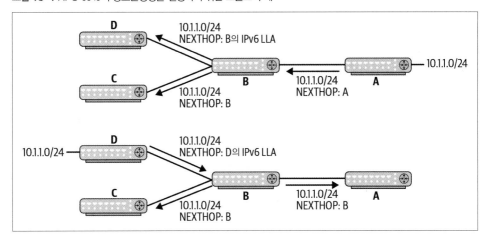

그 반대 방향으로는 D가 10.1.2.0/24에 도달 가능하다고 안내할 때 자기 인터페이스의 IPv6 LLA를 사용해서 B에 전달한다. B가 이 정보를 A와 C에 전달할 때는 피어링 인터페이스의 IPv4 주소를 다음 홉으로 설정한다.

15.6.3 FRR의 BGP 구성에 대한 마지막 관찰

앞서 살펴본 대로 언넘버드 BGP는 IPv6 활성화와 RFC 5549 지원이 필요하다. 이 두 가지 기능은 FRR에서 디폴트로 비활성화되어 있다. 인터페이스에서 이 기능들을 활성화하면 다음 스니펫과 같다.

```
! 인터페이스에서 RA를 활성화하고 5초마다 광고한다.
interface swp1
  no ipv6 nd suppress-ra      ❶
  ipv6 nd ra-interval 5       ❷
!
...
router bgp 65011
  bgp router-id 10.0.0.11
  neighbor ISL peer-group
  neighbor ISL remote-as external
  neighbor ISL bfd
  neighbor ISL capability extended-nexthop      ❸
```

```
neighbor swp1 interface peer-group ISL
neighbor swp2 interface peer-group ISL
...
```

❶ RA 활성화한다.

❷ RA의 광고 주기를 설정한다. 기본값은 한 시간이다.

❸ 라우터에서 RFC 5549 지원 기능이 가능하다고 광고한다.

FRR은 extended-next-hop 기능을 명시하면 RA 활성화를 명시할 필요가 없다. neighbor swp1 interface...를 명시하면 FRR은 언넘버드 BGP를 사용한다고 가정해서 RA를 인터페이스에서 자동으로 활성화한다. 이 인터페이스의 BGP 피어링 세션을 통해 RA 기능을 전파한다. 원하는 경우에 사용할 수 있는 설정이 존재하지만 일반적으로 불필요하다. 이것이 좋은 기본값을 제공하고 사용자로부터 복잡한 설정을 제거하는 FRR 설계의 또 다른 예다. 이로써 [예제 15-4]처럼 BGP 구성이 완성된다.

15.6.4 라우팅 스택에서의 언넘버드 BGP 지원

언넘버드 BGP의 첫 구현체는 FRR이었다. 그 뒤로 많은 다른 라우팅 스택이 이를 지원하기 시작했다. goBGP와 BIRD 이 두 가지가 언넘버드 BGP를 지원하는 또 다른 오픈 소스 라우팅 제품군이다. 상업 라우팅 스택 스타트업인 RtBrick[9]도 언넘버드 BGP를 지원한다. 이 글을 쓰는 시점에는 브로케이드^{Brocade}가 FRR에서 설명한 모델과 다른 모델을 사용하는 구현체를 내놓았으나 언넘버드 BGP를 지원하는 전통적인 공급 업체 라우팅 스택이 존재하지 않는다. 아리스타는 RFC 5549를 지원하지만 언넘버드 BGP 방식의 BGP 구성은 아니다. 시스코의 NX-OS는 아리스타를 끌어내기 위해 지원을 추가했지만 이유는 알 수 없다. 이 모든 내용은 당연하게도 이 글을 쓴 시점에서만 유효한 사실이다.

15.6.5 요약

이 절에서는 언넘버드 BGP 동작을 살펴봤고, 이를 사용한 결과로 구성이 눈에 띄게 단순해지

---

9 옮긴이_ https://www.rtbrick.com

는 것을 봤다. 이제 이 장의 남은 부분과 다음 장에서는 모든 구성 스니펫에서 언넘버드 BGP 사용을 가정한다.

15.7 IPv6 구성

BGP에서 IPv6 지원을 추가하는 것은 단지 AFI/SAFI를 활성화하는 것과 연관된 경로를 광고하는 것뿐이다. 다음 구성 스니펫을 통해 [예제 15-4]에 IPv6 지원을 추가하는 것이 얼마나 간단한 것인지 알 수 있다.

```
address-family ipv6 unicast
    neighbor ISL activate
    redistribute connected route-map ADV_LO
```

이 스니펫은 구성의 BGP 부분(router bgp 하위)에 적용된다. route-map 사용은 이 설정이 스파인에 사용되는 것임을 알려준다. 리프 구성에 추가된 내용은 리프가 반드시 루프백과 로컬에 연결된 서버 서브넷을 광고해야 하므로 다른 경로 맵을 사용한다는 점을 제외하면 유사하다.

초기의 다중 프로토콜 BGP의 구현체는 버그가 많아서 사람들이 IPv4와 IPv6의 개별 BGP 세션을 구성했었다. 분리된 구성은 IPv6 지원에 버그가 있어서 BGP 세션 플랩[flap]이 발생하더라도 IPv4 연결성이 유지되는 것을 보장했다. 오늘날에는 대부분의 구현체가 IPv6를 충분히 잘 지원하므로 IPv4와 IPv6 경로를 단일 세션으로 제공하는 것은 완벽하게 수용할 수 있는 수준이 되었다.

[표 14-2]에서 살펴본 대로 IPv6 경로는 MP_REACH_NLRI 속성에 의해 광고된다. IPv6 경로는 LLA 주소만 포함하거나 LLA와 전역 IPv6 주소를 모두 포함할 수 있다. IPv6는 LLA를 라우팅에 사용하도록 명시적으로 설계되었다. 따라서 LLA만 광고해도 충분하다. 전역 IPv6 주소는 피어링이 여러 홉에 퍼져 있을 때 유용하지만 데이터 센터에서는 일반적으로 사용하지 않는다.

15.8 BGP와 VRF

비 VPN 문맥에서 MPLS나 VXLAN을 사용하지 않을 때 VRF 특정 경로 광고에 BGP를 사용하려면 VRF당 하나씩 다중 BGP 인스턴스를 구성해야 한다. [그림 15-1]과 같은 전통적인 2계층 토폴로지에서 프라이빗private과 퍼블릭public의 두 가지 VRF가 있다고 가정하자. 그리고 각 라우터 간 링크에는 프라이빗과 퍼블릭 VRF를 나누기 위한 VLAN 100과 200 두 가지가 있다. 각 VLAN 번호와는 관련 없고 링크 로컬 범위만으로 제한되지만 VRF는 모든 리프와 스파인에 퍼져 있다. 리프에서 프라이빗 VRF의 서버는 서브넷 172.16.10.0/24와 VLAN 10에 속하며 퍼블릭 VRF는 서브넷 172.16.20.0/24와 VLAN 20이라고 하자. 리프01과 스파인01 간의 BGP 피어링에서 VRF를 사용하는 구성은 다음과 같다.

예제 15-6 FRR의 BGP VRF 구성 스니펫

```
! 스파인01 BGP 구성
router bgp 65000 vrf private
   bgp router-id 10.0.0.21
   neighbor peer-group ISL
   neighbor ISL remote-as external
   neighbor ISL bfd
   neighbor swp1.100 interface peer-group ISL
   neighbor swp2.100 interface peer-group ISL
   neighbor swp3.100 interface peer-group ISL
   neighbor swp4.100 interface peer-group ISL
   bgp bestpath as-path multipath-relax
   address-family ipv4 unicast
      neighbor ISL activate
      redistribute connected route-map ADV_VRF_PVT
   exit-address-family
!
!
router bgp 65000 vrf public
   bgp router-id 10.0.0.21
   neighbor peer-group ISL
   neighbor ISL remote-as external
   neighbor ISL bfd
   neighbor swp1.200 interface peer-group ISL
   neighbor swp2.200 interface peer-group ISL
   neighbor swp3.200 interface peer-group ISL
   neighbor swp4.200 interface peer-group ISL
```

```
    bgp bestpath as-path multipath-relax
    address-family ipv4 unicast
       neighbor ISL activate
       redistribute connected route-map ADV_VRF_PUB
    exit-address-family
!
!
route-map ADV_VRF_PVT permit 10
    match interface private
!
route-map ADV_VRF_PUB permit 10
    match interface public
!

! 리프01 BGP 구성
router bgp 65011 vrf private
    bgp router-id 10.0.0.11
    neighbor peer-group ISL
    neighbor ISL remote-as external
    neighbor ISL bfd
    neighbor swp1.100 interface peer-group ISL
    neighbor swp2.100 interface peer-group ISL
    address-family ipv4 unicast
       neighbor ISL activate
       redistribute connected route-map ADV_VRF_PVT
    exit-address-family
!
!
router bgp 65011 vrf public
    bgp router-id 10.0.0.11
    neighbor peer-group ISL
    neighbor ISL remote-as external
    neighbor ISL bfd
    neighbor swp1.200 interface peer-group ISL
    neighbor swp2.200 interface peer-group ISL
    address-family ipv4 unicast
       neighbor ISL activate
       redistribute connected route-map ADV_VRF_PUB
    exit-address-family
!
route-map ADV_VRF_PVT permit 10
    match interface private
route-map ADV_VRF_PVT permit 20
    match interface vlan10
!
```

```
route-map ADV_VRF_PUB permit 10
    match interface public
route-map ADV_VRF_PUB permit 20
    match interface vlan20
```

여기서 BGP 구성 영역이 각 VRF마다 하나씩 총 두 개 있는 것을 알 수 있다. 이 구성 형식은 대부분의 라우팅 스택에서 일반적이다. 이 글을 쓰는 시점에 VRF 생성 자체는 FRR 외부에서 수행된다. VRF 인터페이스는 리눅스의 ip 명령어나 netplan이나 ifupdown2와 같은 도구를 이용해서 생성할 수 있다. VRF에 인터페이스를 연결하는 것 역시 FRR 외부에서 수행된다.

이 구성을 살펴볼 때 떠오르는 몇 가지 일반적인 질문에 대한 답변을 살펴보자.

router-id로 무엇을 사용해야 하는가?

비 VRF BGP 인스턴스는 루프백 IP 주소를 router-id로 사용한다. 각 VRF는 VRF 이름의 루프백과 유사한 인터페이스가 있다. 이 인터페이스에 IP 주소를 할당하면 VRF의 router-id로 사용할 수 있다.

ASN으로 무엇을 사용해야 하는가?

VRF마다 서로 다른 ASN을 사용할 수 있도록 대부분의 구현체가 지원하지만 동일한 ASN을 사용하는 것이 더 단순하다. ASN은 IP 주소와 같이 VRF에 한정되지 않으므로 VRF마다 다른 ASN을 사용할 이유가 없다.

VRF가 32개가 있으면 개별 BGP 세션도 32개가 필요한가?

불행히도 그렇다.

VRF마다 피어 그룹 정의를 재사용할 수 있는가?

FRR에서는 안타깝게도 불가능하다. 시스코의 NX-OS 템플릿 모델에선 가능하다.

15.9 호스트에서 동작하는 BGP 스피커와의 피어링

큐브 라우터나 캘리코와 같은 솔루션을 사용하면 리프와 서버 간의 BGP 피어링 세션이 전면에 등장한다. 이 절에서는 큐브 라우터에 초점을 맞춰 설명한다. 쿠버네티스 파드와 네트워크의 설정은 [그림 15-5]와 같다. 이 설정은 [그림 15-2]에서 본 일반적인 2계층 클로스 토폴로지의 일부에 해당한다. 여기서 언넘버드 BGP 사용을 가정하므로 인터페이스 IP 주소가 존재하지 않는다. 또한 세부 사항에 집중하기 위해서 일부 리프(리프01과 리프02)와 일부 서버(서버 11과 서버 21)만 표시한다. 정확하게는 리프01과 리프02 뒤에는 둘 이상의 서버가 있다.

그림 15-5 큐브 라우터와 리프 간 BGP 피어링을 설명하기 위한 토폴로지 예

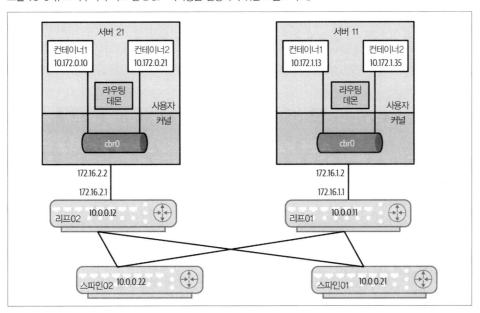

[그림 15-5]처럼 각 서버에는 두 개의 컨테이너가 쿠버네티스 브리지 cbr0에 연결되어 있다. 서버 11은 10.172.1.0/24를 cbr0에 할당했고 서버 21은 10.172.2.0/24를 cbr0에 할당했다. 컨테이너의 개별 IP 주소는 [그림 15-5]를 참조하라. 서버 자체에는 각 리프의 서브넷에서 IP 주소를 할당한다. 서버 11은 IP 주소 172.16.1.2이며 서버 21은 172.16.2.2다. 이때 상호 대응되는 .1 주소는 리프에 할당되어 있다. 리프는 서버의 첫 번째 홉 라우터이며 적합한 .1 주소의 가진 게이트웨이 주소(리프01을 예로 들면 172.16.1.1)다.

큐브 라우터가 서버에서 동작할 때 BGP를 위해 노드에 ASN이 할당되어야 한다. 쿠버네티스 클러스터의 모든 노드에 할당된 ASN은 동일한 ASN이며 데이터 센터 내에 존재하는 모든 것과 같이 사설 ASN 범위 내의 ASN이다. 큐브 라우터 사용을 위해 사설 ASN 64512를 할당했다고 하자. 가장 먼저 큐브 라우터는 다른 파드의 서브넷 IP 주소를 학습하기 위한 iBGP 메시

를 만든다. 그래서 서버 11과 서버 21의 iBGP 세션을 통해 서버 11은 서브넷 10.172.2.0/24 의 IP 주소를 학습하고 서버 21은 10.172.1.0/24를 학습한다. 서버 11의 라우팅 테이블을 살펴보면 다음과 같은 것을 알게 된다.

```
$ ip route show
default via 172.16.1.1 dev eth0
10.172.2.0/24 via 172.16.1.1 dev eth0
```

리프와의 피어링을 위해 큐브 라우터를 구성하면 BGP는 파드가 외부에서도 접근 가능하도록 한다. 큐브 라우터와 피어링하기 위한 리프의 BGP 구성의 간단한 방법(리프01의 관점에서)은 다음과 같은 스니펫이다.

```
router bgp 65011
    bgp router-id 10.0.0.11
    neighbor peer-group SERVERS
    neighbor SERVERS remote-as external
    neighbor 172.16.1.1 peer-group SERVERS
    neighbor 172.16.1.2 peer-group SERVERS
    ...
    neighbor 172.16.1.40 peer-group SERVERS
    address-family ipv4 unicast
        neighbor SERVERS activate
        redistribute connected route-map ADV_LO_SRVRS
    exit-address-family
```

리프01에 서버 40대가 연결되었다고 가정했다. 서버 40대 모두를 나열하는 것은 굉장히 길고 지루하다. 더욱이 모든 서버가 아직 온라인이 아닐 수 있다. 이웃이 존재하지 않음에도 명시하는 것은 BGP 오류 출력을 어지럽히고 거짓 양성을 유발할 수 있다. 그 이유는 Established 상태가 아닌 일부 세션이 존재하거나 심지어 업조차 되지 않을 수 있기 때문이다. 이런 종류의 구성은 필요한 경우 IP 주소를 재지정하는 것을 복잡하게 만든다.

BGP는 이런 경우를 해결하기 위한 간단한 옵션인 **동적 이웃**^{dynamic neighbor}이 있다.

15.9.1 BGP 동적 이웃

BGP가 TCP 상에서 동작하므로 피어 중 하나가 연결을 시작하기 전까지는 다른 한쪽은 패시브 상태로 연결이 들어오기까지 조용히 기다릴 수 있다. 마치 브라우저와 같은 클라이언트로부터의 연결을 기다리는 웹 서버처럼 말이다.

일부 구현체에서 BGP 동적 이웃 기능은 수신 측에서 패시브 상태를 지원한다. 수신 측은 연결을 수락할 IP 서브넷을 알려주고 피어링 세션의 특성을 제어하는 피어 그룹과 연결된다.

동일한 랙에 존재하는 서버들을 일반적으로 하나의 서브넷을 공유한다는 사실을 기억하자. 그래서 이 경우 리프가 수신 측이 된다. 리프에서 일반적인 BGP 동적 이웃 구성은 다음과 같다.

```
router bgp 65011
  bgp router-id 10.0.0.11
  ...
  neighbor SERVERS peer-group
  neighbor SERVERS remote-as 64512
  bgp listen range 172.16.1.0/24 peer-group SERVERS
  ...
```

listen 명령어는 BGP에 서브넷 172.16.1.0/24에서 오는 모든 BGP 연결을 수락할 것을 알린다. 그리고 피어 템플릿 SERVERS에서 가져온 이 피어링 세션의 구성을 다룬다. 여기서 사용할 ASN을 명시적으로 정의한 이유는 서버와 네트워크는 일반적으로 데이터 센터 내에서 서로 다른 조직에 속해 있기 때문이다. 이로써 미리 정의한 ASN에서 오는 연결만 수락하도록 강제할 수 있다. 동적 이웃 모델은 명령어 neighbor listen limit **limit-number**를 통해 피어 수를 제한할 수 있다. 예를 들어 bgp listen limit 20으로 구성하면 동적 이웃 20개만 연결을 수립하도록 제한할 수 있다. 이러한 제한은 라우터가 계획한 것보다 많은 부하를 받지 않도록 보호한다.

서버 쪽에서는 스위치의 피어링 IP 주소가 일반적으로 디폴트 게이트웨이가 된다. 리프01의 경우 디폴트 게이트웨이는 172.161.1.1이고 리프02의 경우는 172.16.2.1이다.

큐브 라우터는 서비스의 IP 주소를 서비스가 가능한 시점이 되면 광고할 수 있다. 큐브 라우터가 내부적으로 사용하는 goBGP는 BFD 사용을 지원하지 않는다. 캘리코는 BFD를 지원하는 라우팅 프로토콜 제품군으로 BIRD를 사용한다.

15.10 BGP와 업그레이드

13장에서 설명한 것처럼 라우터 업그레이드 시 라우터가 자신의 포워딩 경로들을 우아하게 제거하는 것이 유용하다고 했다. 즉, 트래픽은 업그레이드 대상인 라우터에서 업그레이드를 시작하기 전에 드레이닝되어야 한다는 것이다. OSPF는 max-metric을 통해 노드의 모든 라우팅 경로를 제거(해당 노드와 유일하게 연결된 경로는 제외)할 수 있다. 유사한 방법으로 BGP도 마찬가지로 동일한 기능을 일부 다른 방법을 통해 지원한다. 가장 일반적인 것부터 먼저 살펴보자.

15.10.1 AS_PATH Prepend

데이터 센터에서는 AS_PATH가 BGP의 최적 경로 계산에서 최적 경로 선정에 영향을 미치는 주요 매개변수다. 따라서 목적지를 향하는 최적 경로에 존재하는 라우터의 연결을 제거하기 위해 AS_PATH 길이를 증가시키면 된다. 이는 as-path prepend라고 불리는 옵션을 통해 수행된다. 이 옵션은 이웃에 경로를 광고하기 전에 지정된 ASN을 AS_PATH 속성에 한 번 추가한다. 프리펜드^{prepend}에 추천하는 ASN은 라우터 자신의 ASN이다. OSPF의 max-metric과 마찬가지로 제거하고자 하는 라우터를 통하는 경로 외에 목적지로 갈 수 있는 다른 경로가 없다면 as_path prepend는 여전히 해당 라우터를 통해 패킷이 흐르도록 한다.

다음 스니펫은 as-path prepend를 사용하는 방법을 보여준다.

```
router bgp 65011
  ...
  neighbor ISL route-map MAINT out
  ...

route-map MAINT
  set as-path prepend 65011
```

이 명령어는 피어 그룹 ISL에 속한 모든 이웃에 경로를 광고하기 전에 AS_PATH에 ASN 65011을 프리펜드한다.

15.10.2 GRACEFUL_SHUTDOWN 커뮤니티

상대적으로 최신판 BGP 표준 목록에는 잘 알려진 BGP 커뮤니티인 GRACEFUL_SHUTDOWN이 있다. 이 속성은 라우터가 자신의 포워딩 패스를 우아하게 제거할 수 있게 해준다. RFC 8326[10] 에서 이 커뮤니티와 올바른 동작을 정의한다. BGP 스피커가 GRACEFUL_SHUTDOWN 커뮤니티 가 설정된 경로를 수신하면 BGP 스피커는 LOCAL_PREF 속성을 0으로 낮추므로 기본 LOCAL_ PREF 속성이 100인 다른 경로에 비해 덜 선호되도록 만든다. FRR(그리고 다른 구현체)은 수 신한 BGP UPDATE 메시지에 LOCAL_PREF 속성값이 정의되어 있지 않으면 기본값을 할당한 다. FRR에서의 기본값은 100이다. LOCAL_PREF를 100 이하로 변경하면 커뮤니티 GRACEFUL_ SHUTDOWN은 광고하는 라우터를 지나는 경로를 선택하지 않게 된다. 필자는 LOCAL_PREF 속성 을 데이터 센터 내에서 사용할 때 우아한 종료graceful shutdown 외 다른 목적으로 사용하는 것을 본 적이 없다.

FRR은 다른 추가 구성이 없이도 LOCAL_PREF를 자동으로 변경한다. 다른 구현체는 LOCAL_PREF 를 변경하려면 경로 맵이나 이에 준하는 라우팅 정책 사용이 필요하다.

노드가 이 커뮤니티 문자열을 전송할 수 있도록 활성화할 때는 bgp graceful-shutdown 명령 어를 사용한다.

15.10.3 Max-MED

노드가 경로에서 빠지고 싶다는 것을 광고하는 세 번째 방법은 바로 광고 중인 경로의 MED 속성 을 바꾸는 것인데 가장 덜 선호하는 방법이다. FRR은 max-med(OSPF의 max-metric과 유사 하다)라는 BGP 구성 놉을 지원해서 MED를 꽹장히 높은 값으로 변경할 수 있다. MED는 데이터 센터 내에서는 사용되지 않는 또 다른 속성이지만 BGP 최적 경로 계산의 한 부분을 차지한다. 하지만 매개변수를 활성화하려면 모든 라우터에서 추가 설정이 활성화되어야 한다. MED는 최 적 경로 계산에서 LOCAL_PREF와 AS_PATH 길이가 같은 경우에만 고려되는 값이다. 그렇지 않으 면 LOCAL_PREF와 AS_PATH가 MED 지표보다 먼저 사용된다. 이 옵션을 활성화하면 FRR에 대한 다음 스니펫이 표시된다.

---

10 https://oreil.ly/oOk7o

```
router bgp 65000
  bgp router-id 10.0.0.21
  ...
  bgp max-med administrative
  ...
```

15.11 모범 사례

지난 10여 년간 다양한 고객 네트워크를 다뤄본 필자의 경험을 바탕으로 BGP 배치의 모범 사례를 소개하겠다. OSPF의 경우와 같이 이러한 제안은 구성을 단순화하고 자동화 기능을 편리하게 하며 문제 발생 시 그 해결에 도움이 되는 것을 목표로 한다.

- 여기서 설명한 ASN 넘버링 모델을 따른다.
- 가능하다면 언넘버드 BGP를 사용한다. 많은 오픈 소스와 사유 라우팅 제품군 모두에서 오늘날 언넘버드 BGP를 지원한다. 계약 중인 거래 업체에 이를 지원할 것을 요청하는 것을 강하게 추천한다.
- 루프백이 유효한 IP 주소(서브넷 127.0.0.0/8 외)를 가지도록 보장한다. 이 주소가 광고되어야 한다.
- FRR을 사용하지 않을 때는 다중 경로를 활성화한다. FRR에서는 자동 활성화된다.
- bgp bestpath as-path multipath-relax 옵션을 활성화한다.
- FRR을 사용하지 않는 경우에는 항상 피어링 세션 변경에 대한 자세한 로깅을 활성화하라. FRR은 이를 기본으로 활성화한다.
- 여러 주소 패밀리의 도달 가능성을 광고하기 위해 단일 eBGP 세션을 사용한다.
- 단방향 링크와 같은 케이블과 관련된 문제를 잡기 위해 BFD를 사용한다. 다른 종류의 연결 오류도 빠르게 알 수 있다.
- 서버와 인터페이싱 시 관련 없는 주소 접두사를 절대 수락하지 않도록 경로 맵을 사용한다.
- 서버와의 피어링을 단순화하기 위해 동적 이웃에 제한을 걸어서 사용한다.
- 리프를 외에는 어느 곳도 요약하지 않는다.
- 최소한으로 필요한 만큼 구성을 유지한다. 이렇게 하면 이해하기 쉽고 관리와 문제 해결에 용이한 견고한 네트워크를 만들 수 있다.

15.12 마치며

이 장에서는 클로스 토폴로지 기반의 언더레이에서 BGP 구성에 대해 깊이 있게 알아봤다. 언넘 버드 BGP 동작에 대해 배웠으며 이를 통한 구성의 단순화에 대해 살펴봤다. 피어 그룹과 라우 팅 정책 구성과 같은 개념도 살펴봤다. 큐브 라우터가 BGP를 사용해서 파드 서브넷과 서비스 IP 주소를 광고하는 방법과 서버의 BGP와 피어링하기 위한 리프의 BGP 최적 구성 방법도 살 펴봤다. 11장에서 살펴본 다양한 show 명령어 사용을 확인했다.

## CHAPTER 16

데이터 센터에서의 EVPN

단순함은 복잡성을 잊서기보다는 그 뒤를 따른다.

_앨런 제이 펄리스^{Alan Jay Perlis}

데이터 센터에서 네트워크 가상화를 구성하는 방법을 배우기 전에 EVPN의 기초를 먼저 알아야 할 필요가 있다. 앞서 정의한 것처럼 EVPN은 네트워크 가상화의 제어 평면을 위한 솔루션이다. 가장 간단한 용어로 EVPN은 분리된 L2 네트워크 세그먼트를 L3 네트워크로 이어주는 기술이다. EVPN은 레이어 3 네트워크 위에 가상 레이어 2 네트워크 오버레이로 L2 네트워크를 구축해서 이를 가능하게 한다. EVPN은 BGP를 제어 프로토콜로 사용하며 데이터 센터에서는 패킷 캡슐화에 VXLAN을 사용한다.

이 장에서는 다음 질문에 대한 답을 얻을 수 있다.

- EVPN은 무엇이며 왜 널리 사용되는가?
- EVPN을 배치하기 위한 제어 평면 모델은 무엇인가?
- EVPN 지원을 위해 BGP는 어떤 것을 구축하는가?
- EVPN 브리징과 전통적인 802.1Q 브리징의 차이는 무엇인가?
- 이중 연결된 호스트를 지원하려면 어떻게 해야 하나?

EVPN은 서비스 제공자 네트워크에서 가상 사설 LAN 서비스^{virtual private LAN service, VPLS}를 대체하고자 만든 상당히 복잡한 솔루션이다. 공급 업체는 솔루션을 복잡하게 만들고자 하는 시도를 멈추지는 않겠지만 대부분의 작업은 데이터 센터의 EVPN 사용과 직접적인 관련이 없다. 여기서는 데이터 센터와 관련이 없는 부분은 다루지 않는다. 데이터 센터와 관련이 없는 내용 중 일부는 의견차가 있겠지만 대체로 네트워크 기술 설계와 네트워크 설계 작업을 수년간 해오면서 탄생한 것이다.

6장에서 이미 VXLAN 브리징과 라우팅이 어떻게 동작하는지 살펴봤다. VXLAN은 라우팅 언더레이 위에서 L2 점대다중점 가상 네트워크를 위한 데이터 평면 캡슐화를 제공하고 EVPN은 제어 평면을 위한 기술을 정의한다. 이러한 사양들은 IETF의 L3 상의 네트워크 가상화 오버레이(NVO3) 워킹 그룹에서 만들어졌다. 이 장에서는 EVPN의 제어 평면 측면에만 초점을 맞춘다.

16.1 EVPN이 널리 쓰이는 이유

필자는 블로그에 'Network Virtualization and the End-to-End Principle'이라는 제목의 게시글[1]에서 네트워크 가상화는 라우팅 네트워크 위에서 동작하는 애플리케이션에 지나지 않는다고 포스팅한 적이 있다. SDN이 네트워크 가상화를 위한 제어 평면으로 사용되기도 했다. 이렇게 하면 네트워크 패브릭이 네트워크 가상화와 무관할 수 있다. 하지만 SDN 컨트롤러 기반 솔루션들은 많은 사람이 예상했던 방식에서 벗어나지 못했다. 기업들은 SDN 대신 진지하게 EVPN을 고려하기 시작했다.

EVPN은 MPLS 네트워크에서 한동안 사용 가능했던 성숙한 기술이다. BGP를 제어 프로토콜로 사용해서 가상 네트워크에 대한 도달 가능성 정보들을 교환했다. VXLAN이 사용 가능해지고 여러 공급 업체 구현체에서 상대적으로 안정화되자 초안 표준에서 EVPN을 받아들였다. IP 기반 기술을 관장하는 표준화 단체인 IEFT에서 많은 추가 작업이 진행되고 있다. 짧게 말해 EVPN은 이미 컨트롤러 기반의 VXLAN 솔루션의 대안이 되었다. 2017년 여름부터는 이러한 움직임이 데이터 센터에서도 시작되었다.

VXLAN과 네트워크 가상화를 도입한 회사들은 네이티브 VXLAN 라우팅(또는 RIOT, 터널 내외부 라우팅)을 원한다. RIOT를 지원하는 상용 스위칭 실리콘이 실전 배치를 위해 2017년 중반부터 대량으로 공급되기 시작했다. 성숙한 기술들(VXLAN과 EVPN)의 합류와 더불어 상용

---

1 이런. 이 블로그가 이젠 없다.

스위칭 실리콘의 지원은 네트워크 가상화를 지원하는 상용 수준의 데이터 센터 배치를 가능하게 했다. 이것이 바로 오늘날 EVPN이 데이터 센터와 연관이 있는 이유다.

16.2 네트워크 가상화 제어 평면이 반드시 해결해야 할 문제

오버레이 네트워크 가상화 제어 평면은 다음과 같은 문제를 반드시 해결해야 한다.

- 내부 주소와 외부 주소의 매핑 제공
- 내부 주소가 속한 가상 네트워크 식별
- 여러 캡슐화가 사용 가능할 때 사용된 캡슐화 종류 식별

이외에도 VXLAN은 어느 VTEP[2]이 어떤 가상 네트워크에 관심이 있는지 반드시 알아야 한다. 그러면 브로드캐스트broadcast, 언노운 유니캐스트unknown unicast, 멀티캐스트multicast (BUM) 트래픽과 같은 다중 목적지 프레임을 관심이 있는 엔드포인트로만 전달할 수 있다.

EVPN은 보다 나아가서 다음을 지원해야 한다.

- ARP/ND 억제
- 라우팅
- 멀티홈 노드
- L3 멀티캐스트

이외에도 개별 구성, 장치 특정 구성을 수행할 필요가 있다.

- VTEP의 생성
- VXLAN 가상 네트워크와 해당 가상 네트워크의 로컬 버전(일반적으로 VLAN)과 연관 짓기
- 다중 목적지 프레임을 제어하는 방법인 인그레스 복제(헤드엔드 복제라고도 함) 또는 언더레이 멀티캐스트를 명시
- 언더레이 멀티캐스트 사용과 관련된 구성 다루기

장치 특정 구성은 17장에서 다룬다.

---

2 VTEP의 또 다른 이름은 NVE이다.

16.3 VTEP의 위치

기억을 상기시키기 위해 다시 정리한다. VTEP은 비가상 네트워크와 가상 네트워크가 만나는 네트워크 가상 오버레이의 에지에 있다. 이곳에서 오버레이로 들어오는 패킷은 캡슐화하고 오버레이 밖으로 나가는 패킷은 역캡슐화한다. VTEP 기능성이 엔드포인트에 가까이 있을수록 보다 많은 네트워크의 주요부가 네트워크 가상화 상태의 변화에 영향을 받지 않게 된다. 호스트 엔드포인트를 VTEP으로 만들면 클로스 토폴로지를 구성하는 라우터는 단순히 라우터 이상의 역할을 하지 않게 된다. 이로써 네트워크는 불변할 수 있고 네트워크 가상화는 네트워크의 기능이라기보다는 보다 애플리케이션에 가깝게 보일 수 있다. 아마존이나 마이크로소프트와 같은 클라우드 제공자는 이 모델을 VPC 솔루션에 사용하는데, VPC 내 포워딩은 브리징이 아닌 라우팅으로 한다. 클라우드 제공자마다 사용하는 캡슐화는 각기 다르며 VXLAN은 사용하지 않는다. 마찬가지로 내부 주소와 외부 주소의 매핑을 분배하기 위한 사유 제어 평면을 사용한다. 클라우드 서비스 제공자들은 L2 연결성이나 멀티캐스트를 제공하지 않는다. 따라서 다중 목적지 프레임을 다루는 문제를 신경쓸 필요가 없다.

EVPN을 사용하는 일부 프라이빗 클라우드 솔루션은 FRR을 사용해서 호스트에서부터 EVPN을 시작한다. 이는 표준 기반의 컨트롤러가 없는 솔루션으로서 eBPF나 iptable과 같은 호스트 기반 솔루션과 결합된다. 브이엠웨어와 같은 회사에서 제공하는 솔루션과 동등한 것이 된다. 보다 자세한 내용은 16.4.1절 'iBGP 특성'을 참조하라.

클로스 토폴로지의 경우 호스트 외에 VTEP이 위치할 다음 적합한 위치는 리프다. VTEP이 스파인이나 슈퍼 스파인에 존재하는 것은 이치에 맞지 않다. EVPN은 라우팅 언더레이에 의해 분리된 가상 L2 네트워크 세그먼트를 연결하는데 이는 2계층 클로스 토폴로지에서 L2 네트워크가 리프에서 종료되기 때문이다. 리프 VTEP은 데이터 센터에서 가장 일반적인 EVPN 배치 모델이다.

16.4 모든 것을 지배하는 하나의 프로토콜

앞서 살펴본 대로 NVO3는 라우팅 언더레이와 오버레이 이 두 가지로 구성된다. 라우팅 프로토콜을 OSPF와 BGP로 사용해서 라우팅 언더레이를 구축하는 방법은 이미 살펴봤다. BGP, 더 특정하게는 eBGP는 데이터 센터에서 OSPF보다 널리 쓰인다. 하지만 EVPN에서는 EVPN의

용처가 서비스 제공자 세계에서 VPN 솔루션으로 사용되어 전통적인 공급 업체들은 솔루션을 배치하는 방법을 서비스 제공자 세계와 유사하게 만들도록 했다. 그래서 OSPF(또는 IS-IS)가 라우팅 언더레이 구축에 사용되고 iBGP가 가상 네트워크 정보 교환을 위해 사용된다.

FRR이 언넘버드 BGP를 통해 BGP를 구성할 수 있도록 한 것처럼 라우팅 언더레이와 가상 네트워크 정보 교환을 구축하기 위해 단일 eBGP 세션을 사용한 것도 처음이었다. 즉, MAC 주소를 교환하는 것은 IPv6와 같은 다른 AFI/SAFI를 BGP에서 활성화하는 것만큼 간단한 일이다. 시간이 지나면서 다른 솔루션들도 FRR의 발자취를 따라 복잡한 전통적인 옵션을 대체할만한 단순한 것을 찾기 시작했다. 여기서는 이 두 모델을 모두 다룰 것이다. 하지만 그보다 먼저 iBGP의 두 가지 기본 특성을 이해해야 한다.

16.4.1 iBGP 특성

iBGP 피어링은 라우팅 네트워크에 의해 구분된 피어들 사이에 일반적으로 존재한다. 피어가 항상 물리 링크 양쪽에 존재하는 eBGP 피어링과는 아주 다르다. 예를 들어 iBGP 피어링은 클로스 토폴로지의 NVO3 사용 사례처럼 리프 간에 생긴다. 각 리프는 다른 모든 리프와 iBGP 피어링 세션을 만든다는 의미다. 이런 풀 메시 iBGP는 아주 빠르게 확장 불가능해지고 취약해진다. 이 문제를 극복하기 위해 서로 다른 솔루션이 등장했다. 바로 **BGP 연합**BGP confederation과 **경로 리플렉터**route reflector, RR다. 후자인 RR이 보다 널리 쓰이는 솔루션이고 iBGP와 NVO3를 배치할 때 많은 사람이 고려하는 방법이다.

RR은 허브 앤 스포크 모델hub-and-spoke model[3]을 따라 모든 iBGP 스피커가 중앙 RR 서버의 그룹과 연결된다. RR의 역할은 경로별 최적 경로를 계산하고 이를 각 RR 클라이언트에 광고하는 것이다. 하지만 eBGP와 다르게 RR은 경로의 다음 홉 네트워크 주소를 수정하지 않는다. 대신 RR이 광고를 수신한 대로 어떤 값이든 그대로 놔둔다.

[그림 16-1]을 이용해서 eBGP와 iBGP가 학습한 경로의 다음 홉을 전파하는 방법에 어떤 차이점이 있는지 설명하겠다. eBGP의 경우 다음 홉은 항상 광고하는 라우터로 수정된다. 이를 **자가 다음 홉**next-hop self이라고 한다. iBGP의 경우 경로와 연관된 다음 홉은 피어에 광고될 때 수정되지 않는다. 예제에 나와 있듯이 A는 예를 들어 데이터 경로를 B를 완전히 우회하는

---

3 옮긴이_ 바퀴를 구성하는 축과 바퀴살의 형태를 띤 물류, 항공 노선을 구성하는 형태. 각 출발지(스포크)에서 중앙(허브)으로 물류를 옮겨 허브에서 다시 각 출발지로 보내는 흐름이다. https://en.wikipedia.org/wiki/Spoke-hub_distribution_paradigm

10.1.1.0/24를 선택할 수 있다. B를 RR이라고 가정하면 B는 계산 중복성과 iBGP 스피커 간의 풀 메시 연결 확장성을 오프로딩만 하는 것이다. 이러한 이유로 컴퓨트 노드가 RR로 기능하는 것이 일반적이다. 여러 RR이 있는 경우 RR은 자신의 역할을 수행하기 위해 다른 RR과 서로 통신조차 하지 않는다. [그림 16-2]에 나와 있는 것처럼 클로스 네트워크를 단지 연결 계층인 언더레이로만 사용하고 이를 단순하게 유지할 수 있다는 의미다. 하지만 이런 방법은 '아직' 일반적이지 않다.

그림 16-1 다음 홉 전파에 대한 eBGP와 iBGP 동작 차이

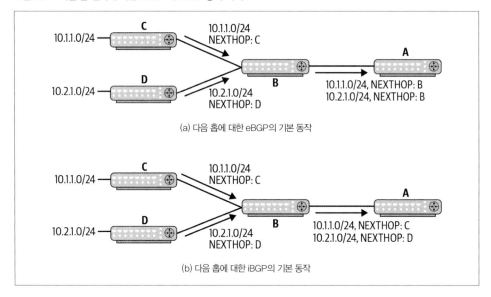

그림 16-2 서버로 동작하는 RR과 순수한 L3 언더레이

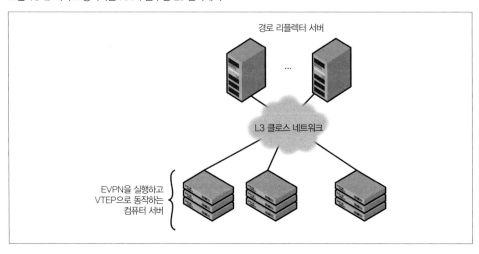

보다 일반적인 배치에서는 클로스 토폴로지의 스파인이 RR로 동작한다. 스파인은 언더레이의 일부이며 가상 네트워크에 대한 어떤 정보도 알지 못한다. 스파인은 모든 리프와 연결된 노드이기도 하다. 따라서 스파인이 RR로 동작하는 것이 자연스럽게 보인다. 모든 스파인이 RR로 동작하기 위한 유일한 요구 사항은 모든 스파인이 동일한 성능 특성을 공유하는 것이다. 그래야 언더레이와 패킷 포워딩에서의 RR의 장애 특성도 동일하게 유지될 수 있다.

요약하자면 iBGP 배치는 RR을 사용한다. 클로스 토폴로지에서 스파인이 RR이 되기 딱 적합한 자리다.

16.4.2 언더레이와 오버레이 프로토콜의 분리

앞서 언급한 바와 같이 전통적인 네트워크 공급 업체들은 언더레이(OSPF 또는 IS-IS)와 오버레이(iBGP)에 다른 라우팅 프로토콜을 사용한다. 스파인은 iBGP RR로 사용된다. 시스코의 ACI 솔루션 역시 이 모델을 활용해서 IS-IS를 기본 언더레이 라우팅 프로토콜로 사용한다. 이 모델의 주요 단점은 다음과 같다.

- 이미 eBGP 언더레이를 실행하고 있다면 라우팅 언더레이의 추출 및 교체[rip-and-replace]가 중단될 수 있다.
- 프로토콜이 많을수록 복잡성이 커지고 장애가 발생했을 때 문제를 해결하기 더 어려워진다.

첫 번째 문제를 해결하기 위해 한 공급 업체는 eBGP를 라우팅 언더레이로 사용하고 iBGP를 오버레이로 사용하는 것을 홍보했다. 대부분의 라우터는 단일 BGP 프로세스로 eBGP와 iBGP 세션을 다룬다. 따라서 이 방법은 약간의 이득을 위해 리프와 스파인 사이에 추가 BGP 세션을 만든다. 분리된 세션은 두 세션에서 동기화가 어긋날 수 있다는 것을 의미한다.

또 다른 공급 업체는 두 eBGP 세션을 사용하는 것을 주장한다. 한 세션은 언더레이를 위한 인터페이스 IP 주소에서 실행되며 다른 하나는 오버레이를 위한 스파인과 리프의 루프백 사이에서 실행된다. 해당 업체가 공식적으로 이 방법이 견고하다고 광고하지만 필자가 내부인에게 들은 바로는 링크 플랩이 발생할 경우 수렴 시간이 길어지는 구현체의 버그로 인해 이 방법을 추천하는 것이라고 한다.

16.4.3 eBGP만 사용하기

다른 방법은 FRR에서 처음 구현된 단일 eBGP 세션을 사용해서 언더레이와 오버레이 라우팅 정보를 교환하는 것이다. 필자의 개인적인 의견 및 많은 BGP 전문가들과 이야기한 바로는 이 방법이 데이터 센터에서 클로스 토폴로지를 위한 보다 단순하고 우아한 해결책이라는 것이다.

언더레이와 오버레이 정보를 모두 전송하는 eBGP 세션 구성을 단순화하기 위해 FRR은 자동으로 가상 네트워크 경로의 다음 홉 주소를 수정하지 않고 언더레이 경로에 대해서만 수정한다. 단일 eBGP 세션을 사용하기 위한 다른 구현체는 다음 스니펫(15.4.1절 '경로 맵: 라우팅 정책의 구현'에서 설명한 경로 맵으로 나타내는)과 유사한 어떤 것을 사용해야 한다.

```
route-map NH_UNCHANGED permit 10
    set ip next-hop unchanged

router bgp ...
  ...
  neighbor 169.254.0.1 route-map NH_UNCHANGED out
  ...
```

스파인의 BGP 프로세스는 수신한 오버레이와 언더레이의 정보를 모두 보전해야 한다. 스파인은 언더레이 정보를 가지고 언더레이 패킷 포워딩 테이블을 구축한다. 스파인은 리프로부터 전달받은 오버레이 정보를 유지해서 이를 다른 리프에 전달(RR과 같은 기능을 수행)해야 한다. 하지만 스파인은 가상 네트워크에 대해 전혀 알지 못해서 지시하지 않는다면 가상 네트워크 정보를 드롭시킨다. FRR은 동일한 세션으로 언더레이와 오버레이 경로를 전달한다는 것을 인식하면 자동으로 스파인이 이 정보를 유지할 수 있도록 해준다. 단일 eBGP 세션 모델을 지원하는 다른 공급 업체 구현체에서는 아마도 추가 구성이 필요할 수 있다. 예를 들어 시스코 라우터를 사용한다면 EVPN 구성에 retain-route-target-all을 반드시 추가해야 한다.

16.5 가상 네트워크 경로를 지원하는 BGP 구축

BGP는 가상 네트워크 경로 광고를 지원하기 위해 몇 가지 구성을 추가했다. 이는 서비스 제공자 네트워크의 MPLS L3VPN과 관련하여 처음으로 생겼다. 가장 첫 문제는 바로 AFI/SAFI를 어떻게 사용하는지에 관한 것이다. EVPN은 l2vpn/evpn의 AFI/SAFI를 사용한다. 그 이유는

EVPN이 L2 VPN의 일종으로 여겨지기 때문이다. 다음으로 BGP는 반드시 가상 네트워크 내에 중복된 주소를 허용하는 모델을 다룰 수 있어야 한다. BGP에서 발생하는 이 문제를 설명하기 위해 필자가 생각해낸 비유로 설명하겠다.

산타클로스가 BGP를 좋아한다고 상상해보자. 크리스마스가 되면 많은 아이가 정확하게 동일한 선물인 그해에 가장 유행하는 장난감을 받게 된다. 불쌍한 산타에게 보다 최악인 것은 일부 아이들은 크고 확장된 가족large, extended family으로 인해 동일한 장난감의 여러 복사본multiple copy을 받을 수 있다. 여기서 산타는 여러 가지 책임이 있다. 첫째로 완전히 똑같은 장난감의 개별 복사본을 반드시 보관해야 한다. 그래서 선물을 주는 사람에게 유일한 ID로 장난감 사본에 도장을 찍도록 요청해서 서로 다른 아이들에게 갈 똑같은 선물이 섞이지 않게 한다. 산타의 두 번째 책임은 친척들 중 편애하는 사람이 없도록 해야 한다는 것이다. 산타는 절대 (의도적이든 아니든) 한 아이에게 단일 장난감의 사본만 전달하도록 결정하거나 아이가 받게 될 장난감이 어떤 친척의 것일지 선택하지 않아야 한다. 왜 이게 위험하냐면 산타는 BGP 좋아하기 때문이다. 산타는 최적 경로 알고리즘을 실행해서 각 장난감에서 하나를 고른다. 하지만 어떤 장난감의 사본을 선택하고 가질지는 모두 아이들에게 달려 있다. 아마도 아이는 아이가 가장 좋아하는 이모로부터 받은 선물을 택할 수도 있다. 그럼 어떤 친척이 어떤 선물을 줄지 이미 알고 신이 난 10대들은 어떻게 해야 할까? 그래서 산타는 가족 특정family-specific 유일 식별자를 마찬가지로 선물에 표기하도록 요청한다. 즉, 모든 장난감은 모든 선물에 걸쳐서 존재하는 식별자가 있고 가족마다 가족에 특정된 식별자가 있게 된다. 이제 장난감을 IP 주소로 바꾸면 첫 번째 식별자는 **경로 구별자**route distinguisher, RD가 되고 두 번째 식별자는 **경로 타깃**route target, RT이 된다. 이 두 가지가 BGP UDPATE에서 서로 어떻게 작용할까?

필자가 아는 모든 BGP 구현체는 두 가지 종류의 라우팅 테이블을 유지한다. 하나는 전역 테이블이고 다른 하나는 가상 네트워크별 테이블이다. BGP는 최적 경로 알고리즘을 전역 테이블에서 실행해서 피어에 광고할 각 주소 접두사의 단일 경로를 선정한다. RD는 개별 생성자마다 고유하므로 모든 경로의 사본은 그 이웃에 광고된다. 가상 네트워크의 라우팅 테이블에 경로를 만들기 위해 BGP는 먼저 임포트 RT import RT[4]를 사용해서 전역 테이블의 특정 후보 경로를 선정하고 가상 네트워크 테이블로 가져온다. 그리고 가져온 후보 경로들에서 최적 경로 알고리즘을 실행한다. 하지만 이번에는 가상 네트워크의 라우팅 테이블의 관점에서 실행한다. 만일 동일한

---

4 옮긴이_ 아리스타 EOS에서는 route-target import의 문법을 사용한다. https://www.arista.com/en/um-eos/eos-evpn-and-vcs-commands#xx1339585

주소가 여러 RT로부터 광고되고 있다면 최적 경로 알고리즘은 가장 최적의 경로를 선정한다. 단일 가상 네트워크 라우팅 테이블에 여러 RT를 가져올 수 있다.

16.5.1 경로 구별자

앞 절에서 설명했듯이 RD는 모든 가상 네트워크 주소가 전역적으로 고유할 수 있게 추가하는 8바이트 값이다. RFC 4364의 4.2절[5]에 RD와 형식 및 사용처를 정의한다. 세 가지 다른 RD 형식이 존재한다. EVPN에서 사용하는 형식은 RFC 7432[6]에 정의되어 있고 [그림 16-3]과 같다.

그림 16-3 EVPN에서 사용하는 RD 형식

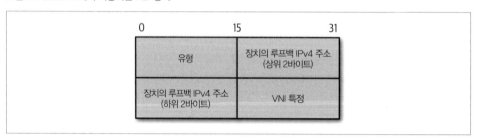

여기서 가상 네트워크 인스턴스는 3바이트 길이인데 RD의 2바이트 공간에 들어갈 수 있는지 궁금할 수도 있다. 하지만 문제가 안 되는 것은 실제로 VTEP이 VNI 64,000개를 다룬다고 가정하지 않기 때문이다. 오늘날 대부분의 스위칭 하드웨어는 단일 장치에서 이렇게 많은 VNI를 지원하지 않는다. 만에 하나 지원이 가능해서 사용한다고 해도 이렇게 많은 VNI를 단일 장치에서 사용하는 것은 해당 장비의 장애로 인해 영향을 받을 고객 수를 고려하면 절대 받아들일 수 없을 것이다. 라우터의 IPv4 루프백 주소와 VNI를 더한 조합은 네트워크에서 RD가 유일할 수 있도록 해준다. 따라서 RD의 VNI 특정 영역의 값은 VNI의 장치 로컬 인코딩이 되고 VNI의 절댓값일 필요는 없다.

라우터의 루프백 IP 주소가 RD의 일부이므로 같은 가상 네트워크의 두 노드는 결과적으로 서로 다른 RD를 갖게 된다. 이로써 동일 IP 주소의 원천을 구분하는 문제가 해결된다.

RD는 MP_REACH_NLRI와 MP_UNREACH_NLRI 속성에서 NLRI 일부로 인코딩된다.

5 https://oreil.ly/EK2Wk
6 https://oreil.ly/eiQpW

16.5.2 경로 타깃

RT는 가상 네트워크 NLRI에 추가되는 추가 경로 속성이다. 앞서 설명했듯이 RT는 RT가 속한 가상 네트워크를 인코딩한다. BGP 스피커가 가상 네트워크를 광고할 때 그 주소에 **엑스포트 RT**[export RT]라고 하는 특정한 RT를 사용한다. BGP 스피커는 이 RT를 이용한 광고를 수신하고 경로에 추가할 로컬 가상 네트워크를 결정할 때 사용한다. 이를 **임포트 RT**[import RT]라고 한다.

RT의 정의와 사용에 대해서는 RFC 4364의 4.3.1절[7]에 명시되어 있다. EVPN-VXLAN의 RT 인코딩은 RFC 8365의 5.1.2.1절[8]에서 설명하며 [그림 16-4]와 같다.

그림 16-4 EVPN-VXLAN에서 사용하는 RT 형식

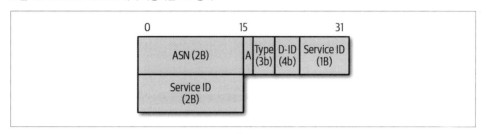

ASN

이 주소를 광고하는 BGP 스피커의 2바이트 ASN

A

RT가 자동으로 생성되었는지 수동으로 설정되었는지 나타내는 A 비트

Type

EVPN에서 사용하는 캡슐화를 의미하는 3비트 필드. VXLAN의 경우는 1, VXLAN의 경우는 0이다.

Domain-ID 또는 D-ID

일반적으로 0인 4비트 필드. VXLAN 넘버링 공간에 중복이 있는 특정한 경우 VNI가 속한 관리 도메인을 한정하는 것에 사용한다.

----

7 https://oreil.ly/w1tfk
8 https://oreil.ly/km7lk

Service ID

가상 네트워크 식별자를 포함하는 3바이트 필드. VXLAN 경우는 3바이트의 VNI가 되고, VLAN의 경우에는 12비트(3바이트 필드의 하위 12비트)만 사용한다.

16.5.3 FRR에서 RD와 RT 사용

EVPN 표준에 따르면 RT는 원하는 경우 자동으로 만들 수 있다. 모든 구현체가 이 모델을 다 지원하는 것은 아니지만 FRR은 지원한다. FRR은 VXLAN을 캡슐화로 가정해서 앞서 설명한 것처럼 RT를 인코딩한다. 대부분의 다른 구현체에서는 route-target import auto와 같은 구성을 통해 이런 목적으로 동작할 것을 명시해야 한다.

FRR은 각 비트가 개별 VNI를 나타내는 비트맵을 가지고 있다. RD의 VNI 특정 2바이트가 이 비트맵의 위칫값에서 기인한다. FRR은 특정한 가상 네트워크를 위해 관리자가 수동으로 RT를 구성할 수 있지만 잠재적으로 실수를 유발할 수 있으므로 권장하지 않는다.

16.5.4 EVPN 경로 유형

이미 살펴본 대로 비 IPv4 유니캐스트 경로는 MP_REACH_NLRI와 MP_UNREACH_NLRI 속성을 통해 광고된다. 대부분의 AFI/SAFI 조합의 경우 UPDATE 메시지에 포함되는 도달 가능성 정보의 구조와 내용은 해당 AFI/SAFI에서 동일하다. EVPN의 경우와는 다르다. EVPN에서는 여러 종류의 정보가 교환된다. 예를 들어 업데이트는 특정 MAC 주소에 대한 도달 가능성일 수 있고 전체 가상 네트워크에 대한 도달 가능성일 수도 있다. 또한 IPv4나 IPv6와 달리 EVPN은 이미 AFI와 SAFI를 사용하고 있으므로 유니캐스트와 멀티캐스트 주소를 위한 분리된 정보를 제공할 방법이 없다. 이런 추가 정보를 수용하기 위해 EVPN NLRI는 경로 타입^{Route Type}으로 서로 다른 유형의 정보를 인코딩한다. [표 16-1]에 데이터 센터에서 사용 가능한 유형들을 나열했다.

표 16-1 EVPN 경로 유형

경로 유형	내용	주요 사용처
RT-1	이더넷 세그먼트 자동 감지	데이터 센터 내에서 MLAG를 대신해서 멀티홈 엔드포인트를 지원
RT-2	MAC, VNI, IP	가상 네트워크의 특정 MAC 주소와 IP 주소의 도달 가능성에 대한 광고
RT-3	VNI/VTEP 관계	가상 네트워크에 대한 VTEP 관심을 광고
RT-4	지정 포워더	멀티홈 엔드포인트로 포워딩되는 다중 목적지 프레임이 단일 VTEP만 수행하도록 보장
RT-5	IP 접두사, VRF	요약 경로와 같은 IP 주소 접두사와 주소 접두사와 연관된 VRF를 광고
RT-6	멀티캐스트 그룹 멤버십	VTEP이 연결된 엔드포인트가 관심이 있는 멀티캐스트 그룹에 대한 정보를 포함

여기에 나열된 유형 외에도 몇 가지 경로 유형이 EVPN에 추가되었다.

이 책을 쓰는 시점에서 FRR의 가장 최신 버전인 7.0에서는 경로 유형 2, 3, 5만 지원한다.

16.5.5 BUM 제어에 대한 통신 방법 선택

6.10.1절에서 설명했듯이 BUM 트래픽을 다루기 위한 두 가지 방법은 헤드엔드 복제 또는 언더레이의 라우팅 멀티캐스트다. 따라서 각 VTEP은 다른 VTEP에 어떤 방법을 지원하는지 알려야 한다. RT-3 EVPN 메시지는 장치에서 BUM 패킷 제어의 종류를 식별할 수 있는 제공자 멀티캐스트 서비스 인터페이스provider multicast service interface, PMSI라는 BGP 속성을 포함할 수 있다. PMSI 속성은 일반적인 EVPN 표준과는 완전히 다른 표준(RFC 6514[9])에 정의되어 있다. 복제 모델에 시그널링을 하기 위해 EVPN 초안에서 제안하는 값은 다음과 같다. 대부분은 8.2.2절 '멀티캐스트 라우팅 프로토콜'에서 설명한 프로토콜 독립 멀티캐스트protocol-independent multicast, PIM의 변형이다.

- PIM-SSM은 3
- PIM-SM은 4
- 양방향 PIM(Bidir PIM)은 5
- 인그레스 복제는 6

많은 구현체는 인그레스 복제 사용을 광고하지만 멀티캐스트 사용은 광고하지 않는다. 이건 아

---

9 https://oreil.ly/Scbyn

마도 여기에 나열된 옵션이 아닌 다른 무언가를 구현체가 활용하고 있어서 그럴 것이다. 예를 들어 시스코의 ACI 솔루션은 IS-IS로 멀티캐스트 트리를 구축하지만 IS-IS는 RFC 6514에는 정의조차 되어 있지 않다. 요점은 언더레이에서 라우팅 멀티캐스트를 사용했을 때 VTEP들의 잘못된 구성을 감지할 방법이 없는 것은 대부분의 구현체에서 이런 정보를 광고하지 않기 때문이다.

16.6 EVPN과 브리징

6.10절 'VXLAN 브리징과 라우팅'에서 이미 VXLAN 브리징과 라우팅의 패킷 플로를 깊이 살펴봤다. 이 절에서는 EVPN에 의해 802.1Q의 플러딩과 학습 모델^{flood-and-learn model}이 어떻게 대체되는지 살펴볼 것이다. 주요 차이점은 EVPN은 BGP를 이용해서 MAC 주소의 도달 가능성과 IP 경로와 그 경로와 연관된 가상 네트워크에 대해 퍼트린다는 것이다. 또한 STP를 사용하지 않는다는 것이다. EVPN에서 브리징 동작 방식을 이해하기 위해 [그림 16-5]의 토폴로지를 살펴보자.

그림 16-5 EVPN 브리징 토폴로지 예

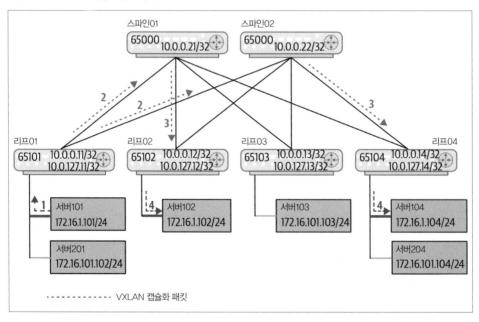

언더레이가 라우팅된다는 것을 기억하자. 이 말은 리프와 스파인 간의 패킷은 항상 라우팅되고 절대 브리징되지 않는다는 의미다. 앞서 설명한 것처럼 리프는 VTEP이다. VTEP으로 동작하기 위해 리프는 패킷의 수신과 송신을 위한 IP 주소가 있어야 한다. 일반적으로 하나의 IP 주소가 모든 VNI에서 사용된다. EVPN도 마찬가지로 모든 리프에서 활성화된다. 802.1Q 브리징은 클로스 네트워크처럼 서버가 리프와 로컬로 연결된 포트에서만 활성화된다.

스파인이 언더레이의 유일한 부분이다. 다음 순서로 단일 eBGP 세션 피어링을 가정하지만 스파인이 RR로 동작하는 경우의 행동과 다르지 않다.

장치 로컬 구성^{device-local configuration}은 로컬 VLAN과 전역 VNI의 매핑을 정의한다. [그림 16-5]에서 빨강 VLAN(굵은 선)은 빨강 VNI에 매핑된다. 그리고 파랑 VLAN(가는 선)은 파랑 VNI에 매핑된다.

이전에 봤던 클로스 네트워크 그림과 비교해서 첫 번째로 알 수 있는 것은 [그림 16-5]의 서브넷은 단일 랙에만 국한되지 않는다는 점이다. 빨강 VNI가 어디에 있든지 상관없이 서브넷 172.16.1.0/24는 빨강 VNI에 속하며 서브넷 172.16.101.0/24는 파랑 VNI에 속한다. 서로 다른 리프에서 서브넷은 서로 다른 VLAN ID를 부여할 수 있다. 이때 VLAN ID는 동일한 전역 VNI에 매핑되어야 한다. EVPN에서 교환되는 모든 정보는 로컬 VLAN 인스턴스화가 아닌 전역 VNI에 대한 것이다. 따라서 서브넷은 여러 라우터에 걸쳐 퍼지므로 전역 VNI에 연결된다.

다음으로 모든 리프는 10.0.127.0/24에 속하는 VTEP IP 주소를 두 번째 IP 주소로 한다. 모든 VXLAN 캡슐화된 패킷은 이 서브넷에 속한 IP 주소를 출발지와 목적지로 한다. 네트워크 관리자는 반드시 VTEP IP 주소가 BGP를 통해 광고되는 것을 보장해야 한다. 그렇지 않으면 다른 VTEP에서는 절대 해당 IP 주소에 접근할 수 없다.

각 리프는 RT-3 경로를 통해 다른 모든 리프가 관심 있는 가상 네트워크에 대해 학습한다. 따라서 리프01은 리프02와 리프04가 빨강 VNI에 관심 있다는 것을 알게 되고 리프03과 리프04가 파랑 VNI에 관심 있다는 것을 알게 된다. 유사하게 다른 리프 역시 이러한 정보를 BGP UPDATE를 통해 학습한다.

16.6.1 인그레스 복제를 사용한 EPVN 브리징

이제 헤드엔드 복제와 함께 EVPN 브리징 동작 방식을 이해하기 위해 패킷의 흐름을 따라가 보도록 하자. 서버101이 서버104에 패킷을 보낸다. 서버101과 서버104는 동일한 서브넷에 속해 있으므로 서버101은 ARP 요청 패킷을 통해 서버104의 MAC 주소를 요청한다. ARP 요청 패킷은 이더넷 브로드캐스트 패킷 형태로, 목적지 MAC 주소는 FF:FF:FF:FF:FF:FF이며 출발지 MAC 주소는 MAC_{101}이다.

1. 서버101에서 리프01로 전송하는 패킷은 전통적인 브리지의 경우와 다른 게 없다. 리프01이 이 패킷을 수신하면 전통적인 브리징처럼 서버101에 연결된 포트를 통해 도달할 수 있는 MAC_{101}을 학습한다. 리프01은 해당 패킷이 브로드캐스트 패킷임을 알고 빨강 VNI의 모든 수신자에 보내야 한다. 리프01은 헤드앤드 복제를 사용해 패킷을 모든 관심 있는 리프에 보내는데 이 경우에는 리프02과 리프04에 플러딩한다. 대부분의 상용 실리콘은 헤드엔드 복제에서 개별 터널 엔드포인트의 다음 홉 목록을 프로그래밍해야 한다. 따라서 구현체에서는 헤드엔드 복제의 부하를 모든 스파인에 퍼트리도록 선택할 수 있다.

2. 리프01은 패킷을 VXLAN 캡슐화해서 하나의 사본을 스파인01(리프02로 향하는)에 보내고 다른 하나는 스파인02(리프03에 향하는)에 보낸다. 리프02로 향하는 패킷은 리프02의 VTEP의 목적지 IP 주소(예를 들면 10.0.127.12)와 리프01의 출발지 IP 주소 10.0.127.11을 가지고 있다. 유사하게 리프04로 향하는 패킷의 목적지 주소는 10.0.127.14이며 출발지 IP 주소는 10.0.127.11이다.

3. 스파인01이 패킷을 수신하면 리프02의 주소인 VXLAN 헤더 안의 IP에 대해 라우팅 룩업한다. 그리고 패킷을 리프02와 연결된 포트로 라우팅한다. 스파인02 역시 리프04로 향하는 패킷에 대해 동일한 작업을 수행한다.

4. VXLAN 캡슐화된 패킷이 리프02와 리프04에 도달하면 패킷의 목적지 IP 주소가 각 리프의 주소이며 UDP 목적지 포트가 VXLAN 패킷임을 나타내고 있어서 리프가 이그레스 VTEP이라는 것을 인지한다. 리프는 패킷을 역캡슐화해서 로컬 802.1Q 브리징을 통해 패킷을 보내야 하는 로컬 연결된 포트를 결정하게 된다. 리프02와 리프04는 이 패킷을 VXLAN 캡슐화 형식으로 다른 노드로 보내려 시도하지 않는다. 따라서 역캡슐화 이후 VXLAN 캡슐화된 패킷이 VXLAN 오버레이로 다시 플러딩되는 것을 막기 위해 IP의 자가 포워딩 검사와 동일한 작업을 수행한다. EVPN에서는 이 검사를 라우팅 프로토콜

이름을 따서 **스플릿 호라이즌 검사**$^{split\text{-}horizon\ check}$라고 한다. 이제 서버104와 서버102는 모두 패킷을 수신했다.

리프02와 리프04는 이 플러딩된 패킷으로부터 MAC_{101}의 그 어떤 것도 학습하지 않는다. 하지만 리프01은 MAC 포워딩 테이블에 새로운 로컬 엔트리를 갖게 된다. 그리고 리프01은 MAC_{101}에 대한 도달 가능성을 BGP UPDATE 메시지를 통해 빨강 가상 네트워크에 광고하게 된다. 구체적으로 메시지는 EVPN RT-2이며 {VNI, MAC} 광고를 포함한다. 메시지는 빨강 가상 네트워크의 MAC_{101}은 리프01 VTEP을 통해 도달 가능하다고 알려준다. 리프01은 해당 정보를 자신의 BGP 피어인 스파인01과 스파인02에 전달한다. 스파인01과 스파인02는 마찬가지로 이 메시지를 자신의 피어인 리프01, 리프03, 리프04에 차례대로 전달한다. 리프는 각 스파인으로부터 여러 업데이트 사본을 수신한다. 그리고 MAC_{101}에 대한 MAC 포워딩 테이블을 생성한다. 리프들은 MAC_{101}이 원격지에 있으며 리프01의 VTEP IP 주소인 10.0.127.11을 통해 도달 가능한 것을 알게 된다. 빨강 VNI가 없는 리프03은 단순히 이 메시지를 저장(또는 버린다)한다. 스파인은 가상 네트워크를 전혀 알지 못하므로 리프가 빨강 VNI가 없고 이 메시지에 관심이 없다는 사실을 모른다.

리프04의 MAC 테이블 갱신 전에 서버104의 ARP 응답이 서버101에 도착한 경우에는 리프04가 아직 MAC_{101}을 알 수 없으므로 응답 패킷은 브로드캐스트 패킷처럼 플러딩될 수도 있다. 리프04가 리프01의 BGP UPDATE를 기반으로 MAC 테이블을 갱신하고 난 이후 ARP 응답이 도착하면 해당 응답 패킷은 바로 리프01에만 전송될 수 있다. 패킷이 리프01 단독의 유니캐스트라면 서버104에서 수신한 프레임 패킷 헤더의 해시는 리프04가 패킷을 스파인01이나 스파인02로 전송하는 것을 무작위로 결정한다.

리프04도 마찬가지로 빨강 VNI의 MAC_{104}가 서버104로 향하는 로컬 포트에 연결되어 있음을 학습하게 된다. 리프04는 빨강 VNI의 MAC_{104}가 리프04를 통해 도달 가능하다는 것을 나타내는 BGP UPDATE 메시지를 EVPN RT-2 유형으로 전송한다. 이 메시지는 스파인01과 스파인02에 모두 전송된다. 스파인01과 스파인02는 이 BGP UPDATE를 모든 다른 리프에 전달힌다. BGP 처리 말미에 리프01, 리프02, 리프04는 리프01의 VTEP을 통해 빨강 VNI의 MAC_{101}에 도달할 수 있으며 MAC_{104}를 통해 빨강 VNI의 리프04에 도달할 수 있다는 것을 알게 된다.

따라서 EVPN 브리징과 전통적인 802.1Q 브리징의 주요 차이점을 정리하면 다음과 같다.

- 원격지 MAC 주소를 MAC 테이블에 삽입하는 것은 802.1Q에서 데이터 패킷을 통해 학습하는 대신 EVPN은 BGP UPDATE를 통해 수행한다.
- EVPN에서는 서버104에서 서버101로의 응답 경로는 서버101에서 서버104의 경로와 다른 경로를 선택할 수 있는 반면 802.1Q 브리징에서는 동일하다.

EVPN 브리징과 802.1Q 브리징의 동일한 부분은 다음과 같다.

- 로컬 연결된 MAC은 표준 802.1Q 학습을 통해 MAC 테이블에 생성된다.
- 플러딩 패킷은 가상 네트워크의 종단까지 전달된다.
- 각 {가상 네트워크, MAC 주소} 튜플은 단일 이그레스 포트와 연관된다.

16.6.2 라우팅 멀티캐스트 언더레이를 사용한 EVPN 브리징

바로 앞 절에서 사용한 예제와 동일하지만 라우팅 멀티케이스 언더레이를 사용하는 경우를 살펴보자. 패킷 시퀀스는 스파인에 위치한 RP와 PIM-SM 사용을 가정한다. 8.4절 '데이터 센터에서의 PIM-SM'에서 스파인을 RP로 사용하는 것은 문제가 있다고 했지만 이번 경우에는 패킷 시퀀스를 줄임으로써 설명을 보다 명확하고 간단하게 하기 위해 사용했다. 그리고 라우팅 유니캐티스 언더레이를 구성하기 위해 OSPF를 사용하는 것을 가정한다. 애니캐스트 RP를 사용해서 어떤 스파인도 단일 RP(8.3.3절 '다중 RP와 MSDP'에서 설명한 것처럼) 모양을 제공할 수 있도록 했다. 하지만 이번 설명에서 MSDP는 무시하기로 한다. 그리고 8장에서 설명한 PIM-SM 동작에 대해 잘 알고 있다고 가정한다.

VNI에 멀티캐스트 그룹 할당은 디바이스 특정 구성이라고 가정하자. 멀티캐스트 그룹 할당은 BGP를 통해 통신하지 않는다. 단순함을 위해 빨강 VNI의 BUM 트래픽은 빨강 멀티캐스트 그룹(G_{red})에 할당하고 파랑 VNI의 BUM 트래픽은 파랑 멀티캐스트 그룹(G_{blue})에 할당한다. 이 할당은 각 리프에서 수행된다.

[그림 16-6]은 패킷 시퀀스를 나타낸다. 멀티캐스트의 패킷 시퀀스 복잡성을 인그레스 복제 경우와 비교해보면 라우팅 멀티캐스트 언더레이 옵션이 얼마나 복잡한지 확실하게 알 수 있다.

그림 16-6 라우팅 멀티캐스트 언더레이를 사용하는 EVPN 브리징 패킷 시퀀스

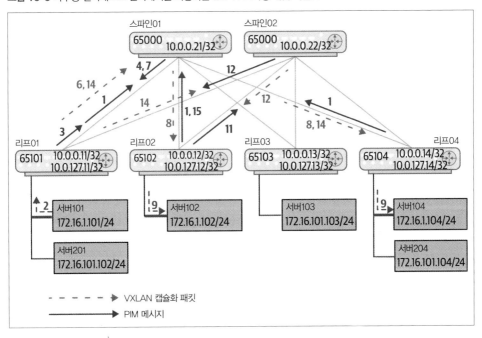

1. **빨강** 멀티캐스트 그룹이 빨강 VNI에 할당되면 각 리프는 $(^*,G_{red})$ 멀티캐스트 경로에 관심이 있다고 PIM 합류 메시지를 RP에 전송한다. 서로 다른 리프들은 다른 스파인을 선정해 이 메시지를 전송할 수 있다.

2. 서버101은 통상적인 절차대로 서버104의 ARP 요청을 전송한다. 리프01이 이 패킷을 받는다.

3. 리프01은 PIM 등록 패킷을 가장 가까이 있는 RP라고 결정한 스파인에 보내게 된다. 리프01이 스파인01을 택했다고 하자.

4 스파인01이 PIM 등록 메시지를 수신했다. 상태를 참조하여 스파인01은 이 멀티캐스트 그룹에 관심 있는 리스너인 리프02와 리프04가 있다는 것을 알게 된다. 스파인01은 리프01에 (리프01, G_{red})의 PIM 합류 메시지를 보내게 된다. (리프01, G_{red})의 멀티캐스트 엔트리를 리프01로 향하는 인터페이스를 RPF 인터페이스로 생성하고 리프02와 리프04로 향하는 인터페이스를 olist로 한다. 구현체에서는 종종 RP가 $(^*,G_{red})$ 트리의 PIM 등록을 통해 받은 데이터 패킷을 전송한다.

5. 리프01은 스파인으로부터 PIM 합류를 수신하고 (리프01,G_{red})의 멀티캐스트 엔트리를 스파인01로 향하는 olist로 만든다.

6. ARP 요청이 지속적으로 발생할 필요가 있는 이유는 리프02나 리프04에서는 아직 실제로 이러한 요청을 받지 못했기 때문이다. 리프01이 수신하는 다음 ARP 패킷에서 리프01은 목적지 IP 주소가 G_{red}로 설정되고 출발지 IP 주소는 자신의 VTEP IP 주소인 10.0.127.11로 설정된 VXLAN 헤더에 패킷을 캡슐화한다. 멀티캐스트 라우팅 테이블에서 이 패킷을 룩업하고 패킷을 스파인01로 전송한다.

7. 스파인01에서 6번에서 전송된 패킷을 수신하면 리프01에 PIM 등록 중지 메시지를 전송한다. 그렇게 하지 않으면 리프01은 빨강 VNI의 새로운 ARP 패킷을 수신할 때마다 매번 PIM 등록 패킷을 보내기 때문이다.

8. 스파인01은 자신의 멀티캐스트 라우팅 테이블에 있는 대로 리프01과 리프04에 패킷을 포워딩한다.

9. 리프04가 패킷을 수신하면 자신의 멀티캐스트 라우팅 테이블은 (리프01,G_{red}) 상태가 없다고 알게 된다. 대신 서버104로 향하는 인터페이스를 갖는 (*,G_{red}) 상태가 있다. 그래서 패킷은 서버104로 전송된다. 동일하게 리프02에서도 패킷은 서버102로 전송된다.

10. 리프04는 (리프01,G_{red})의 멀티캐스트 라우팅 테이블 엔트리를 만들고 리프01에 도달하는 유니캐스트 경로를 룩업한다. 이때 경로는 스파인01을 통하는 것과 스파인02를 통하는 두 가지가 존재한다. 여기서는 스파인01을 통하는 경로를 선정했다고 하자. 이제 (리프01,G_{red})의 RPF 인터페이스는 스파인01을 향하는 인터페이스로 정해지며 olist는 서버104를 향하는 인터페이스가 된다. 이 시점에 패킷은 라우팅 멀티캐스트 언더레이를 사용해서 리프01에서 리프04로 흐른다.

11. 리프02는 리프04와 마찬가지로 (리프01,G_{red})의 멀티캐스트 엔트리 생성을 결정해야 한다. 마찬가지로 리프01로 갈 수 있는 유니캐스트 경로를 룩업하고 스파인01이나 스파인02를 이용하는 경로를 발견하게 된다. 여기서는 스파인02를 사용하는 경로를 선정했다고 하자. 리프02는 멀티캐스트 엔트리의 RPF 인터페이스를 스파인02를 향하는 인터페이스로 정하고 olist를 서버102를 향하는 인터페이스로 한다. 그리고 (리프01,G_{red})에 대한 PIM 합류 메시지를 스파인02에 보낸다.

12. 스파인02가 (리프01,G_{red})의 PIM 합류 메시지를 수신했다. 리프01을 향하는 경로는 리프01과 연결된 인터페이스를 통한다는 것을 알게 된다. 따라서 (리프01,G_{red}) 멀티캐스트 엔트리의 RPF 인터페이스를 리프01로 향하는 인터페이스로 하고 olist는 리프02로 향하는 인터페이스로 한다. 그 후 (리프01,G_{red})에 대한 PIM 합류 메시지를 리프01에 전송한다.

13. 리프01이 PIM 합류 메시지를 스파인02로부터 수신했다. 그리고 (리프01,G_{red}) 엔트리에 대한 olist를 스파인01과 스파인02로 향하는 인터페이스 모두로 정한다.

14. 리프01부터 빨강 VNI의 BUM 패킷은 이젠 스파인01과 스파인02 모두에 전달된다. 리프02가 이 그룹에 대한 RPF 인터페이스를 스파인02와 연결된 인터페이스로 정했기 때문에 리프02에 전달되는 스파인01의 패킷은 모두 드롭된다.

15. 리프02는 이제 RPT 트리로부터 받는 패킷은 불필요하고 SPT 전환을 종료해야 하므로 (리프01,G_{red},RPT 제거) 메시지를 스파인01에 전송한다.

16. 스파인01이 리프02로부터 (리프01,G_{red},RPT 제거) 메시지를 수신한다. 그리고 자신의 (리프01,G_{red}) 멀티캐스트 경로 엔트리 olist에서 리프02를 제거한다.

일부 구현체에서는 트리 구축 시간을 단축하기 위해 리프에서 멀티캐스트 그룹이 VNI에 할당되는 즉시 구성을 시작한다. 이러한 구현체에서의 패킷 시퀀스를 살펴보자. 패킷 플로를 단순화하기 위해 리프01 관점에서의 설정만 살펴보겠다.

1. 빨강 멀티캐스트 그룹이 빨강 VNI에 할당되면 각 리프는 RP에 (*,G_{red}) 멀티캐스트 경로에 대해 관심을 PIM 합류 메시지를 통해 전송한다. 각 리프에서는 이 메시지를 전송할 서로 다른 스파인을 선정할 수 있다.

2. 리프01은 연결된 서버로부터 BUM 패킷을 수신한 경우 자신이 출발지가 된다는 것을 안다. 따라서 리프01은 (리프01,G_{red})에 대한 PIM 널 등록 메시지를 RP에 전송한다. 다른 리프도 마찬가지 동작을 수행한다.

3. RP는 이 널 등록을 이용해서 리프01로 향하는 (리프01,G_{red}) 트리를 구축한다. 그리고 (리프01,G_{red})에 대한 PIM 합류 메시지를 리프01에 전송하고 RPF 인터페이스를 리프01로 향하는 인터페이스로 한다. olist는 리프02와 리프04로 한다.

4. 리프01이 PIM 합류 메시지를 수신한다. 그리고 리프01의 olist와 함께 (리프01,G_{red}) 멀티캐스트 경로 엔트리를 생성한다.

5. 서버101이 ARP 요청을 보낸다.

6. (리프01,G_{red}) 멀태캐스트 경로 엔트리가 이미 존재하므로 VXLAN 캡슐화 패킷은 스파인01까지 흐른다. 하지만 리프01의 PIM 프로세스는 패킷의 사본을 가져와서 이를 스파인01에 PIM 등록 메시지로 전송한다.

7. 스파인01에서 (리프01,G_{red})에 대한 VXLAN 캡슐화 패킷을 수신하면 스파인01은 PIM 등록 중지 메시지를 리프01에 전송한다.

8. VXLAN 캡슐화 패킷은 (리프01,G_{red})의 olist인 리프02와 리프04에도 전달된다.

나머지 패킷 시퀀스는 이전에 살펴본 멀티캐스트 패킷 시퀀스와 유사하다.

만약 리프02가 (*,G_{red})에 대한 PIM 합류를 스파인02에 보내고 리프04는 스파인01에 보낸다면 어떻게 될까? 이 두 스파인 모두 애니캐스트 RP로 동작하기 때문에 가능한 상황이라서 리프가 PIM 합류 메시지를 보낼 스파인을 서로 다르게 선정할 수 있다. 리프01은 PIM 등록(또는 PIM 널 등록) 메시지를 스파인 중 단 하나에만 보낼 수 있다. 만약 스파인01에만 보냈다고 하면 스파인01은 (리프01,G_{red}) 트리를 생성하게 된다. 그렇다면 리프01의 패킷이 어떻게 리프02에까지 도달할 수 있을까?

이 부분은 MSDP에 의해 제어된다. 스파인01에서 (리프01,G_{red}) 멀티캐스트 경로를 만드는 즉시 MSDP는 이 정보를 스파인02와 동기화한다. 스파인02는 해당 정보를 이용해서 (리프01,G_{red}) 그룹에 대한 PIM 합류 메시지를 전송하는데 스파인02는 리프02와 연결되어 있고 리프02가 (*,G_{red}) 멀태캐스트 스트림에 대한 관심을 표명했기 때문이다. 스파인02는 합류 요청을 리프01과의 링크인 RPF 인터페이스로 전송한다. 멀티캐스트 라우트에는 리프02에 대한 인터페이스를 가리키는 olist가 있는 것으로 표시된다. 리프01이 스파인02의 PIM 합류를 수신하면 (리프01,G_{red}) 멀티캐스트 경로의 olist를 스파인02로 향하는 인터페이스로 정한다. 이제 패킷은 리프02와 리프04로 흐르게 된다.

16.6.3 MAC 이동 처리

L2 연결성 제공은 프로토콜이 반드시 처리해야 할 많은 추가 복잡성을 수반한다. MAC 이동 처리는 이러한 문제 중 하나다.

[그림 16-5]에서 서버101이 MAC 주소 $MACVM_{101}$의 VM을 호스팅한다고 하자. EVPN 브리징 모델 사용 시 VM의 최초 통신 후에는 모든 리프가 $MACVM_{101}$이 VTEP 리프01과 관련 있다는 것을 학습하게 된다. 이제 VM이 서버102로 옮겨간 경우에 대해 생각해보자. VM이 이동되고 나서 최초 통신 이후 리프02는 $MACVM_{101}$이 자신과 로컬 연결되었다는 것을 알게 된다. 리프02는 또한 $MACVM_{101}$이 리프01에 연결된다는 것을 BGP를 통해 학습하고 생성한 엔트리를 갖고 있다. 로컬 연결 엔트리가 BGP를 통해 학습한 엔트리에 우선하기 때문에 리프02는 자신의 MAC 테이블에서 $MACVM_{101}$이 서버102와 연결된 포트를 가리키도록 변경한다. 그리고 리프02는 BGP EVPN RT-2 UPDATE 메시지를 전송해서 다른 리프들이 $MACVM_{101}$이 리프02와 연결된다는 것을 알 수 있게 한다. 리프04에서는 전혀 문제없이 이 정보가 갱신된다. 하지만 리프01은 해당 MAC 주소가 자신과 로컬 연결되었다고 여기게 된다. 로컬 연결 엔트리가 BGP를 통해 학습한 엔트리에 우선하므로 리프01에서는 $MACVM_{101}$을 리프02와 연관되도록 변경하지 않고 계속 자신과 로컬 연결되었다고 여긴다. 이건 분명 잘못된 동작이다.

이 문제를 바로 잡기 위해 EVPN은 새로운 BGP 확장 커뮤니티인 MAC 모빌리티[MAC mobility]를 정의하고 있다. [그림 16-7]에서 이 커뮤니티의 형식을 설명하고 있다.

그림 16-7 MAC 모빌리티 확장 커뮤니티 형식

확장 커뮤니티를 사용하는 첫 번째 기본 규칙은 로컬에서 학습한 MAC 주소가 이미 원격지 VTEP과 연관이 있다면 반드시 광고를 해야 한다는 것이다. 시퀀스 번호가 의미하는 바는 MAC 주소가 이동한 횟수다. 예를 들어 처음으로 이 속성이 MAC 주소의 RT-2 광고에 부여된

다면 시퀀스 번호는 1이 된다. 두 번째 기본 규칙은 이 확장 커뮤니티를 사용하는 가상 네트워크에서 MAC 주소 광고를 수신한 경우에는 이 광고를 최적 경로로 수용해야 한다는 것이다. 확장 커뮤니티를 사용하는 엔트리가 존재하지 않거나 데이터베이스에 존재하는 엔트리에 비해 새로운 광고의 시퀀스 번호가 더 높더라도 상관없이 수용해야 한다. 서로 다른 VTEP의 갱신이 동일한 시퀀스 번호를 가진 경우에는 가장 낮은 VTEP IP 주소를 가진 갱신을 우선한다.

정적 MAC 주소는 이동할 수 없는 MAC 주소다. 정적 MAC 주소를 광고할 때 해당 경로는 반드시 MAC 모빌리티 확장 커뮤니티에 'S' 비트가 설정된 채로 태깅되어야 한다. VTEP이 이러한 태깅된 MAC 광고를 수신하면 연결된 가상 네트워크 내의 MAC 주소에서 로컬로 탐지된 모든 변경 사항을 무시해야 한다.

때로는 메시지가 가리키는 MAC 주소의 이동이 부정확할 수 있다. 한 가지 이유는 L2 네트워크의 느슨한 보안 때문에 MAC 주소를 스푸핑하는 것이 가능해서 안전한 호스트에서 잘못된 호스트로 이동할 수 있기 때문이다. 잘못된 이동의 또 다른 이유는 연결된 802.1Q 네트워크의 문제로 인해 STP가 STP 트리를 지속적으로 갱신하기 때문이다. 트리가 갱신되면 MAC 주소는 트리의 다른 위치에 존재할 수 있어서 마치 MAC 주소가 이동한 것처럼 보일 수 있다.

이런 문제를 방지하기 위해 VTEP이 MAC 주소의 갱신이 너무 자주 발생하는 것을 감지하게 되면 해당 MAC 주소에 대한 갱신을 더 이상 처리하지 않거나 갱신 전송을 중단할 수 있다. 그리고 반드시 관리자에게 이런 문제가 발생한 것을 통지해야 한다. 이 상황을 해결할 수 있는 명확히 정의된 방법은 없다.

FRR의 EVPN 구현체는 표준에서 정의한 대로 MAC 모빌리티를 지원한다. EVPN 구현체에서 MAC 주소가 일정 시간 동안 과도하게 이동한다면 이 MAC 주소에 대한 갱신을 MAC 모빌리티 타이머를 재시작하기 전에 일정 시간 동안 무시한다. 이동 횟수와 타이머 시간 모두 설정 가능하다.

16.7 이중 연결 호스트 지원

이전에 이야기한 대로 엔터프라이즈 네트워크에서는 컴퓨트 노드가 종종 둘 이상의 스위치에 연결된다. 이 작업은 단일 링크 장애나 단일 스위치 장애에도 컴퓨트 노드가 네트워크와의 연결이 유실되지 않도록 보장하기 위해 수행된다. 또한 데이터 센터가 스위치 업그레이드 시 해당 스위치에 연결된 모든 컴퓨트 노드를 내리지 않고도 업그레이드를 할 수 있게 한다. 엔터프라이즈 네트워크 솔루션으로서의 EVPN 역시 종종 이중 연결된 호스트와 함께 배치된다. 여기서는 동일한 아이디어의 변형인 지리적으로 분산된 데이터 센터를 WAN 연결 형식을 통해 연결한 다중 사이트 연결^{multisite attachment} 같은 것은 다루지 않는다. 여러 사이트와 관련된 문제들은 더 복잡해서 이 책에서 다루기에는 충분하지 않다.

[그림 16-8]은 일반적인 토폴로지를 나타내지만 서버101, 서버201, 서버102는 모두 리프01과 리프02에 이중 연결되어 있다. 보다 일반적인 경우는 모든 호스트가 이중 연결된 경우겠지만 일부 노드만 이중 연결되고 나머지는 단일 연결된 배치도 본 적이 있다. 이러한 배치는 현대적인 하둡 클러스터나 전통적인 애플리케이션 또는 심지어 오픈스택과 같은 여러 작업부하를 다루는 경우에 사용된다.

그림 16-8 이중 연결된 호스트가 있는 토폴로지

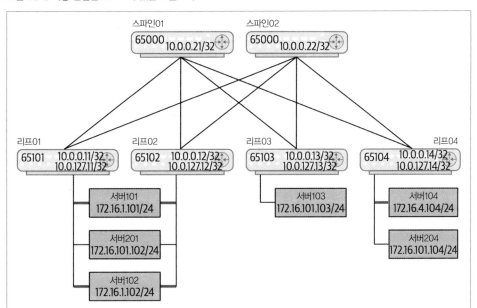

이어지는 절에서는 이중 연결된 호스트의 문제점을 제시하고 그 해결책을 알아본다. 다음 문제들을 살펴볼 것이다.

- 이중 연결된 호스트들이 어떻게 스위치와 연결되는가?
- 이중 연결된 노드는 다른 VTEP에 어떻게 노출되는가? 다시 말해 [그림 16-8]의 VTEP 리프03과 리프04는 서버101, 서버201, 서버102를 어떻게 볼 수 있을까?
- 이중 연결된 호스트가 연결된 스위치 중 하나와 연결이 끊어진 경우 어떤 일이 일어날까? 예를 들어 서버102가 리프01에 대한 링크를 유실하면 어떻게 될까?
- BUM 패킷과 같은 다중 목적지 프레임의 패킷 전달은 어떻게 이뤄질까? 이중 연결된 서버는 리프01과 리프02에서 각각 사본을 전송하므로 중복된 패킷을 전달받을까? TCP와 같은 신뢰성 있는 스트림 프로토콜로 동작하지 않는 일부 애플리케이션은 이런 중복이 문제를 일으킬 수 있다.

16.7.1 호스트 스위치 상호 접속 모델

가장 일반적인 배치에서 호스트는 두 링크를 본딩(또는 링크 애그리게이션)으로 취급한다. 본드의 두 가지 특장점은 두 링크를 동시에 사용 가능하다는 것과 링크에 단일 IP 주소만 필요하다는 것이다. 양 링크를 동시에 사용하는 것을 동작-동작^{active-active} 방식이라고 부른다.

본딩은 표준 LACP를 사용해서 생성한다. LACP는 호스트가 올바른 방법으로 적절한 장치와 연결되는 것을 보장한다. 예를 들어 서버102가 실수로 리프02가 아닌 리프03에 케이블을 연결하면 이는 LACP에 의해 탐지된다. 그 이유는 서버102가 두 링크 모두에서 동일한 엔티티와 동시에 통신할 수 없다는 것을 인지하기 때문이다. LACP는 링크가 모든 링크와 동일한 장비 쌍으로 연결된 경우에만 본딩을 지원한다. LACP는 단방향 링크 장애와 같은 문제도 잡아낼 수 있다.

일부 호스트 공급 업체에서는 LACP를 활성화하기 위해 추가 비용을 요구하기도 한다. 그리고 수많은 스위치 구현체는 관리자에 의해 링크의 양 끝을 LACP를 사용하지 않고 본딩하는 정적 본딩 개념을 지원한다.

일부 고객은 이중 스위치 상호 접속을 장애에 대응하기 위해서만 사용한다. 이런 경우에는 링크 중 하나는 대기 상태가 된다. 대기 상태인 링크는 동작 중인 링크가 죽은 경우에 활성화된다. 이를 NIC 티밍^{NIC teaming} 또는 동작-대기 방식이라고 부른다. 동작-대기 방식에서는 본딩 방식과 일부 유사한 가정을 한다. 대기 링크가 활성화되는 경우 방금 동작 불능이 된 링크와 동일한 IP

주소를 갖는다고 가정한다. 또한 디폴트 게이트웨이 역시 다른 링크와 동일한 것으로 가정한다.

동작-동작 방식과 동작-대기 방식은 링크가 본딩된 경우(LACP 사용 여부와 상관없이)에 가장 일반적인 배치이므로 이 두 가지 경우를 이 논의의 나머지 부분에서 다룬다.

16.7.2 이중 연결된 호스트의 VXLAN 모델

이 글을 쓰는 시점에 대부분의 패킷 스위칭 실리콘 구현에서는 하나의 MAC이 단일 VTEP에 있다고 가정한다. [그림 16-8]에서는 서로 다른 스위치가 이중 연결된 호스트와 각각 연결되어 있다. 그렇다면 원격 VTEP(그림의 리프03과 리프04)은 이 경우를 어떻게 다루는가?

두 가지 가능성이 있다. 두 VTEP이 각자 고유한 IP 주소가 가지거나 동일한 IP 주소를 공유하는 것이다. 공유 VTEP IP 주소가 가장 일반적인 배치다. 가장 큰 이유는 일반적인 MAC 포워딩 테이블의 구현에서는 나가는 포트를 단일 포트만 지원하기 때문이다. 전통적인 브리징에서는 MAC 주소가 여러 개의 나가는 포트를 가질 필요가 전혀 없었다. STP는 명시적으로 다중 경로를 제거해서 루프를 없앤다. 본딩은 단일 논리 포트로 취급되어 이러한 문제를 회피한다. 논리 포트 선정 이후에 추가 로직이 구현체가 패킷을 전송하기 위한 단일 발신 물리 포트를 선택할 수 있게 한다.

이 글을 쓰는 시점에 필자가 알고 있는 리눅스 커널과 대부분의 스위칭 실리콘은 단일 공통 IP 주소 모델을 지원한다. 따라서 이외의 모델을 지원하는 공급 업체와 일하고 있더라도 공통 IP 주소 모델을 사용하는 것이 다른 공급 업체와의 상호 호환성을 보장한다.

[그림 16-8]의 예제 토폴로지에서 이 모델을 따르고 있는데 리프01과 리프02는 이중 연결된 모든 호스트에 패킷을 전송할 때 리프01과 리프02에서 공통으로 사용하는 VTEP IP 주소를 목적지로 해서 보낸다. 대다수의 구현체에서는 스위치가 동일한 공통 IP 주소로 구성되었는지를 이전에 간략하게 소개한 멀티섀시 링크 애그리게이션^{multichassis link aggregation, MLAG}과 같은 프로토콜을 통해 검증한다. 그 어떤 구현체도 EVPN 메시지의 정보를 사용해서 공통 IP 주소를 검증하지 않는 걸로 알고 있다. 네트워크 관리자는 반드시 공통 IP 주소가 BGP를 통해 광고되는 것을 보장해야 한다. 그렇지 않으면 다른 VTEP에서 이 VTEP IP 주소에 도달하는 방법을 알 수 없다.

16.7.3 스위치 피어링 옵션

다른 문제들과 그 해결책을 살펴보기 전에 이중 연결 호스트들이 연결된 스위치 쌍에 의해 채택된 모델을 살펴봐야 한다. 본질적으로 두 가지 답이 있다. MLAG와 EVPN이다.

MLAG

표준 LACP는 링크의 한 끝이 여러 장치를 걸쳐 나눠진 경우에는 본딩을 생성할 수 없다. 다시 말해 표준에서는 이중 연결된 호스트가 서로 다른 스위치(리프01과 리프02)에 연결된 경우를 지원할 수 없다는 것이다. 따라서 모든 네트워킹 공급 업체들이 이런 환상을 만들어줄 수 있는 독자적인 사유 솔루션을 만들게 되었다. 이러한 솔루션의 일반적인 이름은 MLAG이지만 각 공급 업체별로 이러한 솔루션에 브랜드명을 붙였고 상세한 구현과 배치 상세 사항은 구현체마다 서로 상이하다. 예를 들어 큐물러스와 아리스타는 MLAG 스위치쌍 간에 분리된 피어 링크(L1과 L2 사이에 점선으로 표현된)가 필요하다. 시스코 NX-OS에서는 피어 링크가 없어도 된다.

MLAG만으로도 책 한 권을 쓸 수 있다. 여기서는 자세한 내용은 넘어가고 어떻게 문제를 해결하는 지에 대해서만 다음 몇 절에 걸쳐 집중해서 살펴보자.

멀티홈을 위한 EVPN 지원

EVPN에서는 이중 연결 장비를 자연스럽게 지원한다. 이를 **멀티홈 노드**^{multihomed node}라고 부른다. 이 솔루션의 주요 상세 사항은 RFC 7432의 8절[10]과 RFC 8365의 8절[11]에서 설명한다. 기본적으로 EVPN은 RT-1과 RT-4 메시지 유형으로 멀티홈 노드를 제어한다. RT-1은 네트워크에 어떤 스위치가 어떤 공통 장치 또는 이더넷 세그먼트에 연결되었는지 알려준다. 데이터 센터에서 이더넷 세그먼트는 브리징 네트워크가 어떤 VTEP 또는 본딩 링크에 연결되었는지 정의한다. 본딩에 연결된 경우 RT-1 광고는 원격 노드(여기서는 호스트)의 LACP 식별자를 이더넷 세그먼트 ID^{ethernet segment ID, ESI}로 포함한다. 다른 VTEP에서 이 RT-1 광고의 BGP UPDATE를 수신한 경우 동일 호스트에 연결된 피어를 확인할 수 있다.

RT-4는 이러한 피어 중 하나를 다중 목적지 프레임의 지정 포워더로 선정한다. RT-4 광고는

---

10 https://oreil.ly/RdzVG
11 https://oreil.ly/bB86m

이더넷 세그먼트와 그 세그먼트를 서비스하는 라우터의 매핑을 포함한다. 이더넷 세그먼트에 대해 수신한 모든 광고에서 각 VTEP은 가장 낮은 VTEP IP 주소를 갖는 세그먼트를 해당 가상 네트워크의 지정 포워더로 선정한다. 이 경우 공통 VTEP IP 주소는 두 피어 간에 필요하지 않다.

예제 토폴로지를 이용해서 좀 더 깊이 살펴보자. 먼저 표준은 리프01이 하나의 노드 집합(서버101과 서버201이라 하자)의 지정 포워더가 되도록 한다. 그리고 리프02가 다른 노드 집합(서버102라 하자)의 지정 포워더가 된다. [그림 16-8]에서 각 호스트는 단일 VLAN만 가지고 있다. 하지만 호스트가 여러 VLAN을 지원한다면 표준은 리프01이 VLAN 집합의 노드(서버101)의 지정 포워더가 되도록 하고 리프02가 다른 종류의 VLAN 집합의 지정 포워더가 될 수 있게 한다.

16.7.4 링크 장애 대응

만일 호스트 중 하나가 예를 들어 [그림 16-8]의 서버102가 리프01에 대한 링크를 유실했다면 어떤 일이 발생할까? 그 답은 구현체에 따라 다르다. 두 솔루션이 모두 MLAG를 사용한다고 해도 서로 다른 두 구현체는 아마 다르게 동작할 것이다.

MLAG의 경우 피어 링크를 사용해 다른 스위치를 거쳐 호스트에 도달하는 것이 가장 일반적인 구현이다. 예제에서 리프01과 리프02는 모두 서버102에 대한 도달 가능성을 공통 VTEP IP로 광고하고 있다. 언더레이 다중 경로 트래픽은 리프01과 리프02 간의 공통 VTEP IP로 향한다. 리프01이 서버102에 대한 연결을 유실한 경우 서버102에 대한 광고를 중지한다. 하지만 리프02의 광고는 여전히 유효하므로 리프03과 리프04는 MAC_{102}가 공통 VTEP IP를 통해 여전히 도달 가능하다고 판단한다. 따라서 서버102로 향하는 패킷은 리프01과 서버102의 링크가 다운되어 패킷을 직접 전달하지 못한다고 해도 리프01에 여전히 도달한다. 이런 경우 리프01은 패킷을 역캡슐화한 다음 피어 링크를 사용해서 캡슐화하지 않은 패킷을 리프02에 전송하고 리프02는 서버102에 패킷을 전달한다.

피어 링크 사용을 피할 수 있는 방법은 없을까? 예를 들어 서버102의 MAC 주소를 재광고해서 서버102가 리프02와 단일 연결되었다고 알릴 수 있지 않을까? 그러면 리프01과 리프02가 각자에게 속한 유일한 IP 주소를 가지게 되지 않을까? VXLAN VNI가 이중 연결된 호스트나 단일 연결된 호스트 모두와 연결된다고 해도 대부분의 패킷 스위칭 실리콘은 VXLAN VNI의 출발지로는 단일 IP 주소만 지원한다. 따라서 구현체는 서버101이 공통 VTEP IP를 사용하는 동시에 서버102가 리프02의 유일한 VTEP IP를 사용한다고 알려줄 수 없다. 그래서 이중 연결된 호스트가 VTEP 피어 중 하나와 링크 유실이 발생해도 호스트의 주소는 공통 VTEP IP 주소를 사용해서 광고된다. 피어 링크는 패킷을 호스트로 전송하는 데 사용된다.

피어 링크가 없으면 대부분의 구현체는 패킷을 재캡슐화해서 다른 스위치로 패킷을 전송한다. 우리 예제에서는 리프01이 VXLAN 패킷을 역캡슐화하고 리프02를 목적지로 하는 새로운 VXLAN을 추가해서 패킷을 전송한다.

EVPN 멀티홈 구현에서는 호스트와 연결이 끊어진 스위치는 호스트의 LACP에 의해 식별되는 ESI로의 도달 가능성을 제거한다. 이는 RT-1과 RT-4 경로에서 모두 수행된다. 그리고 다른 스위치에서는 결국 철회를 수신하게 된다. RT-4 철회$^{RT-4\ withdrawal}$를 수신하면 남은 스위치가 자신을 서버102의 지정 포워더로 선정한다. RT-1 철회를 수신하면 스위치가 호스트와 단일 연결되어 있음을 알린다. 스위치는 호스트와의 연결이 유실된 경우 패킷을 자신의 피어에 포워딩하지 않는다. 예제에서는 리프02가 리프01의 철회 메시지를 수신한 경우 리프02는 서버102와의 연결이 유실된다면 리프01에 패킷을 포워딩할 수 없다는 것을 알게 된다. 하지만 라우팅 없이 VLXAN 패킷을 재캡슐화하는 것은 스플릿 호라이즌 검사를 위반하게 된다. 따라서 이 모델은 언더레이 스위칭 실리콘의 추가 지원이 필요하다.

16.7.5 다중 목적지 프레임 중복 회피

공통 VTEP IP 모델과 인그레스 복제가 사용되는 경우 스위치쌍 중 단 하나만이 패킷을 받게 된다. 이는 다른 VTEP이 단일 공통 VTEP IP를 사용하는 스위치쌍을 의미하므로 그중 하나가 무작위로 선정되어 애니캐스트 패킷을 수신하게 된다. 공유되는 공통 VTEP IP 주소를 사용하지 않는 모델에서는 두 스위치 모두 다중 목적지 프레임(예를 들면 BUM 패킷)의 사본을 받게 된다.

스위치쌍 중 단 하나만 종단에 패킷을 전송하는 것을 보장하기 위해 두 노드는 RT-4 메시지를 사용하여 가상 네트워크에서 다중 목적지 프레임을 전송할 스위치 하나를 선정한다. 하지만 제어 프로토콜에서 갱신하는 동안 또는 지정 포워더의 선정 과정, 전송 과정 중에 호스트는 다중 목적지 프레임을 못 받거나 중복해서 받을 수 있다. 이를 피할 수 있는 방법은 없다.

16.8 ARP/ND 억제

ARP 요청과 무의미 ARP^{gratuitous ARP, GARP} 패킷은 브로드캐스트 주소로 전송되므로 BUM 패킷이다. 예제 토폴로지에서 서버101이 서버104의 MAC 주소를 알기 위해 ARP를 보내고 이를 얻은 경우 서버104의 MAC 주소를 요청하는 서버201의 ARP 요청을 서버101의 요청과 동일하게 처리하는 것은 불필요해 보인다. 리프01은 서버104의 ARP 정보를 캐싱할 수 있고 이를 바로 응답할 수 있다. 이 방법은 네트워크에서 BUM 트래픽을 줄이는 데 도움이 된다.

NDP는 IPv6 주소 체계에서 ARP와 같은 것이다. 결과적으로 ND 역시 동일한 캐싱을 바탕으로 리프01이 응답한다. 원격 호스트의 ARP/ND 정보를 캐싱하고 이 정보에 대한 ARP/ND 요청에 응답하는 것을 ARP/ND 억제라고 한다.

ARP/ND 억제는 RT-2 메시지를 사용해서 가상 네트워크의 IP 주소와 연관된 MAC 주소를 실어 나른다. 구현체에 따라 MAC과 MAC/IP 광고를 분리해서 전송할 수 있고 또는 단일 메시지로 이 두 가지를 전송할 수도 있다. FRR은 ARP/ND 억제가 활성화되면 단일 메시지 갱신 모델을 사용한다.

제어 프로토콜을 통해 학습한 엔트리들을 표시하는 MAC 포워딩 테이블과 같이 ARP 캐시(또는 리눅스 커널의 IP 이웃 테이블) 내의 엔트리는 제어 프로토콜에 의해 학습한 경우에 표시된다. 커널은 제어 프로토콜에 의해 학습한 엔트리에 대해 ARP 새로 고침을 실행하지 않는다. 커널은 마찬가지로 이 엔트리에 대해서는 만료 처리를 하지 않는다. 프로토콜이 원격 엔트리와 광고가 중지된 경우 엔트리를 제거한다. FRR은 우아한 종료 또는 예기치 않은 종료로부터 복구 중에도 엔트리를 제거한다.

이 기능은 반드시 설정을 통해 활성화되어야 한다. 일부 구현체는 VTEP이 가상 네트워크의 게이트웨이 라우터인 경우에만 이 설정을 허용한다. 시스코가 이러한 예의 구현이다. 리눅스(그리고 마찬가지로 큐물러스)는 VTEP이 네트워크의 게이트웨이 라우터인지 여부와 상관없이 ARP/ND 억제를 설정할 수 있다.

ARP/ND 억제는 큐물러스 엔지니어들의 구현 덕분에 리눅스 커널 4.18부터 지원한다.

RT-2에 관한 작은 노트

RT-2는 워낙 다양한 방법으로 사용할 수 있어서 사람들에게 혼돈을 주는 까다로운 작은 경로 광고little route advertisement다. 혼란을 덜어주기 위해 간단하게 설명하겠다.

[그림 16-9]는 RT-2 메시지의 형식을 설명한다. 이 형식은 EVPN 표준의 기초인 RFC 7432의 7.2절[12]에서 정의하고 있다. VXLAN을 사용하는 데이터 센터의 사용 사례에서는 이더넷 태그 ID는 무시되고 0으로 설정된다. 이더넷 세그먼트 식별자는 EVPN이 멀티홈 호스트(FRR 7.2 버전에서는 이를 지원하지 않는다)로 사용되는 경우에 유용하다.

ARP/ND 억제 또는 라우팅이 비활성화된 경우에는 메시지의 RD, MAC 주소, MPLS 레이블1 필드만 사용된다. MAC 주소 길이 필드는 항상 6으로 설정되고 MAC 주소 필드는 MAC 주소를 전달하며 MPLS 레이블1 필드는 MAC 주소와 연결된 L2 VNI를 전송한다.

그림 16-9 EVPN RT-2 메시지 형식

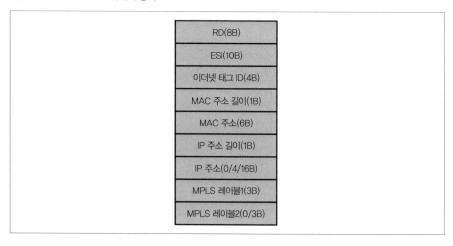

ARP/ND 또는 라우팅이 활성화된 경우 {VNI, MAC}과 연관된 IP 주소 역시 광고된다. 구현체는 RT-2 광고를 MAC과 MAC/IP 두 개로 분리해서 전송하는 것을 선택하거나 단일 MAC/IP 광고 전송을 선택할 수 있다. FRR은 단일 MAC/IP 광고를 전송한다. IP 주소 길이는 IPv4인 경우에는 4로 IPv6인 경우에는 16으로 설정한다. 만일 MAC 주소에 IPv4와 IPv6 주소가 모두 있다면 RT-2 메시지는 하나의 IP 주소만 전송할 수 있으므로 두 개(또는 세 개)로 분리된 RT-2 광고를 전송한다.

---

12 https://oreil.ly/qb2nm

비대칭 라우팅만 사용되는 경우 MPLS 레이블1이 L2 VNI와 연관된 MAC/IP 바인딩을 나타내고 MPLS 레이블2는 사용하지 않는다. 대칭 라우팅을 사용하는 경우에는 MPLS 레이블2 필드는 L3 VNI를 나타낸다.

16.9 EVPN과 라우팅

6.10절 'VXLAN 브리징과 라우팅'에서 오버레이 패킷 라우팅에서의 패킷 플로를 살펴봤다. 이 절에서는 브리징에서 살펴본 것처럼 EVPN과 관련 있는 부분만 집중해서 살펴보자. 지겹도록 반복해서 말하고 있지만 EVPN을 사용하는 라우팅에 대해 이야기할 때는 캡슐화 아래의 패킷 (VTEP에서 수신한 원래 패킷) 라우팅에 대해서 다루는 것이다.

16.9.1 중앙 집중 라우팅과 분산 라우팅

6.10절에서 오버레이 패킷을 라우팅하는 가능한 방법 두 가지를 살펴봤다. 바로 중앙 집중 라우팅과 분산 라우팅이다. 분산 라우팅이 집중 라우팅에 비해 타당한 경우는 언제일까? 분산 라우팅은 다음 경우를 제외하고는 대체로 선호되어야 한다.

- RIOT를 지원하지 않는 라우터가 많고 박스를 업그레이드하는 비용 지출이 불가능한 경우. RIOT를 지원하는 새로운 라우터 두 대 이상을 추가하고 분산 라우팅을 사용하는 것이 보다 좋은 해결책이 될 수 있다.
- 데이터 센터를 떠나는 경우(예를 들어 노스-사우스 트래픽)에만 라우팅이 필요한 경우. 출구 리프를 라우터로 하는 것이 중앙 집중 라우팅을 쉽게 할 수 있게 한다. 출구 리프에 방화벽과 같은 서비스를 배치하는 경우 여전히 유효한 추천 모델이다.

중앙 집중 라우팅을 배치하겠다고 선택한 경우 몇 가지 가능한 배치 형상 중에서 선택할 수 있다. 첫 번째 방법에서는 두 라우터 모두 모든 VNI에 대해 동작 상태여야 한다. 두 번째 방법에서는 각 VNI가 VNI의 서브넷 하나에 대해 동작 상태여야 하고 다른 VNI에 대해서는 대기 상태로 구성되어야 한다.

첫 번째 방법에서는 모든 VNI에 대해 둘 다 활성화 상태인 경우 플러딩 패킷이 중복된 라우팅 패킷을 발생시키는 위험을 방지해야 한다. 보다 이해를 잘할 수 있도록 서버101이 패킷을 첫 번째 홉 라우터에 보냈다고 하자. 리프01이 라우터의 MAC 주소에 대한 정보가 없는 경우 리프01은 패킷을 복제해서 빨강 VNI(서버101이 빨강 네트워크에 속해 있으므로)에 관심 있는 모든 VTEP에 전달한다. 만약 두 개 이상의 출구 리프가 라우터로 동작한다면 모두 이 플러딩 패킷의 사본을 수신한다. 그리고 패킷을 모두 라우팅해서 중복된 패킷을 전송하는 결과가 된다. 앞서 설명한 것처럼 중복된 패킷은 네트워크 트래픽과 연관된 문제를 일으킬 수 있다.

인그레스 복제를 사용하는 VTEP 애니캐스트 IP 주소와 같은 모델을 사용하면 이중 인터페이스 중 하나만 패킷 처리하도록 보장할 수 있다. 다른 방법으로는 가상 라우터 장애 복구 프로토콜virtual router redundancy protocol, VRRP과 같은 프로토콜은 라우터 중 하나만 네트워크에 패킷을 라우팅할 수 있도록 보장한다. 세 번째 방법은 16.7.3.2절에서 설명한 브리징에서의 지정 포워더 모델을 사용해서 패킷을 라우팅하는 것을 보장하는 방법이다.

필자가 추천하는 방법은 인그레스 복제를 사용하는 VTEP 애니캐스트 IP 모델이 단순하므로 (추가 프로토콜이 필요 없고 구성 역시 최소한이다) 사용할 것을 권장한다.

분산 라우팅을 고려할 때 중요하게 생각할 점은 방화벽이나 로드 밸런서와 같은 서비스를 배치하는 방법을 다시 생각해야 한다는 것이다. 중앙 집중 라우팅 모델에서 서비스는 경계 리프에 위치한다. 이런 서비스가 단지 데이터 센터를 나가고 들어가는 트래픽에만 필요하다면 경계 리프에 서비스를 배치하는 것은 여전히 유효하다. 하지만 서비스가 데이터 센터 내의 트래픽에서도 사용되어야 한다면 가장 좋은 방법은 각 호스트에 서비스를 배치하는 것이다. 서비스 문제를 해결하는 또 다른 방법은 9.2.5절에서 설명한 VRF를 사용하는 것이다.

16.9.2 대칭 라우팅과 비대칭 라우팅

6.10.2절에서 EVPN의 서로 다른 라우팅 모델인 비대칭과 대칭 라우팅에 대해 다뤘다. 비대칭 라우팅 모델을 선택하는 주요 이유는 상호 운영성에 대한 고려가 필요한 경우다. 데이터 센터 공간의 모든 주요 공급 업체는 대칭 모델을 지원한다. 주니퍼와 큐물러스는 비대칭 라우팅 모델도 지원한다. 중앙 집중 모델을 배치하려 한다면 비대칭 라우팅은 자연스러운 선택이다. 만일 디폴트 경로와 같은 비 EVPN 경로나 다른 비 MAC 관련 경로를 광고해야 한다면 대칭 라우팅이 당연한 선택이다. 대칭 라우팅 모델을 사용 못할 확실한 이유가 없다면 대칭 모델을 선택하는 것을 권장한다.

16.9.3 경로 광고

EVPN RT-2 광고는 {MAC, VNI} 튜플과 연관된 IP 주소를 포함하고 있다. 이 정보는 라우팅 테이블을 생성할 때 사용된다. 하지만 요약 경로 또는 IP 경로로 학습된 경로를 광고할 필요가 있는 경우도 있다. 외부 네트워크로 향하는 디폴트 게이트를 갖는 라우팅 테이블을 생성할 필요가 있다고 생각해보자. 일반적으로 출구 리프가 이 경로를 광고한다. 새로운 경로 유형인 RT-5가 IP 경로를 광고하기 위해 도입되었다. IP 경로는 자동으로 광고되지 않고 반드시 설정을 통해 광고된다. IP 경로는 항상 L3 VNI와 광고된다. 모든 장비는 라우팅 테이블을 생성하기 전에 로컬 VRF와 L3 VNI를 매핑해야 한다.

6.10절 'VXLAN 브리징과 라우팅'에서 대칭 라우팅과 비대칭 라우팅에 대해 다뤘다. 비대칭 라우팅은 RT-2 광고에서 바로 사용 가능하다. 대칭 라우팅은 추가 지원이 필요하다.

대칭 라우팅을 위해 세 가지 추가 정보가 필요하다. 인그레스와 이그레스 VTEP 사이에 사용되는 VNI, 다음 홉 IP 주소(이그레스 VTEP의 IP 주소), 이그레스 VTEP의 라우터 MAC 주소가 필요하다. BGP UPDATE 메시지에서 이 정보들을 전달할 필요가 있다. 이그레스 VTEP IP 주소는 항상 BGP 광고의 NEXTHOP 속성에 포함된다. RT-2 메시지에는 다른 두 종류의 정보를 포함할 수 있는 항목이 있다.

RT-2는 두 VNI(또는 원 EVPN 표준의 다중 프로토콜 레이블 스위칭$^{multiprotocol\ label\ switching,}$ $_{MPLS}$)를 포함하는 것을 지원한다. 비대칭 라우팅을 사용하면 두 VNI 필드 중 하나만 L2 VNI를 알리기 위해 사용된다. 대칭 라우팅에서는 두 VNI 필드가 모두 사용된다. 하나는 L2 VNI에 사용되고 다른 하나는 트랜짓^{transit} 또는 L3 VNI에 사용된다.

경로에서 이그레스 VTEP의 MAC 주소가 내부 패킷의 목적지 MAC 주소로 사용되므로 반드시 포함할 필요가 있다. 이 MAC 주소는 경로 광고의 새로운 BGP 확장 커뮤니티로서 전송된다. 이 새로운 확장 커뮤니티를 라우터 MAC 확장 커뮤니티$^{router\ MAC\ extended\ community}$라고 부른다.

16.9.4 VRF 사용

EVPN에서 라우팅은 VRF의 문맥 내에서 수행하는 것을 가정하고 있다. 언더레이 라우팅 테이블은 디폴트 또는 전역 라우팅 테이블로 취급되며 오버레이 라우팅 테이블은 VRF 특정 라우팅 테이블로 여긴다. VRF를 사용하지 않고도 비대칭 라우팅 동작(6.10절에서 다뤘다)이 가능하긴 하다. 하지만 VRF는 엔드포인트가 외부 세계와 통신할 때 RT-5 광고가 관여하게 되므로 반드시 필요하다. RT-5 광고는 항상 VRF 문맥, 즉 광고 내에 시그널링된 L3 VNI에서 항상 일어난다. 따라서 통일된 라우팅 모델을 유지하기 위해 EVPN 라우팅에서 항상 VRF를 사용할 것을 강력하게 권장한다.

16.10 대규모 네트워크에서 EVPN 배치

앞서 확인한 대로 RT-5를 제외하고 EVPN 네트워크 내의 경로는 거대한 /32 경로다. 이는 엔드포인트 수가 5만에서 8만 개 규모(이 숫자는 하드웨어 또는 소프트웨어 제한이 아닌 기업의 단일 장애 도메인에 대한 필자의 생각이다. 특정 공급 업체에 국한된 것은 아니다)의 일반적인 2계층 클로스 네트워크에서는 괜찮다. 하지만 네트워크 규모가 성장함에 따라 3계층 클로스 네트워크로 옮겨가면 요약 경로의 부재가 배치에 영향을 주기 시작한다. 요약 경로의 부재가 단지 포워딩 테이블의 규모에 영향을 미치지 않고 패킷 복제를 위해 인그레스 복제가 필요한 노드 수와 시스템 내의 VNI의 총량에 영향을 준다. 이 모든 것은 시스템 전반의 안정성에 부정적인 영향을 미친다. 시스템적인 장애가 전체 네트워크를 다운시킬 수 있거나 생각했던 것보다 유연성이 떨어진다면 반드시 이 디자인에 대해 전반적으로 다시 생각해야 한다. 이러한 이유로 필자는 리프가 128개 이상인 2계층 클로스는 안정성이 없다고 생각한다. 대규모 네트워크에서는 3계층 클로스 디자인을 강력하게 권장한다.

단지 L3 연결성을 제공하는 3계층 클로스 네트워크는 EVPN 네트워크를 바로 적용할 수 없다. 그 이유는 '어디서 경로를 요약할 것인가?'에 대한 답이 필요해서다. 개별 파드 내의 스파인 계층에서 요약을 할 수 없다는 것을 이미 살펴봤다(5.5.2절 '클로스 네트워크의 경로 요약'을 참조하라). 순수한 L3 클로스에서 각 랙은 로컬에 연결된 모든 서브넷을 이미 요약하고 있다. 서브넷은 단일 리프(또는 리프쌍)에만 연결될 수 있으므로 네트워크는 EVPN을 사용해서 엔드포인트 주소(/32 또는 /128 경로)를 광고하는 것보다 효과적으로 확장할 수 있기 때문이다. 슈퍼 스파인을 경로 요약의 지점으로 만드는 것은 네트워크의 중심에 부하를 집중하지 않고 에지에 부하를 분산하므로 네트워크를 확장한다는 클로스 네트워크 디자인의 핵심과 충돌한다. 규모와 디자인의 복잡성 그리고 슈퍼 스파인의 기능이 상당히 커진다. 더욱이 이러한 디자인에서는 파드 안팎의 트래픽을 위한 방화벽과 같은 서비스를 제공하기 어려워진다.

네트워크의 여러 역할을 효과적으로 분산하는 것을 유지하기 위해 파드에 출구 리프를 추가할 것을 권장한다. 파드 내의 출구 리프를 경로 요약 지점으로 삼고 방화벽과 같은 파드 레벨 서비스가 연결될 위치로 한다. 각 파드는 [그림 16-10]에서 묘사하는 것처럼 이젠 독립형이 되었다.

그림 16-10 3계층 네트워크에서의 EVPN 배치

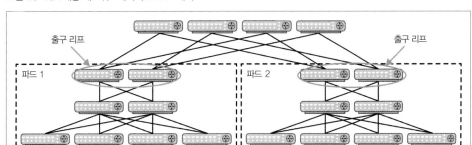

이 그림을 처음 본다면 4계층 클로스 네트워크와 같다고 생각할 수 있겠지만 그렇지 않다. 그림에서 출구 리프는 원래 다른 리프의 옆에 있어야 하지만 지면에 맞추기 위해 위로 옮긴 것뿐이다.

위 네트워크에서 출구 리프는 기본적으로 파드에 특정한 주소 접두사를 요약하고 이를 슈퍼 스파인에 광고하고 디폴트 경로를 파드에 광고한다. 출구 리프는 다른 파드의 주소 접두사 경로를 슈퍼 스파인으로부터 수신한다.

그렇다면 어떻게 이 모델이 VNI이 여러 파드에 퍼져 있는 경우를 다룰 수 있을까? 파드 내의 출구 리프는 이러한 VNI를 요약할 수 없다. 더욱이 BUM 제어 역시 파드를 거쳐서 패킷을 전송할 수 있어야 한다. 이는 여러 파드에 퍼져 있는 그룹의 멀티캐스트 처리를 보다 복잡하게 만든다. 이러한 그룹은 파드 내에 한정된 그룹의 RP보다 최적화된 RP를 찾아야 하기 때문이다. 비록 가능한 솔루션이 있기는 하지만 추가 스트레스를 가져올 수 있는 확장된 VNI^{stretched VNI}를 가능한 한 사용하지 않을 것을 권장한다.

16.11 마치며

이 장에서는 네트워크 가상화에서 제어 평면으로 사용되는 EVPN을 배치하기 위해 필요한 중요한 부분을 다뤘다. 또한 6.10절에서 설명한 패킷 포워딩 절차로 데이터 센터의 네트워크 가상화 배치를 뒷받침하는 이론을 이해하는 데 필요한 토대를 세웠다. 다음 장에서는 실제 EVPN 구성을 살펴본다.

## CHAPTER 17

네트워크 가상화 배치

신뢰성을 위해 반드시 치러야 할 값은 바로 단순함이다.

_토니 호어[Tony Hoare]

이 장에서는 앞선 장들에서 살펴본 서로 다른 가상 네트워크 솔루션의 관리에 대해 살펴본다. 특히 오버레이 가상 네트워크의 구성을 살펴본다. 16장에서 다룬 EVPN을 제어 프로토콜로 사용하고 VXLAN을 캡슐화 프로토콜로 한다. VRF를 위한 OSPF와 BGP 구성에 대해서는 이미 13.2.4절 'VRF 지원'과 15.8절 'BGP와 VRF'에서 각각 다뤘다.

이 장에서 다룰 주요 질문은 다음과 같다.

- EVPN 브리징과 라우팅을 네트워크에 어떻게 구성하는가?
- 네트워크 가상화를 위한 주요 라우팅 프로토콜(eBGP, iBGP, OSPF)을 어떻게 구성하는가?

17.1 구성 시나리오

EVPN은 특별히 언더레이의 라우팅 프로토콜의 선택과 다중 목적지 프레임 제어와 관련된 일부 구성만 선택할 수 있다. 이를 위해 여기서는 다음 세 가지 고수준 구성을 다룬다.

- 언더레이와 오버레이를 위한 단일 eBGP 세션
- 언더레이를 위한 OSPF, 인그레스 복제를 사용하는 오버레이를 위한 iBGP
- 언더레이를 위한 OSPF, 라우팅 멀티캐스트 언더레이를 사용하는 오버레이를 위한 iBGP

언더레이 구성은 앞 장에서 다뤘으므로 구성(특히 OSPF의 구성)에 관해서는 더 이상 다루지 않는다. 언더레이 구성 외에도 VXLAN VNI 생성, VNI와 VLAN 매핑 등과 같은 비제어noncontrol 프로토콜 구성을 살펴볼 것이다. 16장에 권장한 것처럼 여기서의 구성들은 EVPN의 분산된 대칭 라우팅 모델이라고 가정한다. 하지만 대칭 라우팅과 비대칭 라우팅 간, 중앙 집중 라우팅과 분산 라우팅 간, 라우팅과 브리징 간의 차이점을 살펴볼 것이다. 라우팅 멀티캐스 언더레이는 아직까지 네이티브 리눅스(큐물러스 리눅스에서만 가능)에서 지원하고 있지 않으므로 장치 로컬 구성에서의 라우팅 멀티캐스트 언더레이의 설정에 대해서는 설명하지 않는다. 다른 이유로 PIM-SM 구성은 유용하므로 설명에 포함시켰다.

[그림 17-1]의 토폴로지를 이용해서 구성에 대해 설명하겠다. 또한 리프에 이중 연결된 서버가 MLAG를 사용한다고 가정한다. 그림에 표시된 출구 리프는 EVPN 네트워크에서 외부 세계와 연결성이 어떤 식으로 보이는지에 대한 입력을 제공하기 위해 존재한다. 언넘버드 BGP와 언넘버드 OSPF를 가능한 모든 곳에서 사용할 것이다. 출구 리프에서 방화벽과 에지 라우터에 연결된 인터페이스는 방화벽과 에지 라우터가 대체로 언넘버드 BGP를 지원하지 않을 가능성이 높으므로 넘버드 인터페이스를 사용한다.

몇 가지 VRF 사용에 대해 언급한다. EVPN 내의 모든 IP 경로는 모두 VRF 문맥 내에 있다. 모든 MAC 주소는 VNI 문맥 내에 있다. VNI의 집합이 VRF와 매핑되고 VRF는 유일한 VNI와 연관된다. VRF는 로컬에만 특정되고 VLAN과 VRF는 전역 범위에서 유일한 VNI와 매핑된다는 점에서 VLAN과 유사하다. VRF는 L3 VNI와 연관되며 VLAN은 L2 VNI와 연관된다. 언더레이는 디폴트 VRF에서 동작한다.

내부 네트워크는 evpn-vrf라 부르는 검정 VRF에 속한다. 외부 세계와의 연결성은 internet-vrf라 부르는 빨강 VRF를 통해 이뤄진다. 한 VRF에서 다른 VRF로 흐르는 트래픽은 방화벽을 거쳐 간다. 언더레이는 디폴트 VRF에 속한다. 검정 VRF와 디폴트 VRF는 링크에서 구별할 수 없는 것처럼 보인다. 검정 VRF 패킷은 VXLAN 캡슐화된 반면 언더레이 패킷은 그렇지 않기 때문이다.

그림 17-1 EVPN 구성 예제를 위해 사용할 토폴로지

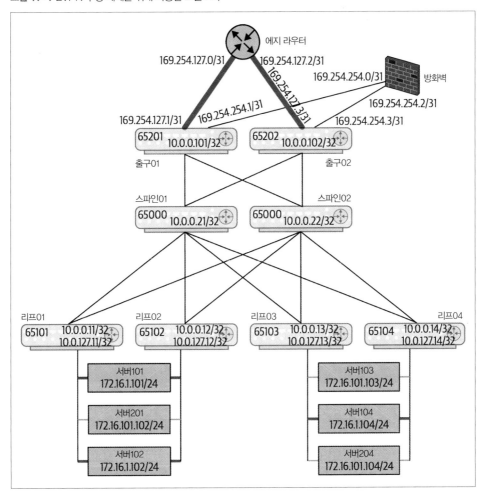

17.2 장치 로컬 구성

가장 간단한 것부터 시작하자. 장치 로컬 구성은 사용 중인 라우팅 프로토콜에 특정되지 않는다. 예를 들어 ifupdown2를 사용하는 리프01 구성 스니펫의 데비안 기반 배포판(큐물러스 리눅스 또는 우분투와 같은)의 결과는 다음과 같다.

```
auto all
iface lo inet loopback
    address 10.0.0.11/32          ❶
    clagd-vxlan-anycast-ip 10.0.0.112  ❷
    vxlan-local-tunnelip 10.0.0.11    ❸

iface vni13          ❹
    mtu 9164          ❺
    vxlan-id 13          ❻
    bridge-access 13          ❼
    bridge-learning off          ❽

iface vni24          ❹
    mtu 9164          ❺
    vxlan-id 24          ❻
    bridge-access 24          ❼
    bridge-learning off          ❽

iface vlan13          ❾
    mtu 9164
    address 172.16.1.11/24          ❿
    address-virtual 44:39:39:ff:00:13 172.16.1.1/24  ⓫
    vlan-id 13                    ⓬
    vlan-raw-device bridge
    vrf evpn-vrf                  ⓭

iface vlan24
    mtu 9164
    address 172.16.2.11/24          ❿
    address-virtual 44:39:39:ff:00:13 172.16.2.1/24  ⓫
    vlan-id 24                    ⓬
    vlan-raw-device bridge          ⓭
    vrf evpn-vrf                  ⓮

#
# 대칭 라우팅 구성을 위한 L3 VNI 정의다.
# VTEP 간 EVPN으로 라우팅되는 패킷을 위한 전송 구간으로 사용된다.
#
iface vxlan4001          ⓯
    vxlan-id 104001
    bridge-access 4001
#
iface vlan4001          ⓰
    hwaddress 44:39:39:FF:40:94
```

```
    vlan-id 4001
    vlan-raw-device bridge
    vrf evpn-vrf
#
```

다음은 이 구성에서 명확하지 않을 수 있는 몇 가지에 대한 설명이다.

❶ 이와 같이 ifupdown2에서 IP 주소를 정의한 경우에는 FRR 구성에서 다시 정의하지 않는다.

❷ 공유된 VXLAN 출발지 터널의 IP 주소로 정의된 큐뮬러스 특정 MLAG 구현체인 CLAG를 구성하고 있다. 다른 공급 업체는 업체에 특정된 MLAG 구현체를 위한 독자적인 구성 버전을 제공할 것이다. 이중 연결된 서버에서는 필수다.

❸ CLAG가 작동하지 않는 경우 사용될 로컬 출발지 터널 IP 주소를 특정한다. CLAG가 작동하면 2번에서 명시한 주소를 터널 출발지 IP 주소로 사용한다.

❹ 각 VXLAN VNI는 리눅스 커널의 장치로 표시된다. 리눅스 커널 버전 4.14부터 모든 VNI에 단일 장치 사용을 지원하고 있다. 하지만 이 모델은 에코시스템의 나머지 부분에서 지원하지 않으므로(예를 들면 vlan-vni 매핑을 구성할 방법이 없다) 더 이상 표시하지 않는다.

❺ VXLAN 터널 인터페이스는 점보 프레임^jumbo frame 사용이 권장되므로 인터페이스의 MTU를 9164로 설정한다.

❻ 장치에 연관된 VNI를 정의한다.

❼ 로컬 VLAN ID와 VNI를 매핑한다. 이 경우에는 매핑이 식별 기능이 된다.

❽ EVPN이 있으므로 원격지 MAC 주소를 학습하는 것을 활성화하고 싶지 않다. VNI에 대한 학습을 비활성화한다.

❾ VNI(라우팅을 지원하는 노드의 VNI)를 위한 SVI를 정의한다.

❿ 명시된 VNI에서 이 리프의 유일한 IP 주소다.

⓫ VNI의 2차 게이트웨이 IP 주소다. 이 게이트웨이 주소는 해당 VNI를 다루는 모든 리프에 걸쳐서 공유된다. 이 IP 주소를 디폴트 게이트웨이 주소로 사용하도록 설정된 서버는 모든 랙에 연결할 수 있으며 디폴트 게이트웨이 구성을 변경하지 않아도 된다.

⓬ 이 인터페이스가 SVI인 VLAN을 나타낸다.

⓭ 리눅스는 동일한 장치에 다중 802.1Q 브리지를 사용할 수 있게 허용한다. 인터페이스는 브리지 중 단 하나에만 할당되어야 하고 링크에서 VLAN 사용에 대해 모호함이 있어서는 안 된다. 예를 들어 7장에서는 컨테이너가 여러 개의 브리지를 갖는 이 모델을 사용하는 방법을 확인했다. 결과적으로 SVI는 특정 브리지와만 연결될 필요가 있다. 이 라인이 이 기능을 완성한다.

⓮ SVI가 속한 VRF를 뜻한다.

⓯ 대칭 라우팅에서 사용되는 L3 VNI다.

⓰ 이는 단지 L3 VNI의 로컬 인스턴스화일 뿐이다.

아리스타에서의 동일한 구성은 다음과 같다.

```
interface Loopback1
   ip address 10.0.0.112

interface vxlan1          ❶
   vxlan source-interface Loopback1
   vxlan-udp-port 4789
   vxlan vlan 13 vni 13
   vxlan vlan 24 vni 24
   vxlan vrf evpn-vrf vni 4001

interface vlan13
   mtu 9164
   vrf evpn-vrf
   ip address 172.16.1.1/24

interface vlan24
   mtu 9164
   vrf evpn-vrf
   ip address 172.16.2.1/24
```

대부분의 구성은 이전에 살펴본 ifupdown2의 구성과 상당히 유사하므로 명확해야 한다. VNI 사양이 유일한 차이점이다.

❶ 아리스타는 이미 모든 VNI에 단일 VXLAN 장치를 정의하는 모델을 따르고 있다. 그리고 단일 VXLAN 장치 구성을 사용해서 VLAN과 VNI에 매핑하고 L3 VNI에 VRF를 할당할 수 있다. 이 글을 쓰는 시점에 아리스타는 라우팅 멀티캐스트 언더레이 사용을 지원하지 않는다.

17.3 단일 eBGP 세션

먼저 리프, 스파인, 출구 리프 각각에 대한 완전한 구성으로 시작한다. [예제 17-1]은 이 책의 나머지 부분과 마찬가지로 FRR의 구성을 보여준다.

예제 17-1 단일 eBGP 세션 모델을 사용하는 대칭 라우팅의 FRR 구성 예

```
!
! ============
! 스파인01 구성
! ============
!
interface lo
  ip address 10.0.0.21/32
!
router bgp 65000
    bgp router-id 10.0.0.21
    bgp bestpath as-path multipath-relax
    neighbor peer-group ISL
    neighbor ISL remote-as external
    neighbor swp1 interface peer-group ISL
    neighbor swp2 interface peer-group ISL
    neighbor swp3 interface peer-group ISL
    neighbor swp4 interface peer-group ISL
    neighbor swp5 interface peer-group ISL
    neighbor swp6 interface peer-group ISL
    address-family ipv4 unicast
        neighbor ISL activate
        redistribute connected route-map LOOPBACKS
    address-family l2vpn evpn
        neighbor ISL activate     ❶
!
route-map LOOPBACKS permit 10
    match interface lo
!
```

```
!
! ==========
! 리프01 구성
! ==========
!
interface lo
    ip address 10.0.0.11/32
!
! VRF 정의는 대칭 EVPN 라우팅 구성에서만 필요하다.
vrf evpn-vrf                          ❷
        vni 104001
!
router bgp 65011
    bgp router-id 10.0.0.11
    bgp bestpath as-path multipath-relax
    neighbor fabric peer-group
    neighbor fabric remote-as external
    neighbor swp1 interface peer-group fabric
    neighbor swp2 interface peer-group fabric
    address-family ipv4 unicast
        neighbor fabric activate
        redistribute connected route-map LOOPBACKS
    !
    address-family l2vpn evpn
        neighbor fabric activate
        advertise-all-vni              ❸
  advertise-svi-ip                     ❹
    !
!
route-map LOOPBACKS permit 10          ❺
    match interface lo
!

!
! ==========
! 출구01 구성
! ==========
!
interface lo
  ip address 10.0.0.101/32
!
interface swp3
  ip address 169.254.127.1/31
!
```

```
interface swp4.2
  ip address 169.254.254.1/31
!
interface swp4.3
  ip address 169.254.254.3/31
!
interface swp4.4
  ip address 169.254.254.5/31
!
vrf evpn-vrf
  vni 104001
!
! 언더레이와 방화벽과의 디폴트 VRF 피어링
!
router bgp 65201      ❻
    bgp router-id 10.0.0.101
    bgp bestpath as-path multipath-relax
    neighbor fabric peer-group
    neighbor fabric remote-as external
    ! 다음 두 줄은 스파인과의 피어링이다.
    neighbor swp1 interface peer-group fabric
    neighbor swp2 interface peer-group fabric
    ! 방화벽과 피어링은 다음을 위해서다.
    ! 에지 라우터로의 언더레이 경로(방화벽을 거친)를 알리기 위해서다.
    ! 에지 라우터부터 디폴트 경로(역시 방화벽을 거친)를 수신하기 위해서다.
    neighbor swp4.2 interface remote-as external
    address-family ipv4 unicast
        neighbor fabric activate
  neighbor swp4.2 activate
        neighbor swp4.2 allowas-in 1      ❼
        redistribute connected route-map LOOPBACKS
    !
    address-family l2vpn evpn
        neighbor fabric activate
        advertise-all-vni              ❸
    !
!
route-map LOOPBACKS permit 10
    match interface lo
!
! 내부 네트워크로 디폴트 경로를 알리기 위한 evpn vrf 피어링
!
router bgp 65201 vrf evpn-vrf          ❽
    bgp router-id 10.0.0.101
```

```
        neighbor swp4.3 interface remote-as external
        address-family ipv4 unicast
            neighbor swp4.3 activate
            ! 다음 두 network 문은
            ! 방화벽에 요약 경로를 분배하기 위해서다.
            aggregate-address 172.16.1.0/24 summary-only       ❾
            aggregate-address 172.16.2.0/24 summary-only
            neighbor swp4.3 allowas-in 1
        exit-address-family
        !
        ! 아래 구성은 EVPN에서 RT-5 경로로 디폴트 경로를
        ! 메인 BGP 인스턴스에서 광고하는 것을 보장한다.
        ! 방화벽 피어링은 evpn-vrf 내의 디폴트 경로를
        ! internet-vrf에서 획득한다.
        ! 방화벽은 l2vpn/evpn의 피어링을 맺지 않는다.
        !
        address-family l2vpn evpn          ❿
            advertise ipv4 unicast
!
! inerternet vrf 피어링은 디폴트 경로를 인터넷 방향
! 라우터로부터 획득하고, 방화벽에 전달한다.
!
router bgp 65201 vrf internet-vrf     ⓫
    bgp router-id 10.0.0.101
    bgp bestpath as-path multipath-relax
    neighbor internet peer-group
    neighbor internet remote-as external
    neighbor swp4.4 interface peer-group internet
    neighbor swp3 interface peer-group internet
    address-family ipv4 unicast
        neighbor internet activate
        neighbor swp4.4 allowas-in 1
  neighbor swp3 remove-private-AS     ⓬
        redistribute connected route-map INTERNET
    !
!
route-map INTERNET permit 10
    match interface internet-vrf
!----
```

위 코드에서 애매할 수 있는 부분을 아는 것과 명확하지 않은 부분을 살펴보는 것은 가치가 있다.

❶ 스파인이 l2vpn evpn 주소 패밀리를 활성화해서 피어에 EVPN 경로를 처리할 수 있다고 알린다. 스파인이 오버레이에 참여한다는 것을 의미하지는 않는다. EVPN 정보를 교환해야 하는 모든 노드에서 이 라인이 필요하다.

❷ 이 VRF 정의는 비대칭 라우팅 구성과 대칭 라우팅 구성을 구분한다. VRF에서 사용하는 L3 VNI를 특정하는 정의이다. 이 매핑을 VLAN-VNI 매핑과 동등한 거라고 생각해보자. 이 설정 라인은 16.9.3절 '경로 광고'에서 설명한 것처럼 대칭 라우팅에서 필수다.

❸ 리프에서 이 단일 라인 설정은 EVPN 정보 광고, 명확하게는 RT-2와 RT-3 경로에 대한 광고를 활성화한다. 이 설정은 리프(출구와 일반)에만 존재한다.

❹ evpn-vrf의 개별 리프에서 ping, traceroute와 유사한 네트워킹 관리 명령어를 실행하기 위해 필요한 라인이다. 분산 라우팅 시나리오임을 명심하자. 모든 리프는 로컬에 연결된 VLAN을 위해 공통 게이트웨이 주소를 공유한다. 이 예제에서는 모든 리프가 VLAN 13 및 VLAN 24의 디폴트 게이트웨이 주소로 172.16.1.1/24 및 172.16.2.1/24를 사용한다. 또한 각 리프는 서브넷에서 고유한 개별 IP 주소를 갖는다. 예를 들어 리프01은 172.16.1.11, 리프02는 172.16.1.1.12의 IP 주소를 VLAN 13에서 IP 주소로 한다. 이 IP 주소는 유일한 주소고 MAC 주소는 이 설정 라인에 의해 광고된다. 모든 리프가 공유하는 공통 IP 주소는 광고하지 않는다.

❺ 간단한 라우팅 클로스 네트워크와 달리 redistribute connected를 통해 광고되는 서버 서브넷이 없는 이유는 서브넷 경로는 더 이상 단일 랙/리프에 제한되지 않기 때문이다. 서버 서브넷의 개별 /32 경로는 RT-2 EVPN 경로로 광고된다.

❻ 이는 출구 리프의 세 BGP 섹션 중 첫 번째다. 이 섹션은 언더레이와 나머지 리프로부터 수신한 EVPN 경로를 다룬다. 방화벽과 피어링을 맺어서 언더레이가 디폴트 경로를 사용하는 것을 보장한다. 언더레이를 에지 라우터에서 완전히 분리하려면 방화벽과의 피어링을 제거하거나 방화벽에 적절한 규칙을 추가한다.

❼ 이 장 이후에 자세하게 설명할 새로운 설정 라인이다. 하지만 추가로 주목할 부분은 장치에 IP 주소가 할당되었음에도 불구하고 인터페이스 이름을 사용하는 것과 언넘버드 BGP를 지원하지 않는 이웃과 잠재적으로 피어링을 맺을 수도 있다는 점이다. FRR은 인터페이스 IP 주소를 보고 인터페이스가 서브넷 /31 또는 /30에 속하는 경우에는 피어의 IP를 충분히 알아낼 수 있다. 서브넷 /30과 /31에는 엔드포인트 IP 주소로 사용할 수 있

는 주소가 단 두 개만 있기 때문이다. 따라서 하나를 안다면 자동으로 피어의 주소를 알 수 있다. 예를 들어 169.254.254.0/31에서 사용 가능한 주소는 169.254.254.0과 169.254.254.1이다.

❽ 출구 리프에서 VRF 설정은 evpn-vrf VRF에서 디폴트 경로를 광고하기 위해 필요하다. 디폴트 경로는 방화벽을 통해 인터넷으로부터 학습한다.

❾ 이 라인에서는 BGP에 요약 경로 172.16.1.0/24만을 광고할 것을 지시하고 있다. 그리고 해당 서브넷에 적어도 한 개의 경로가 있는 경우에 광고한다. 외부 세계는 특정 호스트로 각각 어떻게 도달하는지에 대해 알 필요는 없다. 출구 리프가 리프이므로 5.5.2절 '클로스 네트워크의 경로 요약'에 설명한 대로 아무 문제없이 경로를 요약할 수 있다. 여기서 여전히 특정 IP 주소를 포함하는 것처럼 보이지만 이러한 정보가 정책의 일부고 자동으로 결정하기 쉽지 않으므로 필수로 있어야 한다. 이 라인들이 출구 리프에서만 사용되기 때문에 그렇게 큰 관리적 부담이 되지 않는다. 자동화에 대한 추가 지원을 위해 이 라인들은 모든 출구 리프에서 공통이다.

❿ 디폴트 경로를 RT-5 EVPN 경로로 광고한다. 이 섹션에는 VRF에서 EVPN 경로를 교환할 이웃이 존재하지 않으므로 activate 문이 없다. RT-5 경로는 언더레이 BGP 세션에서 광고되는 것을 명심하자. 개인적인 의견으로 이 설정 예제는 사용자 관점에서 구성되었다기보다는 구현체 관점(그리고 그곳으로부터 파생된)에 도움이 된다.

⓫ 외부 세상과 연결성을 위한 internet-vrf의 에지 라우터와의 인터페이스 VRF 설정이다. internet-vrf는 EVPN 설정이 없으므로 internet-vrf를 위한 L3 VNI를 10번의 evpn-vrf에서 그랬던 것처럼 정의할 필요가 없다.

⓬ 이 설정은 에지 라우터에 경로를 광고하기 전에 모든 사설 ASN을 걷어낸다.

가상 네트워크 오버레이로 VXLAN을 사용하면 BGP는 VRF별로 피어링이 필요 없다. 패킷 내의 VNI가 이 정보를 인코딩하고 있기 때문이다. 하지만 출구 리프에서는 에지 라우터와 피어링이 방화벽과의 피어링과 마찬가지로 VXLAN 캡슐화되지 않고 홉바이홉^{hop-by-hop} VRF 모델을 사용한다. 인그레스 인터페이스가 패킷의 VRF를 정의한다. 따라서 BGP 피어링은 출구 리프에서 VRF에 특정된다. 홉바이홉 VRF 모델의 BGP 설정은 15.8절 'BGP와 VRF'에서 설명했다.

비대칭 라우팅 설정은 최근에 L3 VNI 사용 지원을 추가해서 디폴트 경로와 같은 IP 주소 접두사를 분산할 수 있게 되었다. 리프에서 EVPN 브리징만 구성하고 싶으면 설정은 앞서 살펴본 것과 유사하지만 리프에서 VNI의 서브넷을 위한 SVI 정의와 VRF-VNI 매핑 정의가 제외된다. 마찬가지로 EVPN 브리징이 필요한 경우에는 advertise-svi-ip가 필요 없다. 라우터 역할을 하는 출구 리프와 중앙 집중 라우팅을 사용하는 경우 리프에서 EVPN 브리징만 함께 사용하면 출구01의 설정은 [예제 17-2]와 같다.

예제 17-2 중앙 집중 라우팅을 위한 출구01의 FRR 설정

```
router bgp 65201
    bgp router-id 10.0.0.101
    bgp bestpath as-path multipath-relax
    neighbor fabric peer-group
    neighbor fabric remote-as external
    neighbor swp1 interface peer-group fabric
    neighbor swp2 interface peer-group fabric
    ! 방화벽과 피어링은 다음을 위해서다.
    ! 에지 라우터로의 언더레이 경로(방화벽을 거친)를 알리기 위해서다.
    ! 에지 라우터부터 디폴트 경로(역시 방화벽을 거친)를 수신하기 위해서다.
    neighbor swp4.2 remote-as external
    address-family ipv4 unicast
        neighbor fabric activate
        neighbor swp4.2 allowas-in 1
        redistribute connected route-map LOOPBACKS
    !
    address-family l2vpn evpn
        neighbor fabric activate
        advertise-all-vni
        advertise-default-gw        ❶
    !

!
route-map LOOPBACKS permit 10
    match interface lo
!
! 외부 연결성을 위해 내부 트래픽을 방화벽을
! 통하도록 하는 evpn vrf 피어링
!
router bgp 65201 vrf evpn-vrf        ❷
    bgp router-id 10.0.0.101
    neighbor swp4.3 remote-as external
```

```
    address-family ipv4 unicast
        neighbor swp4.3 activate
        ! 다음 두 network 문은
        ! 방화벽에 요약 경로를 분배하기 위해서다.
        aggregate-address 172.16.1.0/24 summary-only
        aggregate-address 172.16.2.0/24 summary-only
        neighbor swp4.3 allowas-in 1
    exit-address-family

router bgp 65201 vrf internet-vrf
    bgp router-id 10.0.0.101
    bgp bestpath as-path multipath-relax
    neighbor internet peer-group
    neighbor internet remote-as external
    neighbor swp3 interface peer-group internet
    neighbor swp4.4 interface peer-group internet
    address-family ipv4 unicast
        neighbor internet activate
        neighbor swp4.4 allowas-in 1
        redistribute connected route-map INTERNET
!
route-map INTERNET permit 10
    match interface internet-vrf
!
```

이 설정에서 주목할 부분은 다음과 같다.

❶ 본 라인으로 인해 디폴트 경로의 MAC이 RT-2 경로로 리프에 광고된다. MAC 경로는 16.9.3절 '경로 광고'에서 언급한 라우터 MAC 확장 커뮤니티가 전달한다.

❷ 출구 리프에서만 라우팅되므로 evpn-vrf에서 학습한 그 어떤 EVPN 경로도 방화벽을 통해 인터넷 네트워크로 안내할 필요가 없다. 따라서 본 피어링 세션에서는 L2 VPN/evpn address-family 설정이 필요 없다.

---

allowas-in 1을 사용하는 이유

새로운 BGP 옵션인 allowas-in 1을 사용하는 이유를 알아보자. 방화벽과 출구 리프 사이에는 VRF별 하나씩 여러 연결이 존재하는 것을 떠올리자. 하지만 방화벽 자체에서는 VRF를 알지 못하며 단지 여러 BGP 세션으로 취급할 뿐이다. 방화벽이 한 VRF 내의 이웃에서 학습한 경로를 다른 VRF의 이웃에 반사[reflect]할 때 출구 리프의 BGP는 ASPATH 루프 탐지에 의해 이런 경로를 거절하게 된다. 이러한 현상을 보다 잘 이해하기 위해 [그림 17-2]를 살펴보자.

그림 17-2 VRF에서의 AS_PATH 루프 설명

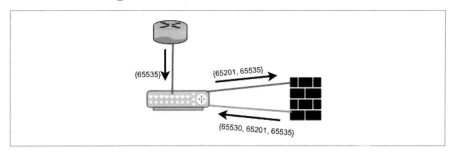

그림의 화살표는 경로의 AS_PATH가 처음에 에지 라우터에서 광고되어 internet-vrf 내의 출구 리프가 수신한 것을 나타내고 있다. 그리고 AS_PATH는 internet-vrf 내의 방화벽에 전달되고 다시 evpn-vrf로 수신된다. 그림과 같이 AS_PATH는 에지 라우터 ASN인 65535로 시작한 것을 알 수 있다. 경로가 evpn-vrf의 방화벽에서 출구 리프로 돌아왔을 때는 출구 리프 ASN인 65201이 이미 AS_PATH에 존재하게 된다. 따라서 출구01은 이를 루프로 감지해서 경로를 거절하게 된다. 출구01에서 디버깅 모드를 활성화한 경우에는 로그에서 다음과 같은 메시지를 보게 된다.

```
2018-04-13T06:19:04.101100+00:00 exit01 bgpd[4112]: 169.254.253.0
rcvd UPDATE about 0.0.0.0/0 -- DENIED due to: as-path contains our own AS;
2018-04-13T06:19:04.101380+00:00 exit01 bgpd[4112]: 169.254.253.0
rcvd UPDATE w/ attr: , origin ?, mp_nexthop
fe80::4638:39ff:fe00:4a(fe80::4638:39ff:fe00:4a)(fe80::4638:39ff:fe00:4a),
path 65530 65201 65535
```

이러한 경로가 드롭되는 것을 막기 위해 allowas-in 1 옵션을 추가한다. 이 옵션은 BGP가 ASPATH 루프 탐지에서 ASPATH 내 노드 자신의 ASN이 한 번 포함되는 것을 무시한다. 방화벽 피어링에서만 사용하는 특정한 설정이므로 이 옵션을 방화벽 세션에서만 사용하고 전체 피어 그룹에서는 사용하지 않는다.

다른 솔루션은 17.4.1절 'allowas-in과 분리된 ASN'에서 설명한다.

경로가 스파인을 거치고 나면 리프에서는 AS_PATH가 {65201, 65530, 65201, 65535}가 될 거라고 알게 될 것이다. 그렇다면 루프가 생겼는데 왜 스파인이나 리프는 이 경로를 거절하지 않는 걸까? 그 이유는 BGP의 AS_PATH 루프 확인은 현재 이 경로를 수신 중인 BGP 라우터의 ASN이 이미 포함되어 있는지만 확인하기 때문이다. 다른 ASN의 중복 여부는 확인하지 않는다.

17.4 OSPF 언더레이, iBGP 오버레이

여기서는 [예제 13-3]에서 설명한 언더레이의 OSPF 언넘버드 구성을 사용할 수 있다. 13장의 구성과 차이점은 OSPF에서 서버 서브넷 주소를 광고하지 않고 순수한 언더레이로 사용한다는 것이다. 루프백 IP 주소만 광고한다. 이때 VTEP IP 주소도 포함한다. 일부 라우팅 제품군에서는 VTEP IP 주소를 루프백이 아닌 다른 장치에 할당하는 경우도 있다. 이 경우에는 OSPF가 해당 IP 주소의 도달 가능성을 광고하는 것을 보장해야 한다.

[예제 17-3]은 리프01과 스파인01의 iBGP 구성을 나타내고 있다.

예제 17-3 iBGP를 사용하는 리프01과 스파인01의 FRR 구성

```
!
! ============
! 스파인01 구성
! ============
!
interface lo
  ip ospf area 0
  ip address 10.0.0.21/32
!
interface swp1
  ip ospf network point-to-point
  ip ospf area 0
  ip address 10.0.0.21/32
!
interface swp2
  ip ospf network point-to-point
  ip ospf area 0
  ip address 10.0.0.21/32
!
interface swp3
  ip ospf network point-to-point
  ip ospf area 0
  ip address 10.0.0.21/32
!
interface swp4
  ip ospf network point-to-point
  ip ospf area 0
  ip address 10.0.0.21/32
!
```

```
interface swp5
  ip ospf network point-to-point
  ip ospf area 0
  ip address 10.0.0.21/32
!
interface swp6
  ip ospf network point-to-point
  ip ospf area 0
  ip address 10.0.0.21/32
!
router ospf
  ospf router-id 10.0.0.21
  passive-interface lo
!
router bgp 65000
  bgp router-id 10.0.0.21
  bgp bestpath as-path multipath-relax
  neighbor RR peer-group
  neighbor RR remote-as internal           ❶
  neighbor RR advertisement-interval 0
  neighbor RR timers 3 10
  neighbor RR timers connect 5
  neighbor swp1 interface peer-group RR
  neighbor swp2 interface peer-group RR
  neighbor swp3 interface peer-group RR
  neighbor swp4 interface peer-group RR
  neighbor swp5 interface peer-group RR
  neighbor swp6 interface peer-group RR
!
  address-family ipv4 unicast
   neighbor RR route-reflector-client      ❷
   neighbor RR activate
   maximum-paths ibgp 16                    ❸
  exit-address-family
!
  address-family l2vpn evpn
   neighbor RR route-reflector-client      ❷
   neighbor RR activate
  exit-address-family
!
```

```
!
! ==========
! 리프01 구성
! ==========
!
interface lo
  ip ospf area 0
  ip address 10.0.0.11/32
!
interface swp1
  ip ospf network point-to-point
  ip ospf area 0
  ip address 10.0.0.11/32
!
interface swp2
  ip ospf network point-to-point
  ip ospf area 0
  ip address 10.0.0.11/32
!
vrf evpn-vrf
  vni 104001
!
router ospf
  ospf router-id 10.0.0.11
  passive-interface lo
!
router bgp 65000
  bgp router-id 10.0.0.11
  neighbor RR peer-group
  neighbor RR remote-as internal          ❶
  neighbor RR advertisement-interval 0
  neighbor RR timers 3 10
  neighbor RR timers connect 5
  neighbor swp1 interface peer-group RR
  neighbor swp2 interface peer-group RR
!
  address-family l2vpn evpn
    neighbor RR activate
    advertise-all-vni
    advertise-svi-ip
  exit-address-family
!
```

```
!
! ==========
! 출구01 구성
! ==========
!
interface lo
  ip ospf area 0
  ip address 10.0.0.101/32
!
interface swp1
  ip ospf network point-to-point
  ip ospf area 0
  ip address 10.0.0.101/32
!
interface swp2
  ip ospf network point-to-point
  ip ospf area 0
  ip address 10.0.0.101/32
!
interface swp3
  ip ospf network point-to-point
  ip ospf area 0
  ip address 10.0.0.101/32
!
interface swp3
  ip address 169.254.127.1/31
!
interface swp4.2
  ip address 169.254.254.1/31
!
interface swp4.3
  ip address 169.254.254.3/31
!
interface swp4.4
  ip address 169.254.254.5/31
!
interface vrf evpn-vrf
 vni 104001
!
router ospf
  ospf router-id 10.0.0.101
  passive-interface lo
```

```
router bgp 65000
 bgp router-id 10.0.0.101
 neighbor swp4.2 interface remote-as internal
 neighbor RR peer-group
 neighbor RR remote-as internal
 neighbor RR advertisement-interval 0
 neighbor RR timers 3 10
 neighbor RR timers connect 5
 neighbor swp1 interface peer-group RR
 neighbor swp2 interface peer-group RR
 !
 address-family ipv4 unicast
   redistribute ospf                      ❹
   maximum-paths ibgp 16
 exit-address-family
 address-family l2vpn evpn
  neighbor RR activate
  advertise-all-vni
 exit-address-family
!
router bgp 65000 vrf evpn-vrf
 bgp router-id 10.0.0.101
 neighbor swp4.3 interface remote-as external
 !
 address-family ipv4 unicast
  aggregate-address 172.16.1.0/24 summary-only
  aggregate-address 172.16.2.0/24 summary-only
 exit-address-family
 !
 address-family l2vpn evpn
  advertise ipv4 unicast
 exit-address-family
!
router bgp 65001 vrf internet-vrf    ❺
 bgp router-id 10.0.0.101
 neighbor swp4.4 interface remote-as external
 neighbor swp3 interface remote-as external
 !
```

살펴봐야 할 중요한 부분은 iBGP 매개변수 일부가 기본값에서 수정되었다는 점이다. 따라서
eBGP와 비교해서 iBGP 설정의 주요 차이점은 다음과 같다.

❶ 이 설정은 iBGP 피어링이 remote-as internal로 맺어지는 것을 뜻한다.

❷ 스파인이 iBGP 경로 리플렉터로 동작하도록 하는 설정이다. 이 설정 없이는 EVPN 경로를 리프로 분배할 수 없다.

❸ iBGP에서 ECMP를 활성화하기 위해 필요하다. 비 EVPN 주소 패밀리에만 해당하는 옵션이다. MAC 테이블이 ECMP를 지원하지 않으므로 EVPN은 ECMP를 지원하지 않는다.

❹ 모든 언더레이 경로가 OSPF를 통해 학습되었으므로 에지 라우터에서 이 경로를 다루기 위해 반드시 OSPF 경로가 iBGP에 재분배되도록 활성화해야 한다. 이로써 언더레이의 리프와 스파인이 인터넷에 접근할 수 있게 된다. 리프가 에지 라우터와 통신하기 위해 필요한 것들을 강조하기 위해 해당 라인을 사용했다. 하지만 보다 안전한 설정은 개별 리프와 스파인이 외부 세계에 접근하는 것을 막는 것이다. 인터넷 접근을 차단하기 위해 에지 라우터에서 리프와 스파인의 서브넷이 외부로 광고되는 것을 막거나 구성에서 redistribution 옵션을 제거하는 것을 선택할 수 있다.

❺ 478쪽 'allowas-in 1을 사용하는 이유'에서 설명한 문제를 회피하기 위해 internet-vrf에 다른 ASN을 사용할 수 있다. 보다 자세한 내용은 다음 절에서 다룬다.

OSPF는 VTEP과 함께 언더레이의 도달 가능성을 광고하기 위해 사용하므로 iBGP로 또 광고할 필요가 없다.

출구 리프는 언더레이에서 데이터 센터 내의 도달 가능성을 알기 위해 OSPF를 사용하고, EVPN 정보에 대해서는 iBGP를 사용한다. 출구 리프는 이 절에서 설명한 에지 라우터와 방화벽의 설정을 같이 사용하면 된다.

17.4.1 allowas-in과 분리된 ASN

eBGP 구성과 달리 iBGP 구성에서는 allowas-in 1을 사용하여 BGP가 방화벽을 거쳐 통과할 때 VRF가 전환된 싱로를 수용히도록 하지 않는다. 그 이유를 이해하기 위해 478쪽 'allowas-in 1을 사용하는 이유'에서 설명한 AS_PATH 루프 탐지가 동작하는 방식을 상기하자. 모든 BGP 라우터는 경로 광고를 수신하면 자신의 ASN이 AS_PATH에 이미 포함되어 있는지 확인한다. eBGP를 사용하면 출구 리프는 스파인 및 일반 리프와 다른 ASN을 갖게 된다. 따라서 출구 리프에만 allowas-in 1 옵션을 추가하면 된다. 하지만 iBGP를 사용하면 스파인과 리프는 출구 리프와 동일한 ASN을 갖게 된다. 따라서 allowas-in 1 옵션을 모든 노드에서 사용해야 한다. 결국 루프가 된 경로조차 수용하게 되므로 문제가 생긴다. 출구 리프에서만 이 옵션을 사용하면 보다 구체적이고 통제된 allowas-in 사용을 할 수 있다. iBGP를 사용하면 모든 곳에서 이 옵션을 사용해야 하고 나쁜 영향을 미치게 된다. 이를 회피하기 위해 다른 기술을 사용해야 한다.

FRR(그리고 일부 다른 유명한 라우팅 스택들)은 특정 BGP VRF 세션에서 다른 ASN 사용을 지원한다. 이 기능의 장점을 취하면 출구 리프에서 다른 ASN인 65001을 사용할 수 있다. 그러면 AS_PATH 루프 문제를 회피할 수 있다. evpn-vrf의 방화벽에서 출구01이 수신한 디폴트 경로의 AS_PATH는 {65530, 65001, 65535}가 될 수 있다. 이 모델을 사용하면 출구 리프의 설정만 변경하면 된다. 이에 더해 보다 명확한 AS_PATH를 보장해서 문제 해결 시에 도움을 줄 수 있다.

eBGP에서도 위 기능을 사용해 allowas-in 1 사용을 피할 수 있을까? 마찬가지로 가능하다.

17.4.2 PIM/MSDP 구성

BUM 패킷을 다루기 위해 라우팅 멀티캐스트 언더레이를 활성화한 구성을 살펴보도록 하자. 16.6.2절 '라우팅 멀티캐스트 언더레이를 사용한 EVPN 브리징'에서 살펴본 것과 같이 PIM-SM을 애니캐스트 RP를 사용하는 멀티캐스트 라우팅 프로토콜로 사용한다. MSDP는 멀티캐스트 RP 라우팅 상태를 스파인 간에 동기화하기 위해 사용하는 프로토콜이다.

예제 17-4 PIM/MSDP를 사용하는 EVPN의 FRR 구성 예

```
!
! ============
! 스파인01 구성
! ============
!
interface lo
  ip ospf area 0
  ip address 10.0.0.21/32
  ip address 10.0.10.1/32    ❶
  ip pim                     ❷
```

```
!
interface swp1
  ip ospf network point-to-point
  ip ospf area 0
  ip pim
!
interface swp2
  ip ospf network point-to-point
  ip ospf area 0
  ip pim
!
interface swp3
  ip ospf network point-to-point
  ip ospf area 0
  ip pim
!
interface swp4
  ip ospf network point-to-point
  ip ospf area 0
  ip pim
!
interface swp5
  ip ospf network point-to-point
  ip ospf area 0
  ip pim
!
interface swp6
  ip ospf network point-to-point
  ip ospf area 0
  ip pim
!
router ospf
  ospf router-id 10.0.0.21
  passive-interface lo
!
router bgp 65000
  bgp router-id 10.0.0.21
  bgp bestpath as-path multipath-relax
  neighbor RR peer-group
  neighbor RR remote-as internal
  neighbor RR advertisement-interval 0
  neighbor RR timers 3 10
  neighbor RR timers connect 5
  neighbor swp1 interface peer-group RR
```

```
  neighbor swp2 interface peer-group RR
  neighbor swp3 interface peer-group RR
  neighbor swp4 interface peer-group RR
  neighbor swp5 interface peer-group RR
  neighbor swp6 interface peer-group RR
!
  address-family ipv4 unicast
   neighbor RR route-reflector-client
   neighbor RR activate
   maximum-paths ibgp 16
  exit-address-family
!
  address-family l2vpn evpn
   neighbor RR route-reflector-client
   neighbor RR activate
  exit-address-family
!
ip msdp mesh-group evpn source 10.0.10.21      ❸
ip msdp mesh-group evpn member 10.0.10.22      ❹
ip pim rp 10.0.10.1 238.1.1.0/24               ❺
!

!
! ==========
! 리프01 구성
! ==========
!
interface lo
  ip ospf area 0
  ip address 10.0.0.11/32
!
interface swp1
  ip ospf network point-to-point
  ip ospf area 0
  ip pim
!
interface swp2
  ip ospf network point-to-point
  ip ospf area 0
  ip pim
!
interface ipmr-lo      ❻
  ip pim
!
```

```
vrf evpn-vrf
  vni 104001
!
router ospf
  ospf router-id 10.0.0.11
  passive-interface lo
!
router bgp 65000
  bgp router-id 10.0.0.11
  neighbor RR peer-group
  neighbor RR remote-as internal
  neighbor RR advertisement-interval 0
  neighbor RR timers 3 10
  neighbor RR timers connect 5
  neighbor swp1 interface peer-group RR
  neighbor swp2 interface peer-group RR
!
  address-family l2vpn evpn
    neighbor RR activate
    advertise-all-vni
  exit-address-family
!
ip pim rp 10.0.10.1 239.1.1.0/24    ❼
```

위 구성에서 다음과 같은 점을 발견할 수 있다.

❶ 애니캐스트 RP 주소로 추가되는 주소다. 스파인01과 스파인02가 동일한 주소를 공유한다.

❷ PIM 프로토콜이 이 인터페이스에서 실행되어야 하는 것을 광고한다. 8장에서 설명한 대로 PIM 헬로 메시지 전송을 해당 인터페이스에서 시작한다.

❸ 이 라인과 다음 라인이 MSDP 메시 그룹의 멤버를 식별한다. 8장에서 설명했듯이 MSDP 는 모든 멤버가 완전 메시 그룹으로 동작한다. 즉, 모든 멤버는 그룹 내에서 자신을 제외한 나머지 멤버들과 모두 연결되어 있다. 이 라인은 MSDP에 이 노드의 주소를 알려준다.

❹ MSDP 그룹의 다른 멤버를 식별하는 라인이다. 여기서는 스파인02뿐이다.

❺ 이 라인은 특정한 멀티캐스트 그룹(들)의 PIM-SM RP 주소를 식별한다. 멀티캐스트 그룹 사양도 서브넷일 수 있다. 따라서 238.1.1.0/24에는 254개의 가능한 멀티캐스트 그룹이 있다.

❻ `ipmr-lo`는 멀티캐스트 라우팅을 위한 VXLAN 터널 엔드포인트를 식별하는 큐물러스 구현체에 장치를 자동으로 추가한다.

❼ 특정한 멀티캐스트 그룹의 RP를 지칭한다.

PIM/MSDP의 출구 리프는 리프01의 구성과 유사하다.

17.5 호스트에서의 EVPN

극소수의 네트워크 운영자들은 EVPN을 호스트에 배치한다. 서버 자체(또는 하이퍼바이저)가 VTEP이다. 네트워크의 나머지 부분에서는 오직 VXLAN 캡슐화된 패킷만 볼 수 있다. 네트워크 나머지 부분은 완전한 L3 언더레이로 동작한다. 클라우드 서비스 제공자가 사용하는 네트워크 가상화 모델을 모방한 것이다. 하지만 클라우드 서비스 제공자는 VXLAN 말고 다른 터널링 프로토콜을 사용할 것이다. EVPN을 호스트에서 사용하는 것은 상당히 진보한 기술이다. 따라서 배포판에서 제공하지 않는 기본 커널과 패키지를 설치하고 스크립트와 프로그램을 작성하는 것에 익숙하지 않다면 이 모델을 추천하지 않는다.

이 모델을 배치하는 가장 간단한 방법은 경로 리플렉터 서버로 동작하는 중앙에 위치한 서버와 함께 iBGP를 사용하는 것이다. 클로스 토폴로지에서 호스트는 라우터와 전혀 피어를 맺지 않는다. 호스트는 그냥 일반적인 호스트로 동작한다. 이런 방법으로 네트워크는 언더레이의 상태만 유지하면 되므로 네트워크 상태는 상당히 감소할 수 있다.

VXLAN 캡슐화로 인한 성능 감소로 고통받지 않기 위해 VXLAN 캡슐화된 패킷의 TCP/UDP 오프로딩을 할 수 있는 NIC을 반드시 구매하도록 한다.

17.6 모범 사례

마지막으로 데이터 센터에서 네트워크 가상화와 EVPN을 배치하는 데 필요한 일부 모범 사례를 제시하고 이 장을 마치겠다.

- EVPN 구성을 가능한 한 간단하게 유지한다. 다른 어떤 기능보다 EVPN은 클라우드 네이티브 데이터 센터 네트워킹의 KISS ^{keep it simple, stupid}(간단하게 하자, 멍청아) 원칙의 훨씬 영향을 받는다. 공급 업체의 강요로 인한 기능과 복잡성이 추가되는 것을 피하자.
- 할 수 있는 한 분산된 대칭 라우팅 모델을 사용하자.
- 구성을 단순하게 유지할 수 있는 한 가지 방법은 FRR이 처음 구현해낸 단일 eBGP 모델을 사용하는 것이다. 이렇게 하면 소수의 구동부만 존재하고 구성이 아주 단순해진다.
- 가능한 한 라우팅 멀티캐스트 언더레이를 사용하지 않는다.
- `internet-vrf`에서 방화벽과의 피어링은 `allowas-in` 대신 다른 ASN 번호 사용을 고려한다.
- EVPN을 호스트에 배치하기로 결정했다면 어떤 BUM 패킷도 없어야 한다.

17.7 마치며

이 장에서는 데이터 센터에서의 EVPN 구성 방법을 살펴봤다. 어느 하나라도 제대로 되어 있지 않으면 클라우드 네이티브 데이터 센터의 우아함은 EVPN이 가져올 수 있는 복잡성의 홍수 속에 잠길 가능성이 있다. 최소한의 것을 추구하는 디자인 기풍을 유지해서 복잡성의 하수인이 되지 않고 공급 업체의 열정에 휩쓸리지 않도록 하는 것은 전적으로 네트워크 운영자에게 달려 있다.

## CHAPTER 18

네트워크 구성 검증

컴퓨터는 명령을 잘 따르지만 마음을 읽는 것은 아니다.

_도널드 커누스Donald Knuth

네트워크를 구성한 후에는 네트워크가 기대한 동작을 하는지 여부를 확인하는 것이 그다음으로 중요한 단계다. 10장에서 살펴본 대로 네트워크 자동화는 네트워크 구성에 비해 안타깝게도 많이 발전하지 못했다. 간이 망 관리 프로토콜simple network management protocol, SNMP에 의존하는 오래된 도구들은 특히 데이터 센터에서의 심각한 제약 사항으로 인해 사용하기 어렵다. 비 SNMP 도구로 네트워크 정보를 수집 및 통합하여 통일된 뷰로 보여주는 것은 여전히 대부분 누락되어 있다. 특히 공급 업체의 중립적인 방법에서도 그렇고, 오픈 소스도 마찬가지다. 비록 주력 네트워크 사업자에서 SNMP를 사용하지 않는 그들만의 방식에서 일부 진보가 있었지만, 그 진보가 네트워크 구성을 바꿀 정도는 아니었다.

이 장에서는 네트워크 운영자들이 네트워크 검증을 자동화할 수 있는 방법을 살펴볼 것이다. 다음을 검증하는 방법에 대한 답을 얻을 수 있다.

- 네트워크 케이블링
- 인터페이스 구성
- 라우팅 구성
- 네트워크 가상화
- 애플리케이션 연결성

이 장에서 다루는 질문들은 완전하거나 절대적이지 않다. 모든 질문을 완전히 나열하고 그 해답을 찾는 것은 그 자체만으로도 책 한 권이 된다. 마찬가지로 제시하는 해답들이 절대적이지 않은데 그 이유는 명령어 문법과 그 출력은 시간이 지남에 따라 변하기 때문이다.

코드에 관한 안내

여기에서는 앤서블 플레이북에서 실행되는 FRR의 JSON 출력을 사용한다. JSON 출력이 여러 박스마다 다르다고 해도 이 장에서 다루는 유사한 방법론을 다른 종류의 박스에도 마찬가지로 적용할 수 있다. 게다가 여기서 사용하는 앤서블 플레이북은 그 자체로 설명하기 좋은 시작점이 될 수 있지만 배포 가능한 코드는 아니다. 모든 플레이북은 이 책과 관련된 깃허브 저장소에서 확인할 수 있다.

실제 네트워크가 필요한 대신 큐뮬러스, 우분투, 아리스타의 베이그런트 박스를 사용해서 네트워크를 만들고 테스트한다. 베이그런트는 굉장히 훌륭한 도구이며 오픈 소스다. 하지만 대부분의 전통적인 네트워크 사업자들은 자신들의 운영체제를 베이그런트에서 사용 가능한 형태로 제공하지 않는다. 관리 도구 기능 제공은 클라우드 네이티브 데이터 센터 기조의 필수적인 부분이다.

FRR의 현재 버전(이 책의 작성 시점에는 v7.1)에 일부 제한된 명령어가 있어서 출시 예정 릴리즈(v7.2, 2019년 10월에 출시[1])를 사용해 명령어를 수행했다.

FRR의 CLI를 vtysh라고 한다. 네트워크 운영자들은 다음 예와 같은 익숙한 모달 인터페이스를 제공한다.

```
$ sudo vtysh

Hello, this is FRRouting (version 7.2-dev).
Copyright 1996-2005 Kunihiro Ishiguro, et al.

leaf01# conf t
leaf01(config)# router bgp 65010
leaf01(config)# neighbor swp1 interface remote-as external
leaf01(config)# end
leaf01# show ip bgp summary
```

vtysh 자체를 호출하면서 둘 이상의 명령어를 제공해서 배시 셸을 통해 명령어를 실행할 수 있다. 다음은 이전 예제의 동일한 두 명령어를 배시를 통해 실행하는 방법을 보여준다.

---

1 옮긴이_ https://frrouting.org/release/7.2/

```
$ sudo vtysh -c "conf" -c "router bgp 65010" \
            -c "neighbor swp1 interface remote-as external"
$ sudo vtysh -c "show ip bgp summary"
```

이 장에서 vtysh는 두 방법 모두 사용한다. vtysh를 사용하는지 배시 셸을 사용하는지 어떻게 구분할까? 만약 명령어 프롬프트에 '$'가 있다면 배시고 'leaf01#'과 같은 '<hostname>#'이 있다면 해당 명령어는 vtysh 내에서 수행된 것이다.

대다수의 화면 출력은 열 너비가 80자를 초과한다. 화면 출력을 가독성을 높이고 책 너비에 맞는 72자에서 75자로 맞추기 위해 설명과 무관하다고 판단되는 열들은 일부 줄였다. 줄어든 내용은 해당 열에 '...'로 표시했다. 마찬가지 이유로 여러 라인에 걸친 상세한 출력 역시 줄였다. 이 경우에는 '... 지면상 생략'으로 표기했다.

18.1 네트워크 상태 검증

벳피쉬[2]와 같은 오픈 소스 도구는 구성을 분석해서 배포 전에 검증할 수 있도록 도와준다. 하지만 벳피쉬와 유사한 도구들에 관한 내용은 굉장히 방대하므로 이 책에서 다루지 않는다. 대신 배포 이후의 상태를 검증하는 방법에 집중한다. 네트워크를 시뮬레이션하기 위해 베이그런트를 사용한다면 코드를 프로덕션에 배포하기 전에 유효성 검증을 할 수 있다.

모든 검증 질문은 '네트워크 동작이 예상한 대로 수행되는가?'의 기본 질문으로부터 파생된 보다 자세한 질문들이다. 예를 들어 기본 질문의 조금 더 자세한 버전은 '라우팅 프로토콜이 예상한 대로 동작하는가?'가 될 수 있다. 그보다 자세하게는 '모든 BGP 세션이 수립 상태인가?'가 될 수 있다. 다른 계통의 질문은 또한 다음과 같을 수 있다. '네트워크 케이블링은 올바르게 되었는가?' 이를 조금 더 자세하게 풀면 '리프는 모든 스파인과 정확히 하나씩 연결되었는가?'가 된다. 누군가는 이런 질문을 질문의 상호 보완적인 관점인 어설션[assertion]으로 볼 수도 있다('리프가 모든 스파인과 정확히 하나씩 연결된 것을 어설션하라').

검증 질문은 '어떻게 하면'이라는 질문으로 바꿀 수 있다. 예를 들어 '수립된 BGP 세션 목록을 어떻게 획득할 수 있는가?', '현재 케이블링 상태와 기대하는 케이블 상태를 어떻게 하면 비교할

---

2 https://www.batfish.org

수 있는가' 등과 같이 말이다. '어떻게'라는 질문에 대한 답을 찾는 것이 보다 복잡한 '왜'라는 질문에 대한 답을 찾는 것에 도움이 된다. '어떻게'라는 질문에 대한 답을 찾는 방법을 결정하고 나면 여러 '어떻게' 질문을 엮어서 '왜' 질문에 대한 답을 할 수 있게 된다. '어떻게' 질문은 보다 네트워크와 문맥 특정한 '왜'라는 질문보다 이해와 접근 방법이 간단하다. 따라서 '왜' 질문을 살펴보기 전에 '어떻게' 질문과 그 해답을 먼저 살펴보고자 한다.

네트워크 검증은 네트워크의 바닥부터 시작하는 것이 제일 좋다. 문제를 원점과 가깝게 격리해서 살펴보는 것이 여러 계층 위에서 하는 것보다 쉽다. 네트워크의 케이블링이 잘못되었다면 이 단계에서 명확하게 케이블링 여부를 확인하고 문제를 잡는 것이 애플리케이션의 성능 저하 문제 해결을 하는 것보다 쉽다. 이러한 이유로 '어떻게' 질문은 물리 케이블링을 확인하는 것부터 시작한다.

18.2 시스템 검증

가장 기초 단계에서 네트워크 운영체제(들)가 올바른 버전으로 동작하고 있는지 확인해야 한다. 그리고 플랫폼이 적절한 CPU, 메모리, 디스크, 스위칭 실리콘, 파워, 팬 등이 있는지 검증한다. 또한 여러 시스템 서비스가 올바르게 동작하고 있는지 검증한다.

전통적인 네트워킹 플랫폼은 대체로 단일 모놀리스 블롭^{monolith blob}으로 네트워크 운영체제를 탑재하고 있다. 이 운영체제를 SSH, BGP, 드라이버와 같은 것들의 업데이트가 완전히 모놀리스 블롭으로 릴리즈되는 리눅스 배포판의 일종으로 생각하면 된다. show version을 통해 OS 버전에 대한 모든 정보를 알 수 있다. 이는 리눅스 머신의 hostnamectl과 동등한 명령어다. 우분투에서 이 명령어의 출력은 다음과 같다.

```
$ hostnamectl
   Static hostname: server01
         Icon name: computer-vm
           Chassis: vm
        Machine ID: bf712b1790a50163052d66505719d284
           Boot ID: d58dd978139e43eab8ade8bfc9299187
    Virtualization: qemu
  Operating System: Ubuntu 16.04 LTS
            Kernel: Linux 4.4.0-22-generic
      Architecture: x86-64
```

이 명령어로는 사용 중인 CPU, 메모리와 디스크 크기 같은 것을 알 수 없다. 이러한 정보는 /sys/class/dmi/id에 접근해서 얻어지는 제품명이나 시리얼 넘버와 같은 유용한 정보에 의존할 수밖에 없다. 큐물러스 리눅스에서는 이러한 모든 명령어의 출력을 요약한 것을 net show system으로 볼 수 있다. 대부분의 다른 전통적인 네트워크 운영체제에서는 유사한 정보를 show system으로 볼 수 있다.

앤서블을 사용해서 자동화할 때 이러한 유용한 정보를 모두 앤서블의 **팩트**fact로 얻을 수 있다. 리눅스 머신에서 앤서블은 자동으로 팩트를 수집하고 전통적인 공급 업체 네트워크 운영체제에서는 별도의 명령어를 통해 수집해야 한다. 예를 들어 큐물러스 리눅스와 같은 네이티브 리눅스 머신의 플레이북은 다음과 같다.

```
---
- hosts: routers
  tasks:
    - name: Print the OS/distro version
      debug:
        msg:
          - "{{ ansible_distribution }}"
          - "{{ ansible_distribution_version }}"
```

아리스타 EOS, 시스코 NX-OS 및 다른 전통적인 네트워크 운영체제의 경우 유사한 플레이북은 다음과 같다.

```
- name: "Demonstrate connecting to switches"
  hosts: routers
  vars:
    - ansible_connection: network_cli
    - ansible_network_os: eos
    - ansible_become: yes
    - ansible_become_method: enable
  gather_facts: no
  tasks:
    - name: Gather facts (eos)
      eos_facts:
      when: ansible_network_os == 'eos'

    - debug:
        msg:
          - "{{ ansible_net_system }}"
          - "{{ ansible_net_version }}"
```

큐뮬러스 리눅스에서 동작하는 라우터와 아리스타 EOS에서 동작하는 라우터의 버전을 검증하는 플레이북은 다음과 같다.

```
---
- hosts: eos
  gather_facts: no
  tasks:
    - name: Gather facts (eos)
      eos_facts:
      when: ansible_network_os == 'eos'

    - name: Verify the version is appropriate
      assert:
        that: ansible_net_version == expected_version

- hosts: vx
  tasks:
    - name: Verify the version is appropriate
      assert:
        that: ansible_distribution_version == expected_version
```

expected version의 값은 적절한 group_vars 파일에 있다. 예를 들어 모든 아리스타 라우터는 arista라고 하는 그룹에 속할 수 있고 모든 큐뮬러스 라우터는 cumulus라고 하는 그룹에 속할 수 있다. 이제 플레이북이 실행되고 나면 group_vars 디렉터리가 생성되고 적합한 버전을 포함한 arista.yml과 cumulus.yml이 생성된다. 이 책의 경우 두 파일은 다음과 같다.

```
$ ls group_vars/
arista.yml  cumulus.yml
$
$ cat group_vars/arista.yml
ansible_connection: network_cli
ansible_network_os: eos
ansible_become: yes
ansible_become_method: enable
expected_version: "4.22.0F"
$
$ cat group_vars/cumulus.yml
expected_version: "3.7.6"
```

18.3 케이블링 검증

핵심 케이블링 검증 질문은 바로 '네트워크 케이블이 올바른가?'이다. 다음은 이 질문에 대한 보다 구체적인 버전이다.

- 2계층 클로스 네트워크에서 모든 리프는 모든 스파인과 정확히 한 번씩 연결되었나?
- 이중 연결된 서버의 경우 모든 서버는 올바른 스위치쌍과 연결되었나?

3계층 클로스 네트워크는 다음과 같은 추가 질문이 있다.

- 각 스파인은 리프가 연결된 만큼 슈퍼 스파인과 연결되었나?
- 각 스파인은 슈퍼 스파인과 오직 한 번만 연결되었나?

이러한 질문에 대답하기 위해 문제를 (i) 기대되는 케이블링 동작을 어떻게 설명할 것인가? (ii) 현재 케이블링 연결을 어떻게 확인할 것인가?로 나눈다.

사실 네트워크 커뮤니티에서는 예상되는 물리 케이블링 계획을 묘사하는 널리 받아들여진 모델이 없다. 네트워크 연결성을 표현하기 위해 DOT와 같은 그래프 언어를 사용하거나 파이썬의 NetworkX[3]와 같은 도구를 사용할 수 있다.

링크 계층 탐색 프로토콜[link-level discovery protocol, LLDP]은 케이블링이 올바른지 확인하는 기초적인 방법이다. LLDP는 리눅스 서버를 포함하는 모든 네트워크 플랫폼에서 사용 가능한 표준 프로토콜이다. LLDP에서 피어 노드는 이웃[neighbor]이라고 부른다.

빈센트 버넷[Vincent Bernat]의 훌륭한 lldpd[4] 패키지를 리눅스 서버와 리눅스 기반 네트워크 운영체제에서 사용할 것을 권장한다. 패키지의 손쉬운 설치는 모든 리눅스 배포판에서 제공하고 있다. lldpd는 심지어 macOS와 버클리 소프트웨어 배포판[berkeley software distribution, BSD] 기반 머신에서도 동작한다.

리눅스 서버에서는 인터페이스 MAC 주소 대신 인터페이스 이름으로 광고하도록 lldpd를 설정해야 한다. 그 이유는 리눅스 서버의 동일한 NIC은 노드가 올라오는 순서에 따라 이름이 변경될 수 있으나 MAC 주소는 고정이기 때문이다. 하시반 아주 최신의 리눅스 배포판에서는 NIC이 활성화되는 순서와 상관없이 인터페이스 이름을 고정할 수 있다. 어떤 경우든 변경한 설정을

---

3 옮긴이_ https://networkx.org
4 https://oreil.ly/NIPSi

저장하고 lldpd를 다음과 같이 재시작한다.

```
$ echo "configure lldp portidsubtype ifname" > /etc/lldpd.d/port_info.conf
$ sudo systemctl restart lldpd
```

lldpd와 함께 사용되는 가장 기본적인 LLDP 명령은 lldpctl이며 대체로 sudo lldpctl로 실행한다. 다른 전통적인 네트워킹 장비에선 show lldp neighbors를 통해 유사한 출력을 제공한다. lldpctl의 출력은 슬프게도 [예제 18-1]에서 보는 것처럼 단순하지도 열로 구분되지도 않은 출력이다.

예제 18-1 리프01의 lldpctl 출력 예

```
$ sudo lldpctl
-------------------------------------------------------------------------
LLDP neighbors:
-------------------------------------------------------------------------
Interface:    swp1, via: LLDP, RID: 4, Time: 4 days, 07:55:11    ❶
  Chassis:
    ChassisID:    mac 52:54:00:19:87:4d
    SysName:      server01        ❷
    SysDescr:     Ubuntu 16.04 LTS Linux 4.4.0-22-generic #40-Ubuntu...
    MgmtIP:       192.168.121.144
    MgmtIP:       fe80::5054:ff:fe19:874d
    Capability:   Bridge, off     ❸
    Capability:   Router, off
    Capability:   Wlan, off
    Capability:   Station, on
  Port:
    PortID:       ifname eth1     ❹
    PortDescr:    eth1
    TTL:          120
    PMD autoneg:  supported: yes, enabled: yes
      Adv:           10Base-T, HD: yes, FD: yes
      Adv:           100Base-TX, HD: yes, FD: yes
      Adv:           1000Base-T, HD: no, FD: yes
      MAU oper type: 1000BaseTFD - Four-pair Category 5 UTP, full duplex
-------------------------------------------------------------------------
... 지면상 생략
-------------------------------------------------------------------------
Interface:    swp52, via: LLDP, RID: 1, Time: 4 days, 07:55:23    ❶
```

```
Chassis:
  ChassisID:    mac 52:54:00:07:25:a3
  SysName:      spine02      ❷
  SysDescr:     Cumulus Linux version 3.7.6 running on QEMU Standard...
  MgmtIP:       10.0.0.22
  MgmtIP:       fe80::5054:ff:fe07:25a3
  Capability:   Bridge, off  ❸
  Capability:   Router, on
Port:
  PortID:       ifname swp1  ❹
  PortDescr:    to Leaf01
  TTL:          120
  PMD autoneg:  supported: no, enabled: no
    MAU oper type: 1000BaseTFD - Four-pair Category 5 UTP, full duplex...
LLDP-MED:
  Device Type:  Network Connectivity Device
  Capability:   Capabilities, yes
  Capability:   Policy, yes
  Capability:   Location, yes
  Capability:   MDI/PSE, yes
  Capability:   MDI/PD, yes
  Capability:   Inventory, yes
  Inventory:
    Software Revision: 3.7.6
    Firmware Revision: 1.10.2-1ubuntu1
    Serial Number: Not Specified
    Manufacturer: QEMU
    Model:        Standard PC (i440FX + PIIX, 1996
-------------------------------------------------------------------------
```

❶ 이후의 정보로 묘사되는 로컬 머신의 인터페이스다.

❷ 피어 머신의 이름이다. 첫 번째 경우 서버와의 피어링은 서버01, 두 번째 경우 스파인02 가 피어다.

❸ 이웃의 기능 목록이다. 예를 들어 서버01은 종단이고 브리지나 라우터의 역할을 하지 않는다. 하시만 스파인02는 브리지기 아닌 라우터다.

❹ 이웃의 인터페이스 이름이다.

LLDP에서 확인한 물리 연결이 설정의 케이블링 설명과 일치하는지 확인하기 위해 명령어의 출력에 메시지를 보내야 한다. 큐물러스 리눅스는 규범 토폴로지 관리자[prescriptive topology manger, PTM]

라고 불리는 모듈이 있어서 어떤 박스든지 케이블링을 검증할 수 있다. 네트워크 운영자는 기대되는 네트워크 구성을 적합한 그래프 언어인 DOT로 작성한다. PTM은 네트워크 운영자가 작성한 내용과 LLDP의 출력을 사용해서 네트워크 운영자가 명세한 케이블링이 일치하는지 검증한다.

> **CAUTION_** PTM은 오픈 소스 프로젝트로 시작했지만 PTM의 깃허브 저장소는 2년 넘게 업데이트가 없었다. 필자가 단지 추측하기로는 프로젝트가 오픈 소스 커뮤니티에 의해 더 이상 업데이트되지 않는다. PTM과 동일한 솔루션을 바로 사용할 수 있는 다른 플랫폼은 없다고 알고 있다. 하지만 앤서블을 사용해서 관련 기능을 따라 하려는 일부 깃허브 저장소가 존재하는 것은 봤다.

18.3.1 앤서블을 사용한 케이블링 검증

앤서블은 lldp라는 모듈을 사용해서 lldpd를 네이티브하게 지원해서 JSON 친화적인 방법으로 출력을 추출할 수 있다. 먼저 서버를 설명한 파일을 살펴본다. dot.yml이라고 이름을 붙인 파일을 플레이북에서 읽어볼 것이다(예제 18-2).

예제 18-2 dot.yml 파일 예

```
expected_lldp:
  spine01:
        swp1:   leaf01/swp51
        swp2:   leaf02/swp51
... 지면상 생략
        swp30: exit01/swp51
  spine02:
        swp1:   leaf01/swp52
        swp2:   leaf02/swp52
... 지면상 생략
        swp30: exit01/swp52
```

위 파일에서는 expected_lldp라는 변수가 정의되어 있고 여러 키가 있다. 스파인당 키 하나씩 부여된다. 각 키는 interfaces라는 필드가 있어서 인터페이스 이름을 키로 포함하고 있다. 각 값들은 기대되는 LLDP 피어 머신과 인터페이스가 '피어/피어 인터페이스' 형식으로 쓰여 있다 (예를 들면 leaf01/swp51).

[예제 18-3]의 플레이북과 같이 lldp 모듈을 사용해서 케이블링을 검증할 수 있다.

예제 18-3 케이블링 검증을 시행하는 플레이북

```
- hosts: spine          ❶
  become: yes
  vars_files:
    - dot.yml            ❷
  tasks:
    - name: Get LLDP     ❸
      lldp:

    - name: Verify Cabling
      assert:            ❹
        that:
          - assertion
        quiet: yes
      vars:
        assertion: >-    ❺
          lldp[item]['chassis']['name'] + '/' + lldp[item]['port']['ifname']
          ==
          expected_lldp[inventory_hostname][item]
      with_items: "{{ expected_lldp[inventory_hostname] }}"    ❻
```

❶ 이 라인은 플레이가 아래의 스파인에서만 실행되는 것을 결정한다. 스파인을 기대되는 lldp 피어 상세를 단순화하기 위한 방법으로 사용한다. 이 절 뒷부분에서 살펴보겠지만 동일한 목적을 달성하는 다른 방법들이 있다.

❷ 앞서 [예제 18-2]에서 살펴본 YAML 파일이다.

❸ 태스크는 스파인과 연관된 lldp를 수집한다. 네이티브 리눅스가 실행하는 서버와 네트워크 운영체제에서 lldp 모듈은 모든 LLDP 정보를 JSON 형식으로 수집한다.

❹ 메인 태스크다. assert는 앤서블 모듈로 주어진 조건이 참인지 여부를 확인한다. 만약 조건이 참인 경우에는 태스크는 성공하며 그렇지 않은 경우에는 실패한다. assert는 실패 메시지 출력과 같은 유용한 작업을 커스터마이징할 수 있도록 한다.

❺ 책 너비의 제한으로 단일 어설션을 여러 라인으로 나눴다. 이를 위해 변수가 다중 문자열을 다룰 수 있어야 한다. 어설션은 플레이가 실행되고 있는 장치(매직변수 inventory_hostname으로 식별)에서 앤서블이 lldp의 런타임값에서 장치명과 인터페이스를 추출할

수 있게 한다. 그리고 변수 expected_lldp에서 정의한 기대하는 출력과 동일한지 확인한다.

❻ 5번에서 설명한 어설션을 변수 expected_lldp에서 정의해서 태스크가 실행되는 장치의 모든 인터페이스에서 수행하는 것을 반복한다.

개별 스파인의 정보를 호스트명으로 하는 파일로 만들어 host_vars에 둘 수 있다. 이 방법을 사용했을 때의 예는 다음과 같다.

```
$ ls host_vars/
spine01   spine02

$ cat host_vars/spine01
expected_lldp:
        swp1: leaf01/swp51
        swp2: leaf02/swp51
        swp3: leaf03/swp51
        swp4: leaf04/swp51
        swp29: exit02/swp51
        swp30: exit01/swp51
```

이렇게 하면 플레이북에서 expected_lldp[inventory_hostname]이 아닌 expected_lldp로 직접 접근할 수 있다. 이 경우에는 정보가 여러 파일로 분산되는 비용이 발생한다.

dot.yml을 구성하고 검증하는 여러 가지 방법이 있다. 예를 들어 리프가 모든 스파인에 한 번만 연결된 것을 검증하고 싶다면 스파인 포트는 관심사가 아닐 것이다. 이 경우 [예제 18-4]의 플레이북을 일반 리프와 출구 리프에서 모두 실행하면 된다.

예제 18-4 인터페이스를 확인하지 않는 케이블링 검증 플레이북 예

```
---
- hosts: leaf:exit
  become: yes
  gather_facts: false
  tasks:
    - name: Get LLDP
      lldp:

    - name: Verify Cabling
```

```
    assert:
      that:
        - lldp[item]['chassis']['name'] == expected_lldp[item]
      quiet: yes
  with_items: "{{ expected_lldp }}"
```

위 예제는 이전의 플레이북보다 단순하지만 일반적인 케이블링의 경우만 가정하고 있다. 즉,
모든 리프가 동일한 인터페이스로 스파인01에 연결되고 스파인02와 나머지에서도 마찬가지로
동일한 다른 인터페이스로 연결된다. group_vars 디렉터리 하위의 리프와 출구 리프로 구분된
파일에서 expected_lldp를 정의하고 있다. 이 파일과 디렉터리는 다음과 같다.

```
$ ls group_vars/
all  exit  leaf

$ cat group_vars/leaf

# 예상되는 LLDP 피어
expected_lldp:
  swp51: spine01
  swp52: spine02
```

group_vars 파일을 사용해서 데이터와 코드를 분리하고 있다. 만약 내일 당장 동일한 검증 플
레이북을 다른 데이터 센터(또는 다른 사람과 공유할 수도 있다)에서 실행할 때 케이블링이
swp51/swp52가 아닌 swp1/swp2라면 실제 검증 플레이북 자체가 아닌 groups_vars 파일만 변
경하면 된다. 이로써 중요한 가치인 플레이북 재사용을 도와주게 된다.

아리스타, 시스코, 주니퍼(외 기타)와 관련된 일부 앤서블 모듈은 예상되는 LLDP 이웃 노드
와 인터페이스 설정과 인터페이스를 특정할 수 있는 방법을 제공한다. 이는 해당 라우터에서
케이블링 검증을 위한 또 다른 방법이 될 수 있다.

18.4 인터페이스 구성 검증

케이블링을 검증하고 난 다음에는 인터페이스 구성을 검증해야 한다. 확인해야 할 주요 질문
항목들은 다음과 같다.

- 네트워크 내에서 인터페이스 MTU는 일관적인가?
- 링크의 양 끝에서 인터페이스 VLAN 설정은 일관적인가?
- 넘버드 인터페이스에서 인터페이스 주소는 링크의 양 끝단에서 동일한 서브넷에 존재하는가?
- 루프백 IP 주소로 할당된 주소는 박스 외부에서 도달 가능한가?
- 인터페이스가 적합한 VRF에 속해 있는가?

이중 연결된 서버를 사용하는 경우에는 MLAG와 같은 형식을 반드시 사용하거나 최근에는 EVPN 기반의 멀티호밍^{multihoming}을 이용해서 서버를 두 개의 서로 다른 리프에 연결하는 인터페이스를 본딩처럼 취급해야 한다. MLAG는 공급 업체 특정 프로토콜이며 오픈 소스 구현체가 부족하다. 따라서 여기서는 이중 연결된 서버와 관련된 질문에 어떻게 답을 할지에 대해서는 다루지 않는다. 하지만 다음 특정한 MLAG 질문에 대해서는 다룬다.

- MLAG와 연관된 시스템 ID(또는 도메인 ID)가 두 피어에서 동일한가?
- 피어 링크 구성이 올바로 되었는가? 이 질문의 세부 사항은 구현체에 따라 다르다.
- 두 MLAG 피어 스위치의 동일한 서버와 연결된 인터페이스에 부여된 MLAG-ID가 동일한가?
- 동일한 서버에 할당된 인터페이스는 동일한 속성(링크 속도, VLAN 집합, 접근 제어 목록^{ACL} 등)을 공유하는가?

리눅스에서는 iproute2가 인터페이스의 런타임 상태를 확인할 때 사용하는 가장 많이 알려진 도구 집합이다. 동일한 목적으로 FRR을 사용할 수도 있다. 대부분의 네트워크 관리자가 작업을 수행할 도구로 단일 통합 도구 사용을 선호하므로 FRR을 계속 사용해서 설명하겠다. 다음과 같이 하여 모든 VRF의 인터페이스 요약을 획득할 수 있다.

```
sudo vtysh -c "show interface vrf all brief"
```

다음과 같은 방법을 사용하여 특정 인터페이스의 상세 내용을 얻을 수 있다.

```
sudo vtysh -c "show interface <ifname>"
```

예를 들면 sudo vtysh -c "show int vni13"과 같이 실행한다.

[예제 18-5]는 show interface vrf all을 실행한 결과(여기에서는 인터페이스 종류별로 결과를 하나씩 보여준다)를 나타낸다.

```
leaf01# show interface vrf all
Interface bond01 is up, line protocol is down      ❶
  Link ups:      0    last: (never)                ❷
  Link downs:    0    last: (never)
  vrf: default                                     ❸
  index 19 metric 0 mtu 9000 speed 4294967295      ❹
  flags: <UP,BROADCAST,MULTICAST>
  Type: Ethernet
  HWaddr: 44:38:39:00:00:03
  Interface Type bond          ❺
  Master interface: bridge      ❻

... 지면상 생략

Interface bridge is up, line protocol is up
  Link ups:      0    last: (never)
  Link downs:    0    last: (never)
  vrf: default
  index 21 metric 0 mtu 1500 speed 0
  flags: <UP,BROADCAST,RUNNING,MULTICAST>
  Type: Ethernet
  HWaddr: 44:38:39:00:00:03
  inet6 fe80::4638:39ff:fe00:3/64
  Interface Type Bridge
  Bridge VLAN-aware: yes

... 지면상 생략

Interface peerlink.4094 is up, line protocol is up
  Link ups:      0    last: (never)
  Link downs:    0    last: (never)
  vrf: default
  index 15 metric 0 mtu 9000 speed 2000
  flags: <UP,BROADCAST,RUNNING,MULTICAST>
  Type: Ethernet
  HWaddr: 44:38:39:00:00:10
  inet 169.254.1.1/30
  inet6 fe80::4638:39ff:fe00:10/64
  Interface Type Vlan
  VLAN Id 4094
  Parent interface: peerlink
Interface swp1 is up, line protocol is up
```

```
    Link ups:        0    last: (never)
    Link downs:      0    last: (never)
    vrf: default
    OS Description: to Server01
    index 3 metric 0 mtu 9000 speed 1000
    flags: <UP,BROADCAST,RUNNING,PROMISC,MULTICAST>
    Type: Ethernet
    HWaddr: 44:38:39:00:00:03
    Interface Type bond_slave
    Master interface: bond01

    ... 지면상 생략

Interface swp51 is up, line protocol is up
    Link ups:        0    last: (never)
    Link downs:      0    last: (never)
    vrf: default
    OS Description: to Spine01
    index 11 metric 0 mtu 9216 speed 1000
    flags: <UP,BROADCAST,RUNNING,MULTICAST>
    Type: Ethernet
    HWaddr: 44:38:39:00:00:53
    inet6 fe80::4638:39ff:fe00:53/64
    Interface Type Other
    ND advertised reachable time is 0 milliseconds        ❼
    ND advertised retransmit interval is 0 milliseconds
    ND router advertisements sent: 58 rcvd: 54            ❽
    ND router advertisements are sent every 10 seconds
    ND router advertisements lifetime tracks ra-interval
    ND router advertisement default router preference is medium
    Hosts use stateless autoconfig for addresses.
    Neighbor address(s):
    inet6 fe80::4638:39ff:fe00:54/128                     ❾

    ... 지면상 생략

Interface vni13 is up, line protocol is up
    Link ups:        0    last: (never)
    Link downs:      0    last: (never)
    vrf: default
    index 17 metric 0 mtu 9000 speed 0
    flags: <UP,BROADCAST,RUNNING,MULTICAST>
    Type: Ethernet
    HWaddr: 0e:90:8b:ba:ec:54
```

```
Interface Type Vxlan
VxLAN Id 13 VTEP IP: 10.0.0.112 Access VLAN Id 13
Master interface: bridge

... 지면상 생략

Interface vlan13 is up, line protocol is up
  Link ups:        0     last: (never)
  Link downs:      0     last: (never)
  vrf: evpn-vrf
  index 22 metric 0 mtu 1500 speed 0
  flags: <UP,BROADCAST,RUNNING,MULTICAST>
  Type: Ethernet
  HWaddr: 44:38:39:00:00:03
  inet 10.1.3.11/24                      ❿
  inet6 fe80::4638:39ff:fe00:3/64
  Interface Type Vlan
  VLAN Id 13
  Parent interface: bridge
```

명령어 출력에서 관심 있게 살펴볼 주요 부분은 다음과 같다

❶ 인터페이스 이름과 관리 상태, 운영 상태를 함께 나열한다.

❷ 이 두 라인은 링크가 가장 마지막에 업된 시각과 다운된 시각을 나타낸다. 인터페이스는
   FRR 외부에서 업되므로 이 라인에서 never가 의미하는 바는 FRR이 시작한 이후에 인터
   페이스 상태 변화가 없었다는 것이다.

❸ 인터페이스가 속한 VRF를 명시하고 있다.

❹ 인터페이스의 ifindex, MTU 속도를 나열하고 있다.

❺ 인터페이스 유형을 나열하고 있다.

❻ 인터페이스가 다른 인터페이스의 멤버인 경우에는 여기에 컨테이너(또는 마스터) 인터페
   이스명이 표시된다. 예를 들어 본딩 인터페이스인 경우 여기에 본딩 멤버들이 표시된다.

❼ 인터페이스에서 IPv6 RA가 활성화되고 동작 중이라는 것을 나타낸다. 일반적으로 인터
   페이스가 BGP 언넘버드 세션에 속하는 경우다.

❽ 인터페이스에서 얼마나 많은 IPv6 RA가 교환되었는지 나타낸다.

❾ 이 라인이 존재하면 해당 인터페이스에서 BGP 언넘버 세션을 시작할 수 있다.

❿ 인터페이스에 할당된 IP 주소 목록이다.

이 결과와 전통적인 네트워크 장비에서 획득한 내용과의 가장 큰 차이점은 인터페이스 통계에 대한 추가 정보다. 리눅스 네트워크 운영체제에서 인터페이스 통계는 cat /proc/net/dev로 얻을 수 있다. FRR이 동작하지 않는 리눅스 엔드포인트에서는 iproute2 계열의 명령어가 도움이 될 것이다. 예를 들어 할당 주소를 포함하는 인터페이스 세부 정보를 보기 위해서는 ip -d address show를 사용하면 된다.

18.4.1 인터페이스 구성 검증 자동화

18.3.1절 '앤서블을 사용한 케이블링 검증'의 케이블링과 마찬가지로 앤서블을 사용하여 인터페이스 구성 검증을 자동화할 것이다. 여기서는 앤서블의 setup 모듈을 사용해서 인터페이스에 관한 정보를 추출한다. 슬프게도 앤서블은 VRF나 VLAN과 같은 정보는 수집할 수 없으므로 해당 정보를 획득하려면 다른 명령어를 사용해야 한다. 명령어 출력이 JSON이 아닌 경우에는 검증이 거의 불가능하므로 이러한 태스크는 무시하도록 하자. 또한 리프를 향하는 인터페이스의 IP 주소를 포함한 충분한 정보를 제공하지 않는 경우에도 마찬가지로 검증하기 어려워진다.

이러한 제약 사항을 고려하여 인터페이스 구성을 검증하기 위한 다음 플레이북은 [예제 18-2]의 dot.yml을 동일하게 사용한다.

```
- hosts: network
  gather_facts: false    ❶
  vars_files:
    - dot.yml
  tasks:
    - name: Verify non-host local IP address is assigned to loopback
      assert:
        that:
          - ansible_lo.ipv4_secondaries is defined
          - ansible_lo.ipv4_secondaries[0].address|ipaddr('private')

    - name: Verify MTU mismatch
      assert:
        that:
```

```
        - ansible_{{item}}.mtu == peer_node.ansible_{{peer_if}}.mtu
      vars:
        - peer_if: "{{ lldp[item]['port']['ifname'] }}"
        - peer_node: "{{ hostvars[lldp[item]['chassis']['name']] }}"
      with_items: "{{ expected_lldp[inventory_hostname].interfaces }}"
      when: inventory_hostname in groups['spine']
```

❶ 여기서 gather_facts가 거짓(false)인 이유는 이 플레이가 이전 절의 PTM 플레이북에 속하기 때문이다. 앤서블은 명시적으로 중지하지 않는 이상 시스템 팩트[system fact]를 매 플레이마다 기본으로 수집한다. 플레이북의 첫 번째 플레이에서 이미 관련 정보를 수집했으므로 동일한 플레이북에서 같은 행위를 반복할 필요는 없다.

18.5 라우팅 구성 검증

다음으로 검증할 것은 라우팅 구성이다. 고차원적 질문인 '라우팅의 설정이 올바른가?'에 대한 답을 하기 위해 사용하는 라우팅 프로토콜과 무관한 다음과 같은 상세한 질문으로 바꿀 수 있다.

- 라우터 ID의 설정이 올바른가? (루프백 IP 주소가 권장된다.)
- 루프백 IP 주소가 광고되는가?
- 설정된 모든 이웃과의 피어링이 모두 성공적인가?
- 넘버드 인터페이스를 사용하는 경우 인터페이스 주소가 광고되는가? (5.4.6절 '언넘버드 인터페이스'에서 설명한 대로 인터페이스 주소는 절대 광고되어서는 안 된다.)
- 디폴트 경로가 올바른 라우터에 의해 광고되는가?

마지막 질문에 첨언하고자 한다. 디폴트 경로는 라우터가 패킷을 포워딩하기 위해 필요한 보다 상세한 FIB 엔트리가 없는 경우에 사용된다. 올바른 노드가 디폴트 경로를 제대로 광고하지 않는다면 블랙홀 트래픽[blackhole traffic]이 생긴다. 예를 들어 디폴트 경로는 트래픽이 어떻게 해서 데이터 센터에서 외부로 나가는지 알려준다. 올바른 디폴트 경로 광고 없이는 외부와의 연결은 유실될 수도 있다. 마찬가지로 디폴트 경로를 광고하는 주체가 사용하는 기술을 이해한다면 다른 경로에도 마찬가지로 활용할 수 있다.

이제 남은 것은 프로토콜과 관련된 질문들이다. 따라서 OSPF와 BGP 문맥에서의 일반적인 질문에 대해 살펴보겠다.

18.5.1 OSPF 구성 검증

OSPF 관련 질문에는 다음과 같은 것들이 있다.

- 모든 링크가 점대점으로 구성되었는가?
- 13.5.4절 'IPv4에서 OSPF를 실행하는 서버 구성'에서 요구한 대로 redistribute connected를 하지 않는가?
- 모든 인터페이스가 적합한 에어리어에 속해 있는가?

OSPF 설정 대부분은 다음 vtysh 명령어를 통해 검증 가능하다.

```
show ip ospf neighbor
show ip ospf interface
```

이 명령어들은 아리스타부터 시스코에 이르는 전통적인 라우팅 제품군을 포함해서 모든 라우팅 제품군에서 사용 가능하다. 주니퍼도 동일한 정보를 출력하는 대응되는 명령어가 있다. 디폴트 경로는 show ip ospf route를 사용해서 검증할 수 있다.

다음 명령어 출력에서 언넘버드 OSPF 사용을 가정하고 있다. 이 절에서 설명하는 출력에서는 iBGP를 사용하는 OSPF 사용을 가정하고 있다.

show ip ospf neighbor는 양측이 최초 OSPF 헬로 교환을 마친 후 세션 수립에서 Two-Way 헬로 상태를 넘어서 진행된 상태(347쪽 'OSPF 상태'에서 OSPF 이웃 상태의 이름과 그 설명을 확인하자)인 모든 세션을 표시한다. 이 명령어를 사용하면 필요한 모든 성공한 세션에 대한 검증을 할 수 있다. show ip ospf neighbor를 리프01 관점에서 실행한 결과는 다음과 같다.

```
vagrant@leaf01:mgmt-vrf:~$ sudo vtysh

Hello, this is FRRouting (version 7.2-dev).
Copyright 1996-2005 Kunihiro Ishiguro, et al.

leaf01# show ip ospf neighbor

Neighbor ID   Pri State        Dead Time  Address      Interface         ...
10.0.0.21       1 Full/DROther  39.393s   10.0.0.21    swp51:10.0.0.11 ...
10.0.0.22       1 Full/DROther  30.218s   10.0.0.22    swp52:10.0.0.11 ...
```

위 출력에서 이웃의 라우터 ID를 첫 번째 열에 표시하고 있다. Address 열은 이웃의 인터페이스 IP 주소를 나타낸다. Interface 열은 OSPF 피어링이 맺어진 인터페이스와 인터페이스의 IP 주소를 나타낸다. State 열은 피어링이 성공적으로 이뤄졌음을 나타내는 FRR의 값을 반드시 포함하고 있어야 한다.

하지만 OSPF 세션이 수립되지 않았다면 다음 이유 중 하나일 수 있다.

- 한쪽에서는 세션이 구성되었는데 다른 쪽에서는 구성되지 못했다.
- 넘버드 인터페이스를 사용하는데 서브넷의 불일치가 발생했다.
- 링크의 양 끝의 MTU가 불일치한다.
- 링크의 양 끝의 OSPF 헬로 또는 데드 타이머가 불일치한다.
- 링크의 양 끝의 네트워크 타입이 불일치한다.

어떤 세션이 실패했는지 알아보기 위해 show ip ospf interface가 유용하다. 리프01 관점에서도 이 명령어 출력은 다음과 같다.

```
leaf01# show ip ospf interface
lo is up                                              ❶
  ifindex 1, MTU 65536 bytes, BW 0 Mbit <UP,LOOPBACK,RUNNING>
  Internet Address 10.0.0.11/32, Area 0.0.0.0         ❷
  MTU mismatch detection: enabled
  Router ID 10.0.0.11, Network Type LOOPBACK, Cost: 10  ❸
  Transmit Delay is 1 sec, State Loopback, Priority 1
  No backup designated router on this network
  Multicast group memberships: <None>
  Timer intervals configured, Hello 10s, Dead 40s, Wait 40s, Retransmit 5
    No Hellos (Passive interface)                     ❹
  Neighbor Count is 0, Adjacent neighbor count is 0    ❺
  Internet Address 10.0.0.112/32, Area 0.0.0.0         ❻
  MTU mismatch detection: enabled
  Router ID 10.0.0.11, Network Type LOOPBACK, Cost: 10
  Transmit Delay is 1 sec, State Loopback, Priority 1
  No backup designated router on this network
  Multicast group memberships: <None>
  Timer intervals configured, Hello 10s, Dead 40s, Wait 40s, Retransmit 5
    No Hellos (Passive interface)
  Neighbor Count is 0, Adjacent neighbor count is 0
swp51 is up                                           ❶
  ifindex 11, MTU 9216 bytes, BW 1000 Mbit <UP,BROADCAST,RUNNING,MULTICAST>
```

```
This interface is UNNUMBERED, Area 0.0.0.0                    ❷
MTU mismatch detection: enabled
Router ID 10.0.0.11, Network Type POINTOPOINT, Cost: 100     ❸
Transmit Delay is 1 sec, State Point-To-Point, Priority 1
No backup designated router on this network
Multicast group memberships: OSPFAllRouters
Timer intervals configured, Hello 10s, Dead 40s, Wait 40s, Retransmit 5
  Hello due in 2.583s
Neighbor Count is 1, Adjacent neighbor count is 1           ❺
... 지면상 생략
```

이번 출력은 이전 명령어의 출력보다 복잡하다. 여기서 얻을 수 있는 중요한 정보는 다음과 같다.

❶ 인터페이스 이름을 나열한다.

❷ 인터페이스 IP 주소와 해당 인터페이스와 연관된 OSPF 에어리어를 나열한다. 두 번째 인터페이스인 swp51은 언넘버드 인터페이스로 표기되어 있다. 13장에서 설명한 것처럼 호스트에서 OSPF를 실행하지 않는 2계층 클로스에서 모든 인터페이스는 에어리어 0에 속해야 한다. 3계층 클로스에서 각 파드는 에어리어 1에 속하며 스파인과 슈퍼 스파인을 연결하는 인터페이스는 에어리어 0에 속한다. 호스트에서도 OSPF를 실행한다면 서버를 향하는 인터페이스와 서버 인터페이스는 모두 에어리어 1에 속하며 나머지 모든 인터페이스는 에어리어 0에 속한다.

❸ 라우터 ID와 인터페이스 유형을 나열한다. 라우터 ID가 루프백 인터페이스와 동일한지 여부를 검증하기 위해 사용될 수 있다. 두 번째 인터페이스인 swp51의 경우 Network Type 필드가 해당 인터페이스가 OSPF 관점에서 점대점인 것을 표시하고 있다.

❹ 인터페이스가 패시브 인터페이스임을 보여준다. 해당 인터페이스에 OSPF 피어가 없음을 의미한다.

❺ 활성화된 이웃과 성공적인 피어링의 수를 보여준다. 패시브 인터페이스인 첫 번째 인터페이스 lo의 경우 두 가지 항목에 대해 모두 0이다. swp51의 경우는 모두 1이며 성공적인 피어링을 표시한다. 점대점 인터페이스에서는 단일 이웃만 가능하다. 이 정보를 활용한다면 모든 비패시브 인터페이스의 라인에서 1인이 있는지 확인하여 성공적인 피어링 세션 여부를 확인할 수 있다.

❻ 루프백 인터페이스에는 두 가지 IP 주소가 있다. 하나는 언더레이의 것이고 다른 하나는

VTEP IP 주소다. 각 IP 주소는 서로 다른 피어링 세션으로 간주된다. 루프백 인터페이스에 할당된 두 번째 IP 주소다. 이는 루프백 인터페이스를 검사하고 있기 때문에 허용된다. 일반적인 피어링 인터페이스에는 단일 IP 주소만 할당된다.

아리스타의 EOS는 보다 가독성이 높은 열 형식으로 이러한 정보를 예쁘게 출력할 수 있다.

OSPF의 이런 측면은 이상하며, 네트워킹 운영체제나 라우팅 제품군에 의해 수정된 것이 없다. OSPF가 실행되는 모든 세션을 보여주는 것과 'One-Way 헬로', 'Two-Way 헬로'와 같은 상태를 보여주는 것은 결코 어렵지 않다. 이로 인해 OSPF가 구성된 모든 세션에서 성공적으로 피어링했는지 확인하는 것이 어려워진다. OSPF의 취약한 관측성을 나타내는 강력한 증거라고 생각한다.

피어링에 오류가 있는 경우 show ip ospf neighbor의 출력이 없거나 State 열의 상태가 Full이 아닌 다른 상태가 된다. 다음은 문제가 있는 피어링 세션을 나타내는 출력 예를 보여준다.

```
leaf01# show ip ospf neighbor

Neighbor ID  Pri State            Dead Time Address      Interface
10.0.0.21      1 ExStart/DROther   39.115s 10.0.0.21     swp51:10.0.0.11
10.0.0.22      1 Full/DROther      39.993s 10.0.0.22     swp52:10.0.0.11

leaf01#
```

인터페이스 swp51의 피어링 세션의 상태가 Full이 아닌 ExStart로 표시되고 있다. swp51의 show ip ospf interface 결과는 다음과 같다.

```
eaf01# show ip ospf interface swp51
swp51 is up
  ifindex 11, MTU 1500 bytes, BW 1000 Mbit <UP,BROADCAST,RUNNING,MULTICAST>
  This interface is UNNUMBERED, Area 0.0.0.0
  MTU mismatch detection: enabled
  Router ID 10.0.0.11, Network Type POINTOPOINT, Cost: 100
  Transmit Delay is 1 sec, State Point-To-Point, Priority 1
  No backup designated router on this network
  Multicast group memberships: OSPFAllRouters
  Timer intervals configured, Hello 10s, Dead 40s, Wait 40s, Retransmit 5
    Hello due in 1.407s
  Neighbor Count is 1, Adjacent neighbor count is 0
```

출력의 마지막 라인에서 Adjacent neighbor count가 0을 나타내고 있다. 즉, 인터페이스에 연결이 없다는 것이다. 어떤 가능한 오류가 발생했는지 보기 위해 다음과 같은 명령어를 실행해 볼 수 있다.

```
sudo journalctl -n -p '1..4' -u frr --since "2 min ago"
```

이 명령어는 직전 2분 동안 FRR 서비스에서 우선순위 1(critical)에서 4(warning)인 마지막 10라인을 표시한다. 실패한 세션의 경우 출력은 다음과 같다.

```
$ sudo journalctl -n -p 0..4 -u frr --since '2 min ago'
-- Logs begin at Wed 2019-08-14 05:45:05 UTC, end at ...
... Neighbor 10.0.0.21 MTU 9216 is larger than [swp51:10.0.0.11]'s MTU 1500
... Neighbor 10.0.0.21 MTU 9216 is larger than [swp51:10.0.0.11]'s MTU 1500
```

여기서 오류는 인터페이스의 MTU가 불일치하여 발생한 것임을 알 수 있다. 이런 오류는 앞 절에서 수행한 인터페이스 수준 검증^{interface-level validation}에서 확인되었어야 한다. 이런 경우가 바로 오류가 완전히 다른 곳에서 다른 양상으로 나타나서 감지되는 것보다 원인(소스)에서 가까운 곳에서 감지되는 것이 보다 좋다는 것을 보여주는 또 다른 예가 된다.

디폴트 경로 발신자 확인

show ip ospf route의 출력은 [그림 13-4]의 토폴로지를 사용한다. 이 장의 나머지 부분에서는 디폴트 경로가 BGP를 통해 학습되기 때문에 일반적인 EVPN 토폴로지 대신 [그림 13-4]의 토폴로지를 사용한다. 명령어 출력은 다음과 같다.

```
leaf01# show ip ospf route
============ OSPF external routing table ===========    ❶
N E2 0.0.0.0/0            [200/1] tag: 0                 ❷
                         via 10.0.0.21, swp1
                         via 10.0.0.22, swp2
```

❶ 머리글이 경로가 외부 경로라는 것을 표시한다.

❷ 디폴트 경로를 나타낸다.

디폴트 경로를 누가 광고하고 있는지 찾기 위해 show ip ospf database를 다음과 같이 실행할 수 있다.

```
leaf01# show ip ospf database external 0.0.0.0

        OSPF Router with ID (10.0.0.11)

            AS External Link States

  LS age: 1507
  Options: 0x2  : *|-|-|-|-|-|E|-
  LS Flags: 0x6
  LS Type: AS-external-LSA
  Link State ID: 0.0.0.0 (External Network Number)
  Advertising Router: 10.0.0.14    ❶
  LS Seq Number: 8000000d
  Checksum: 0x2687
  Length: 36

  Network Mask: /0
        Metric Type: 2 (Larger than any link state path)
        TOS: 0
        Metric: 1
        Forward Address: 0.0.0.0
        External Route Tag: 0
```

❶ 경로를 광고하고 있는 OSPF 라우터의 라우터 ID를 표시한다. 이 출력에서 광고 중인 라우터의 ID는 10.0.0.14다. 루프백 IP 주소를 사용하고 있다면 이 주소가 [그림 13-3]의 라우터 리프04라는 것을 알 수 있다. 0.0.0.0을 서브넷 마스크 없이 사용한 이유는 명령어가 특정 주소 접두사가 아닌 라우터의 링크상태 IDlinkstate ID 탐색만 지원하기 때문이다. 링크상태 ID는 일반적으로(항상은 아니지만) 서브넷 마스크가 없는 경로다.

----

5 옮긴이_ https://en.wikipedia.org/wiki/Stub_network

앞의 두 예제는 OSPF를 사용했을 때의 취약한 관측성에 대해 보여주고 있다. 네트워크 사업자가 얼마나 오랜 시간동안 이런 상태를 참아왔는지 그리고 슬프게도 계속 이렇게 사용해야 하는 사실에 놀랐다.

OSPF 검증 자동화

앤서블 플레이북 입장에서 OSPF 구성을 검증하는 것은 매우 직관적이다. 또한 자동화의 힘을 보여주기도 한다. 사람이 두 눈으로 양쪽을 확인하는 것이 아닌 인터페이스의 양 끝의 확인을 대신할 프로그램이 생긴다는 것이다. 플레이북은 다음과 같다.

```
---
- hosts: network
  become: yes
  gather_facts: false
  tasks:
    - name: Stuff lldp info into all peers
      lldp:

    - name: Get OSPF interface info
      become: yes
      command: vtysh -c "show ip ospf int json"
      register: ospf_out

    - name: Extract info into JSON object
      set_fact:
        ospf: "{{ ospf_out['stdout']|from_json|json_query('interfaces') }}"


- hosts: leaf:exit
  become: yes
  gather_facts: false
  tasks:
    - name: Extract LLDP info
      lldp:

    - name: Validate all interfaces are present in output
      assert:
        quiet: yes
        that:
          - ospf[item] is defined
      with_items: "{{ expected_ospf_if }}"
```

```
# 인터페이스가 비활성화된 경우 일부 항목이 누락될 수 있다.
- name: Validate all interfaces are up
  assert:
    quiet: yes
    that:
      - ospf[item]['ifUp']
  with_items: "{{ expected_ospf_if }}"

- name: Validate all peering interfaces have 1 valid adjacent neighbor
  assert:
    quiet: yes
    that:
      - ospf[item]['nbrCount'] == ospf[item]['nbrAdjacentCount']
  with_items: "{{ expected_ospf_if }}"
  when: item != 'lo'

- name: Validate all peering interfaces are in P2P mode
  assert:
    quiet: yes
    that:
      - ospf[item]['networkType'] == 'POINTOPOINT'
  with_items: "{{ expected_ospf_if }}"
  when: item != 'lo'

- name: Validate network type is consistent across peers
  assert:
    quiet: yes
    that:
      - ospf[item]['networkType'] == peer_ospf['networkType']
  vars:
    - peer_node: "{{ hostvars[lldp[item]['chassis']['name']] }}"
    - peer_if : "{{ lldp[item]['port']['ifname'] }}"
    - peer_ospf: "{{ peer_node['ospf'][peer_if] }}"
  with_items: "{{ expected_ospf_if }}"
  when: item != 'lo'

- name: Validate timer values are consistent across peers
  assert:
    quiet: yes
    that:
      - ospf[item].timerMsecs == peer_ospf.timerMsecs
      - ospf[item]['timerDeadSecs'] == peer_ospf['timerDeadSecs']
  vars:
    - peer_node: "{{ hostvars[lldp[item]['chassis']['name']] }}"
    - peer_if : "{{ lldp[item]['port']['ifname'] }}"
```

```
    - peer_ospf: "{{ peer_node['ospf'][peer_if] }}"
  with_items: "{{ expected_ospf_if }}"
  when: item != 'lo'
```

플레이북은 두 개의 메인 플레이로 구성되어 있다. 첫 번째 플레이는 모든 노드에서 관련 정보를 수집하고 그 정보를 앤서블이 관리하는 hostvars 디렉터리에 처리 중인 모든 호스트에 대해 저장한다. 두 번째 플레이는 양측의 모든 불일치 여부를 확인하는 것을 포함한 OSPF 상태를 검증한다. 여기서 언넘버드 OSPF라고 가정한다. 두 번째 부분은 모든 리프가 같은 포트를 사용해서 스파인에 연결되는 체계적 케이블링^{systematic cabling} 사용을 가정하고 있다. 의심할 여지없이 비체계적 케이블을 다루는 코드도 작성할 수 있지만 이 경우에는 모든 리프에서 사용할 수 있는 단 하나의 명세가 아닌 개별 리프에 대한 분리된 상세가 필요해진다. 그리고 리프에 비해 스파인 수가 적기 때문에 항상 리프 관점에서 플레이북을 작성해서 사용자가 명시해야 할 것들의 수를 크게 줄인다. peer_node, peer_if, peer_ospf와 같은 변수들은 로직에 접근하는 변수를 나눠서 코드의 가독성을 높인다. 또한 이 책의 구성에도 도움이 된다.

expected_ospf_if는 groups_vars/leaf와 group_vars/exit 파일에 정의된 변수다. 리프 파일의 내용을 다음과 같다.

```
$ cat group_vars/leaf

# 기대되는 LLDP 피어
expected_lldp:
  swp51: spine01
  swp52: spine02

# 기대되는 OSPF 인터페이스
expected_ospf_if:
  - lo
  - swp51
  - swp52
```

> **CAUTION_** FRR 7.1 버전 이전에는 JSON 출력에 올바른 타이머값을 포함하고 있지 않다. 만약 FRR의 오래된 버전을 사용하는 경우 이 플레이북의 코드는 피어링 세션의 양 끝단에서 타이머를 검증하는 부분이 동작하지 않는다.

18.5.2 BGP 구성 검증

BGP는 다중 프로토콜 라우팅 제품군이므로 OSPF 배치와 비교해서 몇 가지 질문이 더 추가된다. 더욱이 14장에서 살펴본 대로 BGP가 데이터 센터에서 쓰이고 있다. 따라서 BGP 관련 라우팅 검증 질문은 다음과 같다.

- 2계층 클로스에서 스파인에 동일한 ASN이 할당되었는가?
- 리프에 각자 유일한 ASN이 할당되었는가?
- as-path multipath-relax가 설정되었는가?
- 외부로 경로를 광고하기 전에 사설 ASN을 제거하고 있는가?
- 구성된 모든 주소 패밀리에 대해 경로가 교환되고 있는가?

다음은 이러한 많은 질문에 대해 답을 할 수 있는 두 가지 주요 명령어다.

```
show bgp [vrf <vrf>] <ipv4|ipv6> unicast summary
show bgp bgp [vrf <vrf>] <ipv4|ipv6> unicast neighbor
```

리프01과 스파인01 관점에서 위 명령어의 출력에 대해 살펴보자. 다음 출력에서 EVPN은 단일 eBGP 세션을 갖고 있다.

[예제 18-6]의 summary 명령어 출력부터 살펴보자. 모든 구성된 피어링 세션을 확인하기 위해 필요한 단일 명령어다. 리프와 스파인 두 노드에 대한 명령어 출력 일부를 보여주고 BGP 설정을 검증하는 데 도움이 되는 관심 있는 부분을 강조할 것이다.

예제 18-6 리프01의 BGP 요약

```
$ sudo vtysh

Hello, this is FRRouting (version 7.2-dev).
Copyright 1996-2005 Kunihiro Ishiguro, et al.

leaf01# show bgp vrf all summary

Instance default:       ❶

IPv4 Unicast Summary:   ❷
BGP router identifier 10.0.0.11, local AS number 65011 vrf-id 0   ❸
```

```
BGP table version 13
RIB entries 24, using 4416 bytes of memory
Peers 2, using 41 KiB of memory


Neighbor        ...   AS MsgRcvd MsgSent  ...   Up/Down State/PfxRcd
spine01(swp51)  ... 65020    123     115  ...  00:03:38          10   ❹
spine02(swp52)  ... 65020    123     115  ...  00:03:38          10


Total number of neighbors 2    ❺


L2VPN EVPN Summary:           ❷
BGP router identifier 10.0.0.11, local AS number 65011 vrf-id 0
BGP table version 0
RIB entries 19, using 3496 bytes of memory
Peers 2, using 41 KiB of memory


Neighbor        ...   AS MsgRcvd MsgSent  ...   Up/Down State/PfxRcd
spine01(swp51)  ... 65020   2061    2091  ...  01:40:19          22
spine02(swp52)  ... 65020   2121    2111  ...  00:29:15          22


Total number of neighbors 2


Instance evpn-vrf:              ❶
% No BGP neighbors found


leaf01#
```

예제 18-7 스파인01의 BGP 요약

```
spine01# show bgp vrf all summary

Instance default:       ❶

IPv4 Unicast Summary:   ❷
BGP router identifier 10.0.0.21, local AS number 65020 vrf-id 0          ❸
BGP table version 17
RIB entries 22, using 3344 bytes of memory
Peers 6, using 116 KiB of memory
Peer groups 1, using 64 bytes of memory


Neighbor        ...   AS MsgRcvd MsgSent  ...   Up/Down State/PfxRcd
leaf01(swp1)    ... 65011    321     330  ...  00:13:57           2   ❹
leaf02(swp2)    ... 65012    330     331  ...  00:13:52           2
```

```
leaf03(swp3)   ... 65013    329      330   ... 00:13:52         2
leaf04(swp4)   ... 65014    326      330   ... 00:13:52         2
exit02(swp29)  ... 65042    332      329   ... 00:13:56         4
exit01(swp30)  ... 65041    335      327   ... 00:13:55         5

Total number of neighbors 6    ❺

L2VPN EVPN Summary:                ❶
BGP router identifier 10.0.0.21, local AS number 65020 vrf-id 0
BGP table version 0
RIB entries 19, using 2888 bytes of memory
Peers 6, using 116 KiB of memory
Peer groups 1, using 64 bytes of memory

Neighbor        ...   AS MsgRcvd MsgSent  ...  Up/Down State/PfxRcd
leaf01(swp1)    ... 65011   2153   2124   ... 01:43:30         8
leaf02(swp2)    ... 65012   2169   2126   ... 01:43:25         8
leaf03(swp3)    ... 65013   2171   2125   ... 01:43:25         6
leaf04(swp4)    ... 65014   2168   2125   ... 01:43:25         6
exit02(swp29)   ... 65042   2166   2124   ... 01:43:29         5
exit01(swp30)   ... 65041   2172   2122   ... 01:43:28         5

Total number of neighbors 6    ❺
```

❶ BGP가 알고 있는 각 VRF가 출력에 나열된다. 다음 라인부터 어떤 VRF에 대한 내용인지 표시하고 있다. 아래에 보이는 것처럼 BGP가 알고 있는 evpn-vrf에는 설정된 이웃이 없다.

❷ 경로를 교환할 모든 주소 패밀리에 대한 분리된 목록이다. 이 출력에서는 두 가지 주소 패밀리인 IPv4 Unicast와 L2VPN EVPN이 있다는 것을 알 수 있다.

❸ 이 라우터에서 사용 중인 라우터 ID와 ASN을 나타낸다.

❹ 명시된 VRF와 주소 패밀리에 대해 구성된 개별 BGP 세션을 표 형식으로 나열하고 있다. 세션이 성공적으로 수립된 경우 피어로부터 받은 유효한 주소 접두사의 수를 표시한다. 세션 수립에 실패한 경우 이 열에서는 세션의 BGP 상태(대기^{idle}, 연결^{connect} 등)를 표시한다. FRR은 BGP 기능 중 BGP 스피커의 호스트명을 피어에 전달하는 '호스트네임^{hostname}'이라는 것을 지원한다. 언넘버드 인터페이스를 사용할 때 이 FRR의 기능은 어떤 다른 라우팅 제품군보다 흥미롭게 내용을 출력한다. 호스트명은 IP 주소나 인터페이스명

보다 쉽게 관련 있는 호스트를 인지할 수 있게 해주므로 시스템의 관측성이 눈에 띄게 증대된다.

❺ 이 숫자를 사용하면 런타임 상태의 세션 수가 기대하는 세션 수와 동일한지 여부를 빠르게 확인할 수 있다. 예를 들어 리프를 추가하는 것을 잊어버린 경우 스파인에서 해당 숫자가 1 적을 것이다.

위 두 출력에서 리프들이 ASN 65020의 스파인만 피어링을 맺었다는 사실을 발견할 수 있다. 그리고 스파인이 피어링을 맺은 리프(일반 리프와 출구 리프)는 각기 다른 ASN을 가지고 있다는 사실도 알 수 있다. 따라서 BGP 상태는 16장에서 살펴본 대로 깔끔하다.

앞서 살펴본 요약 내용에서는 as-path multipath-relax가 활성화되었는지 여부를 알 수 없었다. 주요 원인은 summary 출력은 많은 테스트와 텍스트 출력 수집기가 전통적인 형식에 의존하므로 거의 바뀌지 않으며 절대 확장할 수 없기 때문이다. 해당 정보를 JSON 출력 형태로 표시하거나 show running-config bgpd를 통해 운영 BGP 구성에 대해 출력할 수 있다. 이를 자동화 절에서 활용해서 multipath-relax를 검증하는 것에 사용할 것이다.

summary 출력은 피어링 세션의 상태를 명시적으로 출력하지 않으며 변경 사항에 대해서도 마찬가지다. 마지막 열인 State/PfxRcd에서 피어링 세션이 성공적으로 수립된 경우에만 수신한 주소 접두사의 수를 표시한다. 그렇지 않은 경우 마지막 열은 BGP 상태를 표시한다.

다음 명령어로 피어링 세션이 맞지 않는 주소 패밀리가 있는지 여부를 확인할 수 있다.

```
show bgp [vrf <vrf-name|all>] neighbors
```

리프01에서 실행한 이 명령어의 출력 예는 다음과 같다. 지면의 제한으로 필요한 내용만을 표시했고 긴 출력 열은 다음 라인에 표시했다.

```
Instance default:
BGP neighbor on swp51: fe80::4638:39ff:fe00:54, remote AS 65020,      ❶
  local AS 65011, external link
Hostname: spine01
  BGP version 4, remote router ID 10.0.0.21, local router ID 10.0.0.11
  BGP state = Established, up for 01:02:19
  Last read 00:00:01, Last write 00:00:01
```

```
    Hold time is 9, keepalive interval is 3 seconds
    Neighbor capabilities:
    ... 지면상 생략
      Address Family IPv4 Unicast: advertised and received          ❷
      Address Family L2VPN EVPN: advertised and received
    ... 지면상 생략
BGP neighbor on swp52: fe80::4638:39ff:fe00:25, remote AS 65020,     ❶
  local AS 65011, external link
Hostname: spine02
  BGP version 4, remote router ID 10.0.0.22, local router ID 10.0.0.11
  BGP state = Established, up for 01:02:19
  Last read 00:00:01, Last write 00:00:01
  Hold time is 9, keepalive interval is 3 seconds
  Neighbor capabilities:
  ... 지면상 생략
    Address Family IPv4 Unicast: advertised and received
    Address Family L2VPN EVPN: advertised                           ❸
  ... 지면상 생략
```

❶ 각 이웃의 항목은 이 라인에서 시작하고 피어링 주소 또는 인터페이스를 표시한다.

❷ 이 라인은 양쪽이 주소 패밀리를 처리할 용의가 있다고 광고했다는 것을 표시하고 있다.

❸ 이 라인에는 received 키워드가 없는데 한쪽만 이 주소 패밀리의 경로를 처리할 용의가 있다고 광고하고 있기 때문이다. 일반적으로 위험 신호로 인지하고 원인 분석을 해야 한다.

만약 BGP 세션이 불일치한 서브넷이 원인이 아닌데 연결되지 않았다고 표시되면 다음 명령으로 오류의 원인을 확인할 수 있다.

```
sudo journalctl -n -p 0..4 -u frr
```

디폴트 경로 발신자 확인

다음 명령은 BGP에서 경로의 출처를 추적한다.

```
show bgp [vrf <vrf-name|all>] <address-family> <route>
```

BGP의 디폴트 경로가 리프01에서 어떻게 생성되는지 살펴보자. 명령의 출력은 다음과 같다.

```
$ sudo vtysh

Hello, this is FRRouting (version 7.2-dev).
Copyright 1996-2005 Kunihiro Ishiguro, et al.

leaf01# show bgp ipv4 unicast 0.0.0.0/0
BGP routing table entry for 0.0.0.0/0
Paths: (2 available, best #2, table default)    ❶
  Advertised to non peer-group peers:
  spine01(swp51) spine02(swp52)
  65020 65042 65530 65042 25253                  ❷
    spine02 from spine02(swp52) (10.0.0.22)      ❸
    (fe80::4638:39ff:fe00:25) (used)
      Origin IGP, valid, external, multipath     ❹
      Last update: Thu Aug 15 05:41:49 2019      ❺

  65020 65042 65530 65042 25253
    spine01 from spine01(swp51) (10.0.0.21)
    (fe80::4638:39ff:fe00:54) (used)
      Origin IGP, valid, external, multipath, bestpath-from-AS 65020,   ❻
      best (Older Path)                          ❼
      Last update: Thu Aug 15 04:30:45 2019
```

❶ 리프01이 두 피어에서 디폴트 경로에 관한 두 가지 광고를 수신했다는 것을 의미한다. 리프가 두 스파인과 피어링을 맺고 있으므로 올바른 상황이다.

❷ 디폴트 경로와 관련한 ASPATH다. ASPATH는 경로 방향의 역순으로 나열되어 있는데, 가장 마지막 라우터의 ASN부터 경로 광고를 시작한 첫 번째 라우터까지 순서대로 표시하고 있다. 따라서 디폴트 라우터를 시작한 라우터는 ASN 25253을 가진 라우터다. 이 라우터가 에지 라우터이며 올바른 노드임을 알고 있다. 또한 여기서는 이 경로가 ASN 65020, 65042, 65530, 65042의 BGP 스피커를 통해 전파되었음을 나타내고 있다. 여기서 의미하는 토폴로지를 간략하게 경로로 나타내면 {스파인01, 출구02, 방화벽, 출구02, 인터넷} 순으로 전파되고 있다. 방화벽의 존재는 원래 경로가 다른 VRF를 통해 학습되었다는 것을 의미한다.

❸ 이 라인은 경로를 학습한 피어를 나열하고 있다. 여기서 다시 한 번 FRR은 피어와의 피어링 세션의 IP 주소 대신 피어 호스트명으로 표시해서 쉽게 파악할 수 있게 한다.

❹ 경로가 다중 경로의 일부임을 나타낸다.

❺ BGP의 RIB에 엔트리가 생성된 시점을 나타낸다. BGP의 우수한 관측 속성의 또 다른 예다. OSPF는 이런 것이 프로토콜의 문제이기보다는 구현체 수준의 문제임에도 불구하고 이에 상응하는 사항은 없다.

❻ 경로를 학습한 다른 피어를 표시한 것을 제외하고는 4번과 동일하다. 실제 출력에서는 이 라인과 다음 라인이 단일 라인으로 표시된다. 이 라인이 나타내는 것은 광고가 최적 경로로 수용되고 ECMP의 일부라는 것이다.

❼ 첫 번째 경로가 아닌 이 경로가 최적 경로로 선정된 이유에 대해 나타낸다. 그 이유는 이 경로에 대한 정보가 첫 번째 것보다 먼저 수신되어 최적 경로로 선정되었기 때문이다.

이 절에서는 단일 명령을 통해 네트워크 운영자가 설정 후 경로를 검증하거나 문제를 해결하는데 사용할 수 있는 많은 유용한 BGP 정보를 식별할 수 있었다.

계속해서 경로가 어떻게 BGP RIB에 들어갔는지 파고들면서 BGP가 알고 있는 다른 VRF에 이 경로가 존재하는지 살펴본다. 같은 경로를 evpn-vrf에서 확인하려 하면 모든 것이 복잡해 보일 수 있다. [예제 18-8]은 보다 복잡한 출력을 보여주고 있다.

예제 18-8 EVPN이 추가한 경로의 출력 예

```
leaf01# show bgp vrf evpn-vrf ipv4 unicast 0.0.0.0/0            ❶
BGP routing table entry for 0.0.0.0/0
Paths: (4 available, best #4, vrf evpn-vrf)
  Not advertised to any peer
  Imported from 10.0.0.41:2:[5]:[0]:[0]:[0.0.0.0], VNI 104001    ❷
  65020 65041 65530 65042 25253
    spine02 from spine02(swp52) (10.0.0.22)
      Origin IGP, valid, external
      Extended Community: RT:65041:104001 ET:8 Rmac:44:38:39:00:00:4b
      Last update: Thu Aug 15 05:41:50 2019

  Imported from 10.0.0.42:2:[5]:[0]:[0]:[0.0.0.0], VNI 104001
  65020 65042 65530 65042 25253
    spine02 from spine02(swp52) (10.0.0.22)
      Origin IGP, valid, external, multipath
      Extended Community: RT:65042:104001 ET:8 Rmac:44:38:39:00:00:0c
      Last update: Thu Aug 15 05:41:49 2019

  Imported from 10.0.0.42:2:[5]:[0]:[0]:[0.0.0.0], VNI 104001
  65020 65042 65530 65042 25253
```

```
    spine01 from spine01(swp51) (10.0.0.21)
      Origin IGP, valid, external
      Extended Community: RT:65042:104001 ET:8 Rmac:44:38:39:00:00:0c
      Last update: Thu Aug 15 04:30:47 2019

  Imported from 10.0.0.41:2:[5]:[0]:[0]:[0.0.0.0], VNI 104001
  65020 65041 65530 65042 25253
    spine01 from spine01(swp51) (10.0.0.21)
      Origin IGP, valid, external, multipath, ... best (Older Path)
      Extended Community: RT:65041:104001 ET:8 Rmac:44:38:39:00:00:4b
      Last update: Thu Aug 15 04:30:47 2019

leaf01#
```

❶ 이 명령어는 evpn-vrf에서 디폴트 경로를 찾는다. 바로 이전의 내용은 디폴트 VRF에서
출력한 것이다.

❷ 이것은 새로운 라인이며 아래에 설명되어 있다.

지금 보고 있는 출력의 상단에 있는 압축된 정보에 대해 하나씩 살펴보자.

```
10.0.0.41:2:[5]:[0]:[0]:[0.0.0.0]
```

각 필드가 의미하는 바는 다음과 같다.

- 스피커의 라우터 ID: 여기서는 10.0.0.41
- VNI의 장치 특정 로컬 인코딩device-specific local encoding : 여기서는 2
- EVPN 경로 유형: 여기서는 5(RT-5)
- EVPN 이더넷 세그먼트: 여기서는 0
- 주소 접두사 길이: 여기서는 0
- IP 주소: 여기서는 0.0.0.0(즉, 언넘버드 인터페이스다.)

요약하면 여기서 경로는 RT-5 EVPN을 통해 학습한 경로이며 이를 광고하는 라우터는
10.0.0.41의 RD다.

16.5.1절 '경로 구별자'에서 살펴본 것처럼 RD의 형식은 스피커의 라우터 ID와 콜론으로 구분
된 VNI의 장치 특정 로컬 인코딩으로 구성된다. 따라서 10.0.0.41은 이 경로의 최초 출발지
노드의 라우터 ID이며, 출구01이다.

좀 더 자세하게 추적하고 싶다면 다음과 같이 EVPN에서 원래 경로를 찾아보면 된다.

```
leaf01# show bgp l2vpn evpn route rd 10.0.0.41:2 type prefix
EVPN type-2 prefix: [2]:[EthTag]:[MAClen]:[MAC]
EVPN type-3 prefix: [3]:[EthTag]:[IPlen]:[OrigIP]
EVPN type-5 prefix: [5]:[EthTag]:[IPlen]:[IP]

BGP routing table entry for 10.0.0.41:2:[5]:[0]:[0]:[0.0.0.0]
Paths: (2 available, best #2)
  Advertised to non peer-group peers:
  spine01(swp51) spine02(swp52)
  Route [5]:[0]:[0]:[0.0.0.0] VNI 104001
  65020 65041 65530 65042 25253
    spine02 from spine02(swp52) (10.0.0.22)
      Origin IGP, valid, external
      Extended Community: RT:65041:104001 ET:8 Rmac:44:38:39:00:00:4b
      Last update: Thu Aug 15 05:41:49 2019

  Route [5]:[0]:[0]:[0.0.0.0] VNI 104001
  65020 65041 65530 65042 25253
    spine01 from spine01(swp51) (10.0.0.21)
      Origin IGP, valid, external, bestpath-from-AS 65020,
      best (First path received)
      Extended Community: RT:65041:104001 ET:8 Rmac:44:38:39:00:00:4b
      Last update: Thu Aug 15 04:30:45 2019

... 지면상 생략

leaf01# show bgp l2vpn evpn route rd 10.0.0.42:2 type prefix
EVPN type-2 prefix: [2]:[EthTag]:[MAClen]:[MAC]
EVPN type-3 prefix: [3]:[EthTag]:[IPlen]:[OrigIP]
EVPN type-5 prefix: [5]:[EthTag]:[IPlen]:[IP]

... 지면상 생략
```

위 출력은 EVPN 경로를 스파인01과 스파인02에서 수신했다는 것을 보여준다. 두 번째 경로가 최적 경로로 선정된 이유는 처음으로 수신한 경로이기 때문이다. 여기서는 다중 경로를 지원할 필요가 없다. 10.0.0.42 자체가 스파인01과 스파인02를 통해 모두 도달 가능하므로 패킷을 10.0.0.42로 캡슐화해서 보낸다. 이 내용은 FIB에서 확인하거나 리프01에서 show bgp ipv4 unicast 10.0.0.14를 실행해서 확인할 수 있다. [예제 18-8]에서 본 것처럼 10.0.0.41

과 10.0.0.42를 모두 원격지 VTEP으로 선정했다. 라우터의 포워딩 테이블에 저장된 이 정보를 show ip route[6]로 다음과 같이 확인해볼 수 있다.

```
leaf01# show ip route vrf evpn-vrf 0.0.0.0/0
Routing entry for 0.0.0.0/0
  Known via "bgp", distance 20, metric 0, vrf evpn-vrf, best
  Last update 00:47:08 ago
  * 10.0.0.41, via vlan4001 onlink
  * 10.0.0.42, via vlan4001 onlink

  ... 지면상 생략
```

앞에 별표가 의미하는 것은 경로가 FIB에 존재한다는 것이다.

보다 자세하게 어떤 VTEP을 사용하고 있는지 확인하려면 리눅스 명령어 ip neighbor show를 통해 알아볼 수 있다.

```
$ ip neighbor show 10.0.0.41
10.0.0.41 dev vlan4001 lladdr 44:38:39:00:00:4b offload NOARP
$ ip neighbor show 10.0.0.42
10.0.0.42 dev vlan4001 lladdr 44:38:39:00:00:0c offload NOARP
```

[예제 18-8]에서 Rmac으로 사용되었던 MAC 주소가 사용되는 것을 알 수 있다. 또 이 MAC 주소에 대한 캡슐화를 추적하기 위해 예를 들어 10.0.0.41의 MAC 주소에 대해 다음과 같이 확인할 수 있다.

```
$ bridge fdb show vlan vlan4001 | grep 44:38:39:00:00:4b
44:38:39:00:00:4b dev vxlan4001 vlan 4001 offload master bridge
44:38:39:00:00:4b dev vxlan4001 dst 10.0.0.41 self offload
$
```

여기서는 VTEP 10.0.0.41과 연관된 MAC 주소는 VXLAN 장치 vxlan4001을 통한다는 것을 알 수 있다. 그리고 vxlan4001은 다음과 같은 속성을 갖는다.

---

6 리눅스의 iproute2를 사용해서 ip ro show vrf evpn-vrf로 동일하게 확인할 수 있다.

```
$ sudo vtysh -c 'show int vxlan4001'
Interface vxlan4001 is up, line protocol is up
  Link ups:      2    last: 2019/08/15 04:30:47.04
  Link downs:    9    last: 2019/08/15 04:30:47.03
  vrf: default
  index 20 metric 0 mtu 1500 speed 0
  flags: <UP,BROADCAST,RUNNING,MULTICAST>
  Type: Unknown
  HWaddr: ea:f8:a1:a1:4e:32
  Interface Type Vxlan
  VxLAN Id 104001 VTEP IP: 10.0.0.112 Access VLAN Id 4001
  Master interface: bridge
```

여기서는 VNI와 원래 VTEP IP 주소인 10.0.0.112를 알 수 있다.

따라서 BGP는 경로의 출력을 상당히 쉽게 따라갈 수 있게 해주며 여러 주소 패밀리와 VRF에 걸쳐서 원하는 만큼 관련된 정보를 검증할 수 있게 한다.

18.5.3 사설 ASN 제거

사설 ASN이 제거되었는지 검증하기 위해 먼저 이웃 설정에서 사설 ASN 제거가 설정되었는지 확인해야 한다. 광고되는 경로가 정말로 사설 ASN 없이 광고되는지 확인하기 위해서는 피어에 광고 중인 경로도 함께 살펴봐야 한다. 이를 보기 위해서는 다음과 같은 명령어를 사용한다.

```
show bgp ipv4 unicast neighbors <nbr> advertised-routes
```

이 명령어를 출구01의 관점에서 실행한 결과는 [예제 18-9]에 표시된 것과 같다. 여기서 경로는 인터페이스 swp44에서 피어링을 맺고 있는 에지 라우터로 전파된다.

예제 18-9 출구01에서 광고 중인 경로 출력

```
$ sudo vtysh -c \
  'show bgp vrf internet-vrf ipv4 unicast neighbors swp44 advertised-routes'
BGP table version is 34, local router ID is 10.0.0.41
Status codes: s suppressed, d damped, h history, * valid, > best, = multipath,
              i internal, r RIB-failure, S Stale, R Removed
```

```
Origin codes: i - IGP, e - EGP, ? - incomplete

   Network          Next Hop          Metric LocPrf Weight Path
*> 0.0.0.0          ::                                  0 25253 i
*> 10.0.0.11/32     169.254.254.10                      0 ?
   ... 지면상 생략
*> 10.0.0.253/32    ::                                  0 25253 i
*> 10.1.3.0/24      169.254.254.10                      0 i
*> 10.2.4.0/24      169.254.254.10                      0 i

Total number of prefixes 14
```

여기서 가장 오른쪽의 Path 열을 보면 경로가 어떤 사설 ASN(2바이트 ASN에서 사설 ASN 의 범위는 64512에서 65534까지다)도 찾아볼 수 없다는 것을 알 수 있다. 유일하게 보이는 ASPATH는 비사설 ASN인 25253뿐이다. 비교를 위해 이번에는 remove-private-AS all 옵션이 swp44의 이웃에 대해 비활성화된 동일한 출력을 살펴보자.

```
$ sudo vtysh -c \
  'show bgp vrf internet-vrf ipv4 unicast neighbors swp44 advertised-routes'
BGP table version is 34, local router ID is 10.0.0.41
Status codes: s suppressed, d damped, h history, * valid, > best, = multipath,
              i internal, r RIB-failure, S Stale, R Removed
Origin codes: i - IGP, e - EGP, ? - incomplete

   Network          Next Hop          Metric LocPrf ... Path
*> 0.0.0.0          ::                              ... 25253 i
*> 10.0.0.11/32     169.254.254.10                  ... 65530 65041 65020 65011 ?
   ... 지면상 생략
*> 10.0.0.253/32    ::                              ... 25253 i
*> 10.1.3.0/24      169.254.254.10                  ... 65530 65041 i
*> 10.2.4.0/24      169.254.254.10                  ... 65530 65041 i

Total number of prefixes 14
```

다음 설정 출력은 remove-private-AS가 설정되었는지 보여준다.

```
$ sudo vtysh -c 'show ip bgp vrf internet-vrf neighbors swp44'

BGP neighbor on swp44: fe80::4638:39ff:fe00:7...
```

```
Hostname: internet
  BGP version 4, remote router ID 10.0.0.253
  BGP state = Established, up for 02:01:56
  Last read 00:00:01, Last write 00:00:01
  Hold time is 9, keepalive interval is 3 seconds
  Neighbor capabilities:
...지면상 생략
 For address family: IPv4 Unicast
  Update group 8, subgroup 8
  Packet Queue length 0
  Private AS numbers (all) removed in updates to this neighbor    ❶
  Community attribute sent to this neighbor(all)
... 지면상 생략
```

❶ 이웃에 대해 사설 ASN 제거가 설정되었음을 나타낸다.

BGP 검증 자동화

518쪽 'OSPF 검증 자동화'와 동일한 모델을 가지고 BGP 구성이 원하는 대로 되었는지 확인해보자. 플레이북은 다음과 같이 세 가지 플레이로 구성되어 있다.

```
---
- hosts: network    ❶
  become: yes
  tasks:
    - name: Get BGP session state
      command: vtysh -c "show bgp vrf all summary json"
      become: yes
      register: out

    - name: Get JSON output
      set_fact:
        bgp: "{{ out.stdout|from_json }}"

    - name: Verify router-id is the same as the loopback address
      assert:
        that: >-
          bgp|json_query('default.ipv4Unicast.routerId')
          ==
          hostvars[inventory_hostname].ansible_lo.ipv4_secondaries[0].address
```

```
    - name: Verify multipath relax is enabled on all nodes
      assert:
        that: bgp|json_query('default.ipv4Unicast.bestPath.multiPathRelax')
      when: inventory_hostname in groups['spine']

- hosts: spine    ❷
  gather_facts: false
  tasks:
    - name: Verify there are as many BGP peers as there are leaves
      assert:
        that: >-
          bgp|json_query('default.ipv4Unicast.peerCount')
          ==
          (groups['leaf']|length + groups['exit']|length)

    - name: Register just the ipv4 peers
      set_fact:
        bgp_ipv4_peers: "{{ bgp|json_query('default.ipv4Unicast.peers') }}"

    - name: Register just the evpn peers
      set_fact:
        bgp_evpn_peers: "{{ bgp|json_query('default.l2VpnEvpn.peers') }}"

    - name: Verify that all IPv4 Unicast peers are in Established state
      assert:
        that:
          - bgp_ipv4_peers[item].state == "Established"
      with_items: "{{ bgp_ipv4_peers.keys() }}"

    - name: Verify that all EVPN peers are in Established state
      assert:
        that:
          - bgp_evpn_peers[item].state == "Established"
      with_items: "{{ bgp_evpn_peers }}"

- hosts: exit    ❸
  gather_facts: false
  become: yes
  tasks:
    - name: Register just the default VRF IPv4 Unicast peers
      set_fact:
        bgp_default_peers: "{{ bgp['default'].ipv4Unicast.peers }}"

    - name: Register just the EVPN VRF IPv4 Unicast peers
```

```yaml
  set_fact:
    bgp_evpnvrf_peers: "{{ bgp['evpn-vrf'].ipv4Unicast.peers }}"

- name: Register just the internet VRF IPv4 Unicast peers
  set_fact:
    bgp_internet_peers: "{{ bgp['internet-vrf'].ipv4Unicast.peers }}"

- name: Verify that all default VRF peers are in Established state
  assert:
    that:
      - bgp_default_peers[item].state == "Established"
  with_items: "{{ bgp_default_peers.keys() }}"

- name: Verify that all Internet VRF peers are in Established state
  assert:
    that:
      - bgp_internet_peers[item].state == "Established"
  with_items: "{{ bgp_internet_peers.keys() }}"

- name: Verify that all EVPN VRF peers are in Established state
  assert:
    that:
      - bgp_evpnvrf_peers[item].state == "Established"
  with_items: "{{ bgp_evpnvrf_peers.keys() }}"

- name: Get edge router's BGP config info
  command: vtysh -c "show ip bgp vrf internet-vrf neighbors swp44 json"
  register: out

- name: Assert that the remove-private-AS is configured
  assert:
    that: >-
      (out.stdout|from_json).swp44.addressFamilyInfo['IPv4 Unicast']
      ['privateAsNumsAllRemovedInUpdatesToNbr']

- name: Get advertised routes
  command: >-
    vtysh -c 'show bgp vrf internet-vrf ipv4 unicast neighbors
    swp44 advertised-routes json'
  register: bgp_out

- name: Get advertised routes as JSON    ❹
  set_fact:
    all_aspaths: >-
```

```
      "{{ bgp_out['stdout']|from_json
      |json_query('advertisedRoutes.*.asPath') }}"

  - name: Assert that there are no private ASNs   ❺
    assert:
      quiet: yes
      that:
        - item | regex_findall('\\b(6[4-5][0-9]+)') | length == 0
    with_items: "{{ all_aspaths|from_json }}"
```

❶ 플레이는 모든 라우터의 앤서블 상태와 BGP summary 명령어 출력을 JSON 형식으로 저장한다. BGP 라우터 ID가 루프백 IP 주소와 동일한지도 확인하고 모든 노드에 multipath-relax가 설정되었는지도 검사한다. 리프에서도 디폴트 경로에서 다중 경로(출구01과 출구02를 통해 광고되는)를 허용하기 위해 multipath-relax가 마찬가지로 필수다.

❷ 이번 플레이에서는 언더레이인 디폴트 VRF에 속한 피어의 IPv4 유니캐스트와 EVPN 주소 패밀리를 검증한다.

❸ 플레이는 출구 리프에서 동작한다. 모든 VRF에 있는 BGP 세션이 Established 상태인지 확인해야 한다. 다른 VRF와 BGP 피어링을 맺은 다른 리프는 없다. 출구 리프는 언더레이와 디폴트 VRF에서 피어링을 맺고 internet-vrf에서는 에지 라우터와 피어링을 맺고, 모든 VRF에서는 방화벽과 피어링을 맺는다. 출구 리프가 경로를 광고할 때 사설 ASN을 모두 제거했는지도 검증한다. 이 부분에서는 remove-private-AS 설정 여부를 확인하고 사설 ASN이 출력에서 실제로 제거되었는지 확인한다.

❹ 이 태스크에서는 몇 가지 언급할 것이 있다. vtysh의 명령어 출력을 JSON으로 변환하고 json_query 필터를 사용해서 모든 경로의 ASPATH를 추출한다. all_aspaths는 [예제 18-9]의 출력을 표시한 [예제 18-10]의 JSON 문자열과 같다.

❺ 이 플레이는 64나 65로 시작하고 다음 몇 자리 숫자를 가진 문자열을 찾는다. 사설 ASN이 존재하는 경우 앤서블의 regex_findall 필터가 리스트로 리턴된다. 반환된 리스트의 길이가 항상 0인지 확인할 수 있다. 즉, 리스트에 일치하는 항목이 없는지 확인한다. 여기서는 2바이트 ASN을 가정하고 있지만 4바이트 사설 ASN에 대응하는 비슷한 정규 표현식을 작성할 수도 있다.

예제 18-10 4번에서 생성된 all_aspaths의 JSON 출력

```
[
    "",
    "",
    "",
    "",
    "",
    "",
    "25253",
    "",
    "25253",
    "",
    "",
    "",
    "",
    "",
    ""
]
```

18.6 네트워크 가상화 검증

앞 절에서 살펴본 언더레이 라우팅 구성을 확인하는 것에 더해 네트워크 가상화 제어 평면 구성을 검증하기 위해 다음 질문에 대한 답을 찾아야 한다.

- 모든 가상 네트워크에 대한 정보가 광고되고 있는가? 여기에는 EVPN의 MAC 주소, ARP 억제가 활성화된 경우에는 IP 주소, 전파되는 모든 경로가 포함된다.
- 대칭 EVPN 라우팅의 경우 적절한 L3 VNI가 설정되고 올바른 VRF에 매핑되는가?
- 중앙 집중 라우팅이 사용되는 경우 디폴트 경로와 연관된 MAC 주소 광고가 설정되었는가?
- VTEP IP가 광고되었는가?
- 모든 노드에서 BUM 드래픽 제어가 일관되게 설정되었는가?
- 모든 VTEP의 활성 VNI가 동일한 활성 VNI를 갖는 다른 모든 VTEP에 알려졌는가?

FRR은 대부분의 다른 라우팅 제품군과 비교해서 EVPN 구성을 상당히 단순화한다. 그 결과 아주 일부만 검증하면 된다. 실제로 검증할 것은 RD의 설정, 엑스포트 RT, 임포트 RT다. 라우

팅 제품군이 rd auto, route-target import auto, route-target export auto를 지원한다면 이를 이용해서 FRR의 기본 동작과 동일한 동작을 할 수 있다. 이에 더해 이러한 다른 라우팅 제품군은 EVPN 이웃에 대해 send-community와 send extended-community 같은 추가 설정이 필요하다. 하지만 FRR에서는 이런 걱정을 할 필요 없다. FRR은 기본으로 데이터 센터 구성에 알맞은 동작을 한다.

EVPN 설정을 검증하기 위한 FRR의 주요 명령어는 바로 show bgp l2vpn evpn vni다. 리프 01에서 수행한 이 명령어의 결과는 다음과 같다.

```
$ sudo vtysh

Hello, this is FRRouting (version 7.2-dev).
Copyright 1996-2005 Kunihiro Ishiguro, et al.

leaf01# show bgp l2vpn evpn vni
Advertise Gateway Macip: Disabled        ❶
Advertise SVI Macip: Disabled            ❷
Advertise All VNI flag: Enabled          ❸
BUM flooding: Head-end replication       ❹
Number of L2 VNIs: 2                      ❺
Number of L3 VNIs: 1                      ❻
Flags: * - Kernel
  VNI     Type RD            Import RT      Export RT      Tenant VRF
* 24      L2   10.0.0.11:3   65011:24       65011:24       evpn-vrf    ❼
* 13      L2   10.0.0.11:2   65011:13       65011:13       evpn-vrf
* 104001  L3   10.2.4.11:4   65011:104001   65011:104001   evpn-vrf
```

❶ 이 노드가 EVPN의 중앙 집중 라우팅 게이트로 설정되었는지 여부를 표시한다. 그런 경우 이 필드는 Enabled를 표시한다.

❷ 이 라우터의 VNI에 구성된 게이트웨이 IP 주소를 광고하는지 여부를 표시한다.

❸ 모든 로컬 구성 VNI에 대한 정보를 노드가 광고하는지 여부를 나타낸다.

❹ BUM 트래픽 제어 모델을 표시한다. 이 예제에서는 '헤드엔드 복제' 또는 '인그레스 복제'를 사용한다.

❺ 광고되는 레이어 2 가상 네트워크 수를 표시한다.

❻ 광고되는 레이어 3 가상 네트워크 수를 표시한다. EVPN 브리징만 사용하는 경우에는 0
으로 표시된다. 그 외에는 EVPN을 사용하는 VRF의 정확한 숫자가 표시되어야 한다.

❼ 각 VNI에 특정한 정보를 표시한다. 별표로 시작하는 라인이 의미하는 것은 이 VNI는 커
널에서도 알고 있다는 것이다. 별표로 시작하지 않는 라인은 데이터 평면에 존재하지 않
으므로 광고되지 않는 정보다.

L3 VNI를 특정 로컬 VRF 인스턴스와 매핑하기 위해 이전 명령어에서 VNI 번호를 특정했고 해
당 VNI에 대한 상세 정보를 얻었다. 예를 들어 리프01에서 실행한 결과는 다음과 같다.

```
leaf01# show bgp l2vpn evpn vni 104001
VNI: 104001 (known to the kernel)
  Type: L3
  Tenant VRF: evpn-vrf          ❶
  RD: 10.2.4.11:4
  Originator IP: 10.0.0.112      ❷
  Advertise-gw-macip : n/a
  Import Route Target:
    65011:104001
  Export Route Target:
    65011:104001
leaf01#
```

❶ VNI를 대표하는 로컬 VRF 인스턴스를 표시한다.

❷ VNI에서 사용하는 VTEP IP 주소를 표시한다. 모든 VNI가 동일한 VTEP IP 주소를 갖
는다.

VTEP IP가 광고되는지 알기 위해 앞선 출력에서 본 것처럼 VTEP IP 주소를 식별해서 BGP
의 RIB에서 관련 정보를 찾아본다. 명심할 것은 VTEP IP는 디폴트 VRF를 통해 광고되며 디
폴트 VRF는 언더레이 영역에 속한다. 이전 예제에서 10.0.0.112로 표시된 리프01의 VTEP
IP 주소는 다음과 같다.

```
leaf01# show bgp ipv4 unicast 10.0.0.112
BGP routing table entry for 10.0.0.112/32
Paths: (1 available, best #1, table default)
  Advertised to non peer-group peers:
```

```
spine01(swp51) spine02(swp52)        ❶
Local                                ❷
  leaf01 from 0.0.0.0 (10.0.0.11)
    Origin incomplete, metric 0, weight 32768, valid, sourced,
    bestpath-from-AS Local, best (First path received)
    Last update: Thu Aug 15 04:30:52 2019
```

❶ VTEP IP는 언더레이에서의 피어인 두 스파인에 광고된다. 이전에 언급한 대로 광고하고 있는 호스트명을 출력하는 것이 육안으로 문제를 즉각 확인하는 것에 도움을 준다.

❷ 연결된 경로를 표시하고 있다. 로컬 경로가 없다면 문제가 생긴 것이다. 왜냐하면 다른 노드가 이 VTEP IP 주소를 광고하고 있고 VTEP IP 주소의 로컬 설정이 틀렸기 때문이다.

활성 VNI를 갖는 모든 VTEP이 동일한 활성 VNI를 갖는 모든 다른 VTEP을 알고 있는지 여부를 추적하기 위해서는 여러 장치를 거쳐서 살펴볼 필요가 있다. 하지만 비록 사용자가 단지 소수의 VNI를 십여 개의 박스에 걸쳐서 확인한다고 해도 이러한 작업은 쉽게 단조롭고 힘든 작업이 되어서 오류를 양산해낸다. 어떤 도구나 스크립트가 이러한 모든 정보를 한데 모으고 조합해서 적절한 결과를 생성할 수 있다면 굉장히 도움이 될 것이다. 아아, 큐물러스의 넷큐NetQ나 아리스타의 클라우드비전CloudVision 같은 소수의 공급 업체별 특정 도구 외에는 찾아볼 수 없다. 하지만 누군가가 이러한 도구를 작성하려고 한다면 모든 장비에서 EVPN 정보를 요약해서 보여줄 수 있는 show evpn vni가 유용할 것이다. 이 명령어는 다음과 같은 출력을 만들어낸다.

```
leaf01# show evpn vni
VNI        Type VxLAN IF         # MACs    # ARPs    # Remote VTEPs  Tenant VRF
24         L2   vni24            8         8         1               evpn-vrf
13         L2   vni13            8         8         1               evpn-vrf
104001     L3   vxlan4001        3         3         n/a             evpn-vrf
leaf01#
```

이 명령어는 도구에서 보다 더 유용하게 쓸 수 있는 JSON 형식으로도 출력할 수 있다. VNI별로 보다 더 유용한 정보를 확인하기 위해서는 show evpn vni detail을 사용한다. 어떤 L2 VNI가 어떤 L3 VNI를 사용해서 라우팅되는지, 로컬 VTEP IP 주소나 기타 정보 등을 알 수 있다. 보다 단순한 요약은 show evpn으로 볼 수 있다. 출력은 다음과 같다.

```
leaf01# show evpn
L2 VNIs: 2
L3 VNIs: 1
Advertise gateway mac-ip: No
Advertise svi mac-ip: No
Duplicate address detection: Enable
  Detection max-moves 5, time 180
```

EVPN 검증 자동화

이 절에서는 EVPN 구성을 검증하는 또 다른 플레이북을 살펴본다. 이 플레이북은 이전 것과 달리 조금 까다롭고 일부 코드는 추가 설명이 필요하다. 플레이북은 세 플레이로 구성되어 있다. 첫 번째 플레이는 이전 플레이북과 유사하게 데이터를 모으고 실제 동작을 수행하는 다음 두 플레이를 위한 준비를 하는 부분으로 구성된다.

```
---
- hosts: leaf:exit     ❶
  gather_facts: false
  become: yes
  tasks:
    - name: Retrieve the VNI info from all nodes
      command: vtysh -c 'show evpn vni json'
      register: out

    - name: Pull out the information into JSON
      set_fact:
        vni: "{{ out.stdout|from_json }}"

    - name: Retrieve EVPN info from all nodes
      command: vtysh -c 'show bgp l2vpn evpn vni json'
      register: out

    - name: Pull out the information into JSON
      set_fact:
        evpn_vni: "{{ out.stdout|from_json }}"

    - name: Extract the tunnel IP
      set_fact:
        vtep_ip: "{{ evpn_vni[(vni|list)[0]].originatorIp }}"
```

```
- hosts: leaf:exit      ❷
  gather_facts: false
  become: yes
  tasks:
    - name: Verify VNIs are advertised
      assert:
        that:
          - evpn_vni.advertiseAllVnis == "Enabled"

    - name: Retrieve the route for VTEP IP          ❸
      command: "{{ 'vtysh -c \"'show ip route ' + cmdarg + '\"' }}"
      register: route_out
      vars:
        - cmdarg: "{{ hostvars[item].vtep_ip + '/32 longer-prefixes' }}"
      loop: "{{ groups.leaf + groups.exit }}"

    - name: Verify that all VTEP IPs are reachable    ❹
      assert:
        quiet: yes
        that:
          - item.stdout != ""
      loop: "{{ route_out.results }}"

- hosts: leaf01    ❺
  gather_facts: false
  tasks:
    - name: Verify that {VNI, VTEP} pair is consistent across network    ❻
      assert:
        that: >-
          vni[item.0].numRemoteVteps
          ==
          hostvars[item.1].vni[item.0].numRemoteVteps
      loop: "{{ vni | product(groups.leaf + groups.exit) | list }}"
      when: hostvars[item.1].vni[item.0] is defined

    - name: Verify BUM Handling is consistent    ❼
      assert:
        that: >-
          evpn_vni.flooding == hostvars[item].evpn_vni.flooding
      loop: "{{ groups.leaf + groups.exit }}"
```

❶ 데이터를 수집하고 준비하는 첫 번째 플레이다. 데이터는 앞서 설명한 두 가지 명령어인
show evpn vni json과 show bgp l2vpn evpn vni json을 통해 수집된다.

❷ 두 번째 플레이다. 정의된 모든 리프와 출구 노드에서 실행된다.

❸ 첫 번째 플레이에서 수집하고 저장한 모든 VTEP의 VTEP IP 주소를 가지고 앤서블이 현재 실행되는 라우터에서 경로가 알려진 것인지 여부를 확인한다. 리눅스의 ip route show는 연결된 경로를 표시하지 않으므로 FRR을 사용해서 경로 정보를 추출한다. 디폴트 경로와 같은 VTEP의 어떤 요약 주소 접두사를 사용하기 보다는 특정한 주소 접두사와 정확한 매칭(longer-prefixes 옵션)을 사용한다. 변수 cmdarg를 사용한 것은 단순히 이 책의 구성을 위해서다. 앤서블에서 사용하는 명령어는 vtysh -c "show ip route <vtep_ip>/32 longer-prefixes"이며, 여기서 <vtep_ip>는 태스크 내의 반복문에서 동적으로 생성된다. 명령어는 매번 새로운 <vtep_ip>와 함께 조립되며 여러 문자열과 합쳐질 필요가 있다.[7]

❹ 여기서는 이전 단계에서 수집한 ip route 엔트리가 모두 빈 문자열이 아닌 것을 검증한다. 만약 박스에서 경로를 알지 못한다면 출력은 빈 문자열이 되고 앤서블은 이를 오류로 보고한다.

❺ 세 번째 플레이에서는 주어진 VNI가 이 VNI를 갖는다고 선언된 모든 VTEP에서 알려져 있는지 검증한다. 예를 들어 EVPN 토폴로지 예시에서 출구 리프는 테넌트 VNI인 13과 24에 대한 어떤 정보도 알지 못한다. 하지만 모든 리프(일반 리프와 출구 리프)에서 대칭 라우팅 지원을 위해 필요한 L3 VNI를 지원하고 있다. 첫 번째 플레이에서 이런 정보들을 모두 수집하므로 단일 리프 문맥에서만 이런 정보를 검증할 필요가 있다.

❻ 주어진 VNI에 대해 검증하고자 하는 것은 해당 VNI를 가진 모든 VTEP이 동일한 숫자의 원격 VTEP을 갖고 있는지 보는 것이다. 이는 모든 VTEP의 각 VNI에 대해 다른 VTEP IP가 모두 존재하는지 검증하는 보다 복잡한 코드를 사용하지 않으려는 약간의 영리한 방법이다.

❼ 마지막으로 브로드캐스트, 언노운 유니캐스트, 멀티캐스트(BUM) 제어가 모든 VTEP에서 일관성이 있는지 검증한다.

---

7 여기서 경로가 FRR의 FIB가 아닌 RIB에 존재할 가능성이 약간 있다. 그리고 마찬가지로 FIB에도 경로가 존재하는지 확인해야 한다. 하지만 지금은 이를 무시하자.

18.7 애플리케이션 네트워크 검증

데이터 센터에서는 애플리케이션이 적절한 서비스인지, 노드와 적합한 연결성을 갖고 있는지가 중요하다. 페이스북은 문서[8]와 코드를 발표해서 자신들의 독자적인 ping과 traceroute를 이용해 서버 간 패킷 지연과 유실을 감지한 뒤 그들의 네트워크가 어떻게 잘 동작하고 있는지 측정하는 방식을 설명했다. 그리고 이 출력을 활용해서 문제가 발생한 경우에 문제의 원인을 특정한다. 마이크로소프트도 동일하게 하고 있다.[9]

일반적으로 한 랙에서 모든 다른 랙에 있는 한두 대의 서버로 핑을 시도하면 충분하다. 핑을 실행할 경우 경로 MTU 역시 테스트하는 것을 보장해야 한다. VXLAN을 사용하는 경우에는 특별히 더 그렇게 해야 한다. 핑은 경로 MTU를 테스트하는 것을 다음과 같은 옵션으로 지원하고 있다.

```
ping -s <MTU> -M do <ip_destination>
```

본 예제에서 명령어는 다음과 같다.

```
ping -s 9000 -M do 10.0.0.253
```

하지만 베이그런트나 립버트^{libvirt} 시뮬레이션 환경에서는 기대한 대로 동작하지 않는다. 따라서 여기서는 위 명령어의 결과를 싣지 않았다.

대신 경로 MTU를 확인하는 적절한 플래그를 사용한 traceroute 예제를 설명하겠다. 다음은 서버01에서 에지 라우터의 루프백 IP 주소인 10.0.0.253으로 traceroute를 실행한 결과다.

```
$ traceroute -n --mtu 10.0.0.253
traceroute to 10.0.0.253 (10.0.0.253), 30 hops max, 65000 byte packets
 1  10.1.3.12  0.835 ms F=9000  0.550 ms  0.487 ms          ❶
 2  10.0.0.42  2.093 ms F=1500 10.0.0.41  2.130 ms  1.661 ms  ❷
 3  10.0.0.100  2.018 ms  1.959 ms  2.071 ms
 4  10.0.0.41  2.359 ms  1.992 ms  2.134 ms
 5  10.0.0.253  2.677 ms  2.529 ms  2.478 ms
```

....

8 https://oreil.ly/aymgW
9 https://oreil.ly/7m1qL

```
$ ip ro show vrf evpn-vrf 10.0.0.253
10.0.0.253  proto bgp  metric 20
        nexthop via 10.0.0.41  dev vlan4001 weight 1 onlink
        nexthop via 10.0.0.42  dev vlan4001 weight 1 onlink
$
```

❶ 여기서 traceroute는 로컬 발신 인터페이스의 MTU인 9,000바이트의 MTU로 시작한 다는 것을 알 수 있다.

❷ 두 가지 사실을 보여주고 있다. 첫째, 두 라우터 10.0.0.41과 10.0.0.42에 의해 MTU 가 1,500바이트로 줄어든 것을 알 수 있다. 또한 패킷이 10.0.0.41과 10.0.0.42 사이 에서 출구 VTEP으로 다중 경로 전송되었다는 것을 알 수 있다. 이런 사실을 어떻게 알 았을까? 첫 번째 홉은 서버의 디폴트 게이트웨이인 애니캐스트 IP 주소 10.1.3.1을 표 시하고 있다. 그리고 요청을 수행하는 실제 게이트웨이는 응답에서 자신의 유일한 IP 주 소인 10.1.3.12를 사용한다. 서버는 리프01과 리프02에 본딩 인터페이스를 통해 이중 연결되어 있으므로 커널은 리프02와의 링크(10.1.3.12)를 경로로 사용하도록 선정했 다. 서버 인터페이스들은 evpn-vrf에 매핑되어 있고 FIB의 룩업 결과로 10.0.0.253은 10.0.0.41과 10.0.0.42를 통해 vlan4001 인터페이스를 통해 도달 가능하다는 것을 나 타내고 있다. 525쪽 '디폴트 경로 발신자 확인'에서 수행한 경로 추적에서 이 두 경로가 출구 리프의 VTEP으로 향한다는 것을 알고 있다.

페이스북의 핑어pinger 도구들은 4년 넘게 업데이트되지 않고 있고 프로젝트는 아카이브되었 다. 이러한 도구보다 오래전에 그 유명한 응용 인터넷 데이터 분석 센터center for applied internet data analysis, CAIDA에서 **스캠퍼**scamper[10]라는 도구를 만들었다. 페이스북이나 마이크로소프트에서 설명 한 것과 유사한 방법으로 지연과 손실을 측정하고 보고하는 데 유용한 도구다. 스캠퍼는 우분투 와 기타 유명한 리눅스 배포판에서 쉽게 다운로드할 수 있는 패키지로 여전히 사용 가능하다. 다 중 IP 주소 검사와 주기적인 보고서 생성을 지원한다. 스캠퍼를 사용해서 애플리케이션의 손실 과 지연을 측정할 것을 추천한다.

스캠퍼는 비록 경로 MTU 정보를 확인할 수 없다고 해도 다중 경로 정보를 훨씬 더 간결하게 다 음 출력처럼 보여주고 있다.

10　　https://oreil.ly/zNXKF

```
$ scamper -I 'tracelb  10.2.4.104'
tracelb from 10.1.3.101 to 10.2.4.104, 2 nodes, 1 links, 13 probes, 95%
10.1.3.12 -> (10.1.3.13, 10.1.3.14) -> 10.2.4.104
```

> **NOTE_** 가상화 환경에서 이 모든 것을 테스트하려면 라우터는 다중 경로의 경우 TCP/UDP 포트를 기반
> 으로 한 경로 선정을 지원해야 한다. 리눅스는 최근에서야 이 기능을 지원하고 있다. 이전까지 리눅스는 다중
> 경로를 거쳐 목적지로 패킷을 로드 밸런싱할 때 출발지와 목적지 IP 주소만을 기반으로 했다. 즉, 스캠퍼나 **트
> 레이스라우트** 같은 도구들은 올바른 커널 버전을 사용하기 전까지는 시뮬레이션 환경에서는 다중 경로를 식
> 별할 수 없다는 뜻이다. 예를 들어 큐물러스 리눅스 3.7 버전과 그 이후에서는 이 옵션을 지원하지만 아리스
> 타의 EOS 시뮬레이션은 지원하지 않는다. 그렇지만 큐물러스 리눅스도 이를 지원하지 않는다. 우분투 18.04
> 와 그 이후 버전에서는 이 옵션을 지원하고 있다.
>
> 이 옵션을 활성화하기 위해 다음과 같은 명령어를 반드시 실행해야 한다.
>
> ```
> sudo sysctl -w net.ipv4.fib_multipath_hash_policy=1
> ```
>
> IPv6를 사용하고 있다면 IPv6에도 동일한 명령어를 반복해야 한다.
>
> ```
> sudo sysctl -w net.ipv6.fib_multipath_hash_policy=1
> ```

18.8 데이터 평면 검증

애플리케이션 연결성 검증은 데이트 평면 검증을 위한 프록시[11]다. 그럼에도 불구하고 장비에서
데이터 평면 상태를 질의하는 명령어들을 알고 있는 것은 유용하다. 데이터 평면 관점에서 중요
하게 살펴볼 것은 포워딩 테이블과 터널 테이블이다.

이 절에서는 데이터 평면을 검증할 때 유용한 명령어들을 간략하게 나열한다. 두 가지 명령어 버
전을 사용하는데 가능하면 리눅스 네이티브 명령어와 FRR 명령어를 사용한다. FRR 명령어의
이점은 출력의 형식과 명령어 문법이 기존 네트워크 제품군에서 작업하던 것에 익숙한 네트워크
관리자에게 보다 친숙할 수 있다는 것이다. 리눅스 명령어 버전은 리눅스 배경 지식을 가지고 있
는 사람들에게 보다 더 친숙할 것이다. 여기서는 두 가지 버전의 명령어를 설명하지만 리눅스 버
전을 항상 먼저 표시한다.

----

11 옮긴이_ 네트워킹에서 사용하는 프록시는 단어 그대로 '대리한다'를 의미한다.

MAC 테이블 엔트리

다음 명령어는 노드에서 MAC 테이블 엔트리를 출력한다.

```
bridge fdb show [vlan <vlan>]
show evpn mac vni <VNI|all> [detail]
```

두 명령어 모두 특정한 MAC 주소를 룩업할 수는 없다. 특정 VTEP에서만 생성한 MAC 테이블 엔트리를 보고 싶다면 다음을 실행하면 된다.

```
show evpn mac vtep vni <VNI|all> <VTEP-IP-Address>
```

예를 들어 예제의 토폴로지에서는 다음과 같이 실행할 수 있다.

```
show evpn mac vni all vtep 10.0.0.134
```

라우팅 테이블

특정한 VRF의 라우팅 테이블을 출력하기 위해서는 다음 명령어를 사용한다.

```
ip route show [vrf <vrf-name>]
show ip route
```

모든 VRF의 라우팅 테이블을 볼 수 있는 리눅스 명령어는 다음과 같다.

```
ip route show table all
```

ARP 또는 ND 캐시

다음 명령어는 노드에서 주소 결정 프로토콜/이웃 탐색[address resolution protocol/neighbor discovery, ARP/ND] 캐시를 출력한다.

```
ip neighbor show
show evpn arp-cache [vni <VNI|all>] [detail]
```

18.9 마치며

이 장에서는 17장에서 구성한 네트워크를 검증하는 방법을 살펴봤다. 보다 자세히는 케이블링, 인터페이스, 라우팅, 네트워크 가상화에 대해 생각해볼 수 있는 질문들을 살펴봤다. 그리고 애플리케이션 수준 네트워크를 검증하면서 네트워크를 구축한 구성들의 동작이 기대한 대로 동작하는지 검증했다. 제시된 질문에 대한 답을 하는 개별 박스 수준의 명령어를 살펴보는 것 외에도 이러한 답의 도출을 자동화하는 예제 플레이북도 살펴봤다.

## CHAPTER 19

코다

컴퓨터에서 모든 '새로운 폭발'은 사용자들이 다르게 프로그래밍할 수 있도록 해주는 소프트웨어 제품에 의해 시작되었다.

_ 앨런 케이[Alan Kay]

여기에 이 책의 편집자이기도 한 앤디 오람[Andy Oram]이 쓴 시를 남겨 놓는다. 여기까지 오니 필자는 네트워크 운영자가 새로운 네트워크를 배치하거나 이미 동작하는 네트워크를 변경하면서 설레는 심장 박동 소리가 들리는 것 같다. 부디 이 책에서 설명한 개념과 실체가 견고하고 예측 가능한 네트워크를 구축하는 데 어떻게든 도움이 되길 소망한다.[1]

---

1 옮긴이_ 코다는 악보에서 사용되는 기호로 특별히 추가된 종결부를 의미한다. https://ko.wikipedia.org/wiki/코다

신경망[1]

디네시 G. 더트에게

나는

새로운 프로토콜을 구성할 시간이라고
생각한다.

미지의 미래로부터 온 알림에 대해
생각한다.

반복적으로

미래는 '비일관적으로' 분할되고

패킷을 드롭하는

뇌(중심, 브레인)를 위한 프로토콜을 말이다.

완전 연결된 네트워크가 부족하다.

마치 깨달음(해탈)에서 벗어난 길을
따라가듯이 패킷은 드롭된다.

마치 대명사를 많이 쓰는 거짓말쟁이들에게
노출된 것처럼 패킷은 드롭된다.

마치 비잔티움 플랫폼의 배신자처럼

깨달음은 잘 포장된 사탕 껍질 안에
관계없는 것들로 채워지거나
매주 방문하는 평범한 휴가지에서
찍은 사진으로 채워졌다.

그 거짓들은 악의에 찬 조사로 노골적으로 드러나고
오래된 지식에 의해 묵인되고
격정적으로 표에서 숨겨진다.

프로토콜에서 중요한 내용을 삭제하고
불투명한 악수(핸드셰이크)로 지속 연결하고
고도로 압축된 발사체(페이로드)를 이동시킨다.

거짓말쟁이들은 불완전한 형태로 분절된
우스꽝스러운 페이로드로 터널링한다.

내가 만약

재전송하는 메시지를

받아 들이는 것에 대해
관대해야 할 때가

매우 혼잡한 노드에
역류를 가해야 한다면

오늘날의 트래픽과 조화롭지 않은
극단적으로 단절된 순간이라면

네트워크가 건재할 수 있을까   네트워크가 건재할 수 있을까   네트워크가 건재할 수 있을까   네트워크가 건재할 수 있을까   네트워크가 건재할 수 있을까

앤디 오람
2019. 8. 29

---

1 옮긴이_ 이 시는 신경망 구조를 본떠 네트워크와 관련된 용어를 활용해 작성한 영시다. 역자의 식견이 부족하여 원저자의 의도를 온전히 옮겨내지 못한 점에 대해 깊은 양해 부탁드린다. 원문도 함께 수록했으므로 원문과 함께 이 시를 감상해주길 바란다.

Neural net

For Dinesh G. Dutt

I'm thinking

It's time to configure a new protocol   of notifications from an unaccounted future

for a brain   partitioned — non-consistent

that repeatedly

drops packets as it   lacks a fully connected network

traces a path away from enlightment   is pervasively exposed to

well-intended candy wrappers   people who say pronoun can lie   crackpots on Byzantine platforms

decked Out with extraneous existences   flagrantly exposed to malignant scrutiny   slashing significance from protocols
stock vacation images   undeterred by ancient understandings   kept alive by opaque handshakes
every brusque weekly commonplace   furiously hidden from tabulation   heaving highly compressed projectiles

They tunnel funny payloads
within fragments incompletely formed

If I must

massage the message I retransmit   be liberal in what I accept

placing backpressure   at moments of extreme disconnect
on too promiscuous nodes   not in harmony with today's traffic

can the network survive   can the network survive   can the network survive   can the network survive   can the network survive.

Andy Oram
August 29, 2019

INDEX

INDEX

INDEX

INDEX

INDEX

INDEX